Othmar Keel
Die Welt der altorientalischen Bildsymbolik
und das Alte Testament

Othmar Keel

Die Welt der altorientalischen Bildsymbolik und das Alte Testament

Am Beispiel der Psalmen

Benziger Verlag Neukirchener Verlag

Für Hildi, meine Frau, deren Verständnis und
Mithilfe dieses Buch ermöglicht haben

Alle Rechte vorbehalten
© Copyright 1972 by
Benziger Verlag Zürich Einsiedeln Köln
und Neukirchener Verlag des Erziehungsvereins GmbH,
Neukirchen-Vluyn
4. Auflage 1984, 13. Tausend
Hergestellt im Graphischen Betrieb Benziger Einsiedeln
ISBN 3 545 25043 1 (Benziger)
ISBN 3 7887 0540 X (Neukirchener Verlag)

INHALTSVERZEICHNIS

Einführung

Altes Testament und Alter Orient 7
Zwei Zugänge zur Welt des Alten Orients 7
Der Zugang über die Ikonographie 8
Die vorliegende Arbeit 9

I. Vorstellungen vom Weltganzen

1. Technische Vorstellungen 13
2. Sinnbildlich-mythische Vorstellungen 21
   a. Die zweiteilige Welt 21
   b. Die mehrteilige Welt 29
3. Dualistische Züge 39
4. Was Himmel und Erde erfüllt 48

II. Mächte der Vernichtung

1. Bereiche des Todes 53
   a. Das Grab 54
   b. Gefängnis, Zisterne und Fallgrube 60
   c. Sturzflut und Meer 63
   d. Die Wüste 66
   e. Die Nacht 67
2. Die Feinde des Einzelnen 68
   a. Dämonen und Verbrecher 68
   b. Tiervergleiche 75
   c. Vergleiche aus dem Jagdleben 78
   d. Vergänglichkeit und Haltlosigkeit der *reš'āīm* . . 85
3. Feinde des Volkes 89

III. Der Tempel – Ort der Gegenwart Jahwes und Bereich des Lebens

1. Tempel und Berg 100
2. Die Tempeltore 105
3. Die Vorhöfe und ihre Ausstattung 112
4. Die Altäre 126
5. Das Haus Jahwes 133
6. Zur Ausstattung des Hauses Jahwes 144
7. Die Bedeutung des Tempels 151

IV. Gottesvorstellungen

1. Gott im Tempel 157
   a. Der Fels 158
   b. Prüfen und Läutern 162
   c. Baum, Quelle und Licht 164
   d. Die Flügel Gottes 170
   e. Ohren, die hören und ein Mund, der redet . . 172
   f. Vater und Mutter, Gastgeber und Arzt . . . 174
   g. «Er wird mich nehmen» 178
2. Gott in seiner Schöpfung 181
   a. Zeugung und Geburt 181
   b. Deus faber 183
   c. Befehl und Weisheit 184
   d. Der Richter 187
   e. Der Gott des Lebens 189
   f. Eruption und Transzendenz 197
3. Jahwe in der Geschichte 198
   a. Der Krieger 198
   b. «Mein Schild» 201
   c. Führung 204
Exkurs: Abrenuntiation 210

V. Der König

1. Geburt und Kindheit des Königs 224
2. Die Inthronisation 234
3. Der König als Tempelbauer und Priester 248
4. Die Repräsentation und die Förderung der Mächte des Lebens 259
5. Die Abwehr der Feinde 270

VI. Der Mensch vor Gott

1. Gebetshaltungen 287
   a. Die Begegnung mit dem Heiligen 287
   b. Dank und Lob 292
   c. Klage und Bitte 298
2. Prozessionen und Opferkult 301
3. Gesang und Musik 313
   a. Jubel und Tanz 313
   b. Schlaginstrumente 314
   c. Blasinstrumente 318
   d. Saiteninstrumente 323
4. Mit Gott 329

Nachwort 332
Berichtigungen und Ergänzungen zur 1. Auflage . . . 333
Ergänzungen zum Literaturverzeichnis 348
Abkürzungen 349
Literaturverzeichnis 350
Technische Angaben und Quellennachweis zu den Abbildungen 359
Bibelstellen-Register 373
Sachregister 381
Farbbilder auf dem Umschlag 388
Elemente altorientalischer Chronologie 389
Übersichtskarte 390/391

EINFÜHRUNG

(Die kursiv gesetzten Zahlen verweisen auf die Abbildungen, normal gesetzte Zahlen ohne Nennung eines Buches auf die Psalmen (Pss). 18,4 z.B. verweist als auf Psalm 18, Vers 4.)

Altes Testament und Alter Orient

Es ist das Verdienst des 19.Jh.s, die lange verschollene Welt des alten Ägypten und der alten Reiche des Zweistromlandes wieder entdeckt zu haben. Die dadurch hervorgerufene gewaltige Erweiterung des geschichtlichen Horizonts schlägt sich heute für breitere Kreise unter anderem in der Gepflogenheit nieder, zwei bis drei Bände der Reihenwerke, die sich mit Welt- oder Kunstgeschichte befassen, dem Alten Orient zu widmen*. Er bildet heute einen integralen Bestandteil unserer geschichtlichen Dimension. Die Bibel ist durch diese Entdeckungen vom «ältesten Buch der Menschheit» zu einer verhältnismäßig jungen Erscheinung geworden. Der größte Teil ihres Inhalts ist von den Anfängen der ao Hochkulturen ebenso weit entfernt wie von uns (ca.2500 Jahre). Wir sehen die Bibel heute eingebettet in einen breiten Strom von Überlieferungen verschiedenster Art und Herkunft. Erst wenn diese reiche Umwelt konsequent in die Betrachtung des AT einbezogen wird, treten darin Konventionelles und Originelles deutlich hervor. Erst dann wird sichtbar, wo die starke Strömung seit alters gültiger Traditionen die biblischen Texte trägt und wo sie eine neue, ihnen eigene Energie am Werk ahnen lassen.

* Die Begriffe «Alter Orient» (AO) und «altorientalisch» (ao) schließen hier und im folgenden, wenn nichts anderes vermerkt ist, Ägypten mit ein.

Zwei Zugänge zur Welt des Alten Orients

Keine wissenschaftliche Arbeit am AT verzichtet deshalb heute auf den mindestens gelegentlichen Vergleich der biblischen Zeugnisse mit denen der übrigen ao Welt. Da aber die Sprachen, in denen diese literarischen Zeugnisse vorliegen, zahlreich (Sumerisch, Akkadisch, Ägyptisch, Hethitisch usw.) und schwer zu beherrschen sind, müssen sich die meisten Professoren für AT und praktisch alle ihre Studenten (außer einigen sehr früh und stark spezialisierten) mit Übersetzungen begnügen.

An und für sich hat man schon lange erkannt, daß die meisten ao Schriftsysteme, das sumerisch-akkadische, das hethitische, aber in ganz besonderem Maße das ägyptische, im Gegensatz zu unserer Schrift und unserer Bilderwelt, mehr oder weniger eng mit der ihnen entsprechenden Bildkunst verbunden sind oder es wenigstens einmal waren (vgl.Jaritz, Schriftarchäologie der mesopotamischen Kultur). Ägyptische Bilder sind bis in die Spätzeit oft eine Art kalligraphisch gestalteter Monumentalhieroglyphen geblieben, die nicht wie Gemälde der europäischen Kunst des 19. oder 20.Jh.s zu betrachten (Sehbild), sondern eher zu lesen sind (Denkbild; zu den beiden Termini vgl. Wolf, Die Kunst passim). Im Gegensatz zu den Texten vereinfachen diese «Kalligraphien» die angestrebte Aussage aber ganz merklich. Wie ein Denkmal fassen sie eine bestimmte Vorstellung häufig in einer einzigen oder ein paar großen «Gebärden» zusammen. Das hat vorerst einmal enorme pädagogische Vorteile, besonders in einer Epoche mit gesteigerter Sensibilität für alles Visuelle. Natürlich kann die vereinfachende Darstellung der ao Welt durch die Ikonographie als Simplifizierung kritisiert werden. Aber jede Darstellung, auch die literarische, bedeutet Vereinfachung, und jede Vereinfachung hat Randunschärfen und Vieldeutigkeiten im Gefolge. Aber im Gegensatz zu allen literarischen Vereinfachungen, auch jener neuesten Datums, auf die der Student und Gelehrte des AT's sonst weitgehend angewiesen ist, hat die ikonographische Vereinfachung den Vorteil, daß sie vom AO selber geleistet wurde. Er selber hat mit kräftigen und oft höchst eindrücklichen Strichen ein paar Hauptlinien gezogen. Diesen Vorteil der Originalität und Authentizität kann der Zugang über die Ikonographie auch in bezug auf alle Übersetzungen ao Texte in Anspruch nehmen.

Dennoch kann die Ikonographie dem, der tiefer eindringen will, das Studium der schriftlichen Quellen natürlich nicht ersetzen. Dieses macht allerdings seinerseits die Ikonographie nie überflüssig. Es handelt sich, wenn auch um zwei verwandte, so doch verschiedene Wege mit ihren je besonderen Eigenheiten. Wenn der differenzierte Zugang über die Sprachstudien zweifellos stets die via regia in die Welt des AO bleiben wird, so weist der Zugang über die Ikonographie (davon abgesehen, daß er der leichtere – wenn auch nicht unbedingt leicht – ist) seinerseits doch einige ihm und nur ihm eigene Vorteile auf.

Der Zugang über die Ikonographie

Die Bedeutung der Ikonographie für das Verständnis der sogenannten biblischen Realien, die aus dem Bereich menschlichen Schaffens stammen, ist seit langem erkannt. Oft wissen wir aus dem Kontext und aus der Übersetzertradition, daß ein bestimmtes Phonem eine Waffe, einen Kultgegenstand, ein Musikinstrument oder ein Bauelement bezeichnen muß, aber wie dieser von Menschen geschaffene Gegenstand genau ausgesehen hat, kann uns in den meisten Fällen nur die Archäologie lehren, da genaue Beschreibungen solcher Dinge äußerst selten sind.

Die Ikonographie hat aber auch dort – und dort vielleicht noch mehr – ihre Bedeutung, wo es um Dinge wie Sonne, Mond, Gewitter, Erde, Bäume usw. geht, die an sich unverändert bleiben. Wir nehmen allzu leicht an, sie hätten dem AO dasselbe bedeutet wie uns. Der Merismus «Himmel und Erde» z.B. klingt uns ganz vertraut. Wir spüren darin kaum etwas uns Fremdes. Wenn wir aber ägyptische Totenbuchbilder sehen, auf denen sich der Himmel in Gestalt der Nut über den weit hingestreckten Erdgott wölbt (vgl. *25, 27, 28–30, 32–33*), wird uns fast schockartig deutlich, daß sich für den alten Ägypter mit den Begriffen «Himmel» und «Erde» von den unsern recht verschiedene Vorstellungen und Empfindungen verbanden. Unter Worten und Begriffen stellt sich jeder, der sie hört, in einem meist recht hohen Maß das vor, was ihm sein Vorverständnis eingibt. Bei einer bildgewordenen Anschauung ist das erheblich schwieriger.

Weil die Ikonographie unserm Vorverständnis erheblich weniger Spielraum läßt als die abstrakten Phoneme, kann sie uns einige ganz allgemeine Eigenheiten ao Denkens und Dichtens viel schneller und nachhaltiger deutlich machen als die schriftlichen Zeugnisse. Sie zwingt uns unausweichlich, mit den Augen des AO zu sehen.

Mit dem Begriff «Eigenheiten» wird *nicht* postuliert, daß das ao Denken vom unsrigen völlig verschieden gewesen sei, etwa prälogisch oder etwas dergleichen. Grundsätzlich dürfte es sich überhaupt nicht unterschieden haben (vgl. Anthes, Mythologie). Die «Eigenheiten» sind im Sinne bestimmter Akzentsetzungen zu verstehen.

Einen *ersten* solchen Akzent setzt der stark verbreitete Gebrauch von Ideogrammen und Symbolen, wobei Ideogramm und Symbol eine konkrete Größe bezeichnen, der aber eine (beim Ideogramm künstlich präzisierte, beim Symbol eine mehr von Natur aus und so weniger genau bestimmte) weiterreichende Bedeutung zukommt, als die konkrete Größe an sich besitzt (vgl. dazu Schäfer, Von ägyptischer Kunst 163f). Während wir uns im allgemeinen gewohnt sind, fast ausschließlich mit konkreten (Baum, Türe, Haus) oder abstrakten (Wesen, Königtum, Mentalität) Begriffen zu arbeiten, verwendet der AO mit Vorliebe Begriffe, die an sich konkret sind, aber oft etwas weit über ihre konkrete Bedeutung Hinausreichendes meinen. Für den AO weisen ähnliche Formen, Farben, Bewegungen und Laute leicht auf einen tieferen Zusammenhang hin. Das Rot des Abendhimmels deutet auf Blut und auf den Kampf, den die Sonne gegen die Mächte des Dunkels führt. Der Einbruch feindlicher Völker weckt Assoziationen zum Chaos, das dereinst die Erde beherrschte (vgl. *142, 144* und Keel, Feinde 63–68). Jeder konkrete Vorgang kann beim starken Assoziationsvermögen des AO zu einem zeichenhaften Geschehen werden (vgl. die Bedeutung der Omina-Kunde und des Traumdeutens, *251–252*).

Wir laufen ständig Gefahr, diese Bilder zu konkret und, wenn wir davon abgekommen sind, sie wieder zu abstrakt zu nehmen. In der Regel können sie – je nach dem Kontext, in dem sie stehen oder nach der Stellung des Betrachters – das ganze Feld vom historisch-konkreten Vorgang bis zur allgemeinen und ewig gültigen Grundordnung der Welt bedeuten.

Wenn der Pharao beim Niederschlagen eines oder mehrerer Feinde (Nubier, Libyer, Kanaanäer) dargestellt wird (vgl. *144, 397–403, 451*), kann das die einmalige, historische Hinrichtung eines einzelnen oder mehrerer aufrührerischer Fürsten kommemorieren und ist also ganz konkret zu verstehen. Das Bild ist aber auch geeignet, den Sieg über ein feindliches Volk darzustellen, bei dem keine solche Hinrichtung stattgefunden haben muß. Oft ist die Szene, wie der Kontext (vgl. S. 274) oder fast allegorische Variationen (vgl. *399a, 132a*) verraten, ohne historischen Bezug als symbolische Vergegenwärtigung jenes ägyptischen Königtums zu sehen, das ex natura sua die Grenzen Ägyptens erfolgreich gegen alle Nachbarvölker verteidigt, jede Bedrohung zunichte macht und imstande ist, die Feinde des Landes auf Gedeih und Verderben seiner Herrschaft zu unterwerfen. Auf den Bildern springen sowohl der stereotype, zunehmend unrealistische Gestus wie die wechselnden, vom Historischen zum Magisch-Mythischen reichenden Zusammenhänge in die Augen.

Die Denkweise der Bibel ist die des AO. Jeder Bibliker weiß, daß dieser und jener Ausdruck nicht «wörtlich» zu verstehen ist. Aber wie z.B. die Psalmenexegese zeigt, ist es gar nicht einfach, den Eigenheiten ao Denkweise in den einzelnen Fällen zu folgen. Das Studium der ao Ikonographie ist zweifellos geeignet, unser Gespür in solchen Dingen zu wecken. Jeder Alttestamentler wird zwar das «Horn der Frevler» (75, 5.11) ideogrammatisch für «Macht der Frevler» verstehen. Aber sobald eine sprachliche Wendung etwas konkreter vorstellbar ist, vergißt man die Berücksichtigung der ao Seh- und Ausdrucksweise nur zu leicht. So löst der im Hinblick auf Babylon ausgesprochene (Glück-)Wunsch: «Selig, wer deine Kinder packt und sie am Felsen zerschlägt!» (137,9) meist nichts als Entsetzen aus. Es wäre aber zu überlegen, ob diese «Kinder» nicht ebenso symbolisch zu verstehen sind wie die «Mutter Babylon». Die Einwohner der Unterdrückerstadt oder die Kinder der herrschenden Dynastie konkretisieren das Fortleben der ungerechten Herrschaft (vgl. *341–342*). Man könnte also sinngemäß übersetzen: «Selig, wer deiner sich stets erneuernden Herrschaft ein Ende bereitet!» So würde der Satz vermutlich niemanden verletzen, obgleich er ebenfalls einen brutalen Vorgang herbeiwünscht. Seine Brutalität wird aber durch den weiten Mantel der abstrakten Formulierung verhüllt. Der Sehweise des AO, die den Zusammenhang zwischen dem *concretum* und dem davon abstrahierten Begriff in der Regel wahrt, ist eine solche (oft gefährliche) Dissoziation zwischen der konkreten Wirklichkeit und der Idee ebenso fremd wie die zwischen Leib und Geist.

Ein *zweites* Charakteristikum ao Seh- und Denkweise, das ebenfalls in der Ikonographie rascher und deutlicher zutage tritt als in den Texten, ist die «Eigenart des vorhellenistischen Denkens, nicht nach einer perspektivischen Gesamtschau zu streben (H. Schäfer), sondern sich – auch bei wichtigen Denkvorwürfen – mit einer Zusammenstellung von Aspekten zu begnügen (H. Frankfort: multiplicity of approaches)» (vgl. Michel, in: BHH III Sp. 2161). Diese Eigenart zeigt sich in Ägypten schon in der bekannten Darstellung des stehenden Menschen, bei der jeder Körperteil dem Beschauer so zugedreht, resp. auf einer Fläche ausgebreitet wird, daß sein besonders typischer Aspekt zur Geltung kommt: das Gesicht im Profil, das Auge in Vorderansicht, die Schulter in Vorderansicht, der übrige Körper und die Beine wieder in Seitenansicht (vgl. z. B. *442* und Schäfer, Von ägyptischer Kunst 283–317).

Befremdlicher wirkt es, wenn nach dem gleichen Prinzip die Tempeltore von vorn, der Vorhof mit dem Altar *(196)* aber von der Seite gezeigt werden oder wenn man verschiedene Aspekte des Himmels und der Erde zusammenkomponiert und das Sonnenschiff dabei statt über den Himmelsozean dem Leib der Himmelsfrau entlang fährt *(32)*. Bei solchen Bildern muß jeder Teil zuerst von dem Standpunkt, von dem aus er konzipiert wurde, gesehen und die Gesamtkomposition als Denkbild *gelesen* und *nicht* in erster Linie *betrachtet* werden (vgl. dazu Schäfer, Von ägyptischer Kunst 118). Der Versuch, verschiedenste Aspekte in ein System zu bringen, enthält übrigens schon einen Ansatz zur Gesamtschau. Häufiger stehen ganz verschiedene Bilder völlig unverbunden nebeneinander, so etwa der Himmel als feste Decke *(15, 17–18, 20–21)*, der Himmel als Flügelpaar *(19, 21–24)*, der Himmel als Frau *(25–26, 28–30, 32–33)*, der Himmel als Ozean *(32, 34, 36)*, wobei in jeder Vorstellung ein anderer Aspekt des Himmels in einem Symbol dargestellt wird. Diese «multiplicity of approaches», die einem bei der ao Ikonographie in die Augen springt, finden wir in den Pss ganz ähnlich.

Der Bereich unter der bewohnten Erde wird vom Wasser beherrscht (z. B. 24,2) insofern man in der Tiefe und ringsum auf Wasser stößt. Der Bereich unter der bewohnten und von der Sonne beschienenen Erdoberfläche ist auch der der Toten (z. B. 63,10), weil sie dort begraben sind. Die beiden Aspekte stehen auf ao Weltbildern unverbunden nebeneinander, wie etwa *34* zeigt, und werden nicht in ein perspektivisches Verhältnis gebracht, wie das auf modernen «ao Weltbildern» *(56–57)* geschieht. In der Vorstellung vom Sterbenden, der in den Bereich der Urflut gerät (z. B. 18, 5f), sind zwar beide Aspekte verbunden oder noch besser vermischt, was aber nicht heißt, daß man sich um eine zusammenfassende Schau dessen bemühte, was sich unter der Erde befindet. Bei diesen, in ihrer Eigenart für den AO schwer durchschaubaren Räumen bestehen die verschiedenen Vorstellungen – ganz ähnlich, wie heute verschiedene Arbeitshypothesen – gleichwertig nebeneinander.

Wir könnten vom europäischen Standpunkt aus sagen, daß jede geeignet scheint, einen bestimmten Aspekt des Anvisierten zu *erklären*. Bei dieser Betrachtungsweise läge dann aber der Versuch nahe, die verschiedenen Hypothesen miteinander in Beziehung zu setzen, sie zu diesem Zweck kritisch zu begutachten und schlußendlich zu einem systematischen Verständnis des Ganzen zu kommen. Aber dazu kommt es im AO nicht. Denn hier handelt es sich um ein europäisches und nicht um das Anliegen des AO. Ihm dienen die verschiedenen Bilder nicht – jedenfalls nicht primär – dazu, das Dargestellte zu *erklären*, sondern zu *vergegenwärtigen*, wenn das Bemühen zu erklären auch nicht einfach überall und rundweg abwesend ist. Es dürfte doch höchst selten die treibende Kraft sein. Die Vergegenwärtigung eines Ereignisses oder eines Objekts durch Sprache und Bild hat meistens den Zweck, diese in ihrer Existenz zu sichern und den, der sie vergegenwärtigt, an ihnen teilhaben zu lassen. Die bereits genannte Szene vom Niederschlagen der Feinde dient in der Regel, wie bereits angedeutet, nicht der Darstellung eines historischen Ereignisses und noch viel weniger der Erklärung, warum der Pharao und nicht seine Gegner siegten, sondern das Bild soll in allen Varianten die Siegesmacht des Pharao vergegenwärtigen und sichern. Auch das berühmte Reden vom Entstehen der Welt und des Menschen «ist nicht aus der Frage des Intellekts nach dem Ursprung des Vorhandenen oder des Seienden erwachsen, sondern aus der Sorge um die Sicherung des Seienden» (Westermann, Genesis 29). Dazu eignen sich aber das magisch-beschwörende dichterische Wort und das zeichenhafte denkmalartige Bild besser als das erklärende Sachbuch oder die naturalistische Zeichnung.

Das beschwörende Vergegenwärtigen ist primär von den Bedürfnissen des Beschwörers und nur zweitrangig von der Eigengesetzlichkeit des Beschworenen bestimmt. Von daher kommt der Vereinbarkeit oder Unvereinbarkeit der verschiedenen Aspekte geringe Bedeutung zu. Wenn der Tote – wie der Sonnengott – jeden Morgen vom Himmel wiedergeboren werden soll, stellt man ihn als Frau dar. Wenn er sich schützend über das Königshaus wölben soll, vergegenwärtigt man ihn als Flügelpaar. Der AO bemüht sich selten – aus wissenschaftlicher Neugier – um eine Sache an sich.

Sein Denken und Reden ist in der Regel intensiv engagiert und zweckbestimmt. Die Vielzahl der unverbunden nebeneinander stehenden Aspekte entspricht der Vielzahl der von verschiedenen Zwecken bestimmten Annäherungen (approaches). Die Beachtung dieser Eigenheit ist bei der Exegese der Pss von größter Bedeutung (vgl. Keel, Feinde 85–90).

Die vorliegende Arbeit

Die vorliegende Arbeit stellt meines Wissens den ersten Versuch dar, die Vorstellungswelt eines biblischen Buches systematisch mit derjenigen der ao Ikonographie zu vergleichen. Es ist nicht zufällig, daß dieses Buch gerade der Psalter ist (wobei Stücke aus andern Büchern, die wie Hiob oder einzelne Kapitel bei Jeremia stark von der Psalmensprache geprägt sind, miteinbezogen werden):

1. Die engen Beziehungen der Hymnen und Gebete Israels zu denen seiner Umwelt haben für den mesopotamischen Raum die Arbeiten von Begrich, Castellino, Cumming, Gamper, Stummer, Widengren u.a., für Ägypten die von Gunkel, Nagel und besonders das monumentale Werk von Barucq und für den kanaanäisch-phönizischen Bereich die von Jirku, de Liagre-Böhl und der große Kommentar von Dahood aufgezeigt (vgl. Literaturverzeichnis).

2. Eine Reihe von Themen, die in den Pss eine ganz besondere Rolle spielen, gehören zu den bevorzugten Gegenständen der ao Ikonographie, so etwa das Weltgebäude (vgl. Schäfer, Weltgebäude), der Tempel, der König (Moret, Royauté; Frankfort, Kingship 3–12), der Kult und andere.

Die unter 1. genannten Arbeiten befassen sich fast ausschließlich mit den Texten. Seit Gunkels Kommentar (1929) verweisen zwar die meisten Psalmenkommentare gelegentlich auf die ao Ikonographie. Gunkel selber hat das recht oft getan, aber auch bei ihm geschieht es nicht systematisch und bei seinen Nachfolgern, etwa bei Kraus, noch viel weniger, obgleich seit Gunkels Kommentar sehr viel neues Bildmaterial zugänglich geworden ist.

Eine recht umfangreiche Auswahl davon ist bei James B. Pritchard in seinem 1954 erschienenen Werk «*The Ancient Near East in Pictures relating to the Old Testament*» (ANEP) und dem dazugehörigen Supplementband, der 1969 folgte, leicht zugänglich (882 Abbildungen). Diese Sammlung ist für jeden, der sich mit unserm Thema befaßt, ganz unentbehrlich. Von den 556 Abbildungen des vorliegenden Werkes finden sich rund 130 auch in ANEP. Ein Nachteil des ANEP ist allerdings, daß das Werk den zweiten Teil seines Titels nicht ganz zu Recht trägt. Mag es auch im Hinblick auf die Beziehungen der einzelnen Bilder zum AT zusammengestellt sein, so bleibt es doch fast ausnahmslos dem Benützer des Werkes vorbehalten, diese Beziehung zwischen dem AT und den gebotenen Bildern tatsächlich herzustellen. Zudem ist die Sammlung ziemlich einseitig unter realkundlich-historischen Gesichtspunkten angelegt. So fehlen für die Vorstellungs- und Ideenwelt wichtigste Bilder, wie etwa die bedeutendsten ao Darstellungen der Welt (*8, 33–34*), die Geburts- und Kindheitsgeschichte des Pharao (*332–333, 335–340*) und vieles andere (z.B. *144, 358, 451* usw.).

Auch bei den 1927 in zweiter Auflage erschienenen «*Altorientalischen Bildern zum Alten Testament*» (678 Abbildungen) von Hugo Greßmann bleibt die Herstellung eines Zusammenhangs mit dem AT fast ausnahmslos Sache des Lesers. Abgesehen davon lassen die AOB natürlich alles vermissen, was seit 1927 entdeckt wurde. So haben die AOB und das vorliegende Werk nur ca. 70 Bilder gemeinsam. Für das Material der früheren Ausgrabungen sind die AOB immer noch eine großartige Fundgrube.

Am ehesten trifft sich das Anliegen dieses Buches mit dem des großen fünfbändigen Werks «*Views of the Biblical World*», das von israelischen Gelehrten unter der Leitung von Benjamin Mazar geschaffen wurde und 1958–1961 erschienen ist. Es bietet ein reiches Material an Karten, Landschaftsbildern und Aufnahmen von archäologischen Funden. Damit werden einzelne Verse aus allen biblischen Büchern (hebräisches AT und NT) illustriert.

Der Zusammenhang zwischen Bild und Bibeltext wird meist sorgfältig aufgezeigt. Ein Nachteil des Werkes ist, daß auf die einzelnen Bücher verhältnismäßig wenige Bilder entfallen (auf die Pss 50). Schwerer wiegt, daß diese nicht thematisch gruppiert sind. So muß man z.B. die Bilder zum «König» aus allen vier AT-Bänden zusammensuchen. Die einzelnen Bilder können sich so gegenseitig nur beschränkt erklären, und man erhält nur mühsam ein einigermaßen geschlossenes (optisches) Bild. Technische Angaben sind nur rudimentär und bibliographische so gut wie gar nicht vorhanden. Die Auswahl ist ähnlich wie in den ANEP stark auf das Realkundliche und Historische ausgerichtet. So sucht man auch hier vergeblich nach den Bildern zur Geburtsgeschichte des Pharao, die doch zweifellos geeignet wären, die «Sohnschaft» des Königs in 2, 89 und 110 – wenn z.T. auch kontrastierend – zu illustrieren. Ein krasser, aber nicht ganz untypischer Fall ist die Illustration von *132,2–5* (Davids Bemühen um die Wohnstätte Jahwes: «nicht will ich steigen auf meine Lagerstatt... bis ich finde einen Platz für Jahwe...») mit der Darstellung eines assyrischen Bettes in einem Lagerzelt. Der Text geht auf die Bedeutung des Zelts im alten Israel ein. Wer sich dafür interessiert, wird nicht unbedingt zuerst an dieser Stelle suchen. Ein Register haben die fünf Bände nicht. Eines der zahlreichen Bilder, die das Bemühen des Königs um die Wohnung der Gottheit vergegenwärtigen (vgl. *361–372*), hätte hier näher gelegen und mehr ausgesagt.

Im Gegensatz zu AOB und ANEP möchte das vorliegende Buch nicht nur Illustrationsmaterial bieten, sondern dieses auch Bild für Bild mit den Texten eines biblischen Buches konfrontieren.

Dabei sollen nicht nur Realien im Bild vorgeführt werden, sondern es soll vor allem auf grundlegende Ordnungen und religiöse Aussagen eingegangen werden. Im Gegensatz zum Vorgehen der «Views of the Biblical World» wurde das Material thematisch zusammengestellt. Die Anordnung ist in manchen Punkten anfechtbar. Das Problem besteht schon, wenn man sich thematisch zu den Pss äußert. Jeder Ps ist ein Ganzes, das bei einer systematisch-thematischen Behandlung zerbrochen wird. Das gleiche gilt oft im selben Maß von den ao Bildern und ihrem Kontext. Unser Vorgehen erfordert ein doppeltes Zerbrechen. Es versteht sich von selbst, daß man bei diesem mehrfachen Abtragen und Neukomponieren am Schluß über den Standort manches Details streiten kann. Die Vorteile des Vorgehens sind aber dennoch evident. Bei der thematischen Zusammenstellung erläutert ein Bild das andere, ein Ps-Vers den andern, und es kann ein gewisser Gesamteindruck Gestalt gewinnen. Die Behandlung der einzelnen Ps-Verse speziell in ihrem Zusammenhang ist Sache der Kommentare. Der Vorteil der von den «Views of the Biblical World» angewandten Anordnung liegt in der Möglichkeit, zu einem bestimmten Bibelvers rasch ein entsprechendes Bild finden zu können. Dieser Vorteil wird aber durch das Bibelstellenregister im vorliegenden Buch wettgemacht. Es erlaubt, zu einem Ps-Vers oft nicht nur eines, sondern gleich mehrere Bilder zu finden.

Was die Zusammenstellung der Pss-Texte mit den einzelnen Bildern betrifft, dürfte ihr Sinn oft durch die Lektüre des fortlaufenden Textes einsichtig werden. Sollte dies nicht der Fall sein, ist das weiter auch nicht schlimm. Die vorliegende Arbeit will in erster Linie zu einer bestimmten Betrachtungsweise anregen. Ihr erstes Anliegen ist nicht die Klärung jedes einzelnen Details. Sie hat sich vielmehr die Aufgabe gestellt, in einer Art Übersichtsbericht (survey) ein möglichst breites Bildmaterial leicht zugänglich zu machen und (im fortlaufenden Text) auf Ähnlichkeiten zwischen der Problemlage und Vorstellungswelt dieser Bilder und jener der Pss hinzuweisen. Dabei ist in den wenigsten Fällen an die an sich mögliche (historisch faßbare) Abhängigkeit eines Ps-Verses von der ao Bildkunst gedacht, sondern es handelt sich um das Aufzeigen gleicher, ähnlicher oder auch diametral entgegengesetzter Auffassungen des gleichen Phänomens (z. B. des Himmels, des Todes, des Königs) im alten Israel und in seiner Umwelt. Dabei wird auf die Unterschiede im allgemeinen weniger nachdrücklich hingewiesen als auf die Berührungspunkte, weil erstere dem Beschauer, vor allem dem, der im Umgang mit ao Bildwerken nicht geübt ist, leichter in die Augen springen. Es ist dem Verfasser, wie bereits angedeutet, nur zu gut bewußt, wie unausgegoren manche Einzelpunkte sind. Das ist bei einem Survey schwer zu vermeiden. Aber er hofft auch, daß dieser, wie so mancher andere Survey, sich für jene, die sich mit der Vorstellungswelt des AT und besonders der Pss beschäftigen wollen, als eine Fundgrube erweise.

An ihrer Entstehung sind viele beteiligt. Ich kann hier nur jenen danken, deren Beitrag entscheidend war. Meine Eltern ermöglichten mir 1964/65 noch als Student eine erste Begegnung mit den eindrücklichen Zeugnissen der Hochkulturen Ägyptens und Vorderasiens. Während dieses Aufenthalts im Nahen Osten machte mich Jean-Georges Heintz, jetzt an der Theologischen Fakultät der Universität Straßburg, eindringlich auf die Bedeutung der ao Ikonographie für das Verständnis des AT aufmerksam. Einen ersten Entwurf dieser Arbeit konnte ich als Lichtbildervortrag einem Kreis junger Exegeten im August 1966 anläßlich einer Psalmen-Studienwoche in Einsiedeln vortragen. Zur Klärung mancher Fragen haben die Teilnehmer am Seminar «Psalmen und ao Ikonographie» (1970/71) und das Verständnis und Interesse meiner Kollegen vom Bibel-Institut der Universität Freiburg i. Ü. beigetragen. Prof. Werner Vycichl hat mich in ägyptologischen Fragen beraten.

Die Bibliotheksverhältnisse an der Universität Freiburg, die ohne umfassende orientalistische Tradition ist, sind für ein Unternehmen wie das vorliegende nicht ideal. Die Bereitschaft des Personals der Kantons- und Universitätsbibliothek, alle Möglichkeiten des interurbanen Leihdienstes zu nützen, war so von existentieller Bedeutung. Wo mir die *editiones principes* nicht zugänglich waren, habe ich mich bemüht, zuverlässige Sekundärliteratur zu benützen. Ein vom Schweizerischen Nationalfonds ermöglichter Aufenthalt am Oriental Institute der Universität von Chicago während des Studienjahres 1971/72 hat mir gestattet, eine Reihe von Verbesserungen und Ergänzungen vorzunehmen, nachdem das Manuskript bereits ein erstes Mal abgeschlossen war. Die a-Nummern (z. B. *63a*) der Abbildungen gehen auf diese Bearbeitung zurück.

Bei der Fertigstellung des Manuskripts waren Odo Camponovo, Max Küchler und Urs Winter in vielfältiger Weise behilflich. Odo Camponovo hat sich zudem durch das Erstellen des Literaturverzeichnisses und des Bibelstellenregisters verdient gemacht.

An eine Publikation der Arbeit wäre aber ohne den unermüdlichen Einsatz meiner Frau nicht zu denken gewesen. Sie hat von den ersten Tagen unserer Begegnung im Frühling 1968 an mit immer größerem Einfühlungsvermögen, mit zäher Beharrlichkeit und Akribie ungefähr 225 der 524 Strichzeichnungen angefertigt. Zahlreiche Details sind auf ihnen rascher und sicherer zu erkennen als auf photographischen Wiedergaben mittlerer Qualität. 500 erstklassige Photos in erstklassiger Wiedergabe hätten das Werk unerschwinglich teuer werden lassen. Die Zeichnungen, die dieses Buch enthält, sind den verschiedenen Quellen entsprechend nach unterschiedlichen Verfahren hergestellt. Skulpturen und Reliefs sind in der Regel mit natürlichen oder künstlich ergänzten Schatten ausgestattet. Bei Malereien sind sie entgegen älteren Verfahren (etwa bei Lepsius) unterlassen. Da aber manche Bilder aus schon bestehenden Werken übernommen wurden, sind diese Grundsätze nicht überall durchgeführt (vgl. z. B. die beiden Wandmalereien *341* und *342*). Diese Inkonsequenz würde sich bei einem kunstgeschichtlich orientierten Werk natürlich sehr negativ auswirken. Bei dem hier gegebenen primär ikonographischen und nicht stilistischen Anliegen ist sie von geringerer Bedeutung. Der kunstgeschichtlich interessierte Leser sei auf die photographischen Reproduktionen aufmerksam gemacht, auf die bei den Quellennachweisen zu den einzelnen Bildern in der Regel hingewiesen wird.

Mit der Fertigstellung von Vorlagen ist ein Buch noch lange nicht geboren. Während meiner Abwesenheit in den USA hat mein Vater in unermüdlichem Einsatz die oft schwierige Betreuung des immer noch wachsenden Manuskripts übernommen und als kompetenter Verbindungsmann zum Verlag und den technischen Werkstätten geamtet. Diese haben dem Manuskript alle wünschbare Sorgfalt angedeihen lassen und die verschiedenen Nachträge geduldig entgegengenommen und ebenso rasch wie präzis eingearbeitet. Dem Verlag aber sei für seine Risikofreudigkeit gedankt, die hoffentlich auch diesmal nicht des ihm sonst eigenen Gespürs für die Bedürfnisse des Bücherpublikums entbehrt.

Man charakterisiert unsere Zeit gern als Epoche des visuellen Menschen. Vielleicht trägt der visuelle Zugang zum Buch der Pss bei, seine unsentimentale Kraft und Schönheit dem einen oder andern neu sichtbar zu machen.

Zum Schluß noch ein praktischer Hinweis. Das erste Kapitel über die Vorstellungen vom Weltgebäude ist aus verschiedenen Gründen das anspruchsvollste und mühsamste. Wer sich leicht entmutigen läßt, wird besser mit dem zweiten oder dritten Kapitel beginnen. Das ist möglich, da jedes Kapitel eine einigermaßen geschlossene Einheit bildet.

Freiburg im Üchtland, August 1971
Chicago, Juni 1972

Othmar Keel

I. VORSTELLUNGEN VOM WELTGANZEN

Im Anschluß an Heinrich Schäfers Aufsatz «Weltgebäude der alten Ägypter» wird der Stoff dieses Kapitels in zwei Hauptabschnitte gegliedert: die technischen und die mythischen Vorstellungen vom Weltgebäude. Dabei müssen wir uns gleich von Anfang an klarmachen, daß diese Zweiteilung hauptsächlich für uns relevant ist, vor allem dann, wenn wir technisch noch mit empirisch und mythisch mit phantastisch in Beziehung bringen. Was wir als mythisch bezeichnen, galt dem AO nämlich als ebenso gewiß und war ebensosehr in seiner Erfahrung (Empirie) begründet wie das, was auch wir als empirisch gelten lassen. Die Himmelsgöttin Nut war für den alten Ägypter eine Wirklichkeit von eben der Art wie die Berge, zwischen deren Gipfel ihm der Sonnengott jeden Morgen erschien (*9–13*; vgl. zur ganzen Frage: Schott, Voraussetzung). Der Unterschied bestand nur darin, daß er von der fernen und undurchsichtigen Wirklichkeit der Grenzbezirke der Erde weniger eindeutige Vorstellungen besaß als von der alltäglichen Welt, die ihm durchsichtig war, und die er, wenigstens teilweise, selber gestaltete. Was konnte ihm verbieten, diese geheimnisvollen Bereiche ebenso oft kraft unbewußter oder bewußter Analogien aus dem biologischen (Geburt, Tod) oder psychologischen (Haß, Liebe) Bereich zu verstehen, wie mit Hilfe solcher aus dem technischen. So wird der morgendliche Sonnenaufgang in Ägypten bald als Geburt, bald als Eintritt durch ein Tor verstanden. Für den Ägypter war das eine ebenso wirklich wie das andere. Die dürftigen Informationen, die er über diese fernen Randbezirke besaß (oder zu besitzen glaubte), boten zahlreichen Auslegungen durch Intuitionen und Spekulationen Raum. Diese wurden aber oft schon von ihren Autoren und noch öfter von deren Umwelt nicht als solche verstanden, sondern als Informationen, die ihrerseits zu neuen Intuitionen und Spekulationen Anlaß gaben, die schließlich zu Vorstellungen führten, denen auf den ersten Blick jede Erfahrungsgrundlage zu fehlen scheint. Aber das ist nur für uns so. Auf zahlreichen ägyptischen Bildern finden wir denn auch Auffassungen, die wir als technisch, und solche, die wir als mythisch bezeichnen, ununterschieden nebeneinander. Die Einteilung in die beiden Gruppen kann, da sie eigentlich sachfremd ist, nur aufgrund des Vorherrschens des einen oder andern Aspekts erfolgen und ist oft unserm Ermessen überlassen.

1. Technische Vorstellungen

Das technische Verständnis der Welt, ihre Durchsichtigkeit und Machbarkeit sind aufs engste mit ihrer Quantifizierbarkeit verbunden. Spätestens zu Beginn des 3. Jt.s v. Chr. hat in Ägypten und Mesopotamien eine intensive Quantifizierung des Lebensraumes eingesetzt. Die Anlage von Bewässerungskanälen bedurfte ebenso wie die monumentale Architektur Vermessungen aller Art (von Soden, Leistung und Grenze 78). Nahezu dreißig Grundrißzeichnungen von Tempeln, Palästen, Stadtteilen und Städten sind uns heute aus dem alten Mesopotamien bekannt (Heinrich/Seidl, Grundrißzeichnungen). Sie reichen von den Darstellungen reicher Privathäuser (*1–2*) bis zu derjenigen komplizierter Palast- und Tempelanlagen. Diesen sind oft eine Menge technischer Daten beigegeben. Eindrücklicher als die Ruinen dieser Bauten führen sie uns den damaligen Menschen als Besitzer und Gestalter seiner Welt vor Augen.

Das Sitzbild des Gudea von Lagasch als Architekten (*3*) zeigt uns, daß es aber trotz des offensichtlichen technischen Könnens verfehlt wäre, diesen Menschen als seiner Fähigkeiten und Macht bewußten Vollstrecker seines eigenen autonomen Willens zu sehen. Das Sitzbild Gudeas mit einem von ihm erstellten Plan auf den Knien wurde in den Tempel des Herrn von Lagasch (Ningirsu) gestiftet. Demütig sitzt Gudea vor seinem Gott. Die Statue und die darauf angebrachte Inschrift sollen diesen daran erinnern, was Gudea alles unternommen hat, um das für den Tempelbau nötige Holz, die Steinblöcke, das Kupfer und das Gold herbeizubringen (vgl. *132, 1–5*). Er tat das alles als getreuer Diener auf ausdrücklichen Befehl des Gottes Ningirsu (SAHG 137–182, 372–374). Ningirsu hatte

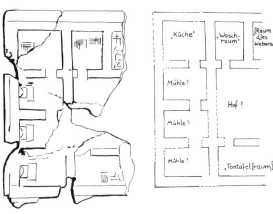

1. und 2. Bruchstück einer Tontafel aus Nippur, auf der die Wirtschaftsräume eines herrschaftlichen Hauses eingeritzt sind. Die Funktion von vier Räumen wird durch Schrift, die von drei anderen durch ein Bild (Mühlen im Aufriß) angegeben.

im Traume Gudea den Gott Ninduba (Herr der Tafel) sehen lassen: «Er hatte die Arme gebeugt, hielt eine Platte aus Lapislazuli in der Hand, setzte darauf den Grundriß des Hauses» (SAHG 142). Ningirsu ist der Bauherr, Ninduba der Architekt. Gudea ist nur ausführendes Organ. Er hat den Plan gezeichnet – darauf weist der neben dem Grundriß liegende Griffel deutlich genug hin – aber im Auftrag eines andern (vgl. Ex 25,9.40 1 Chr 28,19). Der Bau kündet nicht den Ruhm Gudeas, sondern durch ihn lernen «alle Fremdländer

Ningirsus Heldenkraft kennen» (SAHG 182). Nicht nur beim Bau eines Tempels ist die Gottheit wesentlich beteiligt. In einem sumerischen Lied auf Nisaba, die Göttin des Getreides und der Schreibkunst, heißt es: «Nisaba, wo du es nicht festsetzst, baut der Mensch kein Haus, baut er keine Stadt, baut er keinen Palast...» (SAHG 66; vgl. 127, 1).

Die technische Beherrschung der Welt nimmt im Gesamt des ao Welterlebens einen bescheidenen Raum ein. *4 und 5* zeigen zwei Pläne der Stadt Nippur (150 km südöstlich von Bagdad). Der eine *(4)* ist auf eine Tontafel con ca. 17×20 cm geritzt und stammt aus der Zeit um 1500 v. Chr. *(5)* gibt den Plan wieder, den die amerikanischen Ausgräber dieser Stadt in unserm Jahrhundert angefertigt haben. Man staunt über die Genauigkeit des alten Planes. Mit Hilfe der beigefügten Zahlen findet man rasch die entsprechenden Mauern, Kanäle (7, 8, 9, 17, 18), Tore (10–16) und Tempel (2, 3). Bei 1 steht der alte Name für Nippur. Den Bewohnern Mesopotamiens war es um 1500 v. Chr. also möglich, ein Gebiet von ca. 900×800 m relativ genau zu erfassen. Seine Welt, die Stadt, war von ihm ausgedacht, geplant und gebaut, und er war für ihren Unterhalt verantwortlich. Aber es ist der Gott, der sie «hat strahlend erstehen lassen» (SAHG 90).

Wie Nippur war auch das Jerusalem des 1. Jt.s v. Chr. dem Menschen eine voll durchschaubare Größe. Ezechiel ritzt ihren Grundriß nach babylonischer Manier auf eine Tontafel (Ez 4, 1). Dennoch künden ihre Mauern, Bollwerke und Türme den Ruhm Jahwes (48, 13 f). Er hat Jerusalem gegründet (87, 1. 5 b), die Riegel seiner Tore fest gemacht (147, 13), und wenn seine Mauern darniederliegen, bittet man IHN, sie wieder aufzubauen (51, 20; vgl. 147, 2). Das ist in Ägypten nicht anders. Selbst eine so junge und traditionslose Stadt wie Pi-Ramses soll Re (der Sonnengott) gegründet haben (Erman, Literatur 261).

War ein Gebiet nicht eben und größer als ein paar Quadratkilometer, so wurde es für den AO schon schwierig, sich von ihm eine technische und genaue Vorstellung zu machen. Das demonstriert ein ägyptischer Papyrus aus der Zeit der 19. Dynastie *(6)*, der also ein wenig jünger ist als der Stadtplan von Nippur. Er stellt ein Bergbaugebiet im Wadi Hammamat dar, durch das schon im Altertum eine Straße von Koptos beim großen Nilknie nach Kosseir am Roten Meer führte *(7)*. Das dargestellte Gebiet hat eine Ausdehnung von ca. 10 auf 15 km. Den Zahlen auf *6* entsprechen auf dem Original kurze hieratische Notizen. Sie belehren uns, daß die beiden Bänder Nr. 1 und 3 auf *6* den beiden Straßen (gestrichelte Linien) auf *7* entsprechen sollen. Beim Brunnen (Nr. 7, resp. Bir Hammamat) beginnt die Verbindungsstraße mit dem typischen Knie nach rechts (Osten). Mag der nicht sehr genau getroffene Verlauf der beiden Straßen, die tiefen Trockentälern folgen und ihre Richtung so im Lauf der Jahrtausende nicht haben ändern können, der skizzenhaften Art des Planes anzulasten sein, so wird bei der Darstellung der Berge, die die Wege säumen, deutlich, daß ein unebenes Gelände den alten Kartographen unüberwindliche Hindernisse bot. Während die Straßen aus der Vogelschau gezeichnet sind, sind die Berge als mehr oder weniger regelmäßige Kegel im Aufriß wiedergegeben. Nr. 4, 5 und 11 stellen Berge dar, wo man Gold gewinnt. Nr. 5 (geädert) entspricht dem «Montagne de l'or» auf 7, Nr. 12 dem Berg des Silbers und des Goldes (Montagne de l'argent et de l'or). Der Zeichner braucht, um einen anvisierten Gegenstand darzustellen, bald den Grundriß und bald den Aufriß. Der Stadtplan von Nippur ist konsequent im Grundriß gezeichnet, obgleich der Aufriß des einen und andern Gebäudes vielleicht einen charakteristischeren Anblick geboten hätte. Tempel, Paläste und andere Bauten, die der Mensch selber errichtete, waren ihm in jeder Hinsicht klar. Was man geschaffen hat, das kennt und beherrscht man (vgl. 33, 14 ff 94, 9 ff 139, 15). Ein bergiges Gelände, wie das des Wadi Hammamat mit seinen unübersichtlichen, unregelmäßigen Formen war nicht in gleicher Weise zu bewältigen. Der Stadtplan von Nippur wie die Skizze des Bergbaugebietes versuchen, die Teile eines bestimmten Ganzen in ihrem Verhältnis zueinander darzustellen, aber bei letzterem dominierte der Mensch nicht mehr wie beim ersten eine für ihn transparente Welt, sondern die unübersichtlichen Phänomene beherrschten ihn und zwangen ihn, wollte er sie einigermaßen in den Griff bekommen, immer wieder neue Standpunkte zu beziehen. So bekam er die Einzelheiten maximal ins Blickfeld. Der lebendige Zusammenhang ging verloren.

Worauf hier insistiert wird, ist nicht die Unfähigkeit des ao Menschen, ein größeres Gebiet von einem *einheitlichen* – sei es technisch-künstlichen (wie beim Stadtplan von Nippur oder

3. «Wenn nicht Jahwe es ist, der das Haus baut,
   dann mühen sich umsonst, die daran bauen» (127, 1).

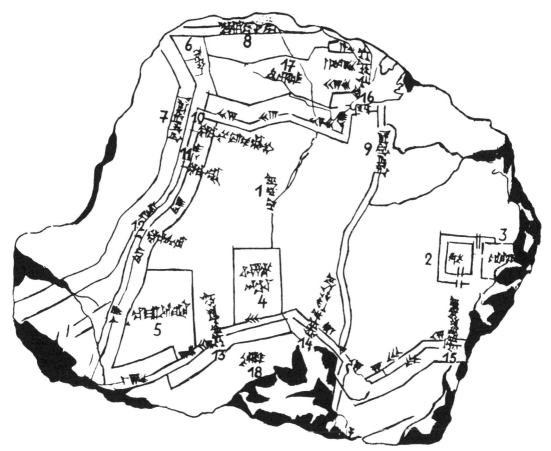

4. «Umschreitet den Zion... achtet auf seinen Wall, mustert seine großen Gebäude, damit ihr dem nächsten Geschlecht erzählen könnt: Ja, *das ist Jahwe*, unser Gott für immer und ewig!» (48,13 f).

der modernen Kartographie), sei es perspektivisch-natürlichen (wie in der von der Perspektive beherrschten Kunst Europas) – *Gesichtspunkt* aus darzustellen. So gut wie sicher handelt es sich hier ja gar nicht primär um eine technische Unfähigkeit, sondern um eine instinktive Abneigung, die Dinge so wiederzugeben, wie man sie von einem einzigen zufälligen Gesichtspunkt aus sieht, oder positiv, um die tiefsitzende Notwendigkeit, die Dinge so zu zeigen, wie man sie in langem Umgang und mit allen seinen Sinnen erfahren hat und nun in sich herumträgt (Denkbild). Im großen Augenblick des erstmaligen Erscheinens perspektivischer Malerei hat sich Plato mit dem Argument gegen sie verwahrt, daß sie nur den Schein und nicht die Wirklichkeit wiedergebe (vgl. Schäfer, Von ägyptischer Kunst 94f). Was den ao vom heutigen Menschen unterscheidet, ist diese Abneigung Platos gegen den subjektiven momentanen Eindruck und die Empfänglichkeit für die Dinge in ihrer Eigenheit und Eigenständigkeit.

Der ao Mensch hat «Häuser» als Fundamentgräben und Grundmauern im Grundriß gesehen, aber Berge hat er – des Fliegens nicht mächtig – mit seinen Augen und seinen Füßen als spitze oder stumpfe Kegel erfahren, und wenn er dieser fundamentalen Erfahrung nicht Gewalt antun wollte, *mußte* er Berge zweidimensional als Dreiecke oder ähnlich wiedergeben, wie das auf 6 geschieht. Der ao Mensch hat die Eigenmächtigkeit der Dinge nicht nur im Bereich des Sehens stärker erfahren als der manipulierende Mensch des 20.Jh.s n.Chr. Ein Berg vermochte, um beim Beispiel zu bleiben, auch den

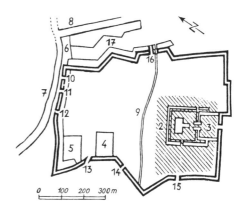

5. Grundriß von Nippur *(4)*, wie er sich den Ausgräbern des 19. und 20.Jh.s zeigte.

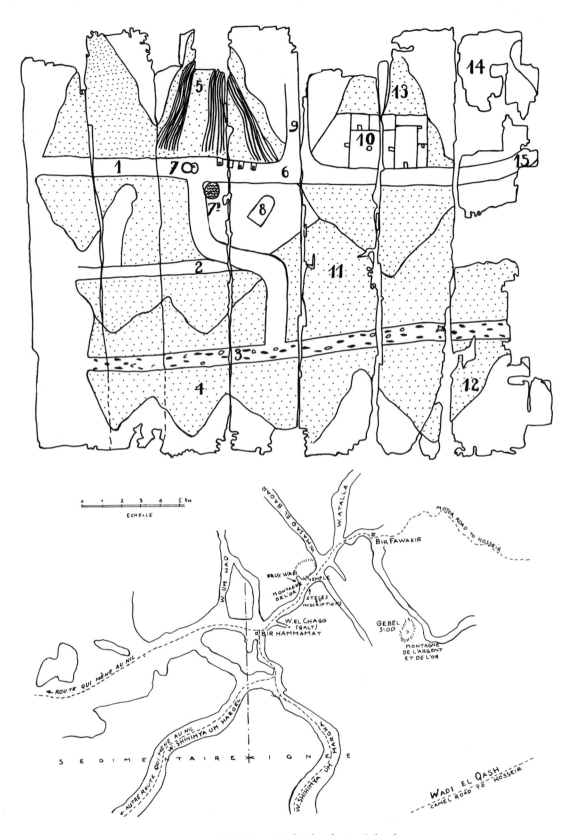

6. und 7. «Bevor die *Berge* geboren wurden... von Ewigkeit zu Ewigkeit bist du, Gott!» (90,2)
«Die *Berge* schmelzen wie Wachs vor Jahwe, vor dem Herrn der ganzen Erde» (97,5).

Verkehr (das Schreiten) wirksam zu hindern. Umgekehrt konnte er einer Siedlung Schutz gewähren, indem er den Belagerern ein fast unüberwindliches Hindernis bot.
Die gewaltige Eigenmächtigkeit der Berge hat sie dem ao Menschen wie zahlreiche andere Größen als göttliche Bereiche, ja als Götter erscheinen lassen, worin sich der bekannte jedem naiven Objektivismus innewohnende willkürlich-schöpferische Subjektivismus kundtut (vgl. dazu Schäfer, Von ägyptischer Kunst 148–152). Der Berg Nr. 13 auf *6* ist der «reine Berg», auf dem, wie die Inschrift bei Nr. 14 sagt, Amon residiert. Bei Nr. 10 ist «die Kapelle des Amon des reinen Berges» eingezeichnet, deren Ruinen man gefunden hat (zum Ganzen vgl. Goyon, Le Papyrus de Turin). Aus der thebanischen Gräberstadt ist ein Danklied an eine Göttin (Mert-seger) erhalten, die den Beinamen «Bergspitze» führt. Der Beter belehrt seine Umgebung:

«Hütet euch vor der Bergspitze,
denn ein Löwe ist in der Spitze;
sie schlägt, wie ein wilder Löwe schlägt,
und verfolgt einen, der gegen sie sündigt»

(Erman, Denksteine 1099; vgl. Taf. XIII). Man spürt aus diesem Text noch, wie sich dem damaligen Menschen die numinose Macht der Berge konkretisierte (vgl. van Buren, Mountain-Gods und *42* und Kp III.1). Die Pss betonen, wo sie von Bergen reden, die Übermacht Jahwes (89,13 90,2 97,4f 104,32 121,1f). Die Berge sind durch das Erlebnis der Einzigkeit Jahwes als Götter zwar entthront, aber sie behalten eine gewisse Eigenmächtigkeit, und wenn sie «Jahwe singen» oder «vor ihm erbeben», sind das mehr als poetische Floskeln. Das alte Israel scheint vom Weltgebäude, was dessen technische Seite anbelangt, recht ähnliche Vorstellungen gehabt zu haben wie die sogenannte babylonische Erdkarte *(8)*. Diese versucht in einer nur 8×8 cm großen Skizze die Welt als Ganzes darzustellen, die Erde (im weitern Sinn) mit der Zeichnung, den Himmel hauptsächlich im beigegebenen Text.
Das Täfelchen stammt aus dem 6. Jh. v. Chr., dürfte aber auf viel ältere Vorbilder zurückgehen, da man im 6. Jh. v. Chr. in Mesopotamien doch einen wesentlich weiteren Gesichtskreis als den hier dargestellten hatte (Grelot, Géographie mythique 64). In den wesentlichen Umrissen hat sich die Vorstellung allerdings kaum geändert. Obwohl das Täfelchen stark zerstört ist, wird deutlich, daß man sich die Erde kreisrund vorgestellt hat. *8* legt nahe, sie als flache Scheibe zu verstehen, aber in anderen Darstellungen *(22, 23)* erscheint sie als Berg. Sie wird von einem ebenso kreisrunden Band, dem Bitterstrom *(nâr marratu)*, d.h. dem Ozean umflossen. In den Pss stehen «Meer» und «Strom» (resp. Ströme), wie in ugaritischen Texten der «Fürst Meer» *(zbl jm)* und der «Richter Strom» *(tpṭ nhr)* oft parallel (24,2 66,6 80,12 und vgl. 89,26 93,3).
Berühmt ist die Stelle, wo dem israelitischen König mit folgenden Worten die Weltherrschaft gewünscht wird:

«Er herrsche von Meer zu Meer,
vom Strom bis zu den Enden der Erde» (72,8).

Auch die neueren Psalmen-Kommentare (Kraus, Deißler, Dahood) verstehen hier unter «Strom» in Anlehnung an 1 Kg 5,1 noch den Euphrat. Sie alle haben dann aber mit dieser geographischen Deutung Mühe zu erklären, was der Vers besagen soll, denn «vom Persischen Golf (Meer) bis zum Mittelmeer (Meer) und vom Euphrat (Strom) bis nach Gibraltar (Grenzen der Erde)» ist weder geographisch noch kosmographisch sehr sinnvoll. Wenn wir hingegen annehmen, daß der Psalmist ähnliche kosmographische Vorstellungen besaß wie die babylonische Erdkarte, dann haben wir einen strikten Parallelismus, bei dem zweimal gesagt wird, der König solle vom einen Rand der Erde bis zum andern herrschen (vom Meer bis zum Meer und vom Bitterstrom bis zu den Grenzen des Erdkreises), was einem Wunsch, resp. einer Verheißung entspricht, die dem König Israels als Vertreter Jahwes auf Erden durchaus angemessen ist (vgl. 2,8 89,26).
Die ringsum vom Ozean umspülte Erde auf *8* zeigt im Norden (oben) ein Gebirge. Auch im AT bezeichnet ṣāpōn den Norden im Sinne von «oben». Das Wort kann je nach Bedarf den hochgelegenen Teil der Erde (48,2f) oder den Wolkenhimmel bezeichnen (z.B. Hi 26,7f). Aus dem Gebirge entspringt der durch zwei parallele Linien angedeutete Euphrat. Er ergießt sich im Süden (unten) teils in die Sümpfe, teils in einen schmalen Arm des Bitterstroms (Persischer Golf). Wie

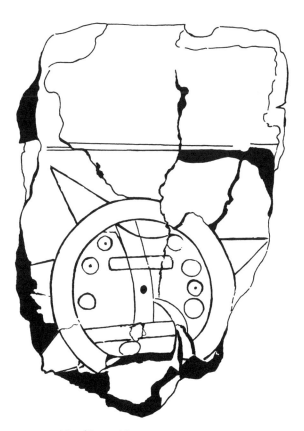

8. «... vom Meer bis zum Meer
und vom (Bitter-)Strom bis zu den Grenzen der Erde» (72,8; vgl. 2,8 und 89,26!) «In seiner (Gottes) Hand sind die (unerforschlichen) Tiefen der Erde, Ihm gehören die Spitzen der Berge, sein ist das Meer, er hat es gemacht, und das Festland, seine Hände haben es geformt» (95,4f).

skizzenhaft das Ganze ist, zeigt das Fehlen des Tigris. Etwas oberhalb des Kreiszentrums liegt als breites Rechteck Babylon. Die kleinen Kreise links und rechts davon bedeuten Städte oder Landschaften. So z.B. derjenige rechts von Babylon Assur. Die Größen auf der Erdscheibe entsprechen konkreten geographischen Gegebenheiten. Die kreisrunde Gestalt der Erde und des sie umgebenden Ozeans ist hingegen das Ergebnis eines intuitiv-spekulativen Vorgangs. Immerhin könnte er, insofern man von Babylon aus in zahlreichen Richtungen nach rund 700 km auf ein Meer stößt (Persischer Golf, Rotes Meer, Mittelmeer, Schwarzes Meer, Van- und Urmiasee, Kaspisches Meer, Indischer Ozean), eine gewisse Erfahrungsgrundlage besitzen. Ist diese allerdings bereits hier ziemlich dürftig, so fehlt sie bei den Größen, die jenseits des Bitterstroms liegen und durch 7 (teilweise zerstörte) gleichschenklige Dreiecke dargestellt werden, noch stärker.

Was stellen die mit ihrer Basis auf dem Bitterstrom aufruhenden Dreiecke dar? Im beigegebenen Text werden sie als *nagû* «Bezirke, Bereiche» bezeichnet. Vom fünften, oben rechts gelegenen Bezirk, bei dem nur noch die Beischrift, das Dreieck selbst aber nicht mehr erhalten ist, wird seine Höhe angegeben: 60 *ṣubban* = 1598,4 m. Wir haben es also mit einer beträchtlichen Erhebung, einem Berg zu tun (Lewy, The Week 10–25). Das legt auch die Form nahe. Die Kombination von Grundriß und Aufriß, die uns schon bei *6* begegnet ist, dürfte auch hier vorliegen. Die Erdscheibe ist aus der Vogelschau im Grundriß, die Berge sind im Aufriß dargestellt. Da die Basen dieser Berge im Meer aufruhen, hat man sie sich als Inseln vorzustellen. *nagû* kann tatsächlich «Insel» heißen (Unger, Babylon 257 Anm.1; Gilgamesch XI, 139; zum Ganzen: Grelot, Géographie mythique 64–68). Auch das AT stellt neben den Erdkreis die Inseln (97,1; vgl. 72,10). Diese Inseln bilden die Enden der Erde» (Jes 41,5), den äußersten kreisrunden Horizont (Hi 26,10), der aus riesigen Bergen besteht, die das Himmelsgewölbe tragen. Wenn Gott im Kampf mit den Mächten des Chaos das Meer bis auf den Grund aufwühlt, dann werden die Fundamente der Berge, resp. der Erde sichtbar (18,8.16). Der Paralleltext zu 18,8 in 2 Sm 22,8 liest statt «Fundamente der Berge» «Fundamente des Himmels». Die beiden sind identisch.

Dieser äußerste Horizont der Berge, die das Fundament des Himmels bilden, ist die Grenze zwischen Licht und Finsternis (Hi 26,10). Dort sind die Pforten der morgendlichen Helle und des abendlichen Dunkels (65,9). Nach den Beischriften zur babylonischen Erdkarte ist der 7. Bezirk (rechts unten, abgebrochen) derjenige, «wo der Morgen aus seiner Behausung aufleuchtet». In Ps 19 ist von der Pforte die Rede, durch die die Sonne, als jugendlicher Held vorgestellt, den irdischen Bereich betritt. Diese Szene wird auf den Rollsiegeln der Akkadzeit (2350–2150 v.Ch.), aus der auch die Vorlage für unsere Erdkarte stammen dürfte, sehr oft dargestellt *(9)*. Mit einem kräftigen Sprung steigt der Sonnengott aus den Bergen hervor. Er ist gekennzeichnet durch die Flammen, die aus seiner Schulter hervorschießen. Die Berge, aus denen er hervortritt, sind mythisch zwei weit geöffnete, mit Löwen geschmückte Tore (vgl. die Verbindung von Bergspitze und Löwe im oben S.17 zitierten Gebet aus der thebanischen Gräberstadt und die Horizontlöwen auf *16–18,39*). Auf dem Rollsiegel stehen die empirische Wirklichkeit (die Berge, zwischen denen die Sonne aufsteigt) und deren intuitiv-spekulative Deutung (die zwei Tore) unverbunden nebeneinander. In ganz ähnlicher Weise wie auf den akkadischen Roll-

9. «... dem Sonnenball schuf er ein Zelt,
wie ein Bräutigam tritt er aus seinem Gemach hervor, wie ein Held freut er sich, seinen Weg zu laufen.
Vom Ende des Himmels geht er aus und an dessen Ende führt ihn seine Bahn» (19,5c–7b).
«... die Pforten des Morgens und des Abends läßt Du jauchzen» (65,9).

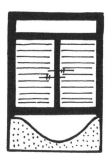   

10.–13. *10* zeigt das geschlossene Sonnentor über den Horizontbergen. Diese sind auch auf *11* zu sehen. Ein Diener ist dabei, das Tor zu öffnen, das oben vom Zeichen für «Himmel» *(p.t)* begrenzt wird. Auf *12* sieht man die Sonnenscheibe durch das geöffnete Tor eintreten. An ihrer Stelle ist auf *13* das Ideogramm für «Gott» getreten, eine ehrwürdige sitzende Person. Als Sehbild aufgefaßt, wäre der im Tor sitzende Gott ganz widersinnig.

siegeln wird in ägyptischen Totenbuchpapyri das Weltentor über den beiden Bergen dargestellt, die auf ägyptisch ꜣḫ.t heißen und den verklärten Ort bezeichnen, wo die Sonne auf- resp. untergeht *(10–13)*.
Wenn nach manchen Pss die Bewohner der Inseln, die das Ende der Erde bilden, gewöhnliche Menschen sind (vgl. etwa 72,10), so heißt das nicht, daß dort kosmographisch-spekulativ nicht der Himmel beginnen kann. In 65,9 stehen die Bewohner der Enden und die Sonnenpforten parallel. Nach 19,5c–7 befindet sich die Sonnenpforte aber am Ende des Himmels. Nach dem Text auf der babylonischen Erdkarte sind einzig zwei mythische Könige, Nûrdagan und Gilgamesch, der Held des gleichnamigen Epos, durch den Bereich der 7 Inselberge hindurch zu den Todesfluten einerseits und den himmlischen Gefilden anderseits gelangt. Nach dem berühmten Epos mußte Gilgamesch, bevor er die Inselberge erreichte, von Uruk aus zuerst die Steppe, dann ein großes, von zahlreichen Löwen bewohntes Gebirge und den Bitterstrom durchqueren, um zu dem Gebirge zu gelangen, das den täglichen Einzug und Auszug der Sonne bewacht, über das nur die Himmelshalde hinwegragt und das mit seiner Brust an die Unterwelt stößt (Taf. 9, II 1–5, 9, 20; vgl. Schollmeyer Hymnen 37).
Die geographisch faßbaren Inseln haben den Anstoß zur Vorstellung von den kosmischen Inselbergen gegeben, aber bei der Konkretisierung dieser Vorstellung dürfte der nähere Horizont (für Mesopotamien: des Zagrosgebirges im Osten, des Taurus im Norden und des Mittelmeers im Westen) eine größere Rolle gespielt haben als die nur sehr vage bekannten Inseln.
Dieser Erlebnishorizont dürfte auch in 139,8ff wirksam gewesen sein, wo die Allgegenwart Gottes wie folgt besungen wird:
«Wenn ich zum *Himmel* emporsteige, bist du dort.
Schlage ich meine Ruhestätte in der *Totenwelt* auf, bist du da.
Nehme ich die Flügel des *Morgenrots*,
lagere ich mich im fernsten *Meeresbereich*,
deine Hand faßt mich auch dort und (auch dort) hält mich deine Rechte.»
Analog zu Am 9,2f, wo in gleicher Anordnung *Himmel* und *Totenwelt* und *Karmelgipfel* und *Meeresgrund* genannt werden,

haben wir auch hier zuerst zwei rein kosmographische (Himmel und Totenwelt) und dann zwei eher geographische Begriffe (Stätte des Morgenrots und fernster Meeresbereich). Man kann die Begriffspaare in 139,8ff und Am 9,2f als Bezeichnungen für oben (Himmel, Morgenrot, Karmelgipfel) und unten (Meeresgrund, fernster Meeresbereich, Totenwelt) verstehen (vgl. 68,23). Ähnliches gilt für 107,3, wo wir die Begriffspaare Aufgang-ṣāpōn und Untergang-Meer finden. Die neueren Kommentatoren (Gunkel, Weiser, Kraus, Deißler) ändern *jām* (Meer) ohne textkritische Grundlage in *jāmīn* (Süden). Aber wenn wir ṣāpōn als Berggipfel (vgl. oben S. 17) und *jām* als Umschreibung von «unten» (vgl. 107,21 *jwrdj jām* «die das Meer hinabfahren») verstehen, haben wir in 107,3 eine zu Am 9,2f und 139,8ff parallele Aussage. Allerdings kann man aufgrund von Hi 11,7–9 in 107,3 und 139,8ff auch eine *vertikale* (Himmel, ṣāpōn-Scheol, *jām*) *und* eine *horizontale* (Aufgang, Morgenrot-Untergang, fernstes Meer) Linie beschrieben sehen. Dabei würde es sich bei der horizontalen um eine von Osten nach Westen leicht abwärts verlaufende Linie handeln, analog zu der von Westendorf (Altägyptische Darstellungen des Sonnenlaufes) für Ägypten nachgewiesenen, von Osten nach Westen abschüssigen Sonnenbahn (vgl. *19, 33, 36, 348*), die durch eine leichte Neigung von Ost nach West angedeutet wird. Dabei ist der obere Osten mit dem Bergesgipfel, dem Morgenrot, der aufgehenden Sonne und dem Himmel der Bereich des Lebens, der niedriger gelegene Westen mit der untergehenden Sonne, dem Meer und der Unterwelt der Bereich des Todes. Von daher wird auch verständlich, warum Jahwe den Himmel neigt, wenn er sich von dort auf die Erde begibt (18,10). *8* bezeugt aber nicht diese polare, sondern eine konzentrische Auffassung. Der Kreis der Inselberge führt ringsum in die himmlischen, der die Erde umgebende Bitterstrom überall zu den unterweltlichen Zonen. Gegenpol des Randes der Erde, wo sich der schwache, dem Tode nahe Mensch befindet (61,3) ist das Zentrum der Erde, gegen das die chaotischen Wasser vergeblich anstürmen (61,3 95,1). Diesen sicheren Ort in der Mitte der Erdscheibe, der auf manchen Darstellungen durch einen den Inselbergen ebenbürtigen Berg vertreten ist (vgl. *22–23*), nimmt auf unserer Erdkarte Babylon (genauer wohl der Stufenturm von Esagila) ein. In den Pss ist es Jerusalem,

15. «Nichts bleibt verborgen von ihrer (der Sonne) Glut» (19,7c).
Der Skarabäus *(ḫpr* = Werden) bedeutet die Morgensonne, der widderköpfige Mann die Tages- oder Abendsonne.

resp. der heilige Berg, der Zion. Auf der ägyptischen Darstellung aus Dendera *(36)* ist es das Heiligtum dieses Ortes. Auch 15 stellt die Erde als große Mulde dar. An und für sich könnte das Bild auch ein «Schnitt» durch ein langgestrecktes Tal sein, das wie Ägypten beidseitig von Bergen gesäumt wird (vgl. Schäfer, Weltgebäude 91). Aber die Darstellung der beiden Dreschtennen auf *14* macht deutlich, daß wir es – mindestens – auch mit einer runden Mulde zu tun haben können. Diese Auffassung wird sich noch verstärken (vgl. S. 31). An der Stelle des Tempel/Berg-Zentrums ist auf *15* die Sonnenscheibe mit dem Skarabäus und dem widderköpfigen Mann zu sehen, die zwei Aspekte der Sonne darstellen. Ihre Herrlichkeit erfüllt die ganze Erde, wie dies in den Pss die Herrlichkeit des Namens Jahwes tut (72,19). Der Himmel ist wie bei *11* flach. Er ruht an den beiden Enden auf den Bergspitzen (2 Sm 22,8). Die Bergspitzen vertritt auf *16* ein Löwenvorderteil. Auch auf *17* und *18* erscheinen die Randberge, die den Himmel tragen, als Löwen. Auf *17* ist der rechts mit *sf* «gestern», der links mit *m dw3* «morgen» bezeichnet. Der Himmel ist vom «Gestern» leicht zum «Morgen» hingeneigt. «Gestern» ist also der Osten, Westen der «Morgen». Das ist ungewohnt, aber doch verständlich. Die Sonne kann tatsächlich nicht vom «Morgen» zum «Gestern» fahren (Westendorf, Altägyptische Darstellungen des Sonnenlaufs 18f). Wie wir bereits sahen, verbinden sich die Vorstellungen von Berg, Horizont und Löwe gerne miteinander (vgl. S. 17). Der Löwe eignet sich in hohem Maß, der Schrecklichkeit der Randberge Gestalt zu verleihen. Die Enden der Erde sind voll tödlicher Gefahren *(16;* vgl. 61,3).

Nicht nur die Randberge, sondern auch der Himmel ist auf *16* anders dargestellt als auf *15. 15* zeigt ihn als flaches Dach oder eine umgestülpte Kiste, *16* hingegen als ein Korbgewölbe. Bei der Länge des Bildstreifens, über den sich der Himmel erstrecken muß, erscheint er im Mittelteil allerdings als Gerade (Schäfer, Weltgebäude 97). Über diese Gerade ziehen sieben Seelenvögel die Sonnenbarke, in der sich zusammen mit fünf andern Gottheiten der Skarabäus (= *ḫpr* «Werden»), die werdende Sonne, befindet. Links außen wird der abendliche Sonnengott (Skarabäus mit Widderkopf) vom «Land, das sich hebt», in Empfang genommen. Das Sonnenschiff ist also zweimal abgebildet. Es wird ein Vorgang angedeutet: Die Fahrt der Sonne über den Himmel und ihr Hinabgleiten in den Westen.

Obgleich das Sonnenschiff als Schiff ein technisch-handwerkliches Gebilde darstellt, wird diese Vorstellung kaum jemand weniger mythisch finden als die vom Sonnen*gott*. Und wenn wir weiter fragen, warum die Vorstellung vom Himmelsgewölbe weniger mythisch sein soll als die vom Sonnenschiff, wird die Antwort ebenso schwer zu finden sein. Das Himmelsgewölbe scheint uns besser in der Erfahrung begründet (Auf- und Untergang der Sonne) und ist deshalb auch eine viel weiter verbreitete Vorstellung als die vom Sonnenschiff, wenn dieses auch nicht auf Ägypten beschränkt ist (vgl. Taf. IA). Aber für das Empfinden des alten Ägypters heißt das nicht viel. Für ihn scheint das Sonnenschiff viel wesentlichere Bedeutung gehabt und eine eindeutigere Wirklichkeit dargestellt zu haben als das Himmelsgewölbe. Im gleichen Kontext kann er deshalb den Himmel ohne ersichtlichen Grund bald flach *(17)*, bald gewölbt *(18)* darstellen, während er das Sonnenschiff mit großer Beharrlichkeit beibehält, auch dort, wo es uns ganz fehl am Platz scheint, so, wenn er den Himmel als Flügelpaar *(19)* oder als Frau *(32)* darstellt. Das Sonnenschiff war für die lebenswichtige Reise des Sonnengottes und für den Toten, der mit ihm zu reisen hoffte, viel zentraler und damit wirklicher als die Tatsache, ob der Himmel gewölbt oder flach sei. Diese Gleichgültigkeit erschwert natürlich die Frage nach dem technischen Weltbild sehr.

14. Zwei Darstellungen einer Dreschtenne (vgl. *129).*

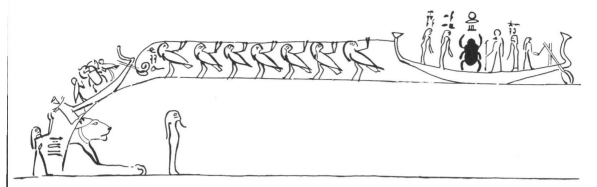

16. Der Rand der Erde wird gern durch Löwen charakterisiert *(8, 17f, 39)*. Es ist ein gefährlicher Bereich. Aber wie die Nacht *(90)* ist in Ägypten auch der Löwe nicht nur als Macht des Untergangs («gestern»), sondern zugleich als solche der Wiedergeburt («morgen») verstanden worden (de Wit, Le rôle 91–188). Man gab deshalb z.B. dem Gestell, auf das man die Mumie legte, häufig Löwengestalt (vgl. *74*).

17. und 18. Im genau gleichen Kontext wird der Himmel einmal gerade, einmal gewölbt dargestellt. Für den Ägypter war die physische Gestalt der fernen Bereiche, wie die des Himmels oder der Unterwelt, wenig eindeutig.

2. Sinnbildlich-mythische Vorstellungen

a. Die zweiteilige Welt

Von der herrschenden Unsicherheit abgesehen braucht der gewölbte Himmel seine Existenz keineswegs adäquateren Vorstellungen vom Weltgefüge zu verdanken als der flache. Er kann auf die Vorstellung vom riesigen Flügelpaar eines Himmelsvogels zurückgehen, das schützend über der Erde gebreitet ist *(19)*, oder auf den emporgehobenen Leib der Himmelsfrau *(25–27, 28–30, 32–33)*, beides Vorstellungen ausgesprochen archaischer Natur. *19* ist noch aus andern Gründen interessant. Die Rolle der Himmelsträger nehmen anstelle der Randberge, resp. Horizontlöwen, zwei machthaltige Uaszepter ein. Man findet sie auf zahlreichen Abbildungen in der Hand der Götter (vgl. z.B. *287, 366, 371*). Zwar hat man sich den Himmel gelegentlich von mächtigen Stützgabeln getragen gedacht (vgl. *28*), aber was hier dargestellt wird, ist nicht die technische Einrichtung, sondern die Gewißheit, daß die Götter den Himmel unerschütterlich fest gemacht haben (vgl. 89, 3. 30 119, 89). Den Raum, der durch die beiden Himmelsstützen und den Himmel gebildet wird, füllt, nicht wie auf *15* der Sonnengott, sondern die Fassade des Königspalastes, der der Name des Königs («Schlange») einbeschrieben ist. Der König steht an der Stelle des Sonnengottes. Die durch die Bildstruktur gegebene Vertretung des Sonnengottes durch den König wird durch den Himmels- und Königsfalken unterstrichen, der einerseits auf dem Palast, andererseits in der Sonnenbarke zu sehen ist. Auch in den Psalmen vertritt der König Jahwe auf Erden und ist für die Aufrechterhaltung der Ordnungen Jahwes verantwortlich (2 72 101). Aber auch Jahwe selbst kann gleichzeitig im Himmel und in seinem Palast (Tempel) sein (11,4).

Auch auf *20* wird der Raum zwischen dem Himmel, der hier als Platte, und der Erde, die als dünnes, rechts und links in einen Männerkopf auslaufendes Band dargestellt ist, durch die Palastfassade beherrscht. Um sie herum sind die Namen gruppiert, die die Titulatur des Königs Sahure bilden. In den Pss wird mehrmals gesagt, daß die ganze Erde voll sei von der Herrlichkeit des göttlichen Namens (8,2.10 48,11 72,19; vgl. 57,12). Sein Wirken und seine Ordnungen beherrschen den Raum zwischen Himmel und Erde. Die Vorstellung ist derjenigen der ägyptischen Ikonographie eng verwandt.

An die Stelle des königlichen Palastes oder seines Namens kann wie auf *21* der König selber treten. Er und nicht die dünnen Stützen halten den Himmel. Auf *26* ist es der Luftgott, der das tut. Klgl 4,20 wird der König Lebenshauch genannt. Schon auf *19* steht neben dem Königspalast das Zeichen für

19. «Für ewig ist meine Huld erbaut,
    wie der Himmel steht fest meine Treue»
    (89,3; Übersetzung nach Kraus).
    «Für ewig, Jahwe, ist dein Wort,
    fest hingestellt wie der Himmel» (119,89).

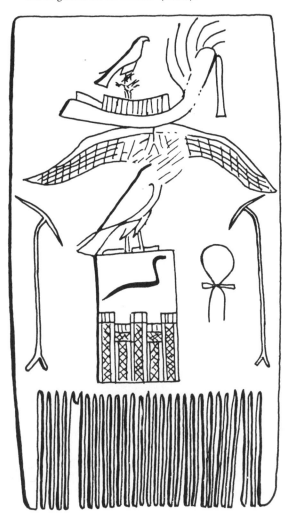

20. «Soweit wie dein *Name* reicht auch dein Ruhm –
    bis an die Grenzen der Erde» (48,11).
    «Gepriesen sei sein herrlicher *Name* für immer.
    Die ganze Erde sei voll von seiner Herrlichkeit» (72,19).

«Leben». Es ist möglich, daß der Psalmist, der vom Einreißen der Pfeiler durch die Frevler redet, an die Stützen des Himmels und an den König denkt, der die Ordnungen garantiert, ohne die es kein Leben gibt (11,3). Der Himmel, den der König trägt, ist doppelt dargestellt. Einmal als Flachdach, einmal als Sonne mit Flügelpaar. An der Sonne hängen zwei Kobras (Uräen), die die Lichtstrahlen und den Gluthauch der Sonne verkörpern (vgl. 19,7c 121,6). Daß das Flügelpaar den Himmel bedeutet, darauf weist die immer noch wahrscheinlichste Erklärung von *19* hin, die im gewölbten Flügelpaar den Himmel erkennt. Dabei wurde die zwischen den beiden Flügeln angebrachte Sonne (auf *19* der im Sonnenboot sitzende Falke) schon früh zur Hauptsache, so daß man das Flügelpaar des Himmels bald als geflügelte Sonne verstand, die sich dann von Ägypten aus über ganz Vorderasien verbreitete (vgl. Mal 3,20).

Flügel erscheinen in der ägyptischen Ikonographie in der Regel nicht als Mittel des Fliegens, sondern des Schützens (vgl. *260–262*). Auch in den Pss werden sie mit «Schutz» und ähnlichem zusammengebracht (61,5 36,8 57,2 91,4). Man kann 61,3ff kosmisch verstehen. Dann bedeuten die Enden der Erde den Bereich des Todes. Der Fels, auf den der Beter geführt werden will, ist der Erd- und Tempelberg. Dort birgt er sich unter den Flügeln Gottes, die nichts anderes als den (nahen) Himmel bedeuten. Oft vergegenwärtigt die Tempeldecke oder die geflügelte Sonne über dem Tempeltor den schützenden Himmel (vgl. *221–222*; zur geflügelten Scheibe vgl. Perig, Die geflügelte Scheibe, und Welten, Die Königs-Stempel 19–31).

22 zeigt eine hethitische Version von *19–21*. Die Herkunft aus Ägypten ist unverkennbar, und doch hat sich vieles gewandelt. An die Stelle der Uaszepter sind die Hieroglyphen für «Großer» (Volute) und «König» (spitzes Dreieck) getreten. Die geflügelte Sonne dürfte den hethitischen Königstitel «Meine Sonne» darstellen. Problematisch ist nur, warum hier (auf andern ähnlichen Bildern fehlen sie) unter der Sonne noch der Sichelmond und darüber der achtstrahlige Venusstern erscheinen. Sollte hier vielleicht doch eher der Himmel mit seinen Gestirnen als nur der Königstitel «Meine Sonne» dargestellt sein? Der «Dolch über der Blüte» kann allerdings kaum etwas anderes als den zum Ehrentitel gewordenen Namen des Dynastiegründers «Labarna» wiedergeben. Der «Stiefel» und der Berggott, die das Zentrum einnehmen, sind als Königsname Tudchalija zu lesen. Interessant ist, daß der zweite Teil des Namens (der Stiefel bedeutet *tu*) hier nicht mit der sonst üblichen Hieroglyphe «Berg», sondern mit dem Berggott geschrieben ist. Haben wir hier, wie bereits bei der Darstellung des Himmels, eine gewisse Tendenz, die reine Hieroglyphenkomposition zugunsten eines stärker gegenständlichen Bildes zu verlassen? Die Vorstellung vom Berg (an dessen Stelle auch eine Säule oder ein Baum treten können, vgl. *23–24*), der sich im Zentrum der Erde erhebt und der den Himmel trägt, ist indogermanisch. Der Berg (ohne Himmelsträger zu sein) im Erdzentrum ist auch den Semiten geläufig. Er ist dann ein Bindeglied zwischen Himmel und Erde (vgl. Kp III. 1).

Dieser Weltenberg ist der Ort des Lebens *(23)*. Auf seiner Spitze erhebt sich der Lebensbaum. Er ersetzt auf den assyrischen Siegeln den Pfahl, der auf den mitannischen den Himmel trägt. Der Baum erhebt sich nicht direkt aus dem Erd-

21. «Wenn die Säulen eingerissen werden,
was kann der Gerechte (noch) tun?» (11,3).

22. Der hethitische König wird in diesem Bild in engem Zusammenhang mit dem Weltberg gesehen. Das erinnert entfernt an Ps 2:
«Ich selbst habe meinen König eingesetzt
auf dem Zion, meinem heiligen Berg» (2,6).

23. «Er tränkt die Erde von seinem Hochsitz aus,
von der Frucht seiner Werke wird die Erde satt» (104,13).
«Du öffnest deine Hand
und sättigst alles, was lebt, mit Wohlwollen» (145,16).

berg, sondern aus einem Wassergefäß. Dieses Detail betont den engen Zusammenhang zwischen Wasser und (Pflanzen-) Leben, den auch die Pss oft hervorheben (1,3 65,10–14, 104,10–12 147,8). Zwei ähnliche Gefäße, wie das auf der Spitze, stehen rechts und links (zerstört) vom Erdberg. Sie erinnern an die Quellgottheiten rechts und links vom Berggott auf *153* (vgl. auch *42*). Bemerkenswerterweise werden die «Quellen» von den Händen der geflügelten Scheibe gespeist, die so als Quell allen Lebens erscheint («Du öffnest deine Hände...» 104,28 145,16). Die geflügelte Scheibe ist hier primär Himmels- und nicht mehr so sehr Sonnensymbol. Die Beschwörungspriester links und rechts der Szene sichern durch ihre Gesten (und Sprüche) den Vorgang. Dadurch wird die Souveränität des Gebergottes etwas beeinträchtigt. Die Gestalt links ist durch ihr Fischkostüm mit Ea, dem zauberkundigen Gott der Wassertiefe, verbunden (vgl. *43* und *285*). Das Zopfmuster und die Dreiecke, die das Bild oben und unten säumen, haben – jedenfalls ihrer Herkunft nach – nichts mit dem Bitterstrom und den Inselbergen von *8* zu tun, sondern sind die steinerne Nachahmung einer Fassung aus Edelmetall, die einen Abdruck dieser Art hinterließ (Frankfort, CS 7 und 182).
Noch deutlicher als *23* zeigt *24*, daß die geflügelte Scheibe primär den Himmelsgott darstellt. Die drei Männerköpfe können nur dem Himmelsherrn, dem Sonnen- und dem Mondgott gehören (2 Kg 23,5; Eissfeldt, Die Flügelsonne 417ff). Zum Himmel gehören die beiden Skorpionmenschen, die im Gilgameschepos (Taf 9, II 1–9) als Wächter der Horizontberge auftreten. Den durch den Himmel und die Skorpionmenschen geschaffenen Raum nimmt ein stark stilisierter Lebensbaum ein. Zwei Adoranten flankieren die Szene.
Bei allen neuen Zügen kann *24* den ägyptischen Einfluß doch nicht verleugnen. Die Darstellung des Weltbergs und des als schützenden Vogel gestalteten Himmels auf Taf. I B läßt hingegen keinerlei solchen erkennen.
19–24 stellen die Welt mehr oder weniger deutlich als Komposition aus Himmel und Erde dar, wobei der Himmel seine Flügel schützend über der Erde ausspannt und (bes. deutlich in *23*) deren Gedeihen sichert. Das harmonische Verhältnis von Himmel und Erde wird durch den König (Ägypten, Hethiter) oder den Lebensbaum, resp. den Kult (Mesopotamien) repräsentiert und garantiert. In ihnen tut sich die Welt als heilvolle Ordnung dar, und durch sie wird diese gewährleistet. Die verschiedenen Auffassungen der Ordnungs- und Lebensmacht (einerseits König, anderseits Lebensbaum und Kult) sind um so bemerkenswerter, als das Rahmenschema (Himmel und Erde) von Ägypten her über das Mitannireich in Assyrien eingedrungen ist.
Wenn wir die Aussagen der Pss mit den Weltbildern *19–24* vergleichen, fällt auf, daß da wie dort die Welt als Kompositum von zwei (oder mehreren) Teilen gesehen wird. Sie ist kein einheitliches Gebilde wie der griechische «Kosmos» oder unsere «Welt».
Weiter ist bei den Bildern *19–24*, wie bei den analogen Formeln in den Pss beachtenswert, daß die Welt als geordnete und gedeihliche sich aus Himmel und Erde zusammensetzt. Im Artikel «Weltbild» des BHH (III, 2162) steht zu lesen, daß die Formel «Himmel und Erde» für die Frage nach dem Weltbild unergiebig sei, da in ihr nur eine Ganzheit (das All) nach einer typischen Denkform in *zwei* korrespondierende Hälften aufgeteilt wird. Die dreigliedrige Wendung «der Himmel droben, die Erde drunten und das Wasser unter der Erde» (Ex 20,4) dagegen zeige, daß man sich die Welt dreigeteilt vorgestellt habe. Der Merismus als Denk- und Sprechform kann aber nicht nur zwei-, sondern auch drei- und mehrteilig sein (Brongers, Merismus 102–105). «Himmel, Erde und Meer» oder vierteilige Gebilde wie «Himmel, Erde, Meere und Urfluten» (135,6) bilden ebenso Formeln wie «Himmel und Erde». Dabei ist es aber keineswegs zufällig, daß bei der kürzeren gerade das Meer (resp. die Totenwelt) wegfällt. Es ist im Hinblick auf das Ganze ein weit weniger notwendiges, selbständiges und positives Element als die andern beiden. Wenn die Totenwelt das dritte Element ist, kann dieses, wie noch gezeigt wird, in der Erde oder (wie im frühen Ägypten die Duat) im Himmel untergebracht sein. Ist das dritte Element aber der Ozean, resp. die Tehom (die Urflut), so wird dieses oft stärker als Bedrohung der festen und geordneten Welt des Himmels und der Erde, denn als integraler Bestandteil derselben empfunden *(42–52)*. Manchmal werden Meere und Fluten auch ähnlich wie die Totenwelt einfach der «Erde» zugerechnet (148,1.7).
Die zweigliedrige Formel ist so für die Weltvorstellung und vor allem für das Weltempfinden des AO und auch des AT recht aufschlußreich und mindestens so bedeutsvoll wie die längere dreiteilige. Die zweiteilige begegnet in den Pss schon rein quantitativ recht häufig (vgl. 50,4 57,12 73,25 78,69 79,2 89,12 97,4ff 102,26, 113,6 148,13). Bedeutsamer ist, daß Gott als Schöpfer in der Regel derjenige ist, «der Himmel und Erde gemacht hat» (115,15 121,2 124,8 134,3). Dabei hat er sich, wie 115,16f sagt, den Himmel vorbehalten. Die Erde hat er den Menschen überlassen. Der Totenwelt aber, dem «Schweigen» (115,17) bleibt er ganz fern (vgl.6,6 30,10 88,11ff). Die Totenwelt hat von daher einen wesentlich geringeren Wirklichkeitsgrad als die andern Bereiche. Im mesopotamischen und ägyptischen Raum ist es ganz ähnlich.

24. «Unser Gott ist im Himmel.
Alles, was er will, das tut er» (115,3).
Der Bereich unter dem Himmel ist durch den Lebensbaum versinnbildlicht. Hier ist das «Land des Lebens» (142,6; vgl.116,9).

Im Akkadischen wird die Welt fast immer durch den Merismus *šamu u irṣitim* umschrieben. Dem entspricht die Tatsache, daß anstelle der Dreiheit Anu, Enlil und Ea oft eine Zweiheit Anu und Enlil oder Anu und Ea erscheint. Enlil und Ea sind eigentlich beide Herren der Erde (vgl. den sumerischen Namen Eas «Enki», der «Herr der Erde» bedeutet). Enlil ist stärker mit dem Luftraum und den Bergen, Ea mit dem flachen sumpfigen Land im Süden verbunden. Die Totenwelt tritt nicht als eigener Bereich hervor. In Ägypten scheint die zweiteilige Formel (*p.t, t3*) erheblich älter zu sein als die dreiteilige. Sie ist schon in den Pyramidentexten recht häufig. Dabei ist die Erde der Bereich der Menschen und der (gewöhnlichen) Toten, der Himmel der Bereich der Götter und des toten Königs (Pyramidensprüche 308; 604; 890; 1208ff). Die Duat (Totenwelt) wird also am einen oder andern Ort lokalisiert. Als eindeutig selbständiger dritter Bereich taucht sie erst im Mittleren Reich auf und wird dann im Neuen Reich selbstverständlich.

Die dominierende Stellung des Himmels und der Erde findet in Ägypten im Mythos Ausdruck. Nach einem der ägyptischen Hauptmythen sind die großen Königsgötter Osiris, Isis und Horus aus der Vereinigung des Gottes Geb (Erde) mit der Himmelsgöttin Nut hervorgegangen. Bei den meisten Völkern ist die *Erde* Mutter, also *weiblich*, der regenspendende, die Erde befruchtende *Himmel* aber *männlich*. Die Ägypter machen eine Ausnahme. Der Begriff *p.t* «Himmel» ist weiblich. Man hat den Himmel als mütterlich bergenden, schützenden Raum erfahren. Die Männlichkeit der Erde hängt vielleicht damit zusammen, daß Ägypten nicht vom Himmel her, sondern durch den Nil befruchtet wird.

Gemeinsam mit allen andern hat Ägypten aber, daß es die Welt als Komposition der polaren geschlechtlichen Kräfte sieht. Nut und Geb waren in der Urzeit verbunden (25), bis sie vom Luftgott Schu (ihrem Sohn?) getrennt wurden.

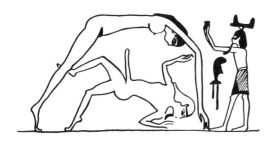

25. Das Bild zeigt drastisch, wie Himmel und Erde einst das «All» bildeten. Die Welt, in der der alte Ägypter lebt, ist durch ihre Trennung entstanden (vgl. Gn 1,7: «Gott trennte die Wasser»).

Seither wölbt sich der Himmel in unbegreiflicher Höhe über den Menschen. In keinem andern Element der ägyptischen Ikonographie hat das «Wunder des Himmels» einen deutlicheren Niederschlag gefunden als in den verschiedenen Gestalten und Attributen des Himmelsträgers. Auf dem über 10 m langen Relief aus dem Kenotaph Sethos' I. (26) erscheint er ohne Attribut und ist auch nicht mit einem Namen bezeichnet. Da aber im Grab des gleichen Königs der ebenfalls attributlose Himmelsträger als Schu bezeichnet ist (vgl. AOB Nr. 265), wird es sich auch hier um den Gott der Luft und den Herrn des Raumes zwischen Himmel und Erde handeln. Auf 24 trägt er eine Schleife auf dem Kopf, auf die gleich noch näher einzugehen sein wird, und darüber ein Zeichen, das «Jahr» (*rnpt*) bedeutet. Dieses Zeichen findet man sonst normalerweise als Attribut auf dem Kopf oder in der Hand des Gottes der unendlichen Zeit, Heh (27a; vgl. 336, 352), mit dem im Hieroglyphensystem das Zahlwort «Million» geschrieben wird. 32 zeigt, daß man den unendlichen Raum des Himmels auch sonst mit der unendlichen Zeit identifiziert hat. Die Haltung, die Schu auf 32 einnimmt, ist derjenigen Heh's angeglichen. Die Verbindung ist verständlich.

Auch in den Pss wird der Himmel als räumlich und zeitlich unendlich empfunden. «Wie die Tage des Himmels» steht parallel zu «ewig» (89, 30) und wenn gesagt wird, daß Jahwes Huld und Treue bis zum Himmel reichen, so heißt das, daß der Psalmist sie als unendlich betrachtet (36,6; vgl. 57, 10f 89,3 103,11).

Nebst seiner unendlichen Weite hat den AO vor allem die zuverlässige Festigkeit beeindruckt, mit der der Himmel in seiner luftigen Höhe verharrt. Das hat sich ja auch in der Vorstellung seiner unendlichen Dauer niedergeschlagen. Die vier Miniaturhimmelsstützen auf 28 deuten an, wie sehr den Zeichner die Frage nach der Kraft, die den Himmel trägt, beschäftigt hat. Die traditionelle Vorstellung von den vier Stützen, die den Himmel wie ein Zeltdach halten (vgl. 104,2), genügt ihm offensichtlich nicht ganz und auch die Wirkung Schus nicht, denn er hat ihn mit einem ungewöhnlichen Attribut ausgestattet und ihm so eine neue Dimension gegeben. Auf dem Kopf des traditionellen Himmelsträgers ist ein Löwenhinterteil zu sehen. Mit dem Löwenhinterteil auf einer Standarte wird im Ägyptischen *ḥk3* «Zaubermacht» geschrieben. Auf 32 sitzt der Gott Heka zusammen mit Ma'at und dem Sonnengott in der Himmelsbarke. A. Piankoff (Une statuette) hat nun aber nachgewiesen, daß der Löwenhinterteil auch ohne Standarte «Zauberkraft» bedeuten kann. Was den Himmel hält, sind für den Zeichner also nicht die vier Stützen, die eher die Frage andeuten als die Antwort geben, und auch nicht der herkömmliche Luftgott, sondern Schu als Zaubermacht. Ähnlich haben die Pss den Himmel als geheimnisvolles, unbegreiflich-wunderbares Phänomen empfunden, das allerdings nicht von einer anonymen Zaubermacht, sondern von der Unergründlichkeit Jahwes kündet (89,6; vgl. 8,2 19,2 97,6).

Zaubermacht ist für Ägypten eng mit Schriften und Papyrusrollen verbunden. So kann es nicht verwundern, wenn der Himmelsträger auf 27 und 29 als Attribut eine Schleife auf dem Kopf trägt, mit der man Papyrusrollen zusammenzubinden pflegte und die als Hieroglyphe hinter Bezeichnungen für «Papyrus», «Papyrusrolle» u.ä. stand. Der göttliche Schreiber und Herr aller Zaubertexte ist Thot, der auf 329 und 478a in Paviansgestalt erscheint. Hier dürfte der tiefere Grund liegen, warum der Himmelsträger auf 29 einen Paviankopf trägt. Schu ist hier, wie auch sonst gelegentlich, mit Thot in eins gesetzt (vgl. Vandier, Le dieu Shou 268f). Die Zauberschriften tragen auf 29 aber nicht, was auch vorkommt, unmittel-

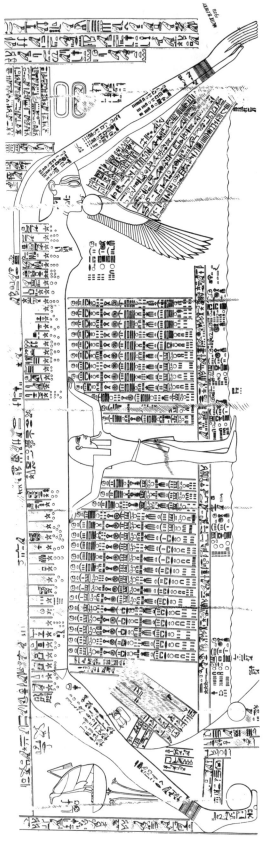

26. Diesem Bild geht es im Gegensatz zu 25 nicht um Himmel und Erde als zeugende Urkräfte. Die Erde ist nur durch eine Wellenlinie angedeutet. Rechts von den Füßen des Gottes, der Nut hochhebt, steht «Sand». Der Himmelsträger ist hier im Gegensatz zu 27–29 durch keinerlei Attribute charakterisiert. Ihre Scham wird durch eine kleine Inschrift als östlicher, ihr Mund durch eine ebensolche als westlicher Horizont bezeichnet. Das Interesse gilt ganz der Himmelsgöttin. Während die werdende Sonne als Skarabäus (ägyptisch ḫpr = «werden») am Oberschenkel der Göttin zu sehen ist, geht die geflügelte, alt gewordene Sonne eben in ihren Mund ein, um am Morgen neu geboren zu werden. Rechts vom Sonnenball ist in 10 kurzen, vertikalen Zeilen zu lesen: «Die Majestät dieses Gottes (des Sonnengottes) geht durch ihren Mund in die Totenwelt ein. Die Totenwelt ist offen, wenn er in ihr dahinfährt. Die Sterne gehen nach ihm wieder heraus, und sie eilen an ihren Ort» (vgl. Koh 1,5). Der Verstorbene soll, wie die Gestirne, nicht in der Totenwelt eingeschlossen bleiben. Er soll an der regenerierenden Kraft des Himmels teilhaben, die sich in immer neuen Aufscheinen der Gestirne kundtut. Deshalb wird das Bild der Nut an der Decke des Sarkophags angebracht. Der Himmelsträger hat dabei die Funktion, den Toten in diesen Bereich ewiger Wiedergeburt emporzuheben.

Auf dem Leib der Nut sind Namen und Konstellation einer Anzahl von Sternbildern verzeichnet. Die Tabellen unter dem Leib der Nut geben die Tage und Monate, an denen ein Morgen-, ein Mitternacht- oder ein Abendaufgang der betreffenden Konstellation zu beobachten ist.

Diese Tabellen sollten dem Toten eine genaue Kenntnis der himmlischen Vorgänge gestatten und ihm den Einstieg in den ewigen Kreislauf und die wirkungsvolle Teilhabe an ihm ermöglichen. Das Bild zeigt, wie fremd dem AO die moderne Trennung von mythischen Vorstellungen und naturwissenschaftlichen Beobachtungen war.

Das Trennen und Aussondern liegt dem Ägypter nicht. Wie viele ähnliche Bilder zeigt auch dieses Spuren zwei verschiedener Auffassungen der Totenwelt. Nach der einen befindet sie sich im Himmel, im Leib der Nut. Nach der andern in der Erde. Die Sonne durchfährt dann nachts die unterirdischen Wasser (vgl. 55). Der Sonnenball kommt dann bei den Füßen der Göttin wieder zum Vorschein.

27. «So hoch wie der Himmel über der Erde,
so mächtig ist deine Liebe über denen, die dich fürchten»
(103,11; vgl. 57,11 = 108,11).

27a. Der Gott Heh, die Macht der unendlich großen Menge.

bar den Himmel, sondern das Horizontgebirge. Damit wird der Vorstellung Genüge getan, daß die Himmelskuppe auf den Randbergen der Erde aufruht (z.B. *15*). Diese aber werden durch die Zauberschriften Thots an ihrem Platz gehalten. In den Pss sind es nicht Zauberworte und -schriften, sondern die Weisheit und das Befehlswort Jahwes, seine ganz persönliche Macht, die den Himmel nicht nur in seiner unbegreiflichen Lage festhalten, sondern ihn zuvor geschaffen haben. Und als Werk *seiner* Hände (102,26), ja seiner Finger (8,4) zeugt er von der unbegreiflichen Geschicklichkeit und unergründlichen Weisheit Jahwes (96,5 97,6 Spr 3,19).

Seine Eindrücklichkeit verdankt der Himmel, von seiner Festigkeit abgesehen, hauptsächlich den Gestirnen (8,2–4). Auf *28*, *29* und *32* ist der Leib der Nut mit Sternen übersät. Und auf *30* scheint Nut deshalb doppelt dargestellt worden zu sein, damit der Sonne und dem Mond je ein eigener Himmel reserviert werden können. Eine Mehrzahl von Himmeln kennen auch die Psalmen (z.B. 148,4). Die untere der beiden Himmelsfrauen stellt den Mondhimmel, die obere den Sonnenhimmel dar, wie die beiden geflügelten Sonnen auf ihrem Leib andeuten. Aus dem Schoß des Sonnenhimmels geht am Morgen in der (rudimentären) Gestalt des Skarabäus die werdende Sonne (vgl. *16*) hervor. Zu ihr gehört das Sonnenschiff, das die Göttin Isis (links) hält. Die Mittagssonne ist doppelt, einerseits als geflügelte Scheibe, anderseits als Scheibe auf dem Kopf des Nephtys (rechts) dargestellt. Die untergehende Sonne schreitet als Mann über die Hand der unteren Himmelsfrau in die Unterwelt. Die liegende, eigenartig gekrümmte Gestalt, die mit der rechten Hand die Abendsonne in Empfang nimmt und sie mit der linken als Morgensonne zum Himmel schiebt, ist der Erdgott Geb. Seine Arme bilden die Erdoberfläche. Sein gekrümmter Leib, in dessen Rundung sich fünf Sterne befinden (vgl. den innersten Kreis auf *33*), dürfte wie auf *37* der des Osiris die Unterwelt mit dem Nachthimmel umschließen. Geb (die Erde) hat auf *30* die Funktionen inne, die auf *32* zwischen Osiris, dem Unterweltsgott (Aufnehmen der Abendsonne) und Geb (Darstellung des Erdbodens) aufgeteilt sind. Wie Geb hier (*30*) nicht nur den Erdboden darstellt, sondern auch die Duat umschließt, so ist Osiris nicht nur der «Erste der Toten» und damit ein Unterweltsgott, sondern er verleiht als Erbe des Geb und Besitzer geheimnisvoller Kräfte auch der Erde ihre Fruchtbarkeit *(37)*.

28. «Jahwe, der Himmel preist deine Wundermacht!» (89,6a).

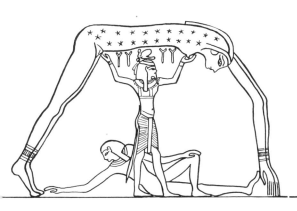

29. «Durch Jahwes *Wort* sind die Himmel gemacht» (33,6a).
«Jahwe festigt durch seine *Weisheit* den Himmel» (Spr 3,19).

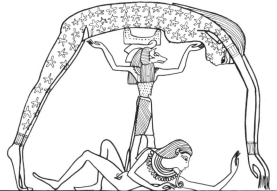

30. «Jahwe, unser Herr, wie wunderbar ist dein Name (dein Ruf) auf der ganzen Erde,
da du deine Hoheit über die Himmel gebreitet hast» (8,2).
«Die Himmel rühmen die Herrlichkeit Gottes...» (19, 2a).
Den nubischen Federschmuck, den Nut hier trägt, hat sie von Anuket, der Herrin des Kataraktengebietes bei Assuan übernommen, aus dem dieses Bild stammt (Philae).

Die enge Verbindung von Erde und Totenwelt ist nicht verwunderlich. Die Toten werden ja im Innern der Erde beigesetzt. Die Totenwelt befindet sich also in einem ganz einfachen Sinn in der Erde. Das hebräische 'rṣ «Erde» kann denn auch wie das ägyptische tꜣ (Pyramidensprüche 285; 308; 474), oder das akkadische erṣetu nicht nur die Erdoberfläche, sondern auch das Innere der Erde, die Totenwelt, bezeichnen, so etwa in 7,6 44,26 63,10 71,20 95,4 106,17 141,7 143,3 147,6 148,7. Ps 22,30 gehört gegen Tromp (Primitive Conceptions 32) nicht hieher (vgl. Keel, Nochmals Ps 22). Diese Feststellung und Bilder wie 30, 32, 33 und 37 zeigen, daß die Totenwelt nicht jene Eigenständigkeit besitzt, die dem Himmel, resp. der Erde zukommen.

Nicht nur in Ägypten, sondern auch im kleinasiatisch-westsemitischen Bereich werden Himmel und Erde als Götter verehrt und besonders bei Bundesschlüssen auch im AT noch als Zeugen angerufen (50,4; vgl. Delcor, Les attaches littéraires). Die Erde kann sich fürchten, der Himmel kündet von göttlicher Ordnungsmacht (50,6 97,4ff). In solchen Redensarten finden wir ein letztes Echo der Vorstellung von Himmel und Erde als Urpaar.

b. Die mehrteilige Welt

Wie gesagt kann die Welt nicht nur als Summe von zwei, sondern auch als solche von drei und mehr Teilen beschrieben werden. Recht häufig ist die Trias: Himmel, Erde und Meer (8, 8–9 33, 6–8 36, 6f 69, 35 96, 11 104, 1b–26 135, 6 146, 6). Dabei kann an die Stelle des Meeres über die Vorstellung der Urflut *(thm)*, die im Meere anwesend ist, die Totenwelt treten (115, 15–17). Diese Dreiteilung ist auch Ägypten, wenigstens seit der Zeit des Neuen Reiches, geläufig *(p.t, t3, dw3t)*. Während im AT der dritte Platz in der Regel vom Meer *(jm)* und nicht vom Urozean *(thm)* oder dem Totenreich *(š'wl)* eingenommen wird, ist es in Ägypten umgekehrt in der Regel die Duat, das Totenreich und nicht der Nun *(nw?, nnw?)* «Urozean» oder gar das Meer. Im Akkadischen hingegen wird der dritte Platz von dem durch den Gott Ea (Enki) repräsentierten Urozean *(apsû)* eingenommen. Enlil (Ellil) verwaltet den irdischen Bereich, und Anu (An) ist der Himmelsgott. Neben dem *apsû* spielen das Meer *(tāmtu)* und die Totenwelt *(arallū)* in diesem Zusammenhang eine eher bescheidene Rolle.

Die für Ägypten typische Dreiheit: Nut, Geb und Duat stellt 32 dar. Die Duat wird durch Osiris verkörpert, der das abendliche Sonnenschiff in Empfang nimmt. Am Bug der Barke ist eine Matte, nach andern Darstellungen ein kostbarer Teppich, angebracht. Osiris trägt in der Beischrift den durch seine Unbestimmtheit geheimnisvollen Namen: «Der große

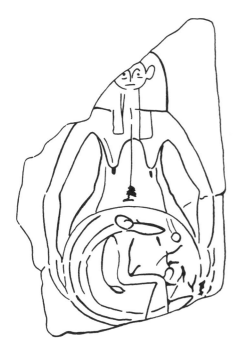

31. Die Himmelsgöttin Nut gebiert kniend (vgl. 337) die Sonne. Diese ist durch die Hieroglyphe «Kind» als Morgensonne gekennzeichnet.

32. «Der *Himmel* ist der Himmel Jahwes, doch die *Erde* hat er den Menschen gegeben.
Die *Toten* können Jahwe nicht preisen, keiner von denen, die ins Schweigen hinabgehn,
wir aber, wir preisen Jahwe, jetzt und immerfort» (115, 16–18).

33. «... der den *Himmel* ausspannte wie ein Zeltdach...,
    der die *Erde* auf ihre «*Gestelle*» gegründet...
    da ist das *Meer*, groß und breit nach beiden Seiten...» (104, 2b. 5a., 25a).
    «Jahwe gehört die Erde und ihre Fülle, der Erdkreis und die darauf wohnen.
    Denn er hat sie über Meeren fest gegründet und über Fluten fest gemacht» (24, 1f).

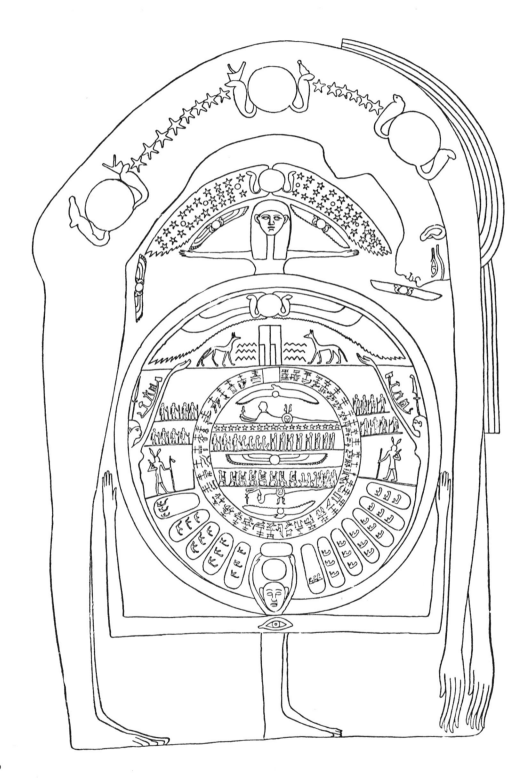

Gott, der in der Duat ist, der große Gott, der Herr der Duat.»
Die Erdoberfläche wird durch den liegenden Erdgott Geb
dargestellt. Sein Leib ist mit Schilf- und Binsenrispen übersät
(vgl. 104,14 und Gn 1,11 f). Auf einer ähnlichen Darstellung
trägt er die Beischrift: «Geb, Fürst der Götter, der Herren der
Duat» (Piankoff, Mythological Papyri 106). Sie zeigt einmal
mehr die enge Verbindung von «Erde» und «Totenwelt».
Nicht nur die Erde, sondern auch der Himmel erscheint auf
32 in doppelter Gestalt (vgl. *21*). Neben der Vorstellung vom
Himmel als Frau steht unverbunden eine andere: der Himmel
als Meer, das der Sonnengott zu Schiff befährt. Die Vorstellung eines Himmelsozeans (vgl. *16*) geht wohl darauf zurück,
daß Himmel und Wasser gleiche Farbe haben (in der
ägyptischen Ikonographie normalerweise blau-grün) und daß
von oben Wasser fallen kann. Die Vorstellung vom Himmelsozean findet sich auch im AT und in Mesopotamien. Im AT
heißt er *mabbūl* (29,10 vgl. 104,13 148,4). Von einem unsichtbaren Schiff, in dem ihn die Sonne in majestätischer Ruhe befährt, ist nicht die Rede. Der Schiffsverkehr spielte in Palästina nicht die Rolle wie in Ägypten. In Ägypten, wo das Reisen zu Schiff die einfachste und bequemste Art des Reisens
war, lag es in dem Augenblick, da man den Himmel als Ozean
sah, nahe, die Sonne diesen in einem unsichtbaren Schiff befahren zu lassen. Das dürften die Gründe sein, warum sich die
Vorstellung von Ägypten unabhängig auch in Mesopotamien
findet (vgl. Taf. I A).
Im Schiff sitzt vor dem falkenköpfigen Sonnengott mit der
Sonnenscheibe die Maat mit der Feder auf dem Kopf. Sie verkörpert die Weltordnung, die der Sonnengott durch sein ord-
nendes (Licht), belebendes (Wärme) Wirken aufrechterhält.
Ihre Feder oder ihre Figur erscheinen überall, wo es um Ordnung und Recht geht, so z.B. auf der Waage in *83*. Der Sonnengott gilt als Urheber der Weltordnung. Altorientalisch
ausgedrückt heißt das: Die Weltordnung (Maat) ist die Tochter des Sonnengottes. Wie die Weltordnung in der Sonnenbarke vor Re sitzt, so sagt 85,14, daß die Gerechtigkeit im
Sinne der Weltordnung (Schmid, Gerechtigkeit) vor Jahwe
einhergeht. Eine Verbindung von Sonne und Weltordnung
(Gesetz) regt 19 an, wo in den Versen 5c–7 die Sonne und in
8–11 plötzlich das Gesetz Jahwes besungen wird, das die
Augen erleuchtet (v.9). Wie der Himmel erscheint auf *32*
auch die Sonne in doppelter Gestalt: als Himmelsfalke in der
Sonnenbarke und als Sohn der Himmelsfrau. Die neugeborene Sonne neben der Scham der Nut ist durch das Zeichen
Gans (*s*; «Sohn») als Kind der Himmelsfrau gekennzeichnet.
Über dem Kopf des Schu erscheint die Sonne ein zweites Mal,
jetzt in voller Kraft. Eng mit der Sonne verbunden wird Schu
zur «Luft des Lebens» (104,30). In jeder Hand und am Arm
trägt er das Zeichen «Leben». Beachtenswert ist, daß Schu den
Leib, den er stützt, nicht berührt. Das spielt keine Rolle. Es ist
kein Seh-, sondern ein Denkbild. Man liest die Funktion des
Schu aus seiner Stellung in der Gesamtkomposition und aus
den erhobenen Armen. Sie ist nicht abgebildet.
Die drei Größen Himmel, Erde und das, was unter der Erde
ist, erscheinen auf einem außerordentlich interessanten ägyptischen Sarkophagrelief des 4.Jh.s v.Chr. (*33*), dessen Vorläufer aber mindestens ins Neue Reich zurückgehen, wie ein
von J.J. Clère publiziertes Fragment (*34*) gezeigt hat.

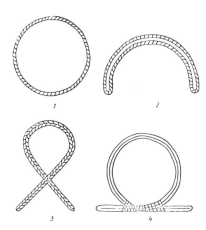

35. Die Entstehung des *šn*-Ringes aus einer kreisförmigen Schnur
ohne Anfang und Ende. Der *šn*-Ring ist ein Symbol ewiger Wiederkehr (vgl. Barta, Der Königsring, und *71, 352*) die sich vor allem im
Sonnenlauf konkretisiert (vgl. Koh 1,5). Seit der 4.Dyn. werden dem
etwas in die Länge gezogenen *šn*-Ring Name und Vorname des
ägyptischen Königs einbeschrieben (vgl. *351*).

Schäfer (Weltgebäude 87) hat die für die beiden Darstellungen typische kreisrunde Erdscheibe, die den Gegebenheiten
des schmalen, langgestreckten Niltals so wenig gerecht wird,
auf fremde Einflüsse zurückführen wollen, aber dagegen
spricht, daß die ursprüngliche Form der sogenannten Kartusche, die später den Königsnamen umschließt, kreisrund ist
(*35*). Die kreisrunde Kartusche heißt *šn. šn wr* «großer Ring»,
ist aber auch eine geläufige und alte Bezeichnung für den
Ozean. Das deutet neben der Kreisgestalt des Osiris, resp. des
Geb, die schon für das 14.Jh. v. Chr. zu belegen ist (*37*), darauf hin, daß man sich die Erde in Ägypten schon seit alters –
mindestens auch – als kreisrunde Scheibe vorgestellt hat. Den
Anstoß zu dieser Vorstellung könnte – neben archetypischen
Erfahrungen – das Erlebnis der Horizontlinie gegeben haben.
Der äußerste Ring auf *33* dürfte also, wie auf der babyloni-
schen Erdkarte (*8*), den Ozean, den «großen Ring» oder den
«großen Grünen», wie er in Ägypten auch heißt, bedeuten.
Bei *34* sind es zwei Ringe. Hier dürfte der innere das Meer,
der äußere das Randgebirge meinen. Jenseits des äußeren Ringes beginnt, wie das Wort im Mauerring sagt, der Himmelsozean (*ḳbḥw-Ḥr*), die «kühlen» oder «obern Wasser des
Horus», des Himmelsgottes. Der Mauerring dürfte auf das
«Firmamentum» hinweisen, das die oberen Wasser hält. Der
Ägypter wußte von der Beschaffenheit des Himmelsgewölbes
so wenig wie der Israelit. Er wußte nur, daß es imstande sein
mußte, die Wasser des Himmelsozeans zurückzuhalten und
also ähnliche Beschaffenheiten aufzuweisen hatte wie eine
Mauer oder ein Damm (33,7). Die aus der Funktion des Himmels deduzierte Beschaffenheit wird durch das Ideogramm
«Mauerring» dargestellt. Es ist falsch, wenn moderne Darstellungen des ao Weltbildes (*56* und *57*) die oberen Regio-
nen ganz konkret und so darstellen, als wären sie den Menschen der damaligen Zeit gleich gut bekannt gewesen wie ihre
irdische Umgebung.

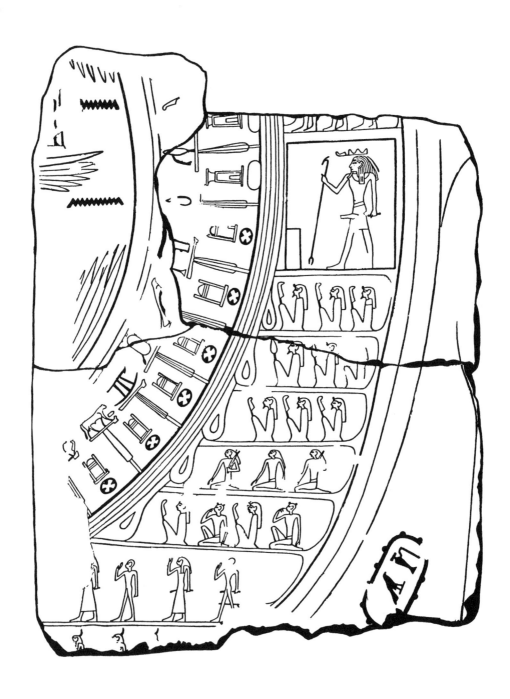

34. «... und alle Enden der Erde wenden sich Jahwe zu, alle Sippen der Völker werfen sich vor ihm nieder» (22,28).
   Zum Mauerring rechts unten:
   «Der wie mit einem Wall die Wasser des Ozeans faßt, der die Urwasser als Vorräte anlegt» (33,7; vgl. 23).

Aus der Innenseite des äußersten Ringes treten bei *33* zwei Frauengestalten. Die rechts trägt das ägyptische Schriftzeichen für Westen, die links das für Osten auf dem Kopf. Die «Östliche» befördert das Sonnenschiff aus dem unterirdischen Ozean, den es während der Nacht befahren hat, in den himmlischen, den es tags befährt. Die «Westliche» befördert es wieder hinunter. Im Zenit wird die Sonne mit Flügeln dargestellt.

Der nächste Ring stellt die Fremdländer dar, die für die Ägypter weitgehend mit der Wüste identisch sind. Charakterisiert werden sie durch den Gott Ḥa (rechts; auf *34* seinem Tempel einbeschrieben), den Herrn der westlichen, und Sopdu (links), den der östlichen Wüste, durch das 16mal wiederholte Zeichen für Häuptling und das 32mal wiederholte, in 12 Ovale eingeschlossene, wenig sorgfältig ausgeführte Zeichen des sitzenden Mannes. Dieses auf *34* deutlicher erkennbar. Die Figuren tragen da noch eine Feder oder einen Baumzweig auf dem Knie oder in der Hand. Beim Kampf wird die Feder im Haar getragen. In der Hand oder auf dem Knie bedeutet sie Unterwerfung. Die Fremdvölker und -länder, die Ägypten umgeben, sind also unterworfen.

Es ist für Israel ebenso selbstverständlich wie für Babylon *(8)* und Ägypten *(33* und *34)*, daß *es* selbst im Zentrum und *die anderen Völker* an den Rändern der Erde wohnen (22, 28 59, 14 65, 9 67, 6–8 98, 3), wobei man die Enden der bewohnten Erde mit dem Totenreich assoziiert (61, 3 vgl. 42, 7 f mit 43, 3). In der Heilszeit wenden sich alle Völker der Erde Jerusalem zu, um dort Jahwe zu huldigen.

Vom zweiten Ring ist oben ein Segment abgetrennt. Es wird durch zwei Schakale (Tiere des schakalköpfigen Anubis, des Gottes der Beerdigungsriten), das zweimal gesetzte Zeichen für Wasser (drei Wellenlinien) und das zweimal gesetzte Zeichen für «großes Gebäude», z.B. «Grab» (Einfriedung im Grundriß, Eingang im Aufriß) als Westhorizont gedeutet. Er dürfte aus rein ästhetischen Gründen oben und nicht rechts (bei der «Westlichen») eingezeichnet sein. Auf dem westlichen Nilufer, am Rande der Wüste lagen die großen Nekropolen (Theben, Saqqara usw.), im Westen stieg die Sonne in den Nun, den Urozean, und ins Totenreich hinunter.

Die Begriffe «Fremde» (wir befinden uns ja mit dem 2. Ring im Bereich der Fremdländer), «Grenze der Erde», «Wasser» und «Totenreich» werden auch in den Pss immer wieder miteinander in Beziehung gesetzt. Im Dunkel und in der Tiefe des Grabes (vgl. 88, 5.7.12), im bodenlosen, finstern Wasser rings um den Erdkreis und unter der Erdscheibe (vgl. 18, 5 f. 17 69, 3. 16 107, 23–28) und in den Randbereichen der bewohnbaren Erde, der Wüste (61, 3 107, 4–7) ist das Totenreich anwesend, nicht als Sphäre, noch wie in einem Bild, sondern insofern das die realen Zugangsbereiche sind, durch die man ins reale Totenreich eingeht, das allerdings bei all seiner Realität dem stark spekulativen Charakter der Sache entsprechend doch nicht eindeutig zu lokalisieren ist.

Der dritte Ring auf *33* ist mit den 41 Zeichen (Standarten) der ägyptischen Gaue ausgefüllt und bedeutet also Ägypten. Der Kreis im Zentrum ist durch die darin dargestellten Figuren als Welt der Toten (Duat) und durch die Sterne als Nacht charakterisiert, welche die dreimal dargestellte geflügelte Sonne nach ihrem Untergehen durchzieht. Auf dem von Clère publizierten Fragment *34* tritt noch die zweimal angebrachte gezackte Wasserlinie dazu.

Auch in den Pss fließen Urozean *(thm)* und Totenreich *(š᾽wl)* immer wieder ineinander. Insofern die Toten in der Erde begraben sind, ist unter der Erdoberfläche Scheol, insofern man dort auf das Grundwasser stößt, Tehom. Das Verhältnis der beiden zueinander blieb unklar.

Bemerkenswert ist, daß von den beiden Zeichen für Grab im 2. Ring ein Gang durch den 3. (Ägypten) zum innersten Kreis führt, der durch die Nacht, das Wasser und die Toten gekennzeichnet ist. Nach dieser Darstellung sind die «Tore der Totenwelt» (9, 14 107, 18) nichts anderes als die Tore der Nekropole.

Der gesamte Erdkreis wird von dem mit Füßen und einem Auge versehenen und so als persönliche Macht gedeuteten Zeichen «Ka» emporgehoben. Die beiden gewinkelten Arme, die schon früh die «Lebenskraft» verkörpern, dürften ursprünglich genauer die «Hebekraft» bezeichnet haben, «die als kosmische Größe zunächst den Sonnenball, später den König und die Menschen aus dem Dunkel der Nacht und des Todes in das Licht des Tages emporzuheben hatte» (Westendorf, Sonne 65 Anm. 8). Über den Füßen des Ka befindet sich im äußersten Ring (Meer) eine nur aus Kopf und Armen bestehende Figur, die mit dem Kopf eine Scheibe (Duat?) und mit den Armen ein Oval (Erde?) hochstemmt. Da sie sich aus dem Ring des Ozeans erhebt, dürfte sie wie die menschliche Gestalt auf *37* diesen in seiner mythischen Form als Urozean (Nun) verkörpern. Noch unklarer als das Verhältnis zwischen Tehom (Urozean) und Scheol (Totenreich) war dem AO das Problem, wie die bewohnte Erde sich über dem Chaoswasser halte, ohne in ihm zu versinken. *33* und *37* lösen es, indem sie eine Hebekraft annehmen, die ein rein spekulatives Postulat darstellt. Manchmal ist anschaulicher von Balken die Rede, die die Erdscheibe tragen (Erman, Literatur 163). Nach babylonischer Vorstellung flocht Marduk Schilfmatten, warf Erde darauf und schuf so einen trockenen Platz (AOT 131), ein Verfahren, das die Sumpfbewohner des südlichen Irak heute noch anwenden. Die Pss postulieren Säulen (75, 4 1 Sm 2, 8), Fundamente (18, 6 82, 5) oder Gestelle (104, 5), auf denen die Erdscheibe aufruht. Diese Anschauungen haben ihre Erfahrungsgrundlage vielleicht in den mächtigen, säulenartig gegliederten Felswänden der tief eingeschnittenen Wadis *(Taf. I)*. Aber da diese letztlich doch nirgends festen Halt finden, bleibt das entscheidende, daß Jahwe, also eine personale Macht, den Erdkreis aus dem Chaos (-wasser) heraushält (24, 1 f 93, 1 96, 10 136, 6), wobei die technischen Mittel, mit denen er das bewerkstelligt, wiederum im Gegensatz zu *56* und *57* und wie auf *33* und *37* und auch beim Himmel auf *26–29* unklar bleiben.

Wenn wir *33* als Gesamtkomposition betrachten, fällt auf, daß die Welt auch hier im Grunde aus zwei Komponenten aufgebaut ist: aus der Erde mit dem Meer und der Unterwelt als ihren Randgebieten einerseits und dem Himmel andererseits (148, 1 und 7). Einmal mehr erweist sich die Bedeutung der zweiteiligen Formel. Dabei ist aufschlußreich, daß die Darstellung der Erde, des Meeres und der Unterwelt von Erfahrungen geprägt ist, die verhältnismäßig leicht einleuchten und sich ganz ähnlich in Babylonien (vgl. *8*) finden, während

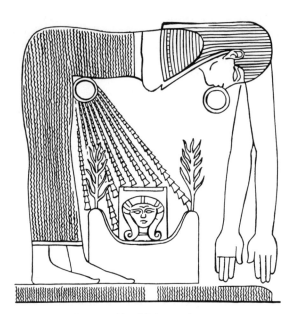

36. «Jahwe, in den *Himmel* (reicht) deine Liebe...
Deine Gerechtigkeit ist wie die Gottesberge,
dein Recht wie das große Urmeer.
Menschen und Tieren hilfst du» (36,6f).

Deutlicher als auf dem Sarkophagrelief *33* finden wir die dreigeteilte Welt auf dem Sarkophag Sethos I. in Abydos *(37)*. Die Dinge liegen hier erheblich klarer als bei *33*, weil die einzelnen Teile beschriftet sind. Den Hintergrund bildet eine große, durch die Zickzacklinien als Wasser gekennzeichnete Fläche, die von einem getüpfelten Band umgeben ist, das das Randgebirge darstellt.

Die große Fläche illustriert eindrücklich die Rolle des Urgewässers als Ursprungsort alles Seins (vgl. 104,6). Die ganze Komposition, die hier der Fläche, die sie bedeckt, angepaßt einem Rechteck, sonst aber einem Kreis einbeschrieben ist (z.B. Piankoff, Mythological Papyri Nr. 30), wird vom (getüpfelten) Randgebirge umgeben, in dem die Sonne untergeht und aus dem sie sich wieder erhebt (vgl. den Sonnenball rechts im Bild). Im «Vordergrund» der ganzen Komposition steht der menschengestaltige Nun (Urozean), der die Morgenbarke hochstemmt. Die Sonne ist durch den Skarabäus als «werdende» Morgensonne bezeichnet, die von Isis (links) und Nephtys (rechts), den zwei großen Schutzgöttinnen, gehalten wird. Nebst dem Sonnengott, Isis und Nephtys befinden sich eine Reihe weiterer Götter an Bord der Sonnen- und Himmelsbarke. Der Himmel gehört Gott und seinem Hofstaat (2,4 115,16 123,1 148,1f; vgl. *287*). Aber während das göttliche Leben nach ägyptischen Vorstellungen in einem ewigen Kreislauf besteht, zu dem das abendliche Untertauchen in die (regenerierende) Totenwelt ebenso gehört wie der jeden Morgen neue Aufstieg zum Himmel (vgl. N. Rambova, Symbolism), ist im AT unverändert der Himmel die Sphäre Gottes, die Totenwelt aber der dem Göttlichen ganz und gar ferne Bereich.

Der Skarabäus schiebt vor sich her den Sonnenball. Dieser steht im Zenit, denn die nächste Figur ist gegenständig. Sie stellt, wie die Beischrift sagt, die Himmelsgöttin Nut dar, «die die Sonne empfängt». Ihre Füße stehen auf dem Kopf des «Osiris, der die Duat (Totenwelt) umgibt». Nut steht hier also, wie oft, für den Abendhimmel. Beachtenswert ist die forciert akrobatische Haltung des Osiris, der mit seinem Körper einen Kreis beschreibt. Wir dürften im Kreisosiris eine Variante des Erdkreises von *33* vor uns haben, der, wie hier Osiris, die Duat umgibt (vgl. auch *30*).

Die Erde und die Totenwelt sind vom Nun umgeben. Im Hebräischen heißen die Ränder der Erde 'psj 'rṣ (2,8 22,28 59,14 67,8 72,8 98,3). 'ps bedeutet das Ende im Sinne von Aufhören, Nichtmehrvorhandensein. Die 'psj 'rṣ sind dort, wo keine bewohnbare Erde mehr vorhanden ist. Die ägyptische Ikonographie verleiht dieser durch das Negative charakterisierten Vorstellung eindrücklich Gestalt in der Schlange, die in den eigenen Schwanz beißt und sich selbst verzehrt (*38* vgl. dazu Stricker, De groote Zeeslang). Sie umringt als böser Apophis (ȝpp «Riesenschlange») – das Meer verkörpernd – die Erde. Diese wird auf *38* durch eine Doppelgestalt mit Schlangenkopf dargestellt. Auch der Erdgott Geb und Osiris erscheinen oft mit Schlangenkopf. Der Doppelkörper erinnert an die Hieroglyphe «Berg», die auf *15*, *17–18* und *36* die Erde darstellt. In der vorderasiatischen Ikonographie wird die Erde, wie gesagt, häufig als Berg aufgefaßt *(22–23, 42)*. Auch in den Pss stehen Erde und Berge manchmal parallel (97,4f 98,7f).

der mindestens doppelt (Flügelpaar und Nut) dargestellte Himmel absolut mythische und spezifisch ägyptische Züge (Geburt der Sonne) aufweist.

Auf dem Fragment *34* ist durch zwei Wasserlinien nur eben angedeutet, daß sich unter der Erde Wasser befindet. Auf *36* bildet der durch Zickzacklinien angedeutete Urozean recht eigentlich die Basis des Weltgebäudes. Auf ihn stützen sich Hände und Füße der Himmelsfrau. Die Säulen des Himmels ruhen hier also nicht auf einem irgendwie mit der Erde zusammenhängenden Randgebirge (insofern nicht sie selber dieses darstellen), sondern im Wasser des Nun. Auch nach 104,3.13 konstruiert Gott seine obern Gemächer über dem Urozean. Zwischen den Schenkeln der Himmelsfrau springt die Sonne hervor und verschwindet wieder bei ihrem Mund. Die Zickzacklinien auf dem Kleid der Nut weisen auf den Himmelsozean hin, der nichts anderes als ein zum Himmel erhobener Nun ist (Wolf, Ptahhymnus 32; AOT 17). Die Vorstellung von der Himmelsfrau und dem Himmelsozean sind hier aufs engste miteinander verbunden. Unter der Himmelsgöttin liegt über dem Urozean die hohe Mulde der Erde, auf deren Randgebirge die Horizontbäume stehen, zwischen denen jeden Morgen die Sonne aufgeht (Keel, Jahwevisionen und Siegelkunst, Stuttgart 1977, 296–303). Im Zentrum der Erde steht der Tempel. Hier ist es derjenige der Hathor von Dendera, wo das Bild herstammt (vgl. Daumas, Trois représentations).

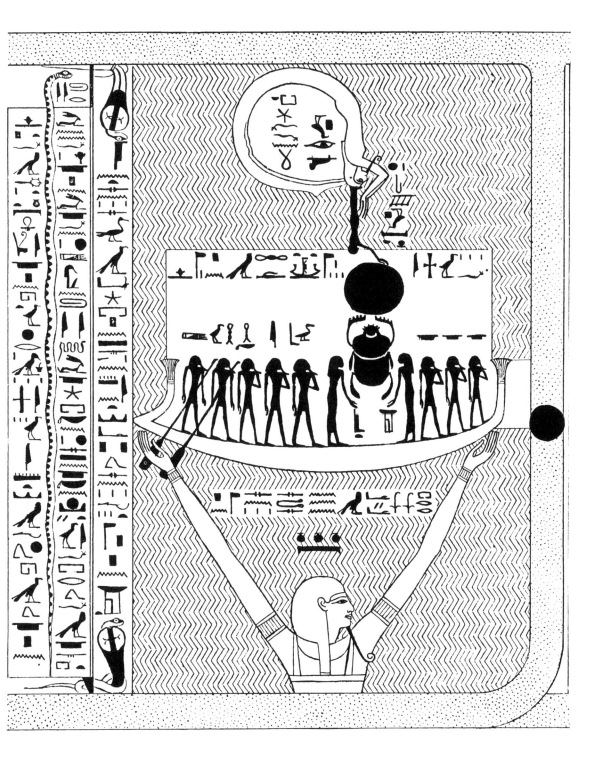

37. «Die Urflut bedeckte sie (die Erde) wie ein Gewand, über den Bergen standen die Wasser» (104,6).
   «Erhebe dich zum Himmel, Gott! Dein Glanz sei über der ganzen Erde!» (57,12 = 108,12).

Die «Erde» von *38* hält in jeder Hand eine Eidechse, die Hieroglyphe für «viel» (vgl. den Ausdruck «die Erde und ihre Fülle» 24,1 50,12 89,12). Die ganze Komposition wird überdacht von der mit Sternen übersäten Hieroglyphe «Himmel» (*p.t*). Wir haben hier eine äußerst knappe Darstellung der dreigeteilten (Himmel, Erde, Meer) Welt vor uns, wobei das dritte Element wiederum eher eine Begrenzung des zweiten als eine eigenständige Größe darstellt. Die annähernd eckige Form ist nicht auf eine rechteckige Erde, sondern auf den Umstand zurückzuführen, daß das Bild der schmalen Innenseite eines Sarges einbeschrieben ist. Dennoch zeigen *37* und *38*, daß man verhältnismäßig leicht von der runden Form abging, so wie man sich wenig darum kümmerte, ob der Himmel gewölbt oder flach sei.

Auf *39* ist die sich selbst verzehrende Schlange, der Uroboros, kreisrund dargestellt. Die Zeichnung stammt von einem Totenbuchpapyrus, auf dem es keinen bestimmten Raum zu füllen galt. Die beiden Löwen stellen die Erdmulde dar (vgl. *16–18*). Am Platz, den auf *17* und *18* der Berg des Sonnenaufbzw. Sonnenuntergangs einnimmt, wird hier der Kopf der Mehet-uret, der «großen Flut», sichtbar, die die Sonnenscheibe hochhebt (vgl. *37*).

Dieser ist der jugendliche Sonnengott mit dem Finger im Mund und der Prinzenlocke eingezeichnet (vgl. *31*). Der Sonnenscheibe ist das Sonnenauge zugesellt (Gott schaut vom Himmel herab, vgl. 14,2 33,13 80,15 102,20). Ein Pavian und die Besitzerin des Papyrus beten die aufgehende Sonne an. Von oben greifen die Arme der Nut herab, um den Sonnenball aufzunehmen. Man kann Nut hier allerdings wie auf *37* als Westhimmel verstehen, dann wäre nicht nur der Sonnenaufgang, sondern der ganze Tagesablauf des Gestirns dargestellt, und die Schlange, die die Sonne umgibt, wäre dann nicht unbedingt als irdischer, sondern als himmlischer Ozean zu deuten. Auch in 33,7 ist nicht eindeutig, ob die obern oder die untern Wasser gemeint sind. Aber vielleicht ist diese Entscheidung nicht nur unmöglich, sondern wäre sogar falsch, insofern beide letztlich eins sind (vgl. *36* und *37*).

Wie *40* zeigt, kann zwischen dem obern und dem untern

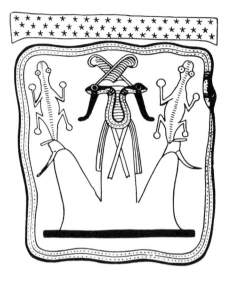

38. «Himmel und Erde, das Meer und alles, was in ihnen ist» (146,6). Wie die Sprache, hat auch die Ikonographie ihre Formeln: der *Himmel* mit den Sternen; die durch eine Doppelgestalt dargestellte *Erde*, die in den Händen die Hieroglyphe für «viel», «zahlreich» (eine Eidechse) hält; und das *Meer*, die sich selbst verzehrende Schlange, die primär das Aufhören des festen Landes darstellen dürfte.

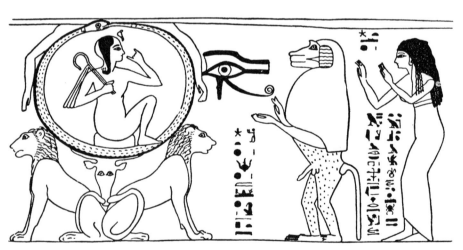

39. Das Bild zeigt den genau gleichen Vorgang wie *37*. Das Randgebirge wird wie auf *17* und *18* durch die beiden Löwen dargestellt. Die große Wasserfläche (auf *37*) vertritt hier die Schlange, die sich um die Sonne ringelt. Beide Darstellungen zeigen, daß der irdische und der himmlische Ozean wesenhaft zusammengehören. An die Stelle der ausgestreckten Arme des Nun (*37*) treten auf *39* die Hörner der Kuh «der großen Flut», die den Sonnenball hochheben. Dieser ist durch das Kind (vgl. *31*) statt durch den Skarabäus (*37*) als junge Morgensonne gekennzeichnet. Von Nut, die auf *37* die Sonne in Empfang nimmt, sind auf *39* nur die Arme zu sehen.

Wie in der Ikonographie kann auch in den Pss mit einem ganz verschiedenen Vokabular zweimal der gleiche Sachverhalt beschrieben werden. Begriffsuntersuchungen sind deshalb ein sehr beschränktes Hilfsmittel zur Erforschung der ao Welt mit ihrer Vorliebe für den Parallelismus und die Vielzahl der Annäherungen.

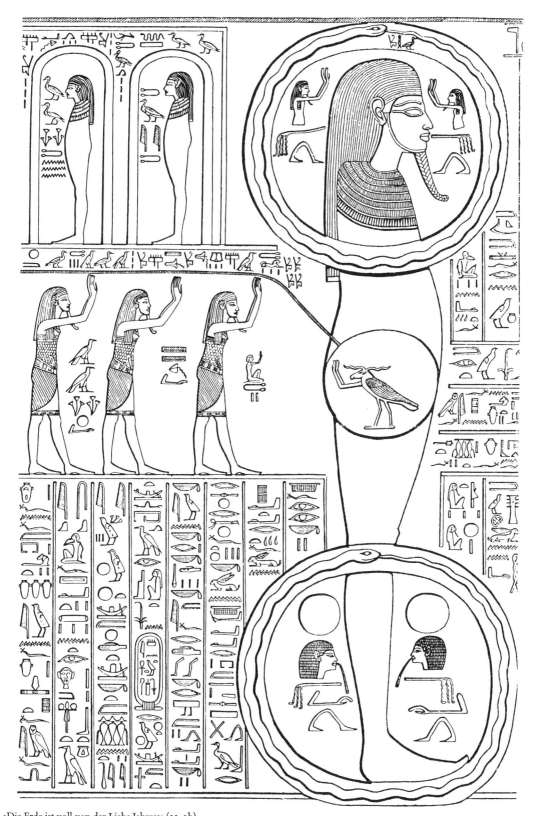

40. «Die Erde ist voll von der Liebe Jahwes» (33, 5b).
An die Stelle der Götter, die in Ägypten und Mesopotamien Himmel und Erde erfüllen, sind in Israel die Liebe (ḥsd), die Gerechtigkeit (ṣdqh), die Herrlichkeit (kbwd) und der Name (šm) Jahwes getreten (vgl. die Texte zu 20, 28, 36).

Ozean auch deutlich unterschieden und können beide als geringelte Schlangen dargestellt werden. Die zentrale Figur trägt neben dem Kopf zweimal die geheimnisvolle Bezeichnung *imn wnwt* «der die Stunden verbirgt» (Piankoff, Une Représentation rare 113 Anm. 1). Der Kontext zeigt, daß es eine Gestalt ist, die um Mitternacht für einen Augenblick die Zeit aufhebt, indem sie für diesen Augenblick alle Stunden des Tages und der Nacht in sich aufnimmt, um sie dann als neu geschaffene wieder aus sich zu entlassen. Nicht nur ihre Funktion, sondern auch ihre Mumiengestalt und eine Stelle aus dem Berliner Ptahhymnus legen nahe, daß der Gott Ptah dieser eigenartigen Schöpfung Modell gestanden hat. Ptah ist Ur-, Schöpfer- und Allgott:

«Deine Füße sind auf der Erde, dein Kopf ist im Himmel in deiner Gestalt, der in der Unterwelt ist.
Du pflegst zu erheben das Werk, das du geschaffen hast.
Du verläßt dich auf deine eigene Kraft.
Du erhebst dich durch die Stärke deiner Arme.
Der Himmel ist über Dir, die Erde ist unter Dir.
Geb (der Erdgott) ist konsolidiert wegen dessen, was du verborgen hast (die Unterwelt?),
und man kennt nicht, was aus deinem Leib entstanden ist.»
(Wolf, Ptahhymnus 27.)

Die Schlange, die das Haupt des Gottes umgibt, trägt die Bezeichnung *mḥn* «die Zusammengerollte», «der Ringler». Sie ist ein Gegenbild zu Apophis und schützt den Sonnengott beim Untergehen gegen die böse Riesenschlange.

Aus Mesopotamien besitzen wir nicht annähernd so viele Darstellungen der «Welt» wie aus Ägypten. Der Grund liegt darin, daß der Ägypter hoffte, nach seinem Ableben in den ewigen Kreislauf der Sonne einzugehen. Mit Hilfe magischer Manipulationen, wie dem Bildzauber, versuchte er zur Verwirklichung dieser Hoffnung beizutragen. So wird vor allem der Kreislauf der Sonnenbarke, in die der Tote aufgenommen werden möchte, unzählige Male dargestellt. Oder Nut wird auf dem Innern der Sarkophagdeckel abgebildet. Sie soll den Toten wie die Abendsonne aufnehmen und zu neuem Leben wiedergebären (vgl. 31).

Solche Vorstellungen sind Mesopotamien fremd. Ein Grund, wenn auch nur einer, mag darin liegen, daß im Zweistromland schon früh stärker zwischen den kosmischen Erscheinungen und den Mächten, die sich in ihnen manifestieren, unterschieden wurde als in Ägypten. So zeigt es sich jedenfalls in der Ikonographie. In Ägypten erscheint Osiris auf unnatürlich gekrümmte Weise als Erdkreis *(30* und *37)* und die Himmelsgöttin in mühsamer Haltung als Himmelsgewölbe *(25, 26, 28–30, 32–33, 36)*. Wo in der mesopotamischen Ikonographie kosmische Mächte als Personen auftreten, haben sie in ihrer Haltung meist keinerlei Bezug zu den von ihnen dargestellten Teilen des Weltgebäudes. Sie werden frei agierend vorgestellt und sind für uns nur an einzelnen Attributen als Vertreter bestimmter kosmischer Mächte mehr oder weniger deutlich zu erkennen (vgl. z. B. *9* oder *43*).

Israel nimmt, insofern Jahwe einer und vom Weltgebäude vollständig getrennt ist, nochmals eine wesentlich andere Position ein (vgl. dazu Kp IV, 2).

Eine gewisse Analogie zum Unterschied in der Ikonographie der kosmischen Götter in Ägypten und Mesopotamien bietet übrigens die verschiedene Entwicklung der Schriftsysteme. Während sich das sumerisch-akkadische früh und radikal vom piktographischen Hintergrund löste, blieben die ägyptischen Hieroglyphen eng mit der Ikonographie verbunden.

Außer einigen Rollsiegeln, hauptsächlich aus akkadischer *(43, 44)* und spätassyrischer *(23, 24)* und einigen Denk- oder Grenzsteinen (Kudurrus) aus mittelbabylonisch-kassitischer Zeit *(41* vgl. *125, 126)* liefert Mesopotamien nicht viel Material zum Thema sinnbildlich-mythischer Darstellung der Welt.

Recht interessant ist *41*. Ungefähr zwei Drittel des Kudurru nimmt eine gewaltige, fortifikatorische Anlage ein, deren Fundamente ein Schlangendrache umringelt. Ein ähnlicher

41. «... du erhöhst mich aus den *Toren des Todes*, damit ich all deinen Ruhm erzähle,
in den *Toren der Tochter Zion* über deine Hilfe juble» (9, 14f).

umgibt den Gipfel des Ganzen, den der Himmelsstier (nicht sichtbar) bildet. Die beiden Schlangen dürften, wie auf *40*, den untern und den obern Ozean symbolisieren. Das Band unter der Himmelsschlange ist von den Symbolen der großen Götter angefüllt, die man in den Sternbildern entdeckt zu haben glaubte. Auch auf *239* sind ein Teil der Sterne unten am Himmelsozean angebracht. Die gewaltige Burg stellt (gegen Moortgat, Die Kunst 106f) nicht die Erde, sondern die von den Chaoswassern (Schlange) umflossene Unterweltsstadt dar, von deren gefürchteten Toren auch in den Pss die Rede ist (9, 14 107, 18 Jon 2, 7). Ihre Türme bilden die Säulen (75, 4) resp. Fundamente der Erde (18, 8 82, 5). Das Band, auf dem in einer Prozession musizierende Männer und Frauen, von verschiedenen Tieren gefolgt, zwischen Pflanzen in großen Kübeln hindurchschreiten, kann kaum etwas anderes als den irdischen Bereich darstellen, deren Bewohner zum Dienst der Götter geschaffen sind (vgl. 148, 9–13). Die Tiere verweisen nicht unbedingt auf das Orpheusmotiv (gegen Moortgat, ebd.), sondern können gezähmte Tiere sein, wie sie an Höfen und wohl auch an Tempeln gerne gehalten und bei Umzügen aller Art mitgeführt wurden (vgl. Moortgat, Die Kunst Taf. 283 und *468*).

Was die Teile der Welt betrifft, so zeigt das Bild, daß sie ebensogut vier- oder fünf- wie dreiteilig gedacht werden kann, denn die Totenstadt und die Chaoswasser sind hier deutlich geschieden, von den verschiedenen Bereichen des Himmels ganz zu schweigen.

3. Dualistische Züge

Gegenüber dem Weltgebäude auf *41* treten auf *42* stärker die kosmischen Mächte in den Vordergrund. Die beherrschende Gestalt auf dem Rollsiegel aus Mari ist der Gott, der auf dem Berge sitzt. Das Zepter charakterisiert ihn als Götterkönig. Im mesopotamischen Raum ist An (akkadisch: Anu) «der Himmel», «König der Könige», «der Berg der reinen göttlichen Kräfte», «der auf dem großen Hochsitz Platz genommen hat», «dem sich jeder beugt im Himmel und auf Erden» (SAHG 102f). Die beiden Sterne vor dem thronenden Gott könnte man als Lautzeichen für *AN* und als Ideogramm für Gott lesen, was «Gott An(u)» ergäbe. Aber Mari befindet sich auf der Grenze verschiedener Kulturräume, und so könnte man bei dem Gott auf dem Berge auch an den kanaanäischen El oder eine ihm verwandte Gestalt denken (vgl. Amiet, Notes sur le Répertoire 219-221). Auch er ist König der Götter, wohnt auf einem Berg – und was im Hinblick auf *42* besonders bedeutsam ist – «inmitten der Quellen der beiden Ozeane» (Aistleitner, Texte 18). Im mesopotamischen Bereich ist es Ea, der «inmitten der Mündung zweier Ströme» thront (Frank, Beschwörungsreliefs 72). El vereinigt, wie der Gott auf dem Berge, Züge von Anu und Ea in sich. Auch die beiden Sterne sind kein Hindernis für die Deutung auf El. Sie können als die in Jes 14, 13 genannten, höchsten Sterne, «die Sterne Els» verstanden werden. Der Herrschaftsbereich Els reicht von den tiefsten Tiefen bis zum höchsten Himmel (95, 4f). El verkörpert die hinter allem Streit der Vordergrundgötter (Baal = Herr der Erde, Jam = Meer, Mot = Totenreich) liegende Einheit, die alles durchwaltende, kosmische Ordnung und Harmonie (Aistleitner, Texte 31, 40). Er ist ihr weiser Urheber. Jahwe hat von El zahlreiche Züge übernommen (vgl. den Text zu *283–284*).

Aus den beiden Flüssen, die am Fuß des Berges entspringen,

42. Zum Gott auf dem Berge:
«Wie zahlreich sind deine Werke, Jahwe, du hast sie alle mit Weisheit gemacht» (104, 26).
Zum Gott mit der Lanze: «Jahwe, ist dein Zorn gegen Ströme entbrannt...?» (Hab 3, 8).

erheben sich zwei Göttinnen, die durch die aus ihnen hervorragenden Äste als Verkörperungen der Vegetation erscheinen. Die auf der linken Seite hält einen Baum, die auf der rechten ein Gefäß in Händen.

Bei den aus dem Berg hervorquellenden Wassern haben wir es nicht mit harmlosen Bächlein zu tun, sondern mit den Wassern der Tehom, der Urflut. Das zeigt der Gott links außen, der mit seiner Lanze gegen das Wasser ankämpft («Ist gegen Ströme, Jahwe, dein Zorn entbrannt?» Hab 3,8). Er dürfte den Gewittergott Hadad-Baal darstellen, der mit seinen Schauern das Land befruchtet und gegen alles Chaotische kämpft, das seinen Bereich bedrängt. Die Doppelnatur des Wassers, ohne das kein Leben entsteht, das aber auch alles Leben zerstören kann, tritt in den Pss oft zutage. Dort, wo die chaotischen Wasser in ihrer ungestümen Macht von Jahwe, der diesbezüglich die Nachfolge Baals angetreten hat (vgl. 290–294), gebrochen und gebändigt sind, erfreuen sie die Erde und tränken Pflanzen und Tiere (46,4 65,8–10 74,15 104,6–12).

Was das Weltbild betrifft, so erscheinen auf 42 als konstituierende Elemente das Urwasser, der Erdberg und der durch die Sterne repräsentierte Himmel. Der dadurch geschaffene Bereich wird von der Ordnungsmacht Els beherrscht, der das oft prekäre Gleichgewicht zwischen den tödlichen Gewalten des Chaos und der Lebensmacht Baals garantiert. Durch die Identifikation Jahwes mit El und die Übernahme gewisser Funktionen Baals durch denselben Gott wurden die Ordnungs- und Lebensmächte in *einer* Macht konzentriert und den Chaosmächten gegenübergestellt. Dadurch erhielten die Chaosmächte eine gewisse Selbständigkeit, und der in der ao Weltschau angelegte Dualismus wurde eher noch verstärkt. Da die Macht Jahwes aber allumfassend und überwältigend gesehen wurde, konnte diese Selbständigkeit die Welt nicht mehr gefährden (93,8f 104,9). Dadurch, daß das Meer alle bedrohliche Macht verliert, wird es entmythisiert. Seine dunklen Salzfluten und sein glänzender Gischt sind nichts als Wasser. Es verliert jeden repräsentativen Aspekt, nachdem an die Stelle des schwer kämpfenden Baal Jahwe mit seinem souveränen Machtwort getreten ist (46,3f 65,7f 77,17–20 93 104,5–9).

Ein anderer Weg, auf dem der naturhafte Dualismus überwunden wurde, war das schon der Umwelt Israels geläufige *(142, 144)*, in Israel aber konsequenter durchgeführte geschichtliche Verständnis der Chaosmächte. Die Verlagerung des Bösen aus dem kosmischen in den anthropologisch-ethischen Bereich trifft insofern das Richtige, als die Hauptgestalt der Chaosmächte, der Drache, seine Entstehung stärker psychischen Faktoren als einer sorgfältigen Beobachtung der Außenwelt verdankte.

Im Gegensatz zu *42* ist *43* eindeutig mesopotamisch. Rechts im Bilde sieht man Ea, den Gott der Wassertiefe in seiner rings vom nassen Element umflossenen Kammer. Aus seiner Schulter entspringen zwei Wasserbäche, darüber sind drei Fische sichtbar (vgl. *285*). Rechts von Eas Unterwasserresidenz hält ein knieender Diener einen Torpfosten. Dieses Tor schließt wahrscheinlich die Erdtiefe mit ihren Süßwasserreservoiren, deren Herr Ea ist, vom Chaos ab (vgl. Jon 2,7), das auf der Abrollung rechts davon (auf *43* rechts und links außen) in Gestalt eines gewaltsam niedergehaltenen, geflügelten Löwen sichtbar ist. Der klein dargestellte, knieende Gott, der das Monstrum hält, dürfte Ninurta sein. In einem Hymnus wird er als Sieger über den *ušumgal*, ein Wesen aus dem Gefolge des Urzeitdrachen Tiamat, mit Löwenpranken und weitausgespannten Flügeln geschildert (van Buren, Dragon 17).

Zwischen den beiden Flügeln des besiegten Untiers tritt der Sonnengott hervor. In einer der seinen ganz ähnlichen Haltung besteigt ein anderer Licht- und Sonnengott den Berg

43. «Stiege ich zum Himmel empor – du bist dort, schlüge ich mein Lager in der Unterwelt auf – siehe du bist da.
   Würde ich die Flügel der Morgenröte erheben, ließe ich mich nieder im äußersten Meeresbereich,
   auch dort würde deine Rechte mich fassen» (139,8f).
Alle Bereiche, die auf *43* von verschiedenen mesopotamischen Gottheiten beherrscht werden, stehen in 139 unter der Verfügungsgewalt Jahwes. Zum Gott, der den Drachen niederhält, vgl. Hi 7,12:
   «Bin ich das Meer oder ein Drache, daß du eine Wache für mich bestellst?»

mit dem Himmelstor und grüßt ehrerbietig den in seiner Kammer sitzenden Ea. Dieser Gott dürfte Eas Sohn Marduk sein (Frankfort CS 102 f). *Schamasch*, der Sonnengott, verkörpert mit seiner Säge, mit der er Entscheidungen vollzieht, die Sphäre des Himmels. Ninurta-Ningirsu, der oft mit Enlil gleichgesetzt wird (beide haben als Symbolzahl 50) und *Marduk*, der mit dem Hochkommen des semitischen Elements beide weitgehend abgelöst hat, repräsentieren (ähnlich dem kanaanäischen Baal) das Gewitter und die fruchtbare Ackererde. *Ea* ist der Gott des Grundwassers. Diese drei Götter werden oft gemeinsam angerufen, wo es darum geht, irgendein Übel zu bannen. *Ea* ist der weise Herr der Tiefe, *Marduk* der Kämpfer gegen das urzeitliche Chaos, und *Schamasch* vertreibt alles Dunkle. Jahwes Wirken umfaßt alle diese Bereiche (vgl. etwa *139*). Angesichts seiner konzentrierten Macht wird Leviathan, das Chaosungetüm, das den zerstörerischen Aufruhr des Meeres verkörpert, zu einem Gegenstand göttlicher Spiellust degradiert (104,26).

Das urzeitliche Chaos ist für den ao Menschen im Meer gegenwärtig. *jām* «das Meer» ist in den ugaritischen Mythen der große Gegenspieler Baals. *jām* erscheint in 74,13 und 89,10 an der Spitze der Chaosungetüme. Auf *43* tritt der Sonnengott zwischen den Flügeln des Chaosdrachen hervor, wie er sonst zwischen den Bergen hervortritt *(9)*. Im südlichen Mesopotamien, wo das Rollsiegel herstammt, wußte man, daß die Sonne ebensogut aus dem Meer wie aus den Bergen hervorsteigen kann. Der niedergehaltene Drache auf *43* dürfte also das Meer darstellen.

Den mehr oder weniger domestizierten Chaosdrachen sah man auch im Toben des Unwetters am Werk. Auf *44* fährt der Gewittergott Adad in einem schweren, vierrädrigen Wagen donnernd über das Himmelsgewölbe (77,19). Seine Peitsche ist der Blitz, der die hochgewirbelten Staubwolken zerreißt. Sein Wagen wird vom gleichen Untier gezogen, das auf *43* das Meer repräsentiert. Es ist halb Löwe (Kopf, Vorderpranken), halb Adler (Flügel, Schwanz, Hinterbeine). Im Meer *(43)* und im Toben des Gewitters *(44)* erscheint das urzeitliche Chaos zwar in gebändigter Form (vgl. Hi 7,12, Gn 9,14). Aber der Gedanke, daß es sich losreißen und seine grausige Herrschaft wiederaufrichten könnte, hat den Menschen mit Grauen erfüllt. Wir spüren noch etwas davon im beschwörenden, zuversichtlichen: «Eine Grenze hast du (Jahwe) ihm (dem Chaos) gesetzt, die darf es nicht überschreiten, nie darf es zurückkehren, um die Erde zu bedecken» (104,9 vgl. 93,3f). (Über dem Chaosungeheuer steht eine Göttin mit Regensträhnen in den beiden Händen. Sie verkörpert den freundlichen Aspekt des Gewitters, den fruchtbringenden Regen.)

Das im Meer und im Unwetter gebändigt wirksame Chaos war einmal frei *(45;* vgl. *419)* und beherrschte die Erde (104,6) bis es von einem Gott besiegt wurde (104,7f), der durch die Sterne, die seinen Bogen bilden, als himmlisches Wesen ausgewiesen ist. Bei diesen stark dualistischen Vorstellungen liegt der Schöpfung der (vorläufige) Sieg des Gottes zugrunde, der Licht und Ordnung verkörpert (vgl. 104,9 Hi 7,12 Jer 5,22). Dieser Mythos wird in 74,12-17 und 89, 6-15 gestreift. Die verschiedenen Namen (Leviathan, Rahab, Jam), die der Drache an den beiden Stellen erhält, und die ganz verschiedenen Beschreibungen, die dem Leviathan etwa in 74,13f (mehrere Köpfe), Jes 27,1 (geringelte Schlange) und Hi 40,25 (Krokodil, das allerdings wieder recht phantastische Züge aufweist, so wenn 41,11 gesagt wird, daß es Feuer speit) zuteil werden, zeigen, daß man sich von seinem Aussehen keine allzu genauen Vorstellungen zu machen vermochte (vgl. Driver, Mythical Monsters).

Die ao Bilder zeigen bei der Darstellung des Chaosungetüms eine ähnliche Vielfalt. Auf *42-44* stellt der Chaosdrache ein Mischwesen aus Löwe und Adler dar, auf *46-50* erscheint er

44. «Dein Donnerlaut (dröhnte) im Himmelsgewölbe,
   Blitze erleuchteten den Erdkreis,
   die Unterwelt zitterte und bebte» (77,19; zur Übersetzung vgl. Dahood, Psalms II 232).

45. «Aus seinem (Leviathans) Rachen fahren brennende Fackeln, feurige Funken schießen hervor» (Hi 41,11).
«Vor deinem Schelten flohen sie (die Chaoswasser), vor deinem Donner wichen sie ängstlich zurück» (104,7).

in Schlangengestalt und auf 51 und 52 als siebenköpfiges Monstrum. Wenn wir nach der Herkunft dieser Vorstellungen fragen, so ist eine Wechselwirkung zwischen alltäglichen Erfahrungen und der traumhaften, vom Unbewußten bestimmten Verarbeitung dieser Erfahrungen anzunehmen, die ihrerseits dann wieder auf das Erleben eingewirkt haben. Die Monstren tragen die Gestalt bestimmter zoologischer Arten oder sind mindestens aus einzelnen Elementen solcher zusammengesetzt. Die Interdependenz des Zoologischen und des Mythischen zeigt sich auch in sprachlichen Raum. In Ugarit wird

der Leviathan (ltn) als bösartiger (brḥ), gewundener (ʿqltn) Schlangendrache (bṯn) mit 7 Köpfen (šbʿt rʾšm) geschildert (vgl. Jes 27,1; vgl. Aistleitner, Texte 14). In 58,5 und 91,13 erscheint der etymologisch verwandte ptn als zwar giftige und gefährliche, aber ganz gewöhnliche Schlange.
Neben dem sich aufbäumenden Chaosungetüm auf 45 erhebt sich, als stilisierte Palme dargestellt, der Lebensbaum. Das Verhältnis zwischen den drei Größen Drache–Lebensbaum–Gewitter- und Himmelsgott ist auf 46 deutlicher dargestellt. Der Lebensbaum ist hier zugleich Weltenbaum, der die Ge-

46. «... der über die Höhen der Erde schreitet...» (Am 4,13)
«Du hast Rahab wie ein Aas gespalten...» (89,11a).
Rahab, der Dränger, ist hier Name für ein Chaosungetüm. In 87,4 ist es Symbolname für Ägypten. Zur geschichtlichen Interpretation des Chaos vgl. *142, 144*.

stirne trägt. Eine weibliche Gottheit, durch den achtstrahligen Stern mit Ischtar in Beziehung gebracht, hält schützend ihre Hand über ihn. Die Chaosschlange, die offensichtlich eben dabei war, den Baum anzugreifen, wird von dem über die Berge schreitenden, eine Keule schwingenden Hadad-Baal (vgl. *290–291*) erledigt. Ob der Greif (rechts oben) als Hüter des Lebensbaumes gedacht ist, und die drei Männer (unten rechts) sich angesichts der drohenden Gefahr flehend an die Göttin wenden, ist nicht sicher zu sagen.

Der Drache von *47* hat auch einen Schlangenkörper, aber mit einem gehörnten Haupt (vgl. *75, 5f*; vgl. *41*). Das Untier wird von der Gestalt links mit Pfeil und Pfeilbogen bekämpft. Zwischen beiden befindet sich ein kleiner Baum (Lebensbaum?), den der Bogenschütze zu verteidigen scheint. Der Baum dürfte wie auf *46* das fruchtbare Land, das «Land des Lebens» (142,6 116,9) symbolisieren.

Auch auf *48* wird die gehörnte Schlange aus dem Bereich der Pflanzen vertrieben. Welche Bedeutung den beiden Gestalten rechts vom kämpfenden Helden zukommt, ist schwer zu sagen. Vielleicht reicht die kniende dem Kämpfer Wurfgeschosse, deren er sich im Kampf nebst dem Schwert bedient, und die ganz rechts feiert mit der Handtrommel den Sieg (vgl. *451*). Aber das alles ist etwas fraglich.

Auf *49* ist der Besieger des Schlangendrachens, der zusätzlich

47. «Du hast eine Grenze gesetzt, die dürfen sie (die Chaoswasser) nicht überschreiten, nie wieder dürfen sie die Erde bedecken» (104,9; vgl. Jer 5,22).

48. Die Chaoswasser
«stiegen die Berge hinan und flohen die Täler hinab an den Ort, den du ihnen zugewiesen» (104,8).

49. «Du Jahwe bist König von Urzeit her, der inmitten der Erde Rettertaten vollbringt» (74,12).
«Du beherrschest die Überheblichkeit des Meeres, wenn seine Wogen tosen, beruhigst du sie» (89,10).

50. «Es begannen Fluten, Jahwe, Fluten begannen zu rauschen, Fluten begannen zu lärmen. Mächtiger als das Tosen der Wassermassen, mächtiger als die Brandungswogen des Meeres, mächtig ist in der Höhe Jahwe» (93,3f).

zu den Hörnern noch Vorderpfoten besitzt, deutlich der Gewittergott mit seinem Blitzbündel in der einen und Pfeilen in der anderen Hand (vgl. 294). Über seinem Rücken kreuzen sich zwei Köcher. Die zweite Figur scheint das Zepter herbeizubringen, das dem Drachenbesieger als Symbol der Herrschaft zukommt. Bei der dritten Gestalt möchte man vermuten, sie versuche den Drachen zu beschwören. Auch in 74,12f scheint der Königstitel Jahwes mit dem Sieg über den Drachen zusammenzuhängen.

Auf 50 scheinen die beiden Personen den gleichen hethitischen Sturm-, Wetter- und Fruchtbarkeitsgott darzustellen, der mit Hilfe himmlischer Regengötter den geringelten, flammenden Drachen Illujanka angeht und bekämpft. Dieser wird jedenfals in der späteren Version des Mythos mit dem Meere gleichgesetzt. Der Leib der Schlange erinnert an mächtig sich überschlagende Wogen.

Das Monstrum von 51 hat sieben Köpfe, von seinem Rücken steigen Flammen empor, seine Köpfe und seine Gestalt aber sind (abgesehen von den Schlangenhälsen) und dem dicken Schwanz) ziemlich deutlich die eines Panthers. Womit der Gott seinen Kampf führt, ist auf der schlecht erhaltenen Darstellung nicht zu sehen. Die zahlreichen Köpfe dieser Ungeheuer mögen auf das Erlebnis des äußerst beweglichen und in seinen Bewegungen sich vervielfachenden Schlangen- oder Pantherkopfes oder auf das der sich immer neu aufbäumenden Brandungswogen (vgl. 93,4; vgl. 42,8 88,8) zurückgehen. Von den sieben Köpfen des Drachens auf 52 hängen drei bereits schlaff herunter, beim vierten hat der Gott mit der Hörnerkrone eben erfolgreich seine Lanze angesetzt. Die drei restlichen züngeln ihm noch gefährlich entgegen. Ein zweiter Gott, von genau gleicher Erscheinung wie der erste, greift von hinten an. Vom Rücken des Ungetüms schießen (wie bei

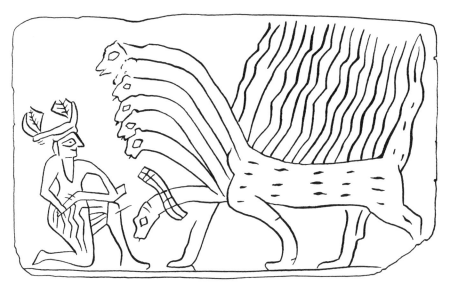

51. «Er dämpft das Tosen der Meere, das Tosen ihrer Wogen (und den Lärm der Völker)» (65,8).

52. «Du hast in deiner Macht das Meer aufgestört, du hast die Drachenhäupter über den Wassern zerschmettert. Du hast die Köpfe des Leviathan zerschlagen, du hast ihn den Haien(?) zu fressen gegeben» (74,13f).

51) Flammen empor. Der Schlangendrache vermag gleicherweise sengende Hitze und zerstörerische Wassermassen zu symbolisieren. Die beiden restlichen Figuren dürften als Zuschauer, nicht als Helfer (gegen ANEP 691) zu deuten sein. Da es sich um Menschen und nicht um Götter zu handeln scheint, machen sie es fraglich, ob wir es mit einem eigentlichen Schöpfungsgeschehen zu tun haben. Die Menschen wurden ja erst nach der Überwindung des Chaos geschaffen. Aber wie der Kontext in 74 und 89 und 142 und 144 zeigen, ist das urzeitliche Geschehen von den Heilstaten, die die Gottheit im Kampf gegen das Böse «inmitten der Erde» (74,12) vollbringt, gar nicht zu trennen.

Aber nicht nur zwischen dem dräuenden, tosenden, bodenlosen Meer und dem bewachsenen Festland besteht ein Antagonismus, sondern auch zwischen dem «Licht des Lebens» (56,14) und der Finsternis (88,13).

In Mesopotamien und Ägypten ist das Dunkel Bereich der Dämonen. 53 zeigt zweimal eine Gestalt, die durch Strahlen, die aus den Schultern hervorschießen, als Lichtgott gekennzeichnet ist. Wahrscheinlich handelt es sich um Schamasch, den Sonnengott (9, 286). Der Dämon rechts hat Tierpranken und einen Tierrachen. Die Dämonen verkörpern sich gern in gefährlichen Tieren, die nachts ihr Unwesen treiben und von der aufgehenden Sonne in ihre dunklen Löcher verscheucht werden (104, 20–22, vgl. 90a–99). Die Sonnenscheibe von 54, die durch den Skarabäus und den widderköpfigen Mann (vgl. 15) als Morgen- oder Tagessonne bezeichnet wird, vertreibt Schlange, Krokodil und Gazelle, die als Sonnenfeinde und gefährliche Tiere gelten (vgl. Taf. XXVIII). Nach Hi 38,13 vertreibt das Morgenrot nicht die Dämonen, sondern (nach der atl. Entmythisierung der Welt) die Frevler. Die Nacht und das Dunkel sind Bereiche der Gefahr und der Not, der Mor-

53. «Hast du in deinem Leben je den Morgen herbefohlen, dem Morgenrot seinen Platz angewiesen, damit es die Erde an ihren Zipfeln fasse und die Verbrecher von ihr abgeschüttelt werden» (Hi 38,12f).

54. «Die Sonne geht auf,
  da verschwinden sie (die gefährlichen Tiere)
  und lagern sich (wieder) in ihren Höhlen» (104,22).

gen und das aufsteigende Licht bedeuten Hilfe und Heil (vgl. z.B. 143,3 und 8). Im Dunkel beginnt die Erde zu wanken, im Morgenlicht festigt sie sich wieder (vgl. 46,6 82,5 88,13f 92,3).

In Ägypten ist das abendliche Dunkel vor allem der Bereich der Riesenschlange Apophis *(3pp)*. Sie verkörpert das dunkle Meer, das abendliche Gewölk und den Morgendunst, kurzum jene Mächte, die der Sonne abends bei ihrem Untergang und morgens bei ihrem Aufgang gefährlich werden können. Auf 55 wird die Gefährdung, die der Sonnengott beim Eintritt in den Ozean und die Unterwelt erfährt, dramatisch dargestellt. Der Sonnengott ist eben im Begriff, mit seiner Barke den Himmel (Hieroglyphe *p.t;* vgl. *11, 15, 17–18*) zu verlassen. Die Schlange, deren Leib zu wilden, steilen Wellen stilisiert ist (vgl. *50*), stellt sich diesem Unterfangen entgegen. Seth macht als Helfer des Re (des Sonnengottes) die Schlange unschädlich. Hilfreiche Schakal- und Kobradämonen ziehen das Sonnenschiff über die trägen Fluten der Unterwelt.

Zwar ist die Unterwelt nicht grundsätzlich dem Machtbereich Jahwes entzogen (vgl. z.B. 139,8). Aber Jahwe hält sich nicht dort auf und wirkt dort nicht. Sein Bereich ist der Himmel (115,16). Der Himmel, den man sich als etwas sehr Festes vorstellt, zeugt mit seinen Leuchten wie nichts anderes von der glanzvollen Herrlichkeit Gottes. Die Erde empfängt einerseits vom Licht des Himmels und ist so ein Bereich des Lebens (Gierlich, Lichtgedanke), läuft aber andererseits ins dunkle, bodenlose Chaos aus. Es ist eine Großtat Jahwes, daß er den Erdkreis über dem Abgrund der Chaosfluten festgemacht hat. Gelegentlich kann sogar einmal gesagt werden, er hätte sie über dem Nichts festgemacht (Hi 26,7). Er hat den chaotischen Wassern (dem Nichts) eine Grenze gesetzt, die sie nicht überschreiten dürfen (104,9). Wenn es ihnen dennoch ab und zu gelingt, die Erde zum Wanken zu bringen, so greift Jahwe unverzüglich ein und festigt sie aufs neue (vgl. 11,3 46,4 75,4 82,5). Da er sie gegründet hat und erhält, gehört sie ihm samt allem, was sich auf ihr bewegt (24,1 78,69 82,12 93 96,10 104,5).

Der Bereich der chaotischen Mächte ist das Meer, die Tiefe

55. «Dir gehört der Tag, dir sogar die Nacht, du hast das Licht der Sonne sichergestellt» (74,16).

und das Dunkel. Wo die oben (S. 40f) beschriebene Entmythisierung weit fortgeschritten ist, kann das Meer als integraler Bestandteil des Weltganzen angesehen werden. Dieser Prozeß der Entmythisierung ist aber bis in die jüngsten Bücher des NT hinein nicht zu einem Abschluß gekommen. Das verstärkte Brausen des Meeres kündet nach Lk 21,25 den Endkampf an, und der Seher der Johannesapokalypse schaut nach den Weltkatastrophen eine neue Erde und einen neuen Himmel. Das Meer aber, so vermerkt er ausdrücklich, gibt es in dieser neuen, unvergänglichen Welt nicht mehr (Apk 21,1).
Abschließende Bemerkung:
Es dürfte im Verlauf dieses Kapitels deutlich geworden sein, daß innerhalb der Weltschau des AO, und das heißt auch der Pss, empirisch-technische und spekulativ-mythische Aussagen und Vorstellungen nicht konsequent zu trennen sind. Für den AO weist die empirische Welt als Manifestation und Symbol über ihre vordergründige Wirklichkeit hinaus. Es findet eine ständige Osmose zwischen Tatsächlichem und Symbolischem, und umgekehrt auch zwischen Symbolischem und Tatsächlichem statt. Diese Offenheit der alltäglichen, irdischen Welt auf die Sphären göttlich-intensiven Lebens und bodenloser, vernichtender Verlorenheit hin ist wohl der Hauptunterschied zu unserer Vorstellung der Welt als eines praktisch geschlossenen mechanischen Systems. Der Hauptfehler der landläufigen Darstellungen des ao Weltbildes (vgl. 56 und 57) ist ihre schlackenlose Profanität und ihre Transparenz – und Leblosigkeit. Die Welt ist nach biblischer und ao Vorstellung auf das Über- und Unterirdische hin offen und durchsichtig. Sie ist keine tote Bühne. «The universe is thoroughly alive, and, therefore, the more capable of sympathy with man and of response to the rule of its Creator, on whom both man and universe directly depend. Certainly we have here more than a poetical personification of the cosmos, when it is invited to rejoice (96,11)» (Stadelmann, Conception of the World 7f).
Ein weiterer wesentlicher Fehler besteht darin, daß sie nicht genügend ahnen lassen, wie sehr dem AO die Frage nach den Fundamenten des Alls, nach der letzten Gründung und Sicherung seines Lebensraumes Problem blieb. Er war sich bewußt, darauf keine Antwort zu wissen, und er hat hier immer wieder Chiffren und Symbole eingesetzt (vgl. 28, 33), die nichts als seinem Staunen über göttliche Zaubermacht oder göttliche Weisheit und Huld Ausdruck geben.

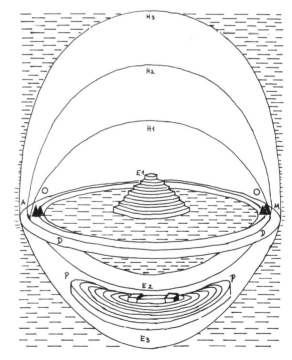

56. E_1 Erde (Oberwelt)
    E_2, E_3 2. und 3. Erde (Unterwelt)
    H_{1-3} 1.–3. Himmel
    A   Abend (Westen, die beiden Berge des Sonnenuntergangs)
    M   Morgen (Osten, die beiden Berge des Sonnenaufgangs)
    D   Damm des Himmels
    P   Palast des Totenreiches

57. Die modernen Darstellungen des (angeblich) ao Weltbildes übersehen, daß für den AO die Welt nie ein geschlossenes profanes System, sondern eine nach allen Seiten offene Größe war. Die Mächte, die diese bestimmen, interessieren ihn mehr als die Bauart des Weltgebäudes, von der man sich (je nach Ausgangspunkt) die verschiedensten, niemals koordinierten Vorstellungen machte.

4. Was Himmel und Erde erfüllt

Nebst den großen Räumen wie Himmel und Erde, Meer und Totenwelt gehören zum *All*, einem Begriff, der in nachexilischer Zeit gelegentlich Himmel und Erde und alles, was in ihnen ist, bezeichnet (119,91), auch die unzähligen Dinge, die die kosmischen Räume bewohnen und schmücken, «alles, was in ihnen ist» (69,35 96,11 146,6). Die ungeheure Fülle der Phänomene haben die alten Sumerer mit Hilfe von riesigen Listen zu inventarisieren und zu ordnen versucht (v. Soden, Leistung und Grenze 29–50).

Aus der Zeit des Neuen Reiches sind solche, allerdings viel weniger reiche Listen auch aus Ägypten erhalten, wo sie wahrscheinlich nicht ohne sumerisch-babylonischen Einfluß entstanden sind, aber selbständig weiterentwickelt wurden. A. Alt (Die Weisheit Salomos) hat vermutet, daß Salomo von dieser Wissenschaft nicht unbeeinflußt war, als er redete «über die Bäume von der Zeder, die auf dem Libanon steht, bis zum Ysop, der bei der Mauer herauskommt, und die Landtiere, die Vögel, die Kriechtiere und die Fische» (1 Kg 5,13). Wie G. von Rad (Hiob 38 und die altägyptische Weisheit) gezeigt hat, weisen jedenfalls einige Hymnen des AT, was die Reihenfolge der genannten Phänomene betrifft, eine auffallende Ähnlichkeit mit der berühmten ägyptischen Liste des Amenemope auf. Wie bei dieser folgen in 148 den Himmelserscheinungen (die zu Dienern Jahwes depotenzierten Götter, Sonne, Mond,

Taf. I. «Jahwe gehören die Säulen der Erde. Er hat den Erdkreis auf sie gestellt» (1 Sm 2, 8).

Taf. I A. Der Sonnengott, der in seiner Barke über den Himmel oder durch die Unterwelt fährt, wird in Ägypten sehr häufig dargestellt *(16, 19, 32, 287)*. Aber wie manche andere scheint auch diese Vorstellung ohne sichtbare Abhängigkeit gleichzeitig in Mesopotamien und Ägypten existiert zu haben, wie der Rollsiegelabdruck mit dem mesopotamischen Sonnengott in einem Boot zeigt. Das Schiff hat – was in Ägypten in dieser Form nie der Fall ist – seine eigene Lebendigkeit. Der Bug ist als Ruderer gestaltet, und das Heck läuft in einen Schlangenkopf aus. Der Pflug über dem Schiff deutet auf die Beziehungen zwischen der Sonne und der Fruchtbarkeit der Erde hin. Dieser chthonische Bezug der Sonne, wie auch das Sonnenboot gehören innerhalb Mesopotamiens der sumerischen Kultur an. Im Süden des Iraq ist das Schiff heute noch ein wichtiges Verkehrsmittel. Mit dem Überhandnehmen des semitischen Elements verschwindet das idyllische Sonnenboot aus der mesopotamischen Ikonographie. Es wird vom mächtig ausschreitenden (vgl. *9*), kämpferischen *(53, 90a)*, Gerechtigkeit fordernden *(286, 390)* Sonnenhelden *(19,6)* ohne chthonische Bezüge abgelöst (vgl. Frankfort CS 108–110).

Taf. I B. Die Charakterisierung des Himmels durch einen Vogel oder durch Vogelflügel ist für Ägypten seit den Anfängen seiner Kultur typisch (vgl. *19, 21, 238*). Von Ägypten ausgehend hat das Symbol in Syrien, Kleinasien und im mesopotamischen Kulturraum Eingang gefunden (vgl. *22–24*). Auf dem iranischen Helm aber scheint uns diese Vorstellung in einer von der ägyptischen ganz unabhängigen Form zu begegnen. Der Vogel, der seine Flügel über dem Numen des Erdbergs (vgl. *153, 153a, 42*) ausspannt, kann kaum etwas anderes als den Himmel symbolisieren (vgl. dazu *61,3–5*).

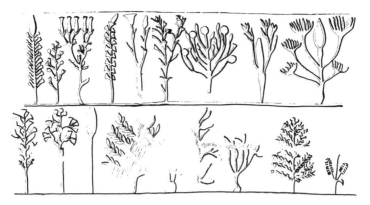

58. Ausschnitt aus dem Katalog der Pflanzen, die Thutmosis IV. aus Syrien mitgebracht hat.

Sterne, himmlischer Ozean) die irdischen (Blitz, Hagel, Schnee, Nebel, Sturm, Berge, Hügel, Pflanzen, Tiere, Menschen). Beachtenswert ist die Zweiteilung in himmlische und irdische Phänomene, wobei zu den irdischen auch die Meerungeheuer und Wassertiefen gerechnet werden, die vor den meteorologischen Erscheinungen, den Bergen, Pflanzen, Tieren und Menschen zuunterst in der Rangfolge stehen. Eine ähnliche Reihenfolge wie in 148 findet sich schon in 104 und später in Sir 43 und beim Gesang der drei Jünglinge im Feuerofen (Dn 3, 51–90). In diesen Texten sind die nüchtern inventarisierenden Listen zu Lobgesängen auf die Schöpfermacht Jahwes geworden. Schon die Aufzählung des Amenemope besitzt in der Überschrift «Anfang der Lehre... über alles, was da ist, was Ptah (vgl. 40) geschaffen und Thot aufgezeichnet hat (287, 349–350, 478a) ...» einen hymnischen Akzent.

Die Freude am Inventarisieren hat ihren Niederschlag auch in der Ikonographie gefunden. So hat Thutmosis III. einen ganzen Katalog von Tieren und Pflanzen (und durchaus nicht nur von auffälligen, exotischen Arten), die er aus Syrien mitgebracht hat, auf die Tempelwände von Karnak meißeln lassen (58).

Zum weisheitlichen Bemühen um die Tierwelt gehört, wie S. Morenz (Eine «Naturlehre» in den Sargtexten) gezeigt hat, auch die Zuweisung eines bestimmten Biotops an die einzelnen Tierarten. Spuren davon finden wir 104, 14. 17f, wo vom Lebensunterhalt der Tiere und Menschen und vom Lebensraum der kleinen Vögel, des Storchs, der Steinböcke und des Klippschliefers die Rede ist. In welchem Sinn die hohen Berge als Lebensraum der Steinböcke zu gelten haben, zeigt ein akkadisches Rollsiegel von ganz einzigartiger Heiterkeit. Sie können sich dort vor dem Zugriff des Menschen und Löwen in Schutz bringen (59). Das ganze Tierreich ist nämlich dem Menschen unterworfen (8, 8f). Diese Herrschaft ist aber nicht eigenwilliges Töten. Sicher ist dem Menschen das «Wild des Feldes» zur Jagd überlassen. Aber bei der «Herrschaft über die Tiere» ist zuerst an die Haustiere gedacht, wie 8, 8a zeigt. Und

59. «Die hohen Berge gehören den Steinböcken» (104, 18a).

60. «Du läßt ihn herrschen über das Werk deiner Hände...
über Kleinvieh und alles Großvieh und auch das Getier des Feldes,
die Vögel am Himmel und die Fische im Meer, was die Straßen der Meere zieht...» (8,7a., 8f).

hier ist der Mensch ebensosehr Beschützer wie Nutznießer. Das zeigen 60 und 61 sehr deutlich. Der dem schwächeren Tier aufgestemmte Fuß drückt die «Herrschaft» aus (vgl. 8,7). Wie beim König besteht diese aber nicht nur im Untertan-Halten, sondern auch in der Verteidigung des schwächeren Tieres gegen den angreifenden Löwen. Auf 61 ist der Mensch durch das doppelte Flügelpaar ins Mythische erhoben.

Die Pflanzen, die Tiere, die Menschen und die Gottheit erscheinen in schöner Ordnung auf einer über 1 m hohen Vase aus Uruk (62). Auf übereinander geordneten Bändern finden sich ein Fluß, Pflanzen (stilisierte Kornähren und Schößlinge der Dattelpalme), Kleinvieh, Gabenträger und auf dem obersten Rand der Stadtfürst (fast ganz zerstört) vor Inanna, der Göttin der Liebe und Fruchtbarkeit, von der das Leben ausgeht und der es auf diesem Bildstreifen gleichsam wieder zuströmt (vgl. 180, 187, 192, 442-443). In den Pss wird verschiedentlich das Lob an die Stelle des Opfers gesetzt (40,7-11 50 51,16-18 69,31f). Folgerichtig erscheinen in 148,9-12 die Erde, die Bäume, das Getier, die herrschenden und die gewöhnlichen Menschen nicht in einer Gabenprozession, sondern werden zum Lobe aufgerufen.

Die Vorstellung, daß die ganze Schöpfung den Sonnengott lobt, ist im Ägypten der Amarnazeit besonders vital. Im großen Hymnus an die Sonne singt Amenophis IV.: «Wenn die Erde hell wird, gehst du wieder auf im Lichtberge... Die Vögel flattern auf aus ihren Nestern, ihre Flügel lobpreisen dich» (AOT 16; 289). Die Vorstellung vom Lobpreis aller Lebewesen findet aber nicht nur in der Amarnazeit, sondern schon früher auf Sarkophagen und später in Totenbuchpapyri bildlichen Ausdruck.

Auf 63 sitzt der Himmelsfalke mit der Sonnenscheibe auf dem Kopf auf dem Zeichen für Westen (vgl. 25,33). Von unten nach oben beten ihn an die Toten (zwei Seelenvögel), die Götter (Isis rechts und Nephtys links), die Tiere (vier Paviane, deren morgendliches Geschrei man als Lobpreis deutete), die Könige (vier, rechts), gewöhnliche Ägypter (vier, links) und zu oberst Ägypter einer minderen Klasse oder evtl. Fremde (links und rechts ein rḫj.t) (Frankfort, Kingship 159). Während Götter, resp. Engel (29,1f 148,2), Israeliten und Nichtisraeliten (117,1) und Tiere (148,10) in den Pss zum Lobpreis aufgerufen werden, ist der Lobpreis der Toten typisch ägyptisch (Barucq, Louange 212-215). In Israel wird konsequent bestritten, daß die Toten Gott loben (115,17 u.o.). Auch 22,30 macht hier keine Ausnahme (vgl. Keel, Nochmals Ps 22). Jahwe ist ein Gott des Lebens und der Lebendigen. Ihn preist alles, was lebt und sich bewegt. Alles, was Odem hat, preist den Herrn, der ihm diesen Odem gegeben hat und täglich neu gibt (104,29f).

61. «... alles hast du ihm unter die Füße gelegt» (8,7b).

62. «Preiset Jahwe, ihr Fruchtbäume und alle Zedern,
   wildes und zahmes Getier, kriechendes Gewürm und geflügelte Vögel,
   ihr Könige der Erde und alle Völker... Alte und Junge...» (148,7a.9b.10.11a.12b).

63. «Alles, was Odem hat, preise den Herrn!» (150,6).

II. MÄCHTE DER VERNICHTUNG

1. Bereiche des Todes

In Ps 107 werden vier Gruppen von Erretteten aufgerufen, den Lobpreis Jahwes zu verkünden. In ihrer Not haben sie Jahwe im Fall der Errettung ein Opfer gelobt. Nun sollen sie es im Tempel darbringen, wohin sie wahrscheinlich zum großen Herbstfest gekommen sind, und dazu die Rettertat Jahwes besingen oder von Leviten besingen lassen. Die vier Bereiche, aus denen die Aufgerufenen zu Jahwe schrien, sind: die Wüste, wo Hunger und Durst die Lebenskraft bis aufs äußerste erschöpften, der Kerker, wo eherne Tore und Riegel den Zugang zum Licht verwehrten, die Krankheit, die ihre Opfer hart an die Pforten der Totenwelt heranführte, und das vom Sturm aufgepeitschte Meer, das Vitalität und Geisteskraft der in Seenot Geratenen auflöste.

33 hat gezeigt, daß die Tore zur Totenwelt im Bereich der Wüste und des Meeres liegen. Was diesen beiden Bereichen, dem Gefängnis und der Krankheit gemeinsam ist, zeigt 107 sehr deutlich. In allen vieren gerät das Leben des Menschen in Gefahr. Es ist nicht in erster Linie der äußere Aspekt dieser Bereiche, sondern die Erfahrung des Menschen, daß sie sein Leben, seine Lebenskraft (*npš*; 107,5.18.26) und sein Denkvermögen (*lb* «Herz»; *ḥkmh* «Weisheit»; 107,12.27) zerstören. Das hebräische Wort für Krankheit (*ḥlj*) bezeichnet eigentlich einfach einen Zustand (physischer und geistiger) Schwäche (*ḥlh* «schwach sein»). Es ist deshalb gar nicht immer leicht zu sagen, wieweit es sich um Krankheit im engen Sinn und wieweit es sich um Zustände des Mißmuts, der Depression und um Ähnliches handelt.

Krankheit ist in den Pss eng mit Sünde verbunden (6 41,5 107, 17–20). Ob des göttlichen Zornes ist der Kranke ganz verstört. Er hat keinen Appetit mehr (107,18a), er liegt auf seinem Lager (41,9), netzt dieses mit Tränen (6,7) und seufzt flehend zu Gott (vgl. *90a, 91,* Taf.III), daß er ihm vergeben und ihn heilen möge. Schwere Krankheit, Unglück und Not bringen den Menschen «zu den Pforten des Totenreiches» (107,18; vgl. 88,4). Der Ausdruck entspricht ziemlich genau unserem Ausdruck «an den Rand des Grabes kommen». Dem AO sind Bilder aber selten «nur» Bilder, sondern in der Regel, wie Kp I gezeigt hat, «exemplarische Wirklichkeit», die, insofern sie «exemplarisch» ist, weitere Bereiche als den ihrer konkreten Erscheinung deckt; insofern sie aber «Wirklichkeit» ist, doch stets auch konkret verstanden werden kann. Der Beter von 88, der offensichtlich schwer krank ist, beklagt sich, daß er bereits zu den Toten gerechnet wird, unter denen er haust. Gewisse Krankheiten machten wie der Tod unrein. Aus dem NT erfahren wir, daß solche Unreine in den Grabkammern außerhalb der Ortschaften leben mußten (Mk 5, 1–5 parr). Das archäologisch weitaus am häufigsten nachweisbare Grab ist in Palästina durch das ganze 2. und 1.Jt.v.Chr. das schräg oder senkrecht von oben zugängliche natürliche oder künstliche Höhlengrab *(64–68).* Wo es natürliche Höhlen benützte *(64, 65),* sah es einem einfachen Wohnraum sehr ähnlich. Von diesem unterscheidet es sich durch die *Tiefe,* das *Dunkel,* den angesammelten Staub, die *Verwesung,* das darin herrschende *Schweigen* und den Eindruck der *Vergessenheit.* Das alles sind Eigenheiten, die die Pss dem Totenreich (*š'wl, mwt*) zuschreiben. Auf *33* bilden zwei Gräber den Zugang zur Totenwelt. In 88,12 steht «Grab» parallel zu «Abgrund» in einem Kontext, wo an andern Stellen «Totenreich» anzutreffen ist (z.B. 6,6; Jes 38,18). Jedes einzelne Grab ist ein kleines «Totenreich».

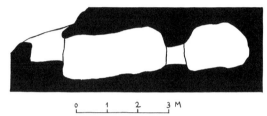

64. «Man hat mich unter die Toten entlassen. Ich bin wie die Erschlagenen, die im Grabe liegen» (88,6).

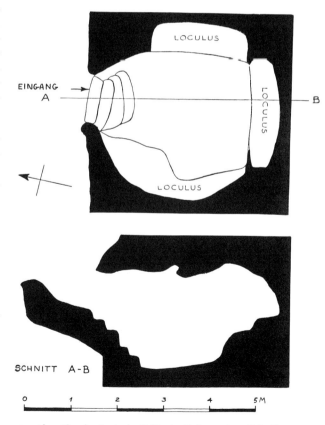

65. «Als er über den See in das Gebiet der Gadarener kam, liefen ihm aus den Gräbern heraus zwei Besessene entgegen, die sehr gewalttätig waren, so daß niemand vorbeizugehen vermochte auf jenem Weg.» (Mt 8,28 parr).

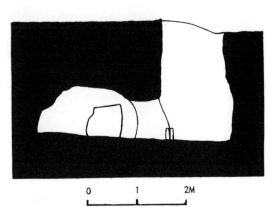

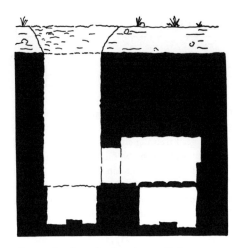

66. «... Ich schreie: Mein Fels!
Schweige nicht vor mir,
verstumme nicht vor mir, so daß ich mit denen verglichen werde,
die in die Totenwelt (eig. *bōr* «Zisterne») hinabfahren» (28,1).
Im Baalmythos aus Ugarit wird Baal angesprochen:
«Steige hinunter in das Haus der Unreinheit (?), die Erde!
Du sollst zu jenen gezählt werden, die in die Erde hinabfahren»
(UT 67 V 14 ff).

68. «... bevor ich gehe und *nicht mehr zurückkehre*»
(Hi 10,21; vgl. Ps 39,14).
«gefangen bin ich, ich kann nicht hinaus» (88,9c).
«Wer in die Scheol hinabfuhr, steigt nicht mehr herauf»
(Hi 7,9b).

a. Das Grab

Das eigentliche Totenreich ist als Land, aus dem noch nie jemand zurückgekehrt ist (vgl. 88,11 Hi 7,9f 10,21; akkadisch *erṣet lā tāri* «Land ohne Rückkehr») eine spekulative Größe. Seine konkreten Züge entstammen dem empirischen Grab. Viel mehr als von diesem weiß man von der Totenwelt eigentlich nicht zu sagen. Sie erscheint deshalb als ein ins Riesenhafte gesteigertes Urgrab (Pedersen, Israel I–II 461 f). Im Vergleich mit den mesopotamischen und besonders den ägyptischen Spekulationen sind die israelitischen sehr nüchtern und bleiben der Erfahrung sehr nahe. In Mesopotamien wußte man von der Totenstadt mit ihren Mauern, Türmen und Toren zu erzählen (vgl. *41*), aus denen es kein Entrinnen gab. Diese Stadt war von ungebrochen trostlos-düsterer Art. Ägypten versuchte hingegen das grauenvolle Dunkel mittels magisch geprägter Vorkehren und einer Unmenge kühner Mythen und Spekulationen aufzuhellen. Dennoch hat natürlich auch der Ägypter den Tod immer wieder als äußerste Kraftlosigkeit (88,5) und Ohnmacht empfunden *(68a)*.

Die Skizze *69* zeigt eine ägyptische Grabanlage im Schnitt. Oben und rechts sind vier Trauernde zu erkennen. Links vom Grabeingang bringt ein Priester ein Räucher- und ein Trankopfer dar. Der Grabschacht steigt wie bei *68* senkrecht hinunter. Unten im Schacht sind ein Mann und ein Priester in der Maske des Anubis, der für die Beerdigungsriten zuständig ist, dabei, die Mumie an ihren Platz zu bringen. Im Raum rechts liegen bereits zwei Mumien. Eine Treppe führt in einen unteren Raum, wie ihn auch das Grab von *68* aufweist. *70* zeigt eine ganze ägyptische Grabanlage, nicht bei der Beerdigung, sondern wie sie für die Toten funktioniert. Den oberirdischen

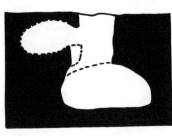

67. «Verbirg nicht dein Angesicht vor mir,
sonst werde ich mit denen verglichen, die in die Totenwelt
(*bōr*) hinabfahren» (143,7; vgl. 88,5).
«Wird im *Grab* von deiner Liebe erzählt,
von deiner Treue im *Abgrund*?» (88,12; vgl. Jes 38,18)

68a. Die ägyptische Kultur hat mit ungeheurer Energie versucht, den Tod als einen Vorgang der Verwandlung und Verklärung zu begreifen und zu gestalten (vgl. *26, 69–76, 90*). Dieses Bemühen hat die Erfahrung der menschlichen Ohnmacht angesichts dieses Phänomens aber nicht ausschließen können (vgl. *428*). Sie hat im Bild der toten Tochter Echnatons ergreifenden Ausdruck gefunden. Der Schmerz des trauernden Vaters verrät sich in der Hand, die den Arm der Königin umfaßt.

Grabbau mit seinem Tor bekrönt das Zeichen für «Westen» (vgl. *63*), ein häufig gebrauchter Ausdruck für die Welt des Toten. Das Grab wird hier also ähnlich wie die zwei Gräber auf *33* als Eingang ins Totenreich verstanden. Vom Grabbau führt ein senkrechter Schacht (oder eine Treppe?) in die Tiefe. Dort tritt man durch eine im Aufriß gezeichnete Pforte in einen ersten und durch eine weitere in einen zweiten Vorraum. Durch eine nur im Grundriß gezeichnete Tür erreicht man den Hauptraum mit der Mumie und einer Reihe von Grabbeigaben. Eine Menge solcher befindet sich auch in dem durch eine weitere Pforte zugänglichen hintersten Raum.

Der Tote geht an seinen Ort *hinab* (22,30 28,1 30,4.10 88,5 115,17 143,7). Sein Bereich ist *die Tiefe*, der Abgrund (88,12), die unterste Tiefe (63,10 88,7). Wer aus den Tiefen zu Gott schreit, der schreit aus einer todesähnlichen Situation (130,1). Der Tote ist wie in ein Gefängnis in die Tiefe verbannt (88, 9c; vgl. 107,10). Dieser entflieht der auf *70* den Schacht hinunterfliegende menschenköpfige Seelenvogel (Ba-Vogel). In den Zaubertexten, die den ägyptischen Toten im Neuen Reich begleiten, findet sich ein Abschnitt mit dem Titel: «Um in eine lebendige Seele verwandelt zu werden» (Totenbuch Kp. 85). Schon in den Sargtexten des Mittleren Reiches wird behauptet, daß dem Toten «aus den Ausflüssen seines Fleisches» eine vom Körper unabhängige «Seele» entstehe. Diese sorgt für die Leiche, sie verläßt den Grabschacht, hat Überfluß auf Erden und versorgt den Leichnam, der in der Tiefe bleibt, mit allem Guten (Bonnet 76).

Ein zweites Charakteristikum, das eng mit der «Tiefe» verbunden ist, bildet das undurchdringliche *Dunkel*. Die Pss brauchen hie und da den Plural, um die Intensität der im Grab und im Totenreich herrschenden Finsternis auszudrücken (88,7 143,3) Wer einmal «hinabgegangen» ist, der sieht das Licht nie wieder (49,20). Im Totenbuch des Neuen Reiches beanspruchen deshalb eine ganze Reihe von Kapiteln, das Hinaustreten des Ba (der Seele) ins volle Tageslicht zu ermöglichen (Kp. 3,64,66,68,69). *71* zeigt den Bavogel, wie er das Grab verläßt und gefüttert wird, *72* wie er die Sonne schaut, was dem Leichnam nicht vergönnt ist. Dem «Schauen der Sonne» (58,9!) dienten auch Statuen, die man außen am Grab anbrachte und in die der Ba eingehen konnte. *70* zeigt über der Grabkammer eine solche Statue, wie sie das Licht der Sonne schaut. In den thebanischen Gräbern des Neuen Reiches trugen diese Statuen oft kleine Stelen, die mit einem Gruß an die aufgehende Sonne versehen waren (Vandier, Manuel III 471–474). Mittels solcher magischer Vorkehrungen glaubte man, den Toten der Finsternis des Grabes und der Totenwelt zu entreißen und weiterhin am «Licht des Lebens» (56,14) teilhaben lassen zu können.

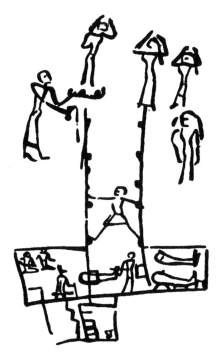

69. «Du hast mein Leben zur Erde hin niedergeschlagen, du läßt mich im Dunkeln *wohnen* wie die für immer Toten» (143,3; vgl.Klgl 3,6).

Man hat die Gräber möglichst mit all dem ausgestattet, was sich in den Wohnräumen der Lebenden fand.

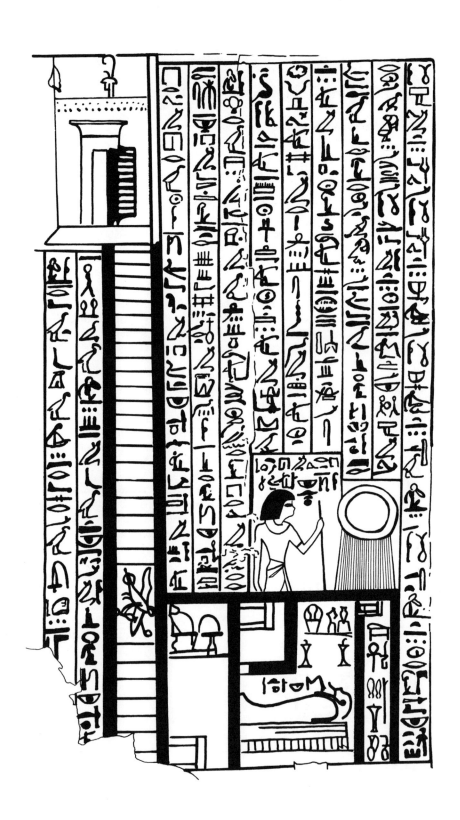

70. «*Du* hast mein Leben vor dem Totenreich drunten errettet!» (86,13).
    «Die Toten: Niemals sehen sie das Licht» (49,20b; vgl. 58,9).

71. «*Du* läßt mich nicht im Totenreich!» (16,10).

72. «Ja, du hast mein Leben vom Totenreich errettet, damit ich vor Gott einhergehe im Lichte des Lebens» (56,14; vgl. 13,4 38,11 49,20 58,9).

In Israel bat man Jahwe, den Augen nicht vor der Zeit ihr Licht zu entziehen (13,4; vgl. 38,11). Im übrigen aber beugte man sich der harten Tatsache. Wenn der Mensch einmal gestorben war, hatte er nichts zu hoffen. Sein einziger Wunsch war, in diesem Zustand äußerster Schwäche (88,5) bei seinen «Vätern» ruhen zu können (49,20), deren Wohlwollen ihm sicher war. Nichts war in diesem Zustand schlimmer als schutzlos – den Tieren preisgegeben – auf dem Felde (79,2 63,11; *135*) oder in einer fremden Umgebung zu liegen. Solange wenigstens die Gebeine intakt sind, hat auch der tote Mensch noch eine minimale Existenz. Es ist deshalb ein großes Verbrechen, die Gebeine eines schuldlosen Menschen zu zerstören (vgl. Am 2,1). Die «Gebeine» stehen als das Dauerhafteste und sozusagen als Kern des Menschen in den Pss oft parallel zu Lebenskraft (31,11), Vitalität (35,9f) oder ganz einfach zum Personalpronomen (51,10 53,6). In phönizischen und hebräischen Grabinschriften *(73)* bittet der Tote, bald inständig flehend, bald unter Drohung darum, seine Gebeine ungestört zu lassen.

Aber von den Gebeinen abgesehen, läßt man den Menschen zum *Staube* zurückkehren, aus dem er genommen ist (90,3 104,29). Die Sterbenden steigen in den Staub hinab (22,30). Ja, der Beter von Ps 22, der beschreibt, wie seine Kräfte sich auflösen (v 15f), liegt schon im «Staub des Totenreiches», ehe er wirklich tot ist (v 16c; vgl. 44,26). Der Ausdruck šḥt scheint nicht nur die Grube (von šwḥ, sondern auch die Verwesung (von šḥt) zu bedeuten (Tromp, Primitive Conceptions 69). Diese Interpretation scheint etwa 30,10 zu fordern, wo der Beter Jahwe gegenüber argumentiert: Was gewinnst du damit..., daß ich zur Verwesung hinabsteige, preist dich der Staub? Kündet er von deiner Treue?» (Vgl. auch 55,24 «die Grube der Verwesung».)

Während einzelne Psalmisten von Jahwe erwarten, daß er sie vor der Scheol errettet und nicht (vorzeitig?) die «Verwesung schauen» läßt (16,10 49,10), vertraut man in Ägypten auf die Mumifizierung *(74)*. Diese stellte einen komplizierten Prozeß dar, der über zwei Monate in Anspruch nahm. Zuerst wurde mittels eines eisernen Hakens das Gehirn durch die Nasenlöcher herausgeleitet (Herodot, Historien II 86). Der Mann

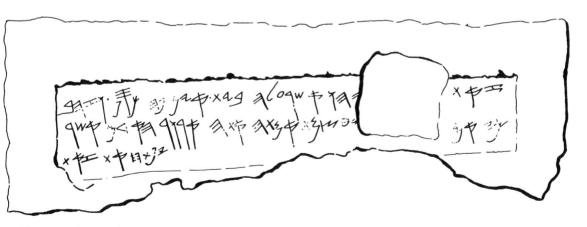

73. Übersetzung der Inschrift:

«¹Dies ist das (Grab des ...) JHW, des Haushofmeisters. Hier ist kein Silber und Gold, ²(denn) nur (seine Knochen) und die Knochen seiner Sklavin sind mit ihm. Verflucht sei der Mensch, der ³*dies* öffnet» (KAI Nr.191).

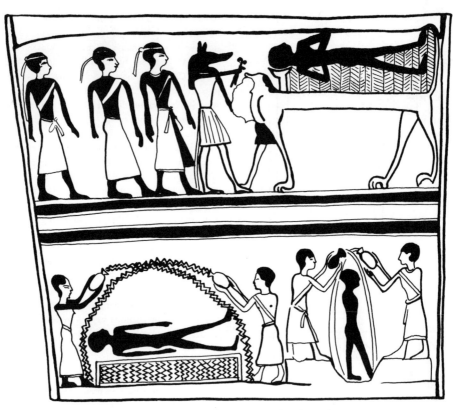

74. «*Du* läßt nicht den, der dir treu verbunden ist, die Verwesung schauen!» (16,10b; vgl. 55,24).
«Was für einen Gewinn hast du, wenn ich zur Verwesung hinabsteige?
Lobpreist dich der Staub? Verkündet er deine Treue?» (30,10).

mit der Anubismaske (obere Bildhälfte) scheint sich zu diesem Geschäft anzuschicken. Anschließend wurden die Eingeweide herausgenommen und die Leiche in Natronpulver (nicht Lauge) eingelegt. Nach siebzig Tagen hat man sie gewaschen (untere Bildhälfte links) und dann mit Nadelholz- bes. Zedernharzen und andern Essenzen behandelt und einbandagiert (unten rechts). Dieser Prozeß wurde noch durch magische Maßnahmen verstärkt. Zwei Kapitel des Totenbuches enthalten Sprüche, die «das Verwesen des Leichnams in der Unterwelt verhindern» sollen (Kp. 45 und 154). Wie es im Totenbuch oft der Fall ist, wechseln auch in diesen Abschnitten Zaubersprüche, die das Gewünschte aus eigener Kraft herbeischaffen, mit Gebeten ab, die sich an einen Gott wenden. Hier ist es Osiris, der Gott der Totenwelt, der angerufen wird.

«Heil dir, Osiris, mein göttlicher Vater,
möge mein Körper nicht den Würmern zum Opfer fallen!
Entreiße mich dieser Gefahr! Rette mich, wie du dich selber gerettet!
Möge nach meinem Tode mir unbekannt sein jede Verwesung» (Kolpaktchy, Totenbuch 247f).

Aber mitten im Gebet erscheint dann der Beter kraft magischer Identifikation wieder als Osiris.

Nebst der Tiefe, dem Dunkel, der Verwesung und dem Staub wurde als weiteres Charakteristikum der Grabeswelt das *Schweigen* genannt. «Wäre nicht Jahwe meine Hilfe gewesen, hätte ich beinahe im Schweigen Wohnung genommen» (94, 17). Die Sterbenden gehen ins «Schweigen» hinab (115,17). Dieses hat in den Pss einen ganz präzisen Sinn. Es stellt den Gegensatz zum Lobpreis Jahwes dar. «Die Toten preisen Jahwe nicht..., wir aber preisen Jahwe» (115,17a.18a). «Du hast mein Trauergewand gelöst und mich mit Freude gegürtet, damit etwas Herrliches (das wieder ganz gewonnene Leben) dich preise und nicht verstumme» (30,13). Angesichts des Todes wendet sich der Psalmist an Jahwe, und er ist in seiner Not so ganz auf Jahwe ausgerichtet, daß ihm das Leben als Lobpreis auf Jahwe erscheint, der dieses schafft und ermöglicht.

Das starke Kreaturgefühl, das dieser Haltung zugrunde liegt, ist dem ägyptischen «Mundöffnungsritual» fremd. Dieses diente ursprünglich der Belebung von Statuen, wurde dann aber schon im 3.Jt.v.Chr. auch zur Belebung der Mumie angewandt. Wie die Bezeichnung sagt, ging es darum, dem Verstorbenen den Mund (aber auch die Augen) zu öffnen (Otto, Mundöffnungsritual II 80–87). Der Mund spielte ursprünglich wohl (das Ritual selbst sagt nichts darüber) die zentrale Rolle als Organ der Nahrungsaufnahme. In den Kp 22 und 23 des Totenbuches wird aber in den Sprüchen, die «die Macht des Mundes» wiederherstellen sollen, die Fähigkeit zu sprechen genannt. Dabei geht es allerdings nicht um die Fähigkeit zum Lobpreis, sondern darum, «angesichts des

75. Die Toten, das sind jene, «die ins Schweigen hinabfahren» (115,17).
  «Wäre nicht *Jahwe* meine Hilfe, wäre ich beinah zu einem Bewohner des Schweigens geworden» (94,17).

Fürsten des Jenseits laut werden zu lassen die magischen Sprüche». In der Maske des Bestattungsgottes Anubis öffnet auf 75 (vgl. auch 76) ein Priester mit einem Dächsel den Mund der Mumie. Schützend stehen die Göttinnen Isis und Nephtys (wobei nicht gesagt werden kann, welches Isis und welches Nephtys ist, da die üblichen Attribute fehlen) bei den Füßen und beim Haupt des Toten. Die eine hält ein Gefäß mit wohlriechendem Öl, die andere das Lebenszeichen.

Das Schweigen der Totenwelt ist in den Pss die Folge davon, daß Jahwe der Totenwelt, wo Kraftlosigkeit und Dunkel herrschen, fern ist. Die Verstorbenen sind von seinem kraftvoll wirkenden Arm geschieden. Er erinnert sich ihrer nicht mehr (88,6b).
Sie sind die Vergessenen (31,13), das Totenreich ist das Land der *Vergessenheit* (88,13). Die Toten erfahren nichts mehr, das sich immer wieder zu vergegenwärtigen lohnte (6,6). Wenn

76. Das Totenreich ist «das Land des Vergessens» (88,16). Dagegen richtet sich in Ägypten u.a. die Grabstele.
  «... die im Grabe liegen, du (Gott) gedenkst ihrer nicht mehr.
  Sie sind von deiner Hand getrennt» (88,6).
  «... ich bin ganz und gar vergessen wie ein Toter» (31,13),
  «Niemand gedenkt deiner (Gottes) im Totenreich. In der Scheol, wer soll dich da preisen?» (6,6).

der alte Israelite sich elend und schwach fühlte, überfiel ihn früher oder später die Gewißheit, daß Jahwe ihn verlassen und vergessen habe (13,2 22,2 42,10). Das bedeutet über kurz oder lang seinen sichern Tod. In Ägypten hat man das Vergessenwerden und das Vergessen des Toten ebenso hart empfunden wie in Israel. Das Totenbuch enthält zwei Kapitel, «um das Gedächtnis des Verstorbenen auf magische Weise wiederherzustellen» (Kp.25 und 90). In Kp.25 wird der Wunsch ausgesprochen:

«Möge mir meines Namens Gedenken ewig verbleiben, wenn von der Unterwelt glühenden Mauern umgeben ich in der Nacht dort verweile!»

Dem Gedächtnis der Toten dienten auch die in Ägypten seit ältester Zeit bei den Gräbern aufgestellten Stelen *(76)*. Ursprünglich trugen sie nur Namen und Titel des Toten. Später kamen biographische Angaben, Gebete und bildliche Darstellungen dazu, die den Verstorbenen zeigen, wie er Osiris, den Herrn der Totenwelt, verehrt. Man hat den Tod in Israel und Ägypten genau gleich erlebt, als einen Zustand der Schwäche, als Auslieferung an den Bereich der Tiefe, des Dunkels, der Verwesung und des Schweigens. Die Art und Weise aber, wie man diesem Phänomen begegnete, war grundverschieden.

b. Gefängnis, Zisterne und Fallgrube

Nicht nur in den Pss, sondern auch in der Weisheitsliteratur und im AT und im AO ganz allgemein herrschte im sozialen Bereich eine starke Vorliebe für eindeutige Verhältnisse und damit für Schwarz-Weiß-Malerei. Das hat sich u. a. auch im Bereich der Rechtssprechung ausgewirkt *(76a)*. Man neigte dazu, den Schuldigen als für ganz und gar schlecht zu betrachten. Mitleid mit ihm war um so weniger angebracht, als er sich ja nicht nur gegen Menschen, sondern auch gegen Gott vergangen hatte (107,10–16). Die Art, wie man mit Gefangenen umging, war in der Regel dementsprechend schlimm.

Aus einer Reihe von Belegen geht hervor, daß man nicht selten leere Zisternen als Kerker benutzte (Ex 12,29 Jes 44,22 Zach 9,11 Klgl 3,53). Das scheint auch in Ägypten der Fall gewesen zu sein (vgl. Brunner, Die Strafgrube). Wie die Verwendung von *bōr* in Gn 40,15 und 41,14 zeigt, waren die eigentlichen Kerker, in denen man die Gefangenen verkommen ließ (vgl. Gn 41,14) ebenso finstere Löcher wie die Zisternen (vgl. 107,10.16). Oft waren die Eingekerkerten noch zusätzlich durch eiserne Hand-, Hals- oder Fußfesseln gesichert (105,18 107,10; 77, 134). An ein Entkommen aus diesem Elend war unter solchen Umständen nicht zu denken.

Die berühmtesten in Zisternen gefangengesetzten Männer sind der «ägyptische» Joseph (Gn 37,20–29 40,15 41,14) und Jeremia (37,16 38 passim). «Da ergriff man den Jeremia und warf ihn in die Zisterne des Prinzen Malkija, die sich im Wachthof befand. Man ließ Jeremia an Stricken hinunter. In der Zisterne gab es kein Wasser, sondern nur Schlamm. So sank also Jeremia in den Schlamm ein.» Auch in 40,3 erscheint parallel zur Zisterne der kotige Morast, in den der Beter eingesunken ist (vgl. 69,3). Deswegen brauchen dieser und ähnliche Pss (88) nicht von Jeremia zu stammen. Zisternen haben oft als Gefängnisse gedient und nicht überall, wo vom schlammigen Dunkel die Rede ist, braucht an konkrete Zisternen gedacht zu werden.

Viermal reden die Pss von den *Sterbenden* als von denen, die in die Grube, oder genauer Zisterne hinabgehen *(jwrdj bwr)*. Da in diesem Zusammenhang parallel zu *bōr* oder in seiner unmittelbaren Umgebung oftmals Scheol (30,4 88,4) und «Totenreich» *(mwt)* (Is 38,18) auftauchen, hat man *bōr* wohl zu Recht als Eingang zur Scheol gedeutet (vgl. auf *33* die Schächte, die vom Grab ins Totenreich führen). Das widerspricht nicht der Tatsache, daß *bōr* an einzelnen Stellen wie etwa Jes 14,19 (vgl. Tromp, Conceptions 67) das Grab bezeichnet. Auch das Grab kann ja als Eingang zur Scheol verstanden werden (vgl. *33*). Eine Zisterne ist in ihrer Erscheinungsweise (in den Felsen gehauen, Tiefe, Dunkel), wie ein Vergleich von *64–68* mit *78–79* zeigt, einem Grab recht ähnlich. Die wesentlichen Unterschiede sind folgende: Erstens hat die Zisterne im Unterschied zu den Höh-

76a. Eine der ganz seltenen bildlichen Darstellungen eines Prozesses, die uns aus dem AO erhalten sind. Die vier Szenen zeigen von links nach rechts: 1. Vier sitzende Männer (4–6 weitere sind weggebrochen), die durch die Beischrift als «Gerichtshof» *(qnbt sḏmṯw)* bezeichnet sind, 2. den Schreiber, der zu Protokoll nimmt, was ein Zeuge, der von einem Gerichtsdiener zu einer tiefen Verbeugung veranlaßt wird, aussagt, 3. den von zwei Männern begleiteten, festlich gekleideten Sieger im Prozeß, der grüßend die Hand erhebt. Der zweite Begleiter hält als Zeichen der Freude ein Pflanzenbüschel in der Hand, 4. den Gerichtsdiener, der die schlecht gekleideten Verlierer schlägt (oder wegtreibt?), von denen der noch einigermaßen erkennbare seine Hände klagend vors Gesicht hält. Das Relief malt ebenso eindeutig weiß-schwarz, wie die Pss eindeutig zwischen schuldig *(rš')* und schuldlos *(ṣdq)* scheiden.

78. *bōr* heißt im Hebräischen eigentlich die Zisterne (Bild). Die Ähnlichkeit mit dem Grab *(66–68)* erklärt, warum der Ausdruck auch das Totenreich bezeichnen kann und das Sterben in einzelnen Pss analog zum Versinken in einer Zisterne geschildert wird (vgl. 28, 1 30, 4 88, 5 u. o.).

«Er zog mich aus der grausigen Zisterne empor, aus Morast und Schlamm» (40, 3).

77. «Sie zwängten seine Füße in Fesseln,
ins Eisen kam sein Hals (vgl. *134*) (105, 18).
Die Gefangenen, «die Dunkel und Finsternis bewohnen,
gefesselt mit quälenden Eisen» (107, 10).

lengräbern keinen Zugang von der Seite her, sondern dieser fällt wie bei einem Schachtgrab steil von oben her ein. Wer einmal in sie hineingeraten ist, kann sich nicht mehr selber daraus befreien. Zweitens sind die Zisternen, ihrem Zweck entsprechend, meist so angelegt, daß das Regenwasser in ihnen zusammenfließt und, durch einen Kalkverputz am Versickern verhindert, auch dort bleibt. Da mit dem Wasser natürlich allerhand Staub und Erde in die Zisterne geraten, ist ihr Boden in der Regel, je nachdem, wann sie das letzte Mal gereinigt wurde, mehr oder weniger tief mit Schlamm bedeckt. Dieses konkrete Phänomen wird in den Pss zum Symbol für jene Vorstellungen von der Scheol, in denen diese mit der Tehom vermischt erscheint. Dabei hat das Versinken im Wasser dramatischeren Charakter als das Zu-Grabe-Getragen-Werden. Der Israelite hatte täglich Gelegenheit, das Versinken des ledernen Schöpfgefäßes *(dlj)* *(80;* vgl. Num 24, 7 Jes 40, 15) im Zisternenschlund und seine Rückkehr ans Tageslicht zu beobachten. Dem Beter von 30 erscheint seine Ret-

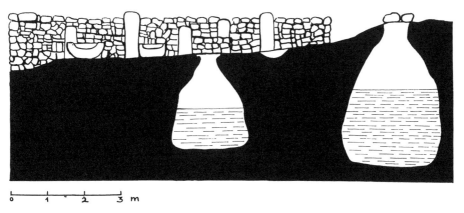

79. «Rette mich, Gott, denn die Wasser reichen mir bis an den Hals.
Ich sinke in den Schlamm der Tiefe und finde keinen Grund.
Ich geriet in Wassertiefen. Der Wasserschwall reißt mich mit (69, 2 f).

80. «Ich erhöhe dich, Jahwe, denn du hast mich (wie ein Schöpfgefäß) herausgezogen» (30,2).

tung wie das Herausgezogenwerden (v 2, *dlh*) aus einer Zisterne (vgl. v 4).

In Psalm 40,3 redet der Beter vom Tosen *(š'wn)*, das er in der Zisterne vernommen hat. Dieses dürfte schon eher als zur empirischen Zisterne, zur Zisterne gehören, die ein Symbol für die Totenwelt als dem Bereich der Chaosfluten (vgl. *š'wn* in 65,8) geworden ist. Das gilt auch, wenn in diesem Zusammenhang von Brandungswogen (88,7f; vgl. 42,7f) und Wasserfluten (69,3.16) die Rede ist. Die Zisterne fließt mit dem Symbol des Chaosdrachens zusammen, der mit seinen Wassermassen und seinem Schlamm den Beter zu ertränken und seinen Riesenschlund über ihm zu schließen sucht (69,15f; 81; vgl. 43–45).

Auch in Ägypten kann das Totenreich als großmauliges Ungeheuer dargestellt werden *(82)*. Mit Hilfe der Magie hat man in Ägypten den Tod zu einem Übergang gemacht, der den Menschen nicht vernichtet, sondern verklärt. Nach einer Vorstellung, die seit dem Ende des des 3.Jt.s (Erste Zwischenzeit) belegt ist, überprüft aber ein Totengericht (vgl. Spiegel, Totengericht) die Berechtigung dieser Verklärung *(83)*. Das Herz des Toten (rechts außen) als Zentrum seines Denkens und Trachtens wird von Anubis gegen die Maat (Weltordnung, Wahrheit, Recht; vgl. *32*) abgewogen. Der Schreibergott Thot (mit dem Ibiskopf) erstattet dem Totenrichter Osiris, dem Herrn «der Ewigkeit» (links außen), Bericht. Zu Füßen des Osiris wartet das krokodilköpfige Ungeheuer darauf, den Toten, der der Maat nicht Genüge getan hat, zu verschlingen. Es bleibt also den Bösen vorbehalten, durch den Chaosdrachen verschlungen zu werden. Erst dieser zweite Tod wird in Ägypten konsequenterweise durch das verschlingende Chaosungetüm dargestellt. Allerdings lief kaum jemand Gefahr, ihm zu verfallen. Denn der ethische Ernst des Totengerichtes wurde durch magische Manipulationen aller Art stark beeinträchtigt. So trägt z.B. der Verstorbene auf *83* (rechts außen) ein Herzamulett, das seinem gewogenen Herzen das rechte Gewicht verleihen soll. Und das 125.Kp des Totenbuches soll mit seinem negativen Sündenbekenntnis («Ich habe nicht...») helfen, den Totenrichter ungeschoren zu passieren.

Israel kennt dagegen keinerlei Manipulationen, der schlammigen, dunklen und auflösenden Macht des Totenreiches (18,5f) zu entrinnen als nur Jahwe, den Fels (18,3; 28,1), der allein auf sicheren Felsengrund zu stellen vermag (40,3).

Neben Grab und Zisterne erscheint gelegentlich *šaḥat* als Ort, in den die Toten «hinabgehen» (30,10 55,24 Hi 33,24). An manchen Stellen bedeutet *šaḥat*, was immer seine Etymologie sein mag, die absichtlich gegrabene Fanggrube (7,16 9,16 35,7 94,13). Ez 19,4.8 wird darin ein junger Löwe ergriffen. Als Fanggrube steht *šaḥat* parallel zu Fangnetz (*ršt*; 9,16 35,7). Aber einmal erscheint in der gleichen Stellung auch *bōr* (7,16), die Zisterne, die ja gelegentlich wie eine Fallgrube wirkt (vgl. AuS I/2 528). In 5,10 wird der Mund der Verleumder als «offenes Grab» und d.h. als Ort, «der immer neue Tote in

81. «Die Wasserflut reiße mich nicht weg! Die Tiefe verschlinge mich nicht! Das Brunnenloch schließe nicht seinen Schlund über mir!» (69,16; vgl. Jer 51,34).

anderseits doch auch häufig transzendiert, so daß diese Wirklichkeiten auch wieder nichts als Chiffren sein können für die Enge und Verlorenheit, die den Israeliten jederzeit und überall bedrängten und zu Jahwe hindrängten, der angesichts solcher Bedrohungen allein festen Halt gewähren konnte.

c. Sturzflut und Meer

Die Macht des Totenreiches ist nicht nur in der Tiefe und dem Dunkel der Gräber, Zisternen, Kerker und Fanggruben erfahrbar, sondern – wie bereits in Kp. I gezeigt wurde – in den machtvoll an die Oberfläche drängenden (vgl. 42) oder gegen das Festland anstürmenden Wassern. Die Bewohner Palästinas besaßen eine ganz besondere, Mesopotamien und Ägypten fremde Möglichkeit, die zerstörerische Macht der stolzen Chaosfluten zu erfahren. Von der einen auf die andere Stunde können sich die im Lande so zahlreichen Trockenwadis mit Wasser füllen. Dabei fällt der Regen oft irgendwo im Gebirge oder weit draußen in der Wüste. Die Wasser sammeln sich in den Trockenbetten, und plötzlich erscheint die Flut, unter Umständen bei heiterem Himmel, an einem dem Niederschlagsgebiet fernabliegenden Ort und reißt Mensch und Tier mit sich weg (vgl. 124,4f 126,4 Hi 6,15–17 Sir 40,13f). So füllte am 8. April 1963 plötzlich ein drei Meter tiefes, reißendes Wildwasser die 1,5 km lange Schlucht, die nach Petra hineinführt (Taf.II) und tötete 22 Pilgerinnen, die unter der Leitung von Abbé J. Steinmann auf dem Weg in die Nabatäerhauptstadt waren.

Die klassische Manifestation der Chaoswasser aber ist das Meer (vgl. Kp I.3). Da der ursprüngliche Lebensraum des Menschen das Land ist, galt in der Antike das Befahren der «tödlichen Salzflut» grundsätzlich als gefährlich. Bei den Israeliten als einem Volk, das aus der Steppe ins Kulturland ge-

82. «Die Unterwelt reißt ihren Rachen weit auf,
sie sperrt ihr Maul auf ohne Maß» (Jes 5,14; vgl. 73,9).
«Die Bäche des Verschlingers versetzten mich in Schrecken»
(18,5; vgl. Tromp, Conceptions 125–128).

sich aufnimmt» (Kraus Pss 43) geschildert. Zisterne, Gefängnis und Fallgrube sind von ihrer Form her geeignet, als Fallen zu wirken, die alles Lebendige verschlingen (vgl. Belijaʿal «der Verschlinger» in 18,5). Auf Grund ihrer äußeren Form werden sie sich gegenseitig und alle drei zusammen dem Grab assoziiert.

Es ist meistens müßig zu fragen, ob der Beter eines bestimmten Klagepsalms als unreiner Kranker außerhalb des Ortes in einer Grabhöhle hauste, ob er sich als Gefangener in einem Zisternenkerker befand oder alles symbolisch gemeint sei. In all den vielen ähnlichen Gestalten trat dem Israeliten mitten in seiner alltäglichen Welt das Totenreich entgegen. Es manifestierte sich tatsächlich in diesen Wirklichkeiten, die es aber

83. Der «Totenfresser» mit dem Krokodilskopf lauert auf das Herz der Frevler, das bei der Prüfung auf der Waage als zu leicht befunden wird. Der erste Tod ist in Ägypten ein Übergang ins verklärte Jenseits. Folgerichtig wird erst der «zweite Tod» durch das Chaosungetüm dargestellt. (Zum Wägen des Menschen vgl. 62, 10.)
Wie in Israel ist auch in Ägypten das *Herz* Sitz des Denkens und Wollens und so maßgeblich für die Beurteilung eines Menschen.

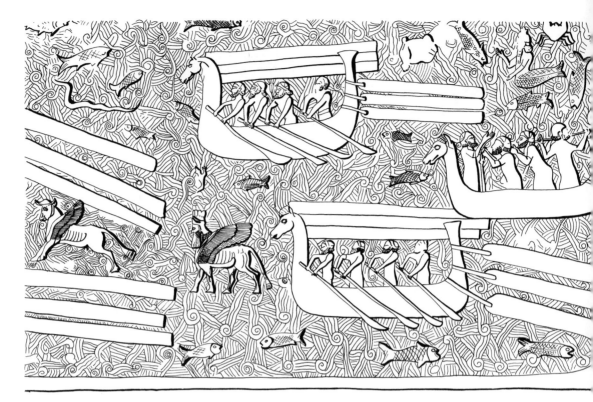

84. «Die das Meer in Schiffen befuhren, die ihrem Geschäft nachgingen auf den vielen Wassern, sie haben die Werke Jahwes geschaut und seine Wunder über dem Abgrund» (107,23f).
«Da ist ein Gewimmel ohne Zahl kleiner und großer Lebewesen» (104,25).

85. «... ich bringe zurück aus den Tiefen des Meeres» (68,23b).

kommen und starke Bindungen an seine Vergangenheit bewahrt hatte und zudem über keinen bedeutenden Hafen verfügte, war das in besonders hohem Maße der Fall. Bei der leichten Bauart der Schiffe *(84–86)* waren schwere Seenöte tatsächlich nicht selten (48,8 107,23–39 Jon 1,3–16 Apg 27). Schiffe sind für die Israeliten etwas ebenso Fremdes und Staunenerregendes wie allerhand fabelhafte Meertiere (104,25f 8,9). Die Verbundenheit zwischen beiden wurde durch den als Tierkopf gestalteten Bug *(84)* nahegelegt.

84 stellt einen Holztransport vor der phönikischen Küste dar. Die unregelmäßig in alle Richtungen laufenden, reichlich von Wirbeln durchsetzten Wellen deuten die Unsicherheit der riesigen Wassermassen an. Überraschend tauchen zwischen Fischen, Schildkröten und Krabben allerhand Fabelwesen auf, wie ein Mensch mit Fischleib, ein Stiermensch mit Flügeln und ein geflügelter Stier. Für den AO waren sie ebenso wirklich wie die zoologisch besser gesicherten Fische und Krabben. In ihnen konkretisieren sich Unsicherheit und Angst vor dem geheimnisumwitterten Meer und das dagegen aufgebotene Vertrauen. Letzteres erscheint z.B. in dem geflügelten menschenköpfigen Stier, der sonst als Schutzgeist die Palast- und Tempeleingänge bewacht (vgl. Taf. VIII).

Wo beim Israeliten das Grauen vor der mythischen Chaosmacht verschwunden ist (vgl. oben S. 40), werden das Meer und seine Bewohner zu einem der staunenswertesten Werke Gottes. Sir 43,24f, der wie ein Echo auf 104,25 klingt, findet dafür geradezu hymnische Töne:

Taf. II. «Wäre Jahwe nicht für uns gewesen, als Menschen sich gegen uns erhoben...
dann hätten die Wasser uns fortgerissen, dann wäre der Wildbach über uns hinweggegangen,
die tobenden Wasser» (124,2.4f).

Taf. III. Die treulosen Freunde reden über den Kranken:
«Eine böse Sache ist über ihn ausgegossen (haftet an ihm). Wer sich (zum Sterben) hingelegt hat, der steht nicht mehr auf» (41,9).

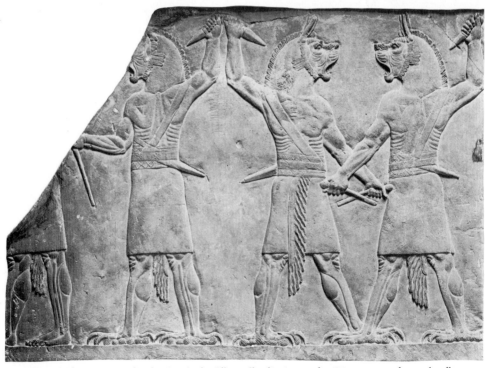

Taf. IV. Das Bild der beiden Dämonen, die übereinander herfallen, sollte die eintretenden Dämonen veranlassen, dasselbe zu tun (vgl. Frank, Beschwörungsreliefs 49–56).

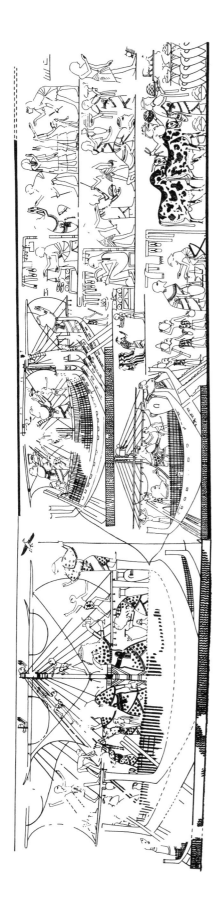

86. «Er stillte den Sturm zum Säuseln, die Wogen des Meeres legten sich.
Sie freuten sich, als sie ruhig wurden und er (Gott) sie zum ersehnten Hafen brachte» (107,29f.).

Sieben kanaanäische Schiffe haben eben in einem ägyptischen Hafen angelegt. Zwei gleiche, aber ir größerem Maßstab dargestellte Fahrzeuge sind noch auf hoher See. Auf dem Bug des vorderen steht der Lotse. Über ihm kündet ein Vogel die Nähe des Festlandes an. Unmittelbar vor dem Mast scheint ein Dankopfer für die glücklich vollendete Fahrt dargebracht zu werden (vgl. 162, 198-199 und Jona 1,16). Die Männer im Ausguck an der Spitze des Mastes heben verehrend die Hände (vgl. 422). Allerdings ist zu beachten, daß auf zwei der beiden Schiffe, die bereits angelegt haben, ähnliche Gesten dargestellt sind. Da sie alle in der gleichen Richtung ausgeführt und auf dem Lande fortgesetzt werden, ist es fraglich, ob es sich bei dem Händeerheben und Räuchern auf den Schiffen um ein Dankopfer und nicht eher um Huldigungsgesten vor dem ägyptischen König, resp. seinem Vertreter handelt. Mit Räuchern, Hände-Erheben und dem Angebot ihrer Kinder (vgl. oberste Reihe rechts) haben die kanaanäischen Städte jeweils den siegreichen Pharao empfangen (vgl. 1324 und 199). Mit den ägyptischen Händlern, die in ihren Buden auf dem Quai hocken, scheinen nur kleine Geschäfte mit Stücken, die man aus den Abgaben entwendet hat, getätigt zu werden (vgl. dazu die hübsche Beschreibung von L.Klebs, Die Reliefs und Malereien des Neuen Reiches 231-233).

87. «Nach dir, Gott, dürstet mein Leben, nach dir lechzt mein Leib im dürren, erschöpften Land ohne Wasser» (63,2).

«Die das Meer befahren, erzählen von seiner Ausdehnung; sobald es unsere Ohren nur hören, sind wir entsetzt.
Dort gibt es Wunderdinge, die staunenswertesten seiner (Gottes) Werke,
alle Arten von Lebewesen, die Riesen der großen (Flut).»
Kaum an einem Ort wird das Kreaturgefühl stärker empfunden als in diesem grauenumwitterten Bereich, den man nur schwer als Jahwes Werk begreifen kann. Man fühlte sich auf dem Wasser nicht sehr sicher *(85)* und dankte der Gottheit, wenn man wieder festen Boden unter den Füßen hatte *(86)*.

d. Die Wüste

Ähnlich wie das Meer war auch die Wüste, als man sie noch nicht mit schnellen und sichern Verkehrsmitteln bewältigen konnte, kein Ort romantischer Gefühle, sondern ein Bereich der Gefahr und des Todes.
Im Vorderen Orient, wo das Kulturland sehr begrenzt ist, legt man die Nekropolen, sofern es möglich ist, gern außerhalb desselben in der oft unmittelbar «vor der Tür» liegenden Wüste an. Auf *87* sieht man rechts die letzten Bäume des fruchtbaren Landes, zwei Dattelpalmen und eine Sykomore, darunter ein Opfertisch und ein Becken mit Reinigungswasser. Links sind, bereits im Bereich der steinigen roten Wüste, drei Gräber zu sehen, vor denen eine klagende Frau sitzt. Die Übergangszone zwischen Kulturland und Wüste ist der Bereich der Schakale und anderer aasfressender Tiere, denen man gern verendete Tiere zur Beseitigung hinwirft (vgl. 44,20 Jer 9,10 Jes 13,22 34,13 Ps 63,10). Die Ränder der Wüste sind vom *Tod* gekennzeichnet.
In der Wüste draußen, wo sich Rebellen und asoziale Elemente (68,7c) herumtreiben und die eilig dahinziehenden Karawanen überfallen, sind die Wege, wenn überhaupt, nur sehr schlecht bezeichnet. Ihre Weglosigkeit hat die Wüste (107, 4.7; vgl. 142,7) mit dem Meer (77,20) und dem Dunkel (Hi 12,24f) gemeinsam. Vielleicht wird bei Jeremia die Wüste deshalb nicht nur als ein Land der Schluchten und des Durstes, wo kein Mensch wohnt, sondern auch als Land des Dunkels beschrieben (Jer 2,6.31), falls er dabei nicht an die schwarzen Basaltwüsten Transjordaniens denkt.
Wenn man, was bei den schlechten Wegverhältnissen sehr leicht möglich ist, den Weg verliert, ist man dem *Hunger und*

88. «Sie irrten durch die öde Steppe. Sie fanden keinen Weg zu einer bewohnten Stadt.
Hungernd und dürstend erschöpfte sich ihre Lebenskraft» (107,4f).

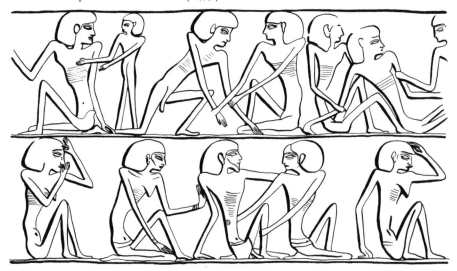

89. Der Wüstenboden ist wie auf 87 mit Steinen übersät. Ab und zu findet sich ein kleiner, dürrer Strauch. Die Fremdheit und Gefährlichkeit, die der ao Mensch angesichts der Wüste empfindet, konkretisieren sich auf diesem Bild (ähnlich wie bei 84 die des Meeres) in allerhand Fabelwesen.

dem *Durst* ausgeliefert (107,5 63,2). Innert kürzester Zeit ist der Mensch zu Tode erschöpft (61,3 142,4). Der Erschöpfte gleicht in seinem Verlust der menschlichen Umwelt und seiner Unansehnlichkeit einem Wüstenvogel (102,7). Der Hunger erscheint manchmal wie ein dämonisches Wesen (105,16). 33,19 steht er parallel zum Totenreich. Das ägyptische Relief 88 zeigt hungernde Nomaden, die nur noch aus Haut und Knochen bestehen. Viele Wüstenbewohner des Vordern Orients sind auch heute chronisch unterernährt, und das völlige Ausbleiben der ohnehin schon geringen Regenmengen würde ohne Hilfe von außen eine Katastrophe bedeuten, wie sie hier gezeigt wird. Ebenso drastisch wie durch die ausgemergelten Körper wird die Hungersnot durch die Frau links unten veranschaulicht, die mit der linken Hand Ungeziefer aus ihrem Haar liest und es mit der rechten zum Mund führt. Gräber, Zisternen, Kerker, Fallgruben, Schluchten mit plötzlich hereinbrechenden Wassern, vom Sturm aufgewühlte Meere und weglose, ausgeglühte Wüsten sind Bereiche, aus denen Jahwe den Menschen dank seiner umfassenden Kraft zwar herausholen kann, in denen er aber nur beschränkt gegenwärtig ist und die deshalb das Elend abbilden können, das dem Menschen aus irgendeiner Art der Gottverlassenheit erwächst.

e. Die Nacht

Wie es räumlich bestimmte Bereiche gibt, die an die Totenwelt grenzen, so auch zeitliche. Das Unheil und der Tod können einen Menschen zwar auch tags treffen, aber ihr eigentlicher Bereich ist doch die Nacht und das Dunkel. In der Nacht erscheinen Krankheit und jegliches Übel viel schlimmer als tags, und die Dichter der Klagelieder erzählen, wie sie die ganze Nacht unter Tränen und Seufzen wachgelegen haben (6,7 30,6 77,6). Die Welt ist wie vergangen und der Beter mit seinem Schmerz, der ins Unermeßliche wächst, allein. Nachts kommen auch die Raubtiere aus ihren Verstecken und suchen brüllend nach Beute (104,20). Im Dunkeln fallen die Verbrecher über ihre schuldlosen Opfer her (11,2). Wie sehr Finsternis und Tod zusammengehören, zeigt 90. Die Mischgestalt, die aus zwei Paar Menschenbeinen, einem Schlangenleib mit Menschenkopf, einem schnuppernden Schakalskopf, der den Schwanz bildet (Schakal = Tier der Nekropolen; vgl. 33) und ein paar Geierflügeln zusammengesetzt ist, trägt an ihrem Hals einen zerrissenen Strick. Er deutet auf die Wildheit des Wesens hin, das die durch zahllose Sterne dargestellte Nacht durchschreitet. Unten am Schlangenleib be-

90. Beischrift unter dem Hals des Tieres: «Tod, der große Gott, der Götter und Menschen gemacht hat.»

findet sich die untergegangene Sonne (oder der Mond?). Die beiden Geierflügel halten die werdende Sonne. Das Wesen trägt rechts die eigenartige Inschrift: «Tod, der große Gott, der Götter und Menschen gemacht hat.» Der auf den ersten Augenblick befremdliche Doppelcharakter des Gottes dürfte sich von seiner Identität mit dem chaotischen Urwasser (vgl. den Schlangenleib mit 38–41 und 55) erklären, das einerseits Dunkel und Tod, andererseits den Ursprung alles Lebens bedeutet. Beachtenswert ist, daß Götter und Menschen grundsätzlich dem gleichen Entstehungsprozeß unterworfen sind. Das ist in Israel nicht der Fall. Gott steht außerhalb alles Werdens. Der Tod ist kein Weg zum Leben. Er hat keine regenerierende Kraft. In Israel bleibt das, was man über den Tod und sein Reich sagt (Kraftlosigkeit, Dunkel, Auflösung, Vergessenheit usw.) im Rahmen des alltäglich Verifizierbaren. Deshalb berühren uns auch die Aussagen, die etwa Ps 88 über den Tod macht, viel unmittelbarer als die schwer zu entziffernde Bilderwelt der ägyptischen Totenbuchpapyri.

2. Die Feinde des Einzelnen

Wie der Mensch seit eh und je hatte auch der des AO seine ganz persönlichen Feinde. Von solchen ist in den verschiedensten Dokumenten (Briefen, Weisheitslehren, Gebeten u. ä.) in einer Art die Rede, die den Eindruck erweckt, daß sie bei den engen Wohnverhältnissen und Gemeinschaftsbindungen eher noch häufiger und intensiver waren als bei uns (vgl. Keel, Feinde 36–51). Nebst dem Typ des ganz privaten Feindes (Feindschaft aus Rivalität), der aufgrund einer bestimmten persönlichen Angelegenheit entsteht (Streit um Erbschaft, um eine Frau, um eine Ehrenstellung usw.), kennt jede Gesellschaft einen Typ von Feind, der sozusagen den Gegenpol zu dem, was von der Gesellschaft als gut und wünschenswert erkannt wurde, darstellt und dieses ständig bedroht (für die Kommunisten z. B. die Kapitalisten und umgekehrt). Schon bei den rein privaten Feindschaften spielt die Projektion eine bedeutende Rolle, was bereits der Umstand zeigt, daß jemand mein Feind sein kann, weil ich ihm feind bin (subjektiv) und nicht nur, weil er mir feind ist (objektiv).
Beim Feindtyp, der den Antipoden zur eigenen (guten) Welt bildet, ist dies noch viel stärker der Fall. Die Feinde dieser Art sind ja von Natur aus Träger alles Subversiven und Bösen. Das Feindbild einer Gruppe oder einer Kultur ist für ihr Verständnis von größter Bedeutung.

a. Dämonen und Verbrecher

Im Polytheismus Mesopotamiens und Ägyptens finden sich die Mächte des Guten wie des Bösen in der Welt über und unter dem Menschen. Dabei ist der Graben zwischen Gott und Mensch in Mesopotamien generell größer als in Ägypten, wo er durch den göttlichen König überbrückt wird (vgl. Kp V).
In Mesopotamien besteht für den Menschen, wie etwa das Gilgameschepos zeigt, keinerlei Hoffnung, am ewigen seligen Leben der Götter teilzunehmen. Das Höchste, was ihm zugänglich ist, ist ein glückliches und gesichertes Leben auf dieser Erde. Dieses höchste Gut aber wird von einem Heer mißgünstiger Mächte ständig gefährdet (90a–94). 91 zeigt ein

90a. «... mein Gebein wurde kraftlos, da ich den ganzen Tag stöhnte.
Ja, Tag und Nacht lastete deine Hand auf mir...» (32,3 b.4a; vgl. 38,3 39,11).
Ein geflügelter Dämon drückt mit seinen Händen zwei hilflose, nackte Wesen nieder, während er mit seinen Raubvogelfüßen (vgl. 92, Taf. IV) auf einem dritten herumtrampelt. Ein Helfer dieses Dämons, dessen Erscheinungsbereiche allerhand Krankheiten sein dürften, wird von einem Begleiter des Sonnengottes Schamasch vor seinen Herrn (rechts außen) geschleppt (vgl. 53). Während der Rollsiegelabdruck Krankheit und Heilung auf zwei verschiedene Mächte verteilt, werden im AT beide Jahwe zugeschrieben. Nach den Pss ist er es, der dem Menschen je nach Maßgabe seines religiös-ethischen Verhaltens Krankheit oder Gesundheit zuteil werden läßt. Der Mensch ist nicht Spielball verschiedener sich bekämpfender Mächte. Er selbst wird so in erster Linie für sein Ergehen und das der Welt verantwortlich und dies vor einem Gott, der Gerechtigkeit will.

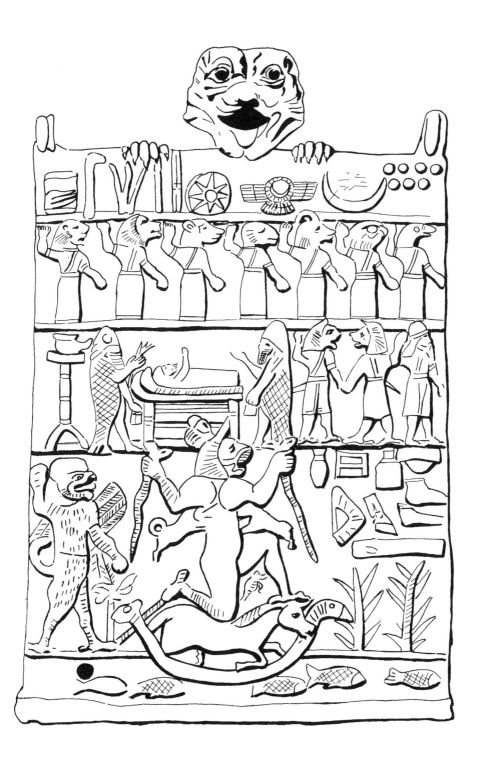

91. Der Kranke auf seinem Bett: «Ich bin erschöpft vom Seufzen.
Jede Nacht netze ich mein Lager, tränke mit Tränen mein Bett» (6,7)
«Erheitere das Leben deines Knechtes, denn zu dir, mein Herr, erhebe ich mein Leben» (86,4).
«Tag und Nacht schreie ich vor dir... Meine Seele ist satt von Schlimmem,
mein Leben neigt sich der Scheol zu... ich bin ein Mann ohne Kraft» (88,2.4f).

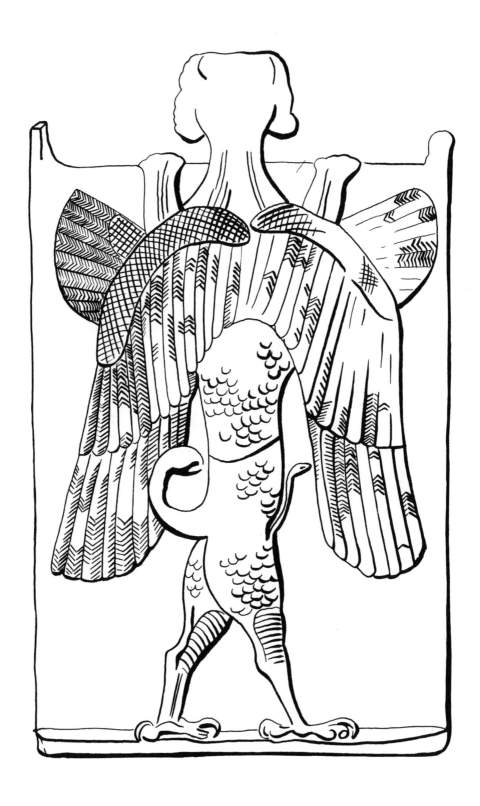

92. Auch Israel hat den heißen Wüstenwind gekannt, der über die Blüten dahingeht «und sie sind nicht mehr» (103,16). In Mesopotamien hat man ihn auf das Wirken eines geflügelten Dämons zurückgeführt.

Bronzetäfelchen und Taf. III einen Rollsiegelabdruck, die beide als Amulett gegen diese Mächte dienten. Wie beliebt diese Täfelchen waren zeigt die Tatsache, daß bis heute um die sechzig, teils ganze, teils nur fragmentarisch erhaltene Exemplare davon bekannt geworden sind (vgl. Klengel, Lamaštu-Amulette und Meißner, Siegelzylinder).

Von der Rückseite des Bronzetäfelchens 92 blickt der hundeähnliche Kopf eines Mischwesens hervor, das mit zwei Flügelpaaren und einem schuppigen Leib, einem Phallus und einem Schwanz, die beide in Schlangenköpfen endigen, und mit Raubvogelfüßen ausgestattet ist. Eine sehr ähnliche Gestalt ist auf der Vorderseite (91) links unten zu erkennen, und zwar scheint sie dort den (weiblichen) Hauptdämon, die Lamaschtu, zu vertreiben. Abwehrende Funktion hatte auch die Figur von 93, die man als Anhänger benützte, wie die Öse am Kopf zeigt. Auf der Rückseite der Flügel trägt sie die Inschrift: «Ich bin Pazuzu, der Sohn des Chanpa; der König der bösen Geister der Luft, der heftig aus den Bergen hervorbricht und rasend einherfährt; dieser bin ich» (Thureau-Dangin, Rituel et Amulettes 190). Pazuzu, der «Packer», der «den Leib des Menschen gelb, sein Gesicht gelb und schwarz und sogar seine Zungenwurzel schwarz macht» (Schmökel, Ur, Assur 119), ist an und für sich ein Unheilsdämon, der sich im drückend heißen Südwestwind manifestiert, der aus der Arabischen Wüste einherfährt und allerhand Krankheiten im Gefolge hat.

Die Flügel des Windes sind den Pss ebenso geläufig (18,11 104,3; vgl. 27) wie der glühende Wind, der die blühende Vegetation und dieser ähnlich den Menschen (6,3 102,4 f.12) innert wenigen Stunden dahinrafft (103,16; vgl. 90,5f). Aber dieser Wind ist in den Pss keine eigenständige Größe, sondern Manifestation des Gerichtshandelns Jahwes (11,6 18,11 83,16) oder Bild für das Treiben der Frevler (55,9). In Mesopotamien aber wird der heiße Wüstenwind als Manifestation des Königs der bösen Geister der Luft verstanden.

Man hängt sein Bild dem Kranken um, damit dieses den angreifenden Pazuzu abhalte, wenn dieser bei seinem Angriff sich (in seinem Bild) plötzlich selber gegenübersteht.

Aber wie die Szene links unten 91 zeigt, vertreibt die Pazuzufigur nicht nur Pazuzu, sondern auch andere Dämonen, wie etwa die Lamaschtu (früher Labartu), die auf 94 deutlicher sichtbar ist. Ihr Kopf ähnelt am ehesten dem eines Löwen, ihr Körper dem einer Frau. An der einen Brust säugt sie einen Hund, an der andern ein Schwein, in jeder Hand hält sie eine doppelköpfige Schlange. Mit Löwe, Hund, Schlange und Schwein, die dem AO weiterum als für Dämonen besonders anfällige Tiere galten, werden in den Pss, wie noch näher zu zeigen sein wird, die Verbrecher und Gottlosen verglichen.

Auf 91 verjagt der Pazuzu die Lamaschtu, die auf einem pferdeähnlichen Tier (Esel?) in einem Schiff kniet. Das Schiff soll sie ins sumpfige Schilfdickicht bringen (vgl. die beiden Pflanzen rechts vom Schiff), wo sie hergekommen ist. Die Lamaschtu ist ein Fieberdämon, der mit Vorliebe die Mutter im Wochenbett und die neugeborenen Kinder anfällt. Sie kann aber auch jedem andern Menschen gefährlich werden. Auf 91 ist sie dabei, einen bärtigen Mann zu verlassen, der auf seinem Bett liegt, eine Hand hilfesuchend zum Himmel ausgestreckt. Der Mann auf Taf. III, die grundsätzlich die gleiche

93. Nicht zu dem, der ein Amulett wie 93 trägt, sondern einzig zu dem, der auf Jahwe vertraut, spricht Ps 91:
   «Du brauchst dich nicht zu fürchten vor dem Rudel der *Nacht* und vor dem Pfeil, der am *Tag* fliegt,
   vor der Pest, die im *Dunkel* einhergeht
   und vor der Seuche, die am *Mittag* wütet» (91,5f),
Wer auf Jahwe vertraut, kann zu jeder Tageszeit ruhig sein.

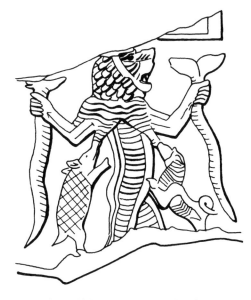

94. Der Kopf des weiblichen Dämons Lamaschtu gleicht dem eines Löwen. An der einen Brust nährt er ein Schwein, an der andern einen Hund. In den Händen hält er Schlangen. Von allen diesen Tieren glaubte man, daß sie gern von Dämonen heimgesucht würden und die Dämonen sich durch sie manifestierten.

Szene zeigt wie *91*, liegt auf einer Matratze ohne Bettgestell, was das übliche war. Er betet zu den drei großen Göttern Schamasch (Sonne), Sin (Mond) und Ischtar (Stern). Die Pss führen die Fieberglut, den ausgedörrten Mund und den Durst des Kranken (6,3 38,8 69,22 102,4f.12) nicht auf einen oder mehrere Dämonen, sondern auf die wie Feuer brennende (89,47) Zornglut *(ḥmḥ)* Jahwes zurück (6,2 38,2ff 102,11), die der Beter, wie wenigstens in einigen Texten gesagt wird, durch seine Sünden hervorgerufen hat (38,4.6 41,5).

Auch in Mesopotamien spielen Verfehlungen gegen die Gottheit in diesem Zusammenhang eine Rolle, aber im Polytheismus sind diese weniger eindeutig fixiert, und die Dämonen können den Menschen völlig grundlos angreifen. Die Abwehrmittel sind dementsprechend vielfältig. Zu Häupten und zu Füßen des Kranken stehen je ein Priester des Ea, kenntlich an den Fischgewändern. Ea ist der Gott des Süßwasserozeans (vgl. *43*) und gilt als besonders zauberkundig. In ihren Händen halten die Priester Gefäße mit Reinigungswasser. *185*, von einem Weihwasserbecken aus dem Assurtempel in Assur, zeigt Eapriester beim Schöpfen des Reinigungswassers, wie dieses gerade dem Gefäß des Wassergottes entquillt. Bei dem Eapriester auf *91* zu Häupten des Lagers sieht man deutlich, daß er etwas über den Kranken sprengt (vgl. 51,9: «Entsündige mich mit Ysop, und ich bin rein»). Links von ihm steht auf einem hohen Ständer eine Öllampe *(Taf. XIV)*, ein Symbol des Feuergottes Nusku (vgl. 18,29 27,1 43,3), der mit seinem Licht die umgehenden Dämonen vertreibt (vgl. *53–55*). Rechts von der Lamaschtu sieht man eine Reihe von Gegenständen, die bei der Beschwörung eine Rolle spielten. Zum Teil dürften es Gaben sein, die die Lamaschtu zum Abzug bewegen sollen. Rechts vom Eapriester, zu Füßen des Kranken, fallen zwei löwenköpfige Dämonen übereinander her. Dieses Resultat scheint man durch Aufstellen eines entsprechenden Bildes (vgl. Frank, Beschwörungsreliefs 50) erreicht zu haben. Rechts außen ist ein Gott sichtbar, der mit erhobenem Arm weitere Dämonen abzuwehren scheint.

In der zweitobersten Reihe sieht man sieben wahrscheinlich gute Dämonen oder sieben Priester mit Tiermasken, die die in den Texten of genannten sieben bösen Geister verjagen sollen. Sie tragen, von links nach rechts, den Kopf eines Panthers, eines Löwen, eines Hundes (?), eines Widders, eines Ziegenbocks, eines Falken und einer Schlange. Im obersten Register befinden sich die Symbole der großen Götter, besonders jener, die bei der Vertreibung von bösen Geistern behilflich sind. Von links nach rechts sieht man: die Hörnermütze (Anu), den Widderkopf auf der Stange (Ea), das Blitzbündel (Adad), den Grabstock (Marduk), das Schreibzeug (Nabu), den achtstrahligen Stern (Ischtar), die geflügelte Sonne (Schamasch), den Mond (Sin) und die sieben Kreise (Siebengestirn). In den obern Registern sind also die heilvollen, im untern Teil die unheilvollen Mächte dargestellt. Diese Polarisierung der Welt verbindet das Bronzetäfelchen *91* mit den Bildern von Kp I. 3 «Dualistische Züge» *(42–55)*. Jeder einzelne Mensch gerät immer wieder einmal in den Grenzbezirk zwischen den Mächten, die das Leben fördern und denen, die auf seine Zerstörung aus sind. Die eigentlichen Lebensbereiche der Dämonen sind Gräber, Zisternen, Gruben und die Wüste (Henninger, Geisterglaube 287ff). Von da aus stoßen sie besonders im Schutze des Dunkels in das «Land des Lebens» vor.

Das diesseitige Leben des Ägypters scheint weniger von Dämonenfurcht geplagt gewesen zu sein als das des Mesopotamiers. Während Mesopotamien mit seinen Sümpfen, seinen unregelmäßigen und gefährlichen Überschwemmungen und seinen gewaltigen Staubstürmen ein eher ungesundes Klima aufweist, erfreut sich Ägypten einer gesunden, trockenen Wüstenluft, und die jährlichen Überflutungen kommen regelmäßig und in einem Ausmaß, das dem Land in jeder Hinsicht nur von Nutzen ist. So war die große Sorge des Ägypters nicht sosehr, das diesseitige, weitgehend gesicherte, sondern das *jenseitige* Leben zu erhalten. Hier aber erwies es sich als äußerst schwierig, den für das jenseitige Leben notwendigen Leichnam so zu sichern, daß er für alle Zeit weder von Wasser, noch von Tieren, noch von irgendwelchen Grabräubern geschändet wurde (vgl. *69–76*). Die Sorge und die Angst um den Leichnam konkretisierte sich in einer großen Zahl von Dämonen, die besonders im Neuen Reich unabsehbar wird. Da sind der Rotäugige, das Blindgesicht, der Weißzahnige, der Weitschreitende, der Scheitelfasser, der Knochenbrecher und viele andere, die den Toten auf Schritt und Tritt bedrohen. Angesichts ihrer grausigen Namen erscheinen sie in den

95. Ägyptische Jenseitsdämonen. Sie sind eher Hieroglyphen als anschauliche Darstellung der grausigen Wesen, die in den Texten geschildert werden.

96. Ägyptischer Jenseitsdämon.

werden, oder vielleicht eine Beschwörung gegen Nachtdämonen ganz allgemein. Die bildlichen Darstellungen sollen die Abwehrkraft der Sprüche verstärken. Der Gott, der die Axt schwingt *(97b)*, ist aufgrund des Textes als Assur oder als Baal zu identifizieren. Er soll, ähnlich wie die Bilder der lichten Götter auf *91*, die Dämonen in die Schranken weisen. Apotropäische Bedeutung hat aber – ebenfalls wie auf *91* – auch die Darstellung der gefürchteten Dämonen. Der, oder richtiger die obere *(97a)* heisst kurz «die Fliegende». Ob die Bezeichnungen «Plündernde», «(Knochen) Knackerin» (vgl. 34,21) und «Lilith» (vgl. Jes 34,14), die ebenfalls im Text erscheinen, bloss Beinamen der «Fliegenden» sind oder andere, nicht im Bilde dargestellte Dämonen meinen, ist nicht mit Sicherheit auszumachen. Der weibliche Wolf, Schakal oder Hund *(97a unten)*, der eben dabei ist ein Kind zu verschlingen, heisst im Text «Würgerin des Lammes», wobei unter Lamm wohl Neugeborene jeglicher Art zu verstehen sind.

Während die Jenseitsdämonen Ägyptens in den Pss keinerlei Echo ausgelöst haben, sind die kanaanäischen und die für Mesopotamien typischen Krankheitsdämonen wenigstens spurenweise vertreten (78,49c 91, 5f). An beiden Stellen haben sie allerdings keinerlei Eigenständigkeit. In 78,49c er-

Darstellungen eher harmlos *(95* und *96)*. Manche sind ganz menschengestaltig, manche tragen Löwen-, Krokodil-, Schlangen- oder andere Tierköpfe. In den Händen halten sie (auf das Knie gestützt) lange Messer.

Über kanaanäische Dämonen wissen wir nicht viel. Eine recht eigenartige Darstellung findet sich auf einer der Elfenbeinarbeiten, die in Megiddo gefunden wurden *(97)*. Ein Mischwesen aus Menschenkopf, Adlerflügeln und dem Leib eines Raubtieres hat sich auf einen Steinbock geworfen. Dieser bricht unter dem Angriff zusammen. Aufgrund dieser Haltung ist das Mischwesen nicht als Cherub, sondern als Dämon zu deuten. O. Eissfeldt (Zur Deutung von Motiven 91f) erinnert das Bild an den Dämon Asasel von Lv 16, dem jährlich ein Bock in die Wüste geschickt wird. Aus Lv 16, 8–10 und *97* schliesst Eissfeldt (da der Steinbock die kahlen Berge bewohnt) auf das Vorhandensein von Steppendämonen. Von Dämonen, die das öde Land bewohnen, weiss das AT auch sonst zu berichten (Dt 8, 15 Jes 13, 21 30, 6 34, 14). Sie dürften sich durch eine gewisse Blutgier ausgezeichnet haben, denn 106, 37 vergleicht sie den Göttern Kanaans, denen man Kinderopfer darbrachte (vgl. *320*).

Das Gipssteintäfelchen *97a, 97b* ist zwar einige Jahrhunderte jünger als *97*, aber scheint der gleichen Tradition anzugehören. Der Dämon *97a* (oben) erscheint wie derjenige von *97* in Cherubgestalt und der von *97a* (unten) liefert ein grausiges Beispiel für die eben erwähnte Blutgier. Die Inschrift des Täfelchens bestätigt, was die Ikonographie nahelegt. Sie bietet den Übersetzern im einzelnen allerdings etliche Schwierigkeiten. Nicht einmal über deren Sprache ist man sich ganz einig. Während die einen von Kanaanäisch und andere von Phönizisch reden, spricht Torczyner von «particular pure biblical Hebrew» (A Hebrew Incantation 19). Aber jedenfalls ist es ein nordwestsemitisches Idiom, und der Inhalt der Inschrift ist eine Beschwörung gegen Dämonen, die einer Gebärenden und dem Neugeborenen in der Nacht gefährlich

97. «Der Bock, auf den das Los für Asasel gefallen ist, soll man ... zu Asasel in die Wüste schicken» (Lv 16,10). Die Wüste ist ein Bereich der Dämonen.

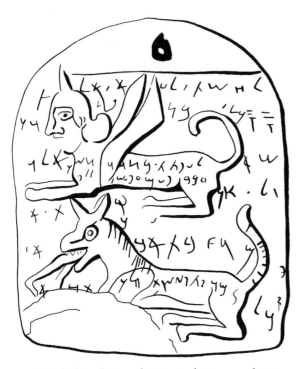 

97a. «(Knochen)Knackerin» und «Würgerin des Lammes», das «Rudel der Nacht» (91,5).

97b. «(Jahwe) bewahrt alle seine (des Gerechten) Knochen heil nicht einer von ihnen wird zerbrochen» (34,21).

scheinen sie als Boten Jahwes, die über den Pharao herfallen, der Israel nicht ziehen lassen will. In 91,5f wird ihnen jede Macht über den, der auf Jahwe vertraut, abgesprochen. Das «Rudel (nicht: Schrecken) der Nacht» (vgl. Dahood, Psalms II 331) von 91,5 erinnert an die auf 97a im Bild dargestellten und im Text erwähnten grausigen Gestalten. Der Wolf oder Hund (97a unten) läßt einen auch an die heulenden, von Dämonen besessenen Straßenhunde von 59,7 und 15 denken. Der «Pfeil, der am Tage fliegt», dürfte einen Krankheit bringenden Pfeil (vgl. 38,3) des zum Dämon depotenzierten Kriegs- und Pestgottes Reschef, des «Herrn des Pfeiles» (vgl. 76,4; 300–303) bezeichnen. «Deber» und «Qeteb» sind Krankheitsnamen. Nicht nur bei den Götter-, sondern auch bei den Dämonennamen scheinen sich die Appellative im kanaanäischen Raum besonders zäh gehalten zu haben (vgl. Gese, Die Religionen Altsyriens 180).

Von 91,5f abgesehen erscheinen in den Pss nicht bösartige naturhafte Mächte als Feinde des Einzelnen, sondern ganz gewöhnliche Menschen. Die Welt als Ganzes stammt von Jahwe, ist gut und was sich darin an Heil und Unheil ereignet, wird vom Menschen oder von Jahwe veranlaßt (vgl. Am 3,6). Da dem Israeliten im Kampf gegen seine Feinde die Magie verwehrt ist, wendet er sich mit der ganzen Schwere seiner Not an Jahwe. Dabei versucht der Beter zunehmend stärker, Jahwe zu zeigen, daß seine Feinde Schuldige (*rš°jm*), notorisch Schuldige, ja Verbrecher sind, die Jahwe, ebenso wie der Beter, hassen muß. Ihr gewalttätiges und skrupelloses Handeln nährt im Beter die Überzeugung, daß sie unter der innerlich fest akzeptierten Auffassung leben, daß da kein Gott sei. Dieses «Feindbild» zeigt, daß die Psalmenbeter ihr Ideal im Wahren der Ordnung Jahwes und in der Glaubensgemeinschaft mit ihm gesehen haben. Die dazu kontrastierenden Gegner sind Leute, die brutal und rücksichtslos auf Reichtum und Macht aus sind. Ihr Treiben weckt den Verdacht, es gebe keinen richtenden Gott. Die Schilderungen der Pss statten sie mit geradezu dämonischen Zügen aus. Sie nehmen weitgehend den Platz ein, den in mesopotamischen Gebeten Dämonen und Zauberer innehaben.

98. (links) Seit ältester Zeit hat man Dämonen gern mit Zügen des Löwen ausgestattet.

99. (rechts) «Gib nicht das Leben deiner Taube dem Getier preis!» (74,19).

100. «... er lauert wie ein Löwe im Dickicht...» (10,9a; vgl. 17,12b).

b. Tiervergleiche

Seit ältester Zeit tragen Dämonen besonders gern Löwengestalt (*94* und *98;* vgl. auch *95* 2. und 3. von links). Immer wieder werden die Gegner der Psalmisten mit *Löwen* verglichen (7,3; vgl. Keel, Feinde 201). Wie Löwen liegen sie auf der Lauer *(100)*, und plötzlich fallen sie den Ahnungslosen an (10,9f 17,12; vgl. *100* bis *102*). Seine gewaltigen Pranken *(102;* vgl.*98)* veranschaulichen das schonungslose unwiderstehliche Zupacken der Tyrannen (7,3 10,10), der aufgerissene Rachen ihre gefährliche unersättliche Gier (17,12 22, 14-22 58,7; *165*), das schreckliche Gebrüll ihren unbezwinglichen Stolz (22,14 35,17; *103*). Man empfand vor dem Löwen aber nicht nur Grauen und hat deshalb Dämonen mit seinen Zügen ausgestattet, sondern man hat ihn auch bewundert, wie die Dekoration von Kämmen und Siegeln mit seinem Bild zeigt (ANEP Nr. 67, 276). Oft diente er dazu, die Siegermacht darzustellen *(102f;* vgl. *135).* Was vom Löwen

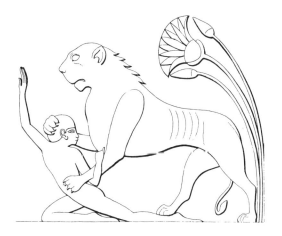

101. «... er kauert sich nieder und durch seine Pranken fällt der Schwache» (10,10).

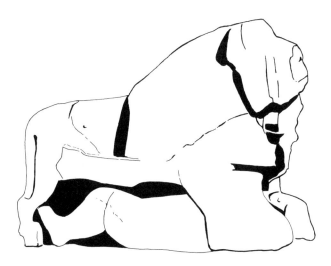

102. «... rette mich, damit er nicht wie ein Löwe mein Leben zerfleischt, zerreißt und keiner da ist, der rettet» (7,2f).

gilt, gilt auch für den mit ihm verglichenen skrupellosen *rāšā'*. Einerseits graut einem vor ihm, andererseits findet er, da ihm der Erfolg nicht versagt bleibt, auch immer wieder Bewunderer (73,2-12).

Wie der Löwe kann auch der *Stier* mit seiner Angriffslust *(104)* den siegreichen Herrscher darstellen, der seine Feinde niedertritt *(105;* vgl. Keel, Feinde 73). Seine Hörner sind ein im AO weit verbreitetes Symbol der Macht (vgl. 75,5.6.11 92,11 usw.). Die mesopotamischen Götter tragen als Kopfbedeckung Hörnerkappen, bei denen bis zu vier Paar Hörner übereinandergeschichtet sind *(390)*. Einzelne Züge des Stiers dienen aber auch zur Veranschaulichung der manchen bösen Dämonen zugeschriebenen gewaltigen Kräfte (vgl.95). Beides ist im Auge zu behalten, wenn der Beter von 22 (vv 13 und 22) seine Gegner mit Stieren vergleicht, wobei der Wildstier in v 22 vielleicht eine Steigerung gegenüber dem einfachen «Stier» (v 13) darstellt (vgl. Meißner, Jagden 6).

Die Ambivalenz, die dem Löwen und dem Stier eignet, findet sich noch viel ausgeprägter bei der *Schlange*. Sie vereinigt in sich die vielfältigsten und widersprüchlichsten Bedeutungen. So erscheint sie in Ägypten als Schutzherrin Re's *(55)* und des Königs *(356)*, als Heilgottheit (Mertseger), aber auch als die Verkörperung des Urbösen (Apophis; vgl. 55). In den Pss ist vor allem von ihrem Gift die Rede (58,5 91,13 140,4), das sie (bis heute) zu einem der gefürchtetsten Tiere macht. *106* zeigt zwei Männer, die von Schlangen gebissen werden. Hilfesuchend streckt ein dritter die Hände zum Himmel. Und da ein Unglück selten allein kommt, erscheint von rechts drohend eine Löwin.

103. Könige werden in einer kühnen Metapher nicht selten als Löwen dargestellt *(102, 135, 163)*. Im ägyptischen Neuen Reich wird der Pharao oft – weniger kühn – einem Löwen *verglichen*, indem man das Bild eines Löwen neben das des triumphierenden Königs setzt. Das neue Sinnbild dürfte auf die Gepflogenheit gewisser Könige (z. B. Ramses II.) zurückzuführen sein, sich von einem zahmen Löwen begleiten zu lassen.

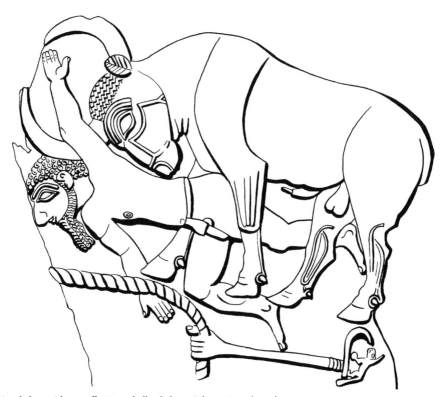

105. «Viele Stiere haben mich umstellt, Basansbullen haben mich umringt» (22,13).

104. «Rette mich… vor den Hörnern der Wildstiere!» (22,22).

108. «Entreiße… mein Einziges der Gewalt des Hundes!» (22,21).

Die Ambivalenz, die dem Löwen, dem Wildstier und der Schlange eignet, fehlt beim *Hund* weitgehend. Besonders die halbwilden Pariahunde, die man noch heute im Nahen Osten rudelweise an den Dorfrändern herumlungern sieht (vgl. 59, 7.15) galten oft als von Dämonen besessen (vgl. 97a unten). Der babylonische Aludämon streift nachts wie ein Hund durch die Straßen, und die bösen «Sieben» bellen wie eine Hundemeute (Weber, Beschwörung 11). In einem ägyptischen Sargtext fleht der Tote zu Re-Atum, ihn zu erretten vor dem Dämon mit dem Hundekopf, der von Leichen lebt (Roeder, Urkunden 245). Wenn die Gegner des Beters in irgendeinem Ps dämonische Züge tragen, dann in 59, wo sie zweimal mit diesen Pariahunden verglichen werden (vv 7.15). In 22 dürfte eher als an Straßen- an Jagdhunde gedacht sein. Die Verwendung von Jagdhunden in Palästina wird durch die Sinuhegeschichte schon für den Anfang des 2. Jt. v. Chr. bezeugt (AOT 57). Wie sehr die Jagdhunde geschätzt wurden, zeigt ihre Darstellung auf Jagdszenen aus Assyrien (107), Palästina-Syrien (Dalman, AuS VI 334) und Ägypten (108). Eigenartig ist ihr Einsatz im Krieg auf Taf. XVII.

Wie verschieden Löwe, Stier, Schlange und Hund, mit denen der Psalmist seine Widersacher vergleicht, in mancher Hinsicht eingeschätzt wurden, so war doch allen gemeinsam, daß sie dem Leben des Menschen gefährlich werden konnten und es auch immer wieder wurden. Für Löwe und Schlange braucht das nicht eigens nachgewiesen zu werden. In bezug auf den Stier sagt (von 104 und 105 abgesehen) ein sumerisches Sprichwort: «Als ich dem Wildstier entkommen war, stand ich vor der Wildkuh» (Kramer, History 125; vgl. Ex 21,29). Von einer schweren Hundeplage berichtet ein ägyptischer Beamter in einem Brief (Erman, Literatur 259). Die Gesetze von Eschnunna rechnen mit Hunden, die einen Menschen so beißen können, daß er stirbt (Haase, Rechtssammlungen 16).

Die Tiervergleiche unterstreichen einen Zug der Frevler und Gottlosen (*rš'jm*), der auch sonst auffällt: Sie wollen vom Beter nicht etwa sein Hab und Gut, sie wollen ihm nicht sein Amt oder irgend etwas anderes rauben, sie wollen ausschließ-

106. «Sie haben ein Gift wie Schlangengift,
    sie sind wie die taube Kobra, die ihr Ohr verschließt» (58,8).

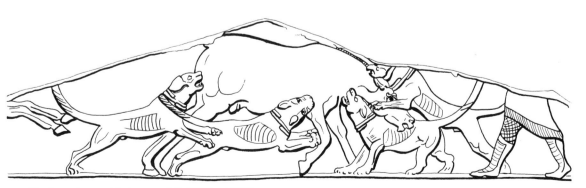

107. «Hunde umringen mich» (22,17; vgl. Taf. XVI und XVII).

lich sein Leben (10,8 14,4 37, 14 94,6). Daß die Tiervergleiche auch die ambivalente, zugleich imposant-königliche (Löwe, Stier; vgl. 73,3–12) und dämonisch-mörderische (Löwe, Schlange, Hund) Art der Widersacher veranschaulichen, ist bereits betont worden.

Eigenartig ist, daß bei den Tiervergleichen der Pss der *Bär* ganz fehlt. Er gilt sonst als ebenso gefährlich wie der Löwe (2 Kg 2,24 Spr 17,12) und wird im AT häufig mit dem Löwen zusammen genannt (1 Sm 13,34–37 Spr 28,15 Jes 11,7 Hos 13,8 Am 5, 19 Klgl 3, 10). Er war in Syrien-Palästina stark verbreitet und ist den Ägyptern auf ihren Kriegszügen nach Syrien wegen seiner Gefährlichkeit aufgefallen *(109)*. Das gänzliche Fehlen in den Pss mag Zufall sein, aber wahrscheinlich steckt doch mehr dahinter. Die Pss bewegen sich stärker als andere atl Bücher in einer gemein-altorientalischen Vorstellungs- und Formenwelt. Da der Bär in den flachen Flußtälern Mesopotamiens und Ägyptens fehlt, fehlt er auch in ihren Dämonenschilderungen und Königsvergleichen. Vielleicht ist das der Grund für sein Fehlen in den Tiervergleichen der Pss (vgl. Keel, Feinde 202).

c. Vergleiche aus dem Jagdleben

Die Jagd wurde im AO eifrig und mit vielen Mitteln betrieben. Von Fanggruben, in die das Opfer ähnlich wie in eine Zisterne hinunterstürzt und gefangen ist, wie von der Jagd mit Hunden war bereits die Rede (S.62f, 76f).

Die enge Verbindung von Netz und Fanggrube in 9,16f 35,7f 57,7 läßt vermuten, daß man die Grube mit einem getarnten Netz überdeckt hat, in das sich das Opfer beim Hinunterstürzen verwickelte. In der alten sumerischen Sprache wird das Jagen durch das Zeichen ⏛ ausgedrückt, das das Bild eines umschlossenen Raumes darstellt und ursprünglich «umgeben» bedeutet. Schon durch die Wahl dieses Zeichens erkennt man, daß die Jagd ursprünglich durch Einfangen mit Netzen oder Gruben betrieben wurde (Meißner, Jagden 8). Diese Art der Jagd war so verbreitet, daß in der ältesten Zeit die mesopotamischen Könige, die Kriegs- als Jagdszenen beschreiben, die Gefangennahme von Feinden als erfolgreichen Wurf mit dem Jagdnetz darstellen. Über einen militärischen Erfolg gegenüber den Einwohnern der Stadt Umma berichtet Eannatum: «Über die Leute von Umma habe ich, Eannatum, das große Netz des Gottes Enlil geworfen.» In der dazugehörigen bildlichen Darstellung *(110)* sieht man den mit Enlil identifizierten Stadtgott von Lagasch, Ningirsu, wie er in der Linken ein gewaltiges Netz hält (vgl. Meißner, ebd.). Die Feinde, die im Netz zappeln, sind dem Tod verfallen. Das zeigen der löwenköpfige Totenvogel Imdugud, der das Netz abschließt (vgl. *164*) und die Keule, mit der der Gott auf die Feinde im Netz einschlägt. J.G.Heintz (Le filet divin) möchte, von diesem Bilde ausgehend, *ḥrm* «Netz» und *ḥrm* «Bann» zusammenbringen. Auf *111* wird die absolute Herrschaft der Götter und des Pharao durch das Netz dargestellt, das diese über allem zusammenziehen, was da auf der Erde (das an den beiden Enden verdickte Band; vgl. *20*) lebt, über den Fischen und Vögeln, über den wilden (Gazellen und Hirsche) und den Haustieren (Stiere) und über den Menschen.

Wo in den Pss auf die Jagd angespielt wird, handelt es sich fast ausnahmslos um Jagd mit Gruben, Fallen, Netzen und Schlingen. Stärker als im offenen Kampf mit der Lanze oder in der Verfolgungsjagd, die etwas von einem Wettlauf zwischen Mensch und Tier an sich hat, kommt in diesen Jagdarten die überlegene List des Menschen zum Ausdruck, gegen die aufzukommen das Tier nicht die geringste Chance hat. Es ist eine Götterwaffe *(110* und *111)*. Netze und Schlingen spielen eine große Rolle in der Magie (Ez 13,17–21) (Keel, Feinde 196). Wo sie sichtbar werden, verbreiten sie Unsicherheit, Angst und plötzliches unentrinnbares Verhängnis. Immer wieder wird in den Pss betont, daß die Gegner dem Beter Fallen, Klappnetze und Zugnetze *verborgen* haben (9,16, 31,5 35,7f 64,6 140,6 142,4).

mōqēš und *paḥ* bezeichnen hauptsächlich das zum Vogelfang verwendete Klappnetz *(112)*. Links ist die offene Falle sichtbar, rechts die geschlossene mit einem Vogel, der sich durch den Köder anlocken ließ. Dank der in Saqqara gefundenen Reste einer solchen Falle gelang es Grdseloff (Zum Vogelfang), den Mechanismus der Falle genau zu erklären (vgl. auch Vandier, Manuel V 307–313). Da er recht kompliziert ist,

109. Der Bär kommt in den Pss nicht vor. Das ist auffällig, da er im AT sonst häufig mit dem Löwen zusammen als besonders gefährliches Tier genannt wird. Die Gefährlichkeit des syrischen Bären war, wie das Bild zeigt, auch den Ägyptern bekannt.

110. Jahwe über Zidqija:
 «Ich breite mein Netz über ihn aus, und er wird in meinem Jagdgarn gefangen,
 ... um seiner Untreue willen, die er an mir geübt hat» (Ez 17,20, vgl. 12, 13, 19,8, 32,2).
Das Netz ist Symbol unbeschränkter Souveränität und Verfügungsgewalt und letztlich der Weltherrschaft (vgl. SAHG 230 und Prinz, Altorientalische Symbolik 135).

111. «Du (Gott) machst die Menschen wie Fische im Meer, dem Gewimmel gleich, dem der Herrscher fehlt...
 Er (Necho? Nebukadnezar?) schleift sie mit seinem Netze fort, er fängt sie mit seinem Garn.
 Deshalb frohlockt er und jubelt!» (Hab 1,14f).
Mit diesen Worten beschreibt Habakuk die Tyrannei des Pharao Necho, der von 609–606 kurze Zeit über Palästina-Syrien herrschte (Horst, Habakuk 168) oder die Nebukadnezars, der Necho in dieser ablöste (Elliger, Habakuk 24).

112. «Ihr ‹Tisch› vor ihnen werde zum Klappnetz, ihr Opfergelage zum Stellholz» (69,23).
Zum ‹Tisch› als einer ausgelegten Matte vgl. 76.
«Bewahre mich vor den Armen des Klappnetzes, das man mir ausgelegt hat» (141,9).
«Springt ein Klappnetz vom Boden hoch, ohne einen Fang zu tun?» (Am 3,5b).

kann hier nicht näher darauf eingegangen werden. Einige Hinweise auf Einzelheiten, die für das Verständnis der Pss wichtig sind, müssen genügen. Unter den «Armen der Falle» (141,9) dürften die beiden Bügel, die das Netz halten, zu verstehen sein. Diese steigen hoch (Am 3,5b), wenn die Falle zuschnappt. Da das Holz (Stellholz) von 112 der Form nach einem Wurfholz gleicht (vgl. 120), ist es vielleicht von daher zu verstehen, daß *mōqēš* einerseits das Wurfholz (Am 3,5a), andererseits das Stellholz und (im Sinne einer pars pro toto) das Klappnetz als ganzes bedeuten kann (vgl. Driver, Hebräisch *Môqēš*). Die Form der Falle von 112 erklärt auch den eigenartigen Fluch in 69,23: «Möge ihr Tisch vor ihnen zum Klappnetz *(paḥ)* werden und ihr Heilopfer zum Stellholz *(mōqēš)*.» Der aus einer ausgebreiteten Matte bestehende «Tisch» konnte wohl mit einer offenen Falle, wie sie 112 zeigt, und die darauf gestellten Speisen mit dem den Köder haltenden Stellholz verglichen werden (vgl. Vogt, Ihr Tisch). So wie ein Riegel zerbrechen kann (Am 1,5), kann dies auch *eine solche* Falle (124,7; gegen Dalman AuS VI 338).

Dennoch liegt es nahe, anzunehmen, daß wie heute (113 und 114; Dalman AuS VI 320–324 und Abb. 60–62) schon damals allerhand lokale Spielformen der von ihrer Beute ausgelösten, relativ kleinen Klappfallen im Gebrauch waren, die alle *paḥ* (resp. *mōqēš*) hießen, wie sie heute im Arabischen *faḫḫ* heißen.

Das gleiche dürfte für das größere Netz (*rešet* von der Wurzel *jrš* «niederwerfen, unterwerfen, in Besitz nehmen») gelten. Nach 10,9 muß es zugezogen werden. Das läßt an eine dem in Ägypten sehr oft dargestellten hexagonalen Netz verwandte Einrichtung denken (115). Ein ähnliches Netz wurde zur Zeit Dalmans noch in Nordgaliläa verwendet (116). Die enge Verwandtschaft zwischen beiden zeigt die Rekonstruktion des altägyptischen Netzes durch Montet (117). Das Netz wurde, wie 115 zeigt, in einer Lücke in einem sonst mit dichter Vegetation bestandenen Gelände aufgestellt. Oft schirmte eine zusätzlich aus Schilf und Papyrus errichtete Wand die Fänger vor dem Blick der Vögel. Hinter dieser Wand lauerte der Anführer des Unternehmens. Sobald sich eine Menge

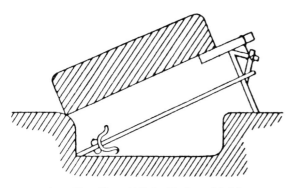

113. Moderne Klappfalle aus Palästina (Grube und Stein).

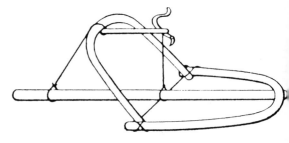

114. Moderne Klappfalle aus Palästina (Holzrahmen mit Netz).

115. «Er lauert darauf, den Armen zu fangen, er bekommt den Armen in seine Gewalt, indem er sein Netz zuzieht» (10,9b).
«Führe mich aus dem Netz heraus, das sie mir verborgen haben» (31,5; vgl. 35,7).

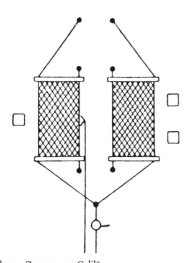

116. Modernes Zugnetz aus Galiläa.

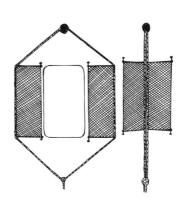

117. Rekonstruktion eines ägyptischen Zugnetzes nach P. Montet.

Vögel, vom Köder angelockt, zwischen den beiden Flügeln des Netzes niedergelassen hatte, gab er seinen weiter abseits stehenden Kollegen ein Zeichen, und diese begannen kräftig zu ziehen. Da man sich im *rešet* auch mit den Füßen verfangen kann (25,15 31,5), wird es nebst dem erwähnten Zugnetz auch ein in geringem Abstand vom Boden oder über einer Grube ausgespanntes und getarntes Netz bezeichnet haben, aus dem sich die Tiere mit einigem Glück befreien konnten, wenn die Jäger nicht gleich da waren und das Netz über ihrer Beute zusammenwarfen oder sie töteten.

Als eine weitere Art von Netz erscheint *mikmār* (von *kmr* «umgarnen»). Es dürfte das vertikal aufgestellte Netz sein, in das die Beute hineingetrieben wird. Es wurde in Ägypten, von Männern hochgehalten, zum Wachtelfang verwendet *(118)*, diente aber, wie Jes 51,20 und *119* zeigen, zum Fang größerer Tiere und erscheint in den Pss nur einmal (141,10).

118. «Am Weg entlang breiten sie ein Netz aus» (140,6).

Die Beter vergleichen sich in der Regel, um das Erbarmen Jahwes zu wecken, mit wehrlosen kleinen Vögeln (11,1 102,8 124,7). Zudem gehört das Stellnetz einem andern Typ von Jagd zu als jener, die mit heimtückischen Fallen und Gruben betrieben wird. Die auf 119 dargestellte Hirschjagd ist eine große Hetzjagd in gebirgigem Gelände. Die Psalmisten aber vergleichen die Machenschaften ihrer Gegner nicht mit einem solch aufwendigen Unternehmen. Mitten in einer scheinbar friedlichen Landschaft klappt plötzlich die Falle zu, sieht man sich plötzlich in einer ausweglosen Situation.

Bei den Stricken, die in 119,61 und evtl. 140,6 genannt werden und mit denen auch der Tod auf Fang aus ist (18,5f

116,3), dürfte es sich um versteckt angebrachte Schlingen handeln. Die Schlinge war schon im Palästina der prähistorischen Zeit ein weitverbreitetes und beliebtes Jagdinstrument (119a).

Im Gegensatz zu den heimtückischen Schlingen wird das Lasso in den Pss nicht erwähnt. Es wird meist erst nach einer langen wilden Hetzjagd geworfen (vgl. ANEP Nr. 186, Erman/Ranke, Ägypten 274).

Hingegen ist es möglich, daß *mōqēš* gelegentlich wie bei Am 3,5a auch in den Pss das Wurfholz bedeutet (z.B. 141,9), das unversehens in einen ahnungslosen Vogelschwarm hineinfährt. *120* zeigt einen Ägypter auf einem Papyrusboot, der im Begriff ist, ein solches zu schleudern. Ein anderes hat eben einem der langhalsigen Wasservögel das Genick gebrochen. Da die Reiher, die der Jäger hält, leben, dürften sie eher Lockvögel als eine erste Beute darstellen (gegen Vandier, Manuel IV 747).

Von viel allgemeinerem Gebrauch als das Wurfholz sind im AO Bogen und Pfeil. Besonders in waldigem Gebiet schleicht sich der Jäger an seine Beute heran, um sie im günstigen Moment aus dem Hinterhalt mit einem Pfeil zur Strecke zu bringen *(121)*. Auch dieses Verfahren ist geeignet, das heimtückische, unberechenbare Verhalten der *rš'jm* zu charakterisieren (11,2 64,4f).

Der Pfeilbogen ist nicht nur eine Waffe des Jägers, sondern auch des Kriegers. Oft ist nicht sicher zu entscheiden, ob der

119a. «Die Stolzen versteckten mir Schlingen» (140,6a).

119. «Deine Söhne lagen in Ohnmacht da, wie Wild im Stellnetz» (Jes 51,20).

120. «Fällt ein Vogel auf die Erde, und es hat ihn kein Wurfholz getroffen?» (Am 3,5a).

Psalmist an das eine oder das andere denkt (37,14 64,4f). Manchmal individualisiert der Beter die Situation des von Fremdmächten überfallenen Volkes (3,7 27,3) und ruft Jahwe zum Heiligen Krieg gegen seine Gegner auf (35,1–3). (Zu diesen Bildern vgl. II. 3 und IV. 3.)

Die Jagdbilder der individuellen Klagelieder lassen erkennen, daß es sich nicht um offene Kämpfe handelt, sondern der Beter in Auseinandersetzungen steht, die heimlich und mit hinterlistigen Mitteln geführt werden, über die jene Kreise in reichem Maß verfügen, die durch die Tiervergleiche als königlich mächtig und dämonisch skrupellos charakterisiert werden. Sie beeinträchtigen wie die Mächte, die im Exkurs zu Kp. IV vorgeführt werden, die gerechte Herrschaft Gottes, erschüttern das Vertrauen des Beters und drohen, ihn von Gott zu trennen und dem Tode anheimzugeben, oder, was noch schimmer wäre, ihn auf ihre Seite zu ziehen (125,3).

121. «Wie könnt ihr zu mir sagen: Flieh in die Berge wie ein Vogel! Siehe, die Frevler spannen den Bogen, sie legen ihre Pfeile auf die Sehne» (11,1f).

d. Vergänglichkeit und Haltlosigkeit der rĕschāʿīm

Solange der Beter seine Widersacher anstarrt, fühlt er sich hilflos und ausgeliefert. Wenn es ihm aber gelingt, sich aus Angst und Verzweiflung und dem daraus resultierenden «Fluchen» loszureißen und sich Jahwe zuzuwenden, ändert sich alles. Vor Jahwe hat nur das Bestand, was seinem heiligen Willen entspricht. Im Kult kann dem Beter schlagartig die letzte Haltlosigkeit der selbstsichern Gottlosen offenbar werden (73,17). Ihre Vergänglichkeit und Haltlosigkeit kündet sich schon darin an, daß sie keinen Vertrag und keinen Bund halten (55,21; vgl. 41,10). Bündnisse und Verträge wurden vor der Gottheit geschlossen *(122)*. Die beiden Männer haben die Vertragsurkunden vor sich auf einem Tischchen liegen. Die kleine Stele dürfte in einem Tempel gestanden und dort die Gottheit an den Vertragsabschluß und die von ihr übernommenen Garantien erinnert haben. Auf *124* schwört der für die Landvermessung zuständige Beamte, der das Uaszepter, ein Zeichen der Stärke und der Festigkeit (vgl. *19*), in der Hand hält: «So wahr der große Gott im Himmel dauert, dieser Grenzstein steht am richtigen Ort ... Er sei wie der Himmel fest hingestellt.» Die Landvermessung ist die einzige Gelegenheit, bei der das Götterzepter in Menschenhand erscheint. Es signalisiert ein einzigartiges Engagement der Götter.
Wer keinen Meineid schwört und seinen Schwur unter allen Bedingungen aufrechterhält, der empfängt Segen und wankt nicht (15,4f 24,1). Wessen Rechte aber (mit der Rechten gab man den Handschlag; *123*) «eine Rechte des Trugs» ist (144, 8.11; vgl. dagegen 44,18), hat keinen Bestand und derjenige, dessen Wort nichtig ist (5,7.10 10,7 12,3 17,1 u.a.), den wird Jahwe vernichten (5,7 12,4 u.a). Gott selber fordert, da er bei jeder Gelegenheit als Zeuge und Garant angerufen wurde, das gegebene Wort ein.
Wo immer menschliche Sicherungsmittel versagten und doch Sicherheit bestehen sollte, und das war im AO oft der Fall,

122. «Er hat seinen Bund gebrochen...
Gott stoße ihn in die Grube der Verwesung hinab» (55,21.24).

wurde Gott ins Spiel gebracht. Man hat geschworen und geflucht.
Beide Maßnahmen sind Ausdruck menschlicher Ohnmacht (zum Fluch vgl. Spr 11,26 29,24 30,10; vgl. 73). Das ist auch bei den Flüchen oder richtiger Vernichtungsgebeten in den Pss zu beachten. Sie sind nicht in erster Linie Ausdruck bösartiger Rachsucht, sondern schrecklicher Angst (55,5f), der der Beter wehrlos ausgeliefert ist (v 7ff) und auf deren Ursache er Gottes Vernichtung herabruft (v 10). Die Angst, die den Beter quält, schreit aus den Schilderungen des erbarmungslos heimtückischen, unversöhnlich grausamen Treibens der Feinde und Frevler. Und in der Regel sind es solche Schilderungen, die von Vernichtungswünschen gefolgt wer-

123. «Ihr Mund spricht Nichtiges, und ihre Rechte ist eine Rechte des Trugs» (144,8.11).

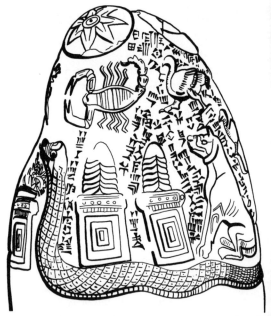

124. «Wer nicht trügerisch schwört,
 der wird von Jahwe Segen empfangen» (24,4f).
 «Wer zu seinem Schaden geschworen hat
 und es nicht ändert...
 der wird niemals wanken» (15,4f).

125. Urkunde einer Landabtretung in Form eines Grenzsteins (Kudurru). Der Stein ist beschrieben mit Flüchen, die denjenigen treffen sollen, der den Vertrag verletzt, und übersät mit den (gefährlichen) Symbolen der Götter, die die Garantie für den Vertrag übernommen haben.

126. In welchem Sinn die Götter ihre Funktion als Eidgaranten wahrnehmen konnten, zeigt Ps 121, der unnötige Ängste ausredet:
 «Tags wird dich die Sonne nicht schlagen und nachts nicht der Mond.
 Jahwe wird dich vor allem Unheil bewahren, er wird dein Leben bewahren» (121,6f).

den (5,10f 17,14 28,3f 56,6–8 58,3–10 u.a). Diese sind den Flüchen auf den mittelbabylonischen «Grenzsteinen» (Kudurrus) recht ähnlich (Steinmetzer, Babylonische Parallelen). Bei diesen Grenzsteinen *(41, 125, 126)* handelt es sich in Wirklichkeit um offizielle Landbelehnungs- oder Schenkungsurkunden in der Form von Grenzsteinen. Auf diesen wird der Angst, die Landübertragung könnte einmal angefochten werden, durch eine Reihe von Vernichtungswünschen begegnet. «Wenn irgend einmal in späterer Zeit einer... sagen wird: ‹Das Land wurde nicht verschenkt! ... Es wurde kein Siegel gesiegelt!› ... oder wenn einer seine Grenze oder seinen Grenzstein verrückt, ... dann sollen alle Götter, die auf diesem Stein sind und alle, deren Namen erwähnt sind, ihn mit einem Fluche verfluchen, der nicht gelöst werden kann... Anu und Enlil (*125*, Hörnerkronen auf Kultsockeln), die großen Götter... sollen seine Nachkommenschaft vernichten (vgl. 69,26 109,12f)... Sin (*126*, Mondsichel), der in den lichten Himmeln wohnt, soll seinen Leib wie mit einem Kleid mit Lepra (?) bekleiden (vgl. 35,26 69,24), Schamasch (*126*, Sonnenscheibe mit welligen Strahlenbündeln), der Richter, ... der größte des Himmels und der Erde, verordne die Zurückweisung seines Rechts(anspruchs) (vgl.69,28f 109,7a)...!» (King, Babylonian Boundary Stones 47; zur Identifikation der Symbole vgl. Seidl, Kudurru Reliefs.) Zahllose solche und ähnliche Vernichtungswünsche wurden im alten Israel und im Zweistromland laut. Früher oder später mußten sie an dem wirksam werden, der die Grenzen verrückte oder sonst in einer Form das Recht verletzte. Auf den Kudurrus *(125* und *126)* sind neben den Astralsymbolen (Sonne, Mond, Ischtarstern) und den abstrakten Ideogrammen (Hörnerkrone, Spaten) der großen Götter häufig gefährliche Tiere wie Hund, Schlange und Skorpion zu sehen. Besonders die beiden letzteren fehlen kaum auf einem der über 100 bekannten Kudurrus (Seidl, Kudurru-Reliefs 154–157). Das ist auffällig, da beide Symboltiere eher als unbedeutendere Gottheiten zu gelten haben (Natter = Sataran; Skorpion = Ischchara). Diese wurden in besonderem Maß als Eidgaranten verstanden. Zu dieser Auffassung mag die Gefährlichkeit ihrer Symboltiere nicht wenig beigetragen haben. Denn man konnte sich leicht wünschen und denken, daß Schlangen und Skorpione mit ihrem Biß oder ihrem Stich besonders den Frevler heimsuchen. Und diese nahe und tödliche Heimsuchung mochte man mehr fürchten als das Gericht der fernen Astralgötter (121,6). Die Pss betonen: Wer auf Jahwe vertraut, braucht sich weder vor der Sonne noch vor dem Mond zu fürchten (121,6). Schlangen und Löwen können ihm nichts anhaben (91,13). Frevler und Gottlose sind in den Pss aber wenn möglich noch stärker gefährdet als in Mesopotamien. Sie haben keinen Bestand (1,4–6 9,4.16f 14,5 34,22 37,13.15.17.20f 28.34ff). Ihre eigenen Untaten vernichten sie, oder das Gericht Gottes bereitet ihrem Treiben ein Ende (37,22 11,5f 26,9 28,3 u.a.). Sie mögen sich noch so ungeheuer anstrengen und temporäre Erfolge buchen, Gott wird ihr Werk auf die Dauer nicht gelingen lassen.

So schildert etwa 129 anschaulich das Bemühen der *rš'jm* und seine Erfolglosigkeit. Sie haben das Volk geschunden wie ein Zugtier, dessen Rücken von den Zugseilen und Peitschenhieben ebenso zerfurcht ist wie ein gepflügter Acker *(127)*. Aber Jahwe hat die Stricke zerhauen und das geschundene Tier freigelassen (129,3f).

Oft wird in den Pss der Mißerfolg der Frevler, wie angedeutet, nicht auf ein gewaltsames Eingreifen Jahwes zurückgeführt, sondern als Wirken einer der Schöpfung von Gott eingestifteten Ordnung gesehen. Das Unheil, das vom Frevler ausgeht, schafft eine schicksalwirkende Tatsphäre (Koch, Gibt es ein Vergeltungsdogma?), die sich zuletzt gegen den Frevler wendet (7,17 34,22 37,15). Dieser Glaube verbindet sich mit allerhand weisheitlichen Beobachtungen und Überlegungen. Da die Frevler wie das spärliche Gras auf den lehmverputzten Flachdächern keine rechten Wurzeln haben, bleibt ihr Leben ohne Frucht (129,6). Es gibt nichts einzuheimsen *(128)*. Beim Worfeln *(129)* verfliegen sie wie die Spreu (1,4 35,5). Es ist von ihnen keine Spur mehr zu finden. Die Gerechten fallen hingegen wie schwere Körner zu Boden und

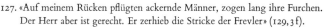

127. «Auf meinem Rücken pflügten ackernde Männer, zogen lang ihre Furchen. Der Herr aber ist gerecht. Er zerhieb die Stricke der Frevler» (129,3f).

128. Mit dem, was die Frevler hervorbringen,
«kann sich der Schnitter die Hand nicht füllen, noch der Ährensammler den Bausch seines Kleides» (129,7).

129. Die Frevler sind «wie die Spreu, die der Wind verweht» (1,4; vgl. 35,5).

an ihren Platz zurück. Man spürt bei solchen Gedankengängen etwas vom Gewicht des bäuerlichen Lebens im AO. Der Ägypter wollte auch im Jenseits nicht darauf verzichten und hat es in seinen Gräbern hundertfach darstellen lassen (129). Ja, er hat sich auch das Leben im Jenseits nicht ohne Ackerbau vorstellen können (127–128). In feierlichen Kleidern arbeiten da die Toten auf den wunderbar ertragreichen Feldern.

Vom Ackerbau her wußte man: Pflanzen ohne Wasser und gutes Erdreich können nicht gedeihen. Ein schlechter Baum kann keine guten Früchte bringen. Aber solche Gesetzlichkeiten wurden nie von ihrem Urheber losgelöst gesehen. Gott wacht unablässig über die von ihm gesetzte Ordnung. Wie er den Menschen trägt, der sich ihr unterwirft, so vernichtet auch er den Menschen, der sie verletzt, denn die Himmel und Erde durchwaltende Ordnung ist nichts anderes als das Wollen und Wirken Jahwes, der alles bestimmt. Die auf den Kudurrus abgebildeten Mächte sind auch für Israel nicht einfach Natur. Sie sind Jahwes Geschöpfe, die ihm gehorchen und die auf sein Geheiß den Frevler bedrängen (78,45f 105, 30f 34f; vgl. Pax, Studien zum Vergeltungsproblem).

3. Feinde des Volkes

Angesichts der Allkausalität Jahwes kann es nicht verwundern, daß er in den Volksklageliedern auch für den Einbruch feindlicher Heere verantwortlich gemacht wird. Es ist zwar in den Volksklagen (40 60 74 77 79 80 83 137 u.a.) gelegentlich von den Sünden des Volkes die Rede, die den Zorn Jahwes heraufbeschworen haben (79,8f 85,2–4), aber es kann auch energisch alle Schuld am Unglück bestritten werden (44,18–23, 80,19). Der Hauptteil der Klagelieder befaßt sich mit der Schilderung der Not (44,10–17 60,3–5 74,3–8 77,8–11 79,1–4 83,1–9), der Erinnerung an frühere Heilstaten Jahwes und der Bitte, auch diesmal zu helfen. Die Not besteht hauptsächlich darin, daß sich die Rechte Jahwes geändert hat (77,8–11), daß das Volk von ihm verlassen und verstoßen (44,10 60,3.12 74,1 89,39) und der Gewalttätigkeit (44,12 79,2f. 10f 83,5) und dem Spott der Feinde (44,14–17 79,4 89,42) preisgegeben wurde und zwar so, daß kein Ende abzusehen ist (74,9–11). Dabei wird geflissentlich betont, daß Gewalttätigkeit und Spott Jahwe ebenso treffen wie sein Volk. Sein Tempel ist zerstört worden (74,3–8 79,1), *sein* Name wird gelästert (74,18 79,10), *seine* Herde dahingeschlachtet (44,12f. 23), *sein* Weinberg verwüstet (80,9–14).

Um Gott zum Eingreifen zu bewegen, vergegenwärtigt man seine früheren Heilstaten. Mit solchen Vergegenwärtigungen sind mehr oder weniger explizite Bitten verbunden. Er soll sich dem Chaos überlegen zeigen wie in der Urzeit (74,12–17 89,9–13), er soll sich machtvoll erweisen, wie beim Auszug aus Ägypten (77,12–21), er soll die Völker vertreiben wie bei der Landnahme (44,2–4 80,9) und alle Bedränger machtvoll zurückschlagen wie in der Richterzeit (83,10–13; vgl. auch 44,5–9), er soll die Verheißungen wahr machen, durch die er seinem Volk eine Zukunft eröffnet hat (60,8–10 89,20–38), die jetzt so total gefährdet erscheint. Die expliziten Bitten sind meist ganz allgemein gehalten: Erwache! Steh auf! (44, 24), Hilf uns! (60,13), Räche das vergossene Blut deiner Knechte (79,10). Die Völker sollen erkennen, was für ein Gott Jahwe ist (83,19). Interessant ist, daß von einer Ausnahme, bei der die Katastrophe erst im Anzug ist (83) abgesehen, die Volksklagen diese stets als eingetreten schildern. Nirgends wird z.B. die Situation der Belagerung deutlich (vgl. dagegen Jes 37,16–20 und den Kontext). Meist scheint der Zustand der Erniedrigung schon eine ganze Zeit zu dauern (74,9–11). Nur der Anfang und dann vor allem das Ergebnis der Katastrophe werden geschildert. Es handelt sich bei den Volksklagen wohl um Texte, die über längere Zeit regelmäßig vorgetragen wurden.

Meist begann die Katastrophe mit einer Niederlage in einer Feldschlacht. Jahwe ist nicht mit dem Heer ausgezogen (60, 12) und hat es so vor dem Feind zurückweichen lassen (44, 11a). Das offene Land lag so zur Plünderung frei (44,11b). Auf dem ägyptischen Relief *130* befinden sich die Truppen einer kanaanäischen Stadt (Mutir) auf dem Rückzug (vgl. *245*). Der Hirte flieht mit dem Großvieh nicht in die Stadt, sondern in die Wälder (vgl. Ri 5,6f). Die Städte waren zu eng, um die Herden aufzunehmen. An die verlorene Feldschlacht (sofern eine solche überhaupt stattgefunden hatte) schloß sich die Belagerung der festen Städte an. In den Volksklagen ist davon nicht die Rede, denn die Belagerung war, wenn sie nicht ausnehmend lange dauerte, offenbar nicht das

130. «Du hast uns rückwärts gewendet vor dem Feind, so daß unsere Hasser sich Beute erraffen konnten» (44,11).

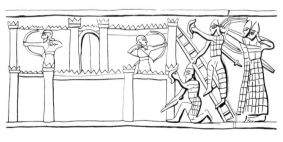

131. «Wenn ein Feldlager gegen mich lagert, mein Herz fürchtet sich nicht.
Wenn sich ein Kampf gegen mich erhebt, dennoch bleibe ich zuversichtlich» (27,3).

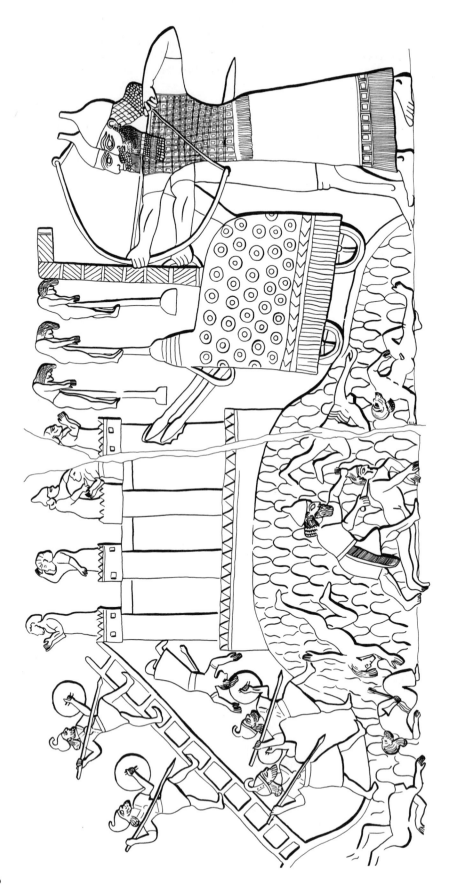

132. «Wie lange wollt ihr einen einzelnen Mann bestürmen, anrennen allesamt wie (gegen) eine sinkende Wand, eine stürzende Mauer» (62,4; Übersetzung von Kraus).

Schlimmste. Die Grausamkeit des Gegners konnte sich erst nach dem Fall austoben. Im Gegensatz zu den Volksklagen, wo das Motiv der Belagerung fehlt, verwenden es die Klagen des Einzelnen und die Vertrauenslieder relativ häufig. Sie war geeignet, die Ungewißheit und Angst, die den Einzelnen angesichts seiner hinterlistigen und heimtückischen Gegner befielen und das Vertrauen, das ihm die Gegenwart Jahwes einflößte, zu visualisieren (3,7 27,3 62,4).

Die Monumente der Ramessidenzeit und der neuassyrischen Könige haben uns eine große Menge von Belagerungsszenen bewahrt. Besonders auf den älteren Darstellungen der neuassyrischen Zeit *(131)* wird die Masse der Belagerer nicht durch eine große Anzahl Figuren dargestellt, sondern durch die proportionale Verkleinerung der Stadt und die Vergrößerung der Angreifer. In den späteren Darstellungen *(132)* ist die Disproportion in der Regel nicht mehr so kraß.

Die Stadt auf dem Hügel *(132)* wird von der einen Seite von einem offensichtlich wirkungsvoll arbeitenden Rammbock auf Rädern und einem Bogenschützen mit seinem Schildhalter bedrängt. Die letzteren sind übergroß in den «Vordergrund» gestellt. Von der linken Seite stürmen assyrische Soldaten mit Lanze und Schild die Festung. Links von der Fe-

132a. «Warum sollen die Völker sagen: Wo ist denn ihr Gott?» (115,2).
Der Eigenart des ägyptischen Königtums entsprechend (vgl. Kp V) spielt auf den ägyptischen Darstellungen der Erstürmung syro-palästinensischer Städte die Armee, wie hier, gar keine oder nur eine unbedeutende Rolle. Das vorliegende Relief stellt im Grunde nur eine durch die Stadt ergänzte Abwandlung des alten Sinnbilds vom Triumph des ägyptischen Königs über seine Feinde dar (vgl. *103, 395, 397–401, 417a*). Die Bewohner auf den Mauern der Stadt empfangen den Pharao wie einen Gott. Sie räuchern ihm (vgl. *162*), bieten ihm als Versöhnungsgaben selbst ihre Kinder an, und der Stadtfürst lobpreist ihn mit den Worten: «Ich glaube, daß da kein anderer wäre wie Baal, aber der König ist sein wahrer Sohn für ewig.» Die zerbrochenen Bogen deuten darauf hin, daß jeder Widerstand vor der göttlichen Erscheinung des Pharao sinnlos ist (46,10; vgl. *245, 328*).

Angesichts eines solchen Verständnisses von Krieg und Sieg konnte der Triumph einer feindlichen Macht zu einer schweren Anfechtung der altangestammten Religion werden.

133. Das Blut der Getreuen Jahwes «vergoß man wie Wasser rings um Jerusalem und keiner begrub sie» (79,3).

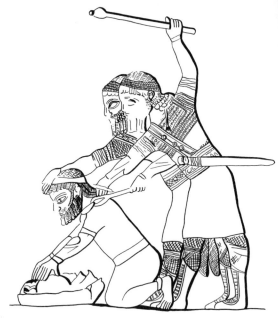

134. «Das Stöhnen der Gefangenen komme vor dich! Kraft deines mächtigen Arms erhalte die Todgeweihten (am Leben)» (79,11).

135. «Man gab die Leichen deiner Knechte den Vögeln des Himmels zum Fraß, das Fleisch deiner Getreuen dem Getier des Landes» (79,2).

136. «Du hast uns unter die Völker zerstreut. Du hast dein Volk ohne Gewinn verkauft. Du hast den Kaufpreis nicht hoch angesetzt» (44,12b., 13).

stung stürzt ein Verteidiger, von einem Pfeil getroffen, kopfvoran hinunter. Die Toten sind ihrer Kleider beraubt worden (vgl. 22,19). Im Mittelfeld schneidet ein assyrischer Krieger einer Leiche (oder einem Schwerverwundeten) den Kopf ab. Geköpfte Leichen sind links außen und links vom Rammbock zu sehen. Drei andere hat man gepfählt. Die Verteidiger sind dabei aufzugeben. Flehend halten sie ihre Hände empor oder (auf dem zweiten Turm von links) in einem Trauergestus an den Kopf. Auf dem zweiten Turm von rechts ist ein Assyrer dabei, einen Verteidiger, der um Gnade fleht, zu erdolchen.

Der ägyptischen Auffassung vom Königtum entsprechend sind die ägyptischen Belagerungsszenen grundsätzlich anders konzipiert (132a, vgl. Kp V).
Mit der Eroberung der Stadt waren die Besiegten der Willkür der Sieger ausgeliefert. Oft wurden große Teile der Bevölkerung während der Eroberung und unmittelbar darauf wahllos niedergemacht. Der Mann auf 133 trägt in der rechten Hand das Zweiglein der Schutzflehenden (vgl. die zweitoberste Reihe der «Fremdvölker» auf 34). Man hat die Besiegten wie Schlachtvieh geachtet (44,12a). Diejenigen, die man nicht erschlug, wurden gefangengesetzt. War man der Anführer des Widerstandes habhaft geworden, wurden sie meistens hingerichtet. 134 zeigt einen an Hals und Händen in Eisen gelegten elamitischen Fürsten, der von assyrischen Soldaten erschlagen wird. Besonders nach einem hart errungenen Sieg wurde stets viel Blut vergossen (79,3.10f 83,5). Die Leichen der Gefallenen, Erschlagenen und Hingerichteten wurden oft liegengelassen und dann von Schakalen, Raben und andern Aasfressern aufgezehrt (79,2f; vgl. 63,11 68,24 83,11). So gingen die Toten des letzten Restes ihrer Existenz verlustig (vgl. 73). Der Löwe auf 135 dürfte nicht einen Aasfresser, sondern den triumphierenden König darstellen, wie er den Feind überwältigt. Dieser ist fast doppelt so groß dargestellt wie die fünf Leichen (eine davon gefesselt), über die zwei Geier und fünf Raben herfallen. Oben rechts wird von einer Göttin(?) ein nackter Gefangener weggeführt (der obere Teil ist weggebrochen). Unter seinem Kopf war ein Schriftzeichen angebracht. Wer dem Tode entrann, wurde als Sklave verkauft (vgl. 44, 13) oder deportiert (136). Ein assyrischer Krieger zu Fuß und einer zu Pferd treiben drei nackte Männer, zwei Frauen und ein Mädchen aus dem brennenden Qarqar weg. Die Deportation ganzer Bevölkerungen zur Brechung jeglichen Widerstandes ist die verbrecherische Erfindung der neuassyrischen Herrscher. Die Babylonier (vgl. 137) haben sie von ihnen übernommen.
Oft wurden die Kriegsgefangenen zu schweren Arbeiten wie dem Bau von Befestigungen gezwungen (137). Zur äußeren Not kam der Spott der Bedränger (44,14-17 74,21 79,4 80,7 89,42). Während die assyrischen Reliefs vor allem reich an ausgesucht brutalen Grausamkeiten sind (vgl. z.B. Albenda, Nude Captive), war die ägyptische Kunst unerschöpflich in der Erfindung demütigenden Hohns und Spotts (vgl. Leclant, La Mascarade 139-144). Spott und Hohn dienten wie der

137. «Warum schenkt er den Gequälten Licht und Leben denen, die verbittert sind, die auf das Totenreich harren und es kommt nicht. Dort hören Frevler auf zu toben, und Krafterschöpfte ruhen dort. Gefangene sind allesamt ganz sorglos und hören keines Treibers Stimme» (Hi 3,20f.,17f.).

138. «Du machst uns zu einem Schimpfwort für unsere Nachbarn, zum Spott und Hohn unserer Umgebung. Du machst uns zu einem (schimpflichen) Beispiel für die Völker, zu einem Kopfschütteln für die Nationen. Immerzu ist meine Schmach mir gegenwärtig, und Schande bedeckt mein Gesicht» (44,14–16).

139. «Gott, Fremdvölker sind in deinen Besitz eingedrungen. Sie haben deinen heiligen Tempel entweiht» (79,1).
«Alles hat der Feind verwüstet im Heiligtum. Es brüllten deine Widersacher im Innern deiner Feierstätte...
Es schallte wie wenn man im dichten Gehölz die Äxte schwingt. Das Holzwerk mitsamt seiner Schnitzerei zerschlugen sie mit Beil und Hacke» (74,3b., 4–6; Übersetzung von Deißler).

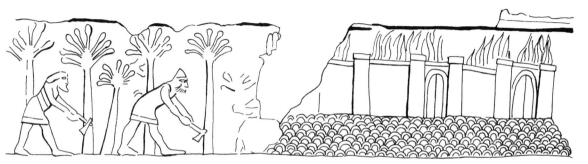

140. «Sie fressen Jakob und verwüsten seine Au» (79,7).

Fluch dazu, den Gegner zu schwächen und den einmal überwundenen Gegner schwach zu halten. *138* kann als Beispiel für viele ähnliche Darstellungen stehen. Amenophis III. hat als Triumphator über die Nubier vier ihrer Vertreter zwischen die Zügel eingeklemmt auf seine Pferde gesetzt. Ein weiterer dient als Unterlage für die Füße des Pharao und ein sechster kniet auf der Deichsel vor dem After der Pferde.

Mit der Eroberung der Stadt war natürlich auch ihre Plünderung verbunden. Am lohnendsten waren neben den Königspalästen die Tempel mit ihren reichen Weihegeschenken. Das berühmte – im Original leider verlorene – Bild *139* (vgl. *317*) zeigt die Plünderung des Tempels von Muzazir in Urartu (nordöstlich von Assur). Die Soldaten haben es vor allem auf die Schilde abgesehen, mit denen der Tempel geschmückt ist und die teils in Seiten-, teils in Vorderansicht zu sehen sind (vgl. dazu 2 Sm 8,7 1 Kg 10,16ff bes. 1 Kg 14,26ff 2 Kg 11,10 1 Makk 4,57). Links oben sind zwei Schreiber dabei, vor einem hohen Beamten (sitzend) die Beutestücke zu inventarisieren.

79,1 beklagt sich, daß Fremde in den Tempel eingedrungen seien und ihn entweiht, 74,3–7 sogar, daß sie ihn zerstört hätten. Ikonographisch ist die Zerstörung eines Tempels, soviel ich weiß, nirgends dargestellt. Literarisch ist sie oft belegt (Wiseman, Chronicles 51; AOT 450ff). Hingegen findet sich auf assyrischen Reliefs nicht selten der Raub der Götterstatuen *(316)* und einmal sogar die Zertrümmerung einer solchen *(317)*. Wo die ganze Akropolis ein Raub der Flammen wurde (Taf. V), blieb natürlich auch der Tempel nicht verschont. Vier Soldaten tragen Beutestücke aus der Stadt, ein fünfter treibt zwei Gefangene vor sich her. Fünf Pioniere sind dabei, die Stadtmauer einzureißen. Das Tor wird durch Feuer zerstört. Die Vernichtung der Akropolis und der Stadtmauer mit ihren Toren machten eine Stadt zu einem offenen, völlig wehrlosen Ort, der jedem Plünderertrupp preisgegeben war (89,41). Sie ist wie ein Weinberg ohne Mauer (80,13). Wenn sich die Feinde nicht begnügen, die Stadt wehrlos zu machen, sondern sie ganz zerstören, und dazu noch die sie umgeben-

141. «Man hat Jerusalem zu einem Steinhaufen gemacht» (79,1c).
«Erbarme dich Zions... denn deine Knechte lieben seine Steine und sie haben Mitleid mit seinem Schutt» (102,14f).

den Palmen- oder Olivenhaine, Obstgärten und andere Pflanzungen vernichten (*140;* 79,7 Jer 10,25), dann wird die Stadt zum Steinhaufen (79,1 c 102,15), wie sie in der Wüste zahlreich zu finden sind und von den Nomaden gern als Reste längst vergangener Städte gedeutet werden (Wellhausen, Reste 150; Jaussen, Coutumes 320; vgl. 9,7). Mit der Verwüstung der Städte *(141)* aber ist das gähnende, tödliche Chaos ins «Land des Lebens» eingebrochen, denn die Wüste ist Teil der chaotischen Welt (Kp II.1.d; vgl. ANET 262c).

Die Zerstörung des Landes wird von den Volksklagen als Geschehen von kosmischen Ausmaßen erlebt. Die Erde beginnt zu wanken (60,4). Der Lärm der Feinde dröhnt wie das Branden der Chaosfluten (vgl. 74,23 mit 65,8 89,10cj). 74 und 89 setzen dem Wüten der Volksfeinde die Macht Jahwes entgegen, mit der er in der Urzeit den Chaosdrachen überwand *(43-52)*. Die Chaosschlange auf *142* stellt laut der über dem Schlangenkopf beginnenden Inschrift die Aramäerstadt Laqē dar. Ein von ihr ausgehender Aufstand drohte das Reich Tukultininurtas II. zu vernichten. In der Rolle des Wettergottes überwand er das drohende Chaos.

80,14 vergleicht das Land mit einem Weinberg, in den Wildschweine eingebrochen sind. Die Wildschweinjagd von *143* erscheint am hethitischen Toreingang von Aladscha Hüyük neben der Opferszene von *318*. Der Gedanke, der dieser Kombination zugrunde liegen dürfte, ist deutlicher ausgedrückt in den späthethitischen Reliefs von Malatja. Da sehen wir einerseits, wie dem Wettergott, der auf einem von zwei Stieren gezogenen Wagen daherfährt, geopfert wird und anderseits, wie der gleiche Gott den Chaosdrachen überwindet *(50)*. Die Zusammenstellung mag «Dank für die Überwindung des Chaos» oder «Bitte um die Überwindung des Chaos» oder beides bedeuten. Die Zusammenstellung ist jedenfalls nicht zufällig. Und ebensowenig ist es Zufall, wenn das Opfer einmal mit Jagd-, einmal mit Chaoskampf- und dann wieder mit Kriegsszenen kombiniert wird (vgl. Güterbock, Narration bes. 64). In allen drei Größen manifestieren sich feindliche Mächte, die der Mensch nur kraft einer positiven Beziehung zum Gott des Lebens und der heilvollen Ordnung überwinden kann (Ritual).

Das Wildschwein scheint im AO als Symbol des Chaos recht weit verbreitet gewesen zu sein. In Ägypten war es das Tier des Seth, des Frevlers unter den Göttern und des Herrn der Wüste. *144* (vgl. *451*) stellt den Pharao, der einen Feind niedersticht, Horus gegenüber, der das Schwein des Seth vernichtet. Dabei wird Horus von der stark der Hathor (Kuhgehörn) angenäherten Mutter- und Liebesgöttin Isis unterstützt (vgl. *46*). Der Kampf des Pharao gegen die Feinde des Landes ist nur eine andere Form des Kampfes, den der Himmels- und Ordnungsgott Horus gegen die Mächte der Dunkelheit und der Zerstörung führt. Die Mächte des Chaos und des Todes können sich in vielerlei Gestalten manifestieren, im Dunkel, in der wäßrigen Tiefe, im Staub des Grabes, im dämonischen Fieber, in wilden Tieren und in Einbrüchen feindlicher Völker. Ihren stärksten Ausdruck haben sie im Totenreich und in den Chaoswassern gefunden, die der grauenerregende Drache konkretisiert. Seine Überwindung ist eines der großen Themen des AO. Der stärkste Garant gegen seine Herrschaft ist die Gegenwart Gottes im Tempel.

142. «Wie lange, Jahwe, darf der Widersacher lästern,
    darf der Feind deinen Namen schmähen auf ewig?
    Warum ziehst du zurück deine Hand,
    hältst deine Rechte zurück im Busen?
    Aber du, Jahwe, bist mein König von Urzeit her,
    der da vollbringt Heilstaten auf Erden...
    Du hast zerschlagen Leviathans Köpfe...
    Denke doch daran, der Feind schmäht, o Jahwe,
    und ein Volk von Verrückten lästert deinen Namen»
    (74,10-12.14a.18; Übersetzung teilweise nach Kraus).

Taf. V. «Sie legten Feuer an dein Heiligtum. Sie entweihten den Wohnsitz deines Namens bis auf Grund» (74,7).
«Du (Jahwe) hast alle seine (des Gesalbten) Mauern eingerissen, du hast seine Bollwerke in Trümmer gelegt. Jeder, der des Weges vorbeigeht, kann ihn plündern» (89,41.42a).

Taf. VI. «Jerusalem, Berge umgeben es rings; so umgibt Jahwe rings sein Volk» (125,2).
Von den Bergen, die den Felsrücken des ältesten Jerusalem umgeben, sind hier ein Teil des Ölbergs (oben rechts), ein Teil des Skopus (oben links) und der Ostabhang des christlichen Sion (unten links) zu sehen. Während das Kedrontal östlich des Ophel heute noch ein tief eingeschnittenes Wadi bildet, ist das Stadt- oder Tyropöiontal zwischen dem Ophel und dem Westhügel fast ganz zugeschüttet und im untern Teil nur noch als leichte Depression, im obern fast gar nicht mehr zu erkennen. Die Lage des Tempels auf einem Hügel (vgl. Taf. VII), der seinerseits von Hügeln umgeben ist (vgl. Taf. IX), vermittelt das für diesen Platz heute noch typische Gefühl der Höhe und der Geborgenheit zur gleichen Zeit.

143. «Der Eber aus dem Wald frißt ihn kahl» (den Weinberg Jahwes) (80,14a; zum Schwein als Repräsentanten des Chaos vgl. Frankfort CS 132, Taf. 23h).

144. Der Königsgott Horus ersticht mit einer langen Lanze das Schwein (vgl. *143*), das seinen Gegner Seth repräsentiert, den Gott der Wüste und den Gegner der gedeihlichen Ordnung. Analog dazu ersticht der König einen menschlichen Feind. Wie im König und in beiden Lanzen, die in Falkenköpfen enden, die eine Kraft des Horus wirksam ist, so manifestiert sich auch in beiden *Feinden* ein und dieselbe lebens*feindliche* Macht.

III. DER TEMPEL –
ORT DER GEGENWART JAHWES UND BEREICH DES LEBENS

(Wenn im folgenden vom Tempel in Jerusalem die Rede ist, ist an den salomonischen Tempel gedacht. Die meisten Pss dürften zur Zeit seines Bestehens oder in früher nachexilischer Zeit entstanden sein. Der nachexilische Tempel knüpft eng an den salomonischen an. Er war als Restauration desselben gedacht.)

Den Gegenpol zur bodenlosen, chaotischen Welt bildet der Fels (61,3; vgl. 27,5), den Gegenpol zu den Toren des Totenreiches bilden die Tore Zions (9,14 f). Der Zion mit dem Tempel war Symbol und Sakrament der Gegenwart des lebendigen und lebenschaffenden Gottes.
Dieses Symbol hat Israel weitgehend von der Umwelt übernommen. Die Annahme liegt nahe, daß die Phöniker nicht nur das Baumaterial für den Tempel geliefert (vgl. 1 Kg 5, 15–32), sondern den Tempel überhaupt gebaut haben. Die ganze Innenausstattung des Tempels entstand jedenfalls unter der Leitung eines Tyrers (1 Kg 7,13 ff). «Sämtliche archäologischen Grabungsbefunde Palästinas weisen übereinstimmend darauf hin, daß es den Israeliten an handwerklichem Können fehlte. Anders die Phöniker. Was diese in der Bearbeitung von Steinen leisteten, stellen Fundstätten wie Ras Schamra und Byblos unter Beweis. Auch Reste der Stadt Tyros selbst sind hier zu nennen... Von handwerklicher Tüchtigkeit zeugen darüber hinaus phönikische Elfenbein- und Bronzearbeiten, die man ebenso in Nordsyrien wie auf Zypern fand. Noch aufschlußreicher im Hinblick auf Jerusalem aber ist, was sich in Samaria zeigte. Hier errichtete etwa achtzig Jahre später (um 880 v.Chr.) Omri, der König des Nordreichs Israel, eine eigene, neue Hauptstadt. Für Omris Beziehungen zu den Phönikern spricht die Heirat seines Sohns Achab mit der phönikischen Prinzessin Isebel (1 Kg 16,31), und phönikisches Mauerwerk kam zum Vorschein, als man Omris und Achabs Bauten ausgrub. Man hat hier wirklich beste Maurerarbeit vor sich. Klobig sind die kraftvollen schweren Mauern, vorzüglich glatt behauen die Mauerflächen im Innern, mit minutiöser Genauigkeit fügt sich Quader an Quader. Man kann sich vorstellen, daß auch die Mauern des Salomonischen Tempels aus solch feinem Mauerwerk bestanden, während die Plattform aus etwas gröber behauenen Blöcken aufgeführt war. Zwar bleibt dies zum größten Teil bloße Vermutung, denn man ist fast ausschließlich darauf angewiesen, aus der Angabe seine Schlüsse zu ziehen, daß die Bauarbeiten in den Händen phönikischer Handwerker lagen. Einen Hinweis liefern die Grabungen (in Jerusalem) jedoch immerhin selbst. Und zwar fand sich am Fuß des Gipfelhangs an einer Stelle der Hügelostseite Geröll besonderer Art. Es bestand aus Bruchquadern, die die gleichen fein behauenen Oberflächen aufweisen wie die Mauersteine an Omris Bau in Samaria, und unter ihnen befand sich ein Pfeilerkapitell protoionischen Typs (145). Kapitelle genau derselben Art fand man auch in Samaria und an anderen Orten, die entsprechende Architektur aufweisen. Diese Gebäudetrümmer, die fraglos von einem bedeutenden Bauwerk stammen, das einst wohl oberhalb des Gipfelhangs stand, sind vielleicht der einzige Überrest salomonischer Bauten, der bislang in Jerusalem gefunden wurde» (Kenyon, Jerusalem 69 f).

Außer dem phönikischen läßt sich für das Jerusalem der frühen Königszeit archäologisch auch ein vielleicht durch Phöniker vermittelter ägyptischer Einfluß nachweisen. Im Bereich der Nekropole des vorexilischen Jerusalem (vgl. 73), im heutigen Dorf Silwan, sind die Reste einer Grabanlage zu sehen (146; Vincent, Jerusalem I 328–330), die deutlich ägyptischer Herkunft ist (vgl. 76).

Aber wenn die Institution des Tempels als solche sicher kanaanäisch-phönikischer Herkunft war und die handwerkliche Arbeit ebenso sicher in phönikischen Händen lag, so bedeutet das nicht, daß der Plan der ganzen Anlage spezifisch israelitischer Züge entbehrt hätte. Letztlich bestimmte doch wohl Salomo als Bauherr die Gestaltung der Anlage nicht unmaßgeblich, und er hatte auf allerhand konservative Kreise mindestens minimal Rücksicht zu nehmen (vgl. 2 Sm 7,4–7). Das wird sich z.B. bei der Gestaltung des Allerheiligsten zeigen.

145. Protoionisches (oder protoäolisches) Pfeilerkapitell aus Jerusalem, ein Zeuge phönikischen Einflusses.

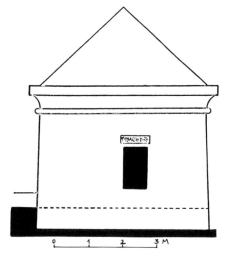

146. Rekonstruktion eines Grabes aus Silwan, der wichtigsten Nekropole Jerusalems während der Königszeit. Das Grab ist in rein ägyptischem Stil ausgeführt (vgl. z.B. 76).

1. Tempel und Berg

Im AO besaßen heilige Orte in der Regel ihre Heiligkeit von «Natur» aus. Praktisch alle großen ägyptischen Heiligtümer beanspruchten in ihren Höfen den Urhügel zu bergen, den «herrlichen Hügel des Uranfangs», der dereinst zuerst aus den chaotischen Fluten aufgetaucht war *(147,* vgl. *40;* vgl. de Buck, Oerheuvel; Saleh, The So-called ‹Primeval Hill›). Mit dem Urhügel begründeten die einzelnen Tempel und Städte den Anspruch, eher vorhanden gewesen zu sein als jede andere heilige Stätte (Bonnet 847f; Frankfort, Kingship 151–154). Auf dem Urhügel war der Schöpfergott erschienen. Von ihm aus hatte die geordnete Welt ihren Anfang genommen. Er war voll ungeheurer Energie und voll von Lebenskräften. Die Toten lassen sich deshalb auf dem Urhügel abbilden *(148),* um von dessen Kräften regeneriert zu werden. Die Pyramiden stellen riesige Urhügel dar *(149).* Aber das ist nicht ihre einzige Bedeutung. Wie so viele ägyptische Symbole ist auch die Pyramide mehrdeutig. Die Stufenpyramide hat nicht nur die Form des Urhügels, sondern (wenigstens in ihrer ältesten Form) auch die einer Treppe. Pyramidenspruch 267 heißt: «Eine Treppe zum Himmel ist für ihn (den toten König) gebaut, so daß er zum Himmel hinaufsteigen kann» (Edwards, The Pyramids 288f).

Ähnlich wie in Ägypten besaß auch in Mesopotamien jeder Tempel seinen *du-ku,* seinen «reinen Hügel» (Stolz, Strukturen 111–121). Auch in Mesopotamien bildete das Heiligtum einen Teil der uranfänglich entstandenen Welt. Der Bau des Haupttempels von Babylon, Esagila, wird im Rahmen des Weltschöpfungsepos Enuma elisch erzählt (Taf. VI, 2. Teil). Er erfolgte, nachdem Marduk, der Hauptgott von Babylon, die chaotischen Mächte (Tiamat, Qingu) besiegt hatte (vgl. *240).* Damals erhöhten sie (die Götter) Esagilas Haupt dem Apsu gegenüber. Sie erbauten den Tempelturm (AOT 122; *150).* Er heißt «Haus der Grundlegung des Himmels und der Erde». Im allgemeinen haben die Stufentempel stärker Treppen- als Urhügelcharakter. Wohin die riesigen Treppen führen ist klar. Die Zikkurat von Larsa trägt den schönen Namen «Haus des Bandes zwischen Himmel und Erde», die von Kisch «Erhöhtes Haus von Zababa und Ininna, deren Haupt so hoch ist wie der Himmel» (vgl. Gn 11,4 Ps 78,69). Der

148. Der Tote läßt sich auf dem Urhügel abbilden, um durch die Lebenskräfte, die diesem innewohnen, sein Leben regenerieren zu lassen. Ps 103, der Sünde und Krankheit eng zusammensieht, macht die Erneuerung der Jugend von der Vergebung Jahwes abhängig (v.5b).

Stufenturm von Nippur trägt den Titel «Haus des Berges», der von Assur «Haus des großen Länderberges» (vgl. Parrot, Der Turm von Babel 103). Zikkurat kann ebenso wie «Stufenturm» «Berggipfel» bedeuten. Utnapischtim gießt nach der Flut auf die Zikkurat ein Trankopfer aus (Gilgameschepos XI Z.156). «Zikkurat» ist hier der Gipfel des Berges Nisir, wo seine «Arche» aufgefahren ist.

Auch im ugaritischen Raum gehören die Überwindung des Chaos, Berg (Hügel) und Tempel zusammen. Baal erhält nach seinem Sieg über den Meergott Jam *(46)* einen Tempel auf dem Zaphon, dem Götterberg im Norden der Stadt Ugarit.

Während die Tiefe eine Dimension des Chaos und des Todes ist, gehört zum Tempel die Höhe, der Berg. Der Ort des

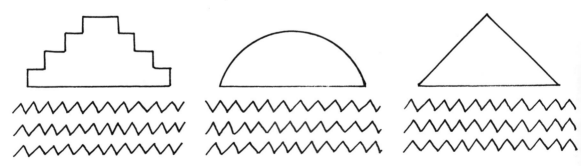

147. Verschiedene ägyptische Darstellungen des Urhügels, der als erstes aus dem Chaoswasser auftauchte und von dem aus sich die Welt entfaltete.

149. Die Pyramiden haben die Form und damit (nach ao Verständnis) auch den Charakter des Urhügels. Bei der Djoser-Pyramide fällt die Form mit der einer Doppeltreppe zusammen. Sie sollte wohl dem Verstorbenen den Aufstieg in die himmlische Welt ermöglichen. Die ägyptischen Wörter für «Hinaufsteigen» und «Aufstieg» werden jedenfalls mit einer Doppeltreppe determiniert.

Tempels der Pss ist Jerusalem, genauer der Zion. Man zieht nach Jerusalem *hinauf* (122,4), und an den Tempeltoren stellt man die Frage, wer (weiter) auf den Berg Jahwes *hinauf*steigen dürfe (24,3).

Nun sind die paar Treppen, die im Tempel von Jerusalem die verschiedenen Teile der Anlage verbanden *(174–175)*, nicht mit den Monumentaltreppen der Tempeltürme Mesopotamiens zu vergleichen. Aber es ist nicht zu übersehen, daß in Bethel Himmelstreppe und -tor gegenwärtig geglaubt wurden, ohne daß dieser Glaube, soweit wir wissen, irgendeine kultarchitektonische Gestaltung gefunden hätte. Und so konnte der Zion den Titel «Berg» tragen, ohne daß das Gelände von den Toren des Tempelbereichs aus noch merklich anstieg. In 87,1 und 133,3 ist sogar von «Bergen» im Plural die Rede. Der Plural ist wohl intensiv und nicht extensiv, als Plural der Majestät aufzufassen. Er bringt die Mächtigkeit der von Jahwes Gegenwart gezeichneten Lokalität zum Ausdruck (Kraus, Archäologische 126).

An zahlreichen Stellen dürfte mit dem «Berg Zion» (48,3.12 74,2 78,68 125,1 133,3), mit dem «heiligen Berg» (2,6 3,5 15,1 43,3 46,2 99,9) oder dem «Berg Jahwes» (24,3) nicht nur der engste Tempelbereich, sondern die ganze Hügelkuppe

150. «Haus der Grundlegung des Himmels und der Erde» lautet der Titel des Tempelturms von Babylon (vgl. 78,69). Im Tempel hat die Schöpfung ihr Zentrum und ihren Halt.

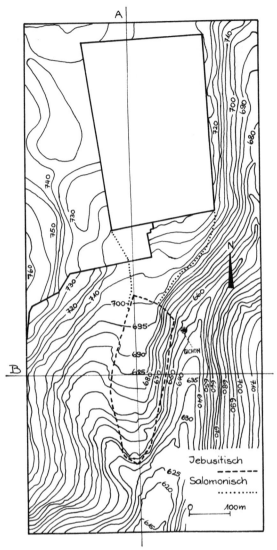

gemeint sein, auf der sich der Tempel erhob. Auch so betrachtet, ist der Zion mit seinen 743 m an und für sich ein bescheidener Hügel, dessen Gipfel weniger hoch ist als die Gipfel der ihn unmittelbar umgebenden Berge. Er liegt nämlich 66 m unter demjenigen des Ölbergs, 76 m unter dem des Skopus, 33 m unter dem des Westhügels, des christlichen Sion, und 53 m unter jenem des *rās el-mekkaber* (vgl. 125, 1 f und Taf. VI). Den Bewohnern des alten Jerusalem, das sich auf den Ophel (den Osthügel) konzentrierte *(151)*, mochte er zwar als Berg erscheinen, hatten sie doch vom Südende ihrer Stadtmauer bis zu seinem Gipfel eine Höhendifferenz von gut 100 m zu überwinden *(152;* Taf. VII), von 'En Rogel aus sogar eine solche von 130 m, aber es war doch auch ihnen klar, daß es eine Menge bedeutsamerer Berge gab. Da waren etwa der in wunderbarer Rundung seine Umgebung mächtig überragende Tabor und die gewaltigen Massen des 2814 m hohen Hermon (*ḥrm* «Bann», Hermon «Bannberg», vgl. Taf. VII A). In Nordsyrien erhob sich der alte kanaanäische Götterberg, der Zaphon, steil vom Meer aufsteigend zu imposanter Höhe (Taf. VII B), und endlich lag im Süden der berühmte Götterberg der Frühzeit Israels, der Sinai (oder Horeb). Sie alle werden in 89, 13 zu Werken Jahwes depotenziert (vgl. Boehmer, Tabor, Hermon und andere Hauptberge; Mowan, Quatuor montes sacri). Von Jahwe, der auf dem Zion wohnt, und nicht von irgendwelchen heiligen Bergen soll der Beter sein Heil erwarten (121, 1 f). Ihnen allen hat Jahwe den Zion vorgezogen. Lauernd und mißgünstig blicken die hohen Berge der Umgebung auf ihn herab (68, 16 f). Denn trotz seines bescheidenen Äußern ist er der wirkliche Götterberg, der eigentliche Zaphon (48, 3). Am Ende der Zeiten wird er weithin sichtbar alle Berge überragen (Jes 2, 2 = Mich 4, 1).

Schon jetzt hat Jahwe auf ihn den Tau des Hermon, d.h seine Fruchtbarkeit und sein Leben entboten (133, 3). *153* (vgl. *42*) zeigt einen Berggott (kenntlich am Schuppenmuster auf Rock und Kappe), der zugleich die Vegetation verkörpert, die Fruchtbarkeit und das Leben. Aus seinen Hüften sprießen zwei Stengel mit Fruchtständen. In seinen Händen hält er zwei weitere, an denen sich Bergziegen gütlich tun. Der mächtige Berggott wird von zwei Quellgöttinnen flankiert (vgl. *42*). Jede hält in jeder Hand ein aryballosförmiges Gefäß, dem in hohem Bogen Wasser entspringt (vgl. *191, 256*). Bäume und Wasser charakterisieren den Berg als Bereich des Lebens.

Auf *153 a* hält der Berggott selber das Wassergefäß (vgl. Taf. I B). Die vier Flüsse, die ihm entquellen, erinnern an die vier Paradiesesströme.

151. Die Lage und Ausdehnung Jerusalems zur Zeit Davids (jebusitisch) und Salomos.

152. Schnitt der Linie A *(151)* entlang. Vom Jerusalem Salomos aus stieg man zum Tempel hinauf.

153. «... vom Besten der uralten Berge, von den Spenden der ewigen Hügel...» (Dt 33,15; vgl. 133,3).

153a. Die vier Ströme, die dem Gefäß des Berggottes entquellen, erinnern an die vier Arme des Paradiesesstromes (Gn 2,10; vgl. *185*).

Auf den Bergen Palästinas und Syriens ist zwar Buschwald, aber kaum Wasser zu finden. Stärker als geographische Gründe dürfte die psychologisch verständliche Verbindung von Frohsein (als Ausdruck vollen Lebens) und Hochsein (als Ausdruck eines gesteigerten Lebensgefühls) die Anschauung motiviert haben, die Höhe, der Berg sei ein Bereich des Lebens. Im Hebräischen können «Sich-freuen» *(smḥ)* und «Hochsein» *(rwm)* synonym stehen (vgl. 89,17 und Dahood, Ps I 77). Das Deutezeichen zum ägyptischen *ḥʿj* «sich freuen» ist ein Mann mit hoch erhobenen Armen (vgl. *21*). Das Paradies dachte man sich auf einem hohen Berg (vgl. Ez 28,13–16), dicht mit Bäumen bestanden (Gn 2,8f) und als Quellort mächtiger Flüsse (Gn 2,10–14). Der Tempelbereich war als Ort der Gegenwart Gottes mit dem Paradies aufs engste verwandt. In *mesopotamischen* Schöpfungsmythen nimmt der *Tempel* den Platz der Anlegung des Paradieses ein.

Eine größere Rolle als der mehr oder weniger bergige Charakter des Zionhügels spielte bei der Identifikation des Zion mit Urhügel, Götter-, Paradies- und Weltberg der *Heilige Fels.* Der Fels bildet mit seiner Festigkeit und Kraft den Gegenpol zu den grundlosen, schlammigen, trägen (vgl. *55*) Chaosfluten, die die Erde an ihren Enden bedrohen (18,3–6 61,3, Jes 28,14f Mt 16,18). Auf dem Tempelplatz in Jerusalem findet sich ein Fels *(154)*, der allerspätestens seit dem 7.Jh.n.Chr. als heilig verehrt wird, denn damals hat der Kalif ʿAbdalmalik ibn Marwan (687–691 n.Chr.) den wunderschönen Zentralbau errichten lassen, dessen Kuppel bis heute den Charakter des Platzes bestimmt (vgl. Taf.IX). ʿAbdalmalik wird den Felsen kaum willkürlich als heilig erklärt, sondern an ältere Traditionen angeknüpft haben. Schon 333 n.Chr. hat ein Pilger aus Bordeaux auf dem Tempelplatz einen *lapis pertusus* (einen durchlöcherten Stein oder Felsen; Itinerarium Burdigalense 591,4) gesehen, der von den Juden kultisch verehrt und jährlich – zur Erinnerung an die Tempelzerstörung – gesalbt wurde. Dieser Stein lag nicht weit von zwei Hadriansstatuen, von denen die eine nach Hieronymus (Commentarium in Matthaeum XXIV, 15) am Ort des früheren Allerheiligsten gestanden haben soll. Dieser Heilige Fels hatte also nach damaliger Tradition nicht als Fundament des Allerheiligsten gedient. Dennoch dürfte dieser *lapis pertusus* mit dem von der Kuppel ʿAbdalmalik's überwölbten Felsen identisch sein. Denn auch dieser ist von einem kreisrunden Loch (*154* s), das in eine viereckige Höhle führt (*154* l-m-n-o), durchbohrt und weist auch sonst allerhand Löcher und Schalenvertiefungen auf. Der Tempel hat wohl, wie die neueste sorgfältige Abwägung aller Argumente durch Th.A.Busink (Der Tempel 1–20) wahrscheinlich macht, nördlich vom Heiligen Felsen gelegen. Hätte dieser den Brandopferaltar getragen, hätte das Allerheiligste über Substruktionen errichtet werden müssen, da die Kuppe wenig westlich vom Heiligen Felsen ziemlich steil abfällt. Das ist unwahrscheinlich (de

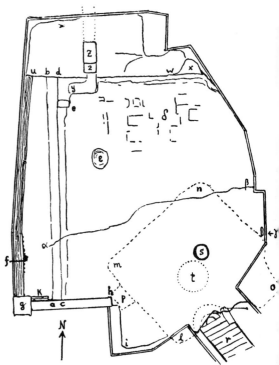

154. Der Heilige Fels in Jerusalem *(eṣ-ṣaḥra)*: «a–b. Die Winkellinie der unteren Weststufe, c–d. Die Winkellinie der oberen Weststufe, e. Der Einschnitt, der von den Stufen nach Osten in den Felsen gehauen ist, f. Die Vertiefungen an der Westkante, g. h. i. Der Südwesteinschnitt in den Felsen, g. Der Reliquienschrein, k. Die beiden kleinen Marmorsäulen an der Südseite der großen Weststufe, l. m. n. o. Die Höhle, p. Höhlennische, r. Höhlentreppe, s. Das runde Loch in der Decke der Höhle, t. Die Marmorplatte am Boden der Höhle. u–w. Die nördliche Wand des Felsens, x. Nordostecke des Felsens, y. Die höchste Stelle des nördlichen Aufgangs zum Felsen, z. Verschlußplatten über dem nach Norden führenden unterirdischen Gang, α–β. Die natürliche Kluft im Felsen, γ. Die Fußspur des Idris, δ. Spuren von Abtragungen und Einschnitten, ε. Schalenvertiefung.» (Schmidt, Der Fels, Legende zu Abb. 1.) Aus welcher Zeit die verschiedenen Spuren von Bearbeitung stammen ist mit Sicherheit nicht zu sagen. Fest steht, daß die Kreuzfahrer aus dem Heiligen Felsen gehauene Altarplatten nach Europa schickten.

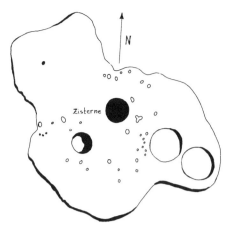

155. «Heiliger Fels» aus Geser.

Bezirk ganz. Der Zion ist der Ort, den Jahwe im Laufe seiner Geschichte mit Israel erwählt hat. Jahwe ist nicht seit ewig und sozusagen naturhaft mit ihm verbunden. Er ist, wie 132 unter Benutzung der Lade-Geschichte (1 Sm 4–6 2 Sm 6) sagt, auf den Zion gezogen. Jahwe hat den Zion geliebt (78,68 87), begehrt (132,13b) und vor allen andern Bergen (68,17) und allen Heiligtümern Jakobs (87,2) erwählt (132,13a). Jahwes Wohnen auf dem Zion ist also eine freie Heilstat. In ihr findet die Herausführung aus Ägypten und die Landnahme erst ihren vollgültigen Abschluß (78,54 Ex 15,17). Das Ziel des Auszugs ist die Leben und Heil schaffende Herrschaft Jahwes, die vom Zion aus sich über alle Völker erstrecken soll (87 Jes 2,2–4 Mich 4,1–3; zum Ganzen vgl. Schreiner, Sion-Jerusalem).

Vaux, Lebensordnung II 144f). Ebenso unwahrscheinlich ist aber, daß man einen Heiligen Felsen als Fundament für einen Bau (das Allerheiligste) benützt hat. Dazu hätte man ihn doch wohl etwas behauen müssen, und das war schon für gewöhnliche Altarsteine untersagt («wenn du nämlich deinen Meißel auf ihm hin- und herbewegst, so hast du ihn entweiht» Ex 20,25), um wieviel mehr dann für einen Heiligen Felsen. Der Heilige Fels lag wohl südlich vom Tempel offen da *(355)*, wie später Golgotha im Bau Konstantins.

In seiner äußeren Gestalt weist der Heilige Fels eine enge Verwandtschaft mit heiligen Felsen auf, die in Gezer *(155)*, Megiddo *(156)* und anderweitig gefunden wurden. Die allen gemeinsamen Eigentümlichkeiten sind außer einem Kontext, der auf kultische Funktionen hinweist (Macalister, Gezer II 400–402; Schumacher, El Mutesellim I 154–160) eine Reihe von Schalen und eine Zisterne oder Höhle. Letztere mögen, von praktischen Zwecken abgesehen, die chaotische Welt repräsentiert haben (vgl. *78* und *79*), der der Fels seine unverrückbare Festigkeit entgegensetzt. Der Fels dürfte zugleich Manifestation der Gottheit (vgl. «Jahwe, mein Fels») und Altar gewesen sein (vgl. *193*). (Zu Felsen und Steinen als Repräsentationen der Gottheit vgl. Kp. IV 1 a.)

Trotz unmißverständlicher Anklänge an die Chaos-Kosmos-Vorstellung der ao Heiligtümer wird die Gründung des Jerusalemer Heiligtums nicht in die Zeit des Uranfangs zurückgeführt. In der Schöpfungserzählung des Jahwisten (Gn 2) erscheint anstelle des Tempels der für die Menschen bestimmte Garten, und in der Priesterschrift (Gn 1) fehlt ein besonderer

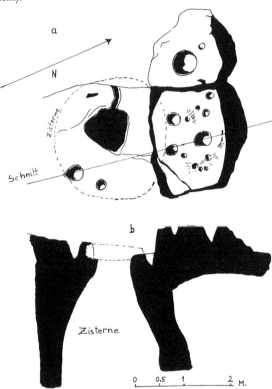

156. «Heiliger Fels» aus Megiddo: a) aus der Vogelschau, b) im Schnitt. Das Heiligtum ist der Ort, wo das Chaos (Zisterne) gebändigt und zum Spender der Fruchtbarkeit wird.

2. Die Tempeltore

Wie das Paradies ist auch der Tempelbereich als heiliger Bezirk durch besondere Vorkehrungen geschützt. Moses mußte um den Sinai eine Grenze ziehen (Ex 19,12). Der Zion war von einer wehrhaften Mauer umgeben (48,13f). Wie bei der ägyptischen *(157)* und der assyrischen *(158)* Darstellung einer kanaanäischen Stadt sind auch bei Jerusalem die Vorwerke *(158)*, die eigentliche Stadtmauer mit Türmen und Vorsprüngen *(157* und *158)* und die Akropolis mit ihren befestigten Palästen und dem Tempel *(157* und *158)* zu unterscheiden.

Es ist nicht ganz klar, ob «Zion» in 48,13f nicht mindestens einen Teil der Stadt Jerusalem mit einschließt. Manchmal stehen Jerusalem und Zion praktisch synonym (51,20 102,22 147,12). Die Vorhöfe des Tempels liegen nach 116,19 «mitten in Jerusalem». Man hat Akropolis und Stadt, wie auch *157* und *158* nahelegen, intensiv als Einheit empfunden.

Die verwundbarsten Stellen einer ao Stadt waren ihre Tore.

157. Ägyptische Darstellung der Stadt Askalon (vgl. *132a*).

Man versuchte sie durch besondere fortifikatorische (vgl. *159 bis 161*) und allerhand magische oder religiöse Maßnahmen zu schützen *(158a)*.

Da das von zwei mächtigen Türmen flankierte Tor eine Stadt am eindrücklichsten repräsentierte, konnte dieses als pars pro toto für «Stadt» stehen (vgl. *162*, wo das Tempeltor den Tempel repräsentiert; vgl. «Tore des Totenreiches» in 9,14 107,18 Mt 16,18; «Tore des Heilsbereiches» 118,19). Wenn der Pilger in 122, 1–3 sagt, seine Füße würden in den Toren Jerusalems stehen, muß damit nicht der Moment der Ankunft, sondern es kann damit auch der Aufenthalt in Jerusalem beschrieben sein. Allerdings war die Ankunft am heiligen Ort ein ersehnter Augenblick (84, 3. 8) und der Durchgang durch die verschiedenen Tore ein wichtiger Moment. Es war auch tatsächlich möglich «in den Toren» zu stehen, weil meistens 2–3 Tore hintereinander gestaffelt waren, die zwei bis drei Kammern bildeten. 1 Kg 9, 15 weiß zu berichten, daß Salomo Gezer, Megiddo und Chazor ausbaute. In allen drei Städten hat man Zangentore aus der Zeit Salomos gefunden (*159* Chazor; *160* Megiddo; *161* Gezer). Da 1 Kg 9, 15 Jerusalem in einem Atemzug mit diesen drei Städten nennt, dürfen wir solche Tore auch für diese Stadt annehmen. W. Zimmerli (Ezechieltempel und Salomonstadt) sieht ein weiteres Indiz für diese Annahme

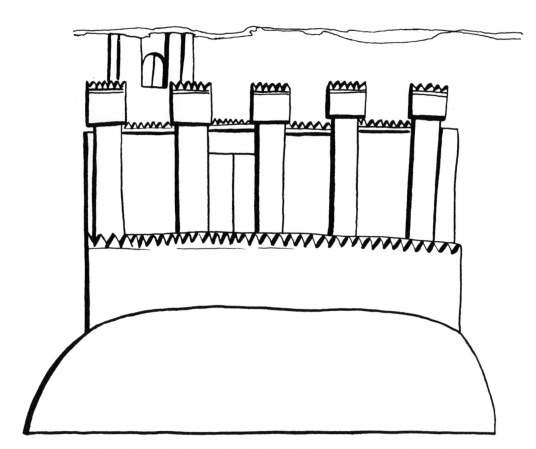

158. Assyrische Darstellung der Stadt Astartu, die wahrscheinlich mit dem östlich vom See Gennesaret gelegenen Astaroth identisch ist.
«Jerusalem ist gebaut wie eine Stadt, die wohlgefügt zusammenhält...
Heil sei innerhalb deiner Vorwerke, Sorglosigkeit in deinen Palästen» (122, 3. 7).

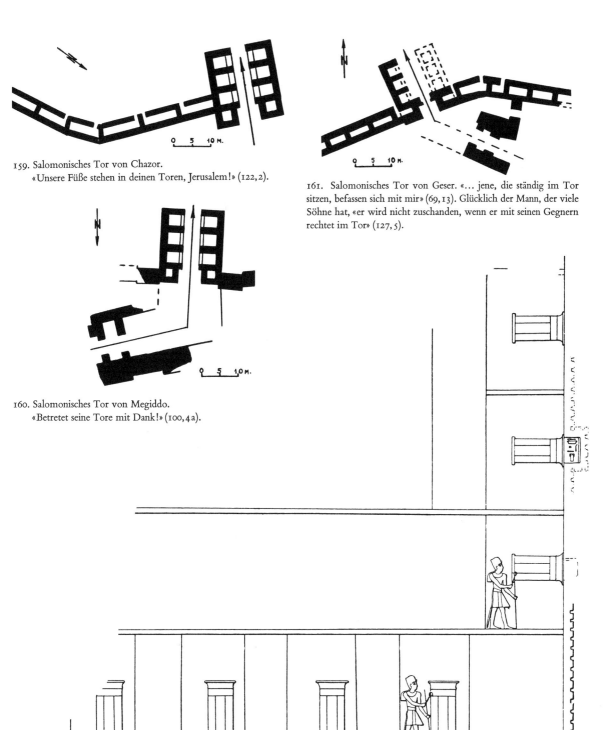

159. Salomonisches Tor von Chazor.
«Unsere Füße stehen in deinen Toren, Jerusalem!» (122,2).

161. Salomonisches Tor von Geser. «... jene, die ständig im Tor sitzen, befassen sich mit mir» (69,13). Glücklich der Mann, der viele Söhne hat, «er wird nicht zuschanden, wenn er mit seinen Gegnern rechtet im Tor» (127,5).

160. Salomonisches Tor von Megiddo.
«Betretet seine Tore mit Dank!» (100,4a).

158a. «Preise Jerusalem Jahwe, lobpreise Zion deinen Gott,
     denn er festigt die Riegel deiner Tore, er segnet deine Söhne, die in dir sind» (147,12f).
Im Rahmen des Sedfestes (vgl. 352), das nach dreißigjähriger Regierung die Lebenskraft des ägyptischen Königs erneuern sollte, würde auch eine andere vitale Einrichtung erneuert. Der König umschritt mit einer geweihten Keule die Hauptstadt und berührte damit jedes ihrer Tore. Diese Berührung sollte ihre Abwehrmacht neu festigen und sie so in die Lage versetzen, die Segenssphäre um den König zu schützen. Diese Leistung spricht Ps 147 Jahwe zu. Auf einen Umgang um den Zion weist 48,13-15 hin. Er hatte allerdings einen andern Zweck als den des ägyptischen Königs beim Sedfest (vgl. 4).

162. «Öffnet mir die Tore zum Bereich des Heils, ich will durch sie eintreten und Jahwe danken» (118,19).
Über dem großen Pylon des Tempels von Karnak mit seinen acht Flaggen sind eine Reihe von Lebenszeichen und Uaszeptern (vgl. *19*) angebracht. Sie charakterisieren den Tempel als Bereich des Lebens und der göttlichen Herrschaft. Durch das Tor hat eben eine Prozession den Tempel verlassen. In ihrer Mitte wird das heilige Gefäß des Amon getragen. Sein Deckel hat die Form eines Widderkopfes. Der Widder ist das Tier des Amon von Karnak. Er selbst erscheint gelegentlich mit Widderhörnern *(256a)*. Beiderseits des Gefäßes steht je eine Statue des Königs (vgl.*397a*). Die auf der linken Seite zeigt ihn bei der Darbringung des Weinopfers. Vor dem Gefäß ragt ein riesiger Blumenstrauß empor. Es ist nicht deutlich, wer ihn trägt. Oben links schreitet der Palastvorsteher Nebsunuennet dem Zug voran. Er trägt zwei Räucherständer *(198-199)* und erfüllt, wie der Priester mit dem Räucherarm (vgl.*442-443*), der hinter ihm geht, die Luft mit Wohlgeruch. Nebsunuennet ist der einzige Laie im Zug. Die übrige Teilnehmerschaft besteht ausschließlich aus Priestern, kenntlich an ihrer Tracht und dem kahlgeschorenen Kopf, den die priesterlichen Reinheitsvorschriften fordern. Zu den Priestern gehört auch der Besitzer des Grabes, das die Darstellung schmückt, der «Vorsteher der Sänger des Tisches des Amon» Panehsi. Er geht in der untern Reihe an der Spitze des Zuges. Mit einem Kollegen zusammen klatscht er den Takt, in dem sich die Prozession bewegt, die den Segen des Tempels in den Bereich der Menschen bringt (vgl. andere Prozessionsdarstellungen *307a, 433a-434a, 450*).

163. In Ägypten bewacht manchmal der König selber in Löwengestalt die Tempeltore.

164. «Der Imdugud-Vogel tötete dort zahlreiche Gegner...» (SAHG 88).

in der Verwendung von Zangentoren im Tempelentwurf Ezechiels (Kp 40). Der Tempelbezirk war nicht nur durch die Stadtmauern und die Akropolis, sondern noch durch zusätzliche eigene Mauern geschützt.
Der Tempel ist ein Bereich intensivsten Lebens und Segens. Auf *162* deuten Lebenszeichen und Uaszepter (vgl. *19-20*) die gewaltige, ganz andere Energie an, die innerhalb der Tempeltore wirksam ist (133,3) und an der der Beter, der die geforderten Bedingungen erfüllt, teilhat (24,5). Die Anwesenheit des Göttlichen signalisieren auch die vor den Tortürmen (Pylonen) aufgestellten Fahnen (vgl. *162a*).

Das Heilige muß vor Profanation geschützt werden. Außer den gewaltigen Tortürmen sicherten allerhand Wächter den Zugang. In der Löwengestalt von *163*, und zwar als Paar aufgestellt, «hat der König (vgl.*135*) die Wächterfunktion für den Tempel selbst übernommen: Das im rechten Winkel zum Leib erhobene Haupt blickte den Eintretenden voll an und vermochte wahrscheinlich schon durch die Macht des Blickes jeden frevelhaften Eindringling abzuwehren» (Westendorf, Das Alte Ägypten 108).
Im sumerischen Raum war es der Imdugud, der löwenköpfige Adler, der die Tempeltore bewachte *(164)*. In einem sumeri-

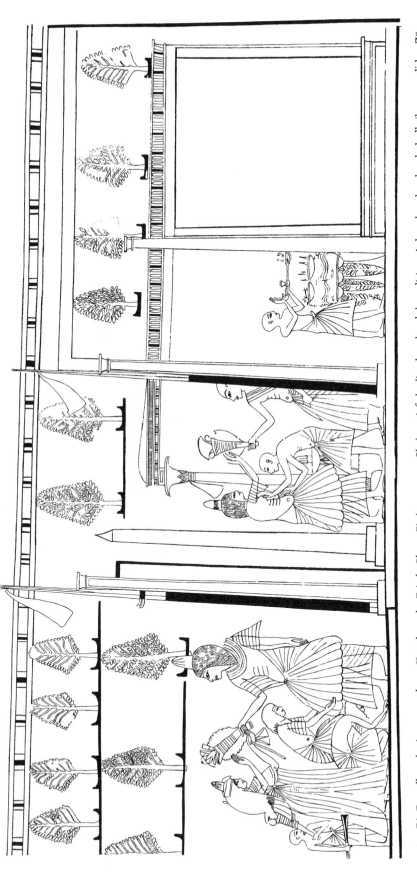

162a. Die Darstellung des Amontempels von Karnak aus der Zeit des Pharao Eje (1349–1345 v. Chr.) vereinfacht die schon damals komplizierte Anlage, bewahrt aber doch alle ihre wesentlichen Züge. Die Tempelgebäude umgibt ein Park mit sorgfältig gepflegten Bäumen (vgl. 52, 10 92, 13 und 191, 202), die in Mulden stehen (10–15), um besser bewässert werden zu können. Links wird dieser Park durch einen hier nicht mehr wiedergegebenen See abgeschlossen. Die Tempelgebäude beginnen links mit der großen Toranlage Amenophis III. (im Profil). Die Front zieren Fahnen. Das Tor ist innen weit geöffnet. Im Vorhof steht ein rosa gemalter Obelisk, offensichtlich aus Assuangranit. An den zweiten Pylon ist ein Baldachin gelehnt, der wohl nur für bestimmte Gelegenheiten aufgestellt wurde. Durch die zweite Toranlage gelangt man aus dem Vorhof ins überdachte Heiligtum, wo ein Opfertisch steht. Hinter einem weiteren Pylon liegt das auf einem Sockel ruhende und so mit dem Heiligtum gleich hohe Allerheiligste.

Wir haben deutlich die für Ägypten typische axiale Aufreihung von Räumen (vgl. 176–177, 238a), die einem zunehmend kleineren Kreis zugänglich sind. Im Heiligtum räuchert ein Priester, und der Hohepriester steht mit einem Gehilfen im Tor des Heiligtums. Neferhotep, ein Oberaufseher über die großen Viehbestände des Amon, darf den Vorhof betreten. Seine Familie aber erwartet ihn vor dem ersten Pylon. Der Hohepriester überreicht Neferhotep für seine Verdienste einen geweihten Blumenstrauß vom Opfertisch des Amon. Die Szene links zeigt, wie er diesen seiner Frau übergibt. Die Darstellung ist ganz singulär. Die Gabe muß Neferhotep stark beeindruckt haben, daß er sie in seinem Grab abbilden ließ.

Der Brauch, am Segen eines Heiligtums in Form von Blumen und Früchten Anteil zu gewähren, war in byzantinischer Zeit sehr verbreitet. Von den Hütern der Heiligtümer wurden den scheidenden Pilgern in Form von Blumen und Früchten Eulogien, «Segensgaben», mit auf den Weg gegeben. Vielleicht ist «segnen» und «Segen» in 24,5 67,7 133,3 u. a. auch konkreter zu verstehen, als gemeinhin geschieht (vgl. Jes 65, 8).

165. Ein steinerner Wächterlöwe aus Til Barsip (Tell Achmar) trägt die Aufschrift: «Der sich dem Aufstand entgegenwirft und das feindliche Land säubert, der die Bösen gehen und die Guten kommen heißt» (Parrot, Assur 77).

schen Lied auf Enlil wird ein Torbau des Urnammu (um 2050 v. Chr.) gepriesen: «Der Hirte Urnammu ließ das hohe ‹Haus des Berges› (Enliltempel) in Duranki (‹Band des Himmels und der Erde› = Tempelbezirk in Nippur) zum Himmel emporsteigen, stellte es zum Staunen der zahlreichen Menschen hin, zierte die Front des ‹Hohen Tores›, des ‹Großen Tores›, des ‹Tores des Heils zum Stufengebirge›, des ‹Tores des ungeschnittenen Getreides› weithin mit geläutertem Golde. Der Imdugud-Vogel tötete dort zahlreiche (Gegner), gegen die dort stehenden Adler geht kein Böser an, (des Tempels) Türen sind hoch, voll Pracht, das Haus ist hoch, mit schrecklichem Glanz bekleidet, weithin gegründet, große Furcht einflößend» (SAHG 88).
Die Zugänge zu den assyrischen Tempeln und Palästen hüteten oft kraftstrotzende, menschenköpfige Stiere mit Adlerflügeln (Taf. VIII, die bald *lamassu*, bald *schêdu* (vgl. 106, 37, wo *šdjm* aber böse Dämonen sind), und bald *kuribu* genannt werden. Die letztere Bezeichnung gehört mit dem biblischen Cherub zusammen. Ihre bekannteste Aufgabe war, den Zugang zum Paradies zu schützen (Gn 3,24 Ez 28,16).
Neben den mischgestaltigen gab es in Assyrien und Babylonien häufig auch rein tiergestaltige Torwächter. Die beiden Löwen vom Tell Harmal in der Nähe von Bagdad (165) bewachten den Eingang des Nisaba- und Chanitempels. Auch Syrien-Palästina kannte die Einrichtung des Torwächters. Der Löwe 166 wurde beim Eingang des Tempels H (vgl. 208) in Chazor gefunden.
Nebst dem Aufstellen von Schutzdämonen, von denen man glaubte, daß sie die Bösen fernhalten oder gar töten und den heiligen Bereich so vor Entweihung bewahren würden, gab es, wie 167 und Taf. VIII zeigen, noch eine weitere Maßnahme, die Heiligkeit des Ortes ungemindert zu erhalten: die Waschung und die Besprengung mit geweihtem Wasser.
Das Modell eines Tempels aus Gezer (167) zeigt links und rechts vom Eingang zwei Becken mit geweihtem Wasser. Hier konnte sich jeder, der kam, die Hände in Unschuld waschen (26,6; vgl. 24,4 73,13; 168) und dann den Altar im Vorhof umschreiten (26,6b). Das sehr grob modellierte Männchen von 167 dürfte ein Hüter des Heiligtums sein (vgl. 139), ähnlich wie der sechsmal dargestellte Pharao auf 167a. In Assyrien pflegten die Priester mit bronzenen Henkeleimern aus den Becken des Tempels Weihwasser zu schöpfen (vgl. 185) und damit jene zu besprengen und zu reinigen, die es

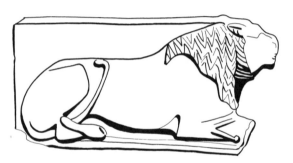

166. Wächterlöwe vom Tempel H in Chazor (vgl. 208).

167. In Jerusalem richtet man an die Torhüter die Frage:
«Wer darf den Berg Jahwes besteigen,
und wer darf am heiligen Orte stehn?» (24,3; vgl. 15,1 und Mich 8,6-8).

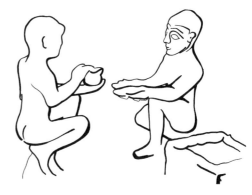

168. Ein Kultteilnehmer scheint dem andern Wasser über die Hände zu gießen (vgl. 487).

wagten, an den Schutzdämonen vorbeizuschreiten (Taf. VIII). Nach Auskunft des Pss fragten die Pilger am Tempeltor den (oder die) dort sitzenden Priester (vgl. 1 Sm 1,9), wer den Berg Jahwes betreten dürfe (15,1 24,3). Die Tore des Jerusalemer Tempelbezirks standen als «Tore der Gerechtigkeit» nur «Gerechten» offen (118,19f). ṣdq bedeutet aber nicht nur Gerechtigkeit, sondern auch das mit ihr verknüpfte Heil, «die Tore der Gerechtigkeit» sind zugleich «die Tore des Heilsbereichs». Dieses Heil kann nach den Pss 15 und 24 nur unter bestimmten Bedingungen erlangt werden. Diese lassen sich unter dem Oberbegriff des «gemeinschaftgemäßen Verhaltens» zusammenfassen (vgl Koch, Tempeleinlaßliturgien; Galling, Beichtspiegel). Wer bekennt, die Bedingungen erfüllt zu haben (vgl. Dt 26,13f Hi 31), wird gerecht (ṣdjq) gesprochen und darf mit der Verheißung, von Jahwe Segen zu empfangen (24,5, vgl. 15,5) die Tempeltore passieren. Nicht die kultische Unreinheit wird als hauptsächliche Scheidewand zwischen Gott und dem Menschen gesehen (SAHG 273; Erman, Religion 190), sondern eine (ethische) Fehlhaltung den Kultgenossen gegenüber. Diese kann man nicht durch magisch-naturhafte Mittel (Schutzgeister, Weihwasser) überwinden, sondern einzig durch den prophetischen Hinweis abzubauen versuchen, daß der Tempelbesuch unter solchen Bedingungen sinnlos sei (vgl. 50,16-21 24,5, Am 5,21-24 Jes 1,10-17 u.a.). Der Beter von 73 ist sich bewußt, daß er nur unter Reinhaltung seines Herzens (73,1.13) die Beziehung zu Gott aufrechterhalten und auf festem Boden stehen kann (vgl. 73,15 15,5c), während jene, die ohne diese Bedingung zu erfüllen, am Kult teilnehmen, sich auf wankenden und schlüpfrigen Grund begeben (73,17-20).

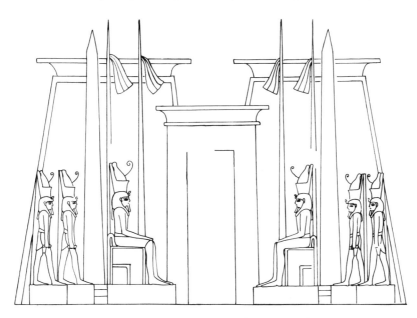

167a. In Ägypten war der König *der* Priester schlechthin (vgl. unten S. 248-258). Als solcher saß er (oder stand er) in Form von Kolossalstatuen am Eingang der Tempel, wie dieses Relief aus dem großen Vorhof Ramses' II. in Luxor und zahlreiche solcher Statuen in situ zeigen. Er dürfte dort nicht nur als Wächter, sondern auch als Mittler zwischen der Gottheit und den Menschen fungiert haben (vgl. 1 Sam 1,9), denen das Heiligtum selber zu betreten nicht gestattet war (*162a*; vgl. Barguet, Le temple d'Amon-Rê 107, 231, 300; Smith, Art and Architecture 151).

111

3. Die Vorhöfe und ihre Ausstattung

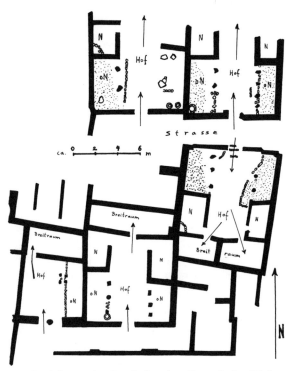

169. Typische, um einen Innenhof angelegte Häuser der israelitischen Königszeit (N = Nebenraum). Der Hof bildet einen integralen Bestandteil des Hauses.

Während der ganzen Zeit des AT gehören in Palästina die einigermaßen vollständigen Wohnanlagen dem Hofhaustypus an. Die einzelnen Räume des Hauses sind um einen Innenhof gruppiert (169). In diesem finden sich eine oder mehrere Zisternen und der Backofen. Die ganze dem Eingang gegenüberliegende Seite des Hofes nimmt in der Regel der breite Hauptraum (Breitraum) ein. Ein Hofhaus mit Breitraum stellt im wesentlichen der 1963 in Arad, 30 km südlich von Hebron, ausgegrabene Jahwetempel dar, der vom 10. bis ins 8.Jh.v.Chr. im Gebrauch war (170). Der Innenhof war mit einer großen Zisterne ausgestattet. Der Brandopferaltar nahm in gewissem Sinne die Rolle des Backofens ein. Der Breitraum enthielt eine Nische, der die Bedeutung des Allerheiligsten zukam. In ihr wurde das Gottessymbol aufbewahrt (248). Der Tempeldisposition von Arad recht ähnlich ist jene eines aus hellenistischer Zeit stammenden Tempels aus Lakisch (171; Aharoni, Trial Excavation 157–164). Durch das Fehlen von seitlich der Achse liegenden Nebenräumen im Hof wurde diese etwas stärker betont als in Arad. Die Hofhaustempel von Arad und Lakisch zeigen eine gewisse Verwandtschaft mit den seit der Ur III-Zeit (ca. 2050–1950 v.Chr.) im südlichen Zweistromland belegten Tempeln mit Breitzella. Ein schönes Beispiel dieses Tempeltyps ist der um 1980 v.Chr. entstandene Enki-Tempel des Amarsin in Ur (172). Der Typus hat sich bis in die neubabylonische Zeit gehalten, wie der Grundriß des Ninmachtempels aus dem Babylon Nebukadnezars (604–562 v.Chr.) zeigt (173). Nebst dem Hofhaus hat beim babylonischen Tempel der Torbau formbildend ge-

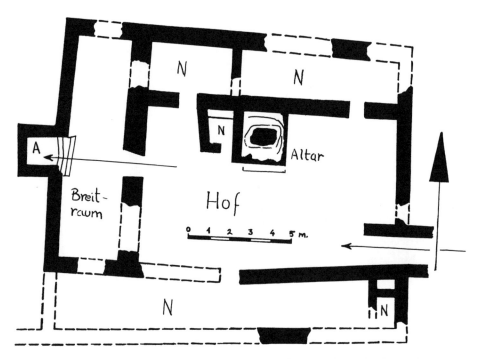

170. Grundriß des Jahwetempels von Arad (10.–8.Jh.v.Chr.). Er zeigt alle typischen Züge des israelitischen Wohnhauses. Das Haus Jahwes unterscheidet sich so von anderen Häusern nur durch seinen Bewohner (N = Nebenraum, A = Allerheiligstes).

Taf. VII. Der *Berg* Zion.

Taf. VII A. Der Hermon war seit ältesten Zeiten ein heiliger Berg. Darauf deutet schon sein Name hin, den man etwa mit «Bannberg» übersetzen könnte (vgl. Haram, Harem). 89,13 spricht ihm polemisch jede Göttlichkeit ab und läßt ihn den Namen Jahwes preisen. Nach 133,3 hat Jahwe seinen reichlichen Tau auf den Zion entboten. In den zahlreichen und starken Quellen, die an seinem Fuße entspringen und den Jordan bilden, hört der Beter von 42,7 die Unterwelt rauschen (vgl. 42).

Taf. VII B. Nördlich von Ugarit auf der heutigen türkisch-syrischen Grenze erhebt sich der alte Götterberg dieser Stadt, der Zaphon. Er spielt in ihrer Mythologie eine ähnliche Rolle wie der Olymp in der griechischen. Von Jerusalem aus gesehen befand er sich im äußersten Norden (ṣāpōn). Ps 48,3 nimmt den Ruhm des alten Götterberges für den Zion in Anspruch. Hier herrscht der göttliche Großkönig. Hier werden die Geschicke der Welt bestimmt. Der kanaanäische Zaphon verkündet wie der Hermon den Ruhm Jahwes, der ihn geschaffen hat (89, 13).

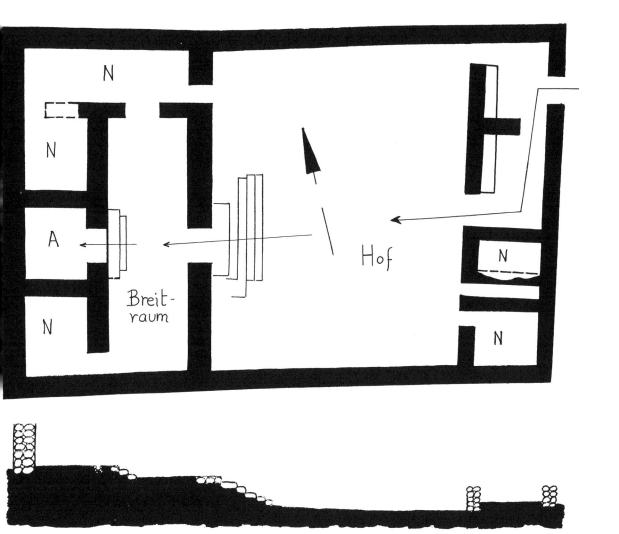

171. Grundriß (a) und Schnitt (b) durch die Fundamente des Jahwe(?)-tempels von Lakisch. Obgleich der Jahwetempel von Jerusalem nicht dem Hofhaustypus angehörte, hat man seine Vorhöfe doch als Teil des Hauses Jahwes betrachtet. Wer sie betrat, betrat das Haus Jahwes:
   «Ich aber darf durch die Größe deiner Liebe dein Haus *(bjt)* betreten,
   mich zu deinem heiligen Palast *(hjkl)* hin niederwerfen in Furcht» (5,8).
   Der *hjkl* ist hier ein Teil des *bjt*.

wirkt, wie besonders die vorspringenden Türme zeigen, die den Eingang zum Breitraum flankieren (vgl. Martiny, Die Gegensätze 3–11).
Für die vier Tempelanlagen *(170–173)* ist wie bei den Wohnhäusern *(169)* der *eine* zentrale Hof charakteristisch. Der Hof ist der Kern der ganzen Anlage. Wer sich in ihm befindet, befindet sich mitten im Hause Gottes. Er ist dem Gott ganz nahe. Er kann leicht einen Blick auf das Götterbild erhaschen, oder anders gesagt, der Gott kann ihm jeden Augenblick erscheinen.
In den Pss ist im Zusammenhang mit dem Jerusalemer Tempel stets von mehreren Höfen die Rede (65,5 84,3. 11 100,4 usw.).

Sie bilden aber ebenso einen integralen Bestandteil des Jahwetempels wie der eine Hof beim Haushoftyp (65,5). Der Begriff «Haus Jahwes» schließt in mehreren Fällen die Vorhöfe deutlich mit ein (5,8 135,2 2Kg 11,3f Ez 40,5). Es wäre denkbar, daß es sich beim Plural «Vorhöfe» wie bei den «heiligen Bergen» (87,1), resp. den «Bergen des Zion» (133,3) oder den «Wohnungen des Höchsten» (46,5 43,3 84,2 87,2 132,5) um einen Intensivplural handelte. Es gibt tatsächlich einige vorexilische Stellen, die vom Vorhof des Jahwetempels in der Einzahl sprechen (Jer 19,14 26,2 Ez 8,7). Aber da im gleichen Ezechielkapitel (8,16) vom «innern Vorhof» und bei Jeremias vom «obern Vorhof» die Rede ist (36,10) müssen

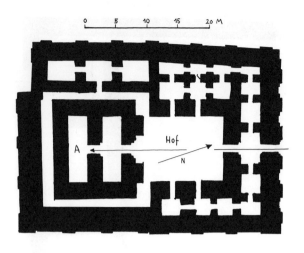

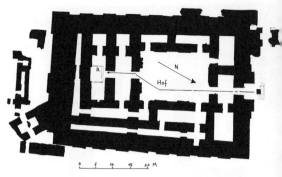

172. Enkitempel des Amarsin in Ur (um 1980 v. Chr.). Wenn die ganze Anlage auch viel reicher ist als die der Hofhäuser und Hofhaustempel von Arad und Lakisch, so ist eine gemeinsame Grundidee (zentraler Innenhof, Breitraum–Nebenräume) nicht zu verkennen.

173. Ninmachtempel Nebukadnezars II. in Babylon (604–562 vor Chr.). Wer sich im Hof aufhielt, war der Gottheit nahe, mag der doppelte Breitraum diese Nähe auch etwas vermindert haben. Oft war dieser Tempeltyp einer Zikkurat vorgelagert. Dann erhielt der Breitraum die Funktion eines Tores, in dem die Gottheit, die über die Zikkurat herabgestiegen war, den Menschen erschien. So wenig sich an der Form ändert, so viel ändert sich an der Vorstellung. Während im reinen Hofhaustempel der Gott mit den Menschen wohnt, *erscheint* er den Menschen im Hofhaus-Tor-Tempel *nur*. Seine Wohnung aber ist fern von den Menschen im Himmel.

doch schon in vorexilischer Zeit mehrere Vorhöfe existiert haben. 2 Kg 21, 5 und 23, 12 zählen für die Zeit Manasses und Josias' zwei Vorhöfe. Auch der Tempelentwurf im Ezechielbuch kennt zwei Vorhöfe (*174;* Ez 40–42). Dabei wird der «innere» mit dem «oberen» identisch sein, da sich das Haus Jahwes und der davor befindliche Altar auf dem höchsten Punkt des Geländes befunden haben dürften *(175).*
Wenn es also in spätvorexilischer Zeit sicher mindestens zwei Vorhöfe gegeben hat, so ist dennoch möglich, daß dem ursprünglich nicht so war. Tatsächlich gibt es ein Indiz dafür, daß der «innere» oder «obere» Vorhof nachträglich vom einen Vorhof abgetrennt und nicht (wie Busink, Der Tempel 146, meint) diesem vorgelagert wurde. 2 Chr 20, 5 erwähnt einen «neuen Vorhof». Gegen diesen «neuen Vorhof» hin wendet sich nun aber Josaphat beim Gebet an der Spitze des Volkes. Da man sich beim Gebet zum Tempel wandte (28, 1 138, 2) dürfte mit dem «neuen Vorhof» kein anderer als der «innere» oder «obere» Vorhof gemeint sein. Dieser war also nicht von Anbeginn vom allgemeinen Vorhof abgetrennt.
Auf eine zunehmende Betonung verschiedener Heiligkeitsgrade weist die spätere Unterteilung des inneren Vorhofs in einen Priester- und in einen Israeliten-Vorhof *(175 J)* hin. Möglich ist, daß diese Unterteilung schon zur Zeit des Chronisten bestand. Dann würde der «neue Vorhof» dem Israelitenvorhof des herodianischen Tempels entsprechen. In der ausgehenden Königszeit dürfte hingegen der Vorhof schlechthin (vgl. Jer 19, 14 26, 2 Ez 8, 7) funktional und ungefähr auch architektonisch dem späteren «Frauenvorhof» *(175 F)* und der «innere», «obere» oder «neue» Vorhof dem späteren Israeliten- und Priestervorhof entsprochen haben. Der ursprünglich eine, im Laufe der Zeit aber in drei Vorhöfe aufgegliederte Bereich hat wohl die ganze Zeit seines Bestehens annähernd dieselben von Hekataios (350–290 v. Chr.) angegebenen Maße besessen: 155 × 50 m (zitiert von Josephus in Contra Apio-

nem I § 198; zum Beharrungsvermögen kultischer Anlagen vgl. Hofer, Phänomenologie des Sakralraumes 5 f, 204 f).
Den sogenannten «äußeren» oder «Vorhof der Heiden», der insofern schon bestand, als eine große Umfassungsmauer von Anfang an den Tempel und den Königspalast, d.h. die Akropolis, umgab (1 Kg 7, 12), und der von Herodes mit Hilfe gewaltiger Stützmauern zu einem großartigen Platz ausgestaltet wurde (Taf. IX), hat man in vorexilischer Zeit noch kaum als Tempelvorhof betrachtet. Gerade aus den Pss geht hervor, daß die Vorhöfe Schauplatz intensiven kultischen Handelns waren. Man betrat sie mit Lobgesang (100, 4), löste dort seine Gelübde ein (116, 19), erfreute sich der Gegenwart Jahwes (84, 11) und pries die Priester glücklich, die immer dort weilen durften (65, 5 135, 2). Die Vorhöfe gehörten zum Tempel und nicht zum weitern Palastbereich, der auch später als Vorhof der Heiden eher den Charakter eines Marktes usw. als den eines Tempelvorhofs trug. Nur gemäß dem (nie realisierten) Tempelentwurf Ez 40–42 sollte das Gebiet des äußern Vorhofs in den eigentlichen heiligen Bereich einbezogen werden (Ez 42, 20).
Während der Innenhof der Tempelanlagen *170–173* so gut wie sicher aus dem Wohnbau stammt, ist das bei den Vorhöfen des Jerusalemer Tempels kaum der Fall. Der Vorhof ist dem Tempelhaus vorgelagert, und nachdem es mehrere geworden waren, bildeten sie – auf eine Achse aufgereiht – eine Reihe von zunehmend heiligeren Bezirken. In diesem Punkt besitzt der Jerusalemer Tempel eine gewisse Ähnlichkeit mit der ägyptischen Tempelanlage (*162a, 176f;* vgl. Moscati, Die Phöniker 104 f), als deren erstes und hervorragendes Beispiel der Luxortempel Amenhoteps III. (1404–1366 v. Chr.) gelten kann (Smith, Art and Architecture 152, vgl. 133). Die einzelnen Elemente dieses Typs können verdoppelt werden. So weist *176* zwei Allerheiligste auf, oder *177* zwei gedeckte Säulenhallen. Im wesentlichen aber ist kein Unterschied zu verzeichnen zwi-

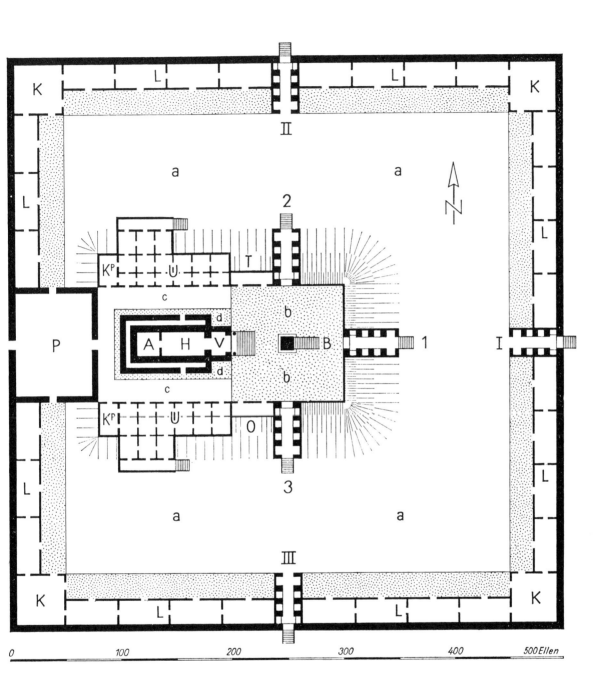

174. Der Tempelentwurf Ezechiels (Ez 40, 1–42, 20 43, 13–17 46, 19–24):
«I. II. III. Tore des Äußeren Vorhofs, 1. 2. 3. Tore des Inneren Vorhofs, a. Äußerer Vorhof, b. Innerer Vorhof, c. Sperrplatz, d. Tempelterrasse, AHV. Tempelhaus (A. Allerheiligstes, H. Heiliges, V. Vorhalle), B. Brandopferaltar, O. Aufenthaltsraum der Opferpriester T. Aufenthaltsraum der Tempelpriester, U. Umkleide und -Speiseräume der Priester, Kp. Opferküchen der Priester, K. Opferküchen der Laien, L. Laienhallen,» P. Hof, der wahrscheinlich als Ablageplatz für Opferabfälle diente.
«Die Darstellung ist in vielen Einzelheiten hypothetisch. Gesichert sind nur die Maße des eigentlichen Tempelgebäudes, des Altars, der Tore, der Vorhöfe, der Umfassungsmauer, des Parbar, und die Stufenzahl der Treppen, die Aufschluß über die Höhenunterschiede gibt; die Treppen selbst sind übertrieben eingezeichnet» (BHH III Sp. 1943 f).

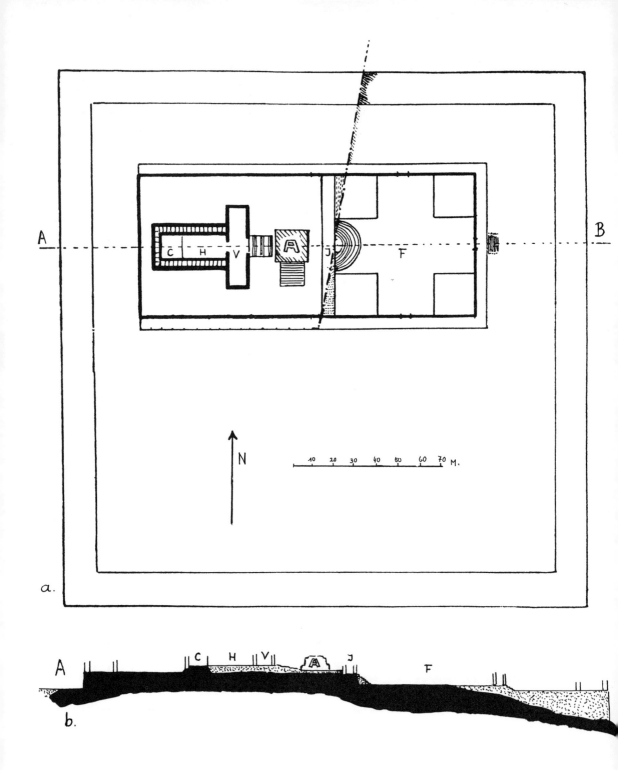

175. Grundriß (a) und Schnitt A–B (b) des herodianischen Tempels nach H. Schmidt. CHV: Tempelhaus, C. Cella (Allerheiligstes), H. Heiliges, V. Vorhalle, A. Großer Brandopferaltar, J. Vorhof der Israeliten. Nach anderen Darstellungen soll er in gleichbleibender Breite rings um den Altar- und Tempelhaushof gelaufen sein. F. Frauenvorhof. Zum Schnitt: Die schwarzen Partien kennzeichnen den Fels, die getüpfelten Auffüllungen. Nach Schmidt hätte das Allerheiligste (C) über dem heiligen Felsen gelegen (vgl. oben S. 104f), und die halbrunden Treppen (zwischen F und J) den rund 4 m hohen Absatz überwunden, der heute noch über eine monumentale Treppe bewältigt wird, die genau östlich von ʿAbdalmaliks Kuppelbau liegt (vgl. Taf. IX).

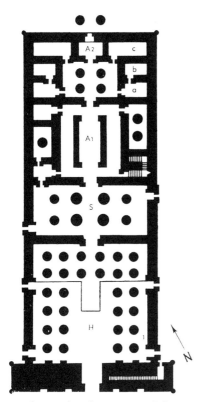
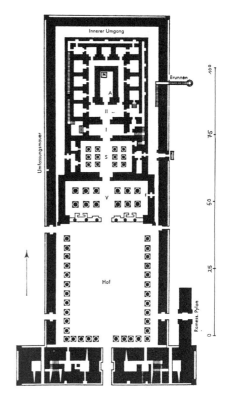

176. Chonstempel Ramses' III. (1197–1165 v. Chr.) in Karnak. Die Staffelung von zunehmend heiligeren Räumen ist typisch für den ägyptischen Tempelbau (S. Säulenhalle, A. Allerheiligstes).

177. Horustempel von Edfu aus ptolemäischer Zeit (V. Vorhalle, S. Säulenhalle, A. Allerheiligstes, N. Naos).

schen dem Chonstempel Ramses III. (1197–1165 v. Chr.) in Karnak *(176)* und dem rund 1000 Jahre jüngeren Horustempel (entstanden zwischen 237 und 57 v. Chr.) in Edfu *(177)*. Die gestaffelten Räume bildeten eine Reihe von zunehmend heiligeren Bezirken. Der Vorhof steht der Gesamtheit der Verehrer offen. Die gedeckte Vorhalle, in der allerhand wichtige Zeremonien stattfanden, war bereits nur einem engern Kreis, dem Kultpersonal, zugänglich. Das Allerheiligste mit der Gottesstatue durfte nur der dienstuende Priester betreten, der den König vertrat *(162a, 229f;* vgl. Erman, Religion 167f). Ähnlich wie in Jerusalem ist auch schon in Ägypten ein wachsendes Bedürfnis festzustellen, die zunehmende Heiligkeit der gestaffelten Räume (teils durch Vermehrung der Räume) zu betonen (vgl. Bonnet 783). Gleichzeitig aber lädt die Anlage den Menschen zum Durchschreiten ein, oder noch mehr: Sie möchte den Besucher «mit magischer Kraft gefangennehmen und ihn immer näher bis hinein in das Heiligtum führen» (Hofer, Phänomenologie des Sakralraums 140, vgl. 132–140).

Im kanaanäischen Raum erinnert der Baaltempel von Ugarit *(178)* mit seinem der (gedeckten?) Vorhalle vorgelagerten Hof an ägyptische Tempel (womit nicht gesagt ist, daß er von dorther beeinflußt sei). Die Knickachszella (das Podest liegt nicht in der Fluchtlinie der Achse von Vorhof und Vorhalle) beeinträchtigt allerdings das Bild der axial gestaffelten Räume. Aber mit der Ersetzung des Breitraums durch den Langraum

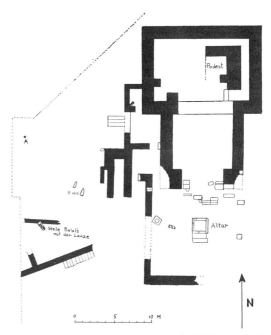

178. Beim Baaltempel von Ugarit ist der Vorhof ähnlich wie bei den ägyptischen Tempeln der Vorhalle und dem Allerheiligsten vorgelagert. Aber im Gegensatz zu Ägypten bilden Hof und Haus keine strenge Einheit und ganz unägyptisch ist die Knickachszella.

erhalten wir die für Jerusalem und das spätere Syrien typische Tempelanlage. Im Gegensatz zu Ägypten steht das Haus des Gottes isoliert da. Ehe man vor ihm steht, hat man einen oder mehrere Vorhöfe zu durchschreiten, die auf einer Achse liegen. So folgen sich beim Baal-Jupiter-Tempel in Baalbek eine Säulenvorhalle, ein sechseckiger Hof, der große Altarvorhof und auf einem über monumentale Treppen erreichbaren Podest das eigentliche Tempelhaus *(179)*.

Alle diese Anlagen ließen den Frommen (wirklich oder geistig) durch immer heiligere Bezirke und über verschiedene Treppen zur geheimnisvoll entrückten Gottheit emporsteigen. In Jerusalem durchschritt der Wallfahrer – im Idealfall von Osten kommend – (es gab auch Zugänge von Süden und Norden) das Tor des ersten Vorhofes. Hier dürfte die Torliturgie stattgefunden haben. Die Vorhoftore hießen deshalb «Tore der Gerechtigkeit» (118,19 Jes 26,2). Nachdem der Pilger den ersten Vorhof durchquert hatte, stieg er eine Treppe zum Tor des obern Vorhofs hinan. Dieses dürfte das «Jahwetor» (118,20) gewesen sein. Nach dem Passieren des innern Vorhofs stand er vor dem langgestreckten Tempelhaus, an dessen anderm Ende sich das Allerheiligste erhob, wo Jahwe im Dunkeln wohnte. Die Vorhöfe vermittelten durch ihre Anlage den Eindruck der Erhabenheit Jahwes. Wer sie betreten hatte, warf sich angesichts der hier waltenden Majestät Gottes anbetend aufs Angesicht (vgl. *412–413*).

Aber stärker noch als die Hoheit Jahwes scheint man nach dem Zeugnis der Pss in den Tempelvorhöfen seine heilvolle Segensmacht gespürt zu haben (vgl. 65,5 84,3.11 92,14). Dies wird weniger auf die architektonische Gestaltung als auf die Ausstattung der Vorhöfe zurückzuführen sein.

52,10 und 92,13 legen nahe, daß dort prächtige Ölbäume, Palmen und Libanonzedern gestanden haben. Sie künden mit ihrem kräftigen Grün von der heilvollen Segensmacht Jahwes. Große *Bäume* sind ganz allgemein «Gottesbäume» (80,11 104, 16a). Der Ausdruck «Gottesbäume» ist vorerst nichts als ein Superlativ, aber wo man nach einer Erklärung dafür sucht, bietet sich die besondere Beziehung dieser Bäume zu Jahwe an (vgl. 104,16b). Unter der Zerstörung des Tempels und dem Auszug Jahwes leidet die Vegetation des ganzen Landes (Agg 1,6 10f). In seinem Schatten aber gedeiht sie wie nirgends sonst. Das ist eine uralte Vorstellung. Vom Ninazu-Tempel in Eschnunna heißt es in einem sumerischen Hymnus: «Um dich herum läßt Ninazu die Pflanzen üppig wachsen» (SAHG 130), und ein anderer sumerischer Hymnus rühmt vom Enki-Tempel in Eridu: «In seinem grünenden Garten, der reiche Früchte trägt, brüten die Vögel» (SAHG 135; zu den Vögeln vgl. 84,4). Tempelgärten sind für ganz Mesopotamien von Eridu und Uruk im Süden bis hinauf nach Assur im Norden *(191, 202;* Andrae, Garten) und für Kanaan *(182)* nachgewiesen. Auch in Ägypten gehörten Bäume zum Tempel *(162a)*. In einem Liebesgedicht aus dem NR ist von den Bäumen die Rede, die zum Haus des Herrlichen (Re von Heliopolis) gehören (Schott, Liebeslieder 48f). Ihre Einpflanzung war ein ritueller Akt (Kees, Götterglaube 96).

180 zeigt Urnammu von Ur (2060–1955 v.Chr.), wie er einem Baum, der anscheinend den dahinter thronenden Mondgott Nanna repräsentiert (vgl.*239*), eine Libation darbringt (vgl. Galling, Der Altar IV. 9–V. 31.33 f). Im Baum ist die Heilsmacht Gottes anwesend (vgl.*253–255*). Der König vergrößert sie, indem er den Baum durch eine Trankspende

180. Der Baum im Vasenaltar verkörpert wie die Massebe auf dem Massebenaltar *(193)* den Gott (vgl. *253–255*).

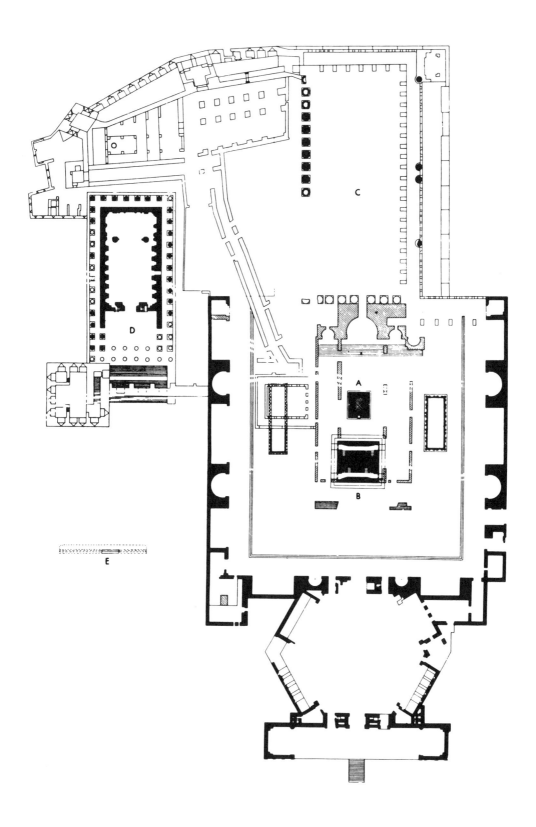

179. «Betretet seine Höfe mit Lobgesang!» (100,4b).
Zwei auf einer Achse liegende, dem Tempelhaus (C) vorgelagerte Höfe charakterisieren den Baal-Jupitertempel von Baalbek. Im zweiten Vorhof befanden sich zwei riesige Altäre (A und B; B war beinahe 20 m hoch), links und rechts von ihnen zwei sorgfältig eingefaßte Teiche.

stärkt. Dafür spendet der Baum seinerseits wieder lebensförderndes Wasser. Wasserspendende Bäume, resp. Götter, finden wir in der mesopotamischen Ikonographie und ihren palästinensischen Ausläufern recht oft dargestellt. Auf einer Scherbe aus Megiddo *(181)* ist ein stilisierter Baum mit drei Paaren antithetischer Ziegen zu erkennen. Das durch die beiden Fische angedeutete Wasser, das aus seiner Krone herabströmt, zeigt, daß es sich um ein Symbol der Fruchtbarkeit handelt. Das Wasser symbolisiert das Leben, das man im Schatten heiliger Bäume fast materiell wahrnahm (vgl. 121, 4–6: «Jahwe ist dein Schatten»).

In den Pss ist Jahwe selbst der Quell des Lebens, von dem ein Bach der Wonnen ausgeht (36,9f). In *seinem* Schatten findet man Schutz vor der glühenden Sonne und allerhand anderen Gefahren (91,1 121,5). Mit den Bäumen des Tempelbereichs, in denen Gottes unsichtbarer, geheimnisvoller Segen besonders wirksam ist, werden die Frommen verglichen (52,10 92,13 f). Schon der eine und andere sumerische König wird gefeiert «als auserlesene Zeder, die eine Zier im Hofe des Ekur (Haupttempel von Nippur) ist», die «an reichem Wasser wurzelt» und deren «Schatten das Land Sumer scheu verehrt» (Seibert, Hirt 21).

So wie die Bäume gehört das *Wasser* zu den Tempelhöfen. Das Vorangehende hat gezeigt, daß es eng mit den Bäumen verbunden ist. Vom «Ehernen Meer» (vgl. 1 Kg 7,23–26.44 2 Chr 4,2–10) ist in den Pss zwar nicht die Rede. Da es aber bei der mit dem Tempel zusammenhängenden Wasser-Symbolik der Pss eine Rolle spielt, dürfen wir es doch nicht außer acht lassen. Die Bezeichnung «Meer» weist darauf hin, daß es nicht ein gewöhnliches Waschbecken ist (obgleich es dessen Funktion natürlich auch hatte), sondern sein Wasser das gebändigte und überwundene Chaos repräsentiert, aus dem einst die Welt entstanden ist. Die Frage, ob es den himmlischen oder den unterirdischen Ozean darstelle (vgl. Busink, Tempel 335f) ist gegenstandslos, da beide (und der irdische Ozean dazu) ursprünglich und wesentlich zusammengehören (vgl. *37, 39*). Das babylonische *apsû* bezeichnet bald etwas Irdisches, bald etwas Unterirdisches und bald etwas Überhimmlisches (vgl. Jensen RLA I 122–124). Die Stiere, die das Eherne Meer tragen (1 Kg 7,25 2 Kg 16,17) sind Symbole der Frucht-

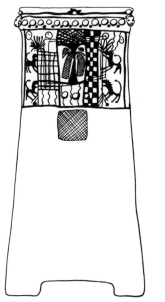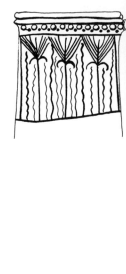

182. Der obere Teil dieses Kultständers aus Megiddo (1350–1150 v.Chr.) stellt einen von Bäumen umgebenen Tempel dar.

barkeit (vgl. *290, 292, 294*). Wir finden sie auch auf einem großen Kultbecken aus Zypern *(183)*. Die beiden mächtigen Wasserbecken, die vor dem Tempel von Muzazir stehen (vgl. *139*), werden von Stierfüßen getragen. Die nächste Analogie zu den Stieren des Ehernen Meeres dürften aber die Stiere von *183a* darstellen. (Zu weiteren sakralen Wasserbecken aus dem mesopotamisch-syrischen Raum vgl. *184f* und Busink, Der Tempel 332–335).

Das gebändigte Urwasser befruchtet die Erde (vgl. 46,5 mit v 4 74,15 mit v 13 f 104,10 mit vv 6–9). In zahlreichen Tempeln finden wir nicht nur Becken, sondern heilige Teiche und Seen. In Ägypten bewässerte man aus ihnen die Ölbaum- und Myrrhenpflanzungen, deren Erträge dem Kulte dienten. Die

181. Die göttlichen Kräfte, die man solchen Bäumen zugetraut hat, werden durch zwei Wasserbäche (mit Fischen) dargestellt. Wasser bedeutet soviel wie Fruchtbarkeit und Leben (vgl. *256* und *256a*).

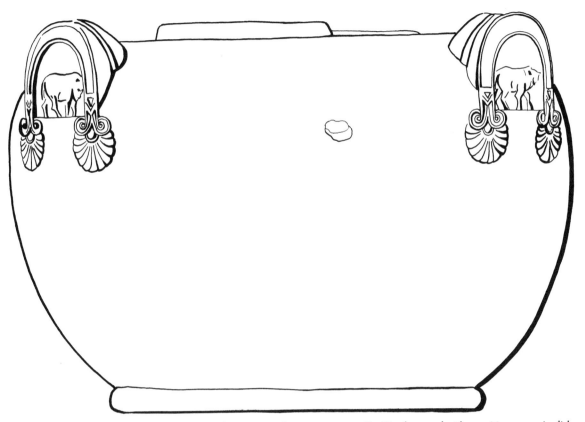

183. Das Kalksteinbecken aus Amathont auf Zypern hat einen Durchmesser von 2,2 m. Der Durchmesser des Ehernen Meeres war ziemlich genau doppelt so groß. Diese für antike Verhältnisse riesigen Dimensionen waren der Vorstellung angemessen, die Becken enthielten heiliges Wasser des Urmeers.

für die Opfer bestimmten Gänse tummelten sich in ihnen. Das für verschiedene Reinigungsriten nötige Reinigungswasser wurde hier geholt. Diese praktische Verwendung des Wassers war der Vorstellung nicht hinderlich, es handle sich dabei um das heilige Urwasser, dem einst die Welt entstiegen war (Bonnet 694f). So dürfte es auch in Jerusalem gewesen sein. Die Repräsentation des Urmeeres schloß praktische Funktionen nicht aus (2 Chr 4, 10).

Die Symbolik dieser heiligen Becken deutet bald das eine, bald das andere an. Die Einfassungen der Tempelteiche von Baalbek (vgl. 179) sind mit Meermotiven geschmückt (184). Ein Kultbecken aus dem Assurtempel in Assur (vgl. Busink, Tempel 333f) zeigt wasserspendende Gottheiten und Eapriester (185), die heiliges Wasser schöpfen. Sie tragen die Haut des Symboltieres des Gottes der Riten und Reinigungen (vgl. 43, 91 und 285). Irgendwelche Ausscheidungen heiliger Bäume verstärken die Kraft des lebenfördernden Wassers (186) oder, was auch möglich ist, der Lebensbaum wird sei-

183a. Paare von Löwen, Stieren u. ä. Tieren dienten im nordsyrischen Raum am Anfang des 1. Jt.s v. Chr. als Basen für Statuen. Die flache Mulde zwischen den hier abgebildeten Stieren war jedoch nicht geeignet, eine solche aufzunehmen. So vermutet ihr Ausgräber, Woolley (Carchemish III 168f.), daß die Stiere, ähnlich denen im salomonischen Tempel, ein mächtiges Wasserbecken getragen haben.

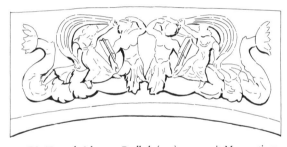

184. Die Tempelteiche von Baalbek (179) waren mit Meermotiven geschmückt. Tritonen und Nereiden verkörpern Wogen und Winde.

185. «Ein Strom geht von Eden aus, um den Garten zu tränken. Er teilt sich von dort an und wird zu vier Armen...» (Gn 2,10).
«Die Abzweigungen des Stromes erfreuen die Gottesstadt» (46,5).
Mit Strom *(nhr)* dürfte hier das Urmeer gemeint sein (vgl. 8).

nerseits durch Besprengung mit ihm zum Blühen gebracht (vgl. 23–24). 187 aus dem Totentempel Sethos' I. in Abydos zeigt, daß man in den Tempelteichen ebensogut wie in den Tempelbäumen (vgl. 180) eine Manifestation der im Tempel gegenwärtigen göttlichen Macht sah, der man die Libation ausschütten konnte, die dem Gott zugedacht war.
Wie vom Paradies die großen Ströme ausgehen, die die Erde bewässern (Gn 2,10–14), so sollte auch der vom Tempel ausgehende Segen (133,3) sich in Flüssen konkretisieren, die das ganze Land fruchtbar machen. In der eschatologischen Heilszeit, wenn dereinst alles so sein wird, wie es sein soll, wird ein wunderbarer Strom vom Tempel ausgehen (Ez 47,1 Joel 4,18 Zach 14,8 Apk 22,1f; vgl. 256a). Ps 46 (v 5) redet aber bereits für die Gegenwart von einem Fluß, dessen Kanäle die Gottesstadt erfreuen (vgl. 65,10). Von der Einsicht abgesehen, daß Jerusalem durch diesen Strom zu einer Art Paradies wird, hat der Vers zu den verschiedensten Deutungen Anlaß gegeben. Man hat vom Strom der Gnade (Delitzsch, Psalmen z. St.) gesprochen und davon, daß Jahwe für Jerusalem das sei, was der Euphrat für Babylon (Junker, Der Strom 197–201). Gunkel (Psalmen z. St.) erklärt den ganzen Ps als prophetische Vision. Kraus (Psalmen z. St.) widerspricht ihm und sieht hier uralte Kulttraditionen auf Jerusalem übertragen. Solche Kulttraditionen pflegen sich in der Regel an bestimmte Eigenheiten der Tempelausstattung zu heften oder – falls sie primär sind – sich in solchen zu konkretisieren. Es gibt verschiedene Möglichkeiten. Ganz zu Unrecht lehnt Kraus (Psalmen 343) die Deutung auf die am Fuße des alten Stadthügels entspringende Gichonquelle zum vornehrein ab. Wie 46 setzt schon Jesaja (8,6f) tosende und brausende Wasser den sanft fließenden gegenüber. Die sanft fließenden Wasser sind bei Jesaja aus-

drücklich als die des Siloe, dem Kanal (oder einem der Kanäle?) des Gichon gekennzeichnet. Es ist zu beachten, daß 46,5 nicht vom Tempelbereich, sondern von der Gottesstadt redet. Allerdings bezeichnet Gottesstadt hier vielleicht nicht Jerusalem als Ganzes, sondern nur den Tempelbereich (vgl 2 Kg 10,25). Vielleicht gab es nicht erst zur Zeit des Herodes, resp. des Pilatus, einen Aquädukt, der, wie auf 202, Wasser zum Heiligtum brachte. Interessant ist, daß sich bei dieser assyrischen Wasserleitung (Anfang 7. Jh. v. Chr.) das Wasser im Bereich des Tempels ähnlich wie bei 46,5 in mehrere Kanäle teilt. Endlich ist zu bedenken, daß *nhr* (wie im Zusammen-

186. Die Priester des zauber- und heilkundigen Gottes des Grundwasserozeans (vgl. 91) am Lebensbaum.

187. Der Pharao gießt eine Trankspende in die Tempelteiche und trägt so zur Erhaltung ihrer heiligen Kräfte bei.

188. Mit Keruben geschmückte Kesselwagen gehörten zum Inventar des salomonischen Tempels. Wenn das Eherne Meer kultsymbolisch den Strom (*nhr*; 46,5) darstellt, dürften die Kesselwagen seine Abzweigungen (Abteilungen) repräsentieren.

salomonischen Tempels (vgl. 1 Kg 7,29), mit Keruben dekoriert. Nebst diesen erscheinen auf den salomonischen Kesselwagen Palmen, Stiere und Löwen (1 Kg 7,29.35). Ez (41, 18) präzisiert, daß stets eine Palme zwischen zwei Keruben stand. Die Palme zwischen den Cheruben ist nur eine Variante des Motivs vom Lebensbaum zwischen zwei Tieren, Menschen oder göttlichen Wesen (*23, 24, 181, 186;* zur Symbolik des heiligen Baumes vgl. Danthine, Le palmier-dattier 136 bis 164).

Dieses Motiv war von Mesopotamien ausgehend auch in Palästina auf Elfenbeintäfelchen, auf Gefäße geritzt und gemalt (May, Material Remains Taf. XL) und in Rollsiegel geschnitten (Nougayrol, Cylindres Sceaux 23–35) stark verbreitet. In älterer Zeit flankierten meistens Ziegen (vgl. *181*) oder Rinder den Lebensbaum (oft eine mehr oder weniger stilisierte Palme). Im 2. und besonders im 1. Jt. v. Chr. begannen Cherube ihren Platz einzunehmen. Auf einem Elfenbein aus Nimrud erscheinen beide Varianten gleichzeitig *(189)*. Die Cherube steigern den Eindruck, daß es geheimnisvolle Kräfte sind, die der wunderbare Baum vermittelt. Die Goldlamelle *(190)* mit dem von Cheruben bewachten Lebensbaum wurde einem Toten auf die Brust genäht. Vielleicht sollte sie ihm etwas von den unversieglichen Kräften des Lebensbaumes vermitteln. Aus dem schlichten sakramenthaften Symbol ist eine magisch-mythische Größe geworden (vgl. Frankfort, The Art 135 bis 137).

Eine höchst interessante Wandmalerei aus Mari *(191)* zeigt einen rechteckigen, von einer Mauer (auf *191* nicht sichtbar) und einem Spiralband (nicht sichtbar) umgebenen Raum, in dem sich eine Dattelpalme (92,13) mit einer großen Taube in der Krone befindet. Der Hof rahmt zwei weitere, übereinanderliegende Rechtecke ein, die von zwei Bäumen (oder baumähnlichen Emblemen), vier Cheruben und zwei Stieren flankiert sind. Die Stiere stemmen den einen Vorderfuß auf einen Berg. Die beiden Berge sollen wohl andeuten, daß sich das Zentrum des Hofes auf einem Berg befindet. Zum dop-

hang mit *8* gezeigt wurde) nicht nur fließendes Wasser, sondern – gerade in den Pss – oft das Meer bezeichnet. Von daher gesehen, könnte der *nhr* kultsymbolisch durch das «Eherne Meer» dargestellt worden sein.

Die vom «Meer» *(jm, nhr)* abgeteilten Wasser *(plg* I bedeutet «abteilen») wären dann in den Kesselwagen von recht ansehnlicher Größe konkretisiert, deren es nach Ausweis von 1 Kg 7,27–29 im Tempel von Jerusalem zehn Stück gab. Der Kesselwagen von Larnaka (Cypern) *188* ist, wie diejenigen des

189. Während die Ziegen am Lebensbaum dessen vitale Potenzen ahnen lassen, signalisieren die Keruben seine Heiligkeit. Sie erscheinen in den Pss stets in unmittelbarer Nähe der Gottheit.

191. «Der Gerechte sproßt wie eine Palme, wie eine Libanonzeder wächst er hoch.
Eingepflanzt im Hause Jahwes, in den Vorhöfen unseres Gottes sprossen sie.
Noch im hohen Alter gedeihen sie, sind saftig und frisch, um zu künden, daß Jahwe gerecht ist» (92, 13–16a).
Die Gegenwart Jahwes in Jerusalem manifestiert sich nicht so sehr in prächtigen Bäumen als im Gedeihen der Gerechten.

190. Goldlamelle mit sprossendem Lebensbaum und Keruben, die einem Toten als Schmuck und Amulett mitgegeben worden sind.

pelt dargestellten Berg passen die beiden Quellgottheiten (vgl. *153*) im untern der beiden kleinern Rechtecke. Aus dem Gefäß, das sie halten, entspringt ein vierarmiger Strom (vgl. Gn 2,10). Eine stilisierte Pflanze wächst daraus hervor. Wir befinden uns an einem Ort, von dem alles Leben ausströmt. Im Zentrum dieses Bereichs, im obern Rechteck, steht die Fruchtbarkeits-, Liebes- und Kriegsgöttin Ischtar. Die Palme ist ihr Baum und die Taube ihr Vogel (vgl. *290*). Ihr rechter Fuß ist einem Löwen aufgestemmt. Sie scheint dem König, der grüßend vor sie (resp. ihr Bild) tritt, Ring und Stab zu überreichen (vgl. dazu jedoch Barrelet, Une peinture 17-19, aber auch Frankfort, The Gimilsin Temple 202f, 215). Wie dem auch sei, jedenfalls haben wir es bei diesem Bild mit der Darstellung einer vollständigen Tempelanlage mit allen ihren Teilen zu tun. Das Tempelhaus ist ein Breitraum mit einem ebenfalls breiträumigen Vorraum (vgl. *172-173, 207*). Der Vorraum und der Vorhof vereinigen alle Züge, die den Tempel als Bereich des Lebens charakterisieren und die wir – fast ausnahmslos – im salomonischen Tempel und bei der Beschreibung des Paradieses wiederfinden: den Berg (Ez 28, 13-16), die Ströme, die Bäume, die Cheruben. Auch die Stiere, die im Jerusalemer Tempel das Eherne Meer trugen (1 Kg 7,25), sind vorhanden.

Der Glaube an die Gegenwart des *lebendigen* Gottes hat die Tempelvorhöfe mit allen jenen Symbolen ausgestattet, die schon im Ischtartempel von Mari eine Rolle gespielt hatten.

4. Die Altäre

Auch der Altar, vielmehr die Altäre, bilden einen Teil der Ausstattung der Vorhöfe. Altäre gehören aber auch zum Inventar des Tempelhauses. Sie sollen hier gemeinsam behandelt werden. Nach magisch-mythischer Weltvorstellung konnte der Mensch nicht einfach an den Lebenskräften des heiligen Bereiches partizipieren, ohne seinen Teil zur Erhaltung und Erneuerung derselben beizutragen. Dieser Beitrag war das Opfer.

180 und *187* zeigen recht deutlich, wie der König als oberster Priester durch seine Darbringungen die Lebensmacht des heiligen Ortes erhält. Das Opfer wurde weitgehend als Speisung verstanden (*192*). Dabei mag das Verdunsten der Flüssigkeit, das Austrocknen der Opfergaben (*288*), ihr Verbrennen oder ihr Genuß durch heilige Tiere (*440*) den Glauben bestärkt haben, die Götter hätten sich diese angeeignet.

192. Die Nahrungsaufnahme der Gottheit hat man sich oft recht anthropomorph vorgestellt (vgl. 50,13). Die Gottheit und der Beter trinken mit langen Rohren aus dem gleichen Gefäß, in das die dritte Gestalt Flüssigkeit nachgießt (W. Röllig, Das Bier im Alten Mesopotamien, Berlin 1970, 58).

Durch die Erfahrung und das Wissen um die Unabhängigkeit Jahwes vom kosmischen Gefüge wurde das Opfer in Israel problematisch (vgl. 50 und Kp VI.2). Aber es blieb vorerst erhalten und wurde nur in verschiedene Richtungen neu interpretiert.

Wenn das Opfer an und für sich Speise oder Gabe für die Gottheit darstellt und nicht nur einen innern Vorgang ihres Verehrers (Hingabe, Verehrung) visualisiert, ist es klar, daß man den Altar als Ort, wo man die Speise oder Gabe hinlegte als Tisch der Gottheit oder als Repräsentation ihrer selbst empfinden mußte. Dabei kann subjektiv oder objektiv bald das eine, bald das andere stärker in den Vordergrund getreten sein. In den Pss hat man wiederholt den Eindruck, der Altar repräsentiere für den Beter eher Jahwe, als daß er einfach eine Schlachtstätte oder eine Art Tisch darstelle. Das ist etwa der Fall, wenn der Beter den Altar umkreist und dabei laut Jahwes Lob ertönen läßt (26,6f) oder wenn in 43,4 «zum Altar hintreten» parallel zu «vor Gott kommen» steht (vgl. auch 118,27).

Opfertisch *und* Repräsentation des Gottes ist der Altar dort, wo er faktisch in nichts anderem als einigen Vertiefungen oder Napflöchern in dem als heilig verehrten Felsen besteht *(154 bis 156;* vgl. Ri 6,20 13,19 1 Sm 6,14 14,33). Der heilige Fels in Jerusalem kann ursprünglich ein solcher Altar gewesen sein *(154).*

193. «Ich will hintreten zum Altare Gottes, zum Gott meines frohen Jubels» (43,4).

Die aus Erde oder unbehauenen Steinen aufgeschichteten Altäre (Taf. X und XI; Gn 31,46 Jos 8,31) scheinen auf den ersten Blick eher den Charakter eines Podiums, einer Schlachtstätte oder eines Tisches gehabt zu haben. Aber die archaischen Vorschriften, den Altar nur aus unbehauenen Steinen zu bauen und ihn nicht auf Stufen zu besteigen, «damit deine Blöße sich vor ihm nicht enthülle» (Ex 20,25f), lassen noch ahnen, daß man auch im Steinhaufenaltar mehr als einen Tisch oder etwas Ähnliches gesehen hat. Der Brandopferaltar im Vorhof des Jahwetempels von Arad (vgl. *170* und *248*) ist Ex 20,25 entsprechend aus unbehauenen Steinen gebaut und

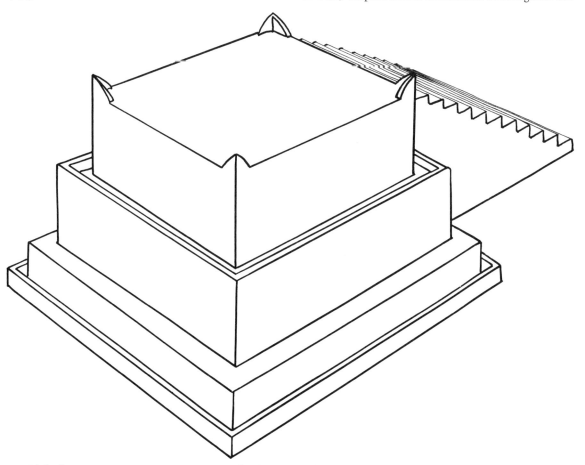

194. «Bindet den Festreigen mit Seilen bis an die Hörner des Altars» (118,27b. c).

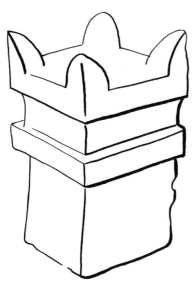

195. «Horn meiner Rettung» (18,3).

ohne Stufen (Taf. XI). Seine Maße entsprechen den in Ex 27,1 für den kupferüberzogenen Holzaltar des Wüstenheiligtums geforderten (5×5×3 Ellen = ca. 2,25×2,25×1,35 m). Im Brandopferaltar von Arad sind also Elemente der *beiden* recht verschiedenen Vorstellungen (Ex 20,25f und 27,1) von einem legitimen Jahwealtar verwirklicht.
Die beiden Funktionen des Altars (Repräsentation der Gottheit und «Tisch») bringt am deutlichsten der für den syrischphönikischen Kulturkreis typische Massebenaltar zum Ausdruck (*193;* vgl. Galling, Der Altar 67f). Der Massebenaltar in der Form von *193* ist für die Darbringung von Blutsprengungen, aber nicht für Brandopfer geeignet. Mag sein, daß die für den syrisch-phönikischen Raum schon früh belegten Hörner an den vier Ecken des Altars (vgl. *195, 246*) ihrer Herkunft nach eine gevierteilte, bzw. vervierfachte Massebe darstellen, die ursprünglich aus praktischen Gründen, etwa um Platz für das Brandopfer zu haben, aus der Mitte des Altares an seine Ecken verlegt wurde (vgl. Galling, Der Altar 59 und 67). Aus zahlreichen Texten des AT geht jedenfalls hervor, daß die Hörner des Altars die Gottheit in ganz besonderem Maße vergegenwärtigten. Bei ihnen hat die Festprozession ihr Ziel erreicht (118,27). Bei ihnen findet der Asyl Suchende Schutz (1 Kg 1,50 2,28 Am 3,14). Vielleicht hängt die Prädikation «Horn meiner Rettung», die Jahwe in 18,3 zuteil wird, mit der Schutz gewährenden Kraft der Altarhörner zusammen. An die Altarhörner wird auch das Blut der Versöhnung appliziert (Lv 8,15 16,18 u.a.).
Wie der Hauptaltar vor dem salomonischen Tempel ausgesehen hat, wissen wir nicht mit Sicherheit. Immerhin war es mit einiger Wahrscheinlichkeit ein hölzerner (Ex 27,1f) oder aus Steinen gebauter, auf jeden Fall aber mit Kupfer überzogener Würfel (2 Kg 16,14 1 Kg 8,65 2 Chr 6,13 Ex 27,1f). Er war verhältnismäßig klein (1 Kg 8,65 2 Kg 16,14). Nach 2 Chr 6,13 wies er die kanonischen Maße auf (Ex 27,1f), die wir bei dem Brandopferaltar des in salomonische Zeit hinaufreichenden Tempels von Arad (Taf. XI) getroffen haben. 1 Kg 1,50 und 2,28 weisen darauf hin, daß seine vier Ecken mit Hörnern ausgestattet waren, was ebenfalls den kanonischen Vorschriften von Ex 27,1 entsprechen würde. Da der Altar bei größeren Feierlichkeiten (vgl. 66,15) zu klein war, benützte man den mittleren Teil des Vorhofes als Schlacht- und Opferstätte (1 Kg 8,64).
Um 730 v. Chr. ließ König Achas den alten Kupferaltar durch einen neuen größern ersetzen (2 Kg 16,10-16). Man stieg über Stufen auf ihn hinauf (2 Kg 16,11; *193-194, 196*). Achas baute diesen Altar nach einem Vorbild, das er beim Assyrer-König (?) in Damaskus gesehen hatte. Da es keine assyrischen Stufenaltäre gibt, dürfte es sich um ein aramäisches Vorbild gehandelt haben (Galling, BRL Sp. 21). De Groot (Die Altäre 44f) und Galling (Der Altar 69) vermuten, der Achasaltar hätte im wesentlichen dem Ezechielaltar entsprochen. Über einem Basissockel von ca. 9×9×0,5 m erhoben sich drei Blöcke mit den Maßen 8×8×1 m, 7×7×2 m und 6×6×2 m (Ez 43,13-17). An den vier Ecken befanden sich 0,5 m hohe Hörner. Von Osten her führten Stufen auf den Altar hinauf *(194;* vgl. *193* und *196).* Die Größe des Altars erlaubte Tauben, Schwalben und Sperlingen, einen Platz zum Nisten zu finden (84,4), besonders wenn der Altar aus unbehauenen Steinen aufgebaut war und sich mit der Zeit allerhand Ritzen und Löcher bildeten. Nach 2 Chr 4,1 soll ein Altar von den gewaltigen Ausmaßen des Achaz-Ezechielaltars schon in salomonischer Zeit bestanden haben. Doch dürfte es sich dabei um einen Anachronismus handeln.
Bei der Zerstörung des Tempels durch die Babylonier wurde auch der große Brandopferaltar zerstört. Nach Esr 3,3 hat man ihn aber über den alten Fundamenten wiederaufgebaut. Das bestätigt auch Hekataios. Nach ihm befand sich im 3. Jh. v. Chr. vor dem Jerusameler Tempel ein über einem quadratischen Grundriß von ca. 9 m Seitenlänge erbauter, ca. 4,5 m hoher Altar aus unbehauenen Steinen (Josephus, Contra Apionem I § 198). Der letztere Zug wird durch 1 Makk 4,47 bestätigt. Nachdem Antiochus IV. den alten Altar entweiht hatte, rissen ihn die Juden nieder. Dann «nahmen sie nach Gesetzesvorschrift unbehauene Steine und bauten in der Art des ehemaligen Altars einen neuen auf». Auch nach Bellum Judaicum V, 5-6 bestand der Altar aus unbehauenen Steinen. Auf Stufen konnte man angesichts der Größe trotz Ex 20,26 kaum verzichten.
In 84,4 ist von Altären im Plural *(mzbḥwt)* die Rede. Die Frage, ob dieser Plural auf eine Mehrzahl von Opferstätten hinweise oder wie bei «Bergen» (87,1 133,3) oder bei «Wohnungen» (43,3 46,5 84,2 132,5.7) als sakraler Plural zu deuten sei, ist wohl in letzterem Sinne zu entscheiden. In den oben genannten Texten ist stets nur von einem Altar die Rede. Der Schaubrottisch und der kostbare goldene Altar (1 Kg 7,48) befanden sich im Innern des Tempels und konnten so nicht als Nistgelegenheit dienen, wie 84,4 das voraussetzt.
Mit dem goldenen Altar in 1 Kg 7,48 dürfte ein Räucheraltar gemeint sein. Nach Ex 30,1-10 soll schon das Wüstenheiligtum mit einem ca. 90 cm hohen Räucheraltar mit vier Hörnern (vgl. *195*) ausgestattet gewesen sein.
Im Allerheiligsten des Jahwetempels von Arad befanden sich zwei Räucheraltärchen *(248).* Der größere der beiden hatte ungefähr die Größe des Hörneraltars von Megiddo *(195),* der auch als Räucheraltar gedient haben dürfte. In Lakisch wur-

Taf. VIII. Die Eingänge zu den assyrischen Palästen und Tempeln waren von mächtigen Wächterdämonen flankiert. Sie sollten alle bösen Mächte am Betreten der von ihnen beschützten Bezirke hindern.

Zum Genius mit der Situla:
«Entsündige mich mit Hysop, und ich bin rein. Wasche mich, und ich bin weißer als Schnee» (51,9).

Taf. IX. Blick auf den Tempelplatz vom Ölberg aus. Nach manchen Exegeten und Archäologen (vgl. z.B. 175) soll sich ungefähr an der Stelle der kleinen schwarzen Kuppel (*qubbet es-silsile*) der Brandopferaltar und über dem Felsen, den die große vergoldete Kuppel überdacht, das Allerheiligste befunden haben. Th. A. Busink ist hingegen der Ansicht, der Tempel hätte etwas nördlich (rechts) davon gelegen.

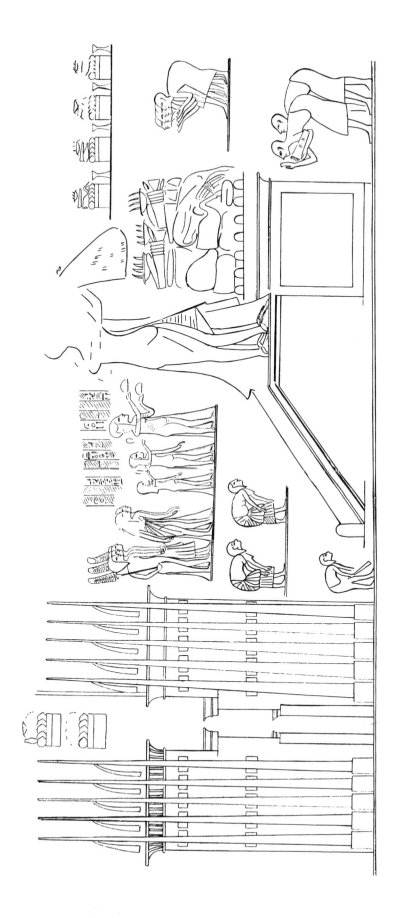

196. «Ich will deinen Altar umschreiten, Jahwe, um laut dein Lob zu verkünden und deine Wundertaten zu erzählen» (26,6b., 7).

den rund 150 Räucheraltäre aus der Perserzeit gefunden. Die Inschrift auf einem von ihnen zeigt, daß man nicht nur im vorexilischen Arad, sondern auch im nachexilischen Lakisch Jahwes Zorn ('p) zu besänftigen suchte, indem man seine Nase ('p) mit Weihrauch beruhigte (197).

Anstelle eines richtigen Würfelaltars konnte auch ein Becken auf einem leicht tragbaren Ständer zum Abbrennen des Räucherwerkes dienen (198; vgl. 1 Kg 7,50). Ägyptische Reliefs zeigen häufig, wie belagerte Kanaanäer den Pharao, der wie ein Kriegsgott heranstürmt (132a, 300-302), durch das Abbrennen von Weihrauch ehren und ihn so zu besänftigen versuchen (132a, 199 und vgl. 86 und 162). Dabei verwenden sie Geräte, die dem von 198 recht ähnlich sind.

Gut 1000 Jahre später erscheint ein solcher Kandelaber zum Abbrennen von Weihrauch auf einem palmyrenischen Altar (200). Die aramäische Inschrift auf der Rückseite des Altars belehrt uns, daß ein solches Gerät «Chamman» heißt (IWE III 164). Da Chammanim im AT als typisch kanaanäisch gel-

197. Die Inschrift auf diesem Altar aus Lakisch lautet: «Weihrauch (von) J(a'u)sch, (dem) Sohn des Mech(ir) für Jah(we), (unsern?) Herrn.»

198. Ständer mit Schale für das Abbrennen von Weihrauch (vgl. 199). Mit Wohlgerüchen, die wohlgefällig in die Nase ('aph) drangen, glaubte man, den Zorn der Götter besänftigen zu können, den die schnaubende Nase signalisierte, und der deshalb ebenfalls 'aph hieß (vgl Nm 17,11f). Vom zornigen Schnauben Jahwes ist in 18,16 die Rede.

199. Das Räuchern war besonders mit Sühneopfern verbunden. Dabei opferten die Kanaanäer und Phöniker in großen Nöten ihre eigenen Kinder, wie das Werk Philo's von Byblos (zit. bei Porphyrius, De abstinentia II, 56) und andere Texte (besonders aus dem punischen Raum) bestätigen. Der Syrer Lukian ergänzt diese Nachrichten um das Detail, daß man die Kinder dabei manchmal einfach von einem hohen Bauwerk hinunterwarf, bzw. fallen ließ (De dea Syria 58). Daß unser Bild diese Sitte darstellt, scheint mir nicht so gewiß wie Derchain (Les plus anciens Témoignages). Genau gleich, wie die Kanaanäer hier Ramses II., strecken die Philister Ramses III. ihre Kinder von ihren Ochsenkarren aus entgegen (Nelson, The earlier Historial Records Taf. 34 rechte Hälfte; ähnlich, aber weniger deutlich ANEP Nr. 813). Da die herabreichenden Arme die Kinder vom niedrigen Ochsenkarren aus auf den Boden stellen, wird es sich nicht um ein Opfer handeln, sondern, wie es auch für unser Bild zutreffen wird, um das Anbieten von Geiseln (vgl. auch 86 und 132a).

lich als die stärker dynamistische Auffassung Ägyptens, wo man mit einer Vermehrung der Opfergaben die göttlichen Kräfte fast unendlich steigern zu können glaubte.

Ein assyrisches Relief aus dem Palast Assurbanipals in Ninive *(202)* faßt recht gut zusammen, was bis anhin zum Tempel als Bereich des Lebens gesagt wurde (vgl. *162a, 191*).

Die ganze Anlage erhebt sich auf einem Berg. Die unmittelbare Umgebung des Tempels ist durch Bäume *(180–182)* und Wasser *(183–188)* gekennzeichnet. Dieses wird in bemerkenswerter Weise mit Hilfe eines Aquädukts herangeführt (zu assyrischen Aquädukten vgl. Jacobsen, Sennacheribs Aqueduct). Auf dem Tempelberg teilt es sich in mehrere Arme. Der Tempelbau selber ist nicht ganz einfach zu deuten. Auf den ersten Blick möchte man den Bogen links als Eingang, den mit Pfeilern geschmückten Bau rechts aber als Langraum ansehen, der von der Seite dargestellt ist (zur Kombination verschiedener Aspekte vgl. Tor und Altar auf *196*). Diese Auffassung scheint durch die Tatsache begünstigt, daß zwischen den Pfeilern des «Langraumes» etwas wie Mauerwerk sichtbar wird. Eigenartigerweise scheinen allerdings die vertikalen Stoßfugen zu fehlen. Vor allem spricht gegen diese

200. Transportable Räucherständer, wie der auf dem Relief dieses Altars, hießen *ḥammān*. Das lehrt die aramäische Inschrift auf der Rückseite des Altars. *ḥammānīm* haben im Jerusalemer Kult anscheinend keine Verwendung gefunden und werden von den Propheten als typisch kanaanäisch abgelehnt.

ten und von den Propheten verworfen werden (Jes 17,8 27,9 Ez 6,4.6), räucherte man im Jerusalemer Tempel wahrscheinlich nicht auf solch tragbaren Ständern, sondern wie Ex 30,1–10 und 1 Kg 7,48, nahelegen, auf einem richtigen kleinen Altar, der denen ähnlich sah, die in Arad und Lakisch gefunden wurden.

Neben dem Räucheraltar befand sich im Tempel nach 1 Kg 7,48 noch ein Tisch für die Vorlegebrote (vgl. 1 Sm 21,1–7). Falls sich 1 Kg 6,20 auf ihn bezieht, bestand er aus Zedernholz. Nach Ex 25,23–30 war er ca. 90×45 cm groß und ca. 65 cm hoch. Der Schaubrottisch auf dem Titusbogen gibt diese Maße ziemlich genau wieder (vgl. *460*). Ez 41,21–22 fordert die doppelte Größe. *201* zeigt einen assyrischen Vorlegetisch.

Während in Ägypten gerne ein Vorlegetisch neben den andern gestellt wird (vgl. *196*), findet man in Assyrien stets nur einen einzigen (*373, 440;* Galling, Der Altar 42f). Das scheint auch für den kanaanäisch-mesopotamischen Raum zu gelten. Die Götter wurden im kanaanäisch-mesopotamischen Raum konsequenter anthropomorph gedacht als in Ägypten (vgl. oben S. 38, 306). Das war einem zunehmend entdinglichten Verständnis der Opfer, wie es das AT zeigt, weniger hinder-

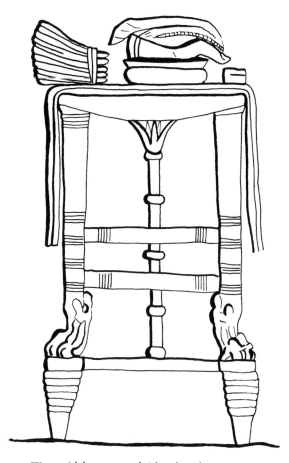

201. «Wenn mich hungert, würde ich es dir nicht sagen, denn mir gehört der Erdkreis samt seiner Fülle» (50,12).

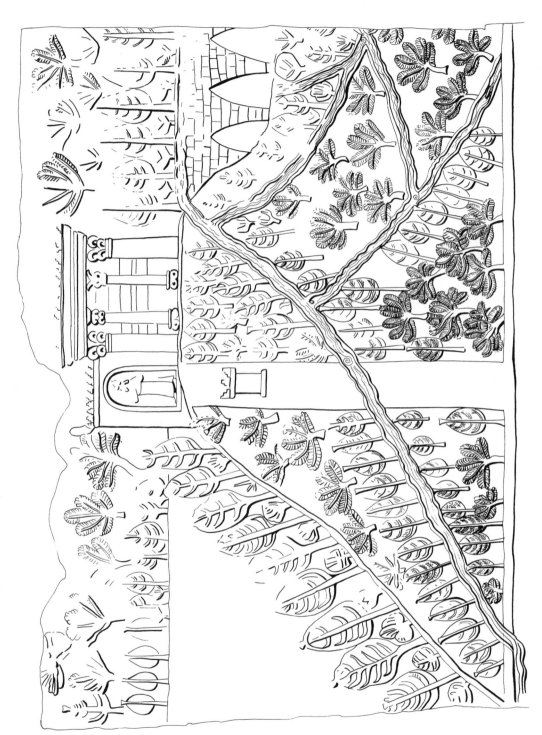

202. «Wie lieblich ist deine Wohnstätte, Jahwe der Heerscharen.
Meine Lebenskraft verzehrt sich in Sehnsucht nach den Vorhöfen Jahwes.
Ja, ein Tag in deinen Vorhöfen ist besser als tausend andere (84,2–3.5–6.11a).

Glücklich sind, die in deinem Hause wohnen, die dich immer wieder preisen.
Glücklich der Mensch, dessen Kraft in dir gründet, der an die Feststraße denkt …
Ja, ein Tag in deinen Vorhöfen ist besser als tausend andere (84,2–3.5–6.11a).

Deutung aber die Tatsache, daß «bis jetzt kein derartiger Grundriß mit vorgeblendeten Säulen, denn auf einen solchen liefe es hinaus, aus dem assyrischen Raum bekannt» ist (Hrouda, Kulturgeschichte 60f). So haben wir den vermeintlichen Langraum wohl als Front eines *templum in antis* mit zwei Säulen zu verstehen (vgl. Frankfort, The Art 182f) und das vermeintliche Mauerwerk als Register eines Bronzetores oder ähnlich zu deuten. Der vermeintliche Eingang aber war wohl eine vom Tempel unabhängige, in Wirklichkeit diesem vorgelagerte Stele (vgl. *440*). Sie trägt das Bild eines assyrischen Königs in anbetender Haltung (vgl. *418*). Die *via sacra* mit dem kleinen Altar dürfte schnurgerade nicht nur auf diese, sondern eigentlich auf die Front des dahinterliegenden Tempels zugegangen sein.

S. Mowinckel nimmt an, daß auch der Jerusalemer Tempel – wie die meisten großen ao Heiligtümer (vgl. Andrae, Feststraßen) – seine via sacra besessen habe. Einen Hinweis darauf möchte er im *mṣlwt* von 84,6 sehen. *mṣlh* ist die gepflasterte Straße. Der Plural hätte wie bei «Berge», «Wohnungen» und «Altäre» Intensivcharakter (Psalmenstudien II 128–130). Mowinckel nimmt an, die Straße hätte über den Westhügel zum Tempelberg geführt (vgl. *151* und *152*). Es ist aber wahrscheinlicher, daß sie vom Gichon weg (1 Kg 1,38f. 45) zuerst dem Kidrontal folgte und dann von Osten her auf den Tempel zulief, so daß ihr letztes Stück auf die verlängerte Achse der Tempelanlage zu liegen kam.

5. Das Haus Jahwes

Die Pss brauchen für das, was wir als Tempel (oder genauer Tempelhaus) bezeichnen, hauptsächlich die Begriffe: «Haus (*bjt*) Jahwes» (5,8 23,6 26,8 27,4 und oft) und «Palast (*hjkl*, aus sumerisch *e-gal* ‹großes Haus›) Jahwes» (5,8 27,4 48,10 65,5 und oft). Weder *bjt* noch *hjkl* bezeichnen von sich aus (wie etwa unser «Tempel» oder «Kirche») etwas spezifisch Kultisches. Das Haus, resp. der Palast Jahwes unterscheidet sich terminologisch also einzig durch seinen Bewohner, resp. Besitzer von ähnlichen Bauten. Das gleiche gilt von Wohnstätte (*mškn*; 26,8 74,7), wobei an einigen Stellen der Plural «Wohnstätten» die Besonderheit dieser Wohnstätte andeutet (43,3 46,5 84,2 132,5.7; vgl. oben S. 101).

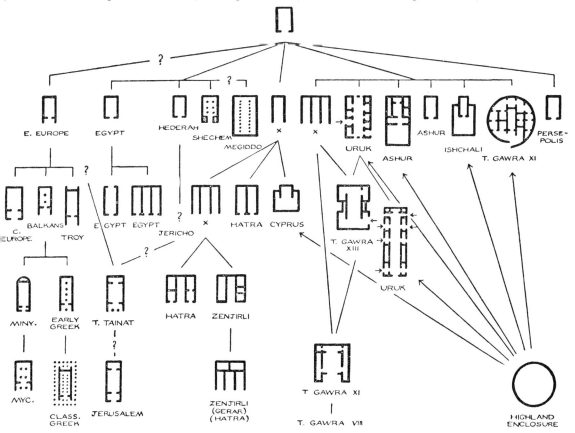

203. Verschiedene Formen des Langhauses. Soweit es sich um Tempel handelt, legt das Langhaus Distanz zwischen den Besucher und den Gott, dessen Bild sich an der hinteren Schmalseite befindet. Zugleich führt es diesen aber der Gottheit zu.

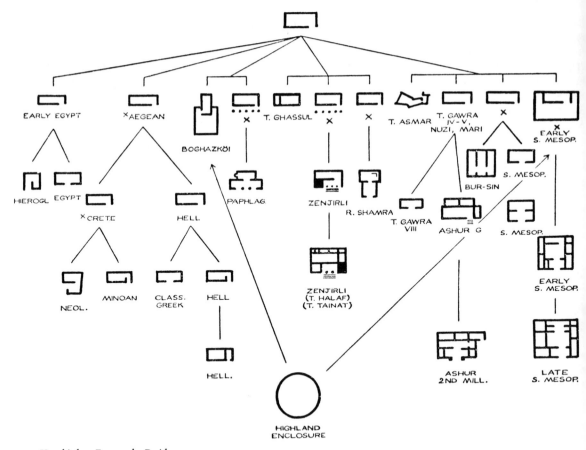

204. Verschiedene Formen des Breithauses.

Der AO kennt zwei wichtige Haustypen. Bei beiden ist die Grundform ein Rechteck. Der eine hat den Eingang aber auf der Schmalseite (203), der andere auf der Längsseite (204). Beim ersten Typ ist, wenn es sich um Tempel handelt, die Kultstatue oder das Kultsymbol in der Regel an der dem Eingang gegenüberliegenden Schmalseite aufgestellt. Dadurch wird, wie später bei der christlichen Basilika, die Distanz zwischen dem Besucher und dem im Hintergrund anwesenden Gott betont. Der Ursprung des Langhauses dürfte im südlichen Rußland zu suchen sein (vgl. Müller, Types 167f). Beim zweiten Typ sind zwei wichtige Varianten zu unterscheiden. Bei der einen findet sich der Eingang am äußersten Ende der Breitseite (205), bei der andern in deren Zentrum (206). Im ersten Fall muß sich der Besucher, nachdem er eingetreten ist, um 90° drehen, um den Hauptteil des Raumes zu überblicken. Man nennt diesen Typ deshalb Knickachstyp oder «Around-the-corner-type». Wenn jemand an einem solchen Haus vorbeigeht, erspäht er nichts als die der Tür nahe

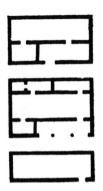

205. Das Breithaus vom Knickachstyp (Around-the-corner-type) (bei Andrae: Herdhaus) trennt Bewohner und Außenwelt so gut wie möglich. Wer draußen vorbeigeht, sieht nur eine leere Wand. Wer eintritt, muß sich zuerst um 90 Grad drehen, ehe er den Raum überblickt.

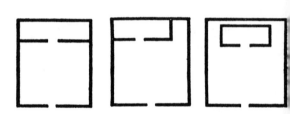

206. Das Breithaus, dessen Eingang sich im Zentrum der (einen) Längsseite befindet, liegt sehr oft (169–173, 191, 207) in einem Ho und wird deshalb als Hofhaustyp bezeichnet. Wer den Hof betritt sieht das Gottesbild.

gegenüberliegende Wand. Das Haus vom Knickachstyp bietet Abgeschlossenheit und Geborgenheit. Es hat stark Wohnhauscharakter. Sein Herkunftsgebiet dürfte die östliche Mittelmeerküste sein (Müller, Types 173).

Am Ende des 3. Jts. v. Chr. wird der Knickachsraum im südlichen Mesopotamien weitgehend durch einen Breitraum abgelöst, dessen Eingang im Zentrum der einen Breitseite liegt (Müller, Types 157). V. Müller (Types 176f) sieht in diesem Typ das Resultat einer Kombination des streng symmetrischen Langhauses mit dem Knickachshaus. Durch die Verlegung des Eingangs und – beim Tempel – des Podests mit dem Götterbild ins Zentrum der Langseite wird das Götterbild ähnlich wie beim Langhaus (203) auch von außen sichtbar. Dabei erscheint es aber nicht wie beim Langhaus weit im Hintergrund des Raumes, sondern der Besucher steht ihm gleich unmittelbar gegenüber. Die Gottheit ist jedem, der sich im zentralen Hof aufhält, mit dem dieser Haustyp meist verbunden ist (vgl. 170–173), ganz nahe.

Neulich ist in der Nähe von Uruk das Modell, oder richtiger, die skizzenhafte Nachahmung eines sumerischen Tempels gefunden worden (207). Wie bei 172 und 173 (vgl. auch 191) ist dem Breitraum mit dem Podest für das Götterbild ein zweiter Breitraum vorgelagert. Während der Vorraum nur durch die Tür erhellt wurde, zeigt die Zella einen Schacht, durch den das Licht auf den Standort des Götterbildes fällt. Die Staffelung zweier Räume verrät das Bedürfnis, bei aller Nähe der Gottheit doch wieder einen gewissen Abstand zwischen Mensch und Gott zu legen. Dabei mußte dem Beschauer im Hof das durch den dunklen Vorraum getrennte, aber von oben beleuchtete Götterbild in einem geheimnisvollen Licht erscheinen. Bei der Staffelung zweier Räume mögen allerdings nicht nur der Wille zur Distanz, sondern auch praktische Gründe (Platz für Weihegaben) eine Rolle gespielt haben.

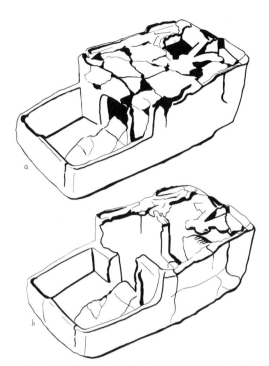

207. Sumerische Tempelnachbildung a) mit dem Dach, und b) nachdem das Dach abgenommen ist.

Das beste Beispiel «für das Streben nach kultischer Langräumigkeit», ohne vom Breitraumtypus abzugehen, bietet für den kanaanäischen Raum der spätbronzezeitliche Tempel von Chazor (208; Busink, Der Tempel 591). Dennoch kann der Tempel von Chazor nicht als Vorläufer des salomonischen Tempels betrachtet werden, wie das oft geschieht, denn

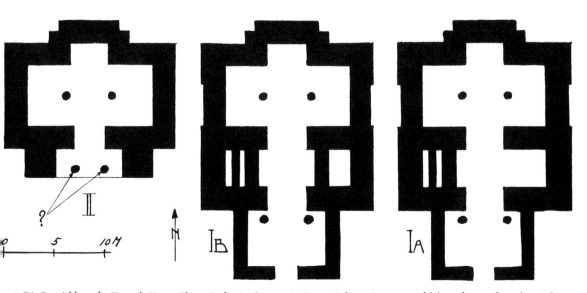

208. Die Entwicklung des Tempels H von Chazor in der Spätbronzezeit. Der typische Breitraumtempel (II) aus dem 15. Jh. v. Chr. wird im 14. Jh. um eine Vorzella mit Seitenräumen und einem Vorraum (von geringerer Breite als die Hauptteile des Gebäudes) bereichert (I B). In der letzten Phase (13. Jh. v. Chr.) erhält die Vorzella die Gestalt eines richtigen Breitraumes (I A).

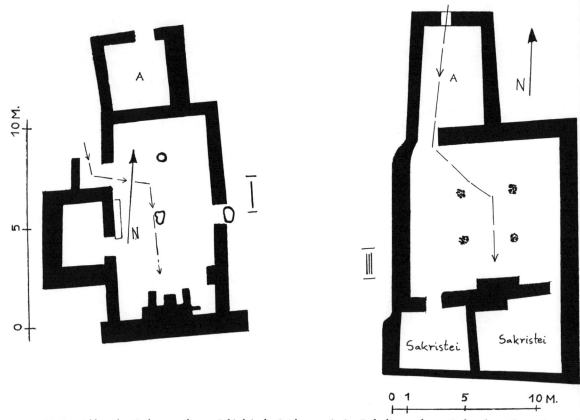

208a. Die Entwicklung des «Grabentempels» von Lakisch in der Spätbronzezeit. Am Ende des 15. oder am Anfang des 14. Jh.s v. Chr. wurde der Knickachstempel I gebaut. Tempel III ist kein Knickachshaus mehr, sondern zeigt eine gewisse Tendenz zum Langraum.

213. Versuch einer Rekonstruktion des Salomonischen Tempels durch G. E. Wright und W. F. Albright.

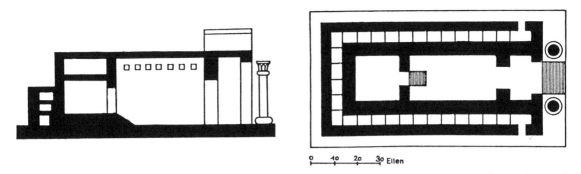

209. und 210. Versuch einer Rekonstruktion des Salomonischen Tempels durch C. Watzinger. Der Umbau umschließt auch die Vorhalle. Diese ist von Türmen flankiert und gleich hoch wie der Rest des Gebäudes. Das Allerheiligste steht auf einem Podest.

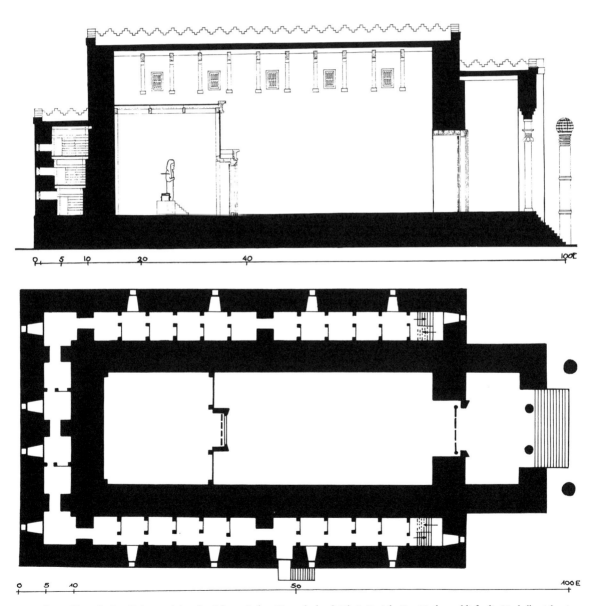

211. und 212. Versuch einer Rekonstruktion des Salomonischen Tempels durch Th. A. Busink. Der Umbau schließt die Vorhalle nicht ein. Das Allerheiligste liegt auf gleicher Höhe wie das Heilige.

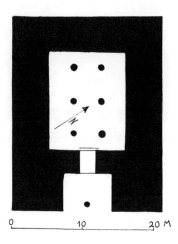

214. Der mittelbronzezeitliche Festungstempel von Sichem (vgl. 243), der um 1650 v. Chr. entstanden ist.

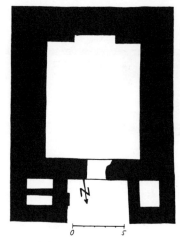

215. Spätbronzezeitlicher Tempel aus Megiddo (um 1400 v. Chr.).

dieser ist kein Breitraum-, sondern ein ausgesprochenes Langraumhaus.

Die gleiche Tendenz zur Langräumigkeit (ohne daß es zu einem eigentlichen Langhaus kommt) zeigt sich gleichzeitig wie beim Tempel H in Chazor beim sogenannten Grabentempel in Lakisch (208a). Der Nachfolgebau des typischen Knickachstempels hat langräumigen Charakter. Der Eingang führt nicht mehr direkt, sondern durch eine Vorhalle (A) in den Hauptraum. Man kann aber weder beim Tempel H von Chazor noch beim Grabentempel von Lakisch schlicht von Langraumtempeln und schon gar nicht – ganz allgemein – von deren Vorherrschaft in der palästinischen Spätbronzezeit reden, wie G.R.H. Wright das in seiner neuesten Studie tut (Pre-Israelite Tempels 30), wenn auch eine gewisse Tendenz zur Langräumigkeit am Ende der Spätbronzezeit im palästinischen Tempelbau nicht zu verkennen ist.

Der Jerusalemer Tempel zeigt aber nicht nur eine gewisse Tendenz zur Langräumigkeit wie die spätbronzezeitlichen Tempel von Chazor und Lakisch, sondern ist ein ausgesprochenes Langhaus. Das zeigen alle aufgrund der atl Angaben versuchten Rekonstruktionen, mögen sie im einzelnen noch so sehr voneinander abweichen (209–213).

Der Langhaustyp, den der salomonische Tempel repräsentiert, ist bis heute für die der Zeit Salomos vorausgehenden Jahrhunderte für Palästina nicht zu belegen.

Zwar haben wir eine Art Langhaustempel aus der späten Mittleren Bronzezeit (1650–1550 v. Chr.) in Sichem (214) und vielleicht etwas später aus Megiddo (215). Der von Megiddo bestand bis weit in die späte Bronzezeit hinein. Aber während das Verhältnis der Schmal- zur Breitseite in Jerusalem 1:3 beträgt, beträgt es in Sichem 3:4 und in Megiddo gar 6:7. Der Raum nähert sich also einem Quadrat und ist nicht als typisches Langhaus anzusprechen (vgl. Kuschke, Der Tempel Salomos, gegen Schult, Der Debir). Beachtlich ist hingegen, daß der Tempel von Megiddo in seiner zweiten Phase vor der Rückwand ein 1,10 m hohes Postament aufzuweisen hatte. Ein solches besaß wahrscheinlich auch ein früheisenzeitlicher Tempel aus Beth-Schan (216), der ausgesprochen langräumig ist, aber einen seltsam aus dem Zentrum gerückten Eingang aufweist.

Ein vom Hauptraum richtiggehend abgetrenntes Allerheiligstes ist bereits für die Spätbronzezeit ebenfalls in Beth-Schan nachgewiesen (216a). Aber als Parallele zum Jerusalemer Tempel kommt er nicht in Frage, da er noch weniger als die Tempel von Sichem und Megiddo ein Langhaus ist. Das Langhaus ist typisch für den assyrischen Tempel (217). W. Andrae (Haus-Grab-Tempel 1042 und Urformen des Bauens 25), A. Alt (Der syrische Tempeltypus 114) und neulich J. Hofer (Phänomenologie des Sakralraums 193–195) führen das Langhaus des Jerusalemer Tempels auf assyrischen Einfluß zurück.

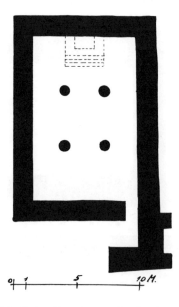

216. Tempel der Frühen Eisenzeit aus Beth-Schan (um 1100 v. Chr.)

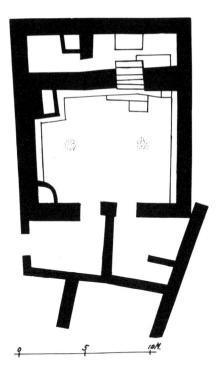

216a. Spätbronzezeitlicher Tempel aus Beth-Schan (um 1300 vor Chr.). Der Tempel weist ein vom Kultraum deutlich unterschiedenes Allerheiligstes auf.

Aber Busink (Der Tempel 580f) hat zu Recht betont, daß das assyrische Langhaus im Gegensatz zu den Tempeln von Sichem, Megiddo und Jerusalem 1. kein freistehendes Einzelhaus darstellte, 2. die breiträumige Vorhalle dem ganzen Komplex und nicht nur – wie in Jerusalem – dem Hauptraum vorgelagert war und 3. der hinterste Raum in Jerusalem in einem geschlossenen hölzernen Kubus, in Assur aber in einem erhöhten Podest bestand. Der einzige wirkliche Vergleichspunkt zwischen dem Jerusalemer und dem assyrischen Tempel besteht im ausgesprochenen Langhauscharakter ihrer Haupträume.

Aber die Tendenz zur Langräumigkeit, wie sie in Chazor und Lakisch für die Spätbronzezeit nachgewiesen ist und das Vorkommen von Bauten wie die Tempel von Sichem und Megiddo, die dem Langhaus nahekommen, dürften genügen, das Langhaus des Jerusalemer Tempels im Rahmen autochthoner Bautraditionen zu verstehen. Eine eigentliche Beweisführung ist angesichts der fragmentarischen Dokumentation natürlich kaum möglich.

Lange Zeit hat man als zutreffendste Analogie zum salomonischen Tempel den allerdings erst aus dem 8.Jh.v.Chr. stammenden Tempel aus Tell Tainat (nicht weit von der Stelle, wo der Orontes seinen nördlichsten Punkt erreicht) betrachtet (218). Busink hat aber auch hier auf eine Reihe von Unterschieden aufmerksam gemacht. «In Tainat hat die Vorhalle eine Eingangsöffnung in voller Breite des Gebäudes; in Jerusalem ist die Öffnung von Seitenflächen flankiert. Der salomonische Tempel ist, trotz der teilweise offenen Vorhalle, ein geschlossenes Heiligtum, der Tempel von Tainat ist nach außen geöffnet; die Vorhalle des Jerusalemer Tempels ist ein das Hekal von der Außenwelt trennender Raum, in Tell Tainat bildet die Vorhalle ein Verbindungsglied zwischen (der) Außenwelt und dem Innern des Heiligtums» (Der Tempel 561f). Einen zweiten Unterschied bildet der Umbau, der den Jerusalemer Tempel auf drei Seiten umschließt. Er dürfte auf die Kasematten-Mauern (Doppelmauern, die durch Quermauern verbunden, Räume bilden) zurückgehen (Busink, Tempel 611), die für die Zeit Salomos recht gut belegt sind (vgl. 159, 161). Sie verstärkten den Eindruck der Abgeschlossenheit und des Geheimnisses. Es wären noch weitere Unterschiede zu nennen.

Das interessanteste Element des Jerusalemer Tempels aber, das vom Grundriß des Tell-Tainat-Tempels abweicht, ist das Allerheiligste, der Debir. In Tell Tainat wird das Adyton durch eine im Grundriß in Form von Ansätzen sichtbare Zwischenwand vom Hauptraum abgehoben, ist aber andererseits durch eine breite Öffnung, die kaum verschlossen werden konnte, wieder mit diesem verbunden. Im salomonischen Tempel war das Allerheiligste ein abgeschlossener hölzerner Kubus, der sich (vielleicht auf einem Podium) am hintersten Ende des Hauptraumes befand. Erst im Tempelentwurf des

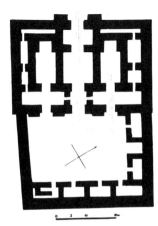

217. Plan des Sin-Schamaschtempels aus Assur (Ende des 8.Jh.s vor Chr.).

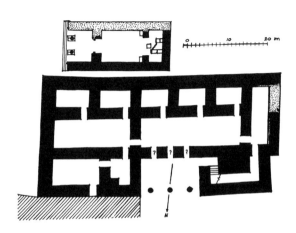

218. Palast und Tempel von Tell Tainat in Syrien (8.Jh.v.Chr.).

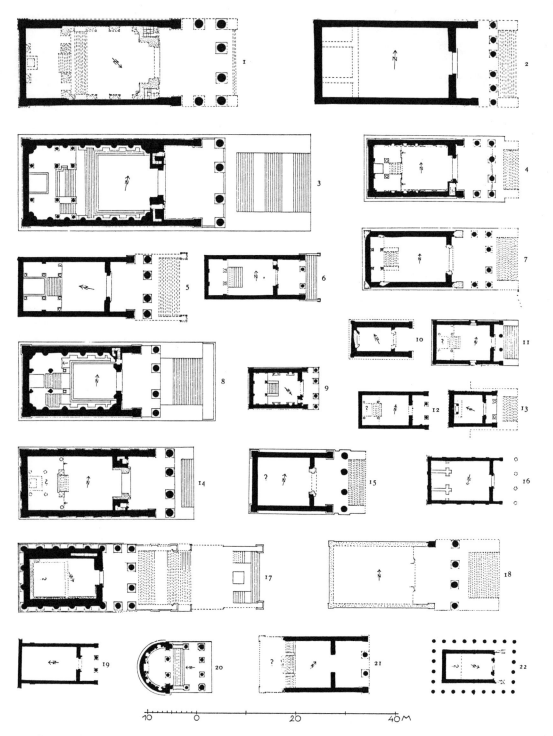

219. Römische Tempel im Libanon und in Syrien: 1. Der el Kala, 2. Kalat Fakra, großer Tempel, 3. Niha, großer Tempel, 4. Kasr Naus, zweiter Tempel, 5. Niha, kleiner Tempel, 6. Hössn Sfiri, kleiner Tempel, 7. Kasr Naus, Heliostempel, 8. Hössn Niha, großer Tempel, 9. Bziza, 10. Akraba, 11. Januh, 12. Kasr Benat, 13. Hössn Niha, kleiner Tempel, 14. Kasr Neba, 15. Beka, 16. Nebi Ham, 17. Hössn Soleiman, 18. El Lebweh, 19. Hössn Soleiman, Tempel des kleinen Bezirks, 20. Hössn Soleiman, Exedra, 21. Kefr Zebad, 22. Kasr Nimrud.

220. Römische Tempel in Libanon und Syrien: 23. Medjdel Andjar, 24. El Knese, 25. Ain Libnaye, 26. Burkush, 27. Burkush, sog. Mithraeum, ▷ 27. Der el Ashair, 28. Ain Hersa, 29. El Knese, 30. Nahle, 31. Hibbariye, 32. Zekweh, 33. Serain, 34. Rahle, 35. Nebi Safa, 36. Hössn Sfiri, großer Tempel, 37. Bet Djalluk.

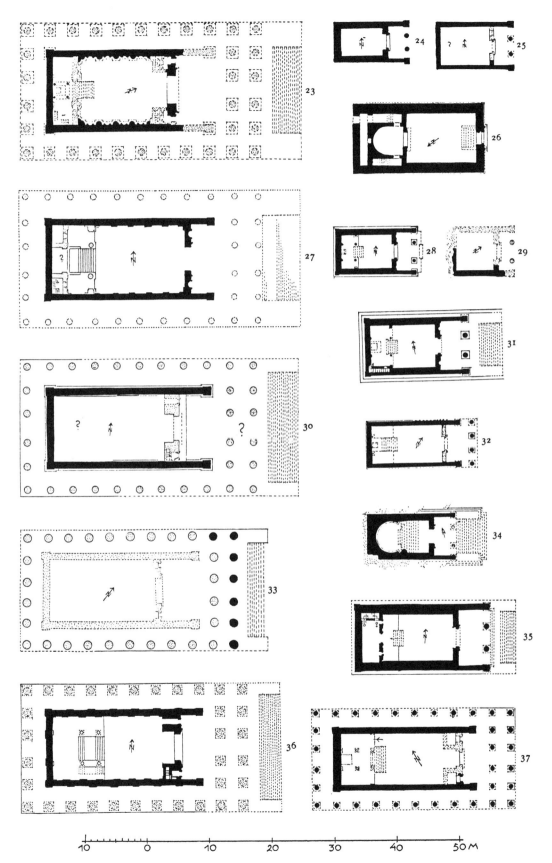

220a. Frühdynastische Darstellung des heiligen Bezirkes der Göttin Neith mit zwei Flaggen (vgl. *162, 162a*), dem Symbol der Göttin (vor einem Schild gekreuzte Pfeile) und der Kapelle (vgl. *229, 230*). Wie in Ägypten durch die beiden Flaggen, wird in Syrien der Zugang zum heiligen Bereich gelegentlich durch zwei Ascherensäulen markiert (vgl. *223–225* und Porada, Corpus Nr. 912, wo die Taube auf der Säule diese mit Astarte verbindet, vgl. *191, 225, 290, 475a*).

Ezechiel wird es wie in Tell Tainat durch eine steinerne Wand vom Hauptraum abgetrennt (Ez 41, 3; Noth, Könige 119). Schult (Der Debir) hat deshalb die These aufgestellt, daß der Tempel Salomos nicht dreiteilig, sondern wie der Mittelbronze II C-Tempel von Megiddo *(215)* bestenfalls zweiteilig (Vorhalle und Hekal) gewesen sei. Die lichtlose, «auf quadratischem Grundriß erbaute Gottesstube» (Schmidt, Der heilige Fels 43), dieser «Kubus aus Zedernholz» (ebd. 44) sei nichts anderes als ein Inventarstück gewesen. In einer ägyptischen Liste aus der Zeit zwischen 1090 und 730 v. Chr. werden Dinge aufgezählt, die der *gnwtj* – Handwerker herstellt. Es sind ausnahmslos hölzerne Inventarstücke des Tempels (Göttersänften, -statuen, -barken usw.). Unter diesen Dingen erscheint auch ein Gegenstand *dbr*, näher bestimmt durch die Zeichen «Haus» und «Holz» (Schult, Der Debir 48f).

Der Debir muß also eine Art hölzerner Kapelle gewesen sein. Im Jerusalemer Tempel hatte sie die Form eines Kubus von rund 10 m Seitenlänge (1 Kg 6, 19). Kuschke (Der Tempel Salomos 128) macht nun aber geltend, daß man eine so gewaltige Konstruktion kaum mehr als Inventarstück bezeichnen könne. Nichtexistenz (Schult) oder Existenz (Noth) einer hölzernen oder steinernen (Ez 41, 3) Trennwand spiele bei der

221. «In Salem entstand seine Hütte, und sein Versteck auf dem Zion» (76, 3). A Seitenansicht, B Vorderansicht.

222. «... er bringt mich in seine Hütte am Tag der Not. Er schützt mich im Schutz seines Zeltes» (27,5).
«Immerdar möchte ich weilen in deinem Zelt, mich bergen im Schutz deiner Flügel» (61,5).
Vgl. dazu die Flügel an der Decke des Naos und die des schützenden Genius auf der Seite.

typologischen Einordnung des Tempels eine geringe Rolle. Der Jerusalemer Tempel sei nach wie vor dem von A. Alt (Verbreitung und Herkunft) beschriebenen «syrischen Tempeltypus» zuzuzählen. Die auf 219 und 220 gezeigten Grundrisse von 37 syrischen Tempeln aus römischer Zeit entsprächen weitgehend dem Jerusalemer Tempel. «Konstant... sind bei allen erstens das Verhältnis der Schmal- zu den Längsseiten des Tempelhauses, nämlich – von geringfügigen Abweichungen abgesehen – etwa 1:2, zweitens die Orientierung nach Osten (von 32 Tempeln 24) und drittens die Herrichtung der Behausung der Gottheit an oder vor der westlichen Rückwand» (Kuschke ebd. 130). A. Alt hat schon vor rund dreißig Jahren bemerkt, daß die Proportionen und die Orientierung nicht aus dem Rahmen dessen fallen, «was auch sonst in der hellenistisch-römischen Architektur möglich und üblich ist», und daß «erst im Innern des syrischen Tempels seine Eigenart zutage tritt» (Verbreitung und Herkunft 101). Die hellenistisch-römischen Tempel haben außerhalb Syriens kein Adyton. Dieses bildet also das Hauptcharakteristikum des syrischen Tempeltypus. Dabei zeigen 219 und 220, wie mannigfach die Form des Adytons sein kann. Kuschke vertritt die Ansicht, es genüge die Tatsache, daß für den Jerusalemer Tempel die Existenz – einer wie immer gearteten – Gotteswoh-

nung an der Rückwand der Cella nachweisbar ist, um den Tempel dem syrischen Tempeltypus zuzuweisen.
Wie dem auch sei, es handelt sich beim salomonischen Debir jedenfalls um eine nachträglich in die fertige Cella hineingebaute Gottesstube. Insofern gleicht sie in etwa den ägyptischen Götterkapellen (229–230). Es waren kleine, in der früheren Zeit aus Holz, in der späteren Zeit aus Stein gefertigte Kapellen, die das Kultbild aufnahmen. Ihre Form ist die der frühdynastischen Kapellen (220a). Besonders die des Dachs weist auf eine Strohkonstruktion zurück (vgl. Bonnet 504f). Nachbildungen solcher Kapellen sind aus Phönikien bekannt (221 und 222). Das den obern Abschluß bildende Schildvipernband, die geflügelte Sonne, das Lotusband (besonders deutlich auf 222) und manches andere weisen auf Ägypten zurück. Typisch phönikisch scheint hingegen der von zwei Tieren (Cheruben?) getragene Gottesthron zu sein, der besonders die Kapelle 221 fast ganz ausfüllt.
Von einem ägyptisch-phönikischen Naos weicht der Jerusalemer Debir durch seine Form (Kubus), seine Größe (10 m Seitenlänge) und seine Lage an der Rückwand ab. Die ägyptischen Naoi standen mitten in der Cella. Busink (Tempel 601 bis 610) vertritt nun die interessante Ansicht, der Jerusalemer Debir sei nicht in erster Linie eine Nachbildung des ägyptisch-

phönikischen Naos oder eine dem syrischen Adyton analoge Bildung, sondern der direkte Nachfolger des Zeltes, das David für die Lade hat aufstellen lassen (2 Sm 6, 17). Man übernahm das alte Zelt sozusagen in den Tempel und trug so den Bedenken Rechnung, die sich angesichts einer Umsiedlung Jahwes aus dem Zelt in den Tempel regten (vgl. 2 Sm 7, 1–7). Es geschah also etwas Ähnliches wie in Ägypten, wo man die alten Kapellen in die großen Tempelanlagen übernahm. Die priesterschriftliche Rekonstruktion des Ladezeltes, das zum Teil Zelt, zum Teil Holzkonstruktion ist (vgl. Noth, Exodus 172), dokumentiert die Zusammengehörigkeit beider.

Businck findet es allerdings befremdlich (Der Tempel 609), daß der Debir im AT nie Zelt genannt wird. Er erklärt das damit, daß 'ohel, wenn es eine Behausung bezeichne, diese stets als Ganzes im Auge habe und nicht ein einzelnes Gemach meinen könne.

Schon das ist aber angesichts von 132,3 fraglich. Dazu kommt, daß der Debir ja eine ralativ selbständige Einheit (Naos) und nicht einfach ein Gemach ist (vgl. 1 Kg 6,27 «das innerste Haus»). In 27,5 erscheint «Zelt» als Aufenthaltsort Gottes parallel zu «Hütte» *(sukkāh)*. Der Beter hofft, daß ihn Jahwe am Tage des Unheils in seiner «Hütte», resp. seinem «Zelte» bergen werde. Als dritter Parallelvorgang erscheint im gleichen Vers «das Heben auf den Felsen». Beachtenswert ist der Kontext zu diesem Vers. Der Beter möchte sein ganzes Leben im *bjt jhwh*, zu dem ja auch die Vorhöfe gehören, wohnen. Er möchte am *hjkl*, am Palast Jahwes, seine Freude haben (27,4). Das gilt für normale Zeiten. In Unglückszeiten aber, so hofft er, würde ihn Jahwe im Allerheiligsten bergen. Wenn das Allerheiligste sich auch nicht über *eṣ-ṣaḫra* befunden haben dürfte, wie vor allem H. Schmidt (Der heilige Fels) vertreten hat, so war es jedenfalls doch auf Felsgrund gebaut, und dieser Felsgrund dürfte als Gipfel des Zion betrachtet worden sein (vgl. Jes 2,2 Mich 4, 1). In 28,1f redet der Beter Jahwe jedenfalls als «mein Fels» an, während er die Hände Hilfe suchend zum Debir ausstreckt. Es ist die einzige Stelle in den Pss, an der der Debir erscheint. Ganz ähnlich wie in 27, 5 erscheint in 61,3 der Fels, der für den Beter zu hoch ist, auf den er aber von Jahwe hinaufgeführt werden möchte. In v 5 ist dann vom Zelt und dem Schutz der Flügel Gottes die Rede (vgl. auch 31,21). Die Flügel Gottes weisen vielleicht auf die Cherube im Allerheiligsten (vgl. 18,11). Die dunkle Hütte von 18,12 erinnert jedenfalls an das Dunkel, in dem Jahwe nach dem alten Tempelweihspruch 1 Kg 8,12 wohnen will. 76,3 nennt die «Hütte», die Jahwe in Jerusalem besitzt, ein «Versteck» *(mʿnh)*. Wenn die Ausdrücke «Zelt», «Hütte», «Versteck» keine termini technici für den Debir sein, sondern den Tempel als Ganzes meinen sollten, so bezeichnen sie ihn doch im Hinblick auf einen Aspekt, der sich vor allem im Debir konkretisiert. Ähnlich kann z. B. das Wort «Fleisch» den ganzen Menschen bedeuten, aber eben doch im Hinblick auf einen Aspekt, der sich vor allem in seinem realen Fleisch und dessen Hinfälligkeit manifestiert. Man kann also kaum so bestimmt, wie Businck das tut, sagen, daß der Terminus Zelt als Bezeichnung für den Debir nicht belegt sei.

6. Zur Ausstattung des Hauses Jahwes

In 1 Kg 7,13–51 wird die Ausstattung des Tempels mit allerhand metallenem Gerät berichtet. Als erstes werden zwei 8–9 m hohe Säulen erwähnt (1 Kg 7, 15–22; vgl. Jer 52, 21–23), die von einem gut 2 m hohen Aufsatz gekrönt waren. Diese Aufsätze weisen im Aufbau eine unübersehbare Ähnlichkeit «mit den Miniatursäulenaufsätzen von Arslan Tasch auf *(223)*, die wahrscheinlich aus syrischer Beute stammen und einmal zur Verzierung von Möbelstücken gedient hatten» (Noth, Könige 152). Von den zahllosen Granatäpfeln, die die beiden Säulen des salomonischen Tempels schmückten, ist bei den Elfenbeinaufsätzen allerdings nichts zu bemerken. Granatäpfel sind aber sonst als Dekorationsmotiv gut belegt *(224)*. Ihre häufige Verwendung im Hohen Lied (4,3.13 6,7.11 7,13 8,2) verrät ihre Affinität zu Liebe und Fruchtbarkeit. Als Fruchtbarkeitssymbole können auch die Lotusblüten angesehen werden, die das Hauptstück der salomonischen und der Elfenbeinaufsätze aus Arslan Tasch bilden. Einen Hinweis auf die Funktion der beiden Säulen gibt das Modell eines Tempelchens aus Idalion *(225)*. Die beiden von je einer Lotusblüte oder einer Palmkrone gekrönten Säulen tragen zwar ein kleines Vordach, scheinen aber hauptsächlich den Eingang des kleinen Heiligtums zu flankieren. Dieses ist als Taubenhaus gestaltet. Die Taube ist das Symboltier der Ischtar-Astarte (vgl. *191, 290*). Es dürfte nicht ganz so abwegig sein, wie Noth meint

224. Der Dreifuß aus Ugarit zeigt, in welcher Form ein Kultgerät mit Granatäpfeln geschmückt werden konnte.

Taf. X. Ca. 1,25 m hohes Kultpodium (*bāmāh*, Altar) aus dem Megiddo der frühen Bronzezeit.

Taf. XI. Hof des Jahwetempels von Arad (vgl. *170*) mit dem (modern überdachten) Brandopferaltar (rechts) und dem Aufgang zum Allerheiligsten (vgl. *248*) im Hintergrund.

Taf. XII. Die *umm el bijjāra* über dem Talkessel von Petra, ein klassischer Fliehfels.

Taf. XIII. Ein Nekropolenarbeiter namens Nefer-abu berichtet auf einem Denkstein von seiner Sünde gegen die Bergspitze des Westens, seinem Gebet an sie und seiner Heilung durch die Bergspitze:

Ich war «ein unwissender Mann, ein törichter;
ich wußte nicht, was gut und böse ist.
Ich tat die Sünde gegen die Bergspitze,
und sie bestrafte mich,
indem ich in ihrer Hand war
bei Nacht wie am Tage...
Ich sagte zu der kraftreichen Bergspitze des Westens...
‹Sieh, ich werde zu den Großen und Kleinen sagen,
die unter den Arbeitern sind:

Hütet euch vor der Bergspitze,
denn ein Löwe ist in der Spitze;
sie schlägt, wie ein wilder Löwe schlägt
und verfolgt einen, der gegen sie sündigt› (vgl. 51, 15).
Als ich so zu meiner Herrin rief,
fand ich, daß sie zu mir kam mit süßer Luft...
Sie ließ mich der Krankheit vergessen...
Sieh, die Bergspitze des Westens ist gnädig,
wenn man zu ihr ruft» (Erman, Denksteine 1099f).

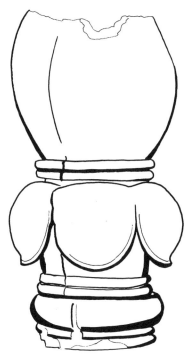

223. Die beiden Säulen Jachin und Boas dürften im Aufbau ungefähr dieser Miniatursäule aus Elfenbein entsprochen haben.

(Könige 154), die beiden Säulen als Ascheren (heilige Bäume, resp. Baumsymbole) in abgewandelter Gestalt zu betrachten (vgl. die beiden Bäume, die auf *191* den Ischtartempel flankieren). Sie charakterisieren den Tempelbereich einmal mehr als Bereich des Lebens. Dabei fällt ja auch Noth (Könige 167) im ganzen auf, «wie ungehemmt von der altorientalisch-kanaanäischen... Fruchtbarkeitssymbolik berichtet wird, wie sie in der Ornamentik vor allem der bronzenen Großobjekte in Erscheinung» tritt.

226. Auch bei den Kandelabern, die das Heilige des Salomonischen Tempels erleuchteten, dürften, ähnlich wie bei diesem Kandelaber aus Megiddo, Blütenmotive eine Rolle gespielt haben.

Im Innern des Heiligtums befanden sich nebst dem Räucheraltar und dem Schraubrottisch, von denen schon die Rede war, ein oder mehrere Leuchter. Nach 1 Sm 3,3 brannte schon im Tempel von Silo eine «Gotteslampe». 1 Kg 7,49 postuliert für den salomonischen Tempel 10 Leuchter. Auch Jer 52,19 redet von Leuchtern im Plural. Über ihr Aussehen erfahren wir nichts Genaues. Der im Zusammenhang verwendete Ausdruck prḥ «Knospe», «Blüte» deutet an, daß ähnlich wie beim Kandelaber von Megiddo *(226)* Blatt- und Blütenornamente eine Rolle spielten.

Die Beschreibungen des siebenarmigen Leuchters in Ex 25, 31-40 (vgl. 37,17-24) und bei Josephus (Bellum Iudaicum VII, 5,5) dürften den Hauptleuchter des nachexilischen Tempels vor Augen haben (vgl. Zach 4,2), für den der Dreifuß und die sieben geraden Arme typisch gewesen zu sein scheinen *(227; vgl. 458).* Der Leuchter mit einem einzigen massiven Fuß und sechs gebogenen Armen, der auf dem Titusbogen in Rom zu sehen ist *(228),* läßt sich wohl auf Herodes zurückführen (Antiquitates III, 6,7). Der im Judentum in Synagogen und Gräbern, auf Münzen und Ossuarien häufig abgebildete siebenarmige Leuchter galt bald als Symbol Gottes (Goodenough, Jewish Symbols IV 95), bald als solches des ewigen Lebens (Wirgin, Symbol of After-Life 102-104; zur Bedeutung vgl. weiter *257-258*). Außer dem Räucher-

225. Die beiden Säulen vor dem Astarte-Tempelchen dürften als Ascheren verstanden worden sein.

227. Der siebenarmige Leuchter der nachexilischen Zeit.   228. Der siebenarmige Leuchter des herodianischen Tempels.

altar, dem Schaubrottisch und den Leuchtern gehörten zur Ausstattung des Heiligen noch allerhand Töpfe, Kannen, Gabeln, Sprengschalen, Feuerbecken, Dochtscheren (vgl. 1 Kg 7,40.50), kurz nichts fehlte dem göttlichen Haushalt, was für einen großen irdischen Haushalt unentbehrlich war. Auf einzelne dieser Geräte wird im Kp VI.2 noch näher eingegangen.

So bleibt hier noch die Ausstattung des Allerheiligsten zu besprechen.

In den ägyptischen Götterkapellen, mit denen das salomonische Allerheiligste eine gewisse Ähnlichkeit aufweist, befand sich in der Regel ein Kultbild, das – aus den Abbildungen 229 und 230 zu schließen – ungefähr die Größe eines erwachsenen Menschen hatte. Die Kapellen waren fensterlos wie der Debir und wie dieser (1 Kg 6,31f) mit einer verschließbaren zweiflügligen Tür ausgestattet. Diese Türe dürfte auch in Jerusalem gewöhnlich verschlossen gewesen sein, wie das in Ägypten der Fall war. Sie wurde nur für bestimmte kultische Handlungen geöffnet. Dann konnte man die Stangen der Bundeslade hervorragen sehen (1 Kg 8,8). Die Bemerkung beweist nicht (gegen Noth, Könige 182), daß es im Debir nicht dunkel war. Ebenso unwahrscheinlich ist die These Noths (ebd. 181), der Tempelweihspruch Salomos rede nicht vom Wohnen im Dunkel des Debir. Der Spruch lautet: «Der Sonne hat der Herr ihren Platz am Himmel angewiesen (LXX), er hat erklärt, im Dunkeln wohnen zu wollen. Ich habe dir nun ein Herrschaftshaus gebaut, eine Stätte, da du für ewig bleiben kannst» (1 Kg 8,12f). Der erste Teil soll nach Noth den Sonnengott dem Gewittergott Jahwe gegenüberstellen. Der zweite Teil lade den Gewittergott ein, sich im Tempel niederzulassen. Viel eher scheint der Vers darzutun, warum Jahwe nicht wie die Sonnengottheit strahlend am Himmel erscheint, sondern im zelt- oder hüttenähnlichen Debir im Dunkeln haust. Jedenfalls hat die Masora, bei der der erste Halbvers von der Sonne fehlt, den Spruch eindeutig als Ausdruck von Jahwes Willen verstanden, im dunklen Tempel wohnen zu wollen.

In 18,10f scheint «Cherub» fast eine Gestaltung des Wolkendunkels zu sein. 97,2 verbindet Dunkel und Thron. «Wolken und Dunkel sind rings um ihn, rechte Ordnung und rechter Entscheid sind das Fundament seines Thrones!»

Aber bevor wir auf Cherub und Thron als Ausstattungselemente des Debir näher eingehen, muß uns das Problem der Bundeslade kurz beschäftigen. In den Pss erscheint sie ein einziges Mal im Zusammenhang mit der Aktualisierung ihrer Überführung nach Jerusalem (132,8). Maier (Vom Kultus zur Gnosis 85) meint: «Die Lade hatte im Jerusalemer Tempel keinerlei sakral-architektonische Funktion.» Jedenfalls haben wir keinerlei Anhaltspunkte dafür, sie als Thron zu verstehen, eher noch als Schemel (vgl. 132,7 99,5 besonders 1 Chr 28,2 und 232–234 und 236). Da die Lade aber nach Ex 37,1 ca. 1,25 m lang und 0,75 m breit war und sehr wahrscheinlich parallel zu den Cheruben stand (Maier, Vom Kultus 73–78), kam sie, auch wenn sie die Rolle des Schemels übernahm, wenigstens teilweise unter die Flügel der Cherube zu liegen.

Diese scheinen ein Hauptstück des Inventars des Debirs dargestellt zu haben. In 2 Kg 19,14 (parallel zu Jes 37,14f) wird erzählt, wie Hiskia mit dem Drohschreiben des Königs von Assur ins Haus Jahwes geht und dort vor dem, «der auf den Cheruben thront», seine Not ausbreitet. Als Cherubenthroner

229. Von Pharao Pianchi (Ende des 8. Jh.s v. Chr.) wird berichtet:
«Der König öffnete die Türe des Benbenhauses (des Allerheiligsten in Heliopolis), schaute seinen Vater Re im Benbenhause... schloß die Tür» (Nötscher, Das Angesicht Gottes 60).

230. «Ich aber will als Gerechter dein Antlitz schauen, mich beim Erwachen sättigen an deiner Gestalt» (17, 15).

231. und 232. «Jahwe herrscht als König, die Völker beben. Er thront auf Keruben, die Erde wankt» (99,1).

wird Jahwe auch in 80,2 und 99,1 (vgl. 1 Sm 4,4, 2 Sm 6,2) angeredet. Anderseits ist in manchen Pss von einem Thron Jahwes die Rede (9,5 47,9, 93,2 97,2), den man sich nicht gut anderswo als im Debir des Jerusalemer Tempels vorstellen kann. Jesaja sieht in einer Vision Jahwe auf hohem und erhabenem Throne sitzen (Jes 6,1). Nun war im Kubus des Debir kaum Raum für zwei rund 5 m hohe vollplastische Cherubengestalten (1 Kg 6,23) und einen Thron. Da im Bericht über den salomonischen Tempel überdies (1 Kg 6) von einem Thron nicht die Rede ist, das Thronen Jahwes in Debir aber gut bezeugt ist, bleibt nichts anderes als anzunehmen, daß die beiden Cherube als Thron verstanden werden konnten, wie der Ausdruck «Cherubenthroner» nahelegt.

221 und evtl. auch 222 zeigen, daß es anscheinend weitver-

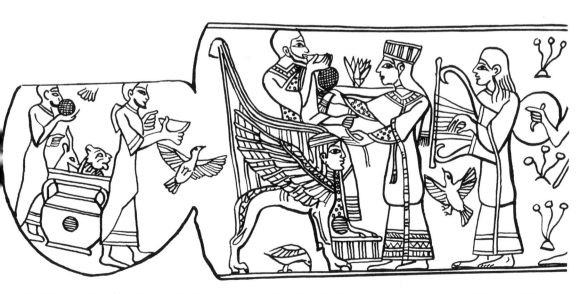

233. Der König von Megiddo auf seinem Kerubenthron bei einer Siegesfeier. Im Gegensatz zum vorhergehenden Bild sitzt der Thronende nicht auf den Flügeln der Keruben. Diese bilden nur das Gestell für den eigentlichen Thronsessel.

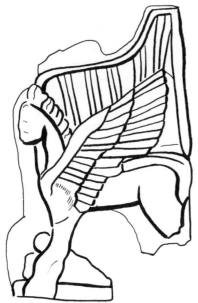

234. «Gerechtigkeit und Recht sind das Gestell seines Thrones» (97,2b).

236. «Der du auf den Keruben thronst, erscheine vor Ephraim, Benjamin und Manasse!» (80,2c.3a).

breitete phönikische Eigenart war, den Naos mit einem Cherubenthron auszustatten. Was die beiden Cherube betrifft, erfahren wir aus dem AT nur, daß sie parallel standen und daß die beiden äußeren Flügel die Wand, die beiden inneren sich gegenseitig berührten (1 Kg 6,27). Die vollplastische Darstellung von *231* und *232* zeigt, wie man sich das vorstellen kann. Dabei mögen die beiden äußeren Flügel beim Cherubenpaar in Jerusalem etwas weniger steil gestanden haben, doch ist das nicht notwendig. Die beiden inneren Flügel bildeten eine Sitzfläche.

Welch großer Beliebtheit sich Cherubenthrone in der Spätbronze- und in der frühen Eisenzeit im kanaanäisch-phönikischen Raum erfreuten, zeigen *233–236* (vgl. Seyrig, Trônes phéniciens, der 10 bekannte Cherubenthrone anführt). Dabei bilden die Cherube bei allen vier Abbildungen nur das Gestell für den eigentlichen Thronsessel mit Lehne. Beim Thron-

235. Der König Achiram von Byblos auf seinem Kerubenthron.

modell von *231* und *232* scheint ein solcher hingegen zu fehlen. Er könnte auch in Jerusalem gefehlt haben. Das würde erklären, warum einerseits von Cheruben gesprochen wird, ohne daß von einem Thron die Rede ist und Jahwe andererseits doch als Thronender vorgestellt wird.

Die Ausgräber von *231–232* beschreiben die Terrakotta nun allerdings als «female figure sitting in a square arm-chair» (Gjerstad, Swedish Cyprus Expedition II 731). Von diesem Stuhl ist auf den Photographien nichts zu sehen. Er wird aber auch bei der sorgfältigen Aufzählung der weggebrochenen Teile nicht erwähnt. Sollte dem, was die Photos zeigen zum Trotz, die Beschreibung korrekt sein, so könnte sich in Jerusalem die Sache doch tatsächlich so verhalten haben, wie sie sich hier nur scheinbar verhält. Die Cherube selber könnten den Thronsitz gebildet und nicht nur das Gestell dargestellt haben, das den eigentlichen Thronsitz trug, wie das auf *233* bis *236* der Fall ist. Die Cherube als Gestell *(mākōn)* des Thrones symbolisieren und garantieren dessen Macht und Festigkeit. Ihre Zusammensetzung aus Löwen- (Panther-, Stier-) leib, Menschenkopf und Adlerflügeln (vgl. Ez 1,10 u.a.) deutet auf eine Vereinigung höchster Potenzen (Stärke, Schnelligkeit, Geistesschärfe) hin.

An zwei Stellen in den Pss aber wird gesagt, daß das Fundament (oder das Gestell) des göttlichen Thrones nicht diese naturhaften Kräfte, sondern «rechte Ordnung und rechter Entscheid» seien (89,15 97,2). H. Brunner (Gerechtigkeit als Fundament) hat darauf hingewiesen, daß besonders im Ägypten der Ramessidenzeit häufig Stufen zum Götter- oder Königsthron hinaufführten. Da diese Stufen von Wangen eingefaßt waren und mit dem Sockel eine Einheit bildeten, formte das Fundament des Thrones das Zeichen $m3^c.t$ «Maat», das bedeutungsmäßig dem hebräischen *ṣdq* (vgl. Schmid, Gerechtigkeit) entspricht *(375)*. Es ist allerdings nicht zu beweisen, daß sich dieser Gedanke in der Ausstattung des Debir niedergeschlagen hat.

7. Die Bedeutung des Tempels

Nicht nur der Name Haus (resp. Palast) Jahwes, sondern auch die Tempelanlage als Ganzes weist mit aller Deutlichkeit darauf hin, daß sie als Wohnstätte gedacht war. Jedoch unterscheidet sie sich in manchen Einzelheiten doch merklich von einer gewöhnlichen Wohnstätte und selbst von einem Königspalast. Die Hauptunterschiede liegen in der Art, wie die Vorhöfe dem Haus zugeordnet sind und in der Tatsache, daß dieses Haus ein weiteres Haus (das Allerheiligste) umschließt, das als Gotteswohnung gilt. Wer den Komplex von Osten betrat, hatte eine Reihe von Toren zu durchschreiten und eine Anzahl von Stiegen emporzusteigen, ehe er sich (wenigstens im Geiste) vor dem Allerheiligsten befand, das mit seinem Dunkel und seiner Abgeschlossenheit geeignet war, den geheimnisvollen Gott zu vergegenwärtigen. Besonders im ezechielschen Tempelentwurf wird es deutlich, daß durch die verschiedenen, auf einer Achse liegenden Vorhöfe, Räume und Treppen (vgl. Ez 40,22. 34. 49) die Erhabenheit und Heiligkeit (vgl. Ez 43, 1–12) Gottes (47, 10 97,9) Ausdruck finden soll. Aber noch stärker als die architektonische Gestaltung des Tempels charakterisierte ihn seine Lage am höchsten Punkte der Stadt, auf dem «Berg Zion» als Zugang zu den himmlischen Bereichen, als Verbindungsstück zwischen Himmel und Erde. Der Tempel ist ein Stück Erde, das in den Himmel hineinragt, resp. ein Stück Himmel, das die Erde berührt.

Die ragende Höhe des «Berges» wird nämlich von derjenigen Gottes, der wie ein irdischer König darauf thront, noch weit übertroffen.

«Jahwe ist groß», «Jahwe ist hoch erhaben» (47, 14 86, 10 95, 3 u.a.). Solche Aussagen und hymnische Personennamen wie Ramja oder Jehoram (Joram) «Jahwe ist hochragend» waren ursprünglich vielleicht wörtlicher gemeint, als sie später verstanden wurden (vgl. Am 4, 13 mit 46 und 291).

237 zeigt ein arg beschädigtes Bleifigürchen des Jupiter Heliopolitanus. Der Gott überragt das gewaltige Tempelhaus (vgl. 179) bei weitem. Links und rechts sind die Protome von Riesenstieren zu sehen, über denen der Gott sich erhebt. Die Darstellung erinnert an Jes 6, 1 und an 1 Kg 8, 27, eine Stelle, die vom Wunder redet, daß Jahwe, den die höchsten Himmel nicht fassen, im Tempel wohnt. Die Größe Jahwes steht auch im Hintergrund des Aufrufs an die Tempeltore, sich zu heben (24, 7.9), damit der König Jahwe einziehen kann.

In 24, 7 werden die Tempeltore als *ptḥj ʿwlm* «Tore der Ewigkeit» bezeichnet. Da der Ps sehr alt ist, dürfte damit kaum auf ein hohes Alter derselben angespielt sein, schon eher darauf, daß sich an dieser Stelle seit urdenklichen Zeiten (wie in Bethel) Tore (nämlich zum Himmel) befunden haben, denen die sichtbaren Tempeltore Gestalt verleihen. Da dies aber der in den Pss wiederholt ausgesprochenen Erwählung des Zion in historischer Zeit widersprechen würde (vgl. oben S. 105) ist *ʿwlm* hier eher als die Sphäre Gottes zu verstehen. Während die Menschen wie Schatten dahingehen, bleibt Gott für immer (*lʿwlm*; 102, 12 f 29, 10 u.a.). An dieser Zeit partizipiert natürlich auch die Tempelanlage. Die Tempeltore sind (jedenfalls in Jerusalem) nicht so sehr uralt als vielmehr immerfort dauernd, unerschütterlich wie der Zion (125, 1). Sie haben teil an der Unerschütterlichkeit des Himmels (vgl. 19–20). Ein sidonischer Tempel oder das durch ihn charakterisierte Quartier heißt «Hoher Himmel» (KAI II 23 f). In ägyptischen Tempeln werden die Tempeltore oft durch die von Schildvipern flankierte Sonne oder durch die Flügelsonne, die am Türsturz angebracht ist, als Himmelstore gekennzeichnet *(221 bis 222)*. Die Mehrzahl von Toren *(238, 238a)* entspricht der Mehrzahl von Himmeln (vgl. 21, 30, 33). Wie das Relief *238* zeigt, hat man ihre Siebenzahl als Mittel verstanden, die entrückte Heiligkeit des Gottes zu symbolisieren.

In Ägypten wurden beim täglichen Ritus der Öffnung des Naos (vgl. *229* und *230*) die Worte gesprochen: «Die Tore des Himmels werden aufgetan» (Moret, Rituel 49f). Das Kapitel trägt die Überschrift: «Wort zum Aufdecken des Angesichts des Gottes.» Eine Variante lautet: «Wort beim Betreten der Treppe» (die zum Naos hinaufführt). (Moret ebd. 104.) Beim Betreten des Naos spricht der Offiziant: «Ich trete in den Himmel ein, um N (Name des Gottes) zu sehen» (Moret ebd. 96f). Der Tempel von Heliopolis heißt «der Himmel Ägyptens», der von Karnak «der Himmel auf Erden», der von Dendera «der Himmel der Hathor» (Grapow, Vergleiche

237. «Die Säume seines Gewandes füllten das Tempelhaus» (Jes 6, 1).

238. «Wohnt denn Gott wirklich auf Erden? Siehe, der Himmel und die Himmel der Himmel fassen dich nicht, wieviel weniger dieses Haus, das ich erbaut habe» (1 Kg 8,27).

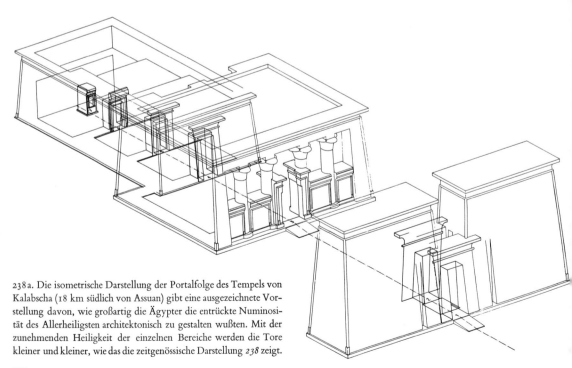

238a. Die isometrische Darstellung der Portalfolge des Tempels von Kalabscha (18 km südlich von Assuan) gibt eine ausgezeichnete Vorstellung davon, wie großartig die Ägypter die entrückte Numinosität des Allerheiligsten architektonisch zu gestalten wußten. Mit der zunehmenden Heiligkeit der einzelnen Bereiche werden die Tore kleiner und kleiner, wie das die zeitgenössische Darstellung *238* zeigt.

15). Das «Gehöft der Neit» ist «der Himmel in seiner ganzen Art» (Roeder, Götterwelt 80). Der Tempel ist als Ort der Gegenwart Gottes mit dem Himmel identisch (Hofer, Phänomenologie des Sakralraums 206–210). Bei chthonischen Gottheiten konnte er natürlich auch die Erde und das Erdinnere repräsentieren, doch erscheint Jahwe in den Pss nirgends als solche und demzufolge auch der Tempel nicht als Höhle (vgl. unten S. 161).

Für die Identifikation des Tempels mit dem himmlischen Bereich lassen sich auch aus Mesopotamien zahlreiche Belege beibringen. *239* zeigt den König Nabuapal-iddin von Babylon, der, die Rechte grüßend erhoben, von einem Priester geführt und von einer Schutzgottheit begleitet, den Sonnentempel von Sippar betritt. Auf einem tischartigen Podest steht das Emblem des Sonnengottes. Dahinter sitzt unter einem aus Schlange und Palmensäule bestehenden Baldachin der Sonnengott. Über ihm sind, wie der Text sagt, «Sin (= Mond, liegende Sichel), Schamasch (= Sonne, vierstrahliger Stern mit Flammenbündel) und Ischtar (= Venus, achtstrahliger Stern) über dem Ozean, zwischen der Schlange und der Säule angebracht.» Mit «Ozean» wird auf den himmlischen Ozean hingewiesen, über dem die Szene spielt. An seiner unteren Seite befinden sich die vier übrigen Planeten (außer Sonne, Mond und Venus). Tempelinneres und Himmel sind in diesem Bild ganz ähnlich wie in Jes 6 zusammengeflossen. Die Frage, ob die Szene im Tempel oder im Himmel spiele, ist falsch gestellt (vgl. Wildberger, Jesaja 245f). Der Tempel befindet sich auf Erden. Da Jahwe aber in ihm wohnt, ist er zugleich Himmel.

Der Tempel ist nicht nur Palast *(hjkl)*, Haus *(bjt)* und Wohnung *(mškn)* oder im Hinblick auf das Allerheiligste *(dbjr)* Zelt *('hl)*, Hütte *(skh)* und Versteck *(m'nh)*, sondern im Hinblick auf seinen Bewohner Heiligtum *(mqdš, qdš)*. Bei *qdš* ist in vielen Fällen nicht klar, ob man es mit «Heiligkeit» oder «Heiligtum» übersetzen soll. In 60,8 (vgl. 108,8) ist die Übersetzung «Gott hat in seinem Heiligtum gesprochen» recht wahrscheinlich und ebenso in 150,1 die Übersetzung «Preiset Gott in seinem Heiligtum». Aber es ließe sich auch übersetzen: «Gott hat in seiner Heiligkeit gesprochen (vgl. 89,36; Amos 4,2) resp. «Preiset Gott in seiner Heiligkeit» (vgl. 29,2 96,9) übersetzen. Die Heiligkeit inhäriert nach israelitischer Auffassung nichts Geschaffenem. Es erhält diese Qualität nur durch seine Beziehung zu Jahwe (vgl. oben S. 133). Da diese Beziehung beim Tempel und seiner Ausstattung gegeben ist, wird in ihnen die Heiligkeit Jahwes für den Israeliten in einem gewissen Grade sichtbar.

Das Gefühl der Heiligkeit des Tempels findet seinen stärksten Ausdruck in der Vorstellung, Jahwe selber habe den Tempel

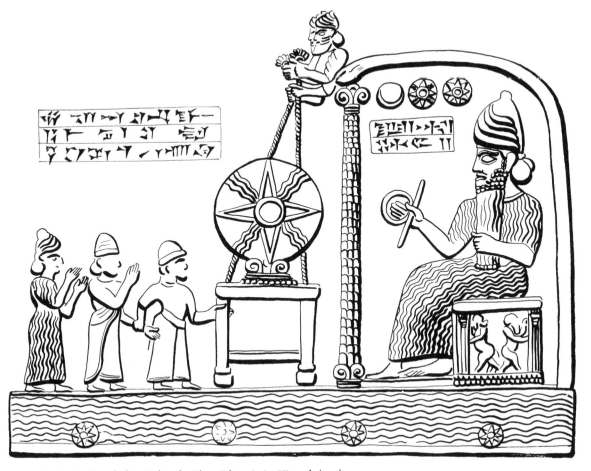

239. «Jahwe ist in seinem heiligen Palast, der Thron Jahwes ist im Himmel» (11,4).

gegründet. Wie der Ausdruck «Bäume Jahwes» dahin interpretiert werden kann, daß Jahwe diese Bäume gepflanzt hat (104,16), so auch der Ausdruck «Haus Gottes», daß Gott dieses Haus gebaut hat (vgl. 78,69 87,1 147,2 Ex 15,17).

Zu den positiven Aussagen von Jahwe als Gründer und Erbauer des Tempels (vgl. Ex 25,9.40) tritt in den Pss das vollständige Schweigen über Salomo, den menschlichen Bauherrn.

Auch in Mesopotamien gelten die Götter als Gründer (vgl. das zu 3 Gesagte) und Erbauer der Tempel (Enuma elisch VI 46–52; Kapelrud, Temple Building). *240* zeigt Marduk bei der Tötung des Gegners, der die Chaosmacht repräsentiert. Ein anderer Gott hebt triumphierend (oder klagend?) die Arme. Sechs Götter (Annunaki) sind mit dem an die Überwindung des Chaos anschließenden Bau des Tempels beschäftigt. Unten links hackt einer den Boden auf. Über ihm füllt ein anderer den Lehm in eine Holzform. Ein dritter trägt die Ziegel in einem Korb über eine Leiter auf das entstehende Gebäude hinauf. Ein vierter steht oben bereit, ihm die Last abzunehmen. Ein fünfter wirft dem sechsten Baumaterial hinauf (vgl. Opitz, Studien 61 f).

In Ägypten finden sich ganz ähnliche Vorstellungen. Nach dem «Denkmal memphitischer Theologie» hat Ptah, nach der Lehre für Merikare der Sonnengott, die Heiligtümer gegründet (vgl. *364*; ANET 5, resp. 147).

Der Tempel ist in der Umwelt Israels der Bereich, von dem nach der Überwindung des Chaos die geordnete Welt und das durch sie ermöglichte Leben ihren Ausgang genommen haben. Er steht an dem Ort, wo das Chaos zum erstenmal gebannt wurde. Aus der Zeit der III. Dynastie von Ur (ca. 2050 bis 1950 v. Chr.) sind eine Reihe von Gründungsfiguren (die in den Tempelfundamenten eingemauert wurden) und auch ein Relieffragment bekannt *(241)*, die diesen Vorgang darstellen (Ellis, Foundation Deposits). Ein Gott mit drei- oder vierfacher Hörnerkrone treibt mit beiden Händen einen riesigen Pfahl oder Nagel in die Erde, um den Baugrund des Tempels zu festigen. Links vom Gott mit dem Pfahl *(241)* ist noch ein Teil des Kopfes und der Vorderpranken eines riesigen, anscheinend löwengestaltigen Ungetüms sichtbar (vgl. *43–45, 81*), das durch den gottgesetzten Pfahl gebannt wird.

Auch in Israel kann die Gründung des Tempels gelegentlich mit der Gründung der Erde in Bezug gebracht werden (78, 69). Aber aufs Ganze der Überlieferung gesehen ist es deutlich ein geschichtliches und kein urzeitliches Ereignis (vgl. oben S.105). Die Festigkeit des Zion steht dem «Chaos» in Ägypten gegenüber (Ex 15 Ps 78). Was gegen den Zion anbraust, sind nicht die Chaosfluten, sondern die Völkerwelt (46 65 76). Was den Beter im Tempelbezirk Jahwe erleben läßt, sind nicht die Bäume und das Wasser usw., sondern ist die frohe Gemeinschaft der Menschen (42,5 55,15). Hand in Hand mit der Historisierung und Humanisierung geht die Ethisierung. An die Stelle der naturhaft-kultischen Reinheit ist in 15 und 24,3–6 das Ethos getreten.

Für das Deuteronomistische Geschichtswerk war der Tempel nichts anderes mehr als «die Stätte, in der man den Namen Jahwes anrufen kann (das ist der wesentliche Inhalt des Tempelweihgebets 1 Kg 8,26–43), entweder so, daß ‹in diesem Haus› (damit dürfte der ganze Heiligtumsbezirk gemeint sein) gebetet wird (ebd. v 33b), oder so, daß der Betende aus der Nähe oder Ferne den Blick diesem Haus zuwendet (ebd. v 29b u.ö.); damit wird dieses Haus zum Punkt der ‹Gebetsrichtung› = arab. *qibla* (vgl. dazu Dn 6,11)» (Noth, Könige 193).

Das bedeutet natürlich im Vergleich mit dem, was der Tempel im kanaanäischen Raum und in der frühen Königszeit wohl auch in Israel war, eine starke Gehaltsverminderung.

240. Jahwe erwählte «den Berg Zion, den er liebt.
   Er hat sein Heiligtum wie Himmelshöhen erbaut,
      wie die Erde hat er es festgegründet für immer» (78, 68b. 69).

Aber angesichts solcher und ähnlicher theologischer Interpretationen und Abwertungen ist nicht zu übersehen, daß für große Kreise des jüdischen Volkes der Tempel und seine Einrichtungen dennoch weiterhin eine Art sakramentaler Kraft besaßen.

Noch stärker als einzelne Stimmen wie etwa die Haggais, der den Ertrag der Äcker u.ä. vom Wiederaufbau des Tempels abhängig macht, zeigen allerhand Reaktionen streng jahwistischer Kreise, daß man im Heiligen Felsen, in den Bäumen, dem Wasser und andern Elementen des Tempels die Gottheit doch recht massiv anwesend gedacht hat, oder, vorsichtiger, daß man solche Mißverständnisse jedenfalls nicht ausschloß. So gibt die Septuaginta den Gottesnamen «Fels» meist mit *theós* wieder (30[31],2 61[62] 2.6f 70[71].3 94[95] 1 usw.). Nach Hekataios von Abdera – also spätestens vom 4.Jh.v.Chr. an – gab es im innern Vorhof keine Bäume «in Gestalt eines heiligen Haines» mehr (C. Apionem I § 199) und der Ausdruck, das «Angesicht Gottes schauen» wird von der Septuaginta in «vor Gott erscheinen» verändert (16[17] 15 62,3[63] u.a.).

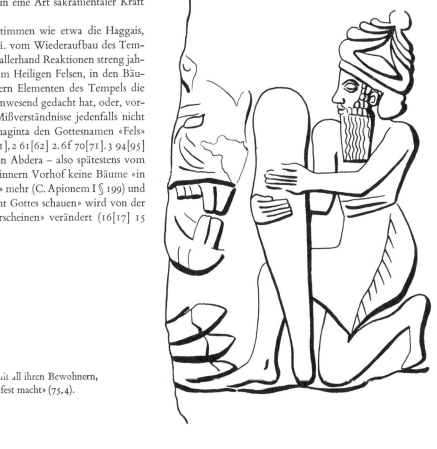

241. «Wenn die Erde vergeht mit all ihren Bewohnern, bin ich es, der ihre Säulen fest macht» (75,4).

IV. GOTTESVORSTELLUNGEN

Der israelitische Stämmeverband hat seine Vorstellungen vom Weltgebäude, die Einrichtungen des Tempels und des Königtums und zahlreiche Formen des Kultes von seinen schon seit langem seßhaften Nachbarn übernommen. Wenn Israel allen diesen Dingen auch eine eigene Prägung verliehen hat, so ist ihre fremde Herkunft doch überall noch deutlich sichtbar. So ist denn auch der Zusammenhang zwischen der ao Ikonographie des Tempels, des Königs oder des Kultes mit den entsprechenden Aussagen der Pss erstaunlich eng. Ganz anders verhält es sich beim vorliegenden Kapitel. Hier soll von jener Größe gehandelt werden, die die Umgestaltung der übernommenen Einrichtungen wesentlich mitbestimmt hat.

Die Gotteserfahrungen und Gottesvorstellungen, die Israel aus der Wüste mitbrachte, ließen sich mit den verschiedenen Gottesvorstellungen der Umwelt nur schwer und nur teilweise in Einklang bringen. Die Konsequenzen, die sich daraus ergaben, fanden ihren Niederschlag im ersten und zweiten Verbot des Dekalogs. Dem ersten Satz liegt die Überzeugung von der Exklusivität Jahwes zugrunde. Das zweite Verbot ist schwieriger zu interpretieren. Die Unverfügbarkeit Jahwes, die sich auch aus der Deutung des Jahwenamens in Ex 3,14 «Ich werde (da) sein, als der ich (da) sein werde» (vgl. zur Form: Ex 33,19 Ez 12,25) ergibt, dürfte immer noch die plausibelste Erklärung sein. Man darf diese Unverfügbarkeit allerdings nicht übertreiben. In der Bundeslade und allerhand «sakramentalen» Riten war Jahwe dem Wünschen und Wollen seiner Verehrer durchaus verfügbar. Aber der Geheimnischarakter dieser Dinge und Vorgänge ließ doch weniger als etwa ein menschengestaltiges Bild die Meinung aufkommen, Jahwe – und nicht nur seine hilfreiche Zuwendung zum Gottesfürchtigen – sei hier voll greifbar.

Nichts in der Welt – kein König, kein Tier (Stier!) und kein Gestirn – vermögen Jahwe adäquat Gestalt zu verleihen. Das heißt nicht, daß man sich von Jahwe keine Vorstellung machen soll. Das AT tut das ohne Unterlaß. Aber immer wieder wurden Stimmen laut (Amos, Hosea, Jesaja, Jeremia, Hiob, Kohelet), die den Aberglauben zerstörten, man hätte Gott im Bild des Vaters, des Hirten oder des Königs usw. erschöpfend eingefangen und könnte ihn nun auf diese menschliche Vorstellung mit allen ihren menschlichen Konsequenzen verpflichten. Dieser Protest ist aber durchaus keine Absage an jeglichen Versuch, seiner Gotteserfahrung Ausdruck und Gestalt zu verleihen. Ohne dies und ohne eine gewisse Verfügbarkeit Gottes ist ein Gemeinschaftsverhältnis wie das, das zwischen Gott und Israel und Gott und einzelnen Israeliten bestand, gar nicht denkbar. Die Pss gehören zweifellos zu den Texten, in denen dieses Gemeinschaftsverhältnis am stärksten zum Ausdruck kommt. Dementsprechend spielen in den Pss die Verfügbarkeit und die positive Darstellung Jahwes eine entsprechend große Rolle.

Der Stoff ist in die drei Abschnitte «Gott im Tempel», «Gott in der Schöpfung», und «Gott in der Geschichte» gegliedert. Diese Gliederung weist auf drei Bereiche hin, von denen die Gotteserfahrungen und -vorstellungen der Pss besonders geprägt sind. Dabei muß die Zuweisung der einzelnen Vorstellungen an die einzelnen Bereiche häufig recht willkürlich erscheinen. Der Israelit hat nicht in dem Maße wie wir zwischen den einzelnen Bereichen unterschieden. Im Tempelbezirk sind die in der ganzen Schöpfung wirksamen Lebenskräfte – nur in besonders intensiver Form – gegenwärtig. Die Gründung des Tempels ist die Krone des Schöpfungs- und in Israel auch des Geschichtshandelns Jahwes (78). Noch schwieriger ist die Trennung von Schöpfungs- und Geschichtshandeln (vgl. 136). Wenn man weiter bedenkt, daß eine bestimmte Vorstellung wie z.B. «Jahwe, mein Fels» in ganz verschiedenen Bereichen verwurzelt sein kann, wird man der vorliegenden Einteilung keine allzugroße Bedeutung beimessen, ohne ihr deswegen jeden Nutzen abzusprechen.

1. Gott im Tempel

Eines der wichtigsten Medien des Gottesverhältnisses war für Israel während der ganzen Zeit seines Bestehens der Tempel. Man besuchte ihn, um etwas von der Süßigkeit und Kraft Jahwes zu schmecken (vgl.27,4 34,9). Die Sehnsucht des Beters nach Gott ist in den Pss 42 und 84 identisch mit der Sehnsucht nach dem Tempel und dem dort stattfindenden Kult. Der Tempel repräsentiert die Gottheit. *242* zeigt zweimal eine Libation für den Mondgott Nanna von Ur. Einmal wird die Trankspende vor dem Tempel, einmal vor dem Gott in den Vasenaltar gegossen. Die Dschemdet-Nasr-Zeit (2800–2700 v.Chr.) symbolisiert den Gott (der religiösen Wirklichkeit entsprechend) gern durch das Heiligtum. Die spätere Zeit zieht es vor, theologisch präziser den Gott selber darzustellen (vgl. dazu Heinrich, Bauwerke 83 und *239*).

Im Tempel und in den verschiedenen Eigenheiten und Einrichtungen des heiligen Ortes manifestiert sich das Wirken und die Art Jahwes. Eigentlich müßte unter diesem Gesichtspunkt im vorliegenden Abschnitt das ganze Material des dritten Kapitels nochmals durchgegangen werden. Aber da dort bereits auf den Symbolgehalt vieler Einzelheiten eingegangen wurde, kann sich dieser Abschnitt auf einige besonders wichtige Punkte und einige Ergänzungen beschränken.

242. «Eines erbitte ich von Jahwe, darauf bin ich aus, zu wohnen im Hause Jahwes mein Leben lang, um die Lieblichkeit Jahwes zu schauen... (27,4).

a. Der Fels

Der Tempel von Jerusalem erhob sich am höchsten Punkt der Akropolis (vgl. *157–158, Taf. VII*). Allein schon diese Lage verlieh ihm hohe fortifikatorische Bedeutung. Die wenigsten Tempel wurden förmlich als Bollwerke konzipiert wie der sogenannte Festungstempel von Sichem mit seinen gut fünf Meter dicken Mauern und den beiden mächtigen Türmen, die das einzige Tor flankierten *(243)*. Aber sie waren in der Regel doch so massiv gebaut, daß sie im Notfall als Zufluchtsort dienen konnten (vgl. etwa Ri 9,46–49). Wenn der Beter in 31,3 Jahwe bittet, ihm eine unzugängliche Burg *(bjt mṣwdwt)* zu sein, mag diese Vorstellung vom mächtigen Tem-

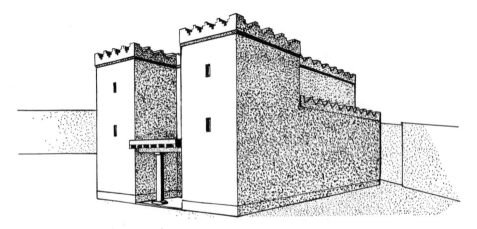

243. «Reiße mich eilends heraus, werde für mich... zu einer festen Burg, um mich zu retten!» (31,3).

pelgebäude auf dem Zion ihren Ausgang genommen haben. Ähnlich verhält es sich, wenn Jahwe als «starker Turm vor dem Feind» (61,4b) bezeichnet wird. Dabei kann mit dem Turm ein Teil der Akropolis (48,13; vgl. Ri 9,51 2 Chr 14,6) oder aber auch irgendein isolierter Turm im offenen Feld gemeint sein. Solche einzelne Türme, als kleinste Form eines befestigten Platzes (2 Kg 17,9 18,18), dienten der Überwachung eines Gebietes oder als Zufluchtsort bei Feindgefahr (Fliehburg). Solche Türme benützte man aber auch mit Vorliebe zur Darbringung von Opfern (Aistleitner, Texte 90: I K Z.74-81; 2 Kg 3,27 Jer 19,13 Zeph 1,5). Das eindrücklichste und zugleich älteste Beispiel eines solchen Turmes ist das 12 m hohe, massive Bauwerk aus dem neolithischen Jericho (244). Häufiger als «Burg» und «Turm» nennen die Beter Jahwe «Anhöhe, die Zuflucht bietet» (mṣgb; von den 16 Stellen im AT finden sich 12 in den Pss). Dabei mögen die Zionspss 46 (vv 8 und 12) und 48 (v 3 f) den Zion als Akropolis vor Augen haben.

Die meisten Stellen aber, die Gott als Fliehhöhe, als unzugängliche Bergfeste (mṣwdh) oder als (Flieh-) Fels (slʿ) feiern, dürften eine natürliche Gegebenheit des Landes vor Augen haben, die für dieses immer wieder von Kriegszügen heimgesuchte Gebiet von hervorragender Bedeutung war. An manchen Stellen Palästinas und der Gebiete östlich des Toten Meeres und der ʿAraba haben die Bachbette, die sich tief in den weichen Kalk- oder Sandstein eingefressen haben, mächtige Felsen so isoliert, daß diese als natürliche Burgen dienen konnten (Taf. XII). In Zeiten der Not zog sich die Bevölkerung des offenen Landes, aber auch die der kleinen Städte, auf solche Fliehfelsen zurück (vgl. Jer 4,29 1 Sm 13,6). Einige werden im AT namentlich erwähnt, so der Granatapfelfelsen (Ri 20,47), der Steinbockfels (1 Sm 24,3) und der Fels von Edom (2 Kg 14,7). Auch die unzugänglichen Orte (mṣdwt;

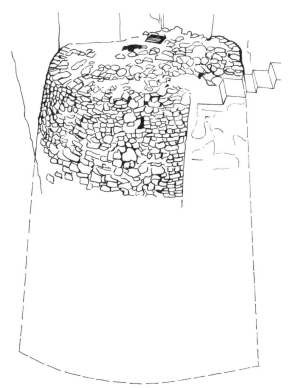

244. «Du bist meine Zuflucht geworden, ein starker Turm vor dem Feind» (61,4).

vgl. dazu Hi 39,28), an die sich David auf seiner Flucht vor Saul (1 Sm 22,4f 24,23) und vor den Philistern (2 Sm 5,14 23,14) jeweils zurückzog, dürften solche Fliehfelsen gewesen sein. Ein Relief Sethos' I. zeigt Kanaanäer, die sich auf einen

245. «... auf einen Felsen, der für mich zu hoch ist, führe mich!» (61,3c).
«... auf einen Felsen hebt er mich hoch» (27,5d).

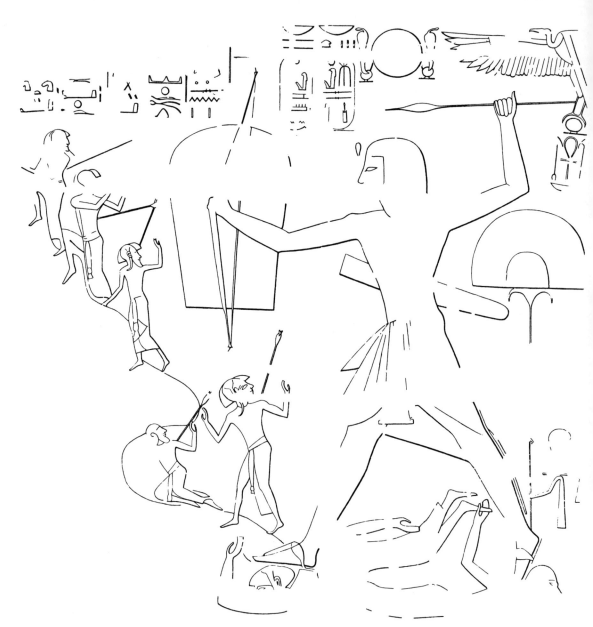

245a. Libyer fliehen vor Ramses III. auf die Berge und verstecken sich in Höhlen. Wenn Fliehfelsen für Palästina (besonders im Gegensatz zu Ägypten und Mesopotamien) typisch sind, so natürlich nicht in der Weise, daß sie sonst nirgends zu finden wären.

solchen Felsen zurückziehen. Es ist klar, daß vom ägyptischen Gesichtspunkt aus auch ein solcher Fels keine Rettung bringen kann. Einer der Krieger zerbricht, als Zeichen seiner Verzweiflung, seine Lanze *(245)*.
Hat der Beter an den zahlreichen Stellen, da er Jahwe, seinen Gott, als «mein Hochplatz» (*msgb;* 18,3 59,10.17f 62,3.7 94,22 144,2), «meine Bergfeste» (*mṣwdh;* 18,3 31,4 71,3 91,2 144,2) oder schlicht als «mein (Flieh-)Fels» (*slʿ;* 18,3 31,4 42,10 71,3; *ṣwr:* 18,3.47 19,15 28,1 62,3.7 usw.) anredet, die eben beschriebene Eigenheit des palästinensischen Berglandes vor Augen, dann spürt man hier etwas «von der Bodenständigkeit israelitischer Frömmigkeit» (Begrich, Vertrauensäußerungen 210). Es ist kein Zufall, daß sich gerade das Vertrauen in autochthonen Metaphern wie «meine Bergfeste» oder «mein Fels» ausdrückt. Denn die intensive Thematisierung des Vertrauens ist eines der wichtigsten Charakteristika der Pss gegenüber den Gebeten des alten Mesopotamien und Ägyptens (vgl. dazu Keel, Feinde 216–226).
Sowenig man die genannte Eigenheit der Landschaft Palästinas übersehen darf, ist doch nicht auszuschließen, daß der Beter, der sich bei der Dankopferfeier im Tempelbereich geborgen fühlte oder im Klagelied seine Flehrufe zum Allerheiligsten schickte (vgl. 28, 1f 61,3), nicht an diese Eigenheit dachte, sondern im Tempelbereich den Zufluchtsort par

excellence sah. Der Zion hatte, wie etwa die Belagerung 70 n.Chr. mit aller Deutlichkeit zeigte, eine strategisch ausgezeichnete Lage. Mindestens bei den Texten, in denen Jahwe der Fels in kosmischer Dimension als Gegenpol der chaotischen Mächte erscheint (18,3.5 61,3–5 40,3), dürfte eher der Heilige Fels des Zion (vgl. *154*) als irgendein Fliehfels in der Wüste Juda Modell gestanden haben. Jedenfalls wurde der Heilige Fels auf dem Zion schon früh als kosmischer Schlußstein verstanden (Jes 28,16; vgl. Mt 16,18), der den Gipfel des Weltenberges bildet (61,3c) und die nach oben drängenden Chaoswasser zurückhält. Diesen Stein hat Gott eigenhändig gesetzt (Hi 38,6; vgl. Ps 78,69 87,1). Von der kosmischen Symbolik her versteht es sich, daß Jahwe nie «meine Höhle» oder «meine Felsspalte» usw. genannt wird, obgleich solche in concreto ebensooft oder öfter als Zufluchtsort dienten wie Felsen und Berggipfel (Ri 6,2 1 Sm 13,6 1 Kg 18, 4.13 u.ö.; vgl. *245a*). Sie gehören aber, von der kosmischen «Geographie» her betrachtet, dem Bereich der Unterwelt an und eignen sich nicht zur Schilderung Jahwes, der ein Gott des Lebens ist.

In seinem kleinen, aber interessanten Werk über den Heiligen Felsen schreibt H. Schmidt: «In uräaltester Zeit mag die Verbundenheit des Numens mit dem Felsen sogar einmal als ein Einwohnen im Stein geglaubt, der Stein und sein Gott also einander nahezu als gleich empfunden worden sein» (ebd. 78). Aus der Handwerkersiedlung von Der el-Medine in Oberägypten ist uns ein Danklied für die «Felszacke des Westens» *(dhnt imntt)* erhalten (Erman, Denksteine 1098–1100; Taf. XIII). Die Steinpfeiler (Masseben), die im kanaanäischen Raum bis in die späteste Zeit *(246–217)* als Kultobjekte eine große Rolle spielten, sind im Grunde nichts anderes als solche Felszacken. Sie wurden von den späteren Propheten und dem Dt aufs heftigste bekämpft. Anfänglich waren sie vom Jahwismus übernommen worden, wie z.B. die Massebe zeigt, die man im Allerheiligsten des Jahwetempels von Arad gefunden hat *(248)*.

Auch in der spätesten Zeit war bei der Gottesbezeichnung «Fels» der Gedanke an Steinkult noch lebendig. Um jedes Mißverständnis auszuschließen, übersetzt die LXX *ṣwr* «Fels» an zahlreichen Stellen ganz einfach mit *theós* «Gott», und die Rabbinen erklärten *ṣwr* von *jṣr* her als «Bildner» oder «Schöpfer» (Wiegand, Der Gottesname *ṣūr*).

Trotz solcher Vorsichtsmaßnahmen noch in spätester Zeit werden schon früher zahlreiche Sänger und Beter in «Bergfeste» nichts als eine Metapher für «Zuflucht» und in «Fels» eine solche für die unerschütterliche Zuverlässigkeit Jahwes gesehen haben. Auf diesem Felsen ist man vor jedem Ansturm des lebensfeindlichen Chaos sicher. Da ist nicht mehr die vergängliche Welt. Die Unvergänglichkeit Gottes west da an. Spiritualisierend nennt der Beter von Ps 73 (v 26) Gott den «Fels seines Herzens (= Denkens und Wollens)». Gott ist das, «woran man sich halten kann», und diese Eigenheit veranschaulicht sich in der unnachgiebigen, unzerstörbaren Härte eines Felsens.

246. «Mein Gott, mein Fels, bei dem ich mich berge» (18,3b). Massebe im Vorhof eines Tempels von Byblos. Sie steht auf oder hinter einem Altar mit Hörnern, der von einem Metallrost überzogen ist (vgl. Ez 27,4).

247. «Jakob stand am Morgen früh auf, nahm den Stein, den er zu seinen Häuptern hingelegt hatte, stellte ihn als Massebe auf und goß Öl darüber» (Gn 28,18).

Die beiden Masseben auf einer tyrischen Münze werden als «ambrosisch», d.h. mit Butter, Öl oder Honig «gesalbte» bezeichnet. Unter der Inschrift ist eine Quelle angedeutet (vgl. *183–188, 256*), rechts von den Masseben steht ein Baum *(180–182, 253–255)*, links davon ein Weihrauchständer *(197–200)*; die Masseben funktionieren als Tempel, Götterbild und Altar. Die kleine Münze zeigt also ein Heiligtum mit allem, was dazu gehört (vgl. *191, 202*).

248. «Zu dir schreie ich, mein Fels!» (28,1).
Allerheiligstes des Jahwetempels von Arad (vgl. *170*). Man erreicht den kleinen Raum über drei Stufen. Auf der obersten stehen zwei Räucheraltäre (vgl. *197*). Im Allerheiligsten fand man nichts als eine schön behauene, rot bemalte Kalksteinstele.

b. Prüfen und Läutern

Die Erfahrung des Unvergänglichen ruft im vergänglichen Menschen Empfindungen der Minderwertigkeit, der Unreinheit und der Sünde hervor (vgl. 90 Jes 6). Wo das Heilige nicht in urtümlicher Gewalt, sondern sakramental anwest, stellt sich das Gefühl der Sünde nicht mit der gleichen Spontaneität ein. Die in Kp III, 2 genannte Torliturgie soll den Menschen davon abhalten, sich in krasser Unreinheit dem Heiligen zu nahen und statt mit Segen erfüllt vom Fluch getroffen zu werden. In der «Torliturgie» manifestiert sich nicht nur menschliche Vorsicht, sondern die Überzeugung, daß Gott den Menschen prüft.

«Jahwe ist in seinem heiligen Tempel.
Jahwe hat seinen Thron im Himmel.
Seine Augen schauen,
seine Wimpern prüfen *(bḥn)*
die einzelnen Menschen.
Jahwe prüft den Schuldlosen und den Schuldigen.
Wer Gewalttat liebt, den haßt er zutiefst...
(Nur) Gerade dürfen sein Angesicht schauen» (11,4f.7b).

Der heilige Bewohner des Tempels erscheint hier als der große Prüfer. Der in diesem Text verwendete Terminus *bḥn* «prüfen» bezeichnet eigentlich das Prüfen der Metalle. Dieses konnte im Altertum auf zuverlässige Weise einzig durch Schmelzen geschehen. Der babylonische König Burnaburiasch II. (1367–1346 v. Chr.) schreibt in einem Brief an Amenophis IV.: «Was deinen Boten betrifft, den du geschickt hast, so waren die 20 Minen Gold, die er brachte, nicht voll, denn als man es in den Ofen legte, kamen nicht fünf Minen hervor» (Amarnatafel Nr. 10 Z. 17–20; vgl. Nr. 7 Z. 69–72). Auch im AT stehen «Prüfen» *(bḥn)* und «zur Läuterung schmelzen» *(ṣrp)* deshalb oft parallel (17,3 26,2 66,10). Das Prüfen kann nur durch den Schmelzprozeß geschehen. Dieser hat aber nicht nur den Zweck zu prüfen, sondern dient zugleich der Läuterung und der Bearbeitung des Metalls. Das ist auch auf *249* der Fall. Links sieht man einen Beamten beim Wägen von Goldbarren. Ein Schreiber notiert die abgelieferte Menge. Rechts blasen sechs Metallarbeiter durch Schilfrohre(?) mit feuerfesten, tönernen Enden in die Glut, um den Schmelzofen anzufachen. Auf dem rund 1000 Jahre jüngeren Bild *250* haben Blasbälge die archaischen Blasrohre abgelöst. Die beiden Männer (obere Bildhälfte links) verlagern ihr Gewicht rhythmisch vom einen auf den andern Fuß. Während der eine Blasbalg niedergetreten wird, zieht man den andern mit Hilfe

250. «Ja, du hast uns geprüft, Jahwe, du hast uns geläutert, so wie man Silber läutert» (66,10).

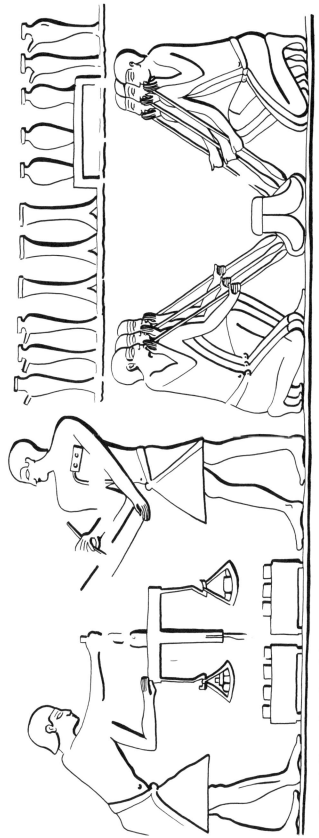

249. «Prüfe mich, Jahwe, und erprobe mich, läutere meine Nieren und mein Herz!» (26,2).

251. «Gerechter Gott, der Herzen und Nieren prüft!» (7,10b).

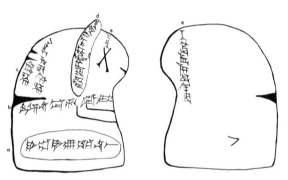

252. Modelleber aus Chazor. Sie diente dazu, angehenden Leberbeschauern (haruspices) aufgrund der Lebern der Opfertiere die Zukunft zu deuten.

eines Strickes hoch, damit er sich mit Luft füllen kann. Der Mann in der Mitte facht das Feuer an. Hinter dem Feuer steht ein Haufen Kohle und ein Kübel mit schmelzbarem Material (?). Die untere Szene zeigt, wie ein Schmelztiegel vom Feuer abgehoben wird. Auf der Fortsetzung der Szene rechts wird ein Tor gegossen. Zwei fertige Türflügel sind oben rechts zu sehen.

Jahwe ist im Heiligtum wie ein Metallschmelzer oder wie ein Schmelzofen gegenwärtig. Wer es betritt und heil bleibt, darf als gerecht gelten. Er darf sagen, daß Gott ihn geprüft und geläutert hat (17,3; so wie er Jesaja läuterte 6,6). Wenn der Beter sogar eine Nacht in der Nähe des heiligen Gottes verbracht hat (17,3aβ), darf er als Gerechter seiner Hilfe gewiß sein.

Der Beter von 26 ist noch nicht so weit. Er bittet erst um diese Prüfung (v 2a), wobei auch hier die Prüfung gleichzeitig Läuterung bedeutet (v 2b). Der Beter beteuert, die Einlaßbedingungen erfüllt zu haben. Er hat es nicht verdient, mit den Sündern hinweggerafft zu werden (v 9f), sondern darf erwarten, als Geläuterter im Heiligtum Heil zu finden. Nebst

der Erfahrung Gottes als eines verzehrenden Feuers vermögen Leiden aller Art den Menschen von seinen Schlacken zu befreien (66,10ff). Diese Leiden werden in 66,12 mit dem Merismus «Feuer und Wasser» (vgl. Is 43,2) umschrieben. Feuer und Wasser sind die wichtigsten Mittel kultischer Reinigung (Nm 31,23; vgl 26,6). Auch hier wird «Prüfung» nicht einfach als ein Prozeß des Feststellens, sondern als solcher der Veredlung gesehen. Weil das Wort Jahwes geläutert ist, ist es frei von allen Schlacken, ganz rein (12,7) und begehrenswert (119,140).

Anders ist es in 139. Hier bittet der Beter nicht darum, wie Metall im Schmelzofen geprüft und gleichzeitig geläutert zu werden, sondern er bittet Jahwe, ihn auszuforschen (ḥqr) und – als Ziel dieses Unternehmens – ihn kennenzulernen (v 23; vgl. v 1). Dieser Aussage (und vielleicht auch 7,10b; vgl. Dahood, Psalms I, XXIXf) mag die Vorstellung von der Leberschau zugrunde liegen (251). Sie war in Babylon im 18.Jh. v. Chr. schon hoch entwickelt (ANEP Nr. 594) und spätestens vom 15. Jh. v. Chr. an auch in Palästina bekannt, wie die Funde einer beschrifteten Modelleber im Tempel II (208) von Chazor (252) und eines anderen unbeschrifteten Exemplars in der Schicht VII von Megiddo (ANEP Nr. 595) beweisen (vgl. auch Ez 21,26). «Die Leber galt als Sitz der Gefühle; daher hielt man sie für besonders geeignet als Spiegel der zukünftigen Verhältnisse. Außerdem wies die Leber des Opferlammes in ihrer Struktur so große Verschiedenheiten auf, daß sich daraus schon viele Möglichkeiten der Divination ergaben. Man glaubte eben in der Leber als Mikrokosmos den ganzen übrigen Körper, ja die ganze Umgebung verkörpert und übertrug infolgedessen auf Teile der Leber nicht nur alle möglichen Körperteile wie «Finger», «Mund», «Scham», sondern auch entferntere Dinge wie «Weg», «Standort», «Palast» und «Thron» (Meißner, BuA II,267). Auch der Beter von 139 verspricht sich von der Prüfung seines Innern eine Bestimmung der Zukunft, allerdings in einem ganz anderen Sinne. Er hofft, daß Gott nach der Feststellung seiner Tadellosigkeit ihn in die denkbar weiteste Zukunft führen werde (v 23f).

In der Unzerstörbarkeit des Felsens, der den Gipfel des Zion bildet, wird die Verläßlichkeit Jahwes anschaulich. Im Kreaturgefühl, das den sterblichen Menschen angesichts des heiligen Gottes überkommt (130,3 143,2) und in der Frage nach der Unreinheit und Schuld, die die Torliturgie stellt, erfährt der Mensch Gott als Prüfenden und Läuternden. Bei diesem Läuterungsprozeß spielt die Erfahrung der süßen Gemeinschaft mit Gott allerdings eine größere und entscheidendere Rolle als die Reinigung von Schmutz und Schuld.

c. Baum, Quelle und Licht

Der von Versuchungen zermürbte und niederdrückenden Zweifeln angefochtene Beter von 73 erfährt im Tempel, wie die von ihm bewunderten und beneideten, skrupulosen Draufgänger keinen festen Halt unter den Füßen haben. Aber

253. Dieses und die folgenden beiden Bilder zeigen, wie verschieden man sich z. B. in Ägypten die Beziehung zwischen einem Baum und seiner Göttin vorstellen konnte. Der Baum und die Göttin konnten weitgehend identisch gesehen werden. Nur die weibliche Brust, an der der König trinkt, und der Arm, der sie hält, deuten auf ein personales Wesen hin.

das wirklich Befreiende ist nicht die Erfahrung «Sünde lohnt sich nicht», sondern die Erfahrung der «Nähe Gottes» (73, 28). Nur sie ist ein zuverlässiger Schutz gegen alle Verzweiflung. Diese Nähe bedeutet «Leben». In den weiten Vorhöfen mit ihren Bäumen *(253–255)*, im Wasser des Ehernen Meeres und der Kesselwagen, in den Bildern vom Lebensbaum, der von Cheruben bewacht wird, manifestiert sich das von Gott auf den Zion entbotene Leben (133, 3) und der lebendige (42, 3

254. Die Göttin bildet in menschlicher Gestalt den Stamm des Baumes. Sie reicht den Menschen Speise (die runden und der ovale Fladen sind Brote) und Trank.
«Glücklich, den du erwählst und nahen läßt, daß er in deinen Höfen wohne.
Sättigen wollen wir uns an der Güte deiner Wohnstatt» (65, 5; vgl. 90, 14).

255. Baum und speisende Gottheit scheinen hier nichts miteinander zu tun zu haben. Aber das «Nut» auf dem Stamm des Baumes und über dem Kopf der Göttin zeigt, daß die beiden für den Ägypter identisch sind. Wenn Israel die Schönheiten des heiligen Bereichs auch nicht in der Art von 253-255 mit Jahwe identifiziert hat, so zeugten sie ihm doch sehr direkt von der Lebenskraft und dem Segen, die Jahwe auf den Zion entboten hat (133,3).

«Jahwe, wie köstlich ist deine Huld!
Zu dir kommen die Menschenkinder, finden Schutz im Schatten deiner Flügel.
Sie laben sich am Fett deines Hauses, am Bach deiner Wonnen tränkst du sie» (36,8f; Übersetzung von Kraus).

84,3 63,2), lebenliebende (30,6) Gott selber, bei dem der «Quell des Lebens» ist *(256, 256a)* und in dessen Macht es liegt, einen die «Pfade des Lebens» (16,11) einschlagen und im Bereich des Lebens wohnen zu lassen (27,13 52,7 116,9 142, 6). Da er der Geber alles Lebens ist, das sich im Tempelbereich verdichtet und manifestiert, ist ein von Treue und Liebe geprägtes Gemeinschaftsverhältnis mit ihm wichtiger als das Leben selbst (63,4 73,23-28). Denn den Aufrichtigen und Geraden, die an Jahwe festhalten, geht im Dunkeln immer wieder ein Licht auf (112,4 97,11), und nur ihnen. Denn «in deinem Licht schauen wir das Licht» (36,10b). In diesem schönen und rätselhaften Satz dürfte das erste «Licht» das «Licht seines (d.h. Gottes) Angesichts» (4,7 44,4 89,16) sein. Dabei ist «seines Angesichts» (d.h. seiner Zuwendung; pnjm «Zugewandtes, Gesicht») ein erklärender Genitiv. Er setzt «Licht» mit «Zuwendung» Gottes gleich. Das zweite Licht bedeutet nichts anderes als «Leben», wie der Ausdruck «Licht des Lebens» (56,14) nahelegt. «Des Lebens» ist ebenso wie «seines Angesichts» ein erklärender Genitiv, der das Licht mit dem Leben identifi-

ziert. Die Toten sehen kein Licht (49,20). Der Sinn von 36, 10b ist also: «Durch deine Freundlichkeit leben wir!» und diese Bedeutung paßt ausgezeichnet zur ersten Hälfte des Verses: «Bei dir ist der Quell des Lebens» (36,10a).
In 27,1 (vgl. auch 43,3) bezeichnet der Beter Gott schlicht als «mein Licht». Die beiden hellenistischen Malereien aus Marissa auf *257* zeigen je eine Lampe auf einem sehr hohen Kandelaber. Vor sie tritt mit grüßend erhobener Hand eine Gestalt, die eine merklich kleinere führt. Die Darstellung erinnert, wie schon Cook (The Religion 41) festgestellt hat, stark an die mesopotamischen Einführungsszenen (vgl. *272, 414*). Die Lampe würde dann den Gott repräsentieren, der dem Toten Licht sein soll. Die Szenen befinden sich ja in Gräbern.
Wie das «Leben», so ist auch das «Licht» im Tempel in den Lampen des siebenarmigen Leuchters *(225-226)* sichtbar geworden. «Jahwe, meine Lampe» (18,29; vgl. 2 Sm 22,29; vgl. Taf. XIV) klingt zwar weniger großartig als «Jahwe, mein Licht», aber was der Ausdruck an Großartigkeit vermissen

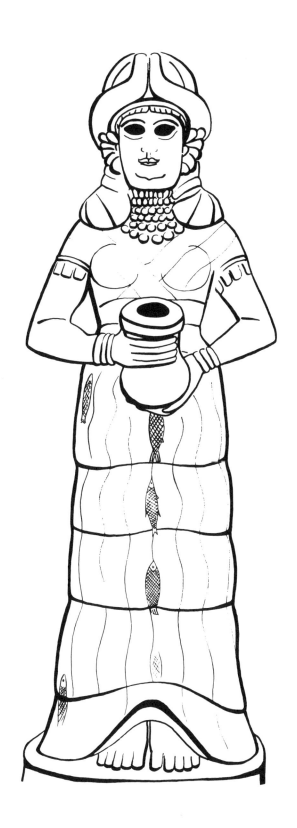

256. «Ja, bei dir ist der Quell des Lebens» (36,10a).

Während die Gottheit mit dem Quellgefäß aus Mari weiblich ist (vgl. auch *191*), sind die mesopotamischen Gottheiten, die dieses halten, häufig männlich (vgl. z. B. *185*).

läßt, besitzt er an Innigkeit. «Lampe» ist viel persönlicher als «Licht» (vgl. die Eigennamen «Nerija» = «Jahwe ist (m)eine Lampe» und «Abner» = «der Vater (Gott) ist eine Lampe»). Wer sich je in einem großen Dunkel befunden hat, weiß, was einem eine kleine Lampe bedeuten kann. Sie vermag den ganzen Druck des Dunkels aufzuheben. Auf 91 verscheucht sie, links vom Kranken aufgestellt, die Dämonen. In 119 werden zahlreiche Aussagen, die früher von Gott gemacht wurden, auf das «Wort Gottes» übertragen. So bezeichnet es der Beter auch als «Lampe» für seinen Fuß und Licht auf dem Weg (v. 105). Vielleicht soll das «ewige Licht» (vgl. Weis. Sal. 18,4), das im Giebel des Thoraschreins (Schrein für die Gesetzesrollen) auf 258 zu sehen ist, im Sinne von 119 auf das Wort Jahwes als Lampe hinweisen.

256a. Der hier nicht mehr sichtbare Text zur Rechten des Gottes Amon lautet: «Wir kommen vor dich, um deine Schönheit zu verehren, Amon, König der Götter. Leben und Glück sind in deiner Hand. Wasser quillt unter deinen Füßen hervor.» Die Fortsetzung des Textes deutet das Wasser als «Hapi», die Überschwemmung des Nil, die das Land fruchtbar macht. Amon wird so eine Wohltat zugeschrieben, die ursprünglich Chnum (vgl. 334), dem Gott des ersten Kataraktes eignete. Man glaubte, daß er den Nil dort in der Nähe von Assuan aus einer geheimen Höhle entquellen lasse. Ähnlich dürfte Jahwe seine Funktion als Spender des Wassers von lokalen Gottheiten übernommen haben. In 36,10, der Jahwe als Quell des Lebens preist, ist aber schon nicht mehr von einer konkreten Quelle die Rede, sondern vom Leben schlechthin. Doch weist der Ausdruck Quelle noch auf das Konkrete zurück. Ähnlich wie in 36,10 findet sich im ägyptischen Text die Verbindung einer konkreten Größe (Nilüberschwemmung) mit einer generellen (Leben).

257. «In deinem Licht schauen wir Licht» (36, 10a).

258. «Dein Wort ist eine Lampe für meinen Fuß, und ein Licht auf meinem Pfad» (119, 105).

259. Detail aus 258.

d. Die Flügel Gottes

Die Prädikationen Jahwes als Fels, als Schatten, als Quelle und als Licht können auf das Erlebnis des Tempelbereiches zurückgehen. Ihr Ursprung kann aber auch in Erfahrungen viel allgemeinerer Natur liegen. Ganz ähnlich verhält es sich auch mit den «Flügeln Gottes», unter denen der Beter Schutz finden will (17,8 36,8 57,2 61,5 63,8 91,4). Kraus bezieht den Begriff auf «die über der Lade ausgeschwungenen Flügel der Cherube» (Psalmen 132; vgl. auch Gunkel, Pss 57). Das mag sein. Aber es ist zu bedenken, daß die Cherube, wo sie in den Pss explizit genannt werden, als Träger Jahwes erscheinen (18,11 80,2 99,1) und keine Schutzfunktion haben (vgl. 231 bis 236). In 61,5 stehen die Flügel parallel zu «Zelt», und man könnte dabei im Hinblick auf 221–222 an die Flügel denken, die die Tempel- oder Naosdecke als Himmel (vgl. 19, 21–24, 33) charakterisieren. Letztlich führt sich das Bild jedenfalls auf den Vogel zurück, der seine Flügel schützend über seine Jungen ausbreitet (Mt 23,37).

Der Schutz, den vogelgestaltige Götter dem ägyptischen König zuteil werden lassen, drückt sich ganz natürlich in ausgebreiteten Flügeln aus. In dieser Stellung hält sich der schon früh mit Horus zusammengeflossene Falkengott von Behedet über Chefren (260). Auf unzähligen ägyptischen Darstellungen erscheinen der Falkengott als Falke (Taf. XXI), Amon als Gans (341) oder Nechbet als Geier (425) über dem König schwebend.

260. «Behüte mich wie einen Augapfel, birg mich im Schatten deiner Flügel!» (17,8; vgl. 36,8, 61,5, 63,8).

261. «Ich berge mich im Schatten deiner Flügel, bis das Verderben vorüber ist» (57,2b).

262. «Er deckt dich mit seinen Schwingen, unter seinen Flügeln findest du Zuflucht» (91,4). Vgl. 238.

Schon ganz zu Beginn der ägyptischen Geschichte haben sich aber die Flügel als eine Art Hieroglyphe für «Schutz» von der Vogelgestalt gelöst. Sie können den als weiblich-mütterlich empfundenen Himmel in seiner Schutzfunktion darstellen (*19 21* u.ö.). Gleicherweise wird der Schutz, den zwei Göttinnen – auf dem phönikischen Elfenbein *261* als Götter mißverstanden – dem neugeborenen, aus dem Lotus entsprungenen Sonnengott *(261)* und derjenige, den Nephtys (und Isis) dem «Ersten Toten» Osiris zuteil werden lassen *(262)* mit Hilfe der Flügel dargestellt. Dabei sind der Segensgestus, mit dem Isis (rechts), und die schützend ausgebreiteten Flügel, mit denen Nephtys (links), sich vor, bzw. hinter Osiris stellen, praktisch gleichbedeutend.

Das aus Ägypten stammende Motiv ist am Ende des 2. und am Anfang des 1.Jt.sv.Chr. von Palästina-Syrien aufgenommen *(261)* und durch die Phöniker nach Westen über den Mittelmeerraum und gegen Osten über Nordsyrien nach Nordmesopotamien verbreitet worden.

e. Ohren, die hören, und ein Mund, der redet

Der Gott, der auf dem Zion wohnt, prüft und läutert die Besucher des Tempels. Wer vor ihm bestehen kann, hat Teil an Segen und Leben (24,5), die vom lebendigen Gott ausgehen (36,10), der hier gegenwärtig ist. Er ist für die, die ihn fürchten, ein Fliehfels und eine Lampe. Unter seinen Flügeln finden sie Schutz. Aber er ist nicht nur der fast naturhafte Lebensgrund, zu dem der Mensch aus der Dürre und Trockenheit hungernd und dürstend immer wieder hindrängt (42,2f 63,2 143,6). Er ist, personaler, ein «Erhörer des Gebetes» (65,3). Im Gebet schüttet der Bedrückte sein «Herz» aus (102,1), er spricht die Gedanken und die Sorgen, die ihn ganz persönlich quälen, laut aus, in der Hoffnung, Gott möge sie hören: «Wende mir dein Ohr zu!» (17,6 31,2 71,2 86,1 usw.), «Mache Ohren! Höre!» (5,2 17,1 54,4 55,2 usw.).

Es gibt diese Ohren. Deshalb werden im Tempel immer wieder Gelübde eingelöst (107), und im Danklied wird bezeugt: «Er hat mir sein Ohr zugewandt!» (116,2). Auf der Stele von *263* wird dieser Satz ganz lapidar durch die beiden Ohren ausgedrückt. Darüber steht der Name des Gottes, der erhört hat: «Amon-Re, der Herr des Himmels.» Unter den Ohren der Name desjenigen, der erhört wurde und der den Denkstein gestiftet hat: «Gemacht hat (ihn) Neb-Mehjt.» In allen Tempeln der alten Welt waren solche Denksteine zu finden. Diogenes soll einem Besucher des Tempels von Samothrake, der sich über die große Anzahl solcher Steine begeistert zeigte, gesagt haben: «Noch weit mehr würden es sein, wenn auch alle, die nicht gerettet wurden, welche gestiftet hätten» (Diogenes Laertius VI, 2, 59). Dieser Satz ist so nicht zurückzuweisen. Wer ihn aber grundsätzlich verstehen möchte, wie er wohl auch gemeint ist, hat zu bedenken, daß es sich bei diesen Steinen um individuelle Erfahrungen und Überzeugungen handelt. Es geht nicht um ein Gesetz und also um weniger, als der Satz des Diogenes anvisiert. Anderseits geht es um mehr. Was sich in diesen individuellen Zeugnissen ausspricht, ist nicht die Überzeugung, daß der Gott auf jeden Ruf des Menschen als allzeit williger Diener gehorsam herbeieile, sondern daß man seine Existenz in einem Moment besonderer Gefahr als in ihrer letzten Tiefe geschenkte dankbar empfunden hat. Der ao Mensch hat das Konkrete geliebt, wie die beiden Ohren auf dem Denkstein drastisch zeigen, aber das Konkrete war für ihn stets zugleich Symbol.

Wenn er sein Bitten und Klagen besonders gern am Tempel vortrug, so konnte er doch ebensogut an jedem beliebigen anderen Ort beten. Der Tempel ist, wie der Schluß von Kp III gezeigt hat, nur eine sakramentale Vergegenwärtigung des Himmels als Wohnort Gottes, und der Himmel wölbt sich für den antiken Menschen über jeden einzelnen Punkt der Erde. Von jedem einzelnen Punkt aus sind die Ohren Gottes, der im Himmel wohnt, zugänglich. Auf *264* erscheinen die hörenden Ohren Gottes zwischen der Sonne, dem Mond und den Sternen.

Anders als unter dem weiten Himmel war Jahwe im Heiligtum aber nicht nur als stummer Hörer und Erhörer, sondern auch als artikuliert Redender gegenwärtig. «Jahwe *sprach* in seinem Heiligtum...» (60,8 108,8; vgl. 35,3 50,1 62,12 85,9 89,20 u.a.). Nur selten hat er in außergewöhnlichen Erscheinungen gesprochen (z.B. Jes 6). In der Regel sprach er durch den Mund seiner Priester und vor allem jener Propheten, die mit dem Tempel mehr oder weniger eng als sogenannte Kultpropheten verbunden waren (vgl. Jeremias, Kultprophetie). Sie sprachen bei bestimmten Gelegenheiten dem König, dem Volk, aber auch dem Einzelnen im Namen Got-

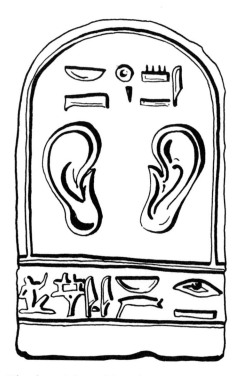

263. «Jahwe hat mein lautes Flehen gehört,
ja, er hat mir sein Ohr zugeneigt,
am Tage, da ich rief...» (116, 1 b.2).

264. «Aus der Tiefe rufe ich zu dir, Jahwe, Herr, höre meine Stimme!
 Deine Ohren mögen aufmerken auf mein lautes Flehen!» (130,1f).
In den meisten Fällen verewigen die Ohren auf den ägyptischen Stelen nicht Dank, sondern Bitte, wie die häufig beigegebene Inschrift «Erhöre das Gebet, das x y gemacht hat» eindeutig zeigt. Die schlichte Bitte hat man durch magische Mittel wirksamer zu machen versucht. Um das göttliche Gehör zu sensibilisieren, brachte man auf der Stele möglichst viele Ohren an. Auf einer Stele aus Memphis sind es nicht weniger als 376 (vgl. Blok, Remarques sur quelques stèles, 134).

 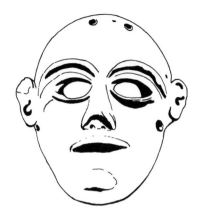 

264a. Die drei Masken aus (von links nach rechts) Chazor (erste und zweite) und Hebron (dritte) werden in der Literatur oft als Kultmasken bezeichnet, obgleich sie – wenigstens nach unserm Empfinden – zum Tragen nicht sonderlich geeignet sind. In einzelnen Texten des AT scheint der Begriff Teraphim Kultmasken zu bezeichnen (1 Sm 19,13.16 Ri 17,5 18,17ff Hos 3,4). Vermutlich befähigten sie den, der sie trug, im Namen der Gottheit zu sprechen und Orakel zu geben (vgl. Ez 21,26 Sach 10,2). Ob im Tempel von Jerusalem jene, die im Namen Jahwes sprachen, sich solcher Masken bedienten, ist für die frühe Zeit ungewiß und für die spätere abzulehnen, doch gab es auch im Jerusalemerkult Männer, die – ohne das Identifikationsmittel der Maske – im Namen Jahwes sprachen.

tes Heil zu, konnten aber auch Gericht und Unheil androhen (vgl. 50 58 81 82 95; *264a, 264b*).

Ihre Legitimität im Namen Jahwes zu sprechen, bezogen sie wahrscheinlich aus ihrem persönlichen Sendungsbewußtsein (ähnlich den «freien Propheten»), aus ihrer Verbundenheit mit dem Religionsstifter (vgl. Nm 11,16-17.24-30), den religiösen Traditionen (vgl. 50 81 95) und ihrer Teilhabe am offiziellen Kult. (Ihr Sprechen wird ihnen und ihren Zeitgenossen ähnlich selbstverständlich gewesen sein wie einem Katholiken das im Namen Gottes gesprochene Absolutionswort in der Beichte.)

264b. Ein ägyptischer Priester trägt die Maske des Anubis, des Gottes der Nekropole (vgl. 75). Die Maske besitzt anscheinend keine Augenlöcher. Ihr Träger muß deshalb von einem zweiten Priester geführt werden. Die praktische Brauchbarkeit einer Maske kann offensichtlich nicht darüber entscheiden, ob sie im Kult getragen wurde oder nicht. Zahlreiche ägyptische Bilder, wie *70* oder *75* legen nahe, daß Göttermasken nicht nur zur Orakelerteilung getragen wurden.

f. Vater und Mutter, Gastgeber und Arzt

Ähnlich personale Struktur wie das Erhören des Gebetes hat auch das Erbarmen (*rḥmjm*, ein Abstraktplural von *rḥm* «Mutterschoß»), das dem Beter im Tempelbereich aber nicht in irgendwelchen Muttersymbolen oder -sakramenten, sondern in der Sündenvergebung zuteil wird, deren er dort auch durch verschiedene Riten gewiß werden kann (51,3ff; vgl. auch 25,6f 40,12ff). Gott erbarmt sich seiner, wie sich ein Vater immer wieder liebend seinem Kind zuneigt *(265)* und sein Vergehen vergibt und sich mit ihm aussöhnt, denn er weiß um die Schwäche, die den meisten Fehltritten weit mehr als die Bosheit zugrunde liegt (103,12ff). Der Beter von 27 fühlt sich bei Jahwe im Tempel zuverlässiger geborgen als bei Vater und Mutter (v 10).

Bilder von solcher Innigkeit sind in den Pss allerdings selten. Die Mutterliebe ließ sich nur schwer auf Jahwe übertragen (vgl. als Ausnahme Jes 49,15). Da auch die Liebe des menschlichen Vaters zu seinen Kindern in der Kunst des AO selten dargestellt wird – *265* und *266* sind beide je in ihrer Art singulär – kann die Seltenheit ihrer Übertragung auf Gott eigentlich nicht verwundern.

Viel häufiger denn als Vater schildern die Pss Gott als großherzigen Gastgeber, der den Tempelbesucher in seine Gemeinschaft aufnimmt. Er bereitet seinen Gästen den Tisch, salbt ihr Haupt mit parfümierten Ölen und füllt ihren Becher reichlich (23,5; vgl. 36,9 63,6 65,5 103,5 132,15), resp. läßt all dies durch seine Diener tun *(267-269)*. Dieser Vorstellung liegen die frohen Opfermahlzeiten am Tempel zugrunde.

Den Gastmahlszenen verwandt ist die Darstellung eines ägyptischen Arztes, der einem kanaanäischen Edlen durch einen Diener in einer Schale einen Heiltrunk reichen läßt *(270)*. Der Fürst ist von seiner Gemahlin begleitet. Die Diener des Fürsten sind damit beschäftigt, dem Arzt das Honorar für seine Mühe herbeizubringen. Wenn Krankheit soviel wie Schwach-

265. «Wie ein Vater seinen Kindern mit herzlicher Liebe begegnet,
so begegnet Jahwe mit herzlicher Liebe denen, die ihn fürchten» (103, 13).
Das Andachtsbild aus Amarna, das Achenaten zeigt, wie er im Kreis seiner Familie eine seiner Töchter küßt, ist nur im Zusammenhang mit der Strahlensonne (Strahlenaton) zu verstehen. Im Tun des Königs inkarniert sich die lebensfreundliche Macht (vgl. 289) des Sonnengottes, dessen wahres Wesen Achenaten als einziger zu kennen und zu verkünden in Anspruch nahm. Während die Gott-Vater-Erfahrung in der Sündenvergebung von 103 mit dem Tempel verbunden ist, ist die Achenatens eher mit der Manifestation der Gottheit im Kosmos bzw. mit dem Königtum verknüpft.

heit ist (vgl. oben S. 53), besagt Heilen soviel wie Stärken. Von daher erklärt sich die Verwandtschaft zwischen der Darstellung des Gastmahls und der ärztlichen Behandlung. Allerdings waren auf diese Weise zahlreiche Krankheiten und Gebrechen nicht zu heilen, und in Fällen, wie dem auf 270a dargestellten, blieb die Gottheit die einzige Hoffnung.
Kehren wir nochmals zur Gastfreundschaft zurück. Sie ist im Nahen Osten bis heute etwas viel Bedeutsameres als bei uns. Sie spielt nicht nur im gefühlsmäßigen Bereich, sondern hat Konsequenzen, die man als juristisch bezeichnen kann (vgl. Doughty, Offenbarung 542; Heß, Von den Beduinen 94; vgl. 41,10 1 Kor 10,20ff). Wer jemandem Gastfreundschaft gewährt, verpflichtet sich, in jeder Hinsicht für das Wohl dieser Menschen besorgt zu sein (vgl. Gn 19). Dazu gehört vor allem sicheres Geleit, wie es 121 zur Entlassung der Pilger verheißt. Vertrauensvoll bittet der Beter um Führung und Geleit (5,9 61,3 usw.). Gott soll es tun, weil sich der Beter von Feinden bedroht weiß (5,9 27,11) und weil Gott es als Gastgeber seinem guten Ruf schuldig ist (23,3 31,4).

266. Die liebenswürdige Szene auf dem hellblauen Chalzedon aus dem Elam des 12. Jh.s v. Chr. trägt folgende erklärende Beischrift: «Ich Schilhak-Inschuschinak, der Mehrer des Reiches, diesen Chalzedon aus dem Lande Puralisch brachte ich herbei. Sorgfältig ließ ich ihn bearbeiten und fassen und Bar-Uli, meiner geliebten Tochter, gab ich ihn (I. Seibert, Die Frau im alten Orient, Leipzig 1973, Taf. 42).

267. «Mein Becher ist voll bis zum Rand» (23,5bβ).

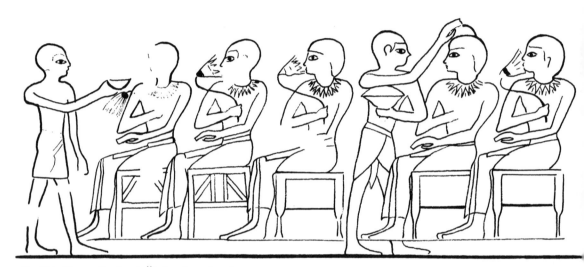

268. «Mein Haupt salbst du mit Öl» (23,5bα, vgl. 445).

269. «Wie mit Mark und Fett sättigst du mich» (63,6, 437–439a).

270. «Er heilt alle deine Krankheiten (wörtl.: Schwachheiten)» (103,3b; vgl. 6,3, 30,3, 41,5, 147,3).
Der Chefarzt Nebamon sitzt als Verstorbener vor dem Speisetisch. Sein Bruder bringt ihm einen Blumenstrauß dar. Mit dieser Szene aus dem Totenkult ist die Darstellung eines Vorkommnisses aus dem Leben des Arztes kombiniert. Ein vornehmer Syrer ist gekommen, um bei ihm Heilung zu finden. Ein Diener Nebamons reicht ihm einen Heiltrank. Das Schiff (vgl. 86) und die Ochsenkarren im untersten Register deuten an, welch lange Reise der Mann auf sich genommen hat, um den berühmten Arzt aufzusuchen. Das Gesinde des Patienten bringt als Lohn kostbare Gefäße herbei (vgl. 408). Zu diesem gehören vielleicht auch die Kinder. Syrische Sklaven waren in Ägypten sehr geschätzt (vgl. 132a). Da der Syrer aber von seiner Frau begleitet ist, sind es möglicherweise auch einfach die Kinder des Fürsten(?)paares, die vom Gesinde während der Audienz im Zügel gehalten werden (zur ganzen Szene vgl. die Geschichte von Na'aman dem Syrer in 2 Kg 5).

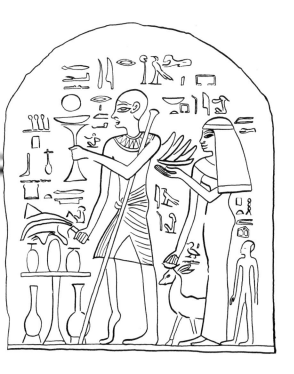

270a. Der Türhüter Ramu, der hier beim Opfer dargestellt ist, hat ein mißgestaltetes Bein. Mediziner haben die Mißgestaltung als *pes equinus* diagnostiziert und als typische Folge spinaler Kinderlähmung beschrieben. Die Gottheit, der geopfert wird, ist ausnahmsweise nicht im Bild dargestellt, sondern nur durch ihren Namen vergegenwärtigt: «Ischtar von Syrien» (oberste, horizontale Zeile). Sie galt in Ägypten als Heilgöttin. Die Stele, die das Opfer des Ramu und sein Leiden darstellt, sollte die Göttin veranlassen, ihn von seinem Leiden zu befreien.

g. «Er wird mich nehmen»

Aufgrund der im Tempel erfahrenen Nähe Gottes und aufgrund seiner liebevollen Führung nährt der Beter von 73 die kühne Hoffnung, daß Gott diese Gemeinschaft im Tode nicht aufhören lasse, sondern ihn «nehme» (v 24). In dieser Hoffnung werden die alten Überlieferungen von Henoch und Elias demokratisiert. Von beiden wird erzählt, daß sie mit Gott gewandelt und schließlich von ihm «genommen worden» sind (Gn 5,24 2Kg 2,3). Die Übersetzungen führen hier meist den terminus technicus «entrücken» ein. Dieser Begriff bringt einen falschen Ton in den Zusammenhang. Wir brauchen, um die Aussage richtig zu verstehen, den Begriff «nehmen» *(lqḥ)* hier nur in dem vollen Sinn aufzufassen, in dem man in der Umgangssprache «nehmen» in Sätzen wie: «Er hat sie nun doch genommen!» «Sie hat ihn nicht genommen!» usw. verwendet. Es geht hier nicht um eine wunderbare Himmelfahrt wie beim mesopotamischen Helden Etana, der von einem Adler zum Himmel getragen wurde, um dort das Kraut des Gebärens zu holen *(271)*. In 73,24 (vgl. auch 49,16 und ohne den Begriff «nehmen» 16,10f) hofft der Beter, Gott akzeptiere ihn am Ende ganz und gar und für immer. Es handelt sich primär um einen personalen Akt (Akzeptation), der sekundär Fortleben über die sonst begrenzte Frist hinaus bedeutet.

Mit dem Thema der Führung verbunden erinnert dieses «nehmen» an einen Pyramidenspruch (§ 604) in dem dem Luftund Windgott Schu befohlen wird: «Faß dir den König an seinem Arm, nimm ihn dir zum Himmel, damit er nicht zur Erde hin sterbe.» Aber die äußere Ähnlichkeit täuscht. Es handelt sich nicht um einen personalen Vorgang. Der Wind soll den König aus dem Bereich der Sterblichkeit in den der Unsterblichkeit tragen.

Unserem Text erheblich näher stehen die seit der Akkadzeit beliebten Einführungsszenen auf mesopotamischen Rollsiegeln *(272 414 426)* oder die Darstellungen auf den Totenpapyri des NR *(273)*, nur daß bei beiden eine andere Gottheit führt und eine andere den Beter, resp. den Toten annimmt. Dabei tut sie dies nur bei den ägyptischen für alle Zeit und definitiv. Hier bittet der Tote den Herrn der Unterwelt: «Sei willig, daß ich neben dir bleibe» (Totenbuch, Kp 173; vgl. Ps 73,23). «Siehe, ich komme, dich zu betrachten, an deiner Schönheit Anblick labe ich mich» (Totenbuch 181; vgl. Ps 16,11b). Aber solch schöne Sätze sind eingebettet in magische Gleichsetzungen. Der Tote gibt sich als Horus aus und nähert sich als solcher seinem Vater, mehr fordernd als hoffend. Es spricht hier nicht der Mensch, der als Mensch aufgrund seiner Erfahrung der Nähe Gottes im Tempel hofft, Gott möge ihn einmal rückhaltlos in seine unbegrenzte Gemeinschaft aufnehmen. *Diese* Hoffnung findet sich nur in den Pss. Ohne an der magischen Strömung und der Exklusivität des ägyptischen Königskults teilzuhaben, besitzt sie etwas von der Innigkeit und dem Jubel des Gestus, mit dem die Götter den König im Tempel *(274)* und dereinst im Jenseits empfangen, um ihm ewige Jugend zu schenken (vgl. 103,5).

Das Gotteserleben im Tempel wird zusammenfassend als «Gott» oder «Gottes Angesicht» oder Ähnliches *«sehen»* beschrieben (42,3 63,3 84,8). Wie «Sehen» ein Erfahren im weitesten Sinn bedeuten kann (vgl. 16,10 Jes 38,11 44,16), so können «Gott» oder «Gottes Angesicht» verschiedenste Wirklichkeiten anvisieren. Aber neben den weitreichenden übertragenen Bedeutungen haben «Gott» und «Gottes Angesicht» in diesem Zusammenhang doch oft einen ganz präzisen Sinn. In Ägypten (vgl. *229–230* und Nötscher, Das Angesicht 60 bis 62) wie in Mesopotamien (vgl. *239* und Nötscher, ebd., 62–84) konnte der Ausdruck als Schauen des Gottesbildes oder -emblems wörtlich verstanden werden. Das gleiche dürfte auch in den Pss gelegentlich der Fall gewesen sein (so z.B. 17,15 68,25). Aber in allen drei Kulturbereichen konnte «Gott schauen» auch bedeuten, im Rahmen der großen Tempelfeste eine erhebende Freude und ein Glück zu erfahren, das man als letzten Sinngrund des Daseins erfuhr.

271. Wenn der Beter von Ps 49 (v.16) oder der von Ps 73 (v.24) hofft, von Jahwe «genommen» zu werden, denkt er nicht an eine phantastische Himmelfahrt wie die des Etana, sondern daran, (in einem ganz realen Sinn) von Jahwe angenommen zu werden und so an seiner Ewigkeit teilzuhaben.

272. «Sende aus dein Licht und deine Treue, sie sollen mich führen,
     sie mögen mich zu deinem heiligen Berg geleiten, zu deiner Wohnung» (43,3).
Die Stelle der Schutzgöttinnen haben im Ps die Eigenschaften Jahwes inne. Sie führen und geleiten den Beter (vgl. 40).

273. «Jahwe, zeige mir deinen Weg, führe mich auf rechtem Pfad, um meiner Widersacher willen» (27,11).
Während es im Ps um menschliche Feinde geht, denen der Beter keinen Anlaß geben möchte, ihn zu erledigen, ist es auf dem ägyptischen Papyrus die «Totenfresserin», an der die Tote sicher vorbeigeführt und zu Osiris gebracht werden möchte.

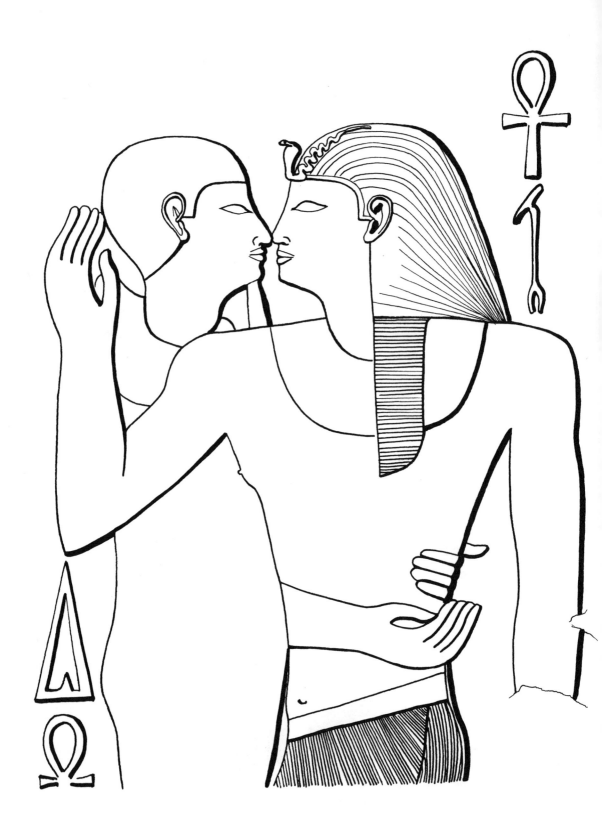

274. «Nach deinem Plan führst du mich, und zu guter Letzt nimmst du mich!» (73,24).

2. Gott in seiner Schöpfung

Es wurde eingangs dieses Kapitels gesagt, daß einzelne Themen oft mehr oder weniger willkürlich einem der drei Abschnitte dieses Kapitels zugeteilt werden mußten. Das letzte Bild *(274)* und dasjenige vom Falkengott *(260)* zeigen, daß die Willkür noch weiter reicht und manches, was in diesem Kp untergebracht ist, ebensogut in Kapitel V (Der König) oder Kapitel I (Weltvorstellungen) stehen könnte. Man hat angesichts des Königs besonders intensiv auf das Handeln Gottes geachtet. Manche Vorstellungen, die das Ergebnis dieser Geistesbeschäftigung waren, manche Wendungen, die in diesem Zusammenhang geprägt wurden, sind später Allgemeingut geworden (zur Demokratisierung vgl. Gunkel, Einleitung 147–149). Dabei bleibt aber wahrscheinlich, daß vieles, was in ganz besonderer Weise vom König ausgesagt wurde, in weniger intensiver Form in einer breiteren Allgemeinheit seit je gegolten hat. Das ist zum Beispiel bei der Entstehung neuen Lebens der Fall.

a. Zeugung und Geburt

Schon für das vorstaatliche Israel ist es ganz eindeutig, daß die Gottheit Kinder gewährt oder versagt (vgl. Gn 18 25, 21 29, 31 30,1 f). Beim ägyptischen König erscheint diese allgemeine Vorstellung dahin verdichtet, daß der Gott (in Gestalt des Königs) selber den künftigen Herrscher zeugt (vgl. *333*). Bei seiner Geburt assistieren Göttinnen *(336)*, und sie sind es, die ihn säugen.

In den Pss bekennt ein unbekannter Einzelner, daß Jahwe ihn im Mutterleib gebildet und geformt habe (139,13.16; vgl. 33,15 94,9). Wenn die einzige (mir bekannte) ikonographische Darstellung dieses Vorgangs *(334)* aus der Entstehungsgeschichte des ägyptischen Königs stammt, dürfte es sich hier doch ebensowenig um eine demokratisierte Aussage handeln, wie wenn der Beter daran erinnert, Gott hätte ihn

276. Jahwe erscheint als Hebamme in dem Vers:
«Du bist es, der mich aus dem Mutterleib hervorgezogen...»
(22,10a).

aus dem Mutterschoß gezogen (22,10a; *276*) und ihn an der Mutterbrust geborgen (22,10b 71,6; *277*).

Kleinplastiken wie *275–277* hatten, als Votivgaben gestiftet, die Funktion, zu bitten (vgl. *270a*) oder zu danken *(307a)*. Ein magisches Weltverständnis mochte der bildlichen Vergegenwärtigung der Schwangerschaft, der Geburt oder des Stillens die Kraft zutrauen, diese Vorgänge zu sichern und zu fördern. Man konnte sich im AO diese Vorgänge ohne das mehr oder weniger direkte und intensive Mitwirken höherer Mächte nicht vorstellen. Ein schöner Beweis dafür sind im israelitischen Bereich – und auch sonst – die Eigennamen. Sie haben häufig die Gestalt von Miniaturdankliedern oder -hymnen. Oft sind Namen mit dem Element *ntn* «geben» zusammengesetzt (vgl. Jonathan = Jahwe hat gegeben; Na-

275. «Ja, du bist es, der meine Nieren geschaffen...
meine Glieder waren dir nicht verborgen,
als ich im Verborgenen gemacht ward...
(139,13a.15; Übersetzung von Deißler).

277. «... mich an den Brüsten meiner Mutter geborgen hat» (22,10b). Das Neugeborene wurde dem Vater auf die Knie gelegt (vgl. *339*). Durch die Annahme legitimierte er es als sein Kind. Indem er es der Mutter an die Brust legte, drückte er seinen Willen aus, es am Leben zu erhalten (vgl. Hi 3,12).

277a. «Nackt kam ich aus meiner Mutter Schoß hervor, nackt kehre ich dorthin zurück» (Hi 1,21).

tanael = Gott hat gegeben usw.). Besonders wenn eine Frau längere Zeit keine Kinder hatte, konnte nur Gott sie zur «glücklichen Mutter» machen (113,9). Der Hinweis auf seine Funktionen bei der Geburt des Beters (22,10f 71,5f) soll Gott an seine Verantwortung für ihn erinnern. Gott hat ihn ins Dasein gebracht. Er soll ihn jetzt nicht elend zugrunde gehen lassen.

Im gleichen Sinn wie der Einzelne Gott an dessen Mitwirken bei der Geburt erinnert, vergegenwärtigt das Volk beim Ansturm feindlicher Völker, bei Besetzungen und den damit verbundenen Ausschreitungen Gott an die Erschaffung der Erde. Damals hat Gott die Mächte der Zerstörung in einem gewaltigen Kampf überwunden (vgl. 45–52). Er soll sich doch das Ergebnis jenes Sieges nicht so leicht entwinden lassen (74, 12–18 89,10ff). Der Rückverweis von der nationalen Geschichte auf die Geschichte der Erde wird dadurch erleichtert, daß im Hebräischen sowohl für «Erde» wie für «Land» 'rṣ steht. Die mythische Redeweise, nach der die Welt das Ergebnis eines göttlichen Sieges über die Gewalten des Chaos ist, findet sich in den Pss im Verhältnis zum Rest des ATs ziemlich häufig. Aber sie ist auch hier nicht die Regel.

Noch stärker in den Hintergrund geraten und nur mehr in einigen schlecht erhaltenen Leitfossilien greifbar ist die Entstehung einzelner Teile des Kosmos durch Zeugung, Geburt und ähnliches (vgl. etwa 90,2 und die Mutter Erde, die 139, 15 den Menschen hervorbringt). Abb. *277a* zeigt die große

277b. «Unser Kleinvieh bringt Tausende hervor, wird verzehntausendfacht auf unseren Fluren.
Unser Großvieh geht trächtig, und es gibt kein Unglück, keine Fehlgeburt und kein Wehgeschrei auf unseren Plätzen.
Glücklich das Volk, dem es so ergeht, glücklich das Volk, dessen Gott Jahwe ist» (144,13b–15).

Gebärerin, die Mutter Erde, die Herrin des Erdbergs (Ninchursag), die Herrin des Gebärens (Nintu). Links und rechts von ihr hocken zwei Embryos. Aus ihrer Schulter ragen zwei (Kinder) Köpfe, so wie aus den Schultern des Sonnengottes seine Strahlen *(9 53 286)* und aus denen Eas Wasser und seine Fische *(43 285)* hervorschießen. An ihrer Brust säugt die Göttin ein Kind, von dem allerdings nur der Kopf und ein Arm dargestellt sind. Das Symbol links und rechts der Göttin ist als Wickelband (van Buren, A Clay Relief 170f) oder als Uterus einer Kuh, des Muttertieres par excellence (Frankfort, Lady of Birth), gedeutet worden. Auf die Vorstellung von der Mutter Erde als der Gebärerin der Menschen und alles Lebendigen ganz allgemein weist im AT nebst 139,15 vor allem noch das berühmte Gebet Hiobs (1,21), bei dem die Rückkehr in den Schoß der Erde ein Hervorgehen aus diesem voraussetzt.

Ohne die Göttin in menschlicher Gestalt darzustellen, schildert *277b* die große sumerische Mutter als Herrin der Geburt. Die Hütte, welche die beiden Kälber gebiert (zu dieser Deutung vgl. Delougaz, Animals emerging from a hut), hat in der archaischen Piktographie von Uruk nämlich den Lautwert *tut (tur)* «Geburt» (Falkenstein, Archaische Texte Nr. 213). Das Stab- und Ring-Symbol über der Hütte ist das Zeichen der Göttin. Die ganze Komposition bedeutet also etwa: Die Herrin oder Göttin der Geburt bringt das Vieh hervor. In Ps 144, 13f wird Jahwe diskret als Spender zahlreichen und kräftigen Nachwuchses beim Kleinvieh und Großvieh geschildert. Aufs Ganze gesehen spielt «Schöpfung» als «Geburt» in den Pss, in denen von Schöpfung die Rede ist, aber eine geringe Rolle. Das übliche ist, Gott als *deus faber*, als Handwerker, oder als Befehlshaber erscheinen zu lassen, der durch sein allgewaltiges Wort die widerspruchslos gehorchenden Dinge ins Dasein ruft. Dadurch unterscheidet sich das AT in seinem Gottes- und das heißt stets auch Weltverständnis merklich von seiner Umgebung, in der die Kategorien des Zeugens und Gebärens bei der Darstellung der Welt und ihrer Entstehung eine große Rolle gespielt haben (vgl. z. B. *25, 31*).

b. Deus faber

Von den Begriffen, die Gottes Schöpferwalten als handwerkliches Tun schildern, ist *jṣr* «töpfern, bilden» der bekannteste. Wie der Töpfer *(jwṣr)* seinen Gefäßen frei und souverän gegenübersteht *(278)*, so sind Gottes Werke ganz in seiner Hand (vgl. auch Jer 18, 1–10). Dieser Aspekt ist in den Pss viel wichtiger als der technische Vorgang des Töpferns. Bei «Auge» und «Herz» ist dieser zwar noch vorstellbar, aber wenn «Sommer» und «Winter» (74,17) oder «das Festland» (95,5) als seine Objekte erscheinen, kann man «töpfern» nur als Hieroglyphe für «souveränes Gestalten» verstehen. Dieser Aspekt wird in 104 explizit zum Ausdruck gebracht, wenn Gott das gefürchtete Meerungeheuer Liwjatan «töpfert» – um mit ihm zu «spielen» (v 26).

Neben *jṣr* erscheint noch eine ganze Reihe an und für sich ähnlich konkreter Begriffe, die Gott in handwerklicher Weise

278. «Auch ich wurde von einem Klumpen Lehm abgekniffen» (Hi 33,6b).

278a. «Unsere Töchter sind wie Pfeiler, gehauen nach dem Vorbild derer am Palast» (144,12b).

183

279. «... als ich (wie ein buntes Gewebe) gewirkt wurde in den Tiefen der Erde» (139,15c).

280. «Er bewässert die Berge von seinem Hochsitz aus...
die Bäume des Feldes werden satt,
die Zedern des Libanon, die er gepflanzt» (104,13a.16).

(24,2 119,90) und Menschen (119, 73) verwendet und unterstreicht ganz allgemein und eher unanschaulich die Zuverlässigkeit göttlichen Schaffens (33,4).

Noch weniger ist das häufig verwendete «machen» mit einem bestimmten handwerklichen Tun verbunden. Himmel und Erde, kurz, alles hat Gott «gemacht» (115,15 121,2 usw.). Er ist der Urheber des Alls und somit auch sein Besitzer (95, 4f 100,3). Sie sind «sein Werk» (104,31 145,9.17) oder – den persönlichen Einsatz Gottes und seine Souveränität verstärkend – das «Werk seiner Hände» (19,2 102,26). Der Himmel wird sogar einmal das «Werk seiner Finger» (8,4) genannt. Mit einem Werk von so unbegreiflicher Hoheit muß sich Gott sorgfältig und ganz persönlich befaßt haben.

Das sachlich-nüchterne, allem pantheisierenden Mystizismus abholde Verständnis der Welt als eines Werkes, als etwas, das gemacht, hergestellt ist, schließt eine freudige Begeisterung keineswegs aus (8,2ff 104,24.31 139.14.18 148). Aber sie führt nicht zu einer Verschmelzung mit dem Kosmos, sondern über den Kosmos hinaus zu dessen Urheber (vgl.19, 2–5).

c. Befehl und Weisheit

Noch stärker als in der Denkform des handwerklichen Schaffens kommt die Erfahrung einer totalen Abhängigkeit der Welt dort zum Ausdruck, wo der Schöpfungsvorgang in der Kategorie von Befehl und Ausführung geschildert wird. «Er sprach und es geschah, er befahl und es stand da» (33,9; vgl. 33,6 148,5). Wie eine disziplinierte Armee, die durch ein einziges Befehlswort oder ein Trompetensignal in Trab gesetzt wird *(281-282)*, so – empfindet man – gehorcht die Welt dem Wort des unsichtbaren Gottes. Der die Zahl der Sterne bestimmt hat, ruft sie alle mit Namen (147,4).

Obwohl Gottes Werke unendlich zahlreich sind, sind sie alle «in Weisheit» und d.h. einer bestimmten und sinnvollen Ordnung (Hi 28,25-27) entsprechend erschaffen (104,24; vgl.

281. «Auf Befehl Jahwes sind die Himmel entstanden,
durch den Hauch seines Mundes ihr ganzes Heer.
Vor Jahwe fürchtet sich die ganze Erde,
vor ihm beben alle Erdenbewohner,
denn er sprach, und es geschah,
er befahl, und es stand da» (33,6.8f).

am Werke schildern oder ahnen lassen. So evozieren die mit Pfeilern oder gar mit Karyatiden *(278a)* verglichenen Töchter Israels in 144,12b das Bild eines Bildhauers. Nach 24,2 89,12 102,26 104,5 legt Gott die Fundamente für die Erde – da keine feste Grundlage vorhanden ist, ein äußerst schwieriges Unterfangen –, er spannt den Himmel aus wie ein Zelt (104,2), füllt Wasser in Schläuche (33,7), hämmert die Erde breit (136,6), pflanzt Zedern (104,16; vgl. 94,9; *280*) und wirkt den Menschen wie ein Gewebe (139,15; *279*). Aber die häufig gebrauchten Termini haben ähnlich wie *jṣr* die Tendenz, des konkreten Hintergrundes verlustig zu gehen. So wird das Verbum «fest hinstellen» mit ganz verschiedenen Objekten wie Gestirne, Sonne und Mond (8,4 74,16), Erde

282. «Preiset ihn, ihr Himmel der Himmel und ihr Wasser, die über den Himmeln sind!
Sie sollen den Namen Jahwes preisen, denn er war es, der befahl, so daß sie entstanden» (148,4f).

283. «Er bestimmt die Zahl der Sterne, er ruft sie alle mit Namen. Groß ist unser Herr, von gewaltiger Kraft, für seine Weisheit gibt es kein Maß» (147,4f; vgl. 42).

136,5 147,5). Die Weisheit, die im Gefüge des Geschaffenen immer wieder greifbar wird, ist eine der hervorragenden Eigenschaften des kanaanäischen El. Der «Schöpfer der Geschöpfe» (Aistleitner, Texte 20, IAB III–IV, Z. 5) und der «Schöpfer der Erde» (KAI 26, III, 18) gilt als beispielhaft weise («weise wie El» Aistleitner, Texte 41, IIAB IV–V, 41). Seine Weisheit hängt mit seinem hohen Alter zusammen (ebd. 41 II AB IV–V 65). Israel hat die Gotteserfahrung, die in El Gestalt gewinnt, weitgehend übernommen und El mit dem Gott Abrahams und mit Jahwe gleichgesetzt (vgl. Eissfeldt, El und Jahwe). El wird in Ugarit als freundlicher Greis dargestellt (283–284, vgl. 42). Das lange, feierliche Kleid (104, 1 b. 2 a) wie die sitzende Haltung (29, 10) charakterisieren ihn als den ruhenden Pol (90, 2 102, 13. 25–28). Die eine Hand hat er segnend erhoben (145,9). Sein Kopfschmuck erinnert an die ägyptische Atefkrone, eine Kombination aus der hohen, oberägyptischen und der Federkrone, die durch ein Hörnerpaar vervollständigt wird (vgl. 369). Bei der Figur von 284 ist dieses zwar verloren, aber über den Ohren sind noch die Löcher sichtbar, in die es eingefügt war. Vor dem gehörnten El von 283, der in der Rechten ein kleines Weihrauchbecken (?) hält, steht der König mit der ägyptischen Uräusschlange über der Stirn. In der Rechten hält er ein Zepter, in der Linken einen Krug für ein Trankopfer. Als König der Götter besitzt die Gestalt Els eine gewisse Nähe zum irdischen König (vgl. das ugaritische Keretepos).

284. «Du hast dereinst die Erde gegründet, und der Himmel ist das Werk deiner Hände.
Sie vergehen, du aber bleibst.
Alles nützt sich ab wie ein Gewand. Wie ein Kleid wechselst du sie, und sie wechseln.
Du aber bist, und deine Jahre gehen nicht zu Ende» (102,26-28).

d. Der Richter

Wie der irdische König ist El nicht nur Urheber, sondern auch Erhalter der Ordnung. Wenn immer unter den Göttern ein Streit ausbricht, wenden sie sich um einen Schiedsspruch an El. El gilt als Richter, insofern er die Ansprüche des Meeres (*jm*) und des Festlandes (*bʿl*), des regenreichen Winters (*bʿl*) und des dürren Sommers, der das Getreide reifen läßt (*mwt*), zum Ausgleich bringt.

Da der AO in den verschiedensten Vorgängen «Gerichte» wahrgenommen hat, konnten verschiedene Gottheiten den Richtertitel tragen. In Mesopotamien kann z. B. Ea, der Gott der Weisheit, der den Bereich des Grundwassers beherrscht, als Richter prädiziert und dargestellt werden (*285*). Man erkennt ihn am Wasser, das von seinen Schultern herabströmt. Zwei niedrige Gottheiten führen ihm einen Vogelmenschen zur Aburteilung vor. Es ist der Zu-Vogel (Fish, The Zu-Bird), der sich im wütenden Sturmwind manifestiert (vgl 92-93; 55,9f). Als Ankläger tritt ein Gott auf, der durch den über die Schultern gelegten Pflug als Vegetationsgott gekennzeichnet ist. Die ganze Szene vergegenwärtigt das für die Bauern Mesopotamiens lebenswichtige Gericht Eas über den zerstörerischen Orkan.

Wenn Ea hier auch eine wichtige Rolle als Richter spielt, so gilt für das Zweistromland als Ganzes doch: «Der richtende

285. «Wenn ich den Zeitpunkt festgesetzt habe, halte ich gerechtes Gericht.
Wenn die Erde mit ihren Bewohnern vergeht, festige ich ihre Säulen...
Ja, Gott ist Richter, diesen erniedrigt und jenen erhöht er» (75,3f.8).

286. «Erhebe dich, du Richter der Welt, vergilt den Stolzen ihr Tun!
Wie lange sollen die Frevler, Jahwe, wie lange sollen sie triumphieren?» (94,2f).

Gott schlechthin ist Schamasch (der Sonnengott)» (Gamper, Gott als Richter 94 vgl. 76–87). Er haßt und vertreibt das Dunkel und alles Dunkle (vgl. 53–55), er hebt die Gestalt und Ordnung aller Dinge ins Licht, er überblickt alles, weiß alles und erreicht alles. Der große Schamaschhymnus beginnt mit den Worten: «Erleuchter der Erde, Richter des Himmels, Erheller des Dunkels, ... droben und drunten... Niedergeworfen hält wie ein Netz das Land dein Strahlenglanz (SAHG 240). Auf 286 sitzt Schamasch auf einem Thron, der aus Bergen gebildet wird. Ein durch die Schulterstrahlen als Helfer des Sonnengottes charakterisierter Mann führt mit Hilfe eines andern einen löwenköpfigen Dämon (vgl. 94, 99–100) zum Prozeß vor. Der gleiche Vorgang, die Überwindung der Finsternis durch das Licht, wird auf 53 als Kampf interpretiert. Ähnlich wie das Richten Schamaschs erscheint in den Pss das Richten Gottes als andere Form seines kämpferischen Eintretens für Recht und Gerechtigkeit (35,1–3.23f 54,3.7 74,13f. 22).

Ähnlich wie Schamasch ist auch der Gott der Psalmisten ein *universaler* Richter. In 82 verurteilt er die Götter zum Tode, die für Unrecht und Gewalt in der Welt verantwortlich sind. Er ist der «Richter der Erde» (94,2), der allen Völkern Recht schaffen soll (82,8 96,13 98,9). In 84,12 wird der vergeltende Gott als «Sonne» angerufen (vgl. 121!). Der babylonische Schamasch ist fast ausschließlich Richter (Schollmeyer, Hymnen 5–7). Der Wirkungsbereich des ägyptischen Sonnengottes ist viel weiter. Als Weltlenker ist er Wahrer der Gerechtigkeit. Sein Amt übt er ganz nach der Art eines irdischen Herrschers aus. «Von einem Hofstaat umgeben thront er in der Barke, in der er den Himmelsozean überquert (*287;* vgl. *16, 32;* Bonnet 628). Die wichtigsten Mitglieder dieses Hofstaates sind der falkenköpfige Himmelsgott Horus und die Mutter- und Liebesgöttin Hathor mit dem Kuhgehörn. Vor den Sonnengott, der unter seinem Baldachin thront, tritt der Schreibergott Thot mit dem Ibiskopf, um Bericht zu erstatten. Unmittelbar hinter dem hockenden Lotsen, die Feder auf dem Kopf, steht Maat, die Verkörperung der rechten Weltordnung (vgl. *32* und die Erklärung dazu). Auch Jahwe hat seinen himmlischen Hofstaat (29,1 82 89,6–9 95,3 96,4f 97,9; vgl. Jüngling, Tod der Götter 38–69). Im Gegensatz zum ägyptischen (vgl. auch *332*) treten darin keine einzelnen Götter mit Namen auf. Jahwe ist die einzige Gestalt mit scharfen Konturen. Re nimmt das Amt der Weltregierung hingegen im engen Zusammenwirken mit den andern göttlichen Mächten wahr. So waltet er, von der Himmelshöhe herniederblickend (11,4 14,2 102,20) über die Erde, immer bedacht, den Zustand der Maat zu erhalten und jede Störung von ihr abzuwehren oder abwehren zu lassen. Das gilt im Großen wie im Kleinen. Auch der schlichte Fromme darf darum wagen, Klagen über das Unrecht, das er erfährt, Re vorzutragen als dem «gerechten Richter (vgl. 7,12 9,5), der keine Bestechung nimmt» (Erman, Gebete eines ungerecht Verfolgten 27; die Pss-Stellen sind vom Verfasser eingefügt).

e. Der Gott des Lebens

Seit der frühesten Zeit, da Re mit dem Ur- und Schöpfergott Atum verbunden wurde, ist aber seine Rolle als Schöpfer und Erhalter der Welt für den Ägypter viel wichtiger als die des Weltenlenkers und -richters. «Denn in der Sonne, die Licht und Wärme und damit die Grundbedingungen des Lebens, ja dieses selber hervorbringt, legitimiert sich Re unmittelbar der täglichen Erfahrung als Schöpfer. Nicht umsonst heben die Sonnenlieder (Scharff, Ägyptische Sonnenlieder) gerade diese Seite seines Wirkens hervor, die nun einmal die sinnfälligste und überzeugendste ist» (Bonnet, 626; vgl. allerdings Schamasch in Mesopotamien, wo diese Eigenheiten kaum eine Rolle spielen. Das Naturphänomen allein schafft kein Gottesbild).

Am eindrücklichsten wurde der Sonnengott als lebensspendende Sonnenscheibe (Aton) in der Amarnazeit (1377–1358 v. Chr.) besungen und dargestellt. Es ist immer wieder auf die enge Verwandtschaft zwischen Ps 104 und dem großen Atonshymnus aus Amarna hingewiesen worden. G. Nagel (A propos des rapports) hat hervorgehoben, daß der Atonshymnus und ähnliche Gedichte den Akzent allerdings auf das tägliche, die Welt erhaltende Wirken des Gottes legen, während in 104 das Schöpfungswerk Jahwes im Vordergrund steht. An eine direkte Übernahme des Atonshymnus ist nicht zu denken. Es ist wohl eine Vermittlerrolle Phöniziens anzunehmen. Nur so sind die Unterschiede und die beiden Dichtungen auffallenderweise gemeinsame Liebe zu allerhand pittoresken Details und die gemeinsame Aussage zu erklären, daß Aton, resp. Jahwe das Leben bis hinaus in seine kleinsten Verästelungen hervorgebracht hat und erhält.

Aus dem Atonshymnus von Amarna:
«Einen jeden setzt du an seine Stelle
und du machst, was sie brauchen.
Ein jeder hat seine Nahrung,
und seine Lebenszeit wird berechnet...
Der Erde ergeht es nach deinem Wink,
denn du hast sie geschaffen;
wenn du aufgehst, so leben sie,
wenn du untergehst, so sterben sie.
Du selbst bist die Lebenszeit,
und man lebt durch dich» (Erman, Literatur 360f).

287. «Im Himmel preist man deine Wundermacht, Jahwe, und deine Festigkeit in der Versammlung der Heiligen, denn wer kommt im Himmel Jahwe gleich, wer ist Jahwe ähnlich unter den Göttersöhnen?
Ein Gott, gefürchtet im Kreis der Heiligen, groß und schrecklich über seiner ganzen Umgebung» (89,6–8).

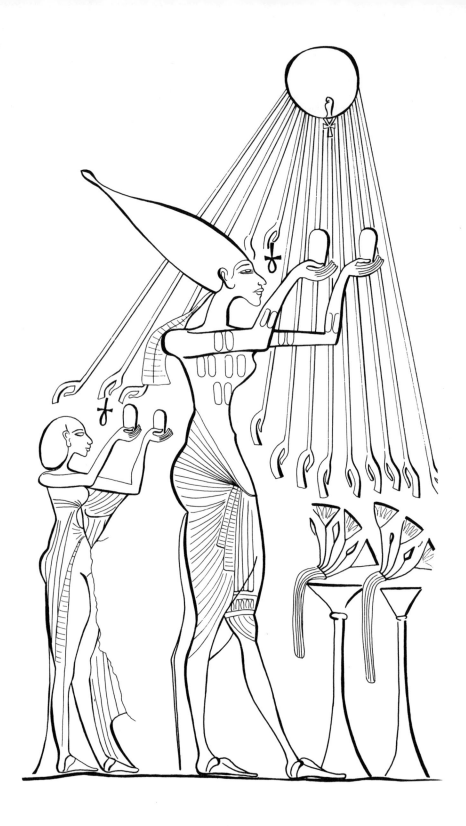

288. «Belebe uns, und wir rufen deinen Namen aus.
  Jahwe, Gott der Heere... lasse dein Antlitz leuchten, und wir sind heil» (80,19b. 20).
Diesem Text aus dem Volksklagelied 80 liegen ebenso Schöpfungserfahrungen zugrunde wie denen von 74,13–17 oder 89,10–14.

289. «Wenn es tagt, und du aufgehst im Horizont..., so vertreibst du das Dunkel und schenkst deine Strahlen... (Die Menschen) waschen ihren Leib und nehmen ihre Kleider. Ihre Hände preisen deinen Aufgang. Das ganze Land tut seine Arbeit. Alles Vieh ist zufrieden mit seinem Kraut. Die Bäume und Kräuter grünen. Die Vögel fliegen aus ihren Nestern, und ihre Flügel preisen deinen Ka (d. h. deine Person, dich). Alles Wild springt auf den Füßen; alles was fliegt und was flattert, das lebt, wenn du für sie aufgehst» (Erman, Literatur 359).

«Wenn du die Sonne aufgehen läßt, ziehen sie (die Raubtiere) sich zurück und lagern in ihren Verstecken.
Der Mensch geht hinaus zu seinem Werk, an seine Arbeit bis zum Abend...
Er (Jahwe) läßt Gras aus der Erde sprießen für das Vieh... die Bäume des Feldes trinken sich satt...
in ihnen nisten die kleinen Vögel, der Storch hat seinen Horst in den Zypressen...
Sie alle harren deiner (Jahwe), daß du ihnen Speise gebest zur (rechten) Zeit» (104, 22 f. 14 a. 16 a. 17. 27).

290. «Der herrliche Gott donnert» (29, 3 b).

Aus Ps 104:
«Sie alle (die Geschöpfe) harren deiner,
daß du ihnen Speise gebest zur (rechten) Zeit.
Gibst du ihnen, lesen sie auf.
Öffnest du deine Hand, werden sie satt von Gutem.
Verbirgst du dein Angesicht,
sind sie verstört,
sammelst du ihren Odem ein,
sterben sie
und kehren zu ihrem Staub zurück.
Sendest du deinen Lebensgeist aus,
werden sie erschaffen
und du erneuerst das Antlitz der Erde» (104, 27–30).

Die beiden Texte zeigen, wie nahe religiöse Aussagen, die stark vom Naturerleben geprägt sind, und solche, die ganz im Jahwismus drin stehen, einander kommen können.

288 zeigt die Sonnenscheibe, die mit ihren Strahlenhänden dem König und der Königin Leben (die Schleife mit dem «Kreuz») in ihre Nasen gibt. Die Eigenart der mit dem ägyptischen Sonnengott verbundenen, durchaus nicht auf Aton beschränkten Vorstellungen ist ihre Universalität (289). In einem Hymnus an Amon-Re heißt es: «Du bist es, der den Lebensatem in *jede* Nase gegeben hat, damit am Leben bleibe, was deine beiden Arme geschaffen haben» (Moret, Rituel 140). Der Zusammenhang mit dem Naturphänomen Sonne ist oft nicht mehr deutlich, aber doch stets gewahrt.

Im Gegensatz zum ägyptischen Sonnengott vermittelt der nordsyrisch-nordmesopotamisch-kleinasiatische Gewitter- und Vegetationsgott das Leben nicht unmittelbar, sondern durch seinen Einfluß auf das Wetter und die Vegetation. Seit dem Beginn des 2. Jt.s ist er in Mesopotamien unter dem Namen Hadad oder Adad bekannt, ein Name, der wohl vom arabischen *hadda* «donnern», «krachen» her zu erklären ist. Hadad wird in Ugarit mit dem hurritischen Teschub identifiziert und spätestens von der Mitte des 2. Jt. v. Chr. an fast ausschließlich mit dem Titel Baal (Besitzer, Herr) bezeichnet. In der älteren Zeit ist sein wichtigstes Attribut die Donnerkeule *(290;* vgl. *46).* Die Vermutung liegt nahe, daß er mit ihr den Himmel erdröhnen läßt. Aber in einem ugaritischen Text, dem 29 stark verwandt ist, donnert er mittels seiner Stimme und nicht mit einer Keule:

«Baal ließ seine heilige Stimme erschallen,
Baal wiederholte die Äußerung seiner Lippen (im Echo des Donners);
Seine Stimme ertönte, und es bebte die Erde…
die Hügel der Erde hüpften (vgl. 29, 6).
Die Feinde Baals verkrochen sich in die Wälder.
Da sagte Alijan Baal:
Warum flieht der Feind Hadads?
Warum flieht er vor der Waffe des *dmrn?*
Das Auge Baals kommt (ja) seiner Hand zuvor,
wenn die Zeder vor seiner Rechten hinsinkt» (vgl. 29, 5)
(Aistleitner, Texte 45, II AB VII Z. 29–41.)

Von diesem Text und Ps 29 her gesehen, diente die Keule vielleicht nicht so sehr zum Donnern als vielmehr zum Bekämpfen der Feinde, gegen die Baal im Gewitter ankämpft. Aus 18, 5–16 könnte man schließen, daß es die Chaoswasser sind. Darauf weisen auch *42* und *46* hin.

Auf *290* trägt Baal einen mit Hörnern bewehrten Helm. Vor ihm steht ein Beter. Zwischen beiden ist das ägyptische Lebenszeichen, und auf einem Podest das Kultsymbol Baals, der Stier, zu sehen. Sie zeigen, was der Beter dem Gott verdankt:

291. «Er läßt Wolken aufsteigen vom Ende der Erde,
er macht Blitze für den Regen.

Er läßt den Sturm aus seinen Speichern fahren» (135,7).

Jahwe gebietet wie Baal über die für die Fruchtbarkeit des Landes unentbehrlichen Gewitter. Aber während sich Baal mit seinen Wolken, Winden und Regengüssen zeitweilig in das dürre Reich Mots begeben muß (vgl. Aistleitner, Texte 16), ist Jahwe unbeschränkt und immerfort Herr und Gebieter.

Leben und Fruchtbarkeit. Die ganze Szene spielt sich unter der ägyptischen Flügelsonne ab. Hinter dem Gott steht seine Gefährtin. Sie ist durch den achtstrahligen Stern mit der mesopotamischen Ischtar in Beziehung gebracht. Ihre Sorge gilt dem Gott, dem sie das Lebenszeichen hinhält. Ganz ähnlich wie das Rollsiegel von 290 zeigt ihn die Stele von 291. Zwei mächtige Locken unterstreichen seine jugendliche Kraft und

292. «Das Land gibt seinen Ertrag,
Jahwe, unser Gott, hat uns gesegnet» (67,7).

Schönheit. Im Gegensatz zu dem sitzenden, zur Muße neigenden El *steht* er und trägt statt des langen Kleids der Vornehmen (vgl. Gn 37) den kurzen Arbeitsschurz. Von besonderem Interesse ist die Lanze, die nach oben in einen sprossenden Baum ausläuft. Sie kann die eigenartige Aussage von 135,7 (ganz ähnlich in Jer 10,13 51,16) erläutern:

«Er hat Blitze für den Regen gemacht,

er führt den Wind aus seinen Kammern heraus.»
Wie Jahwe den Wind herausführt, so schaffen die Blitze (ikonographisch: die Lanze) dem Regen einen Weg. Der Regen aber ermöglicht die Vegetation (ikonographisch: sprossender Baum). Wenn die sprossende Lanze die Folge Blitz-Regen-Vegetation darstellt, so ist vielleicht doch nicht ganz auszuschließen, daß die Keule den Donner symbolisiert, der den Himmel erschüttert und den Regen leichter herabfließen läßt.

Es ist aber auch nicht zu vergessen, daß auf 42 und 46 die Lanze im Chaoskampf eine Rolle spielt und die Stele vielleicht nicht nur die Folge Blitz-Regen-Vegetation, sondern die längere Folge Überwindung des Chaos-Blitz-Regen-Vegetation darstellt. Der Herrschaft Baals geht im Mythos die Überwindung der Chaosmächte voraus. Ganz ähnlich wird in 65 vor der Heimsuchung des Landes mit Regenschauern (65,10–14) Jahwes Sieg über das Chaos besungen (65,8f). Wie in 65, 10–14 wird im ugaritischen Keretepos die Bedeutung des Regens Baals für die Vegetation gefeiert.

293. «... Brot aus der Erde wachsen zu lassen,
und Wein, der das Herz der Menschen erfreut»
(104,14c.15a; vgl. 81,11.17).

294. «Dunkles Gewölk ist um ihn...
Feuer flammt vor ihm her
und versengt seine Feinde ringsum.
Seine Blitze erhellen den Erdkreis» (97,2a.3.4a).

«Feuer», resp. «Feuer Gottes» ist eine geläufige atl. Bezeichnung für Blitz(e) (vgl. 29,7, 50,3, 104,4, 148,8). Die «Gabel» mit den welligen Zinken, die der Gott auf 292 und 294 in der Hand hält, stellt nichts anderes dar als ein nach anatolisch-nordsyrisch-assyrischer Art stilisiertes Feuer (vgl. Taf. V und Jacobsthal, Der Blitz, 7ff).

«Für die Erde war der Regen *(mṭr)* Baals da
und für das Gefilde der Regen *(mṭr)* des Erhabenen;
wonnevoll *(n'm)* war für die Erde der Regen Baals
und für das Gefilde der Regen des Erhabenen.
Eine Wonne für den Weizen (lag) in der Quelle.
Im Neubruch (wuchs) Emmerweizen, *('ṭtr)* Getreide in den Furchen.»
(Aistleitner, Texte 101, II K, III 5-11.)

Ähnlich singt Ps 65 vom Gott Israels als Regenspender:
«Du hast das Land heimgesucht,
du hast es überfließen lassen,
du hast es reich gemacht.
Der Gotteskanal (vgl. 46,5) ist voll Wasser,
du stellst ihr Getreide bereit,
wenn du es so herrichtest.
Tränke seine Furchen,
schwemme seine Schollen nieder,
mit Regenschauern weiche es auf,
segne sein sprossendes Gewächs.
Ja, du krönst das Jahr mit deiner Güte.
Deine Spuren triefen von Fett,
die Auen der Steppe triefen,
die Hügel gürten sich mit Jauchzen,
die Triften bekleiden sich mit Kleinvieh,
die Talgründe hüllen sich in Weizen,
sie jauchzen sich zu, ja, sie singen» (65,10-14 vgl.68,10).

Deutlicher als die beiden vorangehenden Darstellungen zeigen *292* und *293* den Zusammenhang zwischen der Vegetation und dem Gewittergott. Auf der ca.30 km nordöstlich von Aleppo gefundenen Stele aus dem 8.Jh.v.Chr. trägt dieser ein langes Kleid nach assyrischer Manier. In der Linken hält er als leicht gewellten Dreizack den Blitz, mit dem er den Stier dirigiert, der das drohende Dunkel und das Brüllen des Gewittersturms symbolisiert. Auch hier ist es der Blitz, mit dessen Hilfe der Gott das Gewitter lenkt. Wie bei *291* ist auch hier die ganze Folge Blitz-Regen-Fruchtbarkeit dargestellt. Der Stier verkörpert ja nicht nur das Gewitter, sondern auch die von diesem hervorgerufene Fruchtbarkeit. In erster Linie dürfte diese allerdings durch den Gegenstand angedeutet sein, den der Gott in seiner Rechten hält. Man hat darin schon ein großes Blatt, einen Pinienzapfen oder eine Weintraube erkennen wollen. Jedenfalls ist man sich einig, ein Pflanzensymbol zu sehen, das den Gott als Spender der Vegetation symbolisiert (Vanel, Iconographie 148).

Aus dem gleichen Jahrhundert wie die Stele von *292* stammt

295. «Er neigte den Himmel und fuhr herab, Wolkenfinsternis unter den Füßen.
Er ritt auf dem Cherub und flog dahin, auf den Schwingen des Sturms stieß er nieder.
Dunkel machte er zu seiner Schutzwand, schwarze Wassermassen zur Hütte ringsum.
Vom Glanz vor ihm her zogen seine Wolken vorüber, Hagel und feurige Kohlen.
Jahwe ließ im Himmel den Donner erdröhnen, der Höchste seine Stimme erschallen.
Er schoß seine Pfeile ab und verwirrte sie, schleuderte seine Blitze und brachte sie durcheinander» (18,10-15).

das über 4 m hohe Relief aus dem Taurusgebirge *(293)*. Der Gott hält in der Linken vier Ähren. Sie haben überlange Stiele, die an das Leitseil auf *292* erinnern. Tatsächlich handelt es sich, wie die Beischriften zeigen, um den gleichen Gott (Tarhuna) wie auf *292*. Mit der Rechten faßt er das Ende einer Rebe, die sich um seinen Leib rankt. Er ist der Geber von Brot und Wein (104, 14c. 15a; vgl. 81, 17a).

Die Ikonographie läßt deutlich zwei Funktionen des Gewittergottes erkennen. Er überwindet die Chaosmächte und spendet den Feldern Fruchtbarkeit. Die letztere Funktion ist vor allem in *291–293* zum Ausdruck gekommen. Auf *42 46 49–50* sind wir ihm als Chaoskämpfer begegnet. In den Pss tritt dieses Moment stärker hervor als das des Spenders der Fruchtbarkeit. Es ließ sich leichter in die stark geschichtsbezogene Gotteserfahrung Israels integrieren. Jahwe erscheint in den Pss mit Zügen des kämpfenden Gewittergottes, um das Volk (77, 17–20), Jerusalem (46, 7b) oder den König (18, 8–16) aus Feindesgewalt zu erretten. Auch dort, wo ein eigentlicher Chaoskampf Jahwes vergegenwärtigt wird (74, 13f 89, 10f), geschieht dies, wie gesagt *(142, 144)*, um Jahwes Kampfkraft gegen die menschlich-historischen Feinde zu mobilisieren.

Wie ein Held, der aus dem Weinrausch aufwacht (78, 65), stürmt der Gott von *294* gegen seine Feinde. Den einen Fuß aggressiv auf den Kopf des Tieres vorgeschoben, schleudert er seine Blitze. Auf der Seite trägt er ein langes Schwert, und über seiner linken Schulter ist das Ende einer weiteren Waffe (Bogen? Köcher?) sichtbar.

295 hat eine überraschende Anzahl von Zügen mit 18, 10f. 13–15 gemeinsam. Die rudimentäre Vogelgestalt (vgl. Perig, Die geflügelte Scheibe 284), die sich im breit ausgefächerten Schwanz andeutet, weist auf einen Sturmgott hin. An dieser Tatsache ändert die Identifikation mit Assur, dem Nationalgott der Assyrer, nichts. Im Gegensatz zu Ägypten, wo die Flügel schon seit Anfang der historischen Zeit auf «Schutz» hinweisen, symbolisieren sie in Mesopotamien den pfeilschnell daherfliegenden Wind oder den Orkan, der seinen Schatten über das Land breitet (vgl. Imdugud *164;* Zu, *285;* Pazuzu, *93*). Der Eindruck, eine Vogelgestalt vor sich zu haben, wird durch das Flügelpaar verstärkt. Dabei ist aber nicht ganz deutlich, ob dieses mit dem Gott oder mit der Scheibe hinter diesem zusammengehört. In der letzteren Verbindung ist das Flügelpaar im 15. Jh. v. Chr. durch die Vermittlung der Mit-

297. «... der den ehernen Bogen in meine Arme legte» (18, 35b; zur Übersetzung vgl. Dahood, Psalms I 155).

tanni aus Ägypten in Mesopotamien eingedrungen. Das geneigte Flügelpaar kann den Himmel darstellen. Ps 18 läßt Jahwe bei seinem Kommen den Himmel neigen und so herabfahren (v. 10a). Der zweite Halbvers «Dunkel ist unter seinen Füßen» (v. 10b) deutet an, daß dabei mit «Himmel» der Gewitterhimmel gemeint ist. Das dürfte auch von den Flügeln auf *295* gelten. Es handelt sich nicht um den Himmel schlechthin, sondern um den dunkel daherfahrenden Gewitterhimmel. Somit ist die ägyptische Vorstellung aber ganz von der mesopotamischen des Sturmvogels aufgesogen worden (vgl. Frankfort, The Art 134f). Im Zweistromland erscheint der dem Kriegsgott Ninurta eng verwandte Ningirsu schon um 2000 v. Chr. dem Gudea von Lagasch als riesengroßer Mann, «der nach seinem Haupt ein Gott war, der nach seinen Flügeln der Imdugud-Vogel war, der nach seinem Unterleib ein Orkan war» (SAHG 141f). Auch in 18 *fliegt* Jahwe dahin und stößt (wie ein Raubvogel) auf den Flügeln des Windes nieder (18, 11b). Dabei sitzt er auf dem Cherub wie Baal auf seinen Wolken (18, 11a). Nach v 12 umgeben ihn diese dunkel und schwer mit Wasser beladen wie ein Versteck. Auch auf *295* hängen beiderseits vom Gott mit Regen und Hagel behangene Wolkensäcke (vgl. 33, 7 Hi 26, 8). Selbst der flammende Glanz, der den Gott umgibt, fehlt in 18 nicht (v 13). Und endlich werden die Blitze vom Ps und von Abb. *295* als Pfeile verstanden, die der Gott von einem mächtigen Bogen abschießt (v 15; vgl. 77, 18 144, 6). Auf *295* fehlt der Blitzpfeil zwar, aber bei anderen Darstellungen ist er deutlich zu sehen *(296)*. Die Gestaltung der Pfeilspitze als Dreizack läßt keinen Zweifel darüber aufkommen, daß es sich um den Blitz handelt (vgl. *292* und *294*). Der Psalmist läßt Jahwe die Pfeile nach dem Abschuß noch verwirren, um dem Zickzackweg des Blitzes gerecht zu werden. Nebst dem Gott und den Wolken ist auf *295* nur noch der Kopf eines Mannes zu sehen. Aus ähnlichen Darstellungen ist ersichtlich, daß wir es dabei mit einem Wagenlenker zu tun haben dürften, denn der bogen-

296. «Schleudere Blitze und verwirre sie, schieß deine Blitze ab und bringe sie durcheinander» (144, 6).

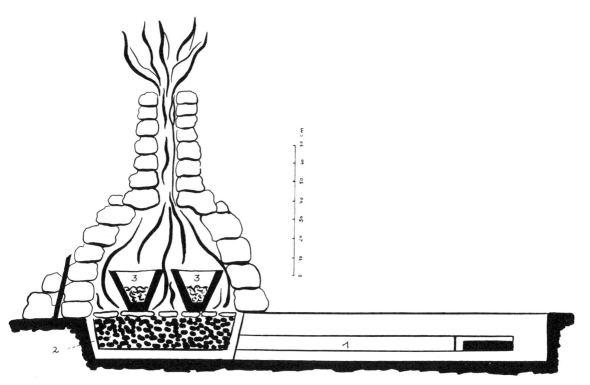

298. «Die Erde bebte und wankte, die Fundamente der Berge erzitterten...
Rauch stieg in seiner Nase hoch, Feuer fraß aus seinem Mund,
Kohlen glühten von ihm her» (18,8f).

schießende Gott in der Scheibe hat sich anscheinend zunehmend stärker in der Schlacht als im Toben des Unwetters manifestiert (vgl. Taf. XX).
Den Bogen, den Assur als Gewitter- und Kriegsgott führt, überreicht er auf 297 dem König. Die Inschrift erklärt, daß Assur und andere Götter «ihre gewaltigen Waffen und ihren erhabenen Bogen seiner Herrscherhand» geschenkt hätten (AOB, Text zu Nr. 332). Diese Vorstellung scheint auch 18,35b zugrunde zu liegen (Dahood, Psalms I 115). Man hat die geflügelte Scheibe, wie sie auf 297 erscheint, schon mit der geflügelten Sonnenscheibe in Beziehung bringen wollen. Tatsächlich stellt sie ja ihrer Herkunft nach auch diese dar. Dabei könnten die Pfeile auf die Sonnenstrahlen hindeuten. Sie stellten für den Sonnengott als Richter und Vergelter eine geeignete Waffe dar (vgl. 64,8 121,6). Aber dieser Interpretation steht entgegen, daß Schamasch meines Wissens in Mesopotamien nie als Bogenschütze dargestellt wird. Nebst den autochthonen Symbolen erscheint er in der Gestalt der aus Ägypten stammenden geflügelten Scheibe, manchmal mit einem auf der unteren Seite durchgehenden Federkranz, manchmal mit einem Schwanz, aber stets ohne Waffen oder Oberkörper eines Mannes, der Waffen führt (vgl. Perig, Die geflügelte Scheibe).

f. Eruption und Transzendenz

Mit dem Gewittergott als Kriegsgott haben wir bereits die Randzonen von Abschnitt 2 erreicht. Bevor auf das Thema «Gott in der Geschichte» eingegangen wird, muß aber noch kurz ein Naturphänomen gestreift werden, das die Gottesvorstellung Israels und vor allem auch die der Pss in ganz besonderer Weise geprägt hat. Die Rauchsäule bei Tag und die Feuersäule bei Nacht (Ex 14,20ff J u.ö. vgl. 105,39), wie auch die Sinaitheophanie in der Schilderung des J (Ex 19,18) haben schon seit langem den Gedanken aufkommen lassen, die Vorstellungen von Jahwe könnten von vulkanischen Vorgängen mitgeprägt worden sein. Der Rauch des Sinai steigt auf wie Rauch eines Schmelzofens (298). Ein besserer Vergleich für einen Vulkan hätte sich in der ao Welt schwerlich finden lassen. Und wenn Jahwe in dem typischen J-Text Gn 15,17 als rauchender *tannūr* (299) vorüberzieht, erinnert auch das wieder an einen Vulkan. Das Land Midian (östlich und südöstlich vom Golf von Aqaba), wo Moses Jahwe zum erstenmal begegnet war, besaß tatsächlich bis ins späte Mittelalter hinein tätige Vulkane (König, Aux origines). Wie jede Gotteserfahrung wurde auch die Jahwes von der Welterfahrung nicht einfach bestimmt, aber mitbestimmt. Die Theophanieschilderungen Mesopotamiens sind durch und durch von Gewitterphänomenen wie Sturm, Blitz, Feuer, Donner und Regen geprägt (Jeremias, Theophanie 87–90). Gelegentlich spielt noch das Motiv des Erdbebens eine Rolle (ebd. 89). Auf *Jahwe* sind die Gewitterphänomene vor allem in der Auseinandersetzung mit dem Baalskult *übertragen* worden (Ps 29 und 65; die Sinaitheophanie bei E Ex 19,16). Vulkanerscheinungen hingegen hat man anscheinend *von Anfang* an als Manifestationen Jahwes betrachtet. In den Pss dienen sie dazu, das Erscheinen Jahwes zu visualisieren: «Die Erde bebte... Rauch stieg aus seiner Nase auf, Feuer drang verzehrend aus seinem Mund, glühende Kohlen brannten von ihm her» (18,8f). «Berge schmelzen vor Jahwe wie Wachs» (97,5). Mit diesen und ähnlichen Texten läßt sich auf mesopotamischer Seite meines Wissens nur die folgende Stelle aus einem Inannahymnus vergleichen: «Ein loderndes Feuer, das... bin ich, ein loderndes Feuer, das inmitten des Berglandes angezündet wird; die Feuer und Asche auf das aufsässige Land regnen läßt (bin ich)» (SAHG 230). Auf wunderschöne, fast spielerische Weise prädiziert die Gewalt Jahwes der Satz: «Er berührt die Berge, und sie rauchen» (104,32b, ähnlich 144, 5b). Das Bild hat die Vision der Vulkane in den wildesten Teilen Midians bewahrt, von denen in der unendlich klaren Luft der arabischen Halbinsel weithin sichtbar – scheinbar ohne Grund – unversehens Rauch aufsteigt. Die vulkanischen Phänomene, die von Haus aus mit Jahwe verbunden sind, vermögen weit stärker als die regelmäßig erscheinenden Gewitter den Einbruch des Heiligen, des ganz anderen, erfahren zu lassen. Aber auch der Zorn, die Ausschließlichkeit und die fordernde Macht Jahwes mögen von vulkanischen Erscheinungen her ihren emotionalen Stellenwert herleiten. In historischer Zeit hat man das Erscheinen Jahwes jedenfalls nicht in Vulkanausbrüchen erlebt, sondern in anderen Vor-

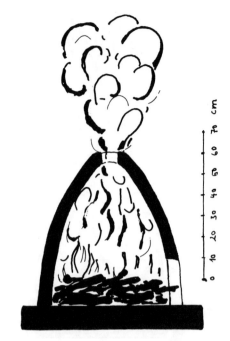

299. «Der die Berge berührt, und sie rauchen» (104,32b; vgl. 144,5b)

gängen. Vulkanische Elemente dienten einzig dazu, die Gewalt Jahwes sichtbar zu machen, die man in ihnen zu erfahren glaubte. Einer der wichtigsten dieser Vorgänge war der Sieg im Kampf.

3. Jahwe in der Geschichte

Wie die Grenze zwischen dem Wirken Jahwes im Tempelbereich und dem in der Schöpfung ist auch die Grenze zwischen dem Wirken in der Schöpfung und dem in der Geschichte *fließend*. So können etwa Geburten wie Kriege als einmalige geschichtliche Ereignisse oder als ewig sich wiederholende Naturereignisse gesehen werden. Die Israeliten der frühen vorstaatlichen Zeit scheinen das souveräne Walten Gottes gerade in diesen zwei Lebensvorgängen besonders deutlich erfahren zu haben. In beiden Fällen gibt der Mensch physisch und psychisch sein Letztes her. In beiden Fällen gewinnt er dennoch (bis heute) immer wieder den Eindruck, daß das Ergebnis (das Kind, resp. der Sieg) seinen Einsatz transzendiere und aus diesem letztlich nicht zu erklären sei. Der ao Mensch hat da ganz selbstverständlich die machtvoll wirkende Hand Gottes wahrgenommen. Nicht zufällig erscheint die Souveränitätsformel («Er tötet, er macht lebendig, er erhöht, er erniedrigt usw.») besonders häufig in Zusammenhängen, bei denen es in entscheidender Weise um Leben und Tod geht, wie das bei der Geburt (113,7f 1 Sm 2,6 Lk 1,52f) und beim Krieg (18,28 Dt 32,39; vgl. auch 118,22f) der Fall ist. Hilma Granqvist, die lange als Ärztin im Nahen Osten lebte, berichtet, wie Frauen, die eben ihr erstes Kind geboren hatten, kleine Lieder improvisierten, die etwa folgenden Inhalt hatten:

«Er bringt zum Leben
und er schickt in den Tod.
Er macht reich
und er macht arm.
Er gibt und er verweigert.
Alles kommt von Gott,
Lob und Dank sei Gott!»

(Child Problems among the Arabs, Helsingfors/Copenhagen 1950, 35).

Die Geburt ist ein entscheidender Moment im Leben des Einzelnen.

a. Der Krieger

Die dramatischen Höhepunkte der Volks- und Völkergeschichte entladen sich nicht selten in einem Krieg, der, ähnlich wie eine Geburt, neue Verhältnisse schafft. In Anbetracht

300. «Jahwe, der Starke, der Held!
Jahwe, der Held im Kampf!» (24,8).

301. «Streite, Jahwe, gegen die, die mit mir streiten,
bekämpfe, die mich bekämpfen!
Ergreife den schützenden Schild,
steh auf, mir zu helfen.
Mache die Lanze bereit,
meinen Verfolgern zu begegnen» (35,1-3).

dieser Tatsachen kann es nicht wundern, daß die Antike im Krieg eine ganz spezifische, göttliche Macht erfahren hat. Im nordwestsemitischen Bereich trägt sie den Namen Reschef. Im Gegensatz zu Baal, der den edlen kosmischen Kampf des Lebens gegen Chaos und Tod repräsentiert, verkörpert Reschef stärker den düsteren Aspekt des (geschichtlichen) Krieges. Im AT bedeutet Reschef «Brand» (76,4) und «Seuche» (78,48). Dargestellt wird der Gott als grimmiger Kämpfer (300-302). Reschef erscheint zusammen mit Deber (Pest) im Ps von Habakuk 3 (v 5). Dieser Ps schildert den Gott als Gefolgsmann Jahwes, der mit bedrohlicher Gewalt zur Rettung der Seinen auszieht. Aber wie Jahwe beim Pesach die Rolle des Verderbers – nach Ansicht von P – selber übernommen hat (vgl. Ex 13,13 P mit 12,23 J), so erscheint Jahwe schon früh auch selber als Kriegsgott. Zum erstenmal hat er sich beim Auszug aus Ägypten als «Kriegsmann» erwiesen (Ex 15,3). Als solcher wird er in 24,8 gefeiert. Die Stärke, die ihm da nachgerühmt wird, erscheint auch im Titel «Herr der Stärke unter der Neunheit», den Reschef in Ägypten trägt (Bonnet 638).

Als Kriegsgott kämpfte Jahwe für die Stämme, deren Zentrum die Bundeslade war (vgl. v.Rad, Der Heilige Krieg; Smend, Jahwekrieg). An ihren Einzug ins Heiligtum wird bei 24 zu denken sein (vgl. Kraus, Deißler usw. zur Stelle). Die Vorstellung vom Kriegsgott, der für sein Volk kämpft, wird von 35 auf kühne Art individualisiert und so für den einzelnen Gläubigen wirksam gemacht. In v 2 fordert der Beter Jahwe auf, seinen Schild zu ergreifen und Lanze und sĕgor bereit zu machen. Man hat sgr früher gern vom skythisch-persischen Doppelbeil (ságaris, Herodot I, 215) her erklärt (vgl. noch Kraus, Pss 274). Auf ägyptischer Darstellung trägt Reschef neben Schild und Lanze tatsächlich manchmal noch ein Beil (302). Beile dieser Art hat man im Rescheftempel von Byblos massenweise als Weihegaben gefunden. Nach der Kriegsrolle von Qumran (V, 7) bedeutet segor aber nicht Beil, sondern den Abschluß einer Lanze. In 35,3 würde dieser metonymisch für Lanze stehen (Dahood, Psalms I, 210f). Da man eine Lanze aber in der Regel nicht am Ende handhabt, ist diese Metonymie etwas eigenartig. Ebenso eigenartig ist allerdings auch, daß Reschef auf 300 und 301 seine Waffe ganz hinten an

302. «Da erwachte der Herr wie aus dem Schlaf, wie ein Held, der sich vom Wein erhebt, er schlug seine Gegner zurück, gab sie ewiger Schande preis» (78, 65 f).

deren Ende hält. Es handelt sich jedenfalls bei *301* um einen kurzen Wurfspeer (ḥnjt), während er in der anderen Hand zusammen mit dem Schild die lange Lanze hält (rmḥ). Aber wenn der Kriegsgott gelegentlich auch mit zwei Lanzen oder mit Lanze und Beil dargestellt wird, so trägt er doch stets nur *einen* Schild. 35,2a ist daher kaum mit «Schild und Tartsche» (Kraus), mit «Klein- und Großschild» (Deißler) oder irgendwie ähnlich, sondern als Hendiadys etwa mit «schützender Schild» wiederzugeben. Von daher legt es sich nahe, auch ḥnjt wsgr als Hendiadys zu deuten. Das Verbum in v 3 a meint eigentlich «bloßlegen». Nachweislich besaßen die Streitwagen für die Wurflanzen eine Art Köcher. «Die Wurflanze und das Ende des Schaftes bloßlegen» bedeutet als Hendiadys nichts anderes als «die Wurflanze ganz bereit machen».

In der griechischen Zeit wird Reschef durchwegs mit Apollo identifiziert. Apollo ist von Haus aus alles andere als ein strahlender Lichtgott. Er ist zwar einerseits der große Heilsgott und Abwehrer von Plagen (was Reschef übrigens auch sein kann, Conrad, Der Gott Reschef). Aber stets umgibt ihn etwas Fremdes. Sein wichtigstes Attribut ist der Bogen *(303)*. «Mit seinen Pfeilen sendet er plötzlich den Menschen unbegreifliche Krankheiten und unerwarteten Tod» (LdÄ 213). Schon in Ugarit (UT Nr. 854) und dann auf einer kyprischen Inschrift von 341 v. Chr. ist Reschef der Herr des Pfeils (ḥṣ) (KAI Nr. 32, Z. 3 f). Umgekehrt heißen die Pfeile in 76,4 geradezu

303. Ein Kranker klagt:
«Deine Pfeile schwirren auf mich nieder,
schwer lastet deine Hand auf mir,
nichts Gesundes ist an meinem Fleisch…» (38,3 f).
Von den Frevlern heißt es:
«Jahwe traf sie mit dem Pfeil,
plötzlich empfingen sie Wunden» (64,8).

«Reschef(e) des Bogens.» Ähnlich wie Reschef/Apollo hat Jahwe in 38,3 f den Beter mit krankheitbringenden Pfeilen beschossen.

Es gehört zu den großen Leistungen Israels, die verschiedensten Gotteserfahrungen des AO in seinen Jahweglauben integriert zu haben, ohne daß dieser ein Sammelsurium inkohärenter Vorstellungen wurde. Der vertraute Umgang, den der Beter mit Jahwe zu haben pflegt, hat gewisse befremdliche Züge in der Regel nicht zu dämonischen auswachsen lassen. Wo es dennoch dazu kam, hat das gläubige Israel, wie etwa im Hiob oder Ps 89, schärfsten Protest eingelegt.

b. «Mein Schild»

Die Vertrautheit des Beters mit Jahwe hat im Bereich des Krieges ihren ergreifendsten Ausdruck in der Bitte gefunden, Jahwe möge als Schildhalter des Beters walten (35,2). «Schildhalter» bedeutet an und für sich eine untergeordnete Stellung. Der assyrische General auf *304* wird gleichzeitig von zwei Schildhaltern geschützt. Einer hält den riesigen Belagerungsschild, eigentlich schon eher eine Art Schutzwand als ein Schild. Die ṣḥrh in 91,4 dürfte eine solche tragbare Wand bezeichnen. Der andere deckt den kämpfenden General mit dem (weit verbreiteten) Rundschild (mgn) gegen Geschosse von oben. Jahwe als Schildhalter herbeizurufen, setzt jene Vertrautheit voraus, die gestattet, einen Freund gelegentlich um einen niedrigen Dienst zu bitten, ohne ihn irgendwie zu beleidigen.

Von einem starken Vertrauensverhältnis zeugt auch die in den Pss sehr häufige Prädikation Jahwes als Schild des Beters («mein Schild» 7,11 18,3 28,7; «unser Schild» 33,20 59,12; «ihr Schild» 115,9 ff). Wahrscheinlich handelt es sich dabei um die Demokratisierung eines ursprünglich königlichen Vertrauensmotivs. So redet z. B. die Ischtar von Arbela einen assyrischen König an: «Asarhaddon, in Arbela bin ich dein gnädiger Schild» (AOT 282). Die Verbindung der Zusage mit dem Kultort Arbela läßt die Vermutung aufkommen, ob nicht etwa die Schilde, die mancherorts die Tempel schmückten (vgl. *139* und 1 Kg 14,26 f), diese Aussage veranlaßten. Mag dem auch so sein, so ist doch die Funktion, in der sie in den Pss erscheinen, eindeutig Schutz und nicht Schmuck. Vor allem schützte der Schild bei *Belagerungen* die Kämpfer vor Geschossen aller Art *(305)*. Ein stattlicher Schild, wie ihn der assyrische Krieger auf *306* trägt, vermochte aber ganz allgemein das Gefühl der Sicherheit zu heben, besonders, wenn er wie der schwere assyrische Setzschild *(307)* nicht nur von vorne, sondern auch von den Seiten her schützt. Der Setzschild (ṣnh), der im 7. Jh. v. Chr. verschwindet, wird in formelhaften Zusammenhängen in 5,13 35,2 und 91,4 genannt. In manchen Pss ist «Schild» nur mehr ein Ideogramm für Schutz und Sicherheit. Als solches verläßt es gelegentlich den Bereich des Anschaulichen. In 3,4 preist der Beter Gott als Schild «um mich» (oder «für mich»?). «Ein gewöhnlicher Schild deckt nur von *einer*, Jahwe aber von allen Seiten» (Gunkel, Psalmen 14). Die Frage ist, ob Schild an dieser Stelle

304. «Du bist mein(e) Schutz(wand) und mein Schild!» (119, 114a).

305. «Israel, vertraue auf Jahwe!
Er ist ihre (der einzelnen Israeliten) Hilfe und ihr Schild» (115,9).

306. «Jahwe ist meine Stärke und mein Schild,
auf ihn vertraut mein Herz» (28,7).

Wie eingangs dieses Abschnittes gesagt wurde, kann der Krieg als Natur- oder Geschichtsereignis gesehen werden.
Wie es für die Geburt und den Tod, für das Pflanzen und Ausreißen eine Zeit gibt (Koh 3,2), so gibt es nach 2 Sm 11,1 auch eine Zeit, da die Könige zu Felde ziehen. Aber der Krieg als dramatische Entladung schwelender Konflikte hat offensichtlich mehr Chance, sich dem Gedächtnis als einmaliges, irreversibles Geschehen einzuprägen als viele andere, im Leben einer Gemeinschaft regelmäßig wiederkehrende Ereignisse. So setzt die bewußt erlebte und überlieferte Geschichte Ägyptens mit der kriegerischen Unterwerfung des Deltas durch die Bewohner des Niltals ein (vgl. 397). Die Geschichte der Eidgenossenschaft beginnt mit einem Unabhängigkeitskampf usw.
Im Bewußtsein Israels nimmt der Konflikt mit dem Pharao und die Befreiung aus Ägypten eine grundlegende Stellung ein.
Aber auch im Leben des Einzelnen haben dramatische Siege und Errettungen eine besondere Chance, in irgendeiner Form aufgezeichnet zu werden und als individuelle Geschehnisse, die die Folgezeit bestimmten, in Erinnerung zu bleiben (307a).

noch konkret zu verstehen oder zu einem stark abstrakten Ausdruck für «Schutz» geworden ist (vgl. die Häufung von Bildern in 5, 13). Dann könnte man «Schild» und «Jahwe» einander nicht mehr gegenüberstellen, wie Gunkel das tut.

307. «Du schützest ihn (den Gerechten) wie mit einem Setzschild» (5,12f).

307a. Nicht nur der Krieg bot Gelegenheit, von Gott beschützt und errettet zu werden wie Ps 107, und wie diese einmalige Stele aus dem Ägypten der Ramessidenzeit zeigt. Der Stifter, Pataweret, der von einem Krokodil angefallen wurde, entrann der tödlichen Gefahr auf wunderbare Weise. Wie das unterste Register der Dankstele zeigt, hat er diese Rettung auf das Eingreifen des Lokalgottes seiner Heimatstadt Assiut zurückgeführt. Wie ein Krieger treibt dieser das gefährliche Tier mit einer langen Lanze zurück. Das mittlere Register zeigt den dankbaren Pataweret bei einer Libation vor dem Gott, der hier, wie auf dem obersten Register, ganz in Schakalsgestalt erscheint. Im obersten Bildstreifen bringt der Gerettete dem Prozessionsbild des Gottes einen Blumenstrauß dar.

c. Führung

Die Pss kommen auf die Geschichte Israels, wie sie sich im Pentateuch oder im deuteronomistischen Geschichtswerk spiegelt, verhältnismäßig selten zu sprechen. Nur rund 15 der 150 Pss befassen sich in irgendeiner Form mit den grundlegenden Vorgängen der israelitischen Frühzeit (vgl. Jasper, Early Israelite Tradition 50f, wo noch 95,7-11 nachzutragen ist). Die meisten nehmen aktualisierend auf ein einzelnes Geschehen Bezug: 95,7-11 mahnt die Hörer, nicht verstockt zu sein, wie dies die Vorfahren in der Wüste gewesen sind. 50 aktua-

308. «Noch waren sie zählbare Leute, wenige nur und Gäste im Land.
Sie zogen umher von Stamm zu Stamm, von einem Reich zum andern Volk.
Er ließ nicht zu, daß jemand sie bedrückte und rügte um ihretwillen Könige:
Rührt nicht an meine Gesalbten und meinen Propheten tut kein Leid an!» (105,12-15; Übersetzung nach Deißler.)
Die Gruppe steht in *einem* Register (vgl. den Schnitt a–b). Vor- und Nachhut bilden die Männer. Die Frauen gehen zwischen den die Herden repräsentierenden Eseln in der Mitte.

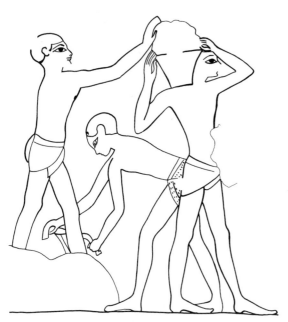

309. «Ich habe seinen Nacken von der Bürde befreit, seine Hände kamen vom Lastkorb los» (81,7).

lisiert die Sinaitheophanie und 44,2 bittet Gott, Israel in Feindgefahr das Land zu erhalten, da *Er* es ihm ja einst gegeben hätte. Einzig 78 105 106 135 und 136 zeichnen ein längeres Stück des Weges nach, den Jahwe mit Israel zurückgelegt hat. 105 beginnt seine Übersicht mit der Landverheißung an Abraham, die andern vier (78 106 135 136) setzen mit dem Auszug aus Ägypten ein. Alle außer 135 erzählen dann von der Führung Gottes in der Wüste und der «Landgabe». Auf sie zielen 105 135 und 136 ab. 78 spannt den Bogen weiter bis zur Erwählung Davids und 106 sogar bis zum Exil.

Keiner der fünf Pss erwähnt die Sinaitheophanie. Das muß nicht darin begründet liegen, daß Auszug und Sinai ursprünglich ganz verschiedene Erfahrungen und Überlieferungen darstellten. Es könnte auch damit zusammenhängen, daß Auszug und Landgabe im Kult anders aktualisiert wurden als das Sinaigeschehen (vgl. 50). Während die Heilstaten von der Herausführung aus Ägypten bis zur Landgabe kurz resümiert wurden (vgl. die «Vorgeschichte» im Bundesformular), wurde das Sinaigeschehen intensiver aktualisiert (vgl. Grundsatzerklärung, Einzelbestimmungen, Anrufung von Zeugen und Fluch und Segen im Bundesformular; dazu Baltzer, Das Bundesformular 19-28). 105 beschließt seinen Überblick über die Heilstaten Gottes mit dem Hinweis, daß dies alles geschehen sei, damit Israel die Weisungen Jahwes halte. Man kann diesen Schlußvers geradezu als Überleitung zur Aktualisierung der Sinaioffenbarung verstehen.

In ähnlicher Weise wie 105 zur Aktualisierung der Sinaitheophanie überleitet, führt 78 zur Aktualisierung der Nathanverheißung, wie sie 132 – und für eine Krisenzeit 89 – darstellen. Was die Illustration der Geschichtspss betrifft, kann es nicht darum gehen, das ganze archäologisch-ikonographische Material vorzuführen, das die Überlieferung und die Geschichte Israels von Abraham bis zum Exil erläutern kann. Das ist in L. Grollenbergs «Bildatlas zur Bibel» und in ähnlichen Werken schon recht oft geschehen. Hier sollen nur ein paar Vorstellungen berücksichtigt werden, die für die Pss typisch sind und sich so formuliert in den großen erzählenden Geschichtswerken nicht – oder nur ausnahmsweise – finden.

Von den Verheißungen an die Väter erscheint einzig die des Landes (105,11). Als sie dieses noch nicht besaßen, erfuhren sie Gottes Walten darin, daß sie als wehrloses Häufchen von keinem der Völker behelligt wurden, bei denen sie auf rastlosen Reisen vorbeikamen. Sie wurden von Gott wie Propheten (vgl. Gn 20,7) und Gesalbte (105,15) für «unantastbar» (vgl. 2 Sm 1,14) erklärt. Damit wird auf die Geschichten von der Gefährdung der Ahnfrau(en) angespielt (Gn 12,9-20 20,1-18 26,1-13). In den Augen der Nomaden wurden ihre Frauen von den Seßhaften als Freiwild betrachtet (vgl. auch Gn 34). Die berühmte Nomadengruppe von Beni Hasan

310. «... Roß und Streitwagenkämpfer warf er ins Meer» (Ex 15,1).
«Wasser bedeckte ihre Gegner, keiner von ihnen blieb übrig» (106,11; vgl. 405).

311. «Die Stricke sind mir auf liebliches Land gefallen. Ja, mein Anteil gefällt mir!» (16,6).

nimmt denn auch ihre Frauen schützend in die Mitte *(308)*. In 105,12-15 ist der Schutz, der den Vätern in dieser Gefahr zuteil wurde, zur Unantastbarkeit von Gottesmännern emporstilisiert.

Im gleichen Ps (105,18) wird die Gefangenschaft Josefs von Gn 39,20 zu schwerer Kerkerhaft verschärft (vgl. *77* und *134*). Die Befreiung aus Ägypten (78,12 und 43 nennen das in Ex nicht erwähnte Zoan) wird in 81,7 durch die eindrückliche Geste der Befreiung vom Tragkorb dargestellt, mit dem man den Lehm und die fertigen Ziegel schleppte *(309;* vgl. *240, 361, 362)*.

Das älteste Lied auf die Vernichtung der Ägypter am Meer redet davon, daß Jahwe Roß und Wagen ins Meer geworfen habe (Ex 15,21; *310;* vgl. *405)*. Das dürfte der historischen Wirklichkeit einigermaßen nahekommen. Die ägyptische Streitwagentruppe scheint in den Sümpfen der Landenge von Suez untergegangen zu sein (vgl. Ex 14,25). Einzelne Stellen in den Geschichtspss knüpfen an diese älteste Überlieferung an (106,11). An den meisten Stellen erscheinen jedoch gar nicht die Ägypter, sondern das Meer als Feind. Die Errettung am Schilfmeer wird zu einem Sieg über das Chaosungeheuer, das getötet, geteilt, gespalten und zerstückelt wird (66,6 77,16-21 78,13 136,16; vgl. *46-52, 142* und *144)*. Als Teil des zeitlosen Kampfes Jahwes gegen das Chaos ist das Geschehen zeitlos aktuell.

Auf der Wanderung durch die Wüste nährte Jahwe sein Volk mit Manna. In Ex 16,14 und Nm 11,7 wird es präzis beschrieben. Über Ex 16,4 ist es in 78,24f und 105,40 zum Himmelsgetreide, zur Himmels- und Engelsspeise geworden. Die Steigerung des Geschehens ins Wunderbare wirkt der wachsenden zeitlichen Distanz entgegen, die den ursprünglichen Eindruck mehr und mehr verblassen läßt. Die Steigerung ins Wunderbare ist einer der vielen Prozesse, mittels derer die Pss die früheren Heilstaten Jahwes für die Gegenwart fruchtbar machen. Dieses Bemühen wird oft dadurch erleichtert, daß eine Vorstellung nicht ausschließlich historischer Herkunft ist und so aus diesem zeitgebundenen Bereich verhältnismäßig leicht in den des Kultus oder der Schöpfung überführt werden kann. So hat auch die Vorstellung vom Gott, der die Menschen speist, mehrere Wurzeln: das Opfermahl im Kult, die Gaben, welche die Erde auf Gottes Befehl hin hervorbringt und bestimmte geschichtliche Situationen wie die Wüstenwanderung.

Wie bereits gesagt, spielt die Landgabe in den Pss mit geschichtlichem Bezug eine hervorragende Rolle. Als Bezeichnung für das Israel zugemessene Gebiet wird in 105,11 ḥbl verwendet. *ḥbl* bedeutet Strick, Seil (Jos 2,15). Wie *311* zeigt, hat man in Ägypten – und wohl auch anderswo – das Land mit Hilfe von Stricken vermessen. Aus dem Wort *ḥbl* für Landstück (16,6 und 78,5) zu schliessen, war das jedenfalls auch in Israel der Fall.

Bei der grossen Landverteilung unter Josua erhielten die Leviten keinen Anteil. «Jahwe ist ihr Besitz», sagt das Dt (10,9). «Ich (Jahwe) bin dein Teil und Besitz», sagt die Priesterschrift (Nm 18,20). Man muss diesen Satz, der sich ja auch im Zusammenhang einer nüchternen Unterhaltsregel befindet, ganz materiell verstehen: seinen Lebensunterhalt empfängt Levi nicht durch bäuerliche Arbeit, sondern durch Anteile an Opfern und kultischen Abgaben» (v. Rad, «Gerechtigkeit» und «Leben» 242). In 16 wird der Satz weniger handfest verstanden. Der Beter, vielleicht ein Levite, sieht darin nicht nur eine Unterhaltsregel, sondern «das Angebot einer ganz besonderen Lebensgemeinschaft mit Gott» (ebd.). Er partizipiert an der Heilsgeschichte nicht nur dadurch, dass er von der einmaligen Setzung in der Landnahmezeit immer noch profitiert, sondern indem er das Heilsgut entdinglicht und den Akzent von der Gabe auf den Geber verlegt.

Das Handeln Gottes vom Auszug aus Ägypten bis zur Landgabe wird von 77,21 78,52 und 95,7 dem Tun eines *Hirten* verglichen. In 78,52 und 95,7 führt Jahwe selbst, in 77,21 geschieht dies durch die Hand Moses' und Aarons. Die Hirtensorge Gottes für sein Volk wird vor allem in Volksklageliedern vergegenwärtigt (74,1 79,13 80,2). In Zeiten der Not wollen sie Jahwe durch die Erinnerung an seine Hirtenpflicht zum Einschreiten bewegen. «Das Zentrale am Hirtenmotiv sind die Sorge des Hirten für die Herde und das Vertrauen der Herde zu ihm» (Gottlieb, Die Tradition 194). Die Macht des Hirten über die Herde spielt eine geringere Rolle. Das belegen zahlreiche Darstellungen, die den Hirten im Bemühen um seine Herde darstellen (*312*).

Alle angeführten Stellen reden von Jahwe als dem Hirten des Volkes. Ein Hirte hütet ja nicht einzelne Schafe, sondern eine Herde (*313*). Dennoch redet der Beter des berühmten Ps 23 von Jahwe als seinem ganz persönlichen Hirten. Wir haben es hier, wie schon oft, mit der Aneignung heilsgeschichtlicher Erfahrungen durch den Einzelnen zu tun. Während sie bei den Flügeln und beim Schild durch Demokratisierung und bei der Landzumessung durch Entdinglichung (Spiritualisierung) bewerkstelligt wurde, geschieht es hier durch Individualisierung. In 23 leitet Jahwe nicht mehr die Herde, sondern den Einzelnen, ihn führt er und ihn stimmen Keule (*šbṭ*) und Stab *(mšʿnt)* Jahwes zuversichtlich. Der Hirte, der auf *313* (oben rechts) der Herde vorangeht, trägt wie Jahwe in 23,4 den langen Stab, mit dem er die Herde leitet und auf den er sich stützen kann, und die Keule, die zur Abwehr der Raubtiere (vgl. 1 Sm 17,34–36) dient (Dalman AuS VI 222). Auch in 2,9 dürfte mit dem ehernen *šbṭ*, das Töpfergeschirr zertrümmert, eine Keule gemeint sein (vgl. *358*). In 45,7 bezeichnet *šbṭ* das Zepter. Dieses war z. B. in Assyrien nichts anderes als eine Keule (vgl. *418*). Auch manche anderen Stellen legen nahe, dass *šbṭ* Keule heissen kann. Es wäre ja auch zu seltsam, wenn wir für diese uralte und im vorderasiatischen Raum weitverbreitete Waffe im Hebräischen kein Wort hätten.

Nach 78,52f führt Jahwe sein Volk wie eine Herde von Ägypten ins Land Kanaan. Am Ende dieser Wanderung tritt Jahwe nach 78 sein Hirtenamt gleichsam ab, und zwar an einen Mann, den er von den Kleinviehhürden weggeholt hat, an David (78,70–72). Die Hürde ist eine kleine Festung (*314*), in welche die Herde nachts oder beim Auftauchen von Räubern oder Raubtieren hineingetrieben wird, um sie besser ver-

312. «Jahwe ist mein Hirt, mir fehlt nichts» (23,1).

Taf. XIV. «Ja, du bist meine Lampe, Jahwe, mein Gott, der meine Finsternis erhellt» (18,29; vgl. 2 Sm 22,29; vgl. oben S. 168f).

Taf. XV. «Wende, Jahwe, unser Geschick gleich den Bächen im Negev!» (126,4)

Taf. XVI. Tutanchamun auf der Löwenjagd. Taf. XVII. Tutanchamun besiegt die Nubier.

313. «Er führt mich auf rechte Wege, um seines Namens willen.
Auch wenn ich durch eine dunkle Schlucht gehen muß, ich fürchte nichts Schlimmes, denn du bist mit mir.
Deine Keule und dein Stab, sie geben mir Zuversicht» (23,3 f).

teidigen zu können. Der V-förmige Zugang erlaubt bei einer plötzlich auftauchenden Gefahr, die Herde schnell – und ohne Gefahr, vom engen Eingang abgedrängt zu werden – in Schutz zu bringen. 78,70ff legt Wert darauf, das Hirtentum Davids in Bethlehem mit seinem Hirtentum über Israel und dieses mit dem Hirtentum Gottes über sein Volk in Zusammenhang zu bringen. Die alttestamentliche Überlieferung liebt solche Präfigurationen, Assoziationen und symbolischen Zusammenhänge ebensosehr wie die ao Ikonographie. Das würde sich noch weiter bestätigen, wenn Gottlieb (Die Tradition 190–193) mit seiner These recht hätte, daß David von Haus aus nicht Hirte, sondern Krieger (1 Sm 16,18) gewesen ist.

Die noch verbleibenden geschichtlichen Themen des Psalters werden in andern Zusammenhängen abgehandelt. Zu diesen gehört das Mühen Davids um eine Ruhestatt Jahwes (132). Es erinnert an Gudeas Einsatz für den Bau des Ningirsutempels (vgl. Kp.V, 3).
Im Orakel von 60,8–10 (= 108,8–10) tritt Jahwe als Krieger auf (vgl.IV.3.a), der die von David eroberten Gebiete nach dem Untergang Samarias 722 v.Chr. neu verteilt.
Eine Reihe von Pss nehmen auf den Abfall in der Königszeit (vgl. den Exkurs zur Abrenuntiation) und auf die Einbrüche von Fremdvölkern Bezug (vgl. Kp.II,3), die Israel und Juda in der ausgehenden Königszeit immer häufiger heimsuchten und dieser schließlich ein Ende bereiteten. Das letzte Ereignis der Geschichte Israels, das in den Pss deutlich zur Sprache kommt, ist das Exil (126 137). In 137 findet sich der berüchtigte Satz: «Selig, wer deine (Babels) Säuglinge packt und sie am Felsen zerschmettert» (v 9). Babel erscheint hier personifiziert als Königin. Wie 341 und 342 zeigen, waren den Prinzen schon als Säuglingen auf dem Schoß der Amme die Nachbar-

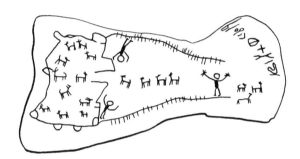

314. «Er erwählte David, seinen Knecht,
nahm ihn von den Kleinviehhürden weg,
holte ihn von den Muttertieren fort,
daß er weide Jakob, sein Volk,
und Israel, seinen Anteil.»

völker unterworfen. In diesen Säuglingen manifestiert sich die endlos fortdauernde Macht der Dynastie. Ihr Ende bedeutet das Ende der Zwangsherrschaft.
Der Überblick über die geschichtlichen Themen des Psalters endet mit der Feststellung, daß Gott Israel zerstreut und seine Herde als Schlachtvieh verkauft hat (44,13). Zerstreut und geschunden, hofft es auf Rückkehr (126) und bittet Jahwe, es aus den Völkern zu sammeln (106,47). Diese Rückkehr scheint so utopisch, daß man sie wie ein eschatologisches Ereignis als Eingriff Jahwes erwartet. Wie die wasserlosen, ausgedörrten Wadis des Negev (Taf.XV) sich in der Winterzeit von einer Stunde auf die andere in reißende Bäche verwandeln (126,4), so überraschend, hofft man, wird Jahwe Israel eines Tages erlösen.

Exkurs: Abrenuntiation

Im Lobpreis wird Jahwe als Fels und Licht, als Schöpfer und Richter, als Hirte und Schild gefeiert und vergegenwärtigt. Dieser Vorgang kann durch die Beschwörung negativer Kontrastbilder intensiviert werden.

«Ja, Jahwe verschafft seinem Volke Recht,
er erbarmt sich über seine Knechte.
Die Götzen der (andern) Völker (aber) sind Silber und Gold,
ein Werk von Menschenhänden» (135,14f).

Die leblosen, pompösen *Götzen* dienen als dunkle Folien für das Bild des lebendigen Gottes. Sie verdeutlichen dieses. Ihre Erwähnung wirkt aber noch in einem andern Sinne klärend. Als Götter anderer, und das heißt für Israel in der Regel, stärkerer und mächtigerer Völker bilden sie an und für sich eine Alternative zu Jahwe. Die radikale Zuwendung zu Jahwe, die der Beter im Hymnus vollzieht, führt ihn zur Absage an die Götter, zur Abrenuntiation.

Einmal in die Gewalt des Lobens (vgl. *446*) geraten oder von dessen Eigengesetzlichkeit erfaßt, muß der Psalmist sich zur Exklusivität Jahwes bekennen. Wo das Loben nicht zu diesem Punkt kommt, hat es nicht Unvergleichliches und damit keinen würdigen Gegenstand seiner totalen Hinwendung gefunden. Es muß auf halbem Wege stehenbleiben. Denn der Lobende ist darauf aus, sich dem Gelobten ganz anheimzugeben (vgl. van der Leeuw, Phänomenologie 488–491), und das kann er nur dort, wo er die Gewißheit besitzt, etwas Unvergleichlichem und Absolutem gegenüberzustehen. Diese Eigenheit des Lobens ist so stark, daß in der polytheistischen Welt Mesopotamiens Sin, Schamasch, Enlil, Marduk, Nergal und viele andere nebeneinander als unvergleichlich und allen andern Göttern überlegen prädiziert werden, was vom rational logischen Standpunkt aus widersinnig ist (Labuschagne, Incomparability 33–34). Das Erleben und Prädizieren der Unvergleichlichkeit einer Macht ist nun zwar noch keine formelle Absage an andere Mächte und damit noch keine Abrenuntiation im strengen Sinn. Aber ohne den Enthusiasmus, der dem: «Wer ist wie?» zugrunde liegt, kommt keine wirksame Absage zustande.

In Israel ist dieser Enthusiasmus durch den Auszug aus Ägypten oder genauer durch das Schilfmeerwunder ausgelöst worden. Ihren institutionellen Sitz im Leben hat die daraus resultierende Abrenuntiation im Bundeskult gefunden. In Jos 24 wird das Volk in einer für den AO einzigartigen Weise vor die Wahl gestellt, den Göttern von jenseits des Euphrat, den Göttern der Kanaanäer oder Jahwe zu dienen. Es entscheidet sich für Jahwe und erteilt damit den andern Göttern eine Absage (vv 21.24 und 81,10f). Dadurch verpflichtet Israel nicht nur *sich* Jahwe, sondern in gleicher Weise *Jahwe* sich. Die exklusive Bindung Israels an Jahwe verpflichtet Jahwe, sich für Israel einzusetzen. Er darf das in ihn gesetzte Vertrauen nicht enttäuschen. Darin zeigt sich – durchaus folgerichtig – die letzte Konsequenz des Lobens.

Im folgenden sollen kurz die Mächte skizziert werden, mit denen Israel Jahwe zu kontrastieren pflegte, die sich nicht mit Jahwe messen können und denen Israel doch immer wieder zu verfallen drohte. Dabei wird die Heftigkeit der Absage oft der Faszination proportional sein, die die verworfene Macht auf den Beter ausgeübt hat. Auffallend ist, daß die Mächte, die der Beter als Konkurrenten Jahwes zurückweist, in der Mehrzahl geschaffene Werte wie Waffen oder Reichtum und relativ selten fremde Götter sind.

In 115,4–7 (vgl. 135,15–18) wird die höhnische Frage, wo denn bei der Not Israels sein Gott bleibe, explizit mit einer Absage an die heidnischen Götter und implizit mit einem Bekenntnis zu Jahwe beantwortet. Was die Völker verehren, ist das Werk von Menschenhänden, Silber und Gold (115,4 135,15). Das wußten die «Völker» auch. *315* gibt den Blick in eine große Werkstatt frei, in der 15 Arbeiter emsig damit beschäftigt sind, zwei Statuen Thutmosis III., einen Sphinx

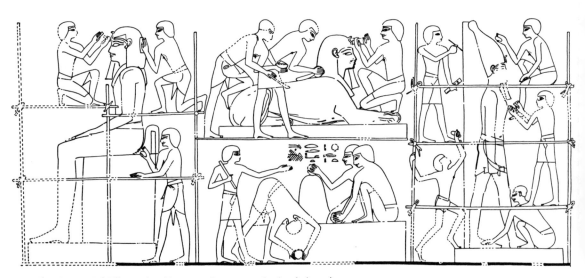

315. «Ihre Götzen sind Silber und Gold, ein Werk von Menschenhand» (115,4).

und einen Opfertisch für den Tempel von Karnak fertigzustellen. Der Arbeiter links oben ist gerade damit beschäftigt, über der Stirne des Königs die Kobra der Schlangengöttin Uadschet anzubringen. Wenn die «Völker» also genau wußten, wer ihre Götterbilder gemacht hatte, warum insistiert Israel so auf diesem Punkt? Ganz einfach, weil die Völker nach Ansicht Israels die Konsequenzen aus diesem Wissen nicht ziehen. Man verehrt die Gottheit in diesen Bildern. Wie subtil (oder weniger subtil) sich der einzelne Ägypter oder Babylonier das Verhältnis zwischen Gott und Bild denken mochte, der außenstehende Israelite sah, wie diese Bilder aus Holz und Stein, aus Silber und Gold das Zentrum eines aufwendigen Kultes waren (106,36; *229, 230*), und wie man sich bittend und opfernd vor sie stellte. Bei Kriegszügen und Eroberungen waren sie eine begehrte Beute, denn die Gottheit war anscheinend doch so wesenhaft mit ihrem Bild verbunden, daß man sich durch dessen Aneignung auch den Schutz und Segen der dargestellten Gottheit erwerben konnte (vgl. 1 Sm 5,1 f). *316* zeigt assyrische Soldaten beim Wegtragen erbeuteter Götterbilder. Die überlebensgroße Götterstatue links außen dürfte Ninurta, den Kriegsgott, darstellen. Der Pfeil, den er in den Händen hält, ist ebenso sein Symbol (Seidl, Kudurru-Reliefs 132f) wie der Adler, dessen riesiges Bild vier andere Krieger wegtragen. Die Frau, die bittend ihre Hand erhebt, wendet sich wohl an die assyrischen Krieger und nicht an die Götter, die im Begriffe sind, wie sie selber, in die Verbannung geführt zu werden. In den Texten, die Ereignisse dieser Art kommemorieren, heißt es nämlich, man hätte so und soviele *Götter* (und nicht Götter*bilder*) nach Assur oder Ninive gebracht. Dort mußten sie, von ihren Verehrern aus gesehen, im Exil leben (vgl. Meißner, BuA II 126–130; vgl. Jes 46,1 f).
Gelegentlich haben die Assyrer in ihrer Brutalität Götter hingerichtet, so etwa nach der Eroberung von Muzazir den Gott Chaldia *(317);* vielleicht hatten sie den Eindruck, der Gott hätte ihnen, resp. ihrem Gott zu lange Widerstand geleistet. Israel hat die weitreichende Identifizierung Jahwes mit irgendwelchen bekannten Erscheinungen (Gestirnen, Menschen) strikt abgelehnt (vgl. von Rad, Aspekte atl. Weltverständnisses). Die Lade, die in der Frühzeit Jahwe in sehr direkter Weise vergegenwärtigte, ist mit dem Bau des Tempels stark in den Hintergrund getreten und fehlt im nachexilischen Tempel ganz (Jer 3,16). Die Ablehnung von Gottesdarstellungen wurde verschärft, wo die Darstellung der Gottheit in einer nach Israels Auffassung besonders inadäquaten Art geschah. So etwa dort, wo man die Gottheit in Gestalt eines Stieres verehrte (106,20; *318;* vgl. *290, 433a*).

Die hohe Bedeutung, die von der kanaanäischen Religion der sexuellen Potenz und der Fruchtbarkeit zugemessen wurde, zeigt sich nicht nur in der Beliebtheit des Stiers, sondern auch in der Rolle, die das Sexuelle im Mythus und Ritus Kanaans ganz allgemein spielte. Das Vorbild der Dirnen, die an den Fenstern besonderer Gebäude im Tempelareal ihre Kunden anlockten, war die Liebesgöttin selber *(319)*. «Unzucht treiben» und «von Jahwe abfallen» sind im AT zu Synonymen geworden (73,27 106,39).

Der Bilderdienst, in dem die Gottheit leicht zugänglich und dem Menschen in hohem Maß verfügbar, ja ausgeliefert erschien, hat viele Israeliten mindestens bis zum Exil immer wieder fasziniert, und der sinnenhafte kanaanäische Kult war auch später noch eine Versuchung. Die endlich durchgedrungene Überzeugung, daß Götter, deren Gegenwart an leblose Statuen gebunden war, selber leblos und nichtig sein müssen, hat bei der Proklamation der Einzigkeit Jahwes durch Deuterojesaja eine große Rolle gespielt (vgl. z.B. 40,18–20 44, 9–20 46,6f). Die Polemik gegen den Bilderdienst hat wohl wesentlich dazu beigetragen, die Götter der Heiden, die man schon lange als Jahwe untergeordnet betrachtet hatte (vgl. oben S. 199; später wurden diese untergeordneten Götter zum Teil als Engel interpretiert), vollends zu depotenzieren und zu «Nichtsen» zu erklären (96,4f). Aber ihr Kult blieb auch nach dieser Bagatellisierung attraktiv, wie die späten Pss 16 (v 3f) und 31 (v 7) zeigen. Offenbar gab es Leute, die sich auch dann noch an diese Götter hielten, nachdem sie vom Gros der judäischen Kultgemeinde als Nichtse durchschaut

316. «Sie haben Füße und gehen nicht, kein Laut dringt aus ihrer Kehle» (115,7).

317. «Wie ihnen wird es denen ergehen, die sie machten, jedem, der auf sie vertraut» (115,8).

318. «Sie machten ein Kalb am Horeb, warfen sich vor dem Gußbild nieder.
Sie vertauschten ihre Herrlichkeit mit dem Bild eines Stiers, der Gras frißt» (106,19f).

319. «Siehe, die von dir fern sind, gehen zugrunde,
jeden, der von dir weghurt, läßt du verstummen» (73,27).

waren. Die Beter sehen sich genötigt, energisch von ihnen abzurücken. Wer das nicht tut und ihnen opfert, mehrt seine Wunden (16,3; vgl. 147,3).
Mit diesen Wunden müssen nicht seelische Qualen gemeint sein. Der Beter kann die Selbstverwundungen, die sich die Priester orgiastischer Kulte in der Trance beibrachten (vgl. 1 Kg 18,28 Sach 13,6; Apuleius, Der Goldene Esel, 8. Buch), vor Augen haben oder an noch schlimmere Dinge denken. 106,35 ff wirft Israel vor, sich mit den Heiden vermischt und deren Werke erlernt zu haben. Die Folge davon war: «Sie opferten ihre Söhne und ihre Töchter den Dämonen und vergossen (so) unschuldiges Blut» (106,37f). Der Psalmist spürt, daß Mächte und Gewalten, die solche Taten provozieren, kaum als «Nichtse» bagatellisiert werden können. Der Aberglaube, man könne durch das Vergießen unschuldigen Blutes Heil erlangen, zerstört die Gemeinschaft mit dem heiligen Gott und gewinnt dadurch übermenschlich-*dämonische* Dimension. Der karthagische Priester, der ein Kind zur Opferung herbeiträgt *(320;* vgl. *199),* hebt seine Hände ebenso ehrfürchtig zum Gruß wie irgendein anderer altorientalischer oder israelitischer Beter (vgl. *414, 415, 436*). Er hat seine fromme Tat, der Gottheit zu ewigem Angedenken, sogar auf einer Stele darstellen lassen. Das Dämonische liegt in der Verblendung, die solche Taten als Gottesdienst verlangt. 82 schildert, wie Jahwe den Tod jener Götter fordert, die für die Ungerechtigkeiten auf Erden verantwortlich sind. Wie der Babelkönig sollen sie von ihrem hohen Sitz ins Totenreich befördert werden (Jes 14,12ff; zur Kritik an den Göttern vgl. Preuß, Verspottung fremder Religionen).

320. «Sie opferten ihre Söhne
und ihre Töchter den Dämonen.
Sie vergossen unschuldiges Blut,
das Land ward durch Mord entweiht» (106,37f).

321. «Diese (rühmen) Wagen und jene Rosse, wir aber rühmen den Namen Jahwes, unseres Gottes» (20,8).

Die kanaanäischen oder assyrisch-babylonischen Götter sind nicht die einzigen Größen, auf die Israel in einer Weise vertrauen kann, die Jahwe kränken muß. Eine ähnliche Faszination wie diese kann auch das *Kriegspotential* ausüben. «Diese (rühmen) Wagen und jene Pferde, wir aber rühmen den Namen Jahwes, unseres Gottes» (20,8; vgl. 33,16–18 44,4.7f 147,10). An drei der vier Stellen wird das Kriegspferd genannt, das als Reittier oder an den Kriegswagen gespannt (vgl. *382, 384, 405*) *die* kostspielige Prestigewaffe des AO darstellte. Ein Kriegswagen war 20, ein Pferd 5 männliche

322. Auf eigentlichen Waffenkult spielt Hab 1,16 an:
(Der Frevler) «opfert seinem Netz und räuchert seinem Garn,
denn durch diese ist sein Anteil fett und seine Mahlzeit üppig geworden.»

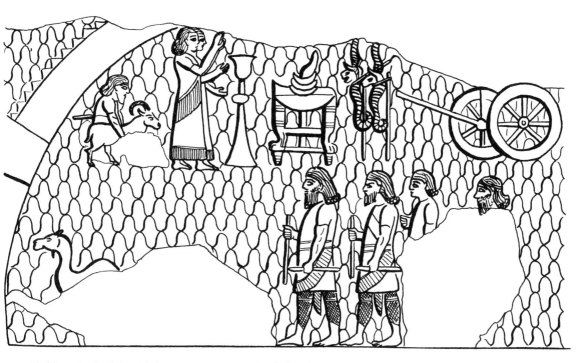

323. «Ob deinem Drohruf, Gott Jakobs, erstarrten Wagen und Roß» (76,7).

Sklaven wert (vgl. 1 Kg 10,29 mit Ex 21,32 Sach 11,12). Seit dem Aufkommen des beweglichen zweirädrigen Kriegswagens im 16. Jh. v. Chr. lassen sich die ägyptischen (vgl. *381*), die kanaanäischen *(321)* und später die assyrischen Könige (Taf. XX) gerne im Streitwagen abbilden (vgl. S. 259f). Während der kanaanäische König von Megiddo *(321)* in reichem Gewand, durch den Wagen über seine Umwelt erhoben, die geballte Kraft der Pferde dirigierend einherfährt, müssen die Besiegten nackt, wehr- und ehrlos, die Hände auf dem Rücken gebunden, vor den Pferden einhergehen. Als die Israeliten sich des Landes zu bemächtigen suchten, wußten die Kanaanäer seit Jahrhunderten mit Streitwagen umzugehen (Ri 1,19 Jos 17,16–18). Die Israeliten besaßen hingegen keine solchen und wußten, wenn sie welche erbeuteten, noch zur Zeit Davids nichts oder nicht viel damit anzufangen (Jos 11, 6.9 2 Sm 8,4). Aber das spielte keine Rolle. Nach dem Glauben des alten Israel hatte bei der Landnahme Jahwe für Israel den Kampf geführt (Jos 10,14.42 Ri 4,14 7,15 u. a.). Israel leistete nur Hilfsdienste (Ri 5,23). Nach 44,4 fiel ihr Anteil überhaupt nicht ins Gewicht: «Nicht *ihr* Arm hat ihnen den Sieg verschafft, sondern *deine* (Jahwes) Rechte und *dein* Arm.» Nach der Einführung eines stehenden Heeres durch David und einer Streitwagentruppe durch Salomon (1 Kg 9,19) hat sich die Situation grundlegend geändert. Der Krieg war eine Sache des überlegenen Potentials und kalten Kalküls geworden. Die Propheten – vor allem Jesaja – forderten aber auch nach diesem tiefgreifenden Wandel ein konsequentes und zuversichtliches Vertrauen in das Geschichtswalten Jahwes (Is 7,9 28,6 30,15). Das intensive Bemühen um Rosse und Wagen war für sie Ausdruck des Unglaubens (Jes 30,16 31,1–3).

Manche Kampfbilder aus Ägypten *(405)* oder Assyrien (Taf. XX) erwecken den Eindruck, der König verdanke seinen überwältigenden Sieg einzig seinem Streitwagen. Dieser trug nicht nur den König, sondern auch die Götterstandarten *(322f, 405a)* in den Kampf. Der Streitwagen war nicht nur Königsthron, sondern auch Tempel. Er verlieh König und Gott während des Kampfes ihre Würde und hatte an deren Würde teil. In Ägypten galt der Streitwagen des Königs «als ein göttliches Wesen; seine einzelnen Teile wurden als beseelt betrachtet und in Hymnen besungen» (Posener, Lexikon 198). Assyrische Bilder zeigen, wie vor dem Standartenwagen Opfer dargebracht werden *(322, 323)*.
Die numinose Macht des Schwertes oder des kunstvoll gearbeiteten Dolches besaß im assyrisch-nordsyrisch-hethitischen Raum ein solches Ansehen, daß man einen Gott in seiner Gestalt darstellen konnte *(323a)*. Wahrscheinlich symbolisiert der in die Erde gesteckte Dolch den Kriegs- und Unterweltsgott Nergal, dessen Logogramm U.GUR sumerisch «Schwert» bedeutet (vgl. Güterbock, A Votive Sword 198). Angesichts solcher Erfahrungen ist die Proklamation der Einsicht, daß die Väter das Land nicht durch das Schwert gewannen (44,3), nicht bedeutungslos.
Was Ägypten betrifft, so mag auf den ersten Blick verwundern, daß bei dem in diesem Lande so stark ausgeprägten Tierkult dem *Pferd* keine göttlichen Ehren zuteil geworden sind. Aber dazu war es zu spät (aus Innerasien stammend) in Ägypten eingeführt worden. Immerhin erscheint die (im Neuen Reich in Ägypten eingedrungene) asiatische Liebes- und Kriegsgöttin Astarte/Asiti, die die Epitheta «stark zu Roß» und «Herrin der Pferde und Wagen» (Bonnet 56) trug,

häufig zu Pferd *(324)*. In Nordsyrien schmückte man in biblischer Zeit die Stirnplatten des Zaumzeugs mit dem Bild der nackten Göttin *(324a)*.

Die mythischen Bezüge überhöhen in diesem Fall aber nur kriegstechnische Gegebenheiten und haben hauptsächlich ornamentalen Wert. Die Bewunderung, die man dem Pferd entgegenbrachte, galt vor allem seinen kriegstechnischen Qualitäten. Es gestattete überraschende Angriffe und war vor

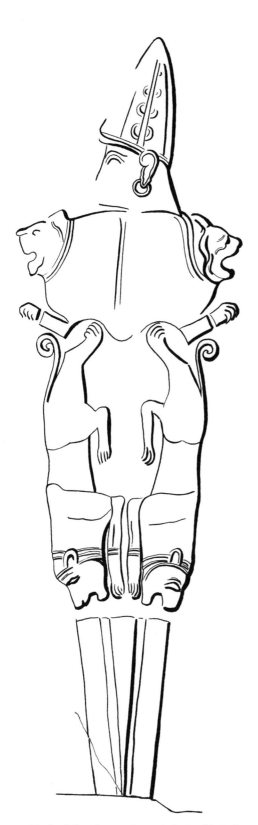

323a. «Nicht durch ihr Schwert nahmen sie das Land in Besitz» (44,4a).

324. Die asiatische Liebesgöttin Astarte reitet als Kriegsgöttin das Pferd.

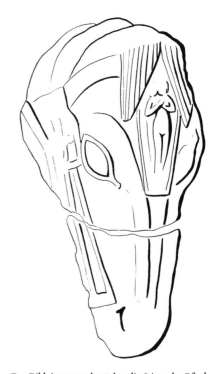

324a. Das Bild Astartes schmückte die Stirne der Pferde.

allem in schwierigem Gelände viel beweglicher und schneller als der Streitwagen *(325)*. Der assyrische Reiter ruft, die Hand als Schalltrichter benützend, durch das bergige, waldbestandene Gelände seinen Kameraden etwas zu. Das Pferd ist mit einer Decke mit Troddeln und einem Kopfputz geschmückt. Sie zeugen von der Freude und Verehrung, die den Reiter im Hinblick auf sein edles Tier erfüllen. Diese kommen auch auf 326 zum Ausdruck. Der Reiter ist mit seinem Tier wie verwachsen. Dieses verleiht ihm übermenschliche Stärke und Schnelligkeit. Große Teile Israels waren von diesen kraftvollen Reitern ganz betört (Ez 23,12). Ja schon «Mannsbilder, die auf die Wand gemalt waren» (Ez 24,14), versetzten sie in wilde Begeisterung. Hingegen erteilt der Hymnus in seiner jubelnden Hinwendung zu Jahwe dem ganzen Protzentum *(327)* und der nackten Gewalt des Kriegspotentials eine entscheidende Absage (20,8 33,16–18 44,7f 147,10). Vor dem

325. «Er, der die Berge Gras hervorsprossen läßt, der dem Vieh sein Futter gibt, den jungen Raben, wonach sie schreien, er hat kein Gefallen an der Heldenkraft des Pferdes...» (147,8c–10a).

326. «Nichts hilft dem König die große Heeresmacht. Der Held rettet sich nicht durch seine mächtige Stärke. Nichts nützt das Roß zum Sieg. Seiner Kraftfülle zum Trotz läßt es nicht entrinnen» (33, 16f).

Erscheinen Jahwes entschwindet den Helden die Kraft. Roß und Wagen, die Jahwe dereinst ins Meer geworfen hat (*310;* Ex 15,1), sind dann einmal mehr betäubt und wertlos (76,7). Er zerbricht Bogen und Pfeile (46, 10c 76, 4a; vgl. 37, 15) und macht ihre Wertlosigkeit offenbar, wie das bei der Belagerung Jerusalems durch Sanherib geschehen ist (2 Kg 19 Jes 36 f). Auf *328* (vgl. *245*) zerschneidet der elamitische Offizier Ituni vor seiner Hinrichtung seinen Bogen und bekennt damit, daß sein Vertrauen auf ihn nicht gerechtfertigt war. Die Elamiter waren sonst sehr stolz auf diese Waffe und galten weiterum als ausgezeichnete Bogenschützen (Jes 22,6 Jer 49,35). Was der elamitische Offizier hier an seinem Bogen und damit an seinem Vertrauen auf ihn tut, das wird Jahwe bei seinem Erscheinen allen Waffen der Welt und jedem Vertrauen auf sie antun. Er wird sie vernichten und dem Vertrauen auf brutale Gewalt und Machtpolitik ein Ende bereiten (46, 10 76, 4–6; zum Zerbrechen des Bogens vgl. auch *132a* und *245*).

Häufiger noch als durch die Abrenuntiation der fremden Götter und der des Kriegspotentials wird die Hinwendung zu Jahwe profiliert durch seine Absagen an menschliche Leistungen aller Art (vgl. 52,9 127,1 f) und ein übertriebenes Vertrauen auf den *Menschen* ganz allgemein (56,5.12 62,10 116,10). In diesem Zusammenhang kontrastieren die Psalmisten wirkungsvoll die Ewigkeit Gottes mit der menschlichen Vergänglichkeit. Dabei verwenden sie gerne einen Vergleich, der den Pss, wie manches andere, ein gewisses Lokalkolorit verleiht. Der Mensch ist vor Gott wie das Gras, das vom glühenden Ostwind im Frühling von einem Tag auf den andern zum Welken gebracht werden kann (90,5 f 102,12f 103,15ff 129, 6; vgl. Dalman, AuS I 2 314–329.) So unsäglich *vergänglich* und *verletzlich* ist der Mensch, während Gott für immer bleibt. Das Bild ist typisch für Palästina-Syrien, wo der fast ausschließlich vom Regen bewässerte Boden im Frühling innert kürzester Zeit austrocknet. In Ägypten und Mesopotamien mit ihren Flüssen ist das anders.

Ebenso vergänglich wie die gewöhnlichen Sterblichen sind die Mächtigen und Fürsten, die kühne Pläne verfolgen. Am Tag, da sie der Lebensgeist verläßt, ist es auch mit diesen aus (146,3 f). «Besser ist es, bei Jahwe sich zu bergen, als auf Mächtige zu vertrauen» (118,9). «Die Menschen allesamt trügen. Leichter als ein Hauch schnellen sie auf der Waage empor» (62, 10). Beim ägyptischen Totengericht wird das Herz des Menschen gegen die Maat (Weltordnung, Wahrheit) abgewogen (vgl. *83*). Das Herz des Toten vermag im Normalfall das Gleichgewicht zu halten. Die Maat stellt keine unerfüllbaren Forderungen. Wo der Mensch dennoch versagen sollte, hilft die Magie aus. Das Kp 30 des Totenbuches wird rezitiert, «damit das Herz des Verstorbenen nicht zurückgewiesen werde». Damit wird der Ernst des Ethos weiter beeinträchtigt. Israel kannte solche Mittel nicht. Und wenn der Psalmist alle Menschen als Trug empfindet (62,10 116,10), so geschieht dies nicht im Hinblick auf die «Weltordnung», sondern auch auf den heiligen, unvergänglichen Gott. Auf ihn hat der Beter auch noch vertraut, als ihm alle Menschen als Trug erschienen (116,10). Solange dieses Vertrauen anhält, was können Menschen, was kann «Fleisch» ihm antun (56,5.12)?

Die entscheidende Hinwendung zu Jahwe vermindert nicht den Lebensmut, sondern gibt ihm einen unerschütterlichen

327. «... er hat keine Freude an den Waden der Helden» (147,10b).

Halt. Sie gestattet ihm, allem Innerweltlichen sachgerecht zu begegnen und die innerweltlichen Möglichkeiten nicht zu überschätzen, ohne sie zu verachten. Ausdruck der innerweltlichen Möglichkeiten ist der «Reichtum». Das AT sieht in ihm eine Gabe Gottes (Spr 10,22 11,16 22,4). Aber wer auf ihn «vertraut» und sich überhebt (52,9; vgl. 34,11 62,11) wird elend enden, denn er hat die Gewichte falsch verteilt. «Gott ist einzig» (86,10), und es gibt eine heilvolle Ordnung und Strukturierung der Dinge, die einzig er zu gewährleisten vermag (71,16; vgl. 83,19).

328. «Er beendet die Kriege bis an die Grenzen der Erde.
Den Bogen zerbricht er, zerschlägt die Lanze,
die Wagen verbrennt er im Feuer» (46,10; Übersetzung von Deißler; vgl. 245).

V. DER KÖNIG

Die Zurückweisung aller Mächte außer Jahwe erfährt in den Königspss eine eigenartige Modifizierung.
Das Richterbuch (vgl. bes. 8,27f 9,7-15 17,6 18,1 19,1 21,25) und die beiden Samuelbücher lassen in ihren verschiedenen Schichten noch deutlich erkennen, welch umstürzende Neuerung die Einführung des Königtums in Israel bedeutete. Noch spät vermochte man darin nichts anderes zu erkennen als eine völlig unbegründete Nachäffung fremder Sitten (1 Sm 8,5 Dt 17,14).
Tatsächlich mußte das Königtum, da es in Israel ohne Tradition war, seine Formen und Institutionen weitgehend von außen beziehen. So scheint z. B. der Beamtenapparat, sowohl was die Titel als auch was die Funktionen betrifft, weitgehend dem seit alters berühmten ägyptischen nachgebildet worden zu sein *(328a)*. Dem ägyptischen *sš* «Schreiber», «Sekretär» entspricht der *swpr*, dem ägyptischen *whmw* «Sprecher» der *mzkjr* usw. (vgl. Begrich, sōfēr und mazkīr; de Vaux, Titres et Fonctionnaires; Noth, Könige 63-66). Vom Einfluß ägyptischer Institutionen auf das Königsritual und die Königstitulatur wird unten noch die Rede sein (vgl. auch *146*). Vom hohen

329. Der Beamten- und Schreiberstand war in Ägypten seit dem Alten Reich hoch entwickelt und sehr angesehen. So kann sich selbst ein Ramsesnacht, Hoherpriester des Amon von Theben und Inhaber eines der einflußreichsten Ämter der Spätzeit, als Schreiber darstellen lassen. Ähnlich wie bei Chefren der Horusfalke den König umfängt (vgl. *260*), so bildet hier der Pavian, das Tier des Schreibergottes Thot (vgl. *478a*) eine Einheit mit Ramsesnacht. Der Schreiber wird so ganz von dem Gott inspiriert dargestellt, durch dessen machtgeladenes Wissen der Himmel getragen wird (vgl *29*). In andern Darstellungen erscheint Thot (mit dem Ibiskopf) selber als Schreiber *(349-350, 352)*.

328a. Hinter drei Wedelträgern des Königs marschieren bei der großen Parade eiligen Schrittes die höchsten Würdenträger des ägyptischen Reiches: zuerst die zwei ältesten Prinzen mit der Prinzenlocke, dann nebeneinander der Wesir von Ober- und der von Unterägypten (vgl. *392*), dann der königliche «Schreiber» mit der Buchrolle, gefolgt vom «Sprecher», der als Zeichen seiner Würde einen langen Stab trägt. Zuletzt folgen zwei nicht näher zu bestimmende Beamte. Während Israel das Amt des Schreibers und das des Sprechers von Ägypten übernahm, hat es das Wesirat, mindestens in der frühen Königszeit, anscheinend nicht gekannt.

330. «Mein Sinn ist erregt von einem schönen Wort...
meine Zunge bewegt sich wie der Griffel eines geschickten Schreibers» (45,2a.c).

Ansehen, das der Schreiber- und Beamtenstand in Ägypten genoß, legt *329* beredtes Zeugnis ab.

Bei aller Betonung der Abhängigkeit des judäisch-israelitischen Königtums von fremden Vorbildern dürfen aber seine eigenständigen Züge nicht übersehen werden (vgl. den berühmt gewordenen Aufsatz von Noth, Gott, König, Volk und Bernhardt, Königsideologie). Die erzählende Literatur weiß, daß das israelitische Königtum nicht wie das sumerisch-akkadische (oder das ägyptische) in grauer Vorzeit vom Himmel herabgekommen, sondern unter ganz bestimmten historischen Umständen entstanden ist. Ohne den Anteil Jahwes zu bestreiten, berichtet die Überlieferung davon, daß das Volk den König zum König gemacht hat (1 Sm 11,15 2 Sm 2,4a 5,3 1 Kg 12,1.20). Ein großer Teil der atl. Überlieferung (Erzählungen, Propheten) ist dem Königtum gegenüber sehr kritisch, wenn nicht gar feindlich eingestellt. Die Schwächen und das Versagen der Könige werden in einer für den AO ganz ungewohnten Weise schonungslos dargestellt (Bernhardt, Königsideologie 114–177). Weil Israel die Erinnerung an die vorstaatliche Zeit (Väter, Auszug, Sinai, Landnahme) stets bewahrte, hatte es im Gegensatz zu Mesopotamien und Ägypten nie das Bewußtsein, daß das Königtum etwas unabdingbar Notwendiges und Unantastbares sei.

Von dieser spezifisch israelitischen Sicht des Königtums heben sich die Königspss in ganz erstaunlicher Weise ab. Der König erscheint in ihnen mit einer unerhörten Machtfülle ausgestattet. Er repräsentiert Jahwe. Das Verhältnis zu Jahwe entscheidet sich im Verhältnis zum König. «Jahwe dienen» heißt, sich dem Jerusalemer König unterwerfen (vgl. 2,11f). Wenn in den Pss der König auch nicht rundweg mit Gott identifiziert und Herr über die Kräfte der Natur und Gegenstand kultischer Verehrung wird (Bernhardt, Königsideologie 176), so trägt er doch zahlreiche Züge der vergöttlichten Könige Ägyptens oder Akkads. Das spiegelt sich auch im Verhältnis zwischen der ao Ikonographie und den Königspss.

Der Lebenskreis, in dem die einzigartige Würde des Königs zum Ausdruck kam und gepflegt wurde, war der Hof. Die Zunge des vom König begeisterten Sängers bewegt sich wie das Schreibzeug eines flinken Schreibers (45,2). Solche Schreiber waren nicht nur in Ägypten, sondern auch in Assyrien bei allen wichtigen Gelegenheiten zugegen *(330)*. Sie schrieben mit dem Pinsel auf Leder oder Papyrus (links) oder mit Grif-

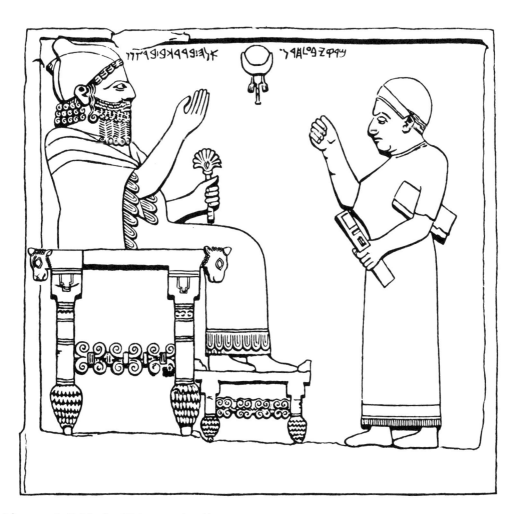

331. «... ich trage mein Gedicht dem König vor...» (45,2b).

feln auf Lehm oder wachsüberzogene Holztafeln (rechts). Auf höfische Kreise weist in 45 nicht nur der Vergleich mit dem Schreiber hin, sondern auch das aufgeklärte Bewußtsein der eigenen Kunst («mein Werk») und die Absicht, dem König zu gefallen (v 2). Der königliche Beamte lebte ganz vom Wohlwollen des Königs. Abgesehen von der persönlichen Haltung des Königs ihm gegenüber war der Glanz des Königs sein Glanz (vgl. 1 Kg 10,8; *331*).

1. Geburt und Kindheit des Königs

Das Bedürfnis nach einer wirkungsvollen und kompetenten Führung angesichts mächtiger Feinde (Philister) hat im AT die Entstehung des Königtums ganz wesentlich gefördert. Kriegerische Fähigkeiten und Erfolge haben Saul (1 Sm 11) und David (2 Sm 5,2) auf den Thron gebracht (vgl. schon Ri 11,8). Auch in Mesopotamien und Ägypten dürfte das Königtum ursprünglich aufgrund bestimmter Bedürfnisse und Funktionen seine Machtfülle erlangt haben. Noch im 6. Jh. v. Chr. weiß Ezechiel, daß die Macht des Pharao in der Garantie liegt, die er für die Anlage und den Unterhalt der Kanäle bietet, ohne die Ägypten nicht bestehen kann (Ez 29,3). Die konkrete politische Basis königlicher Macht war aber von allem Anfang an mit einer mythisch-religiösen verknüpft. Man konnte die effektive Machtfülle nicht ohne göttliche Einwirkung verstehen. Diese bezieht sich zuerst auf das Amt, das der König innehat (Goedicke, Die Stellung des Königs 87–91), wird aber zunehmend stärker auf seine Person ausgedehnt.

Die konsequenteste Erklärung, die Ägypten auf die Frage zu geben hatte, warum der und der und nicht ein anderer die Machtfülle in seiner Hand vereine, war der Mythos von der göttlichen *Zeugung* des Königs. In einem 15 Bilder umfassenden Zyklus, der sich fast vollständig im Tempel der Hatschepsut (1501–1480 v. Chr.) und ähnlich im Luxortempel Amenophis' III. (1413–1377 v. Chr.) findet (Fragmente des Zyklus auch in Medinet Habu und in Karnak; vgl. Gaballa, New Evidence), wird die ganze Kindheitsgeschichte Hatschepsuts, resp. Amenophis', dargestellt (vgl. Brunner, Geburt).

Im Hatschepsuttempel beginnt der Bilderzyklus mit der Darstellung der Götterversammlung *(332)*, der Amon-Re seine Liebe für die künftige Königinmutter mitteilt (Szene 1). An der Darstellung fällt die überragende Größe Amons auf. Er ist mehr als doppelt so groß wie die 12 Gottheiten, die vor ihm erschienen sind, obgleich es sich dabei um die bedeutendsten Ägyptens handelt. In der obern Reihe sind von rechts nach links Osiris, Isis, Horus, Nephtys, Seth und Hathor, in der untern (ebenfalls von rechts nach links) Month, Atum, Schu, Tefnut, Geb und Nut zu sehen. In Luxor zeigt das erste Bild die Liebesgöttin Hathor, die der Königin die Absicht Amons mitteilt, sich mit ihr zu vereinigen (Szene 1). Amon selber teilt auf einem weiteren Bild (Szene 2) sein Vorhaben dem König mit. Szene 3 zeigt Amon auf dem Weg zur Königin. Einen ersten Höhepunkt stellt das große Bild (Szene 4; *333*) dar, das auf äußerst diskrete und delikate Weise die Zeugung des künftigen Königs schildert. Der Gott und die Königin sitzen auf dem Zeichen «Himmel» (vgl. 11 17 21). Die linke Hand des Gottes ruht in der Rechten der Königin, ihre Linke stützt zärtlich seine Rechte, die der Königin das Zeichen «Leben» an die Nase hält. Die Füße Amons werden von der Göttin Selket gestützt, die als Symbol den Skorpion auf dem Kopf trägt. Dieser ist auch in Mesopotamien das Symbol der Heiligen Hochzeit (vgl. *388*) und der Liebe, die in den Leib der Königin eingeht (vgl. Brunner, Geburt 45). Die Füße der Königin werden von Neith getragen. Das Symbol der gekreuzten Pfeile und des Schildes charakterisieren sie als mächtige Beschützerin und Göttin, «die die Wege öffnet» (Bonnet 513). Der Text besagt, daß Amon-Re in Gestalt des regierenden Königs zur Königin eingeht (Brunner, Geburt 45). Diese Aussage ist für das Verhältnis von Erfahrung und Mythos von einiger Bedeutung.

In Ps 2,7 wird vom israelitischen König gesagt, daß Jahwe ihn gezeugt habe (vgl. 110,3 LXX 89,27 und 2 Sm 7,14). Die Präzisierung, er hätte ihn *heute* gezeugt, d. h. am Tag, da der König dies verkündet, verbietet allerdings, die Aussage wörtlich zu nehmen. Es ist nicht an eine physische Zeugung, sondern an Annahme an Sohnes Statt gedacht (vgl. 27,10). Der König wird von Jahwe, seinem Oberherrn, zum Vasall angenommen (zur Bezeichnung des Oberherrn als «Vater» und des Vasallen als «Sohn» vgl. Lipinski, Poème royal 57–66). Als Folge dieses Verhältnisses unterwirft der Oberherr alle Völker der Macht seines neuen Vasallenkönigs (2,8–11). Königliche Herrschaft ist auch in der Kindheitsgeschichte des Pharao die Folge der göttlichen Vaterschaft (Brunner, Geburt 46).

Die nächsten Szenen des Zyklus zeigen den widderköpfigen Schöpfergott Chnum, wie er von Amon den Auftrag erhält, den *Leib* des künftigen Königs zu *formen* (Szene 5) und wie er diesem Befehl nachkommt (Szene 6), indem er auf der Töpferscheibe den Leib des werdenden Königs «baut», der nach Kinderart den Finger in den Mund steckt (*334*; vgl. 31). Zugleich mit dem Leib bildet Chnum den Ka, d. h. die Mächtigkeit, die «Seele» des Kindes (Figur links). Links von der Töpferszene thront die Kuh- und Muttergöttin Hathor, die Sonnenscheibe zwischen den Kuhhörnern. Sie hält dem Embryo das Zeichen für Leben hin. In der Regel wird dieses dem, der belebt werden soll, an die Nase gehalten. In der vorliegenden Szene war dies aus kompositorischen Gründen nicht möglich. In Ägypten ist für jede Phase der Entstehung ein anderer Gott zuständig, für die Zeugung Amon, für die Formung und Be-

Taf. XVIII. Das obere Register zeigt Eannatum von Lagasch, der mit dem Sichelschwert in der Hand seine Truppe anführt. Er ist kein Gott, sondern ein Held, der als erster den Kampf aufnimmt. Die Truppe marschiert in Sechserkolonne und ist mit Schild und Speer bewaffnet. Ihre Straße bilden die Leichen getöteter Feinde.
Im untern Register ist Eannatum dadurch, daß er als einziger auf dem Kriegswagen fährt, stärker von seiner Truppe abgehoben. Die vordere Reihe der Soldaten ist eigenartigerweise erheblich kleiner dargestellt als die hintere. Diese ist ungefähr im gleichen Maßstab gehalten wie Eannatum selbst.

Taf. XIX. «Ich schlage allen Schuldigen die Hörner ab, hoch ragen die Hörner der Schuldlosen» (75, 11).

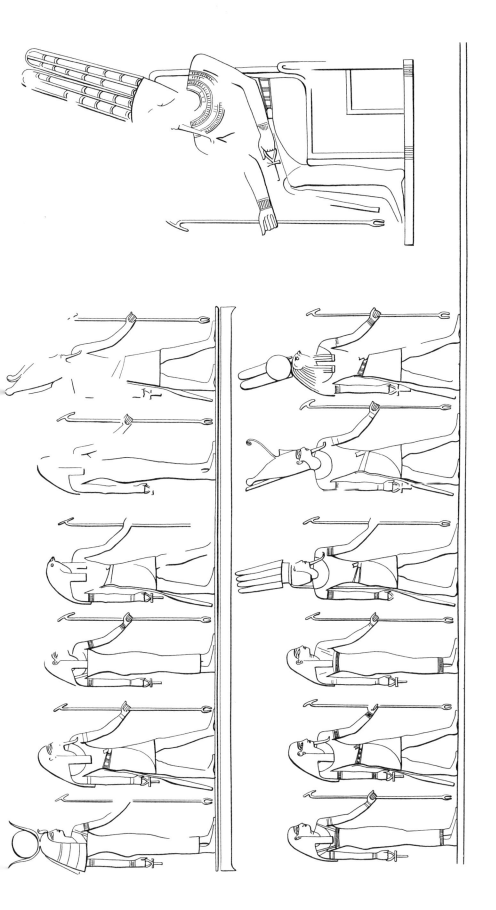

332. Im AT ist das Kennzeichen eines echten Propheten, daß er Zugang zum Kreis hat, in dem Gott sich mit seiner himmlischen Umgebung berät. Jeremia fragt im Hinblick auf seine Gegner: «Wer von ihnen steht im Rat (sud) Jahwes, so daß er (ihn) sieht und sein Wort hört?» (Jer 23,18).

Im Ps 25,14 wird das Vorrecht der Propheten demokratisiert:
«Der vertraute Kreis (sud) Jahwes ist für (alle) die, die ihn fürchten.»

333. «Du bist mein Sohn, *ich* habe dich heute gezeugt» (2,7).

334. «Deine Hände haben mich gemacht und fest gefügt» (119,73a).

lebung des Leibes Chnum und Hathor, für die Geburt besondere Geburtsgottheiten. Im AT werden alle Aussagen auf Jahwe konzentriert. Er «zeugt» (2,7), er bildet im Mutterleib (139,13.16) und er zieht (bei der Geburt) aus dem Mutterschoß hervor (22,10; 71,6; vgl. 275-277). Diese Kontinuität ermöglichte ein Vertrauensverhältnis ganz anderer Art, als es bei der Diskontinuität der göttlichen Aktoren in Ägypten möglich war.

Anschließend an die Töpferszene kündet Thot, der Götterbote, der Königin eine Rangerhöhung an (Szene 7; 335). Durch die Bildung des Embryos ist sie faktisch Königsmutter geworden. Wie jede Frau im AO gewinnt auch die Königin ihre volle Bedeutung erst durch ihre Mutterschaft (vgl. 113, 9). In der nächsten Szene des Zyklus (Szene 8) wird die Königin von Chnum und Hathor zum Geburtshaus geleitet. Die Geburt (Szene 9) wird durch ihren Personenreichtum als

335. Der Götterbote Thot verkündet der Königin, daß Amun mit dem Stand der Dinge zufrieden ist und ihr eine Rangerhöhung hat zukommen lassen.

336. Die Szene der Geburt des künftigen Königs erscheint schon durch ihren Personenreichtum als wichtigste des ganzen Zyklus.

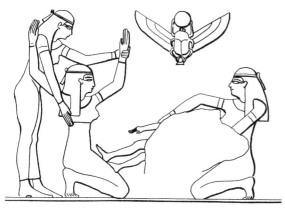

337. «Auf dich bin ich vom Mutterleib an gestellt, *du* hast mich aus dem Schoß meiner Mutter gezogen» (71,6; vgl. 22,10).

338. Hathor, die Göttin der Frauen, präsentiert das Neugeborene seinem göttlichen Vater Amon.

eigentlicher Höhepunkt der Szenenfolge charakterisiert *(336)*. Es ist wohl deren delikatem Charakter zuzuschreiben, daß der eigentliche Geburtsvorgang nicht gezeigt wird. Im dargestellten Augenblick hält die – den Umständen wenig angemessen – thronende Königin das Neugeborene bereits in ihren Armen. Eine Wärterin ist kniend bereit, es in Empfang zu nehmen (oder hat es ihr eben übergeben?). Unmittelbar hinter der Königin kniet eine Göttin, die das Horizontgebirge zu verkörpern scheint, aus dem die neugeborene Sonne (vgl. *337*) eben hervorgegangen ist. Ihr Name ist mit dem zweigipfligen Horizontberg geschrieben (vgl. *10–13, 17–18*). Hinter ihr stehen Nephtys und Isis, die oft mit dem Sonnenaufgang (und -untergang) verbunden sind (vgl. *30, 63*). Unter dem Thron ist zweifach der Gott Heh (vgl. *27a*) dargestellt, der «Dauer» und «Leben» zum Neugeborenen emporhebt. Den Rest des mittleren Registers nehmen verschiedene Schutzgenien mit dem Lebenszeichen ein. In der untersten Reihe knien die «Seelen» der königlichen Ahnen und jubeln dem Neugeborenen zu (vgl. *45, 17*). Unter dem Thron steht von zwei Uaszeptern (vgl. *19*) flankiert, das s3-Zeichen, das «Schutz» bedeutet. Rechts außen sind die beiden glückbringenden Gottheiten Bes und Thoeris zu sehen. Das Gestell, dem die verschiedenen Figuren einbeschrieben sind, dürfte ursprünglich ein mit Löwenköpfen geschmücktes, gleichzeitig in Seitenansicht und Aufsicht dargestelltes Bett gewesen sein. Es scheint schon früh mißverstanden und als künstliches Gestell interpretiert worden zu sein, auf das man unter anderm auch einen Thron stellen konnte (Brunner, Geburt 38f; vgl. *333*). Den Vorgang auf dem Gestell präsidiert die rechts außen sitzende Meschenet, die Göttin der Geburt. Auf ihrem Kopf trägt sie als Symbol einen stilisierten Kuh-Uterus (vgl. *277a*).

Etwas weniger diskret als in den beiden Zyklen vom Beginn des Neuen Reiches ist die Darstellung der Geburt des Gottkönigs in Erment *(337)*. Die Gebärende ist hier nicht thronend, sondern in der realistischeren Haltung des Kniens gezeigt (vgl. *31*). Man sieht das Neugeborene beim Verlassen des Mutterleibes. Der Skarabäus (ḫpr = «werden», «entstehen») mit der Sonne deutet an, daß eben eine neue «Sonne» ins Dasein getreten ist.

Die beiden folgenden Szenen (10 und 11) zeigen, wie Amon das Neugeborene als seinen Sohn *anerkennt (338* und *339)*. Beide Male ist es die Muttergöttin Hathor, die das Kind präsentiert. Amon begrüßt seinen Sohn u.a. mit den Worten: «Willkommen in Frieden, du Sohn meines Leibes... Ich gebe dir, Millionen von Jahren zu verbringen wie Re» (Brunner, Geburt 119). Die Adoption, wie sie 2,7 vor Augen hat, mag an diese oder die ähnliche Szene (14) der Einsetzung zum Kronprinzen *(340)* anknüpfen. Im Gegensatz zu *338* und *339* ist es bei dieser letzteren nicht die Muttergöttin Hathor, sondern der Himmels- und Königsgott, der den Kronprinzen vor Amon bringt.

Die Stillung durch göttliche Ammen (Szene 12) und die Reinigung und Darstellung des Kindes vor den Palastgöttern (Szene 13) hat in den Pss ebensowenig einen Niederschlag gefunden wie die Beschneidung des Prinzen (Szene 15). Wie in 2,7ff 89,26ff und 110 ist auch in Ägypten mit der göttlichen Sohnschaft des Königs aufs engste seine *Herrschaft*

339. «Ich werde ihm Vater und er wird mir Sohn sein» (2 Sm 7,14).

verbunden. Schon bei der Zeugung sagt Amon im Hatschepsutzyklus von der künftigen Königin: «Sie ist eine, die die beiden Länder (Ober- und Unterägypten) beherrschen wird, indem sie alle Lebenden leitet... bis zu jedem Ort, über dem ich (als Sonnengott) leuchte beim Umkreisen» (Brunner, Geburt 43). Und Chnum verheißt beim Töpfern: «Ich gebe dir... alle Flachländer; ich gebe dir alle Bergländer und alles Volk, das diese bewohnt» (Brunner, ebd. 72). So kann es nicht erstaunen, daß dem künftigen König die traditionellen Feinde Ägyptens, die Nubier und Asiaten (mit den Vollbärten) schon als Schemel unter die Füße gelegt sind, während dieser noch als Kind auf dem Schoß seiner Amme sitzt (341). Die Stricke, mit denen die Feinde um den Hals gefesselt sind, erinnern an 2,3, ihre Position hingegen an 110,1. Noch deutlicher als auf

340. «Er darf mir rufen: Mein Vater bist du...
Ja, ich setze ihn ein zum Erstgeborenen, zum Höchsten unter den Königen der Erde» (89,27a.28).

341 erscheinen die «Feinde als Schemel» auf 342. Wie auf 341 sind auch hier die *neun* traditionellen Feindvölker dargestellt (vgl. 83,7–9 und 342a)

An Stelle der Sohnschaft steht in 110 das Sitzen zur *Rechten Gottes*. Der Platz zur Rechten ist ein Ehrenplatz (45,10) «Der König bekommt durch die Ehrenstellung in der Machtsphäre Gottes Anteil an der Streit- und Siegeskraft Jahwes» (Kraus, Psalmen 757). Dieses Sitzen gehört aber nicht in den Bereich der «Kindheitsgeschichte», sondern der Inthronisation (vgl. 352–355). Einmal mehr ist damit eine Vorstellung, die in Ägypten der «Kindheitsgeschichte» des Pharaos zugehört, in den Pss dem Bereich der Inthronisation und Adoption zugewiesen.

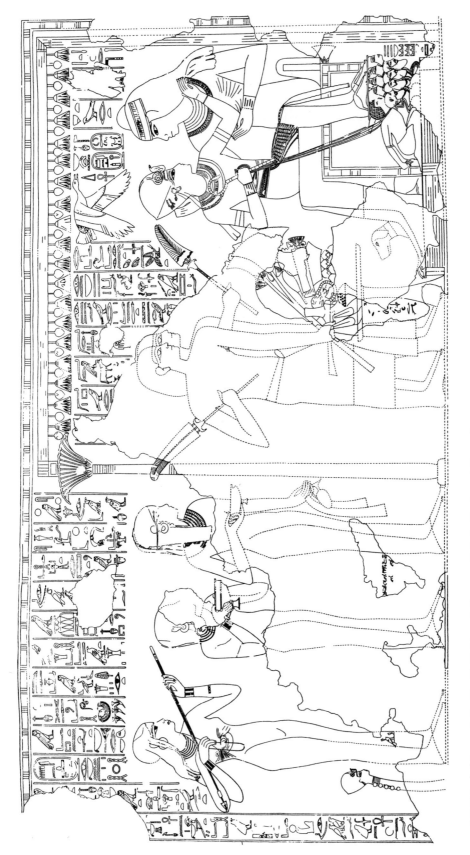

341. «Mit Krieg bedrängten sie ihn (David), bis Jahwe sie ihm unter die Fußsohlen legte» (1 Kg 5,17).

342. «Setze dich zu meiner Rechten, bis ich deine Feinde zum Schemel deiner Füße mache» (110,1).

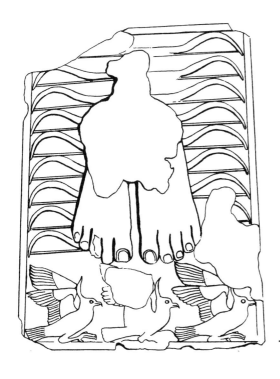

342a. Die neun Feinde unter den Füßen des Königs *(341, 342)* dürfen nicht zu konkret verstanden werden. Dies zeigt drastisch die häufigere Variante des Themas. Sie legt nicht neun Männer, sondern neun Pfeilbogen unter die Sohlen des Königs. An Stelle der *Feinde* wird ihre *kämpferische Macht* (vgl. *132a, 245, 328*) dargestellt. Ähnlich oszillieren die Klagelieder zwischen der *Bosheit* der Sünder (7,10) und den *Sündern* (104,35).

Die neun Bogen symbolisieren bis in die 18.Dynastie alle dem König unterworfenen *Völker* unter Einschluß der Ober- und Unterägypter (Vercoutter, Haou-Nebout 109, 120). Erst in der 19.Dynastie werden sie ein Symbol für die Ägypten umgebenden und als feindlich betrachteten *Länder*.

Die drei Kibitze, deren ägyptischer Name *(rechjt)* auch «Volk, Untertane» bedeutet, symbolisieren ungefähr das gleiche wie die drei mal drei Bogen. Ein gewisser Unterschied liegt in der Zahl. Mit drei Exemplaren einer gegebenen Größe bezeichnet man in Ägypten den Plural (vgl. schon *395*), mit drei mal drei eine Gesamtheit (vgl. *429*). In 83,7–9 klagt Israel, daß es von acht feindlichen Nachbarn und dem mächtigen Assur bedrängt werde. Auch Israel hat so seine Neun-Bogen-Völker («Gebal und Ammon» sind mit der syrischen Version als *gebūl ʿammōn*, «das Gebiet von Ammon» zu lesen).

Die verschränkten Flügel der Kibitze hindern diese am Wegfliegen, ja sogar am Weggehen, da die verschränkten Flügel die Wahrung des Gleichgewichts verunmöglichen (Gunn, Statue 186). Hilflos liegen sie zu Füßen des Herrschers.

2. Die Inthronisation

Nach der neueren Exegese dürfte der ursprüngliche Sitz im Leben der Pss 2 72 101 und 110 und vielleicht auch der Pss 20 und 21 die Inthronisation des davidischen Königs gewesen sein.

In seinem Aufsatz über das judäische Königsritual hat G. von Rad nachgewiesen, daß dieses in manchen Punkten dem ägyptischen recht ähnlich gewesen sein dürfte. Die Dokumente sind allerdings so fragmentarisch, daß sich weder für Israel (Kraus, Psalmen 755f 762 u.o.) noch für Ägypten (Bonnet 396) der Gesamtablauf der Feier einigermaßen sicher rekonstruieren ließe. Es muß deshalb, bevor im folgenden die verschiedenen Szenen als solche eines einheitlichen Krönungsvorganges geschildert werden, ausdrücklich auf den hypothetischen Charakter dieser Konstruktion hingewiesen werden. Die feierliche Reinigung des Königs und das Aufsetzen der Kronen scheinen, aus dem Kontext zu schließen, häufig nur die Einleitung zum kultischen Handeln des Monarchen darzustellen (vgl. Barguet, La structure du temple). Bevor er seinen Sohnesdienst verrichtet, wird er feierlich als Sohn bestätigt. Dabei ist natürlich denkbar, daß dies durch die Wiederholung eines eigentlichen Inthronisationsvorganges geschieht (vgl. z. B. Shorter, Reliefs). Bei andern Zeremonien, wie etwa dem Schreiben des Namens auf den Ischedbaum oder dem Abschießen der Pfeile ist unsicher, ob sie je zum

344. Syrischer Vasall (vgl. *408*) bringt dem Pharao ein elfenbeinernes, mit einem Goldband verziertes Ölhorn als Tribut.

343. «Ich fand meinen Knecht David; mit meinem heiligen Öl salbte ich ihn» (89,21).

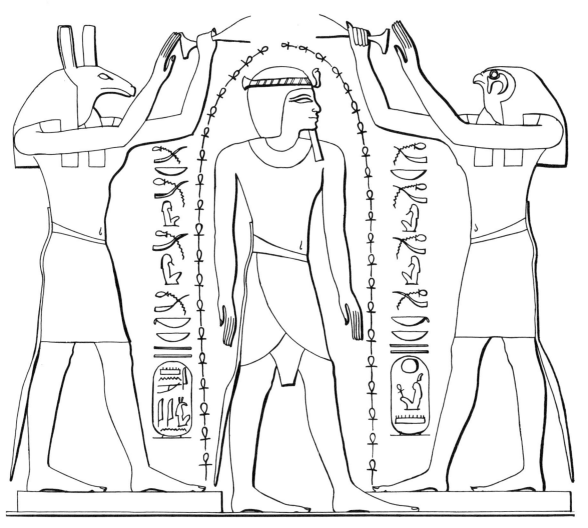

345. Vor der Krönung wird der König gereinigt und mit Lebenswasser besprengt. In Jerusalem beginnen die Krönungszeremonien an der Gichonquelle (1 Kg 1,38; vgl. 168 und Taf. VIII).

Krönungsgeschehen gehört haben. Es ist überhaupt auffällig, daß – von den Szenen im oberen Register der nördlichen Hälfte der ersten Terrasse des Hatschepsuttempels in Deir el Bahri abgesehen – kein Inthronisationszyklus bekannt ist, der sich mit andern ähnlichen Zyklen vergleichen ließe (vgl. 332–340, 405a) Es ist bedauerlich, daß in neuerer Zeit kein Ägyptologe dieser Frage mit einiger Gründlichkeit nachgegangen ist.

Wenn die folgenden Szenen auch nie Teil eines geschlossenen Vorganges gebildet haben (oder haben sollten), ist ihnen doch allen gemeinsam, daß sie das Königtum des Pharao begründen, legitimieren und festigen, und insofern ist ihre Zusammenstellung nicht ganz willkürlich.

Bei allen von v. Rad herausgestellten Gemeinsamkeiten zwischen dem ägyptischen und dem judäischen Krönungsritual bleibt die zusätzliche Schwierigkeit zu beachten, daß über den zentralen Punkt der judäischen Königsweihe, nämlich über die *Salbung* (vgl. Pss 2,2 18,51 20,7 45,8 89,21 u. a.) aus Ägypten nichts bekannt ist (Bonnet 649). Zwar erfahren

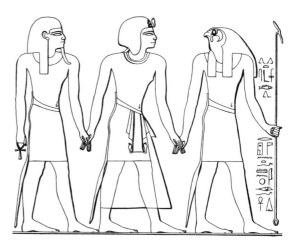

346. Atum (links) und Chonsu (rechts) führen den Kronprinzen zur Krönung vor den Reichsgott Amun (zum Geführtwerden durch die Gottheit vgl. 272–274).

347. «Du hast mich bei meiner Rechten ergriffen.
Durch deinen Ratschluß leitest du mich» (73,23b.24a).

wir, daß der König Vasallenfürsten oder Götterbilder (377) salbte, aber davon, daß er selber gesalbt wurde, wird nichts überliefert. Hingegen hat sich aus der Dschemdet-Nasr-Zeit ein Täfelchen erhalten (343), das schon als Salbung gedeutet wurde (vgl. Seibert, Hirt 31). Da sich die Szene vor einem Tempel, und das heißt vor einer Gottheit (vgl. 242) abspielt, ist sie sicher religiös zu deuten, aber ob sie eine Salbung und gar die eines Königs darstellt, bleibt unsicher (vgl. Seibert, Hirt 31–38). Die Salbung mit Hilfe eines *Ölhorns* scheint eine Eigenheit des syro-palästinischen Raumes gewesen zu sein (1 Sm 16,13 1 Kg 1,39). Syrische Fürsten brachten (wahrscheinlich) elfenbeinerne, mit Goldbändern geschmückte Salbhörner als Tribut nach Ägypten (344; vgl. die Abbildung eines solchen Salbhorns aus dem spätbronzezeitlichen Megiddo in IWB II 135). Das Salben verleiht Glanz und Macht. Durch Salben erhöhte man in Ägypten die Schönheit und Kraft der Götterbilder (vgl. 377) und ließ die Vasallen an der Herrlichkeit des Oberherrn teilhaben (Bonnet 649).

Der Salbung Salomos ging nach 1 Kg 1,38 der Zug zum Gichon voraus. Die Inthronisation dürfte ihren Anfang bei einer Quelle genommen haben, weil sie mit kultischen *Reinigungen* eingeleitet wurde. Das ist jedenfalls in Ägypten der

348. «Du begegnest ihm mit Segen und Glück,
hast ihm eine Krone von Feingold aufs Haupt gesetzt» (21,4).

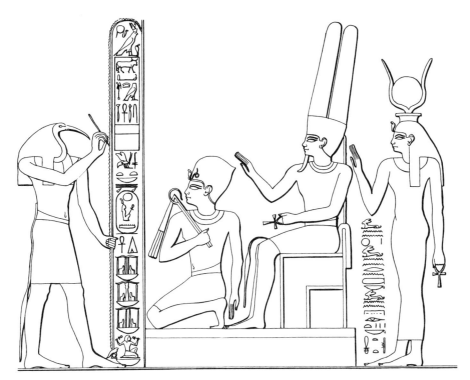

349. Während Amon den König krönt, schreibt der Schreibergott Thot das Protokoll. Ps 89,40 klagt Jahwe an:
 «Du hast den *Vertrag* mit deinem Knecht (dem davidischen König) aufgelöst,
 du hast sein *Diadem* entweiht und zu Boden geworfen.»

350. Der König spricht: «Verkünden will ich die Setzung Jahwes...» (2,7a).

351. «Ich werde dir einen großen Namen machen» (2 Sm 7,9).
Das Bild zeigt vier der fünf Titel, die den «großen Namen» Sesostris' I. bilden. Links oben steht in die Palastfassade einbeschrieben der Horus(falken)-Name (vgl. *19*): «Leben der Geburten (*'nḫ msw.t*)»; darunter in der Kartusche der Thronname oder «Name des Königs von Ober (Segge)- und Unterägypten (Biene)»: «Die Macht des Sonnengottes Re verwirklicht sich (*ḫpr k3 r'*)» gefolgt vom Titel: «Herr der beiden Länder *(nb t3wj)*». In der zweiten Kolonne rechts oben steht der sogenannte Zwei-Herrinnen-Name (nach der Geiergöttin von Ober- und der Kobragöttin von Unterägypten): «Leben der Geburten (*'nḫ msw.t*)». Er lautet also gleich wie der Horusname, und gleich wie dieser lautet auch der (hier nicht aufgeführte) Goldhorusname. In der zweiten Kartusche (rechts) findet sich als vierter der Geburts- oder «Sohn-des-Sonnengottes-Name»: «Mann der Starken (einer Göttin) *(s n wsr.t)*» und darunter: «Wie der Sonnengott in Ewigkeit *(mi r' ḏ.t)*» (vgl. Gardiner, Grammar 71).

Fall. Dort begann die Inthronisation, bei der alle Verheißungen der Geburt sich erfüllen sollten, mit der Reinigung des Kandidaten durch das Lebenswasser *(345)*. Zwei als die Reichsgötter Seth (links) und Horus (rechts) kostümierte Priester nahmen die Weihe vor. Dabei sagt Horus: «Ich habe dich gereinigt (geweiht) mit Leben und mit Kraft, damit deine Dauer gleich der Dauer des Re (des Sonnengottes) sei» (Moret, Royauté Taf. II). Die Szene ist ca. 25 mal – und zwar stets mit einer folgenden Krönung verbunden – belegt (vgl. Gardiner, The Baptism). In den Pss wird verkündet, daß Jahwe den König geweiht (2,6) und gesegnet habe (21,7 45,3). In 21,4 geht der Segen der Krönung voraus. Kraus meint, daß 110,7 auf einen sakramentalen Trunk aus dem Gichon (vgl. 1 Kg 1,38) zurückverweise. Dieser hätte einen Teil des Inthronisationszeremoniells gebildet. Der Trunk läßt den König sein Haupt kraftvoll erheben.

In Ägypten wurde nach der Weihe der König von zwei andern Göttern (links Atum, rechts Chonsu) *vor den obersten Gott geführt (346)*. Das Ergreifen der Hand spielt auch im babylonischen und im hethitischen Königsritual eine Rolle. Aus der Tradition des ersteren stammt ein Satz in der Tonzylinderinschrift des Kyros, die sagt: «(Marduk) suchte einen gerechten Fürsten..., damit er seine Hände erfasse» (AOT 369; Jes 45,1). Aus dem hethitischen Bereich sind mehrere Reliefs bekannt *(347)*, die zeigen, wie ein übermenschlich groß dargestellter Gott seinen Arm um den König legt, seine rechte Hand faßt und ihn so sicher geleitet. Im Gegensatz zu *272-273* und *346* handelt es sich dabei nicht um eine Einführungsszene, sondern um ein allgemeineres Führen (vgl. Otten, Zur Datierung 239). In 73,23 nimmt ein sonst unbekannter Beter diesen Gnadenakt Gottes für sich in Anspruch (vgl. *63,9* und *272* und *273*).

Einen ersten Höhepunkt innerhalb der Inthronisationsfeierlichkeiten dürfte die *Krönung* gebildet haben. Aus einer ganzen Reihe von Szenen auf einem Obelisken der Königin Hatschepsut im Tempel von Karnak ist die Krönung ausgewählt worden, um die Spitze der 29,5 m hohen Granitnadel zu schmücken *(348)*.

Die Königin kniet vor Amon, der ihr die blaue Krone auf-

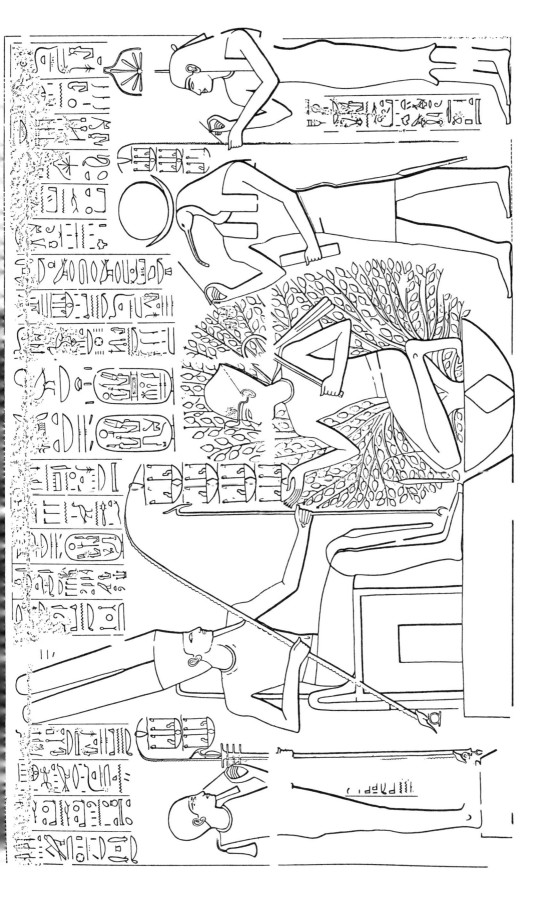

352. «Sein Name dauere ewig, solange die Sonne (dauert) sprosse sein Name» (72, 17).

353. «Orakel Jahwes für meinen Herrn: Setze *(šb)* dich zu meiner Rechten...» (110,1).

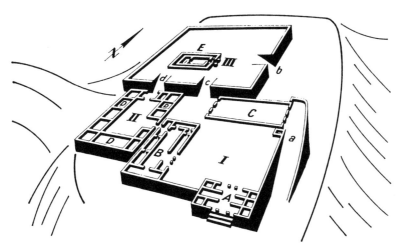

354. «Wohne (šb) zu meiner Rechten...» (110,1).
Rekonstruktion der Akropolis von Jerusalem zur Zeit Salomos nach K. Galling. I. äußerer Palasthof, II. innerer Palasthof, III. Tempelhof, A. Säulenhalle (Eingangshalle), B. Audienzhalle, C. «Libanonwaldhaus» (Pferdestall), D. Privatgemächer, E. Tempel, a. Rampe zum «Libanonwaldhaus», b. Osttor des Tempels (Tor des Volkes), c. äußeres und d. inneres Palasttor des Tempels.

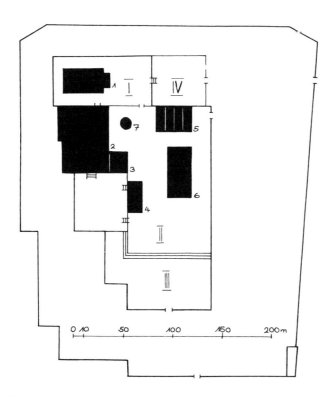

355. Rekonstruktion der Akropolis von Jerusalem zur Zeit Salomos nach Th. A. Busink. 1. Tempel, 2. Palast, 3. Palast der Königin, 4. Thronsaal, 5. Ställe (ergänzt), 6. Libanonwaldhaus, 7. Heiliger Fels, I. Tempelhof, II. Großer Hof, III. «Anderer» Hof, IV. Neuer Hof.

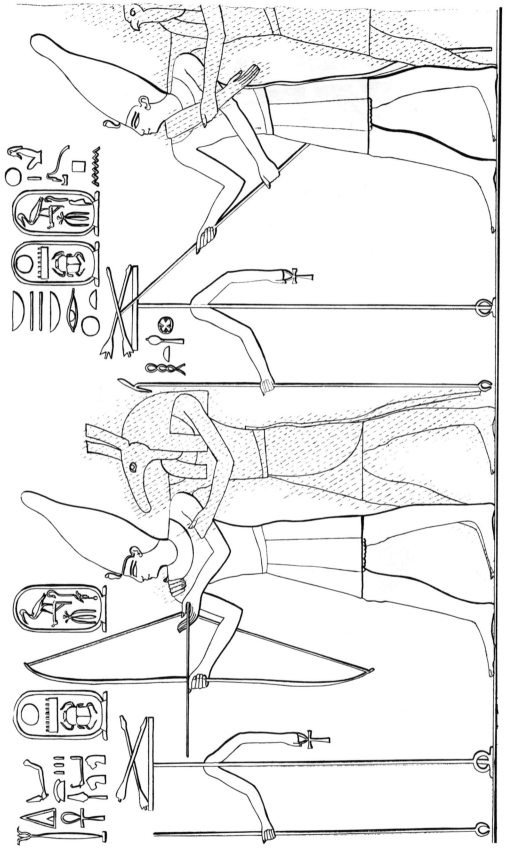

356. «Er (Gott) lehrt meine Hände den Kampf...» (18,35a).

357. «Meine Hand ist fest mit ihm, mein Arm macht ihn stark» (89,22).

setzt und «Schutz, Segen und Lebenskraft auf seine Tochter ausströmen läßt (die Arme des Gottes bilden die Hieroglyphe Ka = Lebenskraft)» (Westendorf, Ägypten 101). Auf *349* ist die Segensvermittlung durch das Lebenszeichen ausgedrückt, das Amon in der linken Hand hält. Der König trägt als Zeichen der neu geschenkten Herrschaft nebst der Krone das Krumm*zepter* (Ḥeka³zepter), ursprünglich wohl ein Hirtenstab, und die sogenannte Geißel, ursprünglich vielleicht ein Fliegenwedel. Das Krummzepter determiniert das Wort «herrschen».

Wie auf den ägyptischen Bildern wird der König auch in den Pss unmittelbar von Gott gekrönt (21,4b 132,18; vgl. auch 89,40). Die Krone bedeutet die Manifestation und Vollendung (vgl. 5,13 8,6 103,4) der Auserwählung des Königs. In Ägypten wird die Königskrone ganz allgemein, vor allem aber die daran angebrachte Königsschlange (Uräus) als ein lebendes Wesen empfunden. In einem Lied auf Thutmosis III. heißt es: «Die Schlange, die an deinem Haupte ist, die straft sie (die Feinde des Königs) mit Feuer» (Erman, Literatur 319). Vielleicht haben wir in 21,10 eine Reminiszenz an solche Vorstellungen, wenn vom König gesagt wird: «Dein Zorn wird sie (die Feinde des Königs) verschlingen, und Feuer wird sie fressen.» Wie die Krone trägt der König auch das Zepter auf göttliches Geheiß (110,2; vgl. 2,9 45,7).

Von Rad hat in seinem Aufsatz über das judäische Königsritual (207f) aufgrund von 2 Kg 11,12 die Krönung mit dem Diadem und die Überreichung des Protokolls als wesentlichste Momente der Inthronisation bezeichnet. Von einem solchen *Protokoll* (Satzung, Bund) Gottes für den König ist auch in den Pss die Rede (2,7 89,40). In 89,40 steht es wie in 2 Kg 11,12 mit dem Diadem zusammen. Auf *349* ist links der Schreibergott Thot mit dem Ibiskopf sichtbar, wie er dem neugekrönten Pharao das Protokoll schreibt. Auf *350* sind es der Schreibergott und der von der Schreibergöttin Seschat unterstützte Pharao, die das Dokument abfassen. Die Beteiligung des Pharao an der Abfassung seiner Ernennungsurkunde ist bezeichnend für das Selbstverständnis des ägyptischen Königtums. Der Hauptinhalt des Protokolls ist der «große Name» (*351;* vgl. 2 Sm 7,9 1 Kg 1,47), die fünfteilige *Königstitulatur*, die der Pharao bei seiner Thronbesteigung erhält. Schon David hat anscheinend einen fünfgliedrigen Thronnamen angenommen: «David (1), der Sohn Isais (2), der Mann, den 'Eljon eingesetzt hat (3), der Gesalbte des Gottes Jakobs (4), der Geliebte des Kriegers Israels (5)» (2 Sm 23,1; vgl. Cazelles, La Titulature). Daß auch in Jes 9,5 beachtliche Reste einer solchen Titulatur vorliegen, hat A. Alt (Befreiungsnacht 218f) schon vor zwanzig Jahren entdeckt.

Ein recht eigenartiger Wunsch wird in bezug auf den Königsnamen in 72,17 ausgesprochen. Die übliche und wohl zutreffende Übersetzung lautet:

«Sein (des Königs) Name bestehe für ewig,
vor der Sonne sprosse sein Name.»

Das *Sprossen des Namens* erinnert an den Brauch, den Thronnamen des neu inthronisierten Pharao auf die Blätter des heiligen Ischedbaumes zu schreiben und ihn so auf magische Weise an der sprossenden Vitalität dieses Baumes teilhaben zu lassen (vgl. das Einritzen von Herzen und Initialen auf Baumstämme). *352* zeigt den Schreibergott Thot bei dieser Beschäftigung. Sein Tun wird von andern Göttern durch ähnliche Riten unterstützt. So schreiben Ptah (links außen) und

357a. Die Szene zeigt Amenophis III. beim «Zerschlagen der Roten Töpfe *(sd dšrwt)*». Diese symbolisieren die Ägypten umgebende Wüste, das feindliche Ausland, das man im Gegensatz zum schwarzen (Schwemm-)Land des Nil als das Rote *(dšrt)* bezeichnet hat.

358. «Du zerschlägst sie (deine Feinde) mit eherner Keule…» (2,9a).

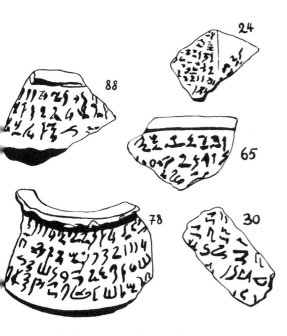

359. «… wie Töpfergeschirr zerschmetterst du sie» (2,9b).

360. Mit den Namen feindlicher Fürsten und Völker beschriftete Tonfigur, die rituell zerschlagen wurde.

360a. «Und nun, ihr Erdenkönige, seid klug, laßt euch erziehen, ihr Richter der Erde!
Dient Jahwe in Furcht, küßt zitternd seine Füße...
Glücklich sind alle, die bei ihm Schutz suchen!» (2,10f).
Die Furcht vor Jahwe äußert sich hier in der Unterwerfung unter den von ihm eingesetzten König. Das assyrische Palastrelief zeigt eine Szene, wie sie Ps 2 als Modell gedient hat. Der assyrische König hat die Elamiter besiegt und den assurfeindlichen König Teumman abgesetzt. Als Vertreter des Assyrerkönigs stellt einer seiner Generäle den elamitischen Vornehmen den assurfreundlichen Neffen des abgesetzten Teumman zur Huldigung vor (vgl. auch Taf. XXVII aus der gleichen Darstellung). Der vorderste der elamitischen Edlen schickt sich an, die Füße des Gesandten des assyrischen Großkönigs zu küssen. Die Huldigung vor dem neuen König ist ja primär eine Loyalitätsbezeugung gegenüber dem assyrischen Großkönig, der ihn eingesetzt hat. Ähnlich wäre die Huldigung der «Erdenkönige» vor dem judäischen König auf dem Zion eine Anerkennung Jahwes.

die Schreibergöttin Seschat (rechts außen) die Regierungsjahre und Jubiläen des Königs auf die Palmrispe «Jahr» (vgl. 27a), die in der Kaulquappe, dem Zeichen für 100000 endet. Der thronende Amon präsentiert dem knienden Pharao mit Hilfe einer solchen Palmrispe vierfach das Ideogramm für Sedfest, ein großes Jubiläumsfest, das in der Regel zum erstenmal im 30. Regierungsjahr des Herrschers gefeiert und dann in kürzeren Abständen wiederholt wurde.
Dem judäischen König wird nirgends ewige Herrschaft gewünscht, wohl aber, daß sein Name (72,17), sein Geschlecht und sein Thron (89,37) ewig fortdauern mögen. Dabei ist das eigenartige «vor der Sonne» in 72,17 (vgl. 72,5) wohl im Sinne von «solange wie die Sonne» (vgl. 89,37) zu verstehen, und beide mögen ägyptischen Einfluß verraten.
Auf 348 wünscht Hathor, die hinter Amon steht, dem neugekrönten König: «Wie die Sonne (Sonnengott) ist, so sei dein Name; wie der Himmel ist, so seien deine Taten» (Text unter dem rechten Arm der Hathor). Solche Wünsche sind in den ägyptischen Inthronisationstexten sehr häufig.
Die Teilhabe des Königs an der unbegrenzten Dauer kommt in Ägypten auch darin zum Ausdruck, daß er mitten unter den Göttern als einer der ihren erscheint (vgl. auch 111 und 385). Das ist in Mesopotamien anders (vgl. Frankfort, Kingship 11). Dort hat der König nur ausnahmsweise im Zeremoniell der Heiligen Hochzeit (vgl. 388) Zutritt zur Sphäre der Götter (SAHG 73, 118). In diesem Zusammenhang wird er gelegentlich neben einer Göttin thronend vorgestellt (SAHG 98). In Ägypten hingegen ist das *Sitzen zur Rechten* nicht nur literarisch, sondern auch ikonographisch häufig bezeugt. Die von Gunkel (Psalmen 482) angeführte Tafel 62b aus dem fünften Band von Lepsius' Denkmälern zeigt Amenophis II. allerdings nicht neben einer Göttin, sondern neben seiner Mutter Hatschepsut-Merjetraʿ. Auch das öfters angeführte Bild 341 paßt nicht hierher, denn der König sitzt nicht zur

Rechten einer Gottheit, sondern auf den Knien seiner Amme. Aber auf *353* sehen wir den Pharao Horemhab mit porträthaften Zügen zur Rechten des Königsgottes Horus, und J. de Savignac (Théologie pharaonique 83) nennt weitere ähnliche Beispiele.

Da der König in den Pss sonst *vor* Gott sitzt (61,8) und sein Thron *vor* demjenigen Gottes steht (89,37), hat man erwogen, ob der Psalmist die Aufforderung von 110,1b, die ihrem Wortlaut nach wahrscheinlich aus Ägypten importiert ist, nicht dahin verstanden hätte, daß der König zur Rechten Gottes «wohnen» und nicht «sitzen» soll (Kraus, Gottesdienst 259). *jšb* kann «sitzen» und «wohnen» bedeuten. Der Palast des Königs mit dem Thronsaal lag nach sämtlichen Rekonstruktionsversuchen, so verschieden sie sonst sein mögen, im Süden, resp. auf der rechten Seite (*jmjn* «die rechte Seite», «Süden») des Tempels *(354 und 355)*. Später hat man Anstoß daran genommen, daß die Gottheit und der König Schwelle an Schwelle wohnten (Ez 43,8). In der Frühzeit war die architektonische Einheit von Palast und Tempel monumentaler Ausdruck der Zusammengehörigkeit von Gott und König (Poulssen, König und Tempel 29). Für Ezechiel war diese Zusammengehörigkeit unglaubwürdig geworden, und so mußte er auch an der architektonischen Gestaltung dieser Idee Anstoß nehmen.

Dadurch, daß der Neugekrönte auf dem *Thron* Platz nimmt, wird sein Königtum definitiv manifest. «Auf dem Thron sitzen» besagt «König sein» (132,11f 1Kg 1,46). In Ägypten ist Isis, die als Mutter des Königsgottes Horus die Königsmutter schlechthin verkörpert, ursprünglich nichts anderes als der Thronsitz, den sie bis in die späteste Zeit als ihr Abzeichen auf dem Kopf trägt (vgl. *63*). Der Thron macht den König zum König. Er ist seine Mutter. Wenn der König, wie z.B. beim Rechtsprechen, seines Königtums in besonderem Maße gewiß sein muß, setzt er sich auf den Thron (122,5; vgl. 9,5.8 und *285–286*).

Um die Dynastie Davids «in Ewigkeit» herrschen zu lassen, müssen ihr immer neue Nachkommen erstehen (89,5a. 30a. 37a.) und der Thron Davids durch alle Geschlechter (89,5b) unvergänglich sein wie der Himmel (89,30b) oder die Sonne (89,37b; vgl. auch 45,7). Die besondere Art des Königtums Gottes wird durch den Hinweis begründet, daß sein Thron im Himmel aufgestellt ist (11,4 103,19) und seit jeher besteht (93,2).

Wie die *Weltherrschaft* schon die wichtigste Folge der göttlichen Zeugung ist *(341, 342)*, so ist sie noch viel mehr die der Inthronisation (vgl. 2,7–11 45,3–6 72,8 110,1f). Sie fand im ägyptischen Krönungsritual ihren Ausdruck im Abschießen von Pfeilen in die vier Himmelsrichtungen *(356)*. Dabei wird der König von Seth unterstützt (vgl. 2Kg 13,14ff). Einen ähnlichen Sinn wird das rechts davon dargestellte Hantieren mit dem Stab haben, bei dem der falkenköpfige Horus dem Pharao den Arm um den Hals legt. Die beiden Stangen mit den gekreuzten Pfeilen sind durch die daran angebrachten Arme personifiziert. Das Uaszepter und das Lebenszeichen, die sie halten, weisen darauf hin, daß es sich um die Darstellung einer Gottheit handelt. Die beiden Pfeile sind in der Regel das Symbol der Göttin Neith (vgl. *333*). Da diese als Lehrmeisterin des Kampfes gilt und dem König im Kampf den Weg öffnet (Bonnet 513), würde sie recht gut in den Kontext passen.

In 18,35 (vgl. 144,1) rühmt sich der König, daß *Jahwe* seine Hände den Kampf lehrte. Er machte seinen Weg eben (18,33). Mitten im Kampfgetümmel stützte er ihn (18,36). *357* zeigt, wie der dem Seth seiner Art nach verwandte, grimmige Kriegsgott Month mitten in der Schlacht dem König beisteht. Die Riten der Inthronisation schaffen eine Wirklichkeit, die sich fortan Tag für Tag als lebendig erweist.

Eine ähnliche Funktion wie das Abschießen der Pfeile und das Schlagen in die vier Himmelsrichtungen dürfte das Zerbrechen von Töpfen und Figuren gehabt haben, die mit den Namen der Königs- und Staatsfeinde beschriftet waren. Zwar ist dieser Teil des Ritus bis heute nirgends als Teil der altägyptischen Krönungsfeierlichkeiten nachgewiesen worden, aber in Ps 2 – also in einem Inthronisationspsalm – wird deutlich darauf angespielt (v 9). Inschriftlich und ikonographisch ist der Ritus in Ägypten für den Totenkult (Pyr.249b; Borchardt, Bilder des Zerbrechens) und den täglichen Tempelkult (Moret, Le rite de briser les vases rouges; Chassinat, Edfou X, Taf. XCIII und IV, 305f) nachgewiesen *(357a und 358)*. Reste von Keramik, die dabei zerbrochen wurde, hat man schon oft gefunden *(359 und 360;* vgl. z.B. Sethe, Die Ächtung; Posener, Princes et pays d'Asie; ders., Les empreintes magiques). 1962 hat man in Mirgissa, 15 km südlich von Wadi Halfa, ein Depot mit etwa 3600 Scherben entdeckt. Sie dürften von rund 100 Gefäßen stammen. Die Scherben der größeren Gefäße tragen sternförmige Spuren, die darauf hinweisen, daß sie mit Keulen zerschlagen worden sind (Vila, Un dépôt de textes). Aus dem magisch-mächtigen Ritus ist in Ps 2,9 ein Vergleich geworden. Die im Vergleich angesprochene Realität gründet in der Zusage Jahwes (vgl. Kleber, Ps 2,9 in the Light of an Ancient Oriental Ceremony; Bentzen, The Ritual Background).

Ihren sinngemäßen Abschluß dürfte die Inthronisation in der Huldigung der Untertanen gefunden haben *(360a,* vgl. *410)*.

3. Der König als Tempelerbauer und Priester

Ein altbabylonischer Text beschreibt den Zweck der Schöpfertätigkeit des Gottes Ea:
«Er schuf den König zum Pfleger der Tempel,
Er schuf die Menschheit, den Dienst der Götter zu versehen.»
(Garelli/Leibovici, Schöpfungsmythen 148.)

Diese für die ganze mesopotamische Überlieferung typische Aussage ist meines Wissens für Ägypten nicht belegt. Zwar ist es auch in Ägypten eine der grundlegenden Aufgaben des Königs, Tempel zu erbauen und Opfer darzubringen, aber er tut das nicht (mindestens nicht in erster Linie) als Vertreter der Menschheit, die nach ägyptischer Vorstellung auch nicht zu diesem Zweck erschaffen wurde (Sauneron/Yoyotte, Schöpfungsmythen 95–98), sondern als Sohn der Götter. Diese haben ihm in ganz spezifischer Weise das Leben geschenkt. «Als Gegenleistung werde ich überall (ihre) Riten vollziehen, wirklich, in aller Zuverlässigkeit und dauernd, für immer und ewig, solange sie (die Götter) auf Erden sein werden, werde ich sie vollziehen, ich, der Sohn des Re (des Sonnengottes)» (Moret, Royauté 117, vgl. 115–130).

Dieser Unterschied der Auffassungen schlägt sich auch in der Ikonographie des Königs als Tempelerbauer nieder. Von der frühen sumerischen bis in die späte assyrische Zeit finden wir im mesopotamischen Raum Darstellungen des Königs als Tempelerbauer. *361* zeigt Ur-Nansche, den Ensi von Lagasch (Mitte 3. Jt. v. Chr.) beim Mörteltragen. Die Tempelbauhymne seines späten Nachfolgers Gudea legt nahe, in diesem Bild die Darstellung einer Grundsteinlegung zu sehen:

«In den Rahmen der Ziegelform tat er glückbringendes Wasser...
den heiligen Tragkorb nahm er hoch, trat an die Ziegelform.
Gudea tat Lehm in die Ziegelform, vollzog die verpflichtenden Riten...
Auf die Ziegelform klopfte er, brachte den Ziegel ans Licht...
aus dem Rahmen der Ziegelform nahm er den Ziegel auf,
(wie) eine Krone, die An trägt, trug er den Ziegel, trug ihn dahin...
fertigte (weitere) Ziegel an, brachte sie zum Haus,
setzte den Grundriß des Hauses hin.
Nisaba, die den Sinn der Zahlen kennt,
läßt wie einem kleinen Mann, der sein (eigenes) Haus neu baut,
in sein Auge keinen süßen Schlaf kommen» (SAHG 155f).

Immer wieder wird der Eifer Gudeas betont:
«Das Haus für seinen König zu bauen,
schläft er nicht während der Nacht,
schlummert er nicht am Mittag...»
(SAHG 154, vgl. 143, 145.)

Diese letzte Aussage erinnert stark an 132, 1–5, wo erzählt wird, daß David geschworen hätte, seinen Augen keinen Schlaf und seinen Lidern keinen Schlummer zu gönnen, bis er für Jahwe eine Stelle des Bleibens gefunden hätte. Der König wird als eifriger Diener geschildert.

In der Ikonographie wird dieser Eifer des ergebenen Knechts durch das Korbtragen dargestellt. Dieses stellte im AO die langweiligste, mühsamste und häufigste Bauarbeit dar. In Körben wurde der Lehm herbeigeschleppt, in Körben wurden die fertigen Ziegel getragen. Das Korbtragen bezeichnete als solches keine einschneidende Phase (vgl. *240*). Es begleitete den Bauvorgang von Anfang bis Schluß. Es war Zeichen der Knechtschaft (81, 7 und *309*). In dieser niederen Haltung läßt sich rund 2000 Jahre nach Ur-Nansche auch noch Assurbanipal darstellen *(362)*. Aber auch dort, wo sich der königliche Tempelerbauer nicht in dieser altüberlieferten Haltung abbilden läßt, erscheint er ganz und gar als Knecht seines Gottes, für den er sich müht *(363)*.

Die ägyptischen Darstellungen zum Thema sind ebenso alt wie die mesopotamischen. Ihr Ursprung liegt im frühen 3. Jt.

361. Im Tempelbauhymnus Gudeas heißt es:
«Das Haus für seinen König zu bauen,
schläft er nicht während der Nacht,
schlummert er nicht am Mittag...» (SAHG 154).

v. Chr. (Engelbach, Foundation; Borchardt, Jubiläumsbilder). Gut erhaltene und vollständige Zyklen sind allerdings erst aus griechisch-römischer Zeit auf uns gekommen. Sie zeigen eine merklich andere Stellung des Königs als die mesopotamischen Darstellungen. Er erscheint nicht als Knecht der Götter, sondern handelt aus eigenem Antrieb und in eigener Verantwortung. Er baut als Sohn für seinen Vater. Er nimmt als Bauherr die entscheidenden Arbeiten vor und erscheint nirgends beim bedeutungslosen Geschäft des Korbschleppens.

Als erstes legt er zusammen mit der Schreibergöttin Seschat mit Hilfe von vier Pflöcken und einem Strick die Fluchtlinie des künftigen Tempels fest *(364)* Wie so oft (vgl. *111, 353, 385*) erscheint der ägyptische König auch hier unter den Göttern wie unter seinesgleichen. Die vier Pflöcke (auf dem Bild sind nur zwei sichtbar) werden fest eingeschlagen. «So stehen die vier Ecken ebenso fest wie die vier Pfeiler des Himmels» (Moret, Royauté 133). Nachdem der Raum abgesteckt ist, hebt der Pharao mit Hilfe einer Hacke (symbolisch) den Fundamentgraben aus *(365)*. Er tut dies angesichts des künftigen Eigentümers, resp. der Eigentümerin des Tempels (auf unserem Bild: der Hathor von Dendera). Dabei gewinnt man aber durchaus nicht den Eindruck eines Herr- (resp. Herrin-) und Knecht-Verhältnisses.

Die Sohle des Fundamentgrabens wird mit einer Schicht reinen Sandes bedeckt *(366)*. Dann werden dem künftigen Herrn (resp. der Herrin) des Tempels die Gründungsgaben dargebracht (Metallbarren) *(367)* und über der Baugrube Trankopfer ausgegossen *(368)*. Dann formt der König aus Lehm den Grundstein *(369)* und legt ihn mit Hilfe eines Stabes *(370)*. Damit ist die große Gründungszeremonie abgeschlossen.

In seinem Aufsatz «Temple Building, a Task for Gods and Kings» hat A.S. Kapelrud 1 Kg 3–9 in Parallele zum Tempelhymnus des Gudea gesetzt und daraus ein gemeinsames Tempelbauschema abgeleitet. Das ist aber ohne eine Reihe von unwahrscheinlichen und unpräzisen Textauslegungen nicht möglich. So hat etwa der Traum Salomos in Gibeon (1 Kg 3, 2–15) mit dem Traum Gudeas, in dem dieser die Weisung erhält, Ningirsu einen Tempel zu bauen, überhaupt nichts zu tun. Vielmehr scheint in Israel beim Tempelbau ähnlich wie beim Königtum die Initiative von Israel, genauer vom König ausgegangen zu sein. Nachdem Israel definitiv seßhaft geworden war, wollte man die Lade nicht mehr in dem anachronistisch und armselig anmutenden Zelt belassen (2 Sm 7,2f; vgl. *132, 1–5*). Die feste Niederlassung Jahwes in Jerusalem sollte dem davidischen Königsthron Bestand und Dauer verleihen (2 Sm 7,13). Der Tempel ist «Unterpfand und Garantie für das Wohl des Königtums» (Poulssen, König und Tempel 52). Dieses Moment tritt etwa in Ps 2 deutlich zutage. Nicht ir-

362. Assurbanipal (668–626 v.Chr.) beim demütigen Geschäft des Korbtragens für seinen Herrn Marduk, den Hauptgott von Babylon.

363. «Gedenke, Jahwe, Davids, wie er sich mühte,
als er Jahwe geschworen hatte, dem Starken Jakobs gelobt:
Ich will mein wohnliches Haus nicht betreten,
meine Ruhestatt nicht besteigen,
ich will meinen Augen keinen Schlaf gönnen und
meinen Lidern keinen Schlummer,
bis ich einen Ort finde für Jahwe, eine Wohnung für
den Starken Jakobs!» (*132*, 1–5).

364. Der Pharao und die Schreibergöttin Seschat stecken das Gelände für den Tempelbau ab.

366. Der Pharao schüttet vor Horus reinen Sand in den Fundamentgraben. Der Tempel soll auf reinen Grund zu stehen kommen (Horustempel von Edfu).

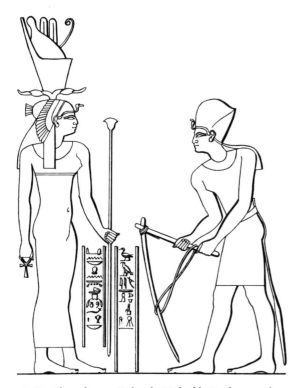

365. Der Pharao legt vor Hathor den Verlauf des Fundamentgrabens fest (Hathortempel von Dendera).

367. Der Pharao bringt Hathor die Gründungsgaben dar: Barren von Gold, Silber und Kupfer (Hathortempel von Dendera).

368. Das Bauopfer wird dargebracht. Das U repräsentiert die Baugrube.

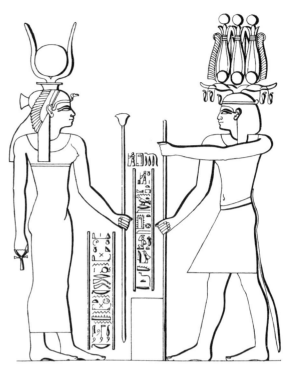

370. Der Pharao setzt vor Hathor den Eckstein (Hathortempel von Dendera).

369. Der Pharao formt vor Hathor den Eckstein des Tempels (Hathortempel von Dendera).

371. Der Pharao übergibt Horus den fertigen Tempel (Horustempel von Edfu).

372. Um den Tempel lebensfähig zu machen, mußte ihn der König mit ansehnlichem Grundbesitz ausstatten, der den Unterhalt der Priester sicherstellte und aus dem die täglichen Opfer bestritten werden konnten. Das Bild zeigt Pharao Schabaka, wie er dem Horus von Buto und seiner Partnerin Uto in Gestalt der Hieroglyphe «Feld» Grundbesitz schenkt.

gendwo hat Jahwe den König zum König geweiht, sondern auf dem Zion, seinem heiligen Berg (v 6). Heilig ist der Zion durch den Tempel. Das Zepter der königlichen Macht entsendet Jahwe aus seinem Tempel auf den Zion (110,2). Ganz unhistorisch läßt 78 (vv 68–71) Jahwe als Abschluß der großen Heilsveranstaltung des Auszugs den Tempel auf dem Zion bauen (vgl. oben S. 105) und gleichzeitig David als König erwählen. Der Tempel Jahwes und der Thron des Davidshauses gehören zusammen (vgl. 122,1–5; vgl. 354 und 355). Die Bedeutung der räumlichen Nähe von Tempel und Palast darf man allerdings nicht dahin übertreiben, daß man den Tempel zu einer Palastkapelle degradiert (vgl. dazu Busink, Tempel 618–637. 642–646).
Nach dem deuteronomistischen Geschichtswerk bedeutet der Tempelbau über das Gesagte hinaus auch etwas wie einen Akt der Dankbarkeit (1 Kg 5,17ff). Damit rückt das alttestamentliche in die Nähe des ägyptischen Verständnisses, das den Tempelbau primär als Erfüllung der Sohnespflicht verstanden hat.

371 zeigt, wie der Pharao den von ihm erbauten Tempel dem Königsgott Horus übergibt. Damit ist die Aufforderung verbunden, von ihm Besitz zu nehmen (vgl. 132,8).

Als Erbauer des Tempels ist der König für dessen Erhaltung (372) und den dort stattfindenden Kult verantwortlich. Im Inthronisationspsalm 110 wird dem israelitischen König als Inhalt eines Jahweschwurs die Priesterwürde zugesprochen (v 4). Mit der Vereinigung des Königs- und Priesteramtes in der Hand einer Person tritt der israelitische König die Nachfolge der alten Stadtkönige von Jerusalem an. Ihr Prototyp ist Melchisedek, der König und zugleich Priester des höchsten Stadtgottes war (Gn 14,18). «Vom priesterlichen Handeln Davids und seiner Nachfolger ist die Rede in 2 Sm 6.14.18 24,17 1 Kg 8,14.56. Der König trägt Priesterkleidung (2 Sm 6,14), er segnet das Volk, tritt in Fürbitte für die Kultgemeinde ein und steht den Riten vor. Ja, er opfert sogar (1 Sm 13,9 2 Sm 6,13.17), naht sich wie der Hohepriester Gott (Jr 30,21) und steht auch in der Vorstellung Ezechiels vom «Fürsten» mitten im Kultus (Ez 44,3 45,16.22ff 46,2ff)» (Kraus, Psalmen 760).

Im ganzen AO, besonders aber im alten Sumer, obliegen dem König kultische Pflichten. Der altsumerische Ensi ist ebensosehr Priester wie Fürst. Er residiert im Tempel und ist für das Wohl des Stadtgottes verantwortlich. «Die Kultvase aus Uruk setzt ihn an die Spitze einer Prozession, die vor der Göttin Inanna erscheint (vgl. 62) – nur die von einem Diener getragene Schleppe seines Gewandes ist hier freilich erhalten» (Schmökel, Kulturgeschichte 86). Noch in neusumerischer Zeit erscheint Ur-Nammu nicht nur als Tempelbauer (363), sondern auch in priesterlicher Funktion (180). Ikonographische Zeugnisse für priesterliche Funktionen mesopotamischer Könige lassen sich bis in die späteste assyrische Zeit beibringen (373 und 440).

Viel stärker als in Assyrien wird das Priestertum des Königs allerdings in Ägypten betont. In den unzähligen Reliefzyklen der Tempel des Neuen Reiches und der griechisch-römischen

373. Auf einem Hügel liegt das Heiligtum, dessen Eingang (?) von zwei Türmen flankiert ist (vgl. 202). Die Gottheit sitzt auf einem Thron mit Schemel. Vor ihr steht ein Adorant mit ausgestrecktem Finger (vgl. 418–419). Vor dem Tempel sind ein Vorlegetisch (201), ein Räucherkandelaber (198, 200) mit Flammen und ein Libationsbecken zu sehen. Der König bringt eben eine Libation dar. Hinter ihm steht ein Diener mit einer größeren Schale. Ein anderer Diener bringt einen Opferstier heran (zur ganzen Szene vgl. 440).

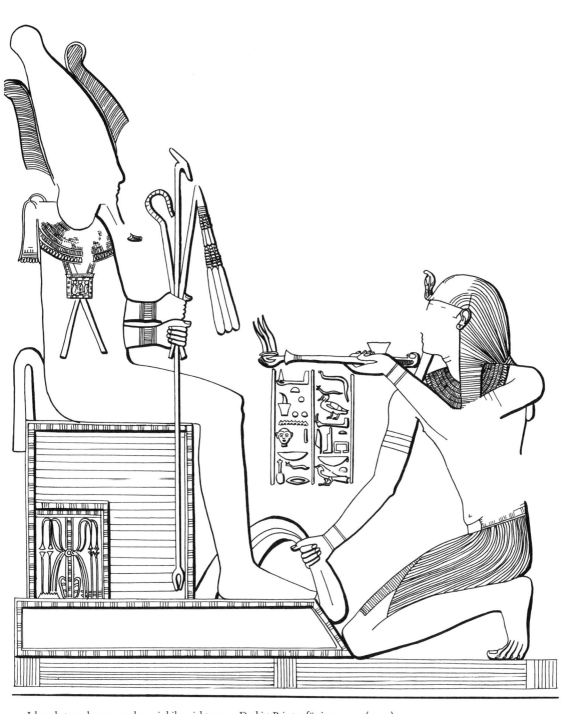

374. «Jahwe hat geschworen und es wird ihn nicht reuen: Du bist Priester für immer...» (110,4).

Zeit erscheint stets der König als Offiziant *(187 229 230 374 bis 379)*. Auch dieser Sachverhalt dürfte mit den Pflichten zusammenhängen, die dem König als Sohn der Götter obliegen. Darüber hinaus ist er ein Hinweis mehr dafür, daß der König in Ägypten eine viel zentralere Rolle spielt als in Mesopotamien (vgl. z.B. *19–24*).

Nach den Reliefzyklen ist es der Pharao, der täglich das Allerheiligste öffnet und den Gott, seinen Vater, verehrt *(229–230)*, er reinigt den Thron *(374)*, hier den des Osiris, und beräuchert die Kultstatue mit Hilfe eines armförmigen Instrumentes *(374)* oder einer einfachen Räucherschale *(375)*. Auf 375 bringt er mit der rechten Hand überdies ein Trankopfer dar.

375. Der lapidare Text lautet:
 «Räuchern und Wasser ausgießen für Amon. Möge er (Amon) ihm (dem König) Leben geben.»

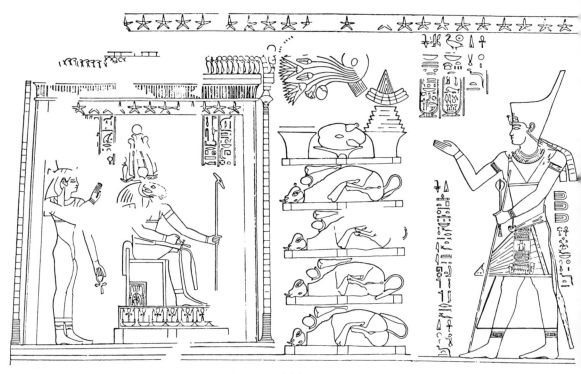

376. «Ich betrete dein Haus mit Brandopfern, ich löse dir meine Gelübde ein...
 Brandopfer von fetten Tieren bringe ich dir dar, samt dem Opferduft von Widdern.
 Rinder und Böcke richte ich dir zu» (66, 13.15).

377. Zum priesterlichen Dienst, der dem Pharao obliegt, gehört auch das Salben der Kultstatue. Da es im Jerusalemer-Tempel keine Kultstatue gab, fiel dieser Dienst weg. Dafür hören wir, daß Jahwe den Beter (23, 5) und besonders den König mit dem Öl der Freude salbt (45, 8).

378. «Er (Jahwe) gedenke all deiner Gaben...» (21,4a).

Der Gott Amon, dem er es darbringt, sitzt auf einem Thron, dessen Sockel das Zeichen für $m\underline{3}^c.t$ (rechte Weltordnung) bildet (vgl. oben S. 150).

Wenn der Beter in 66,13–15 von Widdern, Böcken und Rindern redet, die er opfern will, dürfte der Sprecher ursprünglich der König gewesen sein (Gunkel, Einleitung 147ff). Er dürfte der einzige gewesen sein, der sich solche Opfer leisten konnte.

Zu einem ao Mahl gehören nicht nur Essen und Trinken. Das Salben mit Öl (23,5 104,15 133,2; *268 445*) ist ebenso unerläßlich *(377)*.

Nebst dem alltäglichen Verehren, Reinigen, Räuchern, Libieren, Opfern und Salben gehört zu den Aufgaben des Königs auch die Ausstattung der Kultstatue mit Kleidern und Schmuck *(378)*.

Es ist selbstverständlich, daß der König – von Ausnahmefällen abgesehen – seine Priesterfunktionen delegieren mußte. Aber die Priester amteten in seinem Auftrag. «Es ist der König, der mich sendet, den Gott zu schauen» (Moret, Rituel 43, 55). «Der König gibt die Opfergaben» (ebd. 9f. 16. 19. 21. 37 u.a.; vgl. *378a*).

So mögen in 20,4 die Opfer des Königs evtl. solche sein, die er selber darbringt (2Sm 6,13.17f 1Kg 8,5.14.62ff 12,33 2Kg 16,12–15), aber wahrscheinlicher ist, daß er sie durch Priester darbringen läßt, die in seinem Auftrage handeln. Sicher ist 61,9 ursprünglich von einem König gesprochen worden. Nur der König, dessen Vertreter die gesamte Priesterschaft ist, kann «Tag für Tag» seine Gelübde einlösen (vgl dazu das Gelübde des ägyptischen Königs oben S. 248).

Eine eigenartige, in den ägyptischen Tempeln häufig dargestellte Szene ist die «Darbringung der Maat» *(379)* durch den Pharao. Die Maat wird als sitzende weibliche Gestalt mit einer Feder im Haar dargestellt. Sie verkörpert die Richtigkeit der einzelnen Dinge und Bereiche in der Welt (z. B. des Kultes, vgl. 132,9) und die Richtigkeit der Welt als Ganzes, die Weltordnung (vgl. *32, 287*). Die Götter sind von Maat erfüllt. Durch die Darbringung der Maat, die «im Akt der Darbringung in gewisser Weise Substanz» wird (Schmid, Gerechtigkeit 58), führt man dem Gott, wie sonst beim Opfern, eine sein Wesen konstituierende Kraft zu (Bonnet 431). Mag die kultische Darbringung der Maat eine ethische Haltung implizieren, so ist es doch bezeichnend, daß in Ägypten diese Haltung ihren höchsten Ausdruck in einer kultisch-magischen Darbringung findet. In einer gegenläufigen Bewegung wird in Israel die ethisch-religiöse Haltung nicht kultisch verwirklicht, sondern das Kultische zugunsten des Ethisch-Religiösen abgewertet (40,7–11 50,14f 51,18f 69,31f). Der König (und der Mensch) kann nach alttestamentlichem Verständnis die Gerechtigkeit Jahwes nicht mehren. Jahwe eignet Gerechtigkeit und Wahrheit in höchstem Maß (vgl. z.B. 36,7.11 48, 11f 85,11.14 89,17 u.a.). Der König empfängt von Jahwe Gerechtigkeit (72,1f). Der König kann nur geloben, nach bester Kraft daran festzuhalten. 101 ist ein solches Loyalitätsgelübde. Dieses Gelübde beginnt mit dem Lobpreis der «Gerechtigkeit» Jahwes und äußert dann den festen Wunsch, für das Recht und die Redlichen und gegen das Unrecht und die Frevler zu streiten. Damit sind wir aber bereits bei den Aufgaben des Königs gegenüber seinem Volk.

378a. Auf den reliefgeschmückten Wänden der ägyptischen Tempel wird unzählige Male der Pharao beim Dienst an den Göttern dargestellt. Wie sich leicht denken läßt und wie die Bilder aus den Privatgräbern bestätigen *(162, 162a)*, wurde dieser Dienst in Wirklichkeit von einem zahlreichen Kultpersonal geleistet. Die Beteiligung des Königs an den heiligen Handlungen war aber, was ao Denken wenig entsprochen hätte, nicht einfach ideell. Wo der König nicht persönlich gegenwärtig war, war er es in Gestalt seiner Statue. Sie wird hier einem Zug von Tempeldienern vorangetragen, die Früchte und Brote für das tägliche Opfer herbeischaffen. Die Statue hält ein Zepter in der Hand, mit dem das Wort $ḥrp$ «kontrollieren, etwas unternehmen, ein Opfer darbringen» determiniert wird. Die Königsstatue mit diesem Zepter in der Hand bedeutet im vorliegenden Kontext, daß der König das Opfer gibt. Der Zug wird am Eingang des Tempels von einem Priester mit Räucherarm empfangen.

379. «Esse ich das Fleisch von Stieren, oder trinke ich das Blut von Böcken?
Wozu zählst du meine Satzungen auf... und hassest die Zucht?
Wer Dank opfert, der ehrt mich, und wer auf rechtem Weg geht,
den lasse ich mein Heil schauen» (50, 13. 16b. 17a. 23).

4. Die Repräsentation und die Förderung der Mächte des Lebens

Das Leben und der Segen, die dem König von Geburt an eignen und ihm in der Inthronisation in ihrer ganzen Fülle zuteil werden, manifestieren sich in der königlichen Prachtentfaltung. Der König ist der schönste aller Menschen, weil ihn Gott gesegnet hat (45,3; vgl. v 8). Man kann allerdings auch in dem Sinn übersetzen, daß Gott ihn gesegnet hat, weil er der Schönste ist (vgl. 1 Sm 10,23f 16,12.18 2 Sm 14,25). Beide Übersetzungen sind grammatikalisch möglich, und es dürfte falsch sein, die eine zugunsten der andern zu eliminieren. Schönheit und Segen bedingen sich wechselseitig. Der König ist ex officio schön, und so wird er denn auch ausnahmslos dargestellt. Nur ganz selten verdrängen porträthafte Züge (vgl. 353) das idealisierte Bild.

Dabei findet der AO die Schönheit nicht einmal so sehr in der Reinheit der Form als in der Fülle von Farben, Lichtern, Gerüchen und in der Entfaltung von Reichtum und Kraft. Statussymbole aller Art spielen eine wichtige Rolle. Ein solches war der Kriegswagen (zu seiner militärischen Bedeutung vgl. S. 214 f). Während David noch auf einem Maultier ritt (1 Kg 1,33.38 Sach 9,9; vgl. Noth, Könige 15 und 380), brachten seine Söhne ihren Anspruch auf das Königtum dadurch zum Ausdruck, daß sie sich Pferde, Wagen und Trabanten anschafften (2 Sm 15,1 1 Kg 1,5). Der Dichter, der den König in seiner ganzen Herrlichkeit darstellen möchte, fordert ihn auf, den Kriegswagen zu besteigen und loszufahren (45,5) Hier wird das einmal Fremde gar nicht mehr als solches empfunden. In der geballten Kraft der gezügelten Pferde und im Aufsteigen auf das elegante Gefährt (381) manifestieren sich die Schönheit und Herrlichkeit des Königs.

Diese ist nicht Selbstzweck, sondern sie dient dem Sieg der rechten Ordnung, der Verteidigung der Wehrlosen. Selbst wenn der König auf der Jagd seinem Vergnügen huldigt (382), kann dies als Teil seines Ordnung schaffenden Wirkens gesehen werden. Die gefährlichen Raubtiere sind ebenso Königsfeinde (45,6) wie die Verbrecher, die der König auszurotten gelobt hat (101,8). Assurbanipal erzählt in einer Inschrift: «Seitdem ich mich auf den Thron des Vaters, meines Erzeugers, gesetzt hatte, ließ Adad seine Regengüsse los, spaltete Ea seine Quellen, wuchsen die Wälder gewaltig, schossen die Rohrstauden in den Dickichten empor, so daß niemand hineindringen konnte. Darin gedieh die Löwenbrut, und ohne Zahl vermehrten sie sich... Das Vieh des Feldes strecken sie beständig nieder, vergießen das Blut der Menschen... Es weinen die Hirten, die Aufseher, daß die Löwen alles vernichten. Es trauern die Wohnstätten Tag und Nacht... Die Untaten der Löwen verkündete man mir... Im Verlauf meines Zuges drang ich in ihre Lager ein, zersprengte ihre Nester... Die Leute, die die Stadt bewohnten, befreite ich aus der Gefahr» (Meißner, Assyrische Jagden 23).

In Ägypten werden Jagdszenen oft streng parallel zu Kriegsszenen dargestellt, in denen der Pharao ägyptenfeindliche Völker besiegt (Taf. XVI und XVII; vgl. 111). Amenemhet I. rühmt sich in einem Atemzug seiner Jagd- und Kriegserfolge: «Ich bändigte die Löwen und fing Krokodile, ich bezwang die Leute von Wawat (Gebiet im Sudan) und fing die Madoj (ein Volk im Süden von Ägypten). Ich ließ die Asiaten den Hundegang tun» (ANET 419). Ähnliches finden wir in Ugarit. Auf einer Reihe von Elfenbeintäfelchen stehen der Triumph über den Feind (vgl. 403) und eine Jagdszene unmittelbar nebeneinander (383; vgl. zum ganzen Thema: Opitz, Jagd zu Pferde 352–359).

In Jagd und Krieg zeigt sich der König in seiner herrlichen, siegreichen Kraft als Überwinder alles Schädlichen und Gefährlichen. Der Wagen, auf dem er zu seinen glorreichen Taten fährt, trägt ihn aber auch bei Paraden, wenn es um nichts anderes geht, als seinen und d. h. den Glanz des Landes zu demonstrieren (384). Vor dem König eilen in gebückter Haltung eine große Zahl von Trabanten einher (vgl. 2 Sm 15,1 1 Kg 1,5). Sie machen den Weg frei. Das Publikum wird durch zwei Personen dargestellt (rechts unten), von denen die eine in die Knie gesunken ist. Beide halten anbetend die Hände erhoben.

Eine der großartigsten Gelegenheiten, königliche Pracht und Hoheit zu entfalten, war die Hochzeit. In 45 besteigt der König den Wagen, um seine Braut heimzuholen (de Vaux, Lebensordnungen I 67). Wenn er dabei recht kämpferisch erscheint, entspricht das einem ritterlichen Ideal von Schönheit und Glanz (1 Makk 9,39 Hl 3,6–8). Bei der wohl berühmtesten Hochzeit des AO schickte Ramses II. (1301–1234 v.Chr.) seine ganze Armee aus, um die Tochter des Hethiterkönigs Chattuschiliš III. (1282–1250 v.Chr.) abzuholen. Wenn Ram-

380. Die Stammesfürsten der Richterzeit ritten auf Eseln (Ri 5,10 10,4) und David auf einem Maultier (1 Kg 1,33.38). Die Söhne Davids brachten ihren Anspruch auf das Königtum durch die Anschaffung von Pferden und Wagen zum Ausdruck (2 Sm 15,1 1 Kg 1,5). Den künftigen Heilskönig erwartete man aber auf einem Esel reitend:

«Juble laut, Tochter Zion,
jauchze, Tochter Jerusalem!
Siehe, dein König kommt zu dir.
Gerecht ist er und ein Retter.
Demütig reitet er auf einem Eselshengst,
dem Jungen einer Eselin» (Sach 9,9).

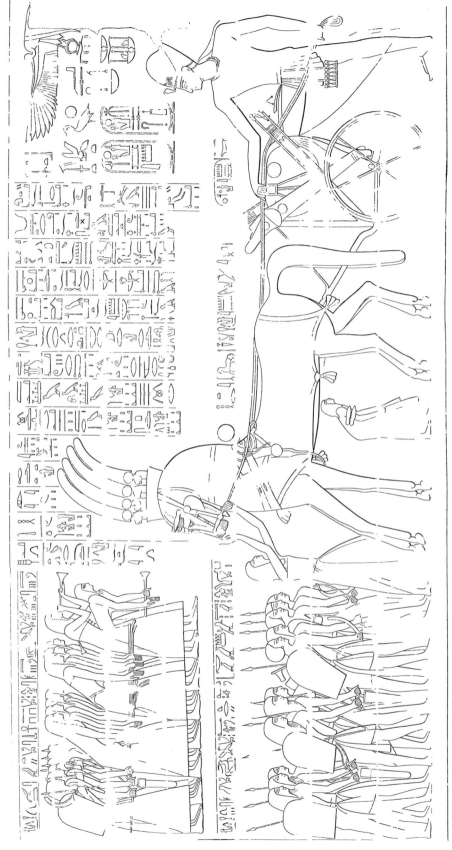

381. «Besteige den Wagen... du sollst deine Rechte furchteinflößende Taten lehren» (45,5). Ramses III. besteigt seinen Wagen, um in die Schlacht gegen die Libyer zu fahren, die Ägyptens Westgrenze bedrängen. Links oben blasen zwei Trompeter abwechselnd zum Aufbruch. Derjenige, der gerade spielt, hält unter dem Arm den Holzkern, der unterwegs in die weiche Silbertrompete gesteckt wird, um sie vor Verbiegungen zu schützen. Die zwei Silbertrompeten des Jerusalemertempels (vgl. 460–461) dürften auf ägyptischen Einfluß zurückzuführen sein.

382. Assurbanipal: «Es weinen die Hirten, die Aufseher, daß die Löwen alles vernichten. Es trauern die Wohnstätten Tag und Nacht... Die Untaten der Löwen verkundete man mir... Im Verlaufe meines Zuges drang ich in ihre Lager ein, zersprengte ihre Nester...» (Meißner, Assyrische Jagden 23).

383. Der Triumph über den Feind (403) ist von Jagdszenen flankiert. Links außen ist als Zuschauerin eine nackte Göttin sichtbar. Bevor der Sänger von Ps 45 die Königin auffordert, dem König zu willen zu sein, schildert er dessen Herrlichkeit. Dabei liegt der Akzent allerdings stärker auf seinem Einsatz für die Gerechtigkeit als auf seinen bloßen kriegerischen Erfolgen.

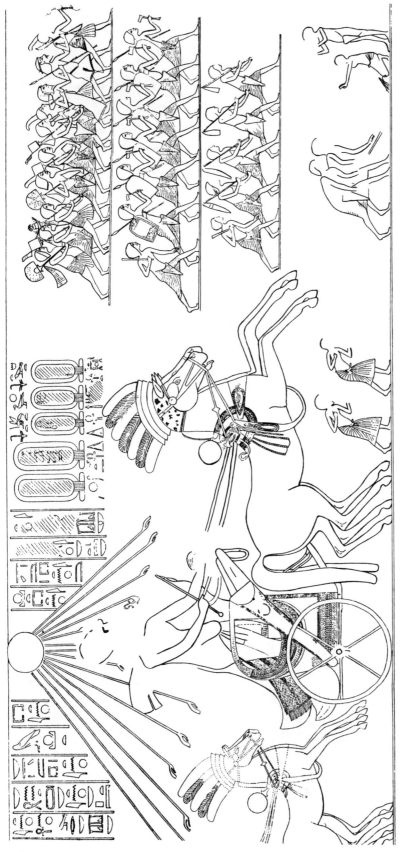

384. «Du bist der Schönste von allen Menschen!
Anmut ist über deine Lippen ausgegossen.
So segnet dich Jahwe für immer!(45,3)

85. «Höre, Tochter, sieh und neige dein Ohr! Vergiß dein Volk und dein Vaterhaus!
Und verlangt den König nach deiner Schönheit – er ist ja dein Herr –, wirf dich vor ihm nieder!» (45,11).

386. «An die Stelle deiner Väter werden deine Söhne treten.
Du wirst sie zu Fürsten machen über die ganze Erde» (45,17).

ses II. sie nicht selber abholt, mag das damit zusammenhängen, daß sie offiziell als eine Art Tribut betrachtet wurde (ANET 257f). Das «Gebrachtwerden» *(jbl)* in 45,15 bedeutet eigentlich auch «als Gabe gebracht werden». *385* zeigt den Hethiterkönig in seiner für ägyptische Augen äußerst fremdartigen Tracht, wie er in anbetender Haltung Ramses II. seine Tochter überbringt. Ramses II. thront zwischen den Göttern Atum von Heliopolis und Ptah von Memphis. 45,7 ist die einzige Stelle, wo der israelitische König als «Gott» oder «Göttlicher» angesprochen wird.

In 45,11-13 redet der Sänger die Königsbraut an. Sie soll fortan stets ihrem königlichen Herrn zu Willen sein. *386* zeigt eine intime Szene. Der König gießt der zutraulich an seine Knie gelehnten Königin aus einem schmalen Gefäß eine Flüssigkeit in die offene Hand. Das Bild muß nach Westendorf als eine Hieroglyphe gelesen werden und ergibt dann: «Hand» *(ḏr.t)*, «gießen» *(stj)*, «Flüssigkeit» *(mw)*, «Mund» *(r3)* und «trinken» *(sḥb)*. Für den Ägypter ergab sich dabei leicht und eindeutig der vom Bild postulierte Nebensinn (ders. Bemerkungen 141). Trotz des intimen Charakters der Szene tragen König und Königin den vollen Amtsschmuck. Es handelt sich trotz des Intimbereichs nicht um eine private Szene. Der Vorgang dient der Erhaltung der Dynastie. «An die Stelle deiner Väter mögen deine Söhne treten» (45,17). Erst wenn die Erbfolge gesichert ist, sind Dauer, Stabilität und Gedeihen des Reiches garantiert (vgl. S. 247 zu Thron). Die schon erwähnte Serie von Elfenbeintäfelchen aus Ugarit zeigt deshalb neben dem Triumph über die Feinde *(403)* und neben einer Jagdszene *(383)* auch das intime Beisammensein des jungen Königspaares *(387)*. Der leicht gewölbte Bauch scheint Schwangerschaft anzudeuten (vgl. 275).

Nach den Vertretern der kult-mythischen Schule soll 45 nicht eine gewöhnliche Hochzeit, sondern die heilige Hochzeit des Königs mit einer Liebesgöttin besingen. Für Mesopotamien sind aus verschiedenen Epochen Belege erhalten, nach denen sich der König im Rahmen des Neujahrsfestes im Frühling mit Inanna/Ischtar vereinigte *(388;* vgl. Kramer, The Sacred Marriage). Die von der Liebes- und Fruchtbarkeitsgöttin gesuchte (Frankfort, Kingship 297) Verbindung sollte dem Lande für das kommende Jahr Leben und Gedeihen verschaffen. Insofern der König in diesem Zusammenhang stets als Knecht im Dienste der Göttin erscheint, bildet dieser Akt eigentlich einen Bestandteil des Kultus (vgl. *361* und *363)*. Von einer dienenden Haltung des Königs ist in 45 aber ebensowenig die Rede wie vom Segen der Fruchtbarkeit, den die Vereinigung bewirken soll. In 72,16 erscheint der König zwar in Verbindung mit der Fruchtbarkeit des Landes (vgl. auch Gn 49,11-13.25 f Dt 33,13-16). Diese ist aber nicht das Ergebnis der heiligen Hochzeit, sondern der Fürbitten, die man für den König einlegt, weil er den Unschuldigen vor dem Gewalttätigen rettet (v 14f). Wo er für das Recht des Schwachen eintritt, darf er den Erntesegen als Teil seiner Segensherrschaft betrachten (vgl. *389, 389a* und Dürr, Ursprung 94-105). Der Einsatz des Königs für Recht und Gerechtigkeit wird in den Pss (bes. 45,4-8 72,2.4.12ff und 101) sehr stark betont.

Aber auch in den Nachbarländern Israels, besonders in Altbabylonien, gehört er in den engsten Pflichtenkreis des Königs. In einem Brief an Hammurabi (1728-1686 v. Chr.) wird diesem in Erinnerung gebracht: «Marduk, der dich liebhat, hat dich in Wahrheit dazu geschaffen, daß du dem Rechte zum Siege verhelfest» (Dürr, Ursprung 78). Damit appelliert der Briefschreiber an das Selbstverständnis des großen Königs. Dieser hat sich darstellen lassen *(390)*, wie ihm der Sonnengott (Schamasch) den Auftrag gibt, «eine Gesetzgebung im Lande erscheinen zu lassen, den Bösen und Schlimmen zu vernichten und zu verhindern, daß der Starke den Schwachen schädige, damit ich wie Schamasch den Schwarzköpfigen (Menschen) erscheine und das Land erleuchte, (und so) den

387. «Jahwe hat David geschworen,
zuverlässig, er geht nicht davon ab:
(Söhne) aus deiner Nachkommenschaft
setze ich auf deinen Thron!» (132,11).

388. Hieros Gamos. Das Paar ruht auf einem mit kostbaren Decken überzogenen Bett. Unter dem Bett ist der Skorpion der Göttin Ischchara zu sehen (vgl. *333*).

Menschen Wohlbehagen verschaffe...» (ANET 164; vgl. dazu die eben genannten Pss-Stellen.) Die legislative Tätigkeit hängt hier aufs engste mit «Retten» und «Heilbringen» zusammen (vgl. Gamper, Gott als Richter 45–55). Im Mythos erscheinen der Sonnengott oder Ea, der Herr der Weisheit, als Richter (vgl. *285–286*). Wie sie durch ihre richterliche Tätigkeit die kosmische Ordnung in Gang halten, so bewahrt der König (nach ihrem Vorbild) den politischen Kosmos vor dem Chaos (vgl. *122, 5*).

In Ägypten wird die Beziehung des Königs zum (juristischen) Recht weniger betont. Wo im Zusammenhang mit ihm von Maat die Rede ist, ist seiner kosmischen Bedeutung entsprechend in der Regel hauptsächlich an die Weltordnung gedacht. Nach der Kubbanstele sprach Amon bei der Geburt Ramses' II.: «Ich bin es, der ihn gemacht hat. Ich setzte das Recht dadurch wieder an seine Stelle. Die Erde ist befestigt, der Himmel befriedet» (Erman/Ranke, Ägypten 59; vgl. *21*). Dennoch hat sich der Pharao natürlich auch mit der juristischen Ordnung befassen müssen. So erläßt etwa Haremhab (vgl. *353*) eine Reihe von Gesetzen, «indem er Maat tut in den beiden Ländern..., um die Sünde *(isf.t)* abzuwehren und die Lüge *(grg)* zu vernichten» (Schmid, Gerechtigkeit 52).

Neben der legislativen und richterlichen Tätigkeit im engeren Sinne diente jede Art von Belohnung der Guten und Bestrafung der Bösen der Aufrechterhaltung der innern Ordnung. In 101 gelobt der König, die Guten und Zuverlässigen in seine Nähe zu ziehen, die Lügner und Verleumder aber zu vertrei-

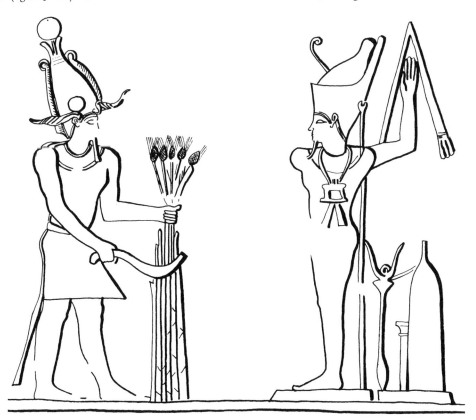

389. «Es sei immer mehr Korn im Lande;
auf den Gipfeln der Berge rausche es!
Wie der Libanon sprosse seine Frucht,
und es mögen blühen seine Halme wie das Kraut des Feldes!» (72,16; Übersetzung von Kraus; vgl. *144, 12–14*).

Während im *Ps 72* die wunderbare Mehrung des Getreides als Fürbitte für den gerechten König formuliert ist, der sich der Schwachen und Armen annimmt, führt der *Pharao* die guten Ernten während seiner Regierungszeit auf seine guten (magisch-kultischen) Beziehungen zum Korngott zurück: «Ich bin es, der das Getreide schuf, (weil ich) ein Geliebter des Krongottes (war) ... Nicht hungerte man in meinen Jahren» (Lehre Amenemhets I. XI).

389a. Das Bild zeigt, wie 389, einen Fruchtbarkeitsritus. Der Pharao führt vier verschiedenfarbige Kälber zum Dreschen vor den Fruchtbarkeitsgott Min. Der Ritus soll nach den Begleittexten das Getreide mehren. Welche Bedeutung dabei dem Zerschneiden der Schlange zukommt, deren Kopf- und Schwanzteil der Pharao als Stöcke in Händen hält, ist nicht klar (vgl. Blackman/Fairman, The Significance).

ben. In Ägypten finden wir von der 18. Dynastie an häufig die Belohnung verdienter Beamter durch den König dargestellt (391). «Neben einer mit Kissen belegten ‹Erscheinungsbank› steht König Haremhab mit dem Heqa-Zepter und der Geißel in der linken Hand, während er sich mit dem rechten Arm auf das Kissen stützt und die Hand redend ausstreckt. Hinter dem König stehen zwei Aufwärter, vor ihm steht der Schatzhausmeister May, der in der linken Hand einen Wedel und ein Tuch hält und die rechte Hand dem König entgegenstreckt. Hinter diesem Beamten verneigen sich zwei andere in Veziertracht, die als Vorsteher der südlichen und nördlichen Stadt benannt sind. Daneben sind zwei Diener mit der Befestigung des Goldes am Halse des Grabinhabers und mit der Salbung seines Körpers beschäftigt. Neferhotep hebt jubelnd seine Hände. Schließlich verläßt er, in Begleitung eines anderen Gottesvaters des Amon namens Parennefer, den Festplatz. Beide Männer tragen das Gold der Belohnung um den Hals und werden vom Vater des Grabinhabers empfangen und begrüßt» (Radwan, Die Darstellungen des regierenden Königs 32f).

Zu den Pflichten des Königs gehört neben der Belohnung der Guten auch die Ausmerzung der Übeltäter (101, 8). 392 zeigt, wie sechs mit Stöcken bewaffnete Polizisten herbeieilen (oben rechts) und dem Polizeichef (links außen) Mitteilung von

390. «Jahwe, übergib deine Rechtssprüche dem König und deine Gerechtigkeit dem Königssohn!
Er richte dein Volk in Gerechtigkeit und deine Elenden mit Recht» (72,1f).

391. «Meine Augen ruhen auf den Treuen im Lande, damit sie bei mir wohnen. Wer rechte Wege geht, der soll mir dienen» (101,6).

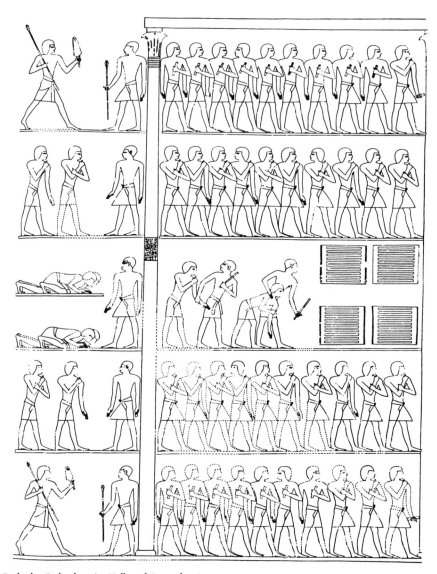

393. «Er verschaffe Recht den Bedrückten im Volk und Raum den Armen und trete den Bedrücker nieder» (72,4).

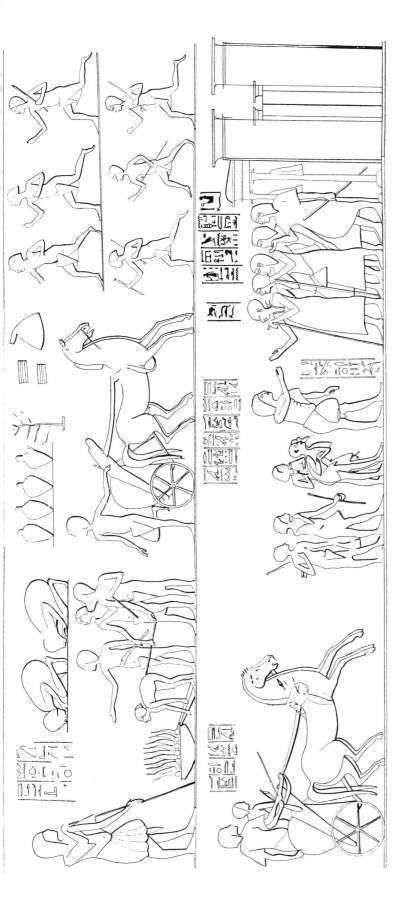

392. «Morgen für Morgen will ich verstummen lassen alle Frevler im Lande und alle Verbrecher aus der Stadt Jahwes austilgen» (101,8).

einem gefährlichen Vorfall erstatten. Da es offenbar noch Nacht oder früher Morgen ist, hat man ein Kohlenfeuer angezündet. In der Mitte der Szene steht der Wagen für den Polizeichef bereit. Links unten fährt er und rechts unten wird der glorreiche Ausgang der Expedition geschildert. Der Polizeichef führt dem Vezier zwei gefangene Nomaden (?) und einen Ägypter vor. Der Vezier tritt eben mit seinem Gefolge aus dem Palast. Die Erwartung der Hilfe Gottes am Morgen (90,14 143,8) hängt u. a. wohl mit dem Brauch der Rechtsprechung am Morgen zusammen (Ziegler, Die Hilfe Gottes). Diesem Brauch liegt – abgesehen davon, daß man ganz allgemein sehr früh mit der Arbeit beginnt und daß die Übeltäter oft nachts gefangen werden – letztlich – vielleicht die Tatsache zugrunde, daß der Sonnengott am Morgen alles Böse vertreibt (vgl. 53 und 286 104,22; Hi 38,12f).

393 bietet einen Blick in die Gerichtshalle. An der rechten Seite des Bildes ist der Vezier zu denken. Eine über ihm angebrachte Inschrift benennt die Szene: «Sitzung, um die Klagen zu hören in der Gerichtshalle des Veziers.» ... «Das Dach der Gerichtshalle wird von Palmensäulen getragen. Auf einem Schild ungefähr in der Mitte des Säulenschaftes links sind die Namen des Pharao (Thutmosis III.) und darunter der des Veziers (letzteres kaum in Wirklichkeit) eingegraben» (Wreszinski, Atlas I Taf. 331). Der König ist die Säule von Recht und Gerechtigkeit (vgl. 21). Vor dem (nicht sichtbaren) Vezier «liegen auf vier Matten die vierzig Gesetzesrollen, deren Einsichtnahme jedermann freisteht. Beiderseits an den Wänden stehen Schreiber, gegen den Mittelgang zu richterliche Beamte. Die Mitte bleibt für die streitenden Parteien frei, die draußen warten müssen, bis die Gerichtsdiener sie hineinlassen oder auch nötigen» (Wreszinski, Atlas I Taf. 331; vgl. Erman, Ägypten 157f). Diese Deutung der Szene ist allerdings nicht unbestritten. N. de G. Davies (The Tomb of Rekh-mi-rēʿ I 31f) sieht auf den Matten nicht 40 Gesetzesrollen, sondern die Stäbe der 40 Distriktsvorsteher liegen, die vorgeladen sind, ihre Abgaben zu entrichten. Um ihre Unterordnung unter den Vezier zum Ausdruck zu bringen, hat man ihre Stäbe, die Zeichen ihrer Macht, vor diesem niedergelegt. Buchrollen sind kürzer und mit einer Schnur umwickelt. Dennoch stellt das Bild, wie sein Titel sagt, auch eine Gerichtsszene dar, denn das Erscheinen vor dem Vezier wurde dazu benützt, allerhand Streitigkeiten zu schlichten. Während in Ägypten durchwegs der Vezier als oberster Richter erscheint, übt in Israel der König dieses Amt selber aus (2 Sm 15,2ff 1 Kg 3,16–28). Mindestens in der frühen Königszeit scheint es das Amt des Veziers in Israel überhaupt nicht gegeben zu haben (vgl. Begrich, Sōfēr und Mazkīr 95; vgl. 328a).

5. Die Abwehr der Feinde

Der Hauptgrund, der in Israel zur Umbildung des alten, losen Stämmeverbandes in eine Monarchie geführt hatte, war, wie eingangs des Kapitels gesagt wurde, die Philistergefahr. Der Krieg hat bei der Entstehung des Königtums nicht überall diese entscheidende Rolle gespielt. Aber von wenigen Ausnahmen (wie etwa der neubabylonischen Periode) abgesehen, gehören die spektakulären kriegerischen Funktionen des Königs durch die Jahrhunderte zu den am häufigsten und eindrücklichsten dargestellten. Stärker als bei allem Vorangehenden zeigt sich in den Kriegsszenen auch der Unterschied zwischen staatlicher und vorstaatlicher Zeit, zwischen ägyptischem und mesopotamischem Königtum (vgl. Frankfort, Kingship 3–12!).

Die Schnitzereien auf dem Elfenbeingriff eines Feuersteinmessers aus der Zeit vor der ägyptischen Reichsgründung (um 3000 v. Chr.) zeigt den Kampf zweier Gruppen (394). Dabei kämpft in einem wilden Durcheinander Mann gegen Mann. Die besser bewaffnete Gruppe der Kahlgeschorenen ist im Begriff, über die Gruppe der Langhaarigen zu siegen. Dennoch handelt es sich auch für die Kahlgeschorenen um einen wirklichen Kampf auf Leben und Tod, wie die Toten zwischen den beiden Bootsreihen zeigen.

Mit der Reichseinigung verschwinden solche Szenen fast ganz. Erstens kämpft und siegt fortan in der Regel nicht mehr eine Gruppe, sondern der König. Er mag zwar, wie auf den Schlachtbildern des Neuen Reiches, von einer riesigen Armee begleitet sein, aber er dominiert das Kampfgeschehen in einer Weise, die das ganze Heer (ähnlich wie im Gedicht des Pentaur) nur als Dienerschaft von zudem fraglichem Nutzen erscheinen läßt.

Zweitens kann man eigentlich gar nicht mehr von einem Kampf sprechen. In seiner gottähnlichen Überlegenheit vernichtet der König die Feinde, ohne daß diese den Mut auch nur zum Versuch finden, Widerstand zu leisten

Diese mit der Heraufkunft des Königtums verbundene Darstellung von Krieg und Kampf findet ihren stärksten Ausdruck in der monumentalen Hieroglyphe vom Niederschlagen der Feinde. Sie wird in Ägypten von der Zeit der Reichseinigung bis in die der großen griechisch-römischen Tempel immer wieder und unzählige Male dargestellt (vgl. Schäfer, Das Niederschlagen der Feinde).

Ein Blick in die Königspss genügt, um zu sehen, daß der kämpfende König hier genauso gesehen wird, wie ihn die ägyptische Ikonographie sieht. Die Gestalt des Königs nimmt monumentale Größe an. Von einer Armee ist gar nicht die Rede. Die Überlegenheit des Königs ist absolut. Er schlägt die Feinde nieder und zertritt sie wie Gassenkot. Die Psalmverse zu den einzelnen ägyptischen Darstellungen lassen die enge Verwandtschaft beider Auffassungen deutlich zutage treten. Die Vorgeschichte des ägyptischen Sinnbildes vom Nieder-

394. Darstellung eines Kampfes aus dem vordynastischen Ägypten.

schlagen läßt sich in die vorstaatliche Zeit zurückverfolgen. Im Grab von Hierakonpolis erscheint neben Boots-, Jagd- und Kampfszenen auch die Darstellung einer Hinrichtung (395). Drei mit einem Strick zusammengebundene Männer werden von einem vierten, erheblich größer dargestellten, aber sonst durch keinerlei Insignien ausgezeichneten Mann mit einer Keule niedergeschlagen. Neben der Hinrichtung finden sich im Grab von Hierakonpolis auch eigentliche Kampfszenen (396). Während die Kampfszenen mit der anbrechenden Königszeit, wie gesagt, fast ganz verschwinden, wird der Hinrichtungsszene eine durch drei Jahrtausende währende Hochschätzung zuteil.

Die älteste bekannte klassische Gestaltung ist die auf der Narmerpalette (397). Der Name Narmer (nʿr «Wels»; mr «Meißel») ist am oberen Rand der Palette zwischen den beiden Hathorköpfen zu finden. Den Hauptteil der Palette füllt die riesenhafte Gestalt des Königs. Er trägt die oberägyptische Krone. In der Rechten schwingt er die Keule. Mit der Linken faßt er einen Feind am Schopf. Der haarige Scheitel des Gefangenen erscheint auch in den Pss als Charakteristikum der Feinde (68,22). Er soll das Tier- und Triebhafte signalisieren (vgl. Gunkel, Psalmen 285). Der Gefangene erwartet mit verkrampften Fäusten den Todesschlag. Weder versucht er, Widerstand zu leisten, noch bittet er um Mitleid. Die Hieroglyphen rechts von ihm charakterisieren ihn als Vertreter des Harpunengaus im Delta. Der unterste Teil der Palette wird von zwei fliehenden, sterbenden oder toten Feinden ausgefüllt. Jedem ist eine Hieroglyphe beigegeben. Diese konnten bis jetzt nicht mit Sicherheit gedeutet werden. Y. Yadin (The earliest Record) hat im Zeichen rechts eine transjordanische Gabelhürde vermutet (vgl. 314). Der König ist barfuß. Seine Sandalen trägt ein Diener, der nebst diesen ein Wassergefäß mit sich führt. Es dürfte zur Reinigung des Königs dienen (vgl. 168). Denn wie die Barfüssigkeit zeigt, befindet sich der König auf heiligem Boden (vgl. 411 und 424). Das Niederschlagen des Feindes ist hier kein profaner Akt. Die symbolische Gruppe rechts oben verdeutlicht das. Ihre Hauptbestandteile sind ein Falke und die Hieroglyphe für das Land, das durch sechs Papyrusstengel näher bestimmt wird und nach links in den Kopf eines Gefangenen ausläuft. Dieser

395. Hinrichtungsszene aus dem vordynastischen Grab von Hierakonpolis in Oberägypten.

396. Kampfszene aus dem Grab von Hierakonpolis.

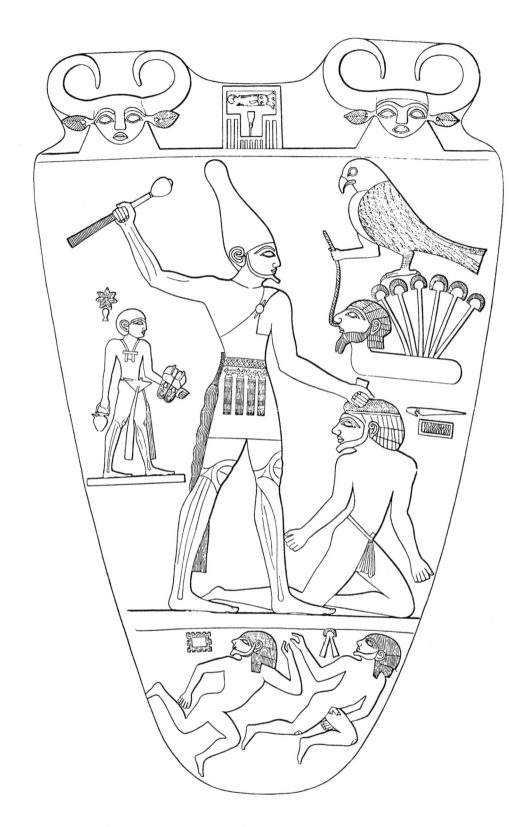

397. «Der Herr ist dir zur Rechten. Am Tag seines Zornes zerschmettert er Könige. Er hält Gericht unter den Völkern. Es häufen sich Leichen...» (110, 5. 6a).

Taf. XX. «Deine geschärften Pfeile erschrecken die Völker, die Königsfeinde verlieren den Mut» (45, 6).

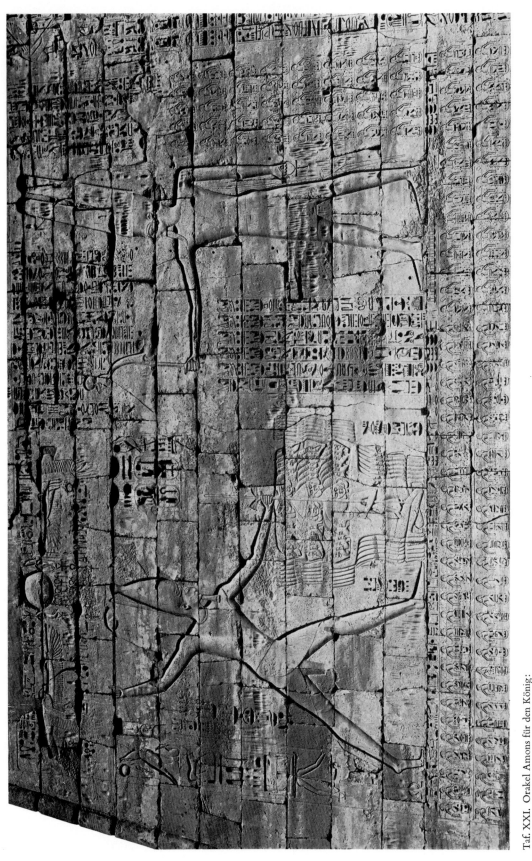

Taf. XXI. Orakel Amons für den König:

«Ich gebe dir Kraft und Sieg gegen alle Fremdländer. Ich setze deine Macht und die Furcht vor dir in alle Länder und den Schrecken vor dir bis an die vier Stützen des Himmels (vgl. 28) ... Die Großen aller Fremdländer sind in deiner Faust vereinigt; ich selbst strecke die Hände aus und binde sie dir. Ich schnüre die nubischen Trogodyten zusammen zu Zehntausenden und Tausenden und die Nordvölker zu Hunderttausenden, gefangen ... wie ich denn dir die Erde überantworte, so lang und breit sie ist, und die Westvölker und die Ostvölker stehen unter deiner Aufsicht» (Erman, Literatur 319).

398. «Ja, Gott zerschmettert den Kopf seiner Feinde,
den haarigen Scheitel dessen,
der in seiner Schuld einhergeht» (68,22).

gleicht ganz dem des Gefangenen, den der König am Schopf hält. Die symbolische Gruppe dürfte bedeuten: «Der Falkengott Horus hat die Bewohner des Papyruslandes (d.h. des Deltas) gefangengenommen» (vgl. Gardiner, Grammar 7). Es ist der Gott, der den Sieg gebracht hat. Die Gefangenen gehören ihm. Das Niederschlagen hat Opfer-, resp. Banncharakter (vgl. Jesi, Sacrifice humain). Dieser Vorstellung begegnen wir auch im alten Israel (vgl. bes. 1 Sm 15 Jos 6, 17f). In den Pss fehlt dieser Zug allerdings ganz. Nirgends hören wir etwas von der Opferung der Feinde. Hingegen bleibt der Glaube, daß Jahwe dem König die Feinde in die Hand gibt, unvermindert in Kraft (2,8 110,1).

Die Narmerpalette dürfte zum Dank für den entscheidenden Sieg Oberägyptens über die bedeutendste unterägyptische Macht in den Tempel von Hierakonpolis geweiht worden sein. Sie sollte den Dank des Königs verewigen und seine und die Siegesmacht des Falkengottes festigen. Aber längst nicht alle Darstellungen des Niederschlagens der Feinde haben wie

399. «Deine Hand wird alle deine Feinde finden, deine Rechte findet deine Hasser» (21,9).

die Narmerpalette Erinnerungsfunktion (zu dieser vgl. Breasted, A History 156f; Gardiner, Egypt 199f).

Das Niederschlagen der feindlichen Häuptlinge wird schon früh – von Ausnahmen abgesehen – außer Brauch gekommen sein (ebd. 253). Dennoch wurde das Bild immer wieder angebracht. Wiederholt hat man die Ansicht vertreten, die Darstellung der Szene in gefährdeten Grenzgebieten wie bei Assuan oder auf der Sinaihalbinsel *(398)* hätte eher Propaganda- als Erinnerungscharakter. Sie sollte invasionslüsternen Stämmen die Macht des Pharao vor Augen führen und ihnen dadurch alle Aggressionsgelüste austreiben (de Morgan, La préhistoire II 240.246; Gardiner/Peet/Černý, Inscriptions of Sinai II 27). Tatsächlich waren die Bilder aber oft an Stellen angebracht, wo sie kaum gesehen werden konnten. Vom Relief des Sechemchet *(398)* aus überblickt man zwar das ganze Gebiet des Wadi Maghara, aber die äußerst schwer zugängliche Darstellung ist vom Tal her nicht sichtbar (Gerster, Sinai 44).

Die Bedeutung dieser Abbildungen lag nicht (jedenfalls nicht hauptsächlich) in einem Beitrag psychologisch-propagandistischer Natur, was modern gedacht ist, sondern ihre Aufgabe war, in diesem gefährdeten Gebiet auf magische Weise die unwiderstehlich siegreiche Macht des ägyptischen Königs gegenwärtig zu setzen (vgl. Helck, Sinai-Inschriften 423). Diese Auffassung erklärt auch die Beliebtheit des Themas. Je häufiger das «Zauberbild» dargestellt wurde, um so stärker wurde die Macht des Pharao, das Land gegenüber allen Angriffen zu verteidigen. Diese Hauptfunktion schließt nicht aus, daß es gelegentlich Erinnerungen an historische Ereignisse aufrechterhielt, der Eitelkeit des Herrschers schmeichelte und auf potentielle Invasoren eine entmutigende Wirkung ausübte.

Während sich in der Szene des Niederschlagens der Feinde an der Gestalt des Königs durch die Jahrhunderte kaum etwas Wesentliches geändert hat, tritt spätestens am Ende der Pyramidenzeit an die Stelle des einen Gefangenen ein ganzes Bündel (Schäfer, Das Niederschlagen 173ff). Durch die Masse *(399)* wird der Eindruck des Chaotischen verstärkt. Wie 142 und

399a. Der König mag besonders in der Frühzeit gelegentlich einen oder mehrere feindliche Fürsten eigenhändig erschlagen haben (vgl. Jesi, Sacrifice humain). Meistens ist die Szene des Niederschlagens aber nicht als Sehbild zu betrachten, sondern als Denkbild zu lesen. Das «Erheben der Keule» bedeutet «überwältigen», «besiegen», «sich einer Sache bemächtigen». Nur wenn wir die Gestalt des Königs, der die Keule schwingt, so lesen, ist es sinnvoll, wenn bei Mentuhotep, dem Begründer des Mittleren Reiches, anstelle der Nubier oder Asiaten die beiden Wappenpflanzen von Ober- und Unterägypten erscheinen. Mentuhotep hat nach den Wirren der ersten Zwischenzeit die «Beiden Länder» nicht niedergeschlagen, sondern sich ihrer bemächtigt (vgl. *132a*).

400. Die Szene des Niederschlagens auf Skarabäen, die in Palästina gefunden wurden (a. Beth Schan, b. bēt mirsim, c. el-fār'a).

144 zeigen, sind für das assoziative Denken des AO Landesfeinde und Chaosmacht zuinnerst verwandt. Neben den neuen Gestaltungen des Motivs (Sichelschwert statt Keule; Bündel von Gefangenen anstelle eines Einzelnen usw.) bleiben die alten weiterbestehen. Die symbolische Natur des Bildmotivs machen *399a* und *132a* deutlich.

Von der Mitte des 2. Jt. s v. Chr. an wurde das Motiv – wohl hauptsächlich durch die Vermittlung der Phöniker – über den ganzen Mittelmeerraum verbreitet. Es ist auch in Palästina nicht unbekannt geblieben (vgl. Moscati, Un avorio). Skarabäen aus tell el-fāraʿ, bēt mirsim, Lakisch, Megiddo, Beth-Schan und anderen Ausgrabungen zeigen es in Kleinstformat *(400)*. An die Stelle der altertümlichen Keule ist durchwegs das Sichelschwert getreten. Nebst den Skarabäen sind im palästinensischen Bereich vor allem Terrakottaplaketten (Ronzevalle, Tablettes égyptiennes) und Elfenbeinschnitzereien *(401)*, die den Triumph des Königs zeigen, gefunden worden.

In einer für Ägypten nur selten belegten Abwandlung des Motivs *erschlägt* der Pharao den Gefangenen nicht, sondern *ersticht* ihn *(402)*. Diese Variante ist durch eine sehr sorgfältig gearbeitete Elfenbeinschnitzerei für Ugarit belegt *(403)*. Sie bildet einen Teil des 16 Tafeln umfassenden Elfenbeinpaneels, das in der Darstellung verschiedener Aspekte des Königtums (vgl. *383* und *387*) kanaanäische und ägyptische Elemente aufs engste verbindet (Schaeffer, Les fouilles 14–67, bes. 40–42). So kann die ägyptisierende Darstellung des Königs in den Pss zum Teil auf kanaanäische Vermittlung zurückgehen. Mag das Niederschlagen eines zusammengesunkenen oder an den

401. Die Szene des Niederschlagens auf einem Elfenbeintäfelchen aus Samaria.

402. Pharao Achmose (1570–1545 v. Ch.) schlägt einen Feind nieder.

403. Der König von Ugarit (1400–1350 v. Chr.) schlägt einen Feind nieder.

404. «Du machst meine Schritte weit, und meine Knöchel knicken nicht.
Ich verfolge meine Feinde und hole sie ein und kehre nicht um, bis ich sie vernichtet.
Ich schlage sie, daß sie sich nicht mehr erheben, sie fallen hin unter meine Füße.
Du hast mich mit Kraft für den Kampf gegürtet, läßt meine Gegner unter mir zusammenbrechen» (18, 37–40)

Haaren gepackten Feindes mit der Keule oder dem Sichelschwert auch Mesopotamien nicht ganz fremd gewesen sein (Frankfort CS XXVIIId; XLIIf; Porada, Corpus Nr. 382, 877), so hat das Motiv dort doch nie die sinnbildhafte Kraft und zentrale Bedeutung bekommen, die ihm in Ägypten eignete, und seine Ausstrahlungskraft war denn auch entsprechend gering.
In Mesopotamien wurde der König als Knecht der Götter nie in dem Maß über seine Umwelt hinausgehoben, wie das in Ägypten von Anfang an der Fall war. Die älteste bedeutende Kriegsdarstellung aus dem mesopotamischen Raum zeigt den

Herrscher Eannatum nicht als übermenschlich-einsamen Sieger, sondern als Vorkämpfer an der Spitze seiner Truppe, die im gleichen Maßstab wie er dargestellt ist (Taf. XVIII). Diese fehlt selbst auf Monumenten der Akkadzeit (2350–2150 v. Chr.) nicht, während der die Könige, die das Zweistromland beherrschten, für sich ausnahmsweise eine Stellung beanspruchten, die sonst für Ägypten typisch ist. Auf der berühmten Stele Naramsins (Taf. XIX) ist die Funktion der Truppe allerdings auf die Bewunderung der königlicher Siegestat beschränkt. Die Tradition ist aber immerhin stark genug, wenigstens ihre Gegenwart zu garantieren. Hingege

405. «Du hast mir den Rücken meiner Feinde zugekehrt. Ich lasse die, die mich hassen, verstummen.
Sie schreien, doch da ist kein Retter, zu Jahwe, aber er antwortet nicht.
Ich lasse sie wie Staub vor dem Winde wirbeln und mache sie nichtig wie Gassenkot» (18,41-43).

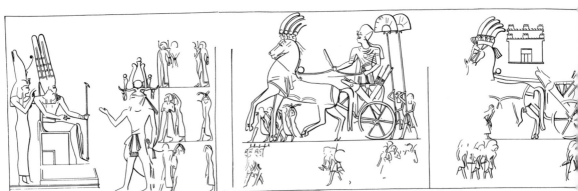

405a. Dem Alten und dem Mittleren Reich scheint das Sinnbild vom Niederschlagen zur Darstellung der königlichen Abwehr- und Siegesmacht weitgehend genügt zu haben. Im Neuen Reich werden die Siege des Königs, wie dies früher schon für die Gründung eines Tempels oder das Erneuerungsfest der königlichen Macht (Sedfest) üblich war, in einer ganzen Reihe von Reliefs dargestellt. Diese legen eindrücklich dar, daß der Krieg ebenso wie alle anderen wichtigen Geschehen von religiösen Zeremonien getragen war.
Obere Reihe (von rechts nach links): *a)* Der thronende Amon überreicht dem Pharao das Sichelschwert mit den Worten: «Nimm das Schwert, mein geliebter Sohn, um damit die Häupter der aufrührerischen Länder zu schlagen.» Die Übergabe des Schwertes legitimiert den Krieg und ist zugleich ein Unterpfand des Sieges (vgl. Jos 5,13–15; *297*). *b)* Der König verläßt mit dem Sichelschwert in der Rechten und dem Bogen in der Linken den Tempel. Vier Götterstandarten werden vor ihm hergetragen, zuvorderst die des kämpferischen Upaut, «des Öffners der Wege» (vgl. *307a*), dahinter die der thebanischen Triade, Chons, Mut und Amon (vgl. *256a*). Mit segnender Geste folgt der Kriegsgott Month dem König (vgl. *357*). *c)* Der König besteigt den Kriegswagen, um gegen die Libyer zu Felde zu ziehen, die die Westgrenze Ägyptens bedrängen (vgl. *381*, das diese Szene mit allen Details zeigt). *d)* Der König und seine Armee auf dem Marsch an die Front. Zwischen den Füßen der Pferde ist der zahme Löwe des Königs zu sehen (vgl. *103*). Dem königlichen Kriegswagen fährt der Wagen mit der Standarte Amons (Widderkopf, vgl. *162*) voran.

kann sie in Ägypten selbst im Neuen Reich (ca. 1610–1085a) ohne weiteres fehlen *(404)*, obgleich diese Zeit es sonst liebt, den König mitten unter seinen Truppen erscheinen zu lassen. Dabei steht er meist in dem seit dem Beginn der 18. Dynastie (ca. 1570–1345 v. Chr.) auftauchenden Streitwagen. Wie ein Gott bricht er ins Kampfgetümmel ein *(405* und Taf. XVII). Kein einziger Feind wagt ihm entgegenzutreten, kein einziger wagt, auf ihn zu zielen. Von seinen Pfeilen hingestreckt liegen sie vor ihm, wenden sich entsetzt ab oder strecken Gnade flehend ihre Arme aus (vgl. *132a, 245, 245a*).
Ganz anders wird das Erscheinen des Assyrerkönigs auf dem Kampfplatz dargestellt (Taf. XX). Er steht, im Gegensatz zum ägyptischen König, nicht (ganz unrealistisch) allein im Wagen, sondern hat seinen Schildhalter und einen Wagenlenker bei sich. Aus literarischen Quellen wissen wir, daß auch der ägyptische König seinen Wagen mindestens mit einem Fahrer *(ktn)* teilte. Die ägyptischen Wagen hatten in der Regel eine Zwei-Mann-Besatzung. Aber die Darstellung des Fahrers würde der Einzigartigkeit des Königs Abbruch tun.
Noch deutlicher ist der Unterschied zwischen beiden Darstellungen im Hinblick auf das Verhalten der Feinde. Während das Erscheinen des ägyptischen Königs allgemeine Panik auslöst, und kein einziger seinen Arm gegen den König zu erheben wagt, leisten auf dem assyrischen Relief die feindlichen Bogenschützen erbitterten Widerstand. Allerdings entsinkt auch ihnen beim Nahen des Königs der Mut (45,6). Während die beiden Schützen rechts außen ihre Bogen kraftvoll gespannt haben, scheint der mittlere die nötige Kraft nicht mehr aufzubringen und der dem König zunächst stehende wendet sich mit einer angstvoll abwehrenden Gebärde

Untere Reihe (von rechts nach links): *e)* Das königliche Gespann steht der formlosen Masse sterbender und fliehender Feinde als geballte Macht gegenüber (vgl. *405*, Taf. XVI und XVII). Innerhalb dieses mythisch-zeitlosen Gegeneinanders von Kosmos und Chaos bildet das ägyptische Heer, das mit seinen Söldnerverbänden die Libyer von beiden Seiten in die Zange nimmt, ein erzählerisch-historisches Element. Dieses fällt optisch allerdings kaum ins Gewicht. *f)* Nach der Schlacht wendet sich der König vor einer ägyptischen Festung an seine Beamten und Offiziere. Er rühmt nicht etwa deren Tapferkeit, sondern, was *Amon-Re* für *ihn* getan hat, der ihn vor den Feinden als Gott erscheinen ließ, und das Heer respondiert: «Glücklich ist das Herz Ägyptens für ewig, denn sein Beschützer hat einen starken Arm…» Vor dem König werden die abgehauenen Hände und Phalli der getöteten Feinde zu Haufen geschichtet, und die lebend gefangenen Libyer werden gebunden herbeigeführt. *g)* Der König kehrt mit den Gefangenen (zwischen den Füßen der Pferde) und seiner Armee nach Theben zurück. *h)* Er übergibt Amon und seiner Gemahlin Mut Kriegsgefangene als Tempelsklaven. Dazu spricht er: «Wie gewaltig ist, was du getan hast, Herr der Götter, deine Gedanken und deine Pläne setzen sich durch, denn du bist es, der mich gesandt hat in Macht. Dein Schwert war mit mir…» (eine Übersetzung aller Texte dieser Szenen findet sich in Edgerton/Wilson, Historical Records 4–19). Nicht alle diese Kriegszyklen zeigen eine so intensive theologische und liturgische Rahmung, aber sie fehlt nie ganz.

zur Flucht, um das Schicksal desjenigen zu erleiden, der, von zwei Pfeilen im Rücken getroffen (unter den Pferden des Assyrers), davonzukriechen sucht. Diese Viererfolge zeigt, daß der Widerstand schrittweise gebrochen werden muß und also ein wirklicher Kampf stattfindet, während das Erscheinen des ägyptischen Königs jedem Widerstand schlagartig ein Ende bereitet.

Vielleicht spielt bei den ägyptischen Darstellungen neben der Auffassung vom Königtum auch die stark magische Auffassung vom Bild eine Rolle. Die *Darstellung* eines Bogenschützen, der den König bedroht, kann bei dieser Sicht der Dinge gefährliche Konsequenzen haben.

In den Pss ist es bald der König (18,38f), bald Jahwe (110,5f), der den Feinden den Schädel zerschmettert *(mḥṣ)*. In der Regel liegt die Initiative bei Jahwe.

Auf Taf. XX schwebt über den Pferden, die den Wagen des Königs ziehen, der Gott Assur, der parallel zum König seinen Bogen spannt. Der klein dargestellte Gott interpretiert das Unternehmen des Königs. Dieser kämpft als Knecht und Statthalter Gottes im Auftrag des Gottes und für den Gott. Auffallend ist die Diskretion, mit der die Beteiligung der Gottheit angedeutet ist. Das Historische dominiert die Szene. In Ägypten (und – soweit nicht durch die Adoptivvorstellung modifiziert – in Israel) steht in der Regel das Theologische ganz im Vordergrund. *Der König* siegt, insofern er selber Gott ist. Die Gottheit übergibt dem König Länder und Völker, insofern er ihr Sohn ist (vgl. 2 und *332–342*).

Taf. XXI zeigt Ramses III. bei der bekannten Szene des Niederschlagens der Feinde. Ihm gegenüber steht der Reichsgott Amon, in der Hand das Sichelschwert. Unter seinem ausge-

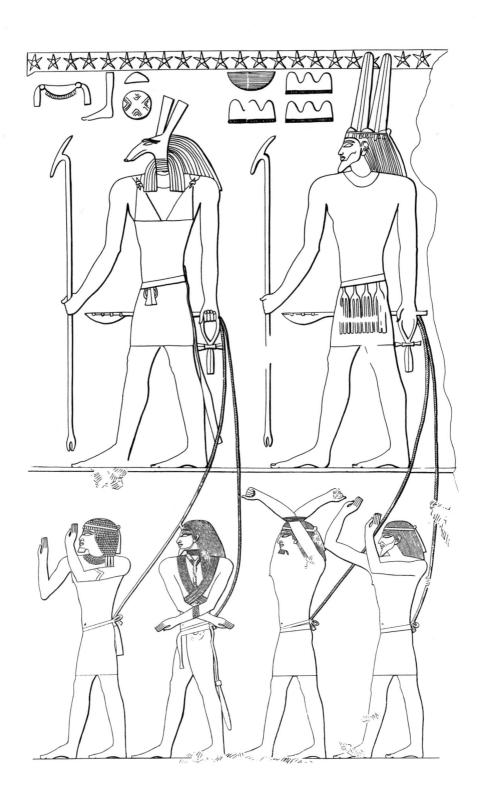

406. «Die Könige der Erde treten an, und Fürsten schließen sich zusammen
gegen Jahwe und gegen seinen Gesalbten:
Wir wollen ihre Fesseln zerschlagen und ihre Stricke von uns werfen!
Der im Himmel wohnt lacht, der Herr spottet ihrer» (2, 2-4).

streckten Arm und in die Mauerringe, die den Leib der Gefangenen unterhalb der Füße Amons und des Königs bilden, sind die Namen von 249 Völkern und Städten eingeritzt, die Ramses III. im achten Jahr seiner Herrschaft besiegt und erobert haben will. Die Haltung des Gottes, der dem König das Sichelschwert (vgl. *399, 400*) entgegenstreckt und die Stellung der Feindnamen (unter seinem Arm) besagen, daß Amon es ist, der dem Pharao seine Feinde ausliefert.

Deutlicher wird dieser Glaube von Taf. XXII ausgedrückt. An zwei Bündeln von Stricken führt Amon dem Pharao fünf Reihen von je 13 Gefangenen zu. Ihre Leiber sind, wie bei Taf. XXI, als Mauerringe gestaltet. Ihr Kopf ist der von Asiaten. Die Szene stellt nämlich das Ergebnis der Palästinaexpedition dar, die Scheschonk I. um 925 v. Chr. unternommen hat (vgl. 1 Kg 14,25 f 2 Chr 12,2–4). Das Bild bekennt, daß die Städte, die Scheschonk dabei eroberte (oder richtiger: plünderte) eine Gabe Amons und der Gaugöttin von Theben (Uaset) waren. Diese führt (unterhalb der Füße Amons) dem König, ganz ähnlich wie Amon selbst, sechs Reihen von je 17 Städten zu. Rechts von Amon und Uaset ist das Bündel der Gefangenen zu sehen, die niederzuschlagen der König sich anschickt. Was Taf. XXI und XXII in einer einzigen Szene konzentriert zeigen, faltet der Zyklus von *405 a* in acht Szenen auseinander.

Die geschichtstheologische (vgl. allerdings das oben S. 202 zum Krieg als «Natur» Gesagte) Vorstellung vom Gott, der die Feinde in die Hand des Königs gibt, ist in Ägypten uralt. Schon auf der vorgeschichtlichen Palette *135* (rechts oben) scheint eine Göttin dem König ein feindliches Land gefangen zuzuführen. Auf der Narmerpalette *(397)* ist es der Falkengott, der das Papyrusland an den König ausliefert. Dabei ist die Szene, wie auf Taf. XXI und XXII, bereits mit der des Niederschlagens verbunden.

Schon sehr früh muß das Thema großartige Gestaltungen erfahren haben. Auf einem Reliefragment *(406)* aus der Pyramidenanlage des Sahure (um 2480 v. Chr.) sieht man riesengroß die Götter Seth (links) und Sopdu (rechts). Sopdu trägt den Titel: «Herr der bergigen Fremdländer». Sie führen, feierlich daherschreitend, dem Pharao an langen Stricken je zwei Gefangene zu. Der erste (von links) ist ein Ostafrikaner aus Punt, der zweite ein Libyer, der vierte ein Asiate (Sinai-Syrien-Palästina), der dritte wahrscheinlich ebenso, doch ist er nicht sicher zu bestimmen. Es handelt sich jedenfalls um die Vertreter der traditionellen Feinde Ägyptens. Sie sind hier nicht durch Ideogramme *(397)* oder durch Städte- und Völkernamen (Taf. XXI und XXII), sondern durch den Menschentyp (den Libyer, den Asiaten usw.) dargestellt. Die Gefangennahme der Fremdvölker durch die Götter ist bei Sahure nicht mit dem Motiv des Niederschlagens verbunden, sondern ähnlich wie auf der Schlachtfeldpalette *(135)* mit dem des Königs, der als Löwe oder bei Sahure als Löwengreif die Feinde vernichtet (vgl. Borchardt, Das Grabdenkmal II 18).

Mit den vorangehenden Darstellungen ist jene des Stadtgottes von Lagasch eng verwandt, der die Feinde «seines» Königs mit dem Netz gefangenhält und mit der Keule erschlägt *(110)*. Das Motiv der am *Strick* geführten Feinde zeigt eine Stele Asarhaddons (680–669 v. Chr; *407*). Die beiden Feinde sind Abdimilkutti von Sidon (oder Ba'lu von Tyrus) (stehend) und der Nubierpharao Usanahuru (kniend) oder sein Vater, der im AT erwähnte Tirhaka (2 Kg 19,9 Jes 37,9). In der Hand hält der König, wie rund 2000 Jahre früher der Stadtgott von Lagasch, die Keule. Obgleich der König die feindlichen Herrscher gefangenführt und die Keule hält, bekennt die Stele den Triumph doch (auch) als Werk der Götter. Asarhaddon erhebt den «Becher der Heilstaten» (116,13; vgl. Taf. XXIII, XXVI und *444*) zu den Emblemen der Götter (zuoberst von links nach rechts: Siebengestirn, Assur, Himmelskönigin, Sin, Schamasch, nicht zu identifizierender männlicher Gott, Adad, Ischtar-Stern, Marduk, Nabu, Ea, Ninurta). Die Inschrift, «die über das Bild und die Rückseite hinweggeht, befiehlt zum Schluß, den Denkstein mit Öl zu salben und Lobpreis dem Gotte Assur darzubringen» (AOB zu Nr. 143 und 144).

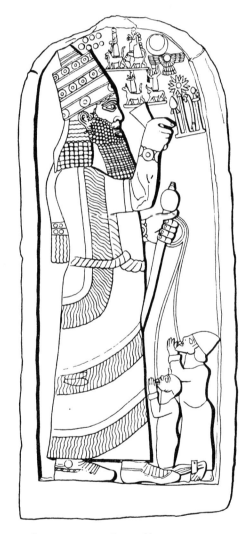

407. «... ihre Könige in Fesseln zu schlagen,
ihre Vornehmen in eiserne Ketten;
an ihnen den Urteilsspruch zu vollstrecken,
wie er geschrieben steht.
Eine herrliche Ehre ist es für alle,
die treu zu ihm stehen» (149, 8 f).

408. «Vor ihm beugen sich die Wüstenbewohner (Osten), seine Feinde lecken den Staub.
Die Könige von Tarsis und von den Inseln (Westen) bringen Geschenke...» (72,9.10a).

Während Gott und König in Ägypten sozusagen auf gleicher Ebene zusammenwirken, sind die beiden Sphären in Mesopotamien viel stärker getrennt. Entweder ist es der Gott, der mit Netz und Keule die Feinde vernichtet *(110)*, oder es ist der König, der sie mit Keule und Strick in Schach hält. Der Gott kann es zwar für den König tun, oder der König tut es mit Hilfe der Götter. Die beiden bewegen sich aber auf verschiedenen Ebenen.
In Ps 2,8f finden wir das Schema der großen ägyptischen Kompositionen: Jahwe übergibt dem König die Völker, und er zerschlägt sie wie Töpfergeschirr. Die Fesseln, mit denen die Feinde in 2,2f gebunden sind, sind gleicherweise die

Jahwes und die des Königs. Eine eigenartige Umkehr der Rollenverteilung findet sich in 149,8. Da werden die Jahwetreuen geschildert, wie sie in der eschatologischen Heilszeit auf Geheiß Jahwes die Könige der Erde in Fesseln schlagen.
Nebst dem unabwendbaren Triumph des Königs auf dem Zion zeigt der Ps 2 den Königen und Richtern der Erde aber auch eine Möglichkeit, der Drohung, gefesselt und niedergeschlagen zu werden, zu entgehen: die Unterwerfung unter Jahwe und seinen Gesalbten. Ausdruck der Unterwerfung sind die Huldigung (2,11f 18,45f 72,9.11) und der Tribut (72,10; vgl. 45,13 68,30).
Mit dem Königstitel wurde auf Jahwe auch die Hoffnung

übertragen, daß eines Tages alle Völker mit Gaben schwer beladen zu ihm auf den Zion ziehen und ihm huldigen werden (22,28 47,10 86,9 96,7-10).
In ägyptischen Grabkammern wird häufig dargestellt, wie die näheren und ferneren Nachbarn Ägyptens in langen Reihen vor dem König oder vor hohen Beamten erscheinen, um ihren Tribut abzuliefern. *408* zeigt eine Gruppe von Asiaten. Während die ersten drei huldigen, tragen die andern einen Köcher und für Syrien (und Kreta) typische Gefäße herbei. Auch ein Kind wird als Tribut herbeigebracht (vgl. *132a, 270*). Zu dieser Gruppe gehört auch der Mann mit dem Ölhorn von Abb. *344*. Auf *409* sind es die südlichen Nachbarn Ägyptens, die Nubier, die mit ihren Kostbarkeiten anrücken. Zwei von ihnen tragen Platten mit Goldringen und zwei solche mit Beuteln prall voll Goldstaub. Außer dem dritten, über dessen Arm ein Pantherfell hängt, hält jeder noch zwei Wedel, und für den königlichen Tierpark wird eine junge Giraffe herbeigeführt.
Eine außerordentlich figurenreiche Szene *(410)* aus Amarna zeigt die Ablieferung des jährlichen Tributs durch die Süd- (rechts) und die Nordvölker (links). Im Zentrum thront übergroß unter einem reich verzierten Baldachin zusammen mit der Königin, die fast ganz von ihm verdeckt ist, Amenophis IV. (1377-1358 v.Chr.). Hinter dem Paar stehen sechs nackte Prinzessinnen. Beinahe drei Viertel des ersten Registers unter dem Kiosk nehmen die Wagen und die Sänften des Königspaares mit dem dazugehörigen Personal ein. Darunter sind in demütig gebückter Haltung die Soldaten der Leibgarde zu sehen (vgl. *282*). Das äußerste (linke) Viertel der drei untersten Register nehmen von oben nach unten die Puntleute (Somaliland?), Wüstenbewohner, die nichts als Straußenfedern und -eier darzubringen haben, und Kreter (oder Hethiter?) ein. Während sich die negroiden Südvölker (rechts vom Kiosk) in wilder Bewegung nahen und vor dem König Ringkämpfe und Freudentänze aufführen, nahen sich die semitischen Nordvölker (links vom König) in gemessenem Zug.
Während die wichtigste Gabe der Südvölker das Gold ist (1., 2. und 4. Register von oben), bringen die Nordvölker vor allem Waffen, Wagen, Pferde und Gefäße (1., 3. und 4. Register von oben). Von beiden Seiten werden auch (rebellische Untertanen? als) Sklaven gebracht. Auch gezähmte Tiere für die königlichen Tierparke sind auf beiden Seiten zu sehen.
Die Freudentänze der Neger zeigen, daß die Ablieferung des Tributs nicht eine so traurige Sache war, wie man meinen möchte. Der Pharao ließ die Tributbringer nicht mit leeren Händen heimkehren, und abgesehen davon war die ägyptische Oberhoheit auch geeignet, die endlosen Fehden unter den zersplitterten Stadtstaaten und Stämmen einzudämmen.

409. «... die Könige von Scheba und von Saba (Süden) entrichten Tribut.
Alle Könige huldigen ihm, alle Völker dienen ihm,
denn er rettet den Armen, der schreit, und den Elenden, der keinen hat, der ihm hilft.
Er hat Mitleid mit den Schwachen und Armen und rettet ihr Leben.
Vor Bedrückung und Gewalttat rettet er sie, und kostbar ist ihr Blut in seinen Augen.
So lebe er denn, und man bringe ihm Gold von Scheba.
Ständig bete man für ihn, jeden Tag soll man ihn segnen» (72, 10b-15).

410. «Du hast mich zum Haupt der Nationen gemacht, Stämme, die ich nicht kenne, dienen mir. Auf ein bloßes Gerücht hin, das sie von mir vernehmen, schmeicheln mir die Söhne der Fremde» (18, 44 b. 45 a).

Manche Autoren bezweifeln, ob es sich bei diesen Szenen überhaupt um das Überbringen von Tribut handelt (vgl. Aldred, The ‹New Year› Gifts). Es dürfte jedenfalls richtig sein, sich bei der Interpretation dieser Bilder nicht auf den Begriff «Tribut» zu versteifen. Sie scheinen ebensowenig scharf wie die ägyptische Sprache zwischen Handelsgütern, gelegentlichen Geschenken zu besonderen Anlässen (Thronbesteigung, Neujahr) und erzwungenen Abgaben zu unterscheiden (vgl. oben S. 264).

Rückblickend zeigt sich, daß man eine künftige Heilszeit im AO gern als Herrschaft eines gewaltigen und gerechten Königs erwartet hat, dessen segensvolle Herrschaft die ganze Welt umfassen und jeden weiteren Krieg ausschließen sollte. Das Spezifikum der israelitischen Heilserwartung innerhalb dieser allgemeinen Hoffnung ist die Bedeutung, die bei ihrer Verwirklichung das Ethos einnimmt, besonders die Sorge um die Armen und Schwachen (Ps 72!). Bei den Propheten, welche die Schwierigkeit, eine solche Haltung konsequent durchzuhalten, zutiefst empfunden haben, kam dazu die Botschaft von der Neuschaffung des menschlichen Herzens (vgl. 51, 12f). Ohne diesen ausschließlich von Gott zu verwirklichenden Neuansatz sehen sie keine Möglichkeit für eine wirkliche Heilszeit. Mit dieser Erwartung eines radikal neuen Eingreifens Gottes war aber die Möglichkeit zu echtem eschatologischem Denken gegeben, das sich nicht mit der Hoffnung auf die Wiederkehr des Früheren begnügt, sondern wirklich neuen und unerwarteten Horizonten offen ist (vgl. Gross, Die Idee des Weltfriedens 172–178).

VI. DER MENSCH VOR GOTT

Die biblische Anthropologie kennt keinen Leib–Seele-Dualismus. Der Mensch besitzt keinerlei Existenz ohne seinen Leib und keinerlei Innerlichkeit, die sich nicht äußert (vgl. S. 8f und Schmidt, Anthropologische Begriffe 381). Die psychologischen Begriffe bezeichnen in der Regel zugleich die Körperteile oder bestimmte Eigenheiten des Körpers, mit denen sie besonders intensiv verbunden sind. So bedeutet *npš* Gurgel, heftiges Atmen, Lebenswillen und Gier, *'p* Nase, Schnauben und Zorn, *rḥm* Mutterschoß und im Plural Erbarmen, *kbwd* Gewicht, Ansehnlichkeit, Pracht und Ehre, *g'wn* Höhe, Hoheit und Stolz usw. Angesichts dieser Tatsache kann es nicht erstaunen, wenn auch die (inneren) Beziehungen des Menschen zu Gott mit ganz bestimmten Äußerungen, mit bestimmten Haltungen, Gesten und Handlungen engstens zusammengesehen werden (vgl. Gardiner, Grammar 4).

1. Gebetshaltungen

a. Die Begegnung mit dem Heiligen

«Zu den Verben, die die Sphäre des Gebets betreffen, ... gehört als eines der wichtigsten... jenes, das ... nur die äußere Haltung... zu bezeichnen scheint..., aber auch die innere Haltung des israelitischen Beters in bedeutsamster Weise bezeichnet: *šḥh* Hithpael» (Herrmann, ThWNT 785, 34–40). Es bedeutet «sich niederwerfen». Seine Voraussetzung ist die Erfahrung des Heiligen. Religion beginnt nicht mit dem Bedürfnis und mit dem Verlangen des Menschen nach etwas Heiligem und Absolutem, wie wir Heutige immer wieder anzunehmen geneigt sind. Für uns mag Religion weithin Sehnsucht sein, weil sie für uns weithin nur noch Erinnerung ist, aber das war nicht immer so. Für die Überlieferung Israels beginnt Religion ganz selbstverständlich mit dem Erscheinen Gottes und dem Schauen Israels, und das dürfte auch religionshistorisch richtig sein. Bei der Rettung des Volkes aus Ägypten (95,5) und des Einzelnen aus allerhand Nöten (69,33 107,24), bei der Betrachtung des nächtlichen Himmels (8,4) und des Kultes im Jerusalemer Tempel (48,9 68,25) hat man Gott gesehen. Und das ganze religiöse Tun des Menschen ist letztlich auf nichts anderes gerichtet, als Gott noch einmal und immer wieder zu sehen (27,13 63,3). Mit übergroßen Augen haben die Sumerer der frühdynastischen Periode II ihre Abbilder ausgestattet, die sie vor den Götterbildern aufstellen ließen, damit ihnen nichts von der Herrlichkeit Gottes entginge, die dort sichtbar wurde *(411)*.

«Schauen Gottes» kann sehr verschieden intensive Erfahrungen bezeichnen. Wie ein Passus aus der Sinuhegeschichte und ähnliche Stellen zeigen, ist die Proskynese ursprünglich der spontane Ausdruck eines *überwältigenden* Erlebens der Heiligkeit (vgl. 29,2 96,9).

Dem Ägypter Sinuhe wird nach einem langen Aufenthalt im elenden Asien eine Audienz beim Pharao zuteil. Was er dabei erfährt, entspricht einer Theophanie. Er erzählt: «Ich fand seine Majestät auf dem goldenen Thron in der Nische. Da streckte ich mich auf meinen Bauch hin und verlor vor ihm

411. «So schaue ich im Heiligtum nach dir aus, um deine Gewalt und Herrlichkeit zu sehen» (63,3).

412. «Tretet ein, laßt uns niederfallen und uns beugen, niederknien vor Jahwe, unserm Schöpfer» (95,6).
«Fallt nieder vor Jahwe bei seiner heiligen Erscheinung» (29,2b 96,9a).

413. «Ich werfe mich nieder zu deinem heiligen Palast hin und bekenne deinen heiligen Namen» (138,2).

Taf. XXII. «Erbitte von mir, und ich gebe dir Völker zum festen Besitz, ich mache die Grenzen der Erde zu deinem Eigentum» (2, 8; vgl. 72, 8 89, 26). Auf diesem Relief sind, wie auf dem von Taf. XXI, traditionsgeschichtlich betrachtet, drei Vorgänge zu *einem* Sinnbild verdichtet: 1. Der Staatsgott Amon überreicht dem König das Sichelschwert und gibt ihm damit das Recht und die Macht, einen Krieg zu führen. Dieses Motiv ist erst im Neuen Reich belegt (vgl. *405a*, 1. Szene). 2. Der Gott führt dem König die Feinde gefangen zu. Dieses Motiv geht mindestens ins Alte Reich zurück (vgl. *406*, evtl. *397*). 3. Der König schlägt als Sieger die Feinde nieder (auf Taf. XXII nur teilweise sichtbar). Dieses Motiv reicht in die frühdynastische, wenn nicht gar prähistorische Zeit zurück (vgl. *395, 397, 398*). Das Alter der verschiedenen Motive zeigt, daß die Hilfe des Gottes, bzw. sein Auftrag mit der Zeit eine zunehmend größere Rolle spielten.

Taf. XXIII. Salmanassar III. (828–824 v. Chr.) empfängt den Tribut Jehus von Israel. Jehu (oder sein Stellvertreter) vollzieht vor dem assyrischen König die Proskynese. Dieser hält eine Schale in der erhobenen Hand (vgl. *407*, Taf. XXVI), vielleicht eine Libation für die Götter (deren Embleme über Jehu zu sehen sind) zum Dank für die Unterwerfung seiner Feinde. Vielleicht gehörte zum Ritual der Unterwerfung auch das Küssen der Füße (2,11).

Taf. XXIV. «Deiner Gewalt vertraue ich meinen Lebensodem an» (31,6a).
«Mache das Leben deines Knechtes froh, denn zu dir, Herr, erhebe ich mein Leben» (86,4).

die Besinnung, obwohl mich dieser Gott freundlich anredete. Ich war wie einer, der von der Dämmerung überrascht worden ist; meine Seele war verschwunden und mein Körper betäubt. Mein Herz war nicht mehr in meinem Leibe, und ich wußte nicht, ob ich lebendig oder tot sei. Da sagte seine Majestät zu einem von den Kammerherren: ‹Hebe ihn auf, damit er mit mir rede!› Dann sagte seine Majestät: ‹Siehe, du bist wiedergekommen, nachdem du die fremden Länder durchwandert hast...›» Sinuhe antwortet dann: «Siehe, ich liege vor dir, dein ist das Leben; deine Majestät möge nach ihrem Belieben tun!» (TGI 10; zur Proskynese vor dem König vgl. 45,12 72,11).

Eine ganz ähnliche Szene spielt sich ab, als der Deuteengel erscheint, um Daniel das Gesicht vom Widder und vom Bock zu erklären: «Er trat da hin, wo ich stand. Als er sich näherte, erschrak ich und fiel auf mein Angesicht... Während er mit mir redete, lag ich wie betäubt mit dem Antlitz auf dem Boden. Er berührte mich und stellte mich aufrecht an meinen Platz» (Dn 8,17f).

414. «Durch den Namen Jahwes gesegnet sei, wer da eintritt!» (118, 26a.)

Die Proskynese ist in ihrer ursprünglichen Gestalt Ausdruck panischen Schreckens. Vor dem übermächtigen Erlebnis des Heiligen flieht der Mensch in den Tod. Das Niederfallen entspricht, so betrachtet, dem aus der Verhaltensforschung bekannten Totstellreflex. Die Schrift formuliert diese Erfahrung in dem bekannten Satz: Kein Mensch kann Gott schauen und am Leben bleiben (vgl. Ex 24,11 33,22 Dt 4,33 Ri 13,22). Wenn er dennoch am Leben bleibt, so nur dank der Gnade Gottes. Das Aufgestelltwerden bildet in den beiden angeführten Beispielen einen integralen Bestandteil des Vorganges. Wo die Proskynese zu einem konventionellen Gestus verblaßt, ist sie ein Gestus der Begrüßung. Sie hat den Charakter eines rite de passage. Sie stellt den Übergang aus dem profanen Leben in das Leben vor Gott resp. dem König dar. Zwischen beiden liegt das entkräftete Hinsinken, der «Tod». Das Verbot der Proskynese vor einem anderen Gott als Jahwe (81,10 106,19) untersagt nicht irgendwelche Höflichkeiten, sondern verbietet Israel, seinen letzten Seinsgrund irgendwo anders als in Jahwe zu finden.

Die Götter (29,2 96,6 97,7), die Israeliten (95,6 132,7) und alle Völker (22,28. 30 66,4 89,9) haben Grund, sich vor Jahwe niederzuwerfen, denn er hat die Chaoswasser überwunden, die Erde fest gegründet und die Menschen geschaffen. Die Proskynese wird in manchen Pss als konsequenter Ausdruck des Kreaturgefühls verstanden (95,6). Der Mensch ist Staub (103,14 Gn 18,27), den Gott belebt hat (Gn 2,7). Angesichts der Majestät Gottes wird ihm das überstark bewußt, und er gibt diesem Bewußtsein spontan Ausdruck, indem er sich Jahwe in Furcht und Beben naht (2,11 5,8) und vor ihm in den Staub fällt.

Bei der täglichen Verehrung der Götterstatue berührt der Ägypter mit seiner Nase die Erde *(sn tȝ)* und legt sich auf den Bauch *(rdjt ḥr ẖt)* (Moret, Rituel 56–67).

«Der sumerische Patesi Gudea wirft sich im Tempel vor dem Gebet nieder *(ka-šu-gál)*; die Worte *ka* und *šu* weisen darauf hin, daß dabei Mund und Hände die Erde berühren. In bilinguen Texten wird diese Redewendung regelmäßig mit *labânu appa* «die Nase platt machen» wiedergegeben» (Heiler, Körperhaltung 171f).

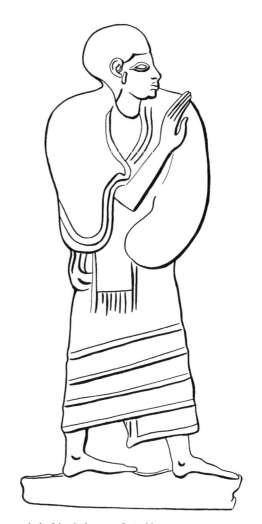

415. «Ich darf durch deine große Huld dein Haus betreten» (5,8).

416. Die typisch ägyptische Gebetshaltung der erhobenen Arme mit den nach vorne gekehrten Handflächen findet sich auch auf der ägyptisierenden Stele aus Balūʿa in Transjordanien (vgl. 421).

412 (vgl. 408) zeigt sehr schön, wie man in Ägypten zuerst kniet, sich dann auf die Hände niederwirft, wobei ein Knie angezogen bleibt (413), um sich leichter wieder aufrichten zu können. Die Proskynese ist von Hause aus keine Dauerhaltung, besonders dann nicht, wenn sie zur täglichen Übung geworden ist. Einen Moment lang mag sich der Mensch noch als Staub empfinden, aber er weiß, daß er dank der Gnade der Gottheit nicht in diesem Zustand zu bleiben braucht.
Wie Taf. XXIII zeigt, war die Proskynese auch in Mesopotamien bekannt. Aber sie erscheint dort in der Ikonographie weniger oft als in Ägypten.
Sumer und Babylon andererseits und Assyrien andererseits haben ihre je eigenen Formen gefunden, das Gefühl der Distanz auszudrücken und zu bewältigen. Für das südliche Mesopotamien typisch sind die Einführungsszenen. Ein Priester (239) oder eine niedrigere Gottheit (414; vgl. auch Abb. 272, 426) führen den Beter vor den thronenden Gott. Der Beter wagt nicht, allein zu kommen. Er wagt nicht zu sprechen (Dhorme, Religions 249f. 257). Der Beter hebt nur wie der Gott und die Göttin, die ihn führt, grüßend die Hand. Dabei hebt der Gott auf dem Thron den Unterarm nur schwach. Die Göttin und der kahlköpfige Beter haben ihn hingegen steil angewinkelt. Bei der Göttin sieht man die Innenseite der Handfläche, da sie die linke Hand hebt, beim Beter die Außenseite, da er mit der

Rechten grüßt. Welcher Gestus gemeint ist, zeigt deutlich die Vollplastik 436. Die erhobene Hand dürfte Ausdruck freudiger Erregung, des Wohlwollens und des Segnens sein. Parrot (Gestes de la Prière 180) meint, daß die erhobene Hand auch die Aufmerksamkeit auf den Beter ziehen oder die Stimme seines Flehens zum göttlichen Thron tragen helfen könnte. Das letztere ist unwahrscheinlich, da es sich bei der erhobenen Hand nicht um einen Gebets-, sondern um einen Begrüßungsritus handelt, der ikonographisch für die Einführungsszenen typisch ist.
Beim babylonischen Adoranten auf 420 ist die Fingerhaltung der rechten Hand von derjenigen der sumerischen Beter (414, 426) merklich verschieden. Der Daumen und der Zeigfinger sind ausgestreckt, während die drei restlichen Finger gekrümmt sind. Der Mann ist wahrscheinlich dabei, einen Kuß auf die ausgestreckten Finger zu drücken, um ihn dann dem Gott zuzuwerfen. R. Dussaud (Les Religions 383) betrachtet das Beugen des Knies und das Zuwerfen einer Kußhand als besonders für den syro-palästinensischen Raum typischen Gebetsgestus (vgl. Hi 31,27 1 Kg 19,18). Die Bronze 420 ist dem Gott Amurru geweiht, der aus dem syrischen Raum in Babylon eingedrungen ist.
In der Kußhand bringt man der Gottheit gleichsam seinen Lebensodem dar (Dussaud ebd.). Man erhebt seine «Seele» zu Gott und gibt dadurch seiner Zuversicht Ausdruck, daß Gott sie nicht zuschanden gehen lasse, wie der Beter von 25,1f sagt. Es ist also nicht ein Gestus reiner Begeisterung und Verehrung, wie Hi 31,27 nahelegt. Die Inschrift auf 420 bezeichnet denn auch den Dargestellten als «Bittenden» (Sollberger, Worshipper Figurines).
Der Gestus der erhobenen Hand, wie ihn die Rollsiegel 272 und 414 zeigen, war auch im kanaanäischen Raum bekannt. Die aus dem Norden Palästinas, aus Chazor, stammende Figur 415 hat in typisch mesopotamischer Art eine Hand erhoben. Die Stellung der Handflächen ist aber ägyptisch. Typisch ägyptisch ist die Haltung des transjordanischen Fürsten auf der Stele von Balūʿa (416), die im übrigen ein seltsames Gemisch lokaler (Kopfbedeckung, Profil und Bart des Herrschers, Sonnen- und Mondsymbol über seinen Schultern) und ägyptischer Einflüsse (Tracht des Fürsten und der beiden Götter sowie deren Attribute) aufweist. Der für Ägypten typische Gebetsgestus der erhobenen Arme mit nach vorn gekehrten Handflächen (vgl. 422) dürfte ursprünglich beschwörenden Charakter gehabt haben (417). In der Folgezeit bekam er einen je nach den Umständen abwehrend-bannenden (417a, 103) oder schützenden, segnend-lobpreisenden Sinn (132a, 256a, 262). Das mit dem Gestus determinierte Wort i3w kann nicht nur mit «Lobpreis», sondern auch mit «Heil», «Segen» wiedergegeben werden, wie umgekehrt das hebräische berāchā nicht nur «Segen», sondern auch «Lobpreis» bedeuten kann (vgl. eulogía und benedictio). Der Gestus der erhobenen Hände mit nach vorn gekehrten Handflächen ist dem Bannen wie dem Verehren gleicherweise angemessen. Er drückt letztlich den Versuch aus, ein übermächtiges, numinoses Gegenüber beschwörend zu bändigen und sich dienstbar zu machen oder es abzuwehren. Die Herleitung des Gestus vom Krieger, der sich ergibt und zeigt, daß er ohne Waffen in friedlicher Absicht kommt, hat meines Wissens keine Grundlage in der

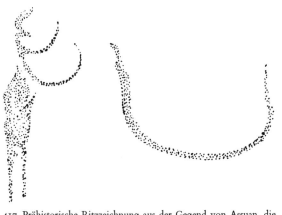

417. Prähistorische Ritzzeichnung aus der Gegend von Assuan, die eine Schlangenbeschwörung zeigt.

archaischen Ikonographie und macht auch seinen späteren Gebrauch als Gestus der Verehrung und der Abwehr nicht verständlich.

Eigenartig ist, daß mit dem Gestus der erhobenen Hände auch Begriffe wie *twʒ* «bitten» u. ä. determiniert werden. Denn Bitten zielt auf Empfangen, und diesem sind die nach innen gekehrten Handflächen angemessener (Taf. XXIV, *430*). Aber der ägyptische Brauch erklärt sich von daher, daß der Ägypter seinen Gott höchstens in Ausnahmefällen mit direkten Bitten angeht. In der Regel tritt er – auch wenn er in bittender Absicht kommt – mit Lobpreis und Segen vor ihn (vgl. *132a*) und nennt nur in einem knappen Schlußsatz den Zweck, dessentwegen er alle guten Eigenschaften des Numens beschworen hat. So steht der Ägypter auch beim Bitten in der Haltung des Lobpreisens vor seinem Gott.

Eine ähnliche Bedeutung wie den erhobenen Händen des Ägypters dürfte dem eigenartigen assyrischen Gestus des vorgestreckten Zeigefingers zugrunde liegen *(418)*. Schmoekel und andere legen ihm apotropäische Bedeutung bei (Ur, Assur 282). Bei *419* ist es wohl so gut wie sicher, daß der vorgestreckte Finger der Figur rechts außen das Chaosungeheuer abwehren soll. In einem Gebet an den Gott Assur klagt der König über die Machenschaften seiner Feinde: «Um die Truppen Assurs zu zersprengen, haben sie ihren bösen Finger ausgestreckt» (AOT 264).

Aber wie die erhobenen Hände in Ägypten dürfte auch der assyrische Gestus nicht ausschließlich apotropäischen Charakter gehabt haben. Der Übergang zum Begrüßungs- und Gebetsgestus wäre sonst schwer zu verstehen. Wahrscheinlich hat man auch ihm von Haus aus beschwörende Kraft in einem allgemeinen Sinne zugetraut.

Die erhobenen Hände der Ägypter und der vorgestreckte Zeigefinger der Assyrer scheinen vor allem die Begrüßung der Gottheit und besonders aktive Momente der Liturgie begleitet zu haben (vgl. VI. 1. b). Die zweimalige Darstellung Tukulti-Ninurtas I. auf *418* zeigt, daß es sich jedenfalls hier um einen *Vorgang* handelt. Der König tritt mit gestrecktem Zeigefinger auf das Symbol des Nusku-Nabu zu (eine hochgestellte Schreibtafel mit Griffel; vgl. dazu Opitz, Ein Altar 83–90) und läßt sich vor ihm auf die Unterschenkel nieder.

Es ist beachtenswert, daß die sumerisch-babylonisch-syrischen Beter mit ihren so menschlich anmutenden Gesten in der Regel vor die *Gottheit* selber treten *(239, 272, 390, 414, 426)*, während die assyrischen Beter, besonders die der mittelassy-

417a. «Blicke weg von mir...» (39, 13).
Während der Gefangene links die drohende Macht des Pharao mit dem uralten Gestus der beiden ausgestreckten Finger abzuwehren sucht vgl. (Schäfer, Abwehren), versucht derjenige rechts, das Unheil mit den erhobenen Armen zurückzudrängen. Die beiden Gesten stehen hier streng parallel. Die apotropäische Wirkung der erhobenen Arme bezeugt auch eine Stelle aus der großen Siegeszusage Amons an Thutmosis III.: «Die Arme meiner Majestät sind erhoben, um das Böse abzuwehren» (*ꜥwj ḥm.j ḥr ḥrt ḥr šrj dwt*, Erman, Literatur 322; vgl. Ex 17, 8–13).

418. «Dienet Jahwe in Furcht...» (2,11).

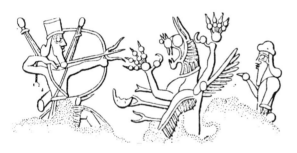

419. Der ausgestreckte Zeigefinger dürfte von Hause aus ein beschwörender Gestus sein.

rischen, in der Regel aber auch die der neuassyrischen Zeit (wenn der babylonische Einfluß nicht zu stark geworden ist) nur vor dem Gottes*symbol* stehend gezeigt werden *(23, 24, 407, 440)*. Man kann diese assyrische Eigenheit als Ausdruck des Gefühls für die Transzendenz der Gottheit rühmen. Man kann den gleichen Sachverhalt aber auch als eine Art Fetischismus deuten (vgl. Transzendenz Gottes und Sakramentalismus in der Priesterschrift). Jedenfalls hatten die Assyrer einen weniger menschlich-vertrauten Umgang mit der Gottheit als ihre südlichen und westlichen Nachbarn. Darauf scheint auch das von ihnen im Tempelbau bevorzugte Langhaus mit dem hohen Podest zu deuten *(217;* vgl. Frankfort, The Art 132f und 137f). In dieses Bild fügt sich der Gestus des ausgestreckten Fingers mit der oben angenommenen Bedeutung recht gut.

b. Dank und Lob

Die Gesten, die bis anhin zur Sprache kamen, waren mehr oder weniger ausschließlich Gesten der ersten Begegnung mit dem Heiligen. Als Haltungen längeren Verweilens vor der Gottheit kommen das Knien, das Sitzen und das Stehen in Frage. Dabei ist die Haltung der Hände fortan nicht mehr so wichtig. *421* erinnert mit der verschiedenen Haltung der beiden Knie noch an die Proskynese *(412-413)*. Aber der aufgerichtete Oberkörper und das zuversichtlich erhobene Haupt künden vom Gott, der den Menschen aus dem Staub erhebt (113,7) und sein Haupt erhöht (3,4).

422 zeigt den Beter wie *418* auf seinen beiden Waden sitzend. Wenn er zusätzlich noch die beiden Arme auf die Oberschenkel fallen läßt *(423)*, redet man schon richtiger von einer hockenden als von einer knienden Haltung. Nach 2 Sm 7,18 (vgl. 1 Chr 17,16) ging David in den Tempel, setzte sich vor Jahwe und sprach ein demütig-vertrauensvolles Gebet (2 Sm 7,18-20.25-29). Mit dem «er setzte sich» *(wjšb)* könnte die Hockerstellung von *423* gemeint sein. Ein assyrischer Text, der diese Haltung beschreibt, bezeichnet sie jedenfalls als Sitzen:

«Kniend *sitzt* auf seinen Unterschenkeln Assurbanipal, wendet sich immer wieder an seinen Herrn Nabu:
‹Ich habe dich liebgewonnen, Nabu...›» (SAHG 293).

Als König kann David aber auch ganz einfach vor Gott gesessen haben. Es war ein Privileg hochgestellter Persönlichkeiten und der Priester, vor Gott zu sitzen *(424;* vgl. *167;*

420. «Zu dir, Jahwe, erhebe ich mein Leben,
mein Gott, auf dich vertraue ich» (25,1.2a).

84,5). Das sumerische Ideogramm für Tempel bedeutet eigentlich «Haus des Sitzens für den Priester» (Jaritz, Schriftarchäologie 532). Natürlich kann *sitzen* stets soviel wie *wohnen* bedeuten. Aber umgekehrt schließt wohnen sitzen stets mit ein. Der Wunsch, im Tempel sitzen, resp. wohnen zu dürfen (27,4), drückt das Verlangen aus nach einem vertrauten Umgang mit Jahwe und nach der Teilhabe an seiner Herrlichkeit. Ein ganz anderes Verhältnis zwischen Gott und Mensch spiegelt sich im Stehen vor der (sitzenden) Gottheit. Wie «Sitzen» bedeutet auch «Stehen» mehr als die äußere Haltung des Körpers. Wer vor dem König (1 Kg 1,2 10,8), resp. vor Jahwe

423. «Da ging der König David hinein, setzte sich vor Jahwe nieder und sprach:
Wer bin ich, Herr Jahwe, und was ist mein Haus, daß du mich bis hierher gebracht hast?
Und daß das noch zu wenig war in deinen Augen, Herr Jahwe; du hast dazu noch über das Haus deines Knechtes auf ferne Sicht geredet und hast das einen Menschen sehen lassen, Herr Jahwe. Und was soll David noch weiter zu dir reden? Du kennst ja deinen Knecht, Herr Jahwe» (2 Sm 7,18-21).

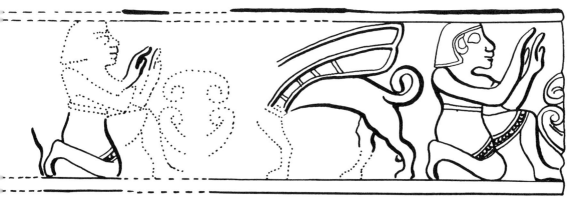

421. «Preise (segne) meine Lebenskraft, Jahwe, mein ganzes Inneres seinen heiligen Namen!» (103,1).

422. «Hebet eure Hände zum Heiligtum und preiset (segnet) Jahwe!» (134,2).

(1 Kg 17,1 Jer 7,10), steht, ist sein Diener. In 134,1 und 135,2 ist von jenen die Rede, «die im Hause Jahwes stehen». Wie der Kontext deutlich macht, sind damit die Priester und Leviten gemeint, die im Tempel Dienst tun. «Stehen» bedeutet «bereit sein», auf jeden Wink des Königs (oder des Gottes) unverzüglich zu reagieren und seinen Willen zu erfüllen. Da in der späteren Zeit Israels die Willensäußerung Jahwes in der Tora immer stärker *das* Gotteserlebnis Israels wurde, wurde das diesem Erleben entsprechende «Stehen» zum Ausdruck für Gottesdienst schlechthin. Auch von Betern, die offensichtlich niederknieten, konnte gesagt werden: «Sie stellten sich hin» (Neh 9,2 f 1 Kg 8,22 54; vgl. dazu Ap-Thomas, Notes 225 bis 228).

427. Die verschränkten Hände stellen eine Art Selbstfesselung dar. Der Beter liefert sich selbst dem Gott aus. Möge er sein Geschick zum Guten leiten.

424. «Glücklich, die in deinem Hause sitzen...» (84,5).

426. «Im Stehen äußert sich gewollte Passivität und Dienstbereitschaft» (Heiler, Körperhaltungen 176).

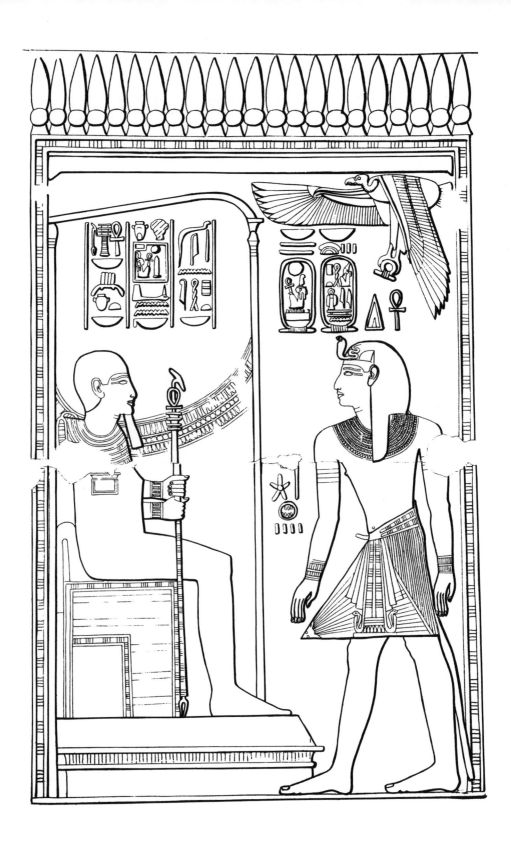

425. «Preiset (segnet) Jahwe, all ihr Diener Jahwes, die ihr im Hause Jahwes steht in den Nächten» (134,1).

In Ägypten ließ man beim Stehen die Arme hängen *(425)*, eine Haltung, die ebensosehr Passivität wie Bereitschaft ausdrückt. In Sumer hält man die Hände beim Sitzen (vgl. *424*) wie beim Stehen *(426)* mit Vorliebe verschränkt *(427)*. Dieser Gestus erweckt den Eindruck der Sammlung und der Konzentration. Er stellt eine Art Selbstfesselung dar.

Während ob der magisch-mächtigen Verschränkung der Hände jede Aktivität verstummt, saugen sich die Riesenaugen der Beterfiguren am Gottesbild fest (vgl. *411*). In nachexilischen Texten findet sich zweimal der schöne Personenname «Auf Jahwe (sind) meine Augen (gerichtet)» (1 Esr 1 Chr 26, 3; vgl. 1 Chr 8, 20). Der Name dürfte aus Babylon entlehnt sein (Noth, Personennamen 163), wo Namen von der Form *Itti-šamaš-īnija* «Bei Schamasch (sind) meine Augen» häufig vorkommen. Anstelle von Schamasch kann irgendein anderer Gott stehen. An diese babylonischen Personennamen erinnern Psalmverse wie: «Meine Augen (sind) beständig auf Jahwe (gerichtet)» (25, 15) oder «Zu dir habe ich meine Augen erhoben, der du im Himmel thronst» (123, 1; vgl. 121, 1 141, 8). Die Fortsetzung aller dieser Verse zeigt aber, daß es nicht so sehr um ein kontemplativ-visionäres Schauen geht wie bei 17, 15 27, 4. 13 63, 3, sondern um ein suchendes, flehendes Ausschauen. Damit sind wir bei der dritten Gruppe von Gebetshaltungen angelangt.

428. «... wie bei der Trauer um die Mutter war ich verwahrlost und gebeugt» (35, 14).

c. Klage und Bitte

In reiner Form findet sich die Klage in der Qinah, im Leichenlied (vgl. z. B. 2 Sm 1, 17–27 3, 33 usw.). Dieses ist nach folgendem Schema aufgebaut: Einst war alles gut, jetzt ist alles dahin. Dieses «dahin» äußerte sich in einer langen Reihe von ganz bestimmten Gebärden und Gesten. Man kauerte sich auf den Boden, streute Staub auf den Kopf, zerriß seine Kleider, zog unansehnliche Kleider an, enthielt sich der Nahrung (35, 13f 69, 11f), kurzum, man verlieh der inneren Verwüstung und Trostlosigkeit Gestalt. Die ägyptischen Klagefrauen von *428* kauern auf dem Boden, streuen Staub auf sich (?), halten sich den schmerzenden Kopf und stöhnen, wie die halbgeöffneten Münder zeigen. Der chaotischen Emotionalität des Schmerzes und der Trauer entsprechend, sind die Ausdrucksformen im Bereich der Klage besonders vielfältig (vgl. Werbrouck, Les Pleureuses; Lüddeckens, Untersuchungen).

In den Pss findet sich das Schema «Einst war alles gut, jetzt ist alles dahin» zwar auch. Aber es wird stets durch das Motiv des Vertrauens und der Bitte ergänzt. So werden in 89, 20–38 ausführlich die Gnadentaten und Verheißungen Jahwes an David geschildert und in den vv 39–46 festgestellt, daß sie mit dem Untergang des judäischen Königtums alle dahin sind. Das Leichenlied würde hier enden. Aber in einem abschließenden Abschnitt bittet der Psalmist Jahwe, der früheren Heilstaten zu gedenken und der Schadenfreude der Nachbarvölker ein Ende zu machen.

Während sich das Verlangen nach Rettung bei *428* nur in einem hilflos ausgestreckten Arm andeutet, gibt die Komposition von *429* einem machtvollen Begehren Ausdruck. Das Auf-dem-Boden-Liegen ist hier nicht Gebärde eines umfassenden Kreaturgefühls wie bei der (spontan vollzogenen) Proskynese. Es ist auch nicht zwecklose Äußerung der Trauer und Kraftlosigkeit, wie in der reinen Klage, sondern hat als Manifestation des Elends das Ziel, eine Bitte zu begründen (vgl. 7, 6 44, 26 119, 25). Die Klage und ihre Ausdrucksformen werden wie in 89 der Bitte untergeordnet.

Im Gegensatz zur Bauchlage ist die Rückenlage nirgends bloßer Ausdruck der Not oder des Überwältigtseins (Proskynese), sondern bewußte Äußerung der Abhängigkeit und Unterwerfung. Man hält dem Angeflehten die verletzlichsten Teile (Gesicht, Bauch) hin und begibt sich so in eine Lage

429. «Warum verbirgst du dein Angesicht…, da unser Leben in den Staub gebeugt ist und unser Bauch am Boden klebt?» (44, 26).

völliger Wehrlosigkeit. Die Erfahrung seiner totalen Überlegenheit soll den Angeflehten milde stimmen. Nicht zufällig ist der Brauch der Rückenlage in den von Bitten überquellenden Amarnabriefen bezeugt (Nr. 64, 4–7 65, 4–6).

Wie die hungernden asiatischen und libyschen Nomaden von 429 vom ägyptischen Beamten begehren, als Schutzbürger aufgenommen zu werden, so stellen sich die Beter von 39, 13 und 119, 19 als schutzsuchende Fremde *(gr)* vor Jahwe. Der Gestus der totalen Unterwürfigkeit ist den Pss aber fremd.

In einer noch schlimmeren Lage als die Asiaten von 429, «die nicht mehr wußten, wie sie am Leben bleiben sollten» (ANET 250f), sind die judäischen Bewohner von Lakisch (Taf. XXIV). Sie haben dem Assyrerkönig Sanherib (rechts oben) während einer langen Belagerung die Stirn geboten. Nun werden sie gefangen vor den Sieger geführt. Angesichts seiner Gegenwart fallen sie auf die Knie, um sich zuletzt (weil sie sich nicht mehr aufrecht halten können?) ganz auf den Boden fallen zu lassen (Figur über den beiden Knienden). Ihr Leben ist verwirkt. Sie sind nichts als Staub, bereit, den letzten Funken Leben dem König zu übergeben, um es von ihm neu zu empfangen. «Deiner Hand vertraue ich meinen Lebensgeist an» (31, 6). «Erfreue das Leben deines Knechtes, denn zu dir, Herr, erhebe ich mein Leben» (86, 4; vgl. 25, 1 143, 8).

Im Gegensatz zum Beter von 420 mit seinem Kuß legen sie ihr Leben nicht aus Zuversicht in die Hand des Königs, sondern weil ihnen kein anderer Weg bleibt, ihr Leben zu er-

430. «Siehe, wie die Augen der Sklaven
auf die Hand ihrer Herren,
wie die Augen der Magd
auf die Hand ihrer Herrin,
so sind unsere Augen auf Jahwe, unsern Gott, gerichtet,
bis er sich unser erbarmt» (123, 2f).

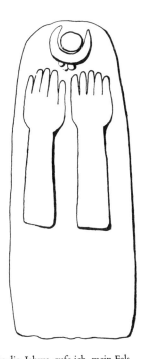

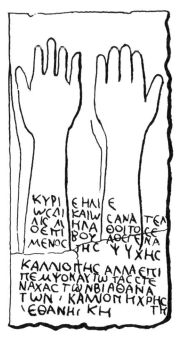

431. «Zu dir, Jahwe, rufe ich, mein Fels,
wende dich nicht schweigend von mir ab,
so daß du vor mir verstummst
und ich zu denen gezählt werde,
die zur Grube hinabfahren,
höre mein lautes Flehen, wenn ich zu dir schreie,
wenn ich meine Hände ausstrecke
zu deiner heiligen Zella» (28, 1f; vgl. 88, 10 143, 6).

432. Die Inschrift lautet: «Herr Helios, da du als einer, der Recht schafft, aufgehst, soll dir jener nicht entrinnen, der Kalliope hinterlistig nachgestellt hat, nein, sende ihm die Seufzer derer, die durch Gewalt um ihr Leben gekommen sind. Kalliope, die edle, starb mit 28» (Cumont, Invocation au soleil 393).

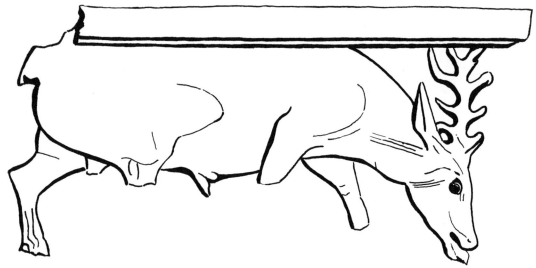

433. «Wie eine Hinde (oder ein Hirsch) nach Bächen mit Wasser lechzt,
so lechzt mein Leben nach dir, Gott,
mein Leben dürstet nach Gott, dem lebendigen Gott» (42,2.3a).

halten. Nur ungern und flehentlich geben sie es aus der Hand. Besonders die beiden Knienden sind gleichsam Bitten in Person. Nebst dem Bitten ist ihre Haltung durch Angst charakterisiert. Sie dürfte der Grund sein, warum die Oberarme an den Körper angewinkelt bleiben und nicht ausgestreckt sind, wie wir das aufgrund von Stellen wie 28,2 88,10 143,6 1Kg 8,54 für den Gestus der Bitte erwarten würden und wie das die Schutzflehenden von 429 tun. Der assyrische Künstler spricht den Judäern die Zuversicht ab, die nötig ist, um die Bitten mit ausgestreckter Hand vorzutragen. Schließlich haben sie sich gegen den König aufgelehnt und müssen ihre Bitten unter Reue und Zerknirschung vortragen.

Es wurde oben zu erklären versucht, weshalb in Ägypten die Handflächen auch beim Bittgebet (vgl. 429) nach außen gekehrt sind. Wie sehr die nach innen gekehrten Handflächen der Bitte angemessen sind, die ja auf das Empfangen abzielt, zeigt nebst Taf. XXIV auch 430. Ein assyrischer Aufseher teilt zwei Kriegsgefangenen ihre Ration zu. Erwartungsvoll schauen sie auf seine Hand, während sich ihre eigene wie von selbst zum Empfang bereit hebt (vgl. 104,27f 123,1f 145, 15f).

Unabhängig von der Stellung der Handflächen erscheinen die ausgestreckten (Unter) Arme auf 431 als Symbol für flehendes Beten. Adressat dieses Betens ist ein Astralsymbol, wahrscheinlich die Mondsichel mit der Sonnenscheibe oder ein Sonnensymbol auf einer Art Untersatz (vgl. 416). Die Hände sind beim Bittgebet ausgestreckt, weil sich der Betende in Not und d.h., wie die Kp.I-III deutlich gemacht haben, in der «Tiefe» befindet (130,1), während Gott oben (im Himmel, im Allerheiligsten) thront (vgl. 22,4.7). Ob der Beter in seine ausgestreckten Hände etwas erhalten oder an ihnen aus der Tiefe emporgezogen werden möchte (vgl. 245; Greiff, Das Gebet 39) ist nicht so wichtig. Was er primär sucht, ist der Kontakt mit dem lebendigen Gott, wie immer sich dieser konkretisieren mag (vgl. Ap-Thomas, Notes 298f).

Bei 432 soll er sich in der Wiederherstellung der gerechten Ordnung verwirklichen. Der Zauberer und Mörder, der das Leben der jungen Kalliope auf dem Gewissen hat, soll nicht ungestraft entkommen (Cumont, Invocation au Soleil). Das Gebet richtet sich an den Sonnengott, weil er in Vorderasien seit alters als allwissender und gerechter Richter gilt (vgl. 286). Seine Beliebtheit wird er nicht zuletzt dem Umstand verdanken, daß er überall sichtbar ist. Der Hirte in der Steppe, die Karawanenleute, der Jäger im Gebirge und die Schiffsleute auf dem Meer wie auch der umherschweifende Tote, der eines gewaltsamen Todes gestorben ist oder kein rechtes Begräbnis gefunden hat, sie alle erheben ihre Hände zu Schamasch (AOT 245f). Vom Bestreben her, mit der angerufenen Gottheit Kontakt zu gewinnen, ist auch die Gebetsrichtung zu erklären. Für die Psalmisten ist Gott nicht unbestimmt allgegenwärtig. Er wohnt im Tempel resp. im Himmel. Man streckt deshalb die Hände aus gegen das Allerheiligste (28,2 1Kg 8,38.48) oder hebt seine Augen (123,1) oder Hände zum Himmel (1Kg 8,54). Dafür braucht man sich nicht (gegen Kraus, Psalmen 229) am Heiligtum zu befinden. Man kann dies auf dem Meer, in der Wüste, im Gefängnis oder auf seinem Krankenlager tun (Ps 107; zu letzterem vgl. 91 und Taf. III). Daniel (6,10) betet im fernen Babylon in Richtung Jerusalem. Dabei öffnet er, um den Kontakt zu erleichtern, das Fenster.

Die Bilder, mit denen die Körperhaltungen beim Klagen und Flehen illustriert wurden, zeigten mehrheitlich keine «Betenden». Aber das ist ohne Bedeutung. Man hat vor dem König oder einem hohen Beamten genau die gleichen Haltungen eingenommen wie vor der Gottheit, die man, besonders im Kult, auf weite Strecken analog zum König verstand.

Besonders 431, 432 demonstrieren, daß beim Klagen und Bitten eine Distanz überwunden werden soll. Klage und Bitte setzen die Entfernung von etwas voraus, das man irgendwie, und sei es nur im Hören, erfahren hat. Nur die Hände, die das Andringen des Heiligen einmal furchtsam abwehren, können sich verlangend nach ihm ausstrecken. Gott ist so wenig ein Produkt des Bedürfnisses und der Sehnsucht wie das Heiligtum von Jerusalem, nach dem sich der Beter von 42 sehnt. Sein Verlangen wurzelt in der Erinnerung, daß er dort einige von den schönsten Stunden seines Lebens verbracht hat (42,5). Die Tiefe seiner Sehnsucht wird nicht in einer Gebärde sichtbar, sondern in einem Vergleich. Wie die Hindinnen im dürren Sommer nach Bächen lechzen und mit hängendem Kopf und hängender Zunge *(433)* über die ausgebrannten Hügel ziehen, so verlangt der Beter von 42,2f nach dem lebendigen Gott. Die Sehnsucht der Hindinnen nach frischem Wasser ist schon in Ugarit sprichwörtlich (UT 67 I 16f; Aistleitner, Texte 15).

Wo eine solche Sehnsucht lebte, hat der Ruf «Wir ziehen zum Hause Jahwes» begreiflicherweise eine große, freudige Erregung ausgelöst (122,1).

2. Prozessionen und Opferkult

In den Pss wird verschiedentlich auf sakrale Umzüge angespielt. Dabei sind mindestens zwei wichtige Formen zu unterscheiden: die Prozession, in der Jahwe selber mitgeht (24, 7–10 47,6 68,19.25f 132) und die Wallfahrt oder einfach der Tempelbesuch, bei dem das Volk feierlich zum Heiligtum zieht (24,3–5 84,8 118 122). Da nicht nur bei der zweiten Form vom «Hinaufziehen» (122,4) die Rede ist (was naheliegt, da der Tempel wirklich und noch mehr kultmythisch auf einem Berge liegt; vgl. Kp III 1), sondern auch bei der ersten (47,6 68,19), drängt sich die Überführung der Lade auf den Zion als Prototyp dieser Jahweprozession auf. In Ägypten, wo man die Tempel als etwas betrachtet, das seit Gründung der Welt existiert, redet man bei solchen Anlässen nämlich von Auszug *(pr.t)* oder Erscheinen des Gottes *(ḫʿj)*. Das wesentliche ist das Verlassen des Tempels *(162, 433a,* *434).* Das Volk soll «seines Gottes gewiß gemacht werden. Er, der sonst den Laien entrückt, im Allerheiligsten wohnt, ‹erscheint›. Die Gläubigen sehen ‹die Schönheit ihres Herrn›, werden Zeugen seiner Herrlichkeit und erleben seine beseligende Nähe» (Bonnet 610; vgl. *307a, 450).*

Ähnlich wie in Ägypten Kultsymbole aller Art den Gott repräsentierten, mag in Jerusalem die heilige Lade die Nähe des Gottes vermittelt haben *(434, 434a).* Aber der ganze Vorgang ist in Jerusalem bezeichnenderweise mit der Geschichte verbunden (2 Sm 6 132). Jahwe war nicht immer da. Er ist auf den Zion hinaufgezogen. Seine Gegenwart ist nicht naturhaft selbstverständlich (vgl. oben S. 105). Sekundär mag das Hinaufziehen in Analogie zu babylonisch-kanaanäischen Thronbesteigungsfesten als Triumph- und Siegeszug verstanden worden sein. Dabei ist der Sieg über die andern Götter (z. B.

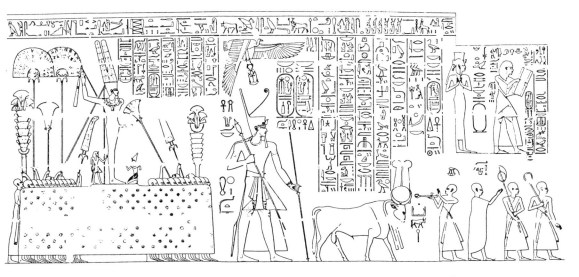

433 a. zeigt eine Prozession, die mit ihrer Vielfalt von Kultgegenständen und Erscheinungsweisen des Gottes für Ägypten typisch ist. Vor dem «weißen Stier» mit der Sonne zwischen den Hörnern geht ein Priester, der ihm räuchert. Der Stier verkörpert hier wohl den gleichen Gott wie das Standbild, nämlich den ithyphallischen Min. Die Statue wird von 22 Priestern getragen, die bis auf Kopf und Füße unter einer sternenübersäten Decke verborgen sind. Das lebensgroße Bild des Fruchtbarkeitsgottes wird durch zwei Stangen gestützt. Vor und hinter dem Bild werden verschiedene Wedel und Blumensträuße mitgetragen. Eine kleine Statue des Königs kniet in anbetender Haltung vor dem Bild. Der König selber schreitet dem Bild voran.

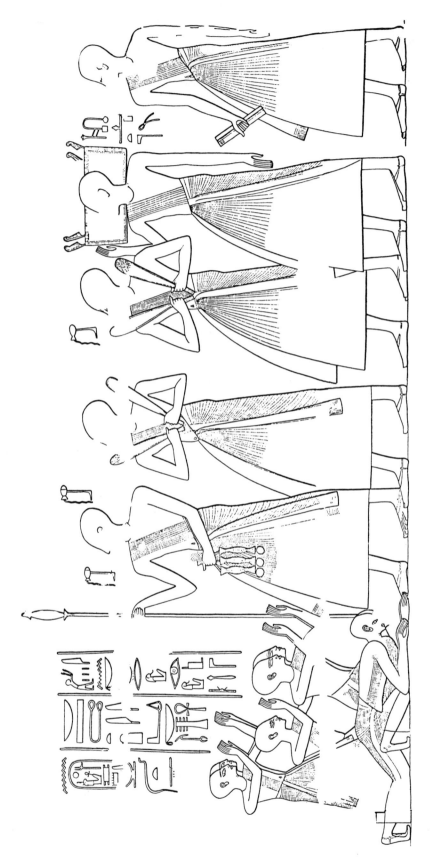

434. Auf ägyptischen Prozessionsbildern ist am häufigsten die Barke mit dem Schrein eines der großen Himmelsgötter (Amon-Re, Horus) zu sehen (vgl. 450, 287, 32). Daneben gibt es eine große Menge von Kultgegenständen, die in Prozessionen mitgeführt werden (vgl. 433a). Im obigen Ausschnitt aus einer Prozession des Gottes des Totenreiches Sokar-Osiris trägt der vierte Priester einen Kultgegenstand, der entfernt an die altisraelitische Lade erinnert. Es ist eine Holztruhe, die an den vier Ecken mit Federn geschmückt ist. Die Männer am Wegrand werfen sich bei ihrem Näherkommen anbetend nieder. Über ihnen steht, was sie sprechen: «Lobpreis dir, Sokar-Osiris, großer Gott, Herr der Schetschjt-Lade. Mögest du Ramses III. Leben, Dauer und Herrschaft geben in Ewigkeit!» Der König beschließt (auf unserm Bilde nicht mehr sichtbar) die Prozession. Hinter der Lade geht der «Schreiber des Gottes-Opfers». Zum Gebet für den König vgl. 20,9, 61,7f, 72,1, 84,9, 132.

434a. Darstellung einer Prozession aus der Oase von Palmyra: Hinter einem verhältnismäßig klein dargestellten Pferd geht in stolzer Haltung der Führer des Kamels, das das transportable Heiligtum trägt. Dieses dürfte aus einem ledernen oder hölzernen Behälter bestanden haben, in dem ein heiliger Gegenstand aufbewahrt wurde (z. B. ein Stein). Über die Truhe (Lade) ist eine rote Decke geworfen. Hinter dem Gottessymbol und links oben sind je drei verschleierte Frauen sichtbar. Vier Männer begrüßen den Gott mit erhobenem Arm. Palmyra beherbergte während seiner Blütezeit ein starkes arabisches Bevölkerungselement. Wie der Kult der Allat, des Azizu, des Arsu und anderer arabischer Gottheiten zeigt, haben sie die angestammte Religion, die sie aus der Wüste mitbrachten, wenigstens teilweise bewahrt. Zu diesem Erbe dürfte auch das Heiligtum auf dem Rücken des Kamels gehören, das an das israelitische Ladeheiligtum erinnert.

lie der Philister in 1 Sm 5) und die Israel feindlichen Völker teilweise durch Motive aus dem Chaoskampf abgelöst worden (vgl. *45, 240*).

Von diesen Jahweprozessionen sind die Besuche größerer oder kleinerer Gruppen im Tempel zu unterscheiden. Sie ziehen dorthin, weil es für Israel eine Satzung gibt, Jahwe zu huldigen (122,4). Dreimal jährlich soll jeder Israelit das Angesicht Jahwes sehen (Ex 24,23) und, wie das gleiche alte Gesetz sagt, soll dabei niemand mit leeren Händen erscheinen (v 20; vgl. Ex 23,15). Der Kontext legt nahe, dabei an die Erstlinge der Herden und der Ernte zu denken, die als Ausdruck der Anerkennung von Jahwes Oberhoheit am Tempel abgeliefert werden mußten. So wie man irgendeinem irdischen Fürsten oder König als Zeichen der Loyalität seinen Tribut ablieferte (vgl. *62, 408 ff.* vgl. dazu 68,30 76,12 96, 7-9).

Bei den jährlichen Wallfahrten pflegte man aber auch Gelübde einzulösen (1 Sm 1,21), die man beim letzten Tempelbesuch oder während des Jahres in irgendeiner Not gelobt hatte (vgl. 66, 13 107 und Kp II.1). Jahwe ist ein Gott, der erhört und dem deshalb Gelübde eingelöst werden (65,2f; vgl. *263*). Das Gelübde ist – wie viele andere kultische Praktiken – die Übertragung eines Vorganges aus dem Bereich der zwischenmenschlichen Beziehungen in den der Beziehungen zwischen Gott und Mensch. In irgendeiner Not verspricht man jemandem, der einen aus der mißlichen Lage befreien könnte (oder befreit hat), ein Geschenk. Nachdem man dank dieser Hilfe wieder ins normale Leben zurückgekehrt ist, stattet man seinem Retter einen Besuch ab, überbringt die versprochene Gabe und dankt ihm nochmals feierlich. Dabei spielte die Frage, was die Gottheit mit dem geschenkten Schaf *(435)* oder der Ziege *(436)* anfange, eine sekundäre Rolle. Man wollte sich erkenntlich zeigen und tat es in der unter Menschen üblichen Form.

Die Problematik dieser Übertragung wird von den Psalmisten gesehen. Vorerst ist zu beachten, daß der offizielle Opferkult mit seinen Schlachtungen in den Pss kaum Beachtung findet. Hingegen ist von Gelübdedankopfern verhältnismäßig häufig die Rede (22,26 40,7–11 50,14.23 56,13 61,6.9 65,2 66,19 69,31f 100,1 107 116,14.18). Bei diesen wird aber oft der das Opfer begleitende Gesang als das Entscheidende hervorgehoben (40,7–11 50,14.23 69,31f.). Mowinckel (Psalmenstudien VI 57f) hat diese Tatsache auf eine gewisse Rivalität zwischen den privilegierten Opferpriestern und den Tempelsängern zurückgeführt, die einer minderen Klasse des Kultpersonals angehörten und unter denen nach Mowinckel die Verfasser der meisten Pss zu suchen sind. Aus solchen Rivalitäten erklären sich aber keine umfassenden Äußerungen wie «Schlacht- und Speiseopfer begehrst du nicht» (40,7; vgl. 50), umfassend, auch wenn damit nur die privaten Dankopfer und nicht die offiziellen Opfer gemeint sind (Bornkamm, Lobpreis 54). Der tiefere Grund für die Entdinglichung des Opfers im Dankopfer*lied* dürfte einmal in der apersonalen Vieldeutigkeit des Opfers gelegen haben, die besonders der Einmaligkeit und dem personalen Charakter der Rettung, auf die das Dankopfer antwortete, nicht gerecht wurde (vgl. Hermisson, Sprache und Ritus 30f).

Im Gegensatz zu den Propheten geht es den Psalmisten nicht um eine Akzentverschiebung vom kultischen Opfer auf Gotteserkenntnis und Recht und Gerechtigkeit (Am 5,21 Hos 6,6 Jes 1,10ff Jer 7,21ff u.a.), sondern um eine solche vom blutigen Opfer auf das damit verbundene Bekenntnis. 69,31f gibt der Überzeugung Ausdruck, daß das Lied *(šjr)* Jahwe besser gefallen werde als ein Stier *(šwr)*, wobei das Wortspiel šîr-šōr den Ersatz des einen durch das andere sprachlich gestaltet. Der Nachsatz «ein Stier mit Hörnern und Klauen» erinnert an die fetten gemästeten Rinder, mit überlangen Klauen und Hörnern *(437)*. In Ägypten konnten die Opfer nicht groß und fett und zahlreich genug sein. Dabei ging es kaum in erster Linie darum, die persönliche Macht der Pharaonen erstrahlen zu lassen (Galling, Altar 15), sondern durch die Mehrung der Opfer (vgl. *196*) die für das Land unerläßlichen heilvollen Lebenskräfte der Götter zu vergrößern. Dieser Vorgang wurde durch die Identifizierung der Opfer mit den Fein-

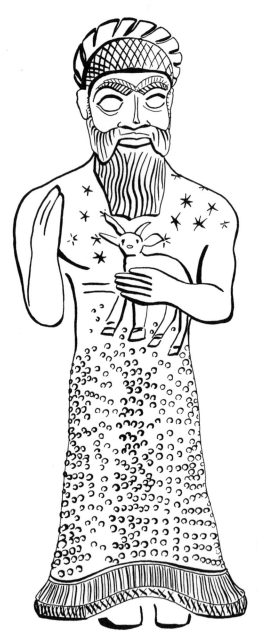

435. «Machet Gelübde und erfüllt sie Jahwe, eurem Gott, alle in seiner Umgebung sollen Gaben bringen!» (76,12).

436. «Opfere Jahwe Dank und bezahle dem Höchsten deine Gelübde. Rufe mich am Tage der Not, dann will ich dich retten und du wirst mich ehren!» (50,14ff).

Taf. XXV. Stele, die Neb-Re für Amon errichtet hat zum Dank für eine Krankenheilung (vgl. Taf. XIII). Aus der Inschrift:

«Lobpreis des Amon Re, des Herrn von Karnak...
Er gebe mir, daß meine Augen seine Schönheit schauen (vgl. 27, 4) ...
Ich mache ihm Hymnen auf seinen Namen,
ich preise ihn bis zur Höhe des Himmels
und bis zur Weite des Erdbodens,
ich erzähle seine Gewalt dem, der (den Nil) hinauffährt
und dem, der hinabfährt.
Hütet euch vor ihm!
Erzählet es Sohn und Tochter
und Großen und Kleinen,
saget es Generation und Generation,
die noch nicht entstanden sind (vgl. 22, 31 f 102, 19) ...
Du, Amon, bist der Herr für den Schweigenden,
der da kommt auf die Stimme des Armen.
Rufe ich zu dir, wenn ich betrübt bin,
so kommst du, daß du mich rettest,
daß du dem Gebeugten Atem gebest,
daß du mich rettest, den in Banden liegenden.
Du, Amon Re, der Herr von Theben, bist es,
der den, der in der Unterwelt ist, rettet (30, 4 89, 49) ...
Er sagt: War der Diener bereit, Sünde zu begehen,
so ist der Herr bereit, gnädig zu sein.
Der Herr von Theben verbringt nicht einen ganzen Tag im Zorn;
wenn er zürnt, (so ist es nur) im Augenblick
und es bleibt nichts zurück (30, 6)» (Erman, Denksteine 1089–1094).

Taf. XXVI. «Was kann ich Jahwe vergelten für alles, was er für mich getan hat? Den Becher der Heilstaten will ich erheben und den Namen Jahwe ausrufen» (116,12f; vgl. Taf. XXIII und *407*).

437. «Ich will den Namen Jahwes rühmen in einem Gesang (šîr), ich will ihn hoch erheben in einem Danklied. Das wird Jahwe besser gefallen als ein Stier (šôr), ein Stier mit Hörnern und Klauen» (69, 31f).

438. «Tue in deinem Wohlwollen Zion Gutes. Baue die Mauern Jerusalems auf.
Dann wirst du an rechten Opfern Gefallen haben. Dann wird man Stiere auf deinen Altar bringen» (51,20f).
Das Opfertier ist für die Schlachtung auf eine Matte gelegt worden, und man hat ihm die Füße zusammengebunden. Die Schnittstellen werden sogleich mit Wasser gereinigt. Links außen wacht ein Priester(?) mit einer Schriftrolle in der Hand darüber, daß das Opfer rite vollzogen wird.

den der Götter und des Landes noch verstärkt. Auf 437 hat man dem Ochsen den holzgeschnitzten Kopf eines Nubiers zwischen die Hörner gesetzt und durch zwei Hände die Hörner zu bittend aufgehobenen Armen umgestaltet. Umgekehrt sind auf der Narmerpalette die getöteten Feinde durch Stiermasken zu Opfern erklärt worden (vgl. ANEP Nr. 297). So werden durch das Opfer nicht nur die Lebenskräfte vermehrt, sondern gleichzeitig die Mächte der Zerstörung und des Todes vermindert.

In Israel wurde Jahwe schon früh als mit keiner irdischen Wirklichkeit identisch von irdischen Versorgungsmöglichkeiten unabhängig gesehen. Ps 50 weist die falsche Meinung, Jahwe nähre sich vom Fleisch und Blut der Opfer (438, 439), energisch zurück. Hier dürfte der zweite und allgemeinere Grund für die Ersetzung des blutigen Opfers durch das Danklied zu sehen sein.
Wie im Zusammenhang mit dem Altar (vgl. bes. 192, 201) und dem Priesterdienst des Königs (S. 252) angedeutet wurde,

438a. Der Schlächter, der das hintere Bein des Rindes hält, streckt die Hand aus, die er in das Blut des Opfertieres getaucht hat, und sagt: «Sieh dieses Blut!» Derjenige, der es begutachten soll, ist ein Irj-en-achtj, dessen Titel aus den Elementen Palastvorsteher, Reinigungspriester, resp. Reinheit und Arzt zusammengesetzt sind (oder: ist). Seine Deklaration: «Es ist rein!» ist zwischen ihm und dem Fragesteller angebracht. Die gleiche Formel findet sich häufig im Munde der israelitischen Priester (vgl. Lv 13,13.17.37 u.a.).

herrschte auch in Mesopotamien die Auffassung, daß sich die Götter von den Opfern ernährten. Die im Gegensatz zu Ägypten stärker anthropomorph-personale Auffassung der Götter, die bereits im Weltbild zutage trat, hat allerdings die unmäßige Häufung von Opfergaben verhindert. Wie stets bei assyrischen Opfern (vgl. *373*) findet sich auch auf *440* nur *ein* Gefäß für die Aufnahme der Trankopfer, *ein* Tisch für die festen Gaben und *ein* Kandelaber für das Räucheropfer. Das Opfer gilt den Kriegsgöttern Ninurta und Nergal (AOB zu Nr. 534), die durch die beiden Standarten repräsentiert sind. Große Stücke des Opfers werden in den Van-See geworfen, an dessen Ufer die beiden Götter den König auf seinem Siegeszug geführt haben. Die zoologisch nicht bestimmbaren Tiere, die, einem fremden Willen gehorchend, nach den Opferstücken schnappen, müssen wohl in irgendeiner Weise die beiden Götter oder lokale Gottheiten repräsentieren, denen sich der Opferer erkenntlich zeigen möchte. (Die Darstellung illustriert übrigens eine der Arten, wie man sich die Aneignung des Opfers durch die Götter vorstellen konnte; vgl.

S. 126). Der König ist eben dabei, aus einem Libationsgefäß Wein oder Wasser in das Gefäß zu gießen, das zur Aufnahme solcher Spenden bestimmt ist. Dieser Vorgang wird vom Spiel zweier Musikanten begleitet. Wie zu einer königlichen Mahlzeit gehört auch zum Opfer Musik. Die ganze Zeremonie ist mit der Einweihung eines Denkmals verbunden. Dieses zeigt den König in der bekannten assyrischen Adorationshaltung (vgl. *418*, *419*). Die in die Felswand gehauene Stele ist also nicht in erster Linie ein Denkmal für den König, sondern es verewigt die Anbetung und den Dank, die der König an diesem fernen Ort den Göttern dargebracht hat.
Solche schriftlich festgehaltenen versteinerten Danklieder waren im AO nicht selten (*263*, *307a*, Taf. XXV und XXVI). In 40,7-11 wird eine Schriftrolle erwähnt, in der über den Beter geschrieben steht. G. Bornkamm (Lobpreis 53–58) hat vermutet, daß es sich dabei um einen Text handelt, der von der Rettung des Beters erzählt und den der Beter in den Tempel mitbringt. Die eigenartige Überschrift *mktm*, die die Pss 16 und 56–60 tragen, hat die Septuaginta mit *stelographía*

440. «Freizügig opfere ich dir, ich preise deinen Namen, Jahwe.
Ja, er hat mich aus jeder Bedrängnis errettet, und mein Auge kann sich an meinen Feinden weiden» (54,8f).

 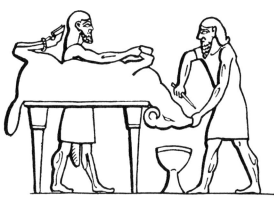

439. «Dir schlachte ich ein Dankopfer und rufe den Namen ‹Jahwe› aus. Ich löse Jahwe meine Gelübde ein vor seinem ganzen Volk» (116,17f).

439a. «Meine Gelübde will ich einlösen vor denen, die ihn fürchten. Die Geringen sollen essen und satt werden. Und es sollen Jahwe rühmen, die ihn suchen» (22,26b.27). Während in Ägypten das Blut im Rahmen des Kultus keine Rolle spielte (vgl. das Wegspülen auf 438), hat man es im semitischen Raum sorgfältig aufgefangen und zu Sprengungen usw. benützt (vgl. 16,4).

«Steleninschrift» übersetzt. Zusammen mit der Aufforderung 'l tšḥt «lösche nicht aus», die in 57–59 dazu kommt, legt sie die Vermutung nahe, daß diese oder die vorangehenden Pss einmal auf Stelen eingraviert waren (Delekat, Asylie 14f). Diese Stelen wurden, wie 440 zeigt, im Rahmen einer Dankopferfeier geweiht. Das Bekenntnis, ob gesungen oder in eine Stele eingraviert, bildete seit je einen integralen Bestandteil des Opfers. 116,13 läßt noch den Platz des Dankliedes erkennen. Man rief den Namen Jahwes aus, wenn man den «Becher der Heilstaten Gottes» erhob. Damit dürfte die Libation gemeint sein. In Assyrien (373, 440), in Mari (441) und in Ägypten (442, 443) wurde oft gleichzeitig geräuchert. Auf der Jechawmilkstele (Taf. XXVI) aus Byblos erhebt der König den Becher mit grüßender Gebärde (vgl. 415), ohne gleichzeitig zu räuchern (vgl. 407, Taf. XXIII). Die beiden ägyptischen Bilder machen besonders deutlich, daß nicht nur das Tieropfer, sondern auch die Libation ursprünglich auf eine ganz reale Mehrung der Lebenskraft des Gottes abzielt (vgl. 180, 187). Auf 442 haben die Gefäße, die das Trankopfer aufnehmen, die

Form der Hieroglyphe «Herz». Wein erfreut das Herz, und Speise stärkt es (104,15). Darüber, daß es sich bei 442 um die Herzen der Götter handelt, dürfte kein Zweifel bestehen. Auf 443 hat das Gefäß, aus dem der König sein Trankopfer gießt, die Form der Hieroglyphe «Leben». Was der König dem Gott zukommen läßt, gibt dieser ihm seinerseits (mit der linken Hand) wieder zurück. *Do ut des.* Eine solche Form des Lebensaustausches gibt es in Israel nicht. «Trinke ich denn das Blut von Böcken?» (50,13b.) «Wer ein Danklied opfert, der ehrt mich» (50,23).

Es war oben von einer Akzentverschiebung vom Tieropfer auf das Danklied die Rede. Dabei mag das Tieropfer häufig weiterhin dargebracht worden sein. Wenn die Gottheit sich auch nicht daran gütlich tat, so war es doch für die frohe Mahlzeit, die zu einer solchen Feier gehörte und bei der sich auch die Armen satt essen sollten (22,27; vgl. Dalman AuS VI 71; Paret, Symbolik 29), unerläßlich. Den *Platz des Opfers* nahm aber das Danklied ein. Darauf weisen nicht nur das Wortspiel šîr-šôr und die Verbindung von «opfern» mit «Lob»

441. Im Pentateuch werden Trankopfer von Wein (Ex 29,28-42 Nm 15,5, 28,7f usw.) recht häufig angeordnet. In den Pss ist nur einmal von einem Becher die Rede (116,13), der als Libationsbecher verstanden werden kann. Einmal werden Blut-Libationen an fremde Götter erwähnt (16,4). Die Trankopfer waren ausschließlich Sache der Priester. Die Gebetssammlung der Pss hingegen war zum Gebrauch für die Laien bestimmt.

(50,14.24; vgl. auch 27,6), sondern vor allem die in diesem Zusammenhang verwendeten priesterlichen Deklarations- und Anrechnungsformeln. Mit ihrer Hilfe werden die Schlachtopfer als unerwünscht (40,1 51,18) und das Lied als wohlgefällig erklärt (69,32; zu solchen Formeln vgl. *438a*).
Tatsächlich erfüllt das Danklied auch den *Zweck des Opfers*. Es mehrt die Mächtigkeit des Gottes, dem es dargebracht wird. Der Sänger macht Jahwe groß (69,31). Er gibt ihm, indem er ihn als Retter preist, Gewicht (*kbwd;* 50,15). Vor der ganzen Gemeinde bekennen die Dankliedsänger die Heilstat Gottes (9,15 22,23.26 34,3 40,10f 109,30 111,1 116,14.18f). Gott ist in Jerusalem groß und hochgepriesen, weil dort immer und immer wieder Danklieder gesungen werden. Es besteht ein Zusammenhang zwischen diesem Lobpreis und dem Wohnen des «Namens» (des guten und großen Rufes) und des «Kabod» (der Bedeutung und Herrlichkeit) Jahwes in Jerusalem (48,2).
Da nur ein Teil des Dankopfers Jahwe dargebracht, der Rest aber vom Dankenden und seinen Angehörigen verzehrt wurde, mehrte das Dankopfer nicht nur die Größe Jahwes, sondern stiftete auch Gemeinschaft unter den Mahlgenossen. Auch diese Funktion konnte das Danklied, wenigstens in gewissem Maß, übernehmen. Die Hörer des Dankliedes partizipierten durch dieses an der wunderbaren Erfahrung des Beters und stimmten in sein Lob ein (22,27 34,3). Dabei verwirklichte sich diese Gemeinschaft – mindestens nicht mehr primär – im naturhaften Vorgang des Essens, sondern in der gemeinsamen Begeisterung für Jahwes Heilswalten. Bei der großen national-religiösen Erhebung gegen Rom im Jahre 66 n.Chr., bei der es das Volk zu einigen galt, schmückte der «Becher der Heilstaten» Gottes eine der Aufstandsmünzen *(444)*. Dabei dürfte nicht sosehr an das gemeinsame Essen und Trinken als an die gemeinsamen Erfahrungen gedacht worden sein, die beim Erheben des Bechers besungen wurden.
Bei aller Verschiebung des Akzents vom Tieropfer auf das Danklied und der daraus resultierenden Hochschätzung des letzteren als des eigentlichen Opfers, haben Opfer, Mahl und Lied doch stets zusammengehört. Die süße Gemeinschaft, die der Beter von 55,15 im Haus Jahwes im intimen Kreis *(swd)* erfahren hat, dürfte mit dem Vorgang als ganzem verbunden gewesen sein. Die Pss zeigen immer wieder, daß es letztlich das *gemeinsame Feiern* der Güte und der Liebe Jahwes war, das dem Tempelbesuch seine Faszination verlieh.
Dabei waren *Feier* und *Gemeinschaft* voneinander abhängig. Die Pss können sich über den Lobpreis Jahwes (92,2f) ebenso begeistern wie über die Gemeinschaft (133,1). Ohne Gemeinschaft der Jahweglâubigen hat der Lobpreis keinen Resonanzboden, und ohne Lobpreis hat die Gemeinschaft kein festes Zentrum. Sie schafft die Atmosphäre, in der Lobpreis gedeihen kann (42,5 55,15).
In 133,2 wird Gemeinschaft in ihrer Art und Wirkung dem

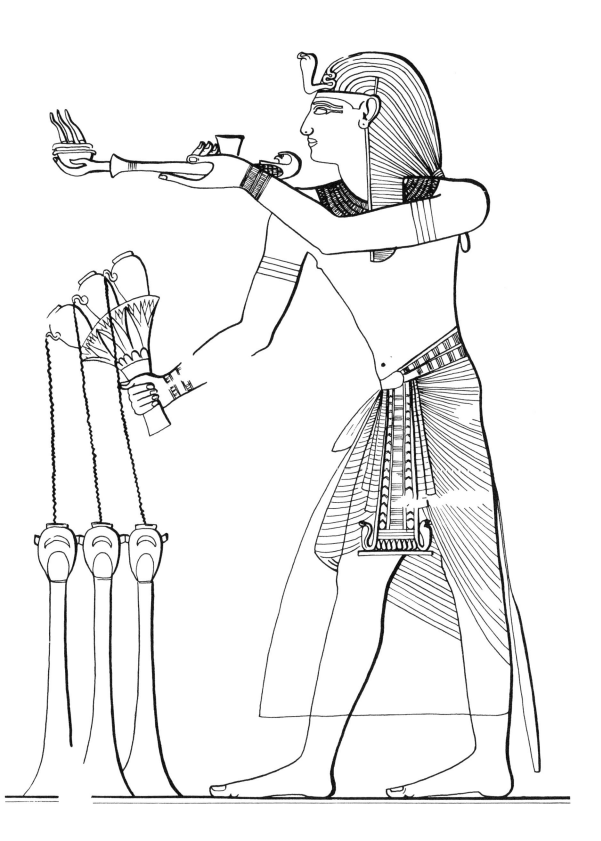

442. Die Gefäße, in die der Pharao seine Libation gießt, haben die Form der Hieroglyphe «Herz». Die Libation stärkt nach ägyptischem Verständnis das Herz des Gottes wie Speise und Trank das Herz des Menschen stärken (104,15; vgl. *192*).

443. «Mein Gebet stehe als ein Rauchopfer vor dir.
     Das Erheben meiner Hände als Abendopfer» (141,2).

parfümierten Fett verglichen, das man bei festlichen Mahlzeiten den Gästen auf den Kopf setzte (23,5 92,11 141,5) und das dann im Laufe des Mahles auf den erhitzten Häuptern zerfloß und einen betörenden Duft verbreitete *(445)*. Die Atmosphäre, die Ps 133 besingt, war eine Angelegenheit des Alltags. Im Alltag galt es, Jahwes heilvolles Wirken zu erfahren. Die feierlichen Stunden im Tempel waren, wie gerade das Danklied mit seinen oft biographischen Zügen zeigt, ganz und gar von den Erfahrungen des Alltags abhängig (vgl. z.B. 107). Im Tempel vollzog sich nichts anderes als die Verdichtung, Überhöhung und Deutung dieser Erfahrungen. Ohne den Kult am Tempel konnten sie vielleicht nicht gemacht werden, aber ohne sie erstarrte der Kult zu einem blutleeren sterilen Ritual.

444. Der «Becher der Heilstaten Jahwes» auf einer Münze aus dem 2.Jahr der jüdischen Revolte gegen die römische Fremdherrschaft (66–70 n.Chr.; vgl. *460*).

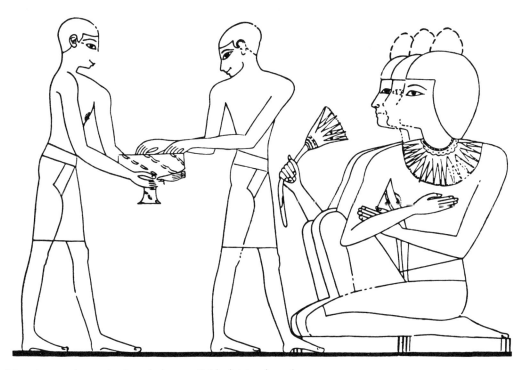

445. «Seht, wie gut und angenehm ist es doch, wenn Brüder beieinander wohnen, wie das köstliche Salböl auf dem Haupt...» (133,1f; vgl. *268*).

446. «*Von dir* kommt *mein Jubel* in großer Gemeinde» (22, 26a; vgl. 51, 17).
Die Macht, die in Ägypten die Lippen zu kultischem Jubel öffnet, heißt Mert. Sie ist mit ihren klatschenden Händen die Verkörperung dieses Jubels.

3. Gesang und Musik

a. Jubel und Tanz

«Halal» und ähnliche Phoneme tauchen in zahlreichen Sprachen als spontaner Ausdruck freudiger Erregung auf. Als 1872 dem Erfinder des Telephons, Graham Bell, zum erstenmal mit einem seiner Mitarbeiter ein Gespräch gelang, brach dieser enthusiastisch in den bis dahin unbekannten Ruf «Hallo» aus. Das deutsche «halali» oder «hali halo» ist Ausdruck der Jagdbegeisterung. Das arabische *tahlil* bezeichnet die trillerartigen Rufe der Frauen, welche die Männer zum Kampf anfeuern, *'ahalla* das Geschrei der Frauen, die ein Neugeborenes begrüßen und *tahallala* das freudige Schreien ganz allgemein (Nöldecke, Halleluja). Das hebräische *hll* beschreibt das begeisterte Rühmen einer schönen Frau oder eines Mannes (78,63 Gn 12,5 Hl 6,9). Aber viel öfters wird es vom Rühmen Gottes gebraucht. Angesichts der Herrlichkeit Jahwes im Tempel jubelt *(jhll)* der Beter, wie man nach einem reichlichen Festmahl jauchzt (63,6). Gott handelt manchmal am Menschen, daß diesem nichts anderes bleibt als aufzujauchzen. Sein Mund ist dann plötzlich voller Lachen und seine Zunge voller Jubel *(rnh)* (vgl. 126,2 65,9). Der Beter von 22,26 legt das schöne Bekenntnis ab: «Von dir (Gott) kommt mein Lobpreis *(thlh)*.»

Das Erlebnis der Eigenmächtigkeit des Jubels, der den Menschen ähnlich überfallen kann wie das Heilshandeln Gottes selbst, hat in Ägypten in der Göttin Mert Ausdruck gefunden *(446)*. Die Göttin, die den kultischen Jubel verkörpert, ist hier dargestellt, wie sie kniend auf der Hieroglyphe «Gold» (Kollier) sitzt und in die Hände klatscht. Auf dem Kopf trägt sie das für Oberägypten typische Lilienbüschel. Wie alles in Ägypten ist auch der kultische Jubel in einer doppelten, nämlich unter- und oberägyptischen Gestalt vorhanden. Manchmal wird Mert als Verkörperung der Tempelmusik auch mit der Harfe dargestellt. Aber ihre typische Haltung sind die zum Klatschen und Taktschlagen erhobenen Hände. Klatschend und taktschlagend folgen die Frauen und Kinder der Musikkapelle, die nach dem Sieg Assurbanipals über den Elamiterkönig Teumman zur Inthronisation des assurfreundlichen Prinzen Ummanigasch aufspielt (Taf. XXVII). 47,2 fordert alle Völker auf, anläßlich des Zuges Jahwes zum Zion in die Hände zu schlagen.

Bei solchen Gelegenheiten stießen die Teilnehmer lange und laute Freudenschreie aus. «Bei ihrem Geschrei spaltete sich die

447. Detail aus Taf. XXVII. Um den hohen, langgezogenen Ton zu rhythmisieren, schlägt sich die Frau auf den Hals. Das Hervorbringen dieses trillernden Lauts dürfte die ursprüngliche Bedeutung von *hll* sein.

448. Um das gleiche Ziel wie die Frau von *447* zu erreichen, schlägt sich der Ägypter auf die Brust (vgl. *336*).

449. «Du hast meine Klage in Tanz verwandelt.
Du hast mein Sackgewand gelöst
und mich mit Freude umgürtet» (30,12).

Erde» (1 Kg 1,40; vgl. Jos 6, 5.20). Die langgezogenen Schreie wurden rhythmisch gegliedert, indem man sich mit der Hand auf den Hals (vgl. den Ausschnitt aus Taf. XXVI auf *447*) oder mit einer Faust auf die Brust schlug, wie die ägyptische Hieroglyphe zeigt, die *hjhnw* «jubeln» und *hbj* «tanzen» determiniert (*448;* vgl. Frankfort, Kingship 98). Durch das rhythmische Schlagen wird der lang ausgehaltene hohe Ton zum Trillern, das die Wurzel *hll* ursprünglich bezeichnet haben dürfte. Dieser Laut ist im Nahen Osten bei Hochzeiten und ähnlichen Gelegenheiten heute noch sehr beliebt und häufig zu hören.

Ein ebenso spontaner Ausdruck überbordender Freude wie das Trillern ist der Tanz. Darauf weist schon der Umstand hin, daß *448* «jubeln» und «tanzen» determinieren kann. Tanzend und singend feiern die Frauen den Sieg der Männer (Ri 11,34 1 Sm 18,6f), wobei dieser Tanz, wenn Jahwe als Sieger gefeiert wird, ausgesprochen kultische Züge hat (Ex 15,21; vgl. 68,26 149,3). David tanzt bei der Überführung der Lade auf den Zion (2 Sm 6,20ff), die einem Triumphzug recht ähnlich ist. Ganz allgemein darf man sich, wie die klatschenden Frauen und Kinder auf Taf. XXVII zeigen, Prozessionen und Umzüge nicht zu feierlich vorstellen.

Selbst der regelmäßig wiederkehrende hymnische Lobpreis Jahwes scheint zumindest gelegentlich den Tanz vor Jahwe miteingeschlossen zu haben (87,7 150,4). Noch weniger wird er bei den stärker privaten Dankopferfeiern gefehlt haben, wie 30,12 andeutet. Vor allem werden es die jüngern Teilnehmer gewesen sein, die sich durch Gesang und den Klang der Handtrommeln zum Tanz hinreißen ließen, wie bei der großen Ehrung Ejes durch Amenophis IV. die Kinder Ejes ihrer Freude durch allerhand Sprünge und Tänze Luft machten (*449*).

b. Schlaginstrumente

Die *Handtrommel (top)* begleitet das Siegeslied (Ex 15,20 68, 26f 149,3). Sie scheint gelegentlich aber auch beim Lobpreis am Heiligtum verwendet worden zu sein (81,3 150,4). Im ägyptischen Kult nahm sie eine ziemlich wichtige Rolle ein (*450, 451*). Besonders interessant ist der Zusammenhang, in dem *451* ihren Gebrauch zeigt.

450. «Voraus die Sänger und dann die Saitenspieler inmitten handtrommelschlagender Mädchen.
  In Chören preisen sie Gott, Jahwe, den Quell Israels» (68,26f).

Während die offiziellen Prozessionsreliefs (vgl. 433a, 434) nebst den Kultgegenständen vor allem den König, die Priester und Beamten darstellen, zeigt die bescheidene Stele als weitere Prozessionsteilnehmer eine Gruppe von sieben Mädchen: fünf schlagen die Handpauke, eine spielt auf der Leier und eine schwingt die Rassel. Die beiden letzteren scheinen noch minderjährig zu sein, da sie ganz nackt und auch kleiner dargestellt sind als die andern. (Zu Sistrumspielerinnen und Tänzerinnen in der grossen Prozession des Schönen Festes von Opet vgl. Wolf, Das schöne Fest 16, 18f.)

315

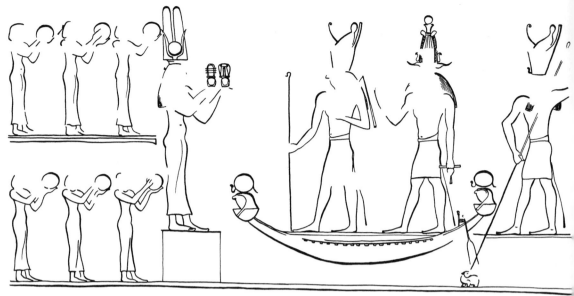

451. «Mirjam... nahm die Rahmentrommel zur Hand und alle Frauen zogen hinter ihr her hinaus, zum Schlagen der Rahmentrommel tanzend. Und Mirjam sang ihnen zu:
 «Singet Jahwe, denn hoch erhaben ist er,
 Roß und Streitwagenkämpfer warf er ins Meer!» (Ex 15,20f; vgl. 149,3).

452. Assyrische Militärkapelle mit Rahmentrommel, zwei Arten von Leiern und Zimbel.

453. Im Gegensatz zur metallenen (und d.h. kostspieligen) Zimbel war die einfache Rahmentrommel ein weit verbreitetes volkstümliches Instrument.

454. Göttin oder Priesterin (?) mit Rahmentrommel.

Nachdem der Falken- und Königsgott Horus seinen Gegner Seth in Gestalt eines winzigen Nilpferds (die mächtige Darstellung eines Gegners wird im magischen Denken als gefährlich betrachtet) auf dem rechten Ufer erstochen hat, fährt er triumphierend zum linken Ufer, wo ihn Isis, resp. die Königin und sechs Prinzessinnen mit Handtrommeln empfangen. Der dazugehörige Text läßt die Frauen singen: «Wir jubeln dir zu und sind beglückt bei deinem Anblick. Wir jauchzen, da wir deinen Sieg sehen!» (Roeder, Mythen 138.) Ganz ähnlich wie hier äußert sich die Freude der Frauen nach Stunden und Tagen der Ungewißheit und Angst in Ex 15,21 Ri 11,34 1 Sm 18,6f und in 68,26, wo ein ähnliches Geschehen beschrieben wird, wie das auf 451 dargestellte. Die Handtrommel war auch im assyrischen (452) und im kanaanäischen Raum (453) weit verbreitet. Im letzteren wird sie oft ganz ähnlich wie in Babylonien (Rimmer, Musical Instruments 23f) von Frauen getragen, in denen man Priesterinnen oder Göttinnen vermuten möchte (454). Die Handtrommel war ganz allgemein ein typisches Fraueninstrument. Von Männern scheint sie nur gelegentlich in geschlossenen Militärkapellen (452), in Prophetengruppen (1 Sm 10,5) und ähnlichen Verbänden geschlagen worden zu sein. Da sie darüber hinaus anscheinend eng mit dem Kult weiblicher Gottheiten verbunden war, hat sie im Jerusalemer Kult keine große Rolle gespielt. In den beiden Büchern der Chronik erscheint sie nur an einer einzigen Stelle (1 Chr 13,8), und diese ist wörtlich aus 2 Sm 6,5 übernommen. Da die Tempelmusik in den Büchern der Chronik sonst eine große Rolle spielt und häufig erwähnt wird, kann das kein Zufall sein. Die Handtrommel ist in der Spätzeit, vielleicht im Zuge antikanaanäischer Reformen (vgl

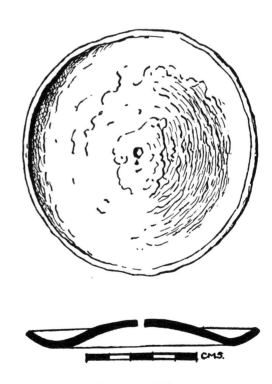

455. «Lobet ihn mit klingenden Zimbeln, lobet ihn mit schmetternden Zimbeln!» (150,5f).

456. «Stoßet beim Neumond ins *Horn*, beim Vollmond zum Tag unseres Festes,
 denn das ist Satzung für Israel, ein Gesetz vom Gotte Jakobs» (81,5).
Das «Horn» datiert den Ps in die vorexilische oder frühnachexilische Zeit, denn später wurde der Neumond durch *Trompeten*blasen angekündigt (Nm 10,10).

S. 155) oder weil sie dem Bedürfnis nach einem gewissen Luxus nicht mehr entsprach (sie bestand aus einem einfachen, ein- oder beidseitig hautüberzogenen Ton- oder Holzrahmen, weshalb sie auch Rahmentrommel heißt), aus dem Tempelbereich verbannt worden.

Dafür hat die *Zimbel* (ṣlṣljm, mṣltjm) in der Spätzeit stark an Bedeutung gewonnen. Im chronistischen Geschichtswerk wird sie 13mal als Tempelinstrument genannt. Sonst erscheint sie nur noch in 150 und 2Sm 6,5. Letzteres ist die einzige Stelle, wo in einem älteren Kontext von ihr die Rede ist. Dennoch scheint sie nach dem Befund der Ausgrabungen im Kanaan der Spätbronze- und der frühen Eisenzeit schon recht weit verbreitet gewesen zu sein (vgl. 455; Loud, Megiddo II Taf. 185; Yadin, Hazor I Taf. 162, 2. 3; IWB IV 252).

Was mit den (wohl-)klingenden (ṣlṣlj šmʿ) und mit den schmetternden Zimbeln (ṣlṣlj trwʿh) in 150,5 gemeint ist, ist nicht klar. Es dürfte aber eher an zwei verschiedene Arten des Spielens (vgl. Nm 10,1–10) als an zwei Instrumenttypen gedacht sein, z. B. an verhaltenes und an kräftiges Spiel. So wird von den einzelnen Instrumenten über das rhythmisch abwechselnd leise und laute Spielen zum Rhythmus allen Atmens übergeleitet. Mit dem Aufruf allen Odems zum Lobe Gottes schließt Ps 150.

Die Handpauke oder Rahmentrommel und die Zimbeln sind die beiden einzigen Schlaginstrumente, die in den Pss genannt werden. Die großen Kesselpauken, Trichter- oder Faßtrommeln (vgl. Taf. XXVII der zweite Musikant von rechts) mit ihrem dunklen Ton scheinen in Mesopotamien sehr beliebt gewesen zu sein. Für Palästina sind sie weder literarisch noch archäologisch bezeugt. Hingegen ist zu beachten, daß die Rahmentrommel eine erhebliche Größe erreichen kann und dann natürlich auch einen dumpfen Ton gibt. Das Halten dieser Riesentrommel ist recht schwierig. Auf *456* trägt der mittlere den Rahmen auf der Schulter, die beiden andern Musikanten schlagen die Trommel (Galling BRL 392).

c. Blasinstrumente

An Blasinstrumenten werden in den Pss folgende genannt: Das Horn (šwpr), ein langes, metallenes, ventilloses Instrument (hṣṣrh), das in den Übersetzungen als «Trompete» oder «Posaune» figuriert, und die Flöte (ʿwgb). Das *Horn* mag in der Regel ein Widderhorn gewesen sein, wie der gelegentliche Zusatz hjwbl (des Widders) zeigt (Jos 6,4.6.8.13). Auch der Ausdruck «den Widder blasen» (mšk hjwbl) findet sich (Ex 19,13). šwpr selber leitet sich vom akkadisch-sumerischen š/sapparu «Wildschaf» her. Die Abbildungen (*456–458*) legen den Gedanken an ein Widderhorn allerdings kaum nahe. Aber es ist besonders bei *458* die Schwerfälligkeit des

Werkstoffes zu beachten. Und selbst bei *456* wäre der Schluß wohl zu gewagt, es seien auch Rinderhörner zum Blasen benützt worden.

In ihrer Verbreitung verhalten sich Horn und Trompete ähnlich wie Handpauke und Zimbel. Das Horn ist als denkbar einfach herzustellendes Instrument in Israel seit ältester Zeit weit verbreitet. Nach einer der ältesten Bibelstellen (Ex 19, 13.16.19 J/E) hat Jahwe selbst am Sinai das Widderhorn geblasen (Seidel, Horn und Trompete 589). Das könnte mit den vulkanischen Elementen der Sinaitheophanie zusammenhängen, denn nach Dio Cassius (66,23) ließ sich beim Ausbruch des Vesuv «Posaunenschall» vernehmen. Es dürfte sich um dumpfe langgezogene Töne handeln, die von entweichender Luft oder ähnlichem hervorgebracht wurden.

Da Jahwe einmal unter Widderhornblasen und im Fackelschein (Ex 20,18) erschienen war, konnte man sich mit Hilfe des Widderhorns und brennender Fackeln seiner Gegenwart versichern (Ri 7,16). Dabei ist natürlich bei einzelnen Zügen auch der umgekehrte Vorgang denkbar, daß kultische Elemente auf den Sinai projiziert wurden, doch sollte man das nicht wie Beyerlin (Sinaitraditionen) als durchgängige und einzig mögliche Lösung darstellen. Man wird damit den Sinaitheophanietexten nicht gerecht (vgl. *298–299*).

Dem Widderhorn ließen sich kaum mehr als ein paar weithin schallende Töne entlocken. Es eignete sich daher eher als Signal- denn als eigentliches Musikinstrument. Nach 81,4 sollen der Neu- und der Vollmondtag durch Widderhornblasen

457. «Jahwe zieht empor unter Siegesgeschrei, Jahwe beim Schall der Hörner» (47,6).

ausgezeichnet werden (vgl. Nm 10,10). Auch der Zug Jahwes auf den Zion wird von Hörnerblasen begleitet (47,6). Das mag mit der Bedeutung des Widderhorns bei der Königskrönung zusammenhängen (2 Sm 15,10 1 Kg 1,34.39.41f 2 Kg 9,13). Die Fahrt Jahwes auf den Zion dürfte, wie gesagt, mindestens sekundär als Thronfahrt gedeutet worden sein. Nach 98,6 wurde das Horn auch bei der jubelnden Huldigung vor dem König Jahwe geblasen (vgl. 150,3).

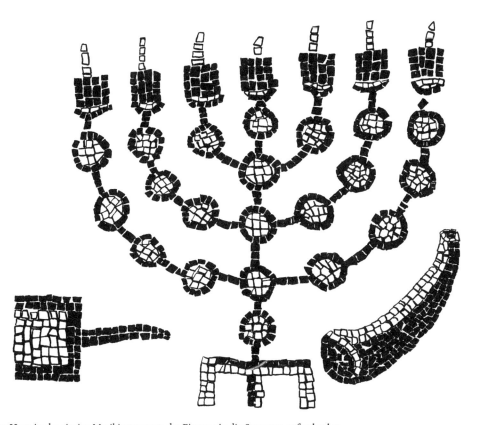

458. Das Horn ist das einzige Musikinstrument, das Eingang in die Synagoge gefunden hat.

459. Die metallene Trompete wurde wahrscheinlich in der frühen Königszeit aus Ägypten in Israel eingeführt (vgl. *381*).

460. «Singet Jahwe zur Leier,
    zur Leier mit lautem Gesang.
    Zu Trompeten- und Hörnerschall
    jauchzt vor dem König Jahwe» (98, 5f).

Das Horn dürfte aufgrund seines Namens und archäologischer Hinweise (vgl. *457*) schon früh aus Mesopotamien nach Palästina eingewandert sein. Als eines der ältesten und volkstümlichsten Instrumente hat es sich als einziges in den Synagogengottesdienst hinübergerettet und wird so auf den Mosaikfußböden und Kapitellen der Synagogen oft dargestellt (*458*). Der Hauptgrund dieser Übernahme wird neben seiner altehrwürdigen kultischen Bedeutung in der Tatsache zu suchen sein, daß es im Tempelgottesdienst der Spätzeit keinen Platz mehr hatte und so für den Gebrauch in der Synagoge frei war. In den Büchern der Chronik wird das Horn ähnlich wie die Handtrommel einzig in der wörtlich aus 2 Sm 6,5 übernommenen Stelle 1 Chr 15,28 und ganz singulär im Zusammenhang mit einer Bundeserneuerung in 2 Chr 15,14 genannt.

Das Lieblingsinstrument des Chronisten und der Ersatz für das Horn ist die *Trompete*. Das chronistische Geschichtswerk nennt sie 19mal und 6mal wird zudem das Verb für Trompetenspielen verwendet. Das Herkunftsland der Trompete dürfte Ägypten sein. Zwar findet sie sich einmal auf dem Fragment eines Steatitgefäßes aus Bismaja (südöstlich von Nippur), das der zweiten Phase der frühdynastischen Zeit angehört (um 2500 v. Chr.) (Frankfort, The Art 39f). Aber in Ägypten ist sie von der Mitte des 3. Jt.s v. Chr. an mit einer gewissen Regelmäßigkeit belegt (Hickmann, Musikgeschichte 40f). Im Neuen Reich wurde sie als Signalinstrument im Heer verwendet (*282*). Besonders beliebt war das Trompetenspiel beim Militär und bei prunkvollen Anlässen während den Regierungszeiten Ramses' II. und III. (Hickmann, Musikgeschichte 122), die mit ihren barocken Tendenzen eine gewisse Ähnlichkeit mit der Welt des Chronisten aufweisen. Aus der Zeit Ramses' II. stammt die Stele eines Trompetenbläsers (*459*), der in anbetender Haltung, sein Instrument unter dem Arm, vor dem vergöttlichten Ramses II. (auf *459* nicht sichtbar) steht. Vielleicht spielte er als Trompeter beim Kult des toten Königs.

Im AT wird die Trompete in Texten, die sicher aus vorexilischer Zeit stammen, nur dreimal erwähnt. Bei der Krönung Joas' von Juda (836–797 v. Chr.) tritt sie an die Stelle des Horns (vgl. 1 Kg 1,34.39.41f usw.). Zur Zeit desselben Königs soll im Tempel Silber gesammelt worden sein, um Trompeten und anderes Gerät aus Silber und Gold anzuschaffen (2 Kg 12,14). Nach Hos 5,8 diente die Trompete am Ende des 8. Jh.s v. Chr. neben dem Horn als militärisches Signalinstrument. In den Pss hat die Trompete den Platz anscheinend noch nicht erobert, den sie dann in der Chronik einnimmt. Sie erscheint ein einziges Mal bei der Huldigung vor dem König Jahwe und da wie bei Hos 5,8 zusammen mit dem Horn (98,6). Erst in nachexilischer Zeit hat, wie der sekundäre P-Text Nm 10,1–10 und die Bücher der Chronik zeigen, die Trompete das Horn aus dem Tempelkult verdrängt. Nach Nm 10,10 soll der Neumondtag nicht mehr wie nach 81,4 durch Hörner-, sondern durch Trompetenblasen ausgezeichnet werden. Eine ganz besondere Rolle spielten in der Spätzeit die von Nm 10,1–10 auf Moses zurückgeführten zwei silbernen Trompeten. Sie sind nebst dem Schaubrottisch mit dem «Becher der Heilstaten Jahwes» auf dem Titusbogen in Rom unter den Beutestücken aus dem zweiten Tempel zu sehen

Taf. XXXVII. «Ihr Völker alle, klatscht in die Hände, jauchzet Jahwe, jubelt ihm laut!» (47,2; vgl. 98,8)

Taf. XXVIII. «Über Löwen und Ottern schreitest du, zertrittst Jungleuen und Schlangen» (91, 13).

461. Die Bedeutung der von Nm 10,1-10 angeordneten zwei Trompeten für den nachexilischen Tempel zeigt sich u.a. darin, daß sie noch 60 Jahre nach dem Untergang des Tempels auf den Münzen der Bar-Kochba-Revolte erscheinen.

(460). Wie sehr die beiden Trompeten zum Bild des zweiten Tempels gehörten, zeigen die Münzen des Bar-Kochba-Aufstandes (132-135 n.Chr.), dessen erstes Ziel es war, den Tempel wiederaufzurichten. Da erscheinen neben der Tempelfassade (Meshorer, Jewish Coins Nr.165 178-181 199-201), einem Kultgefäß (ebd. Nr.166-169 190-192 202), dem Feststrauß des Laubhüttenfests (ebd. Nr.165 178-181 199-201; vgl. 118,27) und zwei Typen von Leiern (ebd. Nr.172 177 185-188 193f 205 209 212) auch zweimal die silbernen Trompeten (ebd. Nr.182 203; vgl. 461). 461 trägt die Umschrift: Für die Freiheit Jerusalems (l ḥrwt jrwšlm)!» Nach Nm 10,9 haben die Trompeten auch die Funktion des Horns übernommen, Jahwe im Kriege zu vergegenwärtigen und so den Sieg herbeizuführen.

Daß die beiden Trompeten schon von David in den Kult eingeführt wurden, wie Seidl (Horn und Trompete 593) will, ist angesichts der spärlichen und späten Belege aus vorexilischer Zeit wenig wahrscheinlich. Sicher war und blieb sie hingegen stets ein kostbares und königliches Instrument. Nach Nm 10,8 ist ihr Spiel das Vorrecht der Priester. Das ist auch in der Kriegsrolle von Qumran der Fall, wo die Priester die Trompete, die Leviten das Horn blasen (VIII, 2.8-12). Im römischen Heer war die *tuba* das Signal der obersten Heeresleitung, die Hörner das der einzelnen Abteilungen.

Von geringer Bedeutung scheint zu allen Zeiten das dritte, in den Pss erwähnte Blasinstrument, die *Langflöte* (ʿwgb) gewesen zu sein. Sie wird im Psalter nur ein einziges Mal erwähnt (150,4). Sie ist uralt. Als ihr Erfinder gilt der Kainsnachkomme Jubal, der Bruder des Ahnherrn aller Zeltbewohner und Hirten (Gn 4,21). Auf dem Tepe Gawra in Assyrien wurden Knochenflöten aus dem 4.Jt.v.Chr. gefunden (ANEP Nr.194). Auch in Ägypten ist sie seit dem Alten Reich belegt (462). Das Bild gibt einen bezaubernden Einblick ins altägyptische Musikleben: «Der Sänger, an den leicht geöffneten Lippen erkennbar, gibt dem begleitenden Flötenspieler mit der rechten Hand den Takt an. Die Linke ist ans Ohr gelegt, um mit Hilfe der Kopfresonanz die eigene Stimme leichter kontrollieren zu können. Von besonderer Intensität ist die Kopfwendung des Flötenspielers, der dem Sänger die Tonfolge förmlich vom Munde abliest» (Sameh, Der Alltag 38).

In Palästina archäologisch besser bezeugt als die dunkel klin-

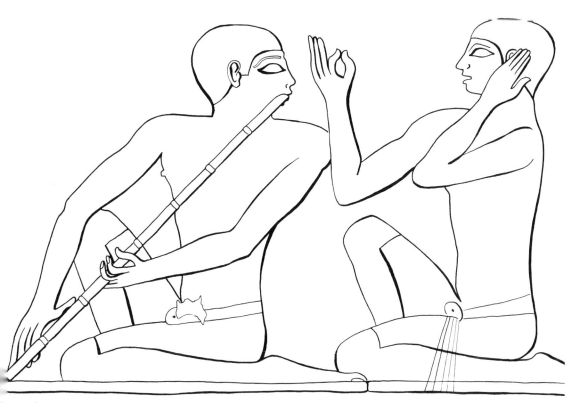

462. «Lobpreist ihn mit... Flötenspiel!» (150,4).

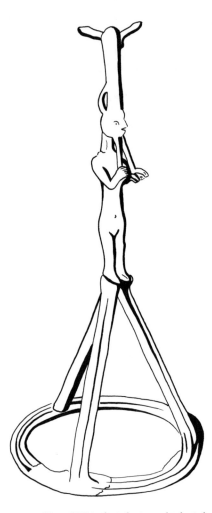

463. Die Doppelflöte *(hljl)* ist für Palästina archäologisch mehrfach bezeugt. In den Pss wird sie nicht erwähnt.

gende Langflöte *('wgb)* ist die helle Doppelflöte *(hljl; 463, 464)*. Die blasende weibliche Figur aus Megiddo *(463)*, die man ihrer Mißgestalt wegen schon als Dämonin (AOB zu Nr. 654) bezeichnet hat, ist phönikischer Herkunft. Phönikisch ist auch die *hljl* blasende Terrakottafigur aus Achsiv, 25 km nördlich von Haifa *(464)*. Im AT taucht das schrille Instrument zum erstenmal mit der ekstatischen Prophetenbande von 1 Sm 10,5 auf. Man spielte sie bei ausgelassenen Festmählern (Jes 5,12). Sie begleitete den Zug Salomos vom Gichon auf den Zion (1 Kg 1,40) und die Wallfahrer auf ihrem Weg nach Jerusalem (Jes 30,29), aber in den Tempelkult scheint sie keinen Eingang gefunden zu haben.

464. «Man wird bei euch singen wie in der Nacht, da man sich heiligt fürs Fest.
Man wird sich von Herzen freuen, wie wenn man geht, unter Flötenspiel *(hljl)* zum Berg des Herrn zu pilgern, zum Felsen Israels» (Jes 30,29).

d. Saiteninstrumente

Für die Dankopferfeier, mit der zahlreiche Pss zusammenhängen, viel bedeutsamer als die bis anhin genannten Schlag- oder Blasinstrumente waren die Saiteninstrumente: *kinnōr* und *nebāl*. In den Übersetzungen werden die beiden Begriffe oft mit «Harfe» wiedergegeben, aber diese Übersetzung ist unwahrscheinlich. So gut wie sicher bedeuten das in den Pss 13mal belegte *kinnōr* wie das 8mal belegte *nebāl* je eine bestimmte Art von Leier.

Das Kennzeichen der Leier ist ein Joch, «das bei der Harfe, sei sie gebogen (vgl. 475) oder gewinkelt (Taf. XXVII), unter allen Umständen fehlt» (Galling, BRL Sp. 390). Die Harfe war zwar sowohl in Mesopotamien wie in Ägypten schon im 3. Jt. v. Chr. bekannt. Aber aus dem Raume Syrien-Palästina ist bis heute kein einziger Beleg ans Licht gelangt. Hingegen ist das Vorkommen der verschiedenen Leiern durch verhältnismäßig zahlreiche Funde gesichert *(233, 466, 468-470, 472 bis 473)*. Das Herkunftsgebiet der Leier ist mit großer Sicherheit das südliche Zweistromland. Prachtvolle Leiern sind aus den Gräbern der 1. Dynastie von Ur (um 2500-2350 v. Chr.) zutage gefördert worden *(465)*. Aus dem Zweistromland scheint die Leier ihren Weg noch im 3. Jt. v. Chr. in die Steppengebiete zwischen dem Zweistromland und Ägypten gefunden zu haben *(466-467)*. 466 zeigt eine Felsritzung mit zwei Leierspielern des 2. Jt.s v. Chr. aus dem Negev. Ähnliche Darstellungen aus der gleichen Zeit sind in Zentralarabien gefunden worden (Anati, Rock-Art 102-106). Eine der ersten Darstellungen der Leier auf ägyptischem Boden hat das berühmte Nomadenbild aus einem Grab bei Beni Hasan geliefert *(308, 467)*. In ägyptischen Händen taucht die Leier im Mittleren Reich (2050-ca. 1770 v. Chr.) nur sehr vereinzelt und als Importprodukt auf. In der 18. Dynastie (1570-1345 v. Chr.) wird sie Modeinstrument (Hickmann, 45 siècles 12). Ägypten scheint die Leier von Kanaan übernommen zu haben (Erman, Literatur 244). Jedenfalls war sie dort zur Zeit des Neuen Reiches (ca. 1610-1085 v. Chr.), wie zwei Darstellungen aus Megiddo zeigen *(233, 468)*, gut bekannt.

Ob die Israeliten die Leier aus der Steppe mitbrachten oder sie erst in Kanaan kennenlernten, ist mit Sicherheit nicht zu sagen. Die kulturgeschichtliche Notiz in Gn 4,20f scheint anzudeuten, daß J die Steppe als Ursprungsland der Leier, wenigstens des *kinnōr*, angesehen hat. Wie dem auch sei, die Leier hat sich im Palästina des 1. Jt.s jedenfalls ebenso großer Beliebtheit erfreut wie im 2. *(469, 470)*. Während 469 aus der Philisterstadt Asdod stammt, dürfte 470, wie ein Vergleich mit Taf. XXIV lehrt, gefangene Judäer, vielleicht aus Lakisch oder evtl. aus Jerusalem darstellen. Sanherib, aus dessen Palast das Relief stammt, rühmt sich, von Hiskia Sänger zum Tribut erhalten zu haben (TGI 69). Die judäische Musik scheint im Zweistromland nicht ganz unberührt gewesen zu sein (137,3).

Die Leier schlechthin scheint der *kinnōr* (41mal im AT) gewe-

465. Die Leier scheint schon sehr früh von Mesopotamien her in Palästina-Syrien eingedrungen zu sein.

466. Felsritzung mit zwei Leierspielern aus dem Negev (2. Jt. v. Chr.).

468. Leierspieler auf einem Vasenfragment von Megiddo (12. Jh. v. Chr.).

467. «... ich will hintreten zum Altare Gottes
zum Gott meines fröhlichen Jubels,
ich will dich preisen zur Leier,
Gott, mein Gott» (43,4).

sen zu sein. Aber auch *nebål* (26mal im AT), das in den Pss 6-mal mit *kinnōr* zusammen steht (57,9 71,22 81,3 92,4 108,3 150,3; nur 144,9 steht sie allein), dürfte eine Leier bezeichnen, wie der enge Parallelismus in 71,22 92,4 und die Hendiadys in 108,3 nahelegen. Zudem scheint nach den archäologischen Funden die Zither mit Griffmarken in Palästina ebenso unbekannt gewesen zu sein wie die Harfe (Galling, BRL Sp. 390). Man kann sich fragen, ob ein auf dem Tell el-Addschul (etwas südlich von Gaza) in einer Hyksosschicht gefundenes Tonfigürchen einen Lautenspieler darstellt *(471)*. Vielleicht bezeichnet das durch irgendeine Dreizahl charakterisierte Instrument von 1 Sm 18,6 *(šlįš)* eine dreisaitige Laute. Aber als Bedeutung von *kinnōr* und *nebål* kommt «Laute» jedenfalls nicht in Betracht.

Wie die Pss und das chronistische Geschichtswerk zeigen, haben *kinnōr* und *nebål* im Kult des Jerusalemer Tempels zu allen Zeiten eine bedeutende Rolle gespielt. Auf den Bar-Kochba-Münzen mit Instrumenten der Tempelmusik sind aber nur Leiern zu erkennen *(472, 473)*. Dabei lassen sich deutlich zwei Typen unterscheiden: die Leier mit einem topfförmigen Resonanzkasten und geschwungenen Jocharmen *(472)* und die unten abgerundete Leier mit einem bescheidenen Resonanzboden und geraden oder höchstens leicht gebogenen Jocharmen *(473)*. Nun kann *nebål* nicht nur eine Leierart, sondern auch den großen Vorratskrug bezeichnen (Klgl 4,2 Jes 30,14). Diese Krüge (vgl. den Krug auf 23 links außen) weisen oft eine ähnliche Form wie der Resonanzboden der Leier von *472* (vgl. *474*) oder auch wie diese Leier als Ganzes (vgl. *233*) auf. Und so liegt es nahe, daß mit *nebål* die Leier dieses geschwungenen Typs bezeichnet wurde. Da man sie leicht auf den Boden stellen konnte, existierte sie auch in großer Ausführung *(474)* und war dann leicht mit zehn Saiten zu bespannen, wie das in 33,2 und 144,9 vorausgesetzt wird. Der *nebål* scheint ein etwas feierlicheres und seltenere Instrument gewesen zu sein als der *kinnōr*. Während in de Steppe die rechteckige *(467)* oder trapezförmige Leier *(466*

469. Tonfigürchen eines Leierspielers aus Asdod (10.Jh.v.Chr.).

471. Lautenspieler (?) vom *tell el-ʿaddschūl* (17./16.Jh.v.Chr.).

470. «An den Pappeln dort (im Exil) hängten wir auf unsere Leiern. Ja, dort haben von uns verlangt unsere Wächter Gesänge und unsere Bedrücker Jubel: ‹Singt uns eines der Zion-Lieder!› Wie könnten wir singen ein Jahwelied auf fremder Erde!» (137,2–4; Übersetzung von Kraus).

472. und 473. *nebäl* (472) und *kinnōr* (473) auf Münzen des jüdischen Aufstandes gegen die römische Fremdherrschaft (66–70 n. Chr.).

474. «Gott, ein neues Lied will ich dir singen, auf der zehnsaitigen Leier dir spielen» (144,9).

475. «Ich will dir spielen auf der Leier, Heiliger Israels.
Meine Lippen sollen jubeln, wenn ich dir spiele» (77,22b. 23a).

dominiert, erscheint der *nebāl* vor allem im höfischen Kontext *(233, 474)*. Die einzige Stelle in den Pss, da *nebāl* nicht mit *kinnōr* zusammen als Bestandteil der Tempelmusik erscheint, ist in einem Königslied (144,9). Breitere Volkskreise (137,2) bedienen sich ebenso wie der gewöhnliche Beter beim Danklied (43,4) des *kinnōr*.

Zusammenfassend läßt sich sagen, daß die Handpauke oder Rahmentrommel ihren Platz vor allem bei Umzügen und bei dem von den Frauen gesungenen Siegeslied hatte (68,28). Das Widderhorn war eher ein Signal- als ein Musikinstrument, das heilige Zeiten (81,4) oder das Kommen Jahwes (47,6) anzeigte. In nachexilischer Zeit wurde es durch die Trompete ersetzt. Mit der Leier begleitete man das Danklied (43,4 57,9f 71,22). Alle diese Instrumente vereinigten sich – noch um die Flöte vermehrt – bei der Proskynese vor Jahwe und bei feierlichen Opfern zu einem vielstimmigen und lauten Chor (81,3ff 98,5f 150,3-5). Dabei lösten in nachexilischer Zeit die schmetternden Zimbeln die dumpfere Handtrommel ab.

Der Zweck des Singens und Spielens war, Jahwe zu erfreuen. Sei es im Danklied des Einzelnen, sei es im vielstimmigen Chor, man sang und spielte vor Jahwe und für Jahwe (71,2 104,33 138,1 144,9). Wie der Ägypter seinen Gott durch kühles Wasser, Blumen, Musik und Gesang zu erfreuen glaubt *(475)*, so hoffte auch der Israelit, daß sein Spielen und Singen Jahwe gefalle (104,34a). Es drängte ihn zu diesem Spiel, weil er selber sich über Jahwe freute (104,34b). Wie das Trillern und Singen (22,26), kommt auch die kultische Musik letztlich von Jahwe, denn er hat die Freude und das Entzücken geschenkt, die in der Musik zum Ausdruck drängen. Allerdings konnte man die Musik nicht nur als Reaktion auf das Handeln Jahwes verstehen. Man konnte das Handeln Jahwes auch als Reaktion auf die Musik auffassen (2Kg 3,15 Nm 10,9). Wie die Musik einen Menschen aufrütteln und in Bewegung bringen kann, so glaubte man, könne sie auch Gott zum Eingreifen oder Erscheinen veranlassen. Dieser Glaube verlieh der Musik fast sakramentalen Wert. Oder anders gesagt, die Musik teilt die Struktur, die dem Loben ganz allgemein eigen ist.

75a. «Ich will Jahwe singen mein Leben lang, meinem Gotte spielen, solange ich bin.
Möge ihm mein Dichten gefallen. Ich freue mich an Jahwe» (104,33f).

Das Motiv des Spielens vor Gott ist auch für Syrien-Anatolien gezeugt. Bezeichnenderweise ist es auch hier die Leier und nicht die Harfe, die der Verehrer vor der Gottheit (vielleicht El, vgl. 283–284) spielt.

76. «Die Rechte Jahwes wirkt Machttat, die Rechte Jahwes erhöht» (118,15c.16a).
«Mein Gott, ich will dich hoch erheben» (118,28b).

327

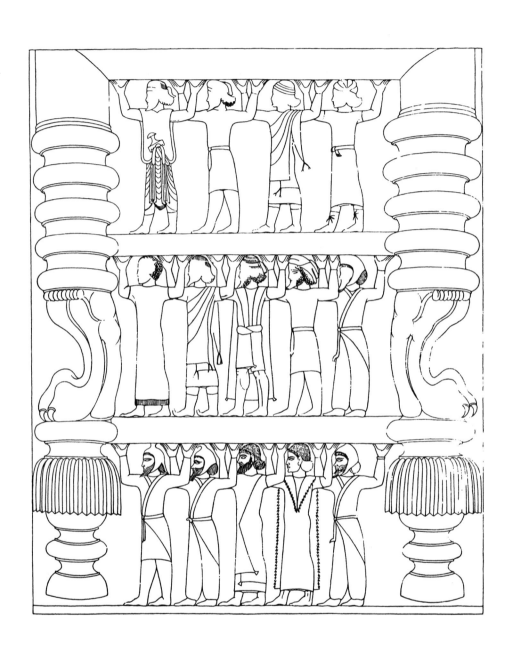

476a. «Du aber thronst auf den Lobgesängen Israels» (22,3b).
Das Relief aus Persepolis stellt eine fast ebenso kühne Metapher dar wie 22,3b. Vierzehn Vertreter der Völker des persischen Reiches tragen das gewaltige Gestell, auf dem der Thron des Perserkönigs steht (nicht mehr sichtbar). Dieser ruht auf der Loyalität seiner Untertanen. Ihre Anerkennung hält den Großkönig in seiner erhabenen Höhe. Die Füße des Gestells ruhen nirgends auf dem Boden (vgl. das ähnliche Motiv am Thron Sanheribs auf Taf. XXIV). Wie der Perserkönig auf der Loyalität seiner Untertanen, so thront Jahwe auf der Anerkennung und dem Lobpreis Israels.

4. Mit Gott

Der Beter erhöht Jahwe (30,2 118,28 145,1), weil Jahwe ihn erhöht hat (9,14 18,49 118,16), und Jahwe hat ihn erhöht, weil der Beter den Namen Jahwes schon immer hoch und heilig hielt. 476 zeigt anschaulich, wie das Lob den Lobenden erhöht. Rechts außen kniet ein Diener Amenophis' IV. verehrend vor seinem Herrn, und links thront er, vom König erhöht, auf den Schultern seiner Kollegen – nun erst recht in verehrender Haltung. 476a zeigt den spontanen Vorgang des Alltags ins Symbolische erhöht.

In der Anbetung Gottes wird der Gläubige eins mit Gott und fühlt sich auch selber unverletzlich und stark wie ein Gott. Mit seinem Gott berennt er Wälle und überspringt er Mauern (18,30; 477). Weniger aggressiv und sympathischer sind die Furchtlosigkeit, Unabhängigkeit und Freude, die in zahlreichen Pss als Ergebnis dieser Verbundenheit genannt werden (3,7 4,8 27,3 118,6 u.a.).

In 91 wird *jedem*, der sein ganzes Vertrauen in Jahwe setzt, eine Unverwundbarkeit zugesprochen, wie sie der Mythos Mesopotamiens und Ägyptens einzelnen seiner Gestalten zuerkannt hat. Taf. XXVIII und 478 stellen den jugendlichen Horus, bzw. den mit diesem identifizierten Rettergott Sched, dar, dem die Krokodile und Schlangen der Sümpfe, in denen ihn seine Mutter Isis aus Furcht vor Seth, dem Mörder ihres Gatten Osiris, aufziehen mußte, nichts anzuhaben vermochten. Die zauberreiche Isis hat ihn über das schädliche Getier triumphieren lassen. Durch Bild und Spruch sollen Horusstelen diese hilfreiche Macht für irgendein Menschenkind verfügbar machen. Was im späten Ägypten die Horusstele bewirken soll, wird in 91 dem Vertrauen auf Jahwe zugesprochen. Es soll vor jedem tödlichen Schaden bewahren.

Jeremia kennt ein anderes Bild für die Frucht des Gottvertrauens: «Gesegnet der Mann, der auf Jahwe vertraut. Er ist wie ein Baum, der ans Wasser gepflanzt ist und der seine Wurzeln nach dem Bache streckt: er fürchtet sich nicht, wenn Hitze kommt und behält grünes Laub; auch in einem dürren Jahr ist er unbesorgt und läßt nicht ab, Frucht zu tragen» (Jer 17,7f; Übersetzung: Rudolph, Jeremia 104). Das Bild vom Baum, das wahrscheinlich aus Ägypten stammt (vgl. 479, 480), charakterisiert in der ägyptischen Weisheitsliteratur den «wahren Schweigenden» (AOT 39). In den Pss veranschaulicht es bald ähnlich wie bei Jeremia das Ergehen dessen, der auf Gott vertraut (52,10) bald das Schicksal des Gerechten (92,13-16). An die Stelle des Wassers sind in beiden Pss die Höfe Jahwes getreten. Das bedeutet allerdings, wie in Kp III.3 gezeigt wurde, in unserem Zusammenhang kaum etwas anderes als Wasser (vgl. auch 46,5). Das unveränderte Bild vom Baum am Wasser taucht im späten Ps 1 wieder auf. Hier veranschaulicht es aber nun nicht den Zustand und die Zukunft dessen, der auf Jahwe vertraut oder der gerecht ist. Hier wird derjenige mit den herrlichen Bäumen von 480 verglichen, «der an der Weisung Jahwes seine Lust hat und seine Weisung Tag und Nacht leise murmelnd liest» (1,2; vgl. 478a).

477. «Mit dir erstürme ich Mauern, mit meinem Gott überspringe ich Wälle» (18,30).

478. «Wenn Jahwe unter meinen Helfern ist, dann kann ich mich weiden an denen, die mich hassen» (118,7).

478a. «Glücklich ist der Mann…,
   der seine Lust hat an der Weisung Jahwes,
   und in seiner Weisung liest Tag und Nacht» (1,2).

Die Zusammenstellung von 1,2 mit diesem Bild, die auf den ersten Blick schockieren mag, ist nicht so abwegig, wie es scheint. Die jüdische Schriftfrömmigkeit verdankt sehr viel der weisheitlichen Bewegung, und diese ist ihrerseits stark von Ägypten geprägt worden. Der ägyptische Weise, der unter dem Schutz des Schreibergottes Thot dessen Schriften studiert, glaubt, dadurch Anteil an den heilvollen Mächten zu bekommen, die die Welt tragen und bestimmen. Es ist ja der weise Thot, welcher durch seine Schriften den Himmel trägt (29, vgl. 27). Mit der Aufwertung des mosaischen Gesetzes in nachexilischer Zeit und besonders nach der zunehmend intensiveren Identifizierung der geschriebenen Weisung (Gesetz des Moses) mit dem kosmischen Gesetz (vgl. Jes Sir 24) wurde auch im Judentum das Studium der Schrift mehr und mehr zu einem, ja schlußendlich zum Heilsweg schlechthin (vgl. Joh 7,49). Einen solchen beansprucht auch die hermetischen Schriften anzubieten, wobei ihr Hermes nichts anderes als eine interpretatio graeca des ägyptischen Thot ist.

480. «… der zu seiner Zeit Frucht bringt und dessen Laub nicht welkt.
   Alles, was er tut, gelingt ihm» (1,3b).

479. «...der ist wie ein Baum, gepflanzt an wasserreichen Kanälen...» (1, 3 a).

Nachwort

Israel hat nicht in einem Ghetto gelebt. Es stand in einem regen geistigen Austausch mit seiner Umwelt. Dieser wurde seiner Eigenart nicht selten katastrophal gefährlich. Er hat ihm aber auch gestattet, seine eigenen Gotteserfahrungen und -vorstellungen durch die seiner Nachbarvölker abzurunden. Erst so sind sie zu jener reifen Fülle gekommen, die jeden erstaunt, der in der Lage ist, den Psalter mit andern ao Gebetssammlungen zu vergleichen.

Die übernommenen Vorstellungen und Bilder, aber auch die von Israel selbst geschaffenen, erscheinen in den Pss oft nur andeutungsweise oder als membra disjecta. Die vorliegende Arbeit hat versucht, für eine Reihe von ihnen das Bezugssystem aufzuzeigen, dem sie angehören oder von dem sie sich abheben. Einzelne Bilder und Symbole sollten dadurch verständlicher werden und Deutlichkeit und Farbe gewinnen, so daß man sie mit Lust betrachten kann.

Vielleicht hat die größere Deutlichkeit manchmal aber auch Befremden hervorgerufen, z. B. bei der Deutung der Königspss mit Hilfe der ao Königsikonographie. Besonders der Psalm*beter* mag sich gefragt haben, wie er die darin angesprochene Wirklichkeit mit den Gegebenheiten seiner eigenen Existenz in Beziehung setzen könne, wenn damals alles ganz anders war.

Ein berechtigter Zweifel daran, ob damals alles so grundlegend anders war, kann aber entstehen, wenn wir die unzähligen Bilder des AO's betrachten, die uns seine Menschen zeigen, wie sie geboren werden und gebären, sich über Schriftrollen beugen, ihre Bauten planen und ausführen, sich verlieben, Feste feiern, sich um ihren Unterhalt sorgen, Kriege führen, Krankheiten mit sich herumschleppen und sterben – nicht viel anders als wir.

Die Selbstverständlichkeit, mit der die Königspss den Staat als Repräsentanten Gottes sehen, mag auf den ersten Blick verwundern. Sie scheint so typisch ao zu sein. Selbst innerhalb des AT's war die enge Verbindung von Gott und König nicht selbstverständlich. Prophetische Kreise standen solchen Ansprüchen des Königtums häufig kritisch bis ablehnend gegenüber. Aber die Pss sind nicht Ausdruck dieser prophetischen Theologie, sondern der offiziellen Volksfrömmigkeit. Und ihr lag die hohe Einschätzung der Staatsmacht nicht nur im AO nahe. Ihre Sicht, die auch dem NT geläufig ist (Röm 13, 1–7), mag übrigens nicht ganz so falsch sein, wie man gerade heute oft anzunehmen geneigt ist. Die ao Königsideologie hat nicht selten ein eindrückliches Bild des rechten Herrschers entworfen. Wo ein Staat auch nur einigermaßen nach den hochgesteckten Vorstellungen des ao Königsbildes funktioniert, ist die Annahme einer Repräsentation Gottes heute so wenig abwegig wie zur Zeit des Paulus. Der römische Staat, den Paulus vor Augen hat, war mit seiner Zementierung krasser Klassengegensätze weit weniger gerecht im Sinne der Bibel als ein moderner Rechtsstaat. Dennoch werden die meisten bei einem Versuch, sich die Königspss anzueignen, lieber auf die Lösung des Neuen Testaments einschwenken als sie auf eine moderne, doch weitgehend anonyme Exekutive hin zu verstehen. Das Neue Testament hat die ao Königsvorstellung durch die Vermittlung der Königspss mit allen ihren Titeln und Ansprüchen auf Jesus übertragen. Nach neutestamentlichem Glauben ist Jesus allein ihren gewaltigen Dimensionen gerecht geworden. Er allein ist *der* Sohn. Er allein hat alles Chaotische überwunden. Nur für die Heraufkunft *seines* Reiches kann man so bedingungslos beten, wie es die Königspss tun. Das Neue Testament hat – ohne es zu wissen – das Jahrtausende alte Reden der Völker vom wahren König als Ausdruck der Sehnsucht nach Christus interpretiert. Solche und ähnliche Überlegungen können uns auch andere ao Vorstellungen und ihre Verwendung in den Pss näherbringen. Der Lohn für die darauf verwendete Mühe mag die befreiende Erkenntnis einiger Grundstrukturen sein, die sich bei allem Wandel der Farbe und Gestalt durchgehalten haben und so fähig sind, den, der sie schuf, vor uns aufscheinen zu lassen.

Du hast dereinst die Erde gegründet. Der Himmel ist das Werk Deiner Hände.
Sie vergehen. Du aber bleibst. Sie alle nutzen sich ab wie ein Mantel.
Du wechselst sie wie ein Gewand, und sie verschwinden.
Du aber bist, und Deine Jahre nehmen kein Ende.
Die Söhne Deiner Knechte, sie bleiben.
Und ihre Nachkommen haben vor Dir Bestand.

(102, 26–29)

Berichtigungen und Ergänzungen zur 1. Auflage

Die **Zahl** am Anfang jedes Abschnitts bezeichnet die Seite, zu der der Nachtrag gehört.

Kursive *Zahlen* verweisen auf Abbildungen.

Werke, die mit dem Familiennamen des Autors und einem Kurztitel zitiert sind, figurieren im Literaturverzeichnis auf den S. 334-343.

Werke, die mit der *Initiale* des Autors, seinem Familiennamen und einem Kurztitel zitiert sind, figurieren in den Ergänzungen zum Literaturverzeichnis S. 343.

Bei dieser 2. Auflage waren zwei sich widerstreitende Gesichtspunkte zu berücksichtigen. Einerseits sollte die 2. Auflage erheblich billiger werden, und das hieß: Möglichst keine Änderungen! Andererseits sollten die in den rund 80 durchwegs freundlichen Rezensionen vorgebrachten kritischen Bemerkungen soweit als möglich berücksichtigt und die vom Autor seit der 1. Auflage dazugewonnenen Einsichten in die neue Auflage eingebracht werden.

Der häufig geäußerte Wunsch nach einem Sachregister war leicht zu erfüllen. Die Änderung der Bildlegenden hingegen hätte zu hohe Kosten verursacht. Die häufige Diskrepanz zwischen den Bildern und den Bildlegenden in Form von Psalmversen, die als Anstoß zur Lektüre des fortlaufenden Textes gedacht war, wurde von manchen Lesern und Rezensenten mißverstanden. Sie lasen die Bildlegende als direkten Kommentar zum Bild und blieben so natürlich unbefriedigt.

Rund 30 (meist von mir stammende) Bilder, hauptsächlich vorderasiatische Rollsiegel, wurden nach besseren Vorlagen von meiner Frau neu gezeichnet. Etwa 20 Bilder wurden in Details korrigiert. Bei den vorderasiatischen Bildern mit Keilschrift wurde diese gelöscht, weil ein der Keilschrift nicht kundiger Zeichner einfach nicht in der Lage ist, diese nach Photos korrekt zu zeichnen. Diese Änderungen wurden bei den technischen Angaben zu den Bildern, um Kosten zu sparen, nicht vermerkt. Meiner Frau sei deshalb an dieser Stelle für ihre Arbeit besonders nachdrücklich gedankt.

Das schwierigste Problem war, die vom Autor in den letzten fünf Jahren neu gewonnenen Erkenntnisse in das Buch einzubringen. Er hat, nachdem der in diesem Band vorliegende «Survey» gemacht war, an einzelnen Stellen des weiten Gebietes zu «graben» begonnen. Die Ergebnisse dieser «Ausgrabungen» sind inzwischen zum Teil publiziert worden. Hinweise darauf sind zusammen mit allerhand Lesefrüchten und einigen besonders interessanten, seit Erscheinen des Buches vom Autor neu entdeckten Bildern zusammengestellt. Dieses Vorgehen gestattete, am Text der 1. Auflage nur geringfügige Änderungen vorzunehmen. Die Seiten 110/111, 120 und 174/175 wurden neu gestaltet. An einigen wenigen Stellen, wo sich krasse Fehler eingeschlichen hatten, wurde der Text der 1. Auflage korrigiert. Im wesentlichen blieb er unverändert.

Das neu dazu gekommene Sachwortregister, das auch die Nachträge und Ergänzungen berücksichtigt, wurde von Urs Staub und Urs Winter erstellt, denen ich dafür herzlich danke.

9 Zur Eigenart ao Sehweise hat E. Brunner-Traut in einer Reihe von Beiträgen, zuletzt im Artikel «Aspektive» in LdÄ I, 474-488, diese Bezeichnung vorgeschlagen und begründet. Sie definiert «Aspektive» als eine Sehweise, die «das Ganze durch überschaubare, sinnvoll ausgegrenzte und parataktisch in die Fläche gesetzte Teile (Aspekte) zu erfassen» versucht. H. Hornung (Der Eine 233-240) findet, der Begriff «Aspektive» ziele zu stark auf eine allgemeine «Geisteshaltung» und zu wenig auf die formale Seite des Denkens. Hier möchte er die Begriffe der mehrwertigen Logik und der Komplementarität einführen, um die in der neueren Philosophie die klassische Logik besonders im Umgang mit natürlichen Sprachen und Mythologien ergänzt wurde.

1. Vorstellungen vom Weltganzen

13f Zu ägyptischen Grundrißzeichnungen vgl. W. K. Simpson, Papyrus Reisner I, The Records of a Building Project in the Reign of Sesostris I, Boston 1963, bes. 63 Anm. 10 und A. Badawy, Architekturdarstellung, in: LdÄ I 399-420; zu vorderasiatischen Architekturzeichnungen: D. J. Wiseman, A Babylonian Architect?: Anatolian Studies 22 (1972) 141 bis 147. Zum Städtebau: P. Lampl, Cities and Planning in the Ancient Near East, New York 1968; E. Egli, Geschichte des Städtebaues I. Die Alte Welt, Zürich/Stuttgart ²1976.

19 Zu dem durch zwei Bäume markierten Himmelstor vgl. O. Keel, Jahwevisionen 296 303 und Sach 4,3.

20 Zu den frühesten Belegen für die Sonne am Horizont vgl. H. Schäfer, Die Ausdeutung der Spiegelplatte als Sonnenscheibe: ZÄS 68 (1933) 1-7.

In *15* ist nicht der König im Zentrum, wie bei *19-21*, aber er ist an der Erhaltung der kosmischen Ordnung doch wesentlich beteiligt, indem er durch die Darbringung des regenerationsmächtigen Udjatauges die Kraft der Sonne erhält. Zum Udjatauge vgl. *39*.

21 Zum Reden von Schöpfung in den Pss, das stets dazu dient, sich der heilen Welt zu vergewissern, resp. dazu die Neuschöpfung der Welt zu erbitten vgl. L. Vosberg, Studien zum Reden vom Schöpfer in den Pss, München 1975.

Zum Denkschema des Merismus, das der zweiteiligen Welt zugrunde liegt vgl. E. Otto, Die Lehre von den beiden Ländern Ägyptens, Studia Aegyptiaca I (Analecta Orientalia 17), Rom 1938, 10-35; E. Hornung, Der Eine 237ff.; J. Krašovec, Die polare Ausdrucksweise in Ps 139: BZ 18 (1974) 224ff.; C. Houtman, De Hemel 18-194.

22 Zu *21*: Zum König als Himmelsträger vgl. jetzt D. Kurth, Den Himmel stützen. Die «Tw3 pt» der griechisch-römischen Epoche (Rites égyptiens II), Bruxelles 1975. Der König als Himmelsträger ist auf Barkensockeln allerdings nicht erst seit Seti I. (Kurth, a.a.O. 145), sondern schon seit Tutenchamun belegt (Wolf, Das Schöne Fest Taf. 1 und 2). Als Ritualszene scheint das Stützen des Himmels zum erstenmal unter Ramses II. aufzutauchen (W. Helck, Die Ritualszenen auf der Umfassungsmauer Ramses II. in Karnak, Wiesbaden

1968, Bild 27). Zwischen Ramses II. und den Ptolemäern sind einige von Kurth nicht beachtete (a.a.O. 146) Skarabäen einzuordnen (H.R. Hall, Catalogue of Egyptian Scarabs etc. in the British Museum, London 1913, Nr. 1057; P.E. Newberry, Scarab shaped Seals [CG No. 36001-37521], London 1907, Pl. III No. 36119). Als Ritual stellt das Stützen des Himmels das Stützen der Tempeldecke dar. Der Tempel repräsentiert ja den Kosmos im kleinen, den der König erhält, damit die Götter den eigentlichen Kosmos erhalten.

23 Zur Zusammenordnung von Himmel, Erde und König vgl. Spr 25,3. Zu *22* vgl. G.Furlani, Ispirazione egiziana dell'edicola reale degli Hittiti?, in: Studia in Memoria di Ippolito Rosellini I, Pisa 1949, 385-398; Tudchalija ist ursprünglich der Name eines Berges. Vielleicht hat auch dieser Umstand unsere Darstellung mitbestimmt (vgl. K.Bittel u.a., Das hethitische Felsheiligtum Yazilikaya, Berlin 1975, 155 bis 157, 182-184; vgl. auch W.Orthmann, Untersuchungen zur späthethitischen Kunst, Bonn 1971, 451.
Zu *23*. Wahrscheinlich ist der Baum mit der geflügelten Scheibe darüber ein Symbol für die durch das Königtum geordnete Welt (W.Orthmann, Der Alte Orient [Propyläen Kunstgeschichte 14], Berlin 1975, 313 zu Abb. 198). Vgl. zum König als Weltenbaum Ez 31,1-10. Ägyptische, hethitische und assyrische Bilder würden also gleicherweise den König als die bestimmende Ordnungsmacht im Zentrum der Welt darstellen.

25 Zu *25*: Zur Verbreitung und zum Nachleben dieser Vorstellung vgl. W. Staudacher, Die Trennung von Himmel und Erde. Ein vorgriechischer Schöpfungsmythus bei Hesiod und den Orphikern, Tübingen 1942.

25-26 Zur Himmelsgöttin im Innern von Sarkophagdeckeln usw. als Göttin, die den Toten wieder gebiert vgl. A. Rusch, Die Entwicklung der Himmelsgöttin Nut zu einer Totengottheit (MVÄG 27), Leipzig 1922; zu Nut als Mutterschwein vgl. H.Grapow, Die Himmelsgöttin Nut als Mutterschwein: ZÄS 71 (1935) 45-47. Zu den vielen Erscheinungsformen der ägyptischen Götter siehe H. Hornung, Der Eine 115f.

25-27 M. Weyersberg, Das Motiv der «Himmelsstütze» in der altägyptischen Kosmologie: Zeitschrift für Ethnologie 86 (1961) 113-140, hat ein reiches Material zu diesem Thema zusammengetragen. Sie hat aber übersehen, wie geheimnisvoll der über der Erde schwebende Himmel für die Alten war. Die Rolle der Zaubermacht in diesem Problemkreis hat H. te Velde, The God Heka in Egyptian Mythology: JEOL 21 (1969/70) 175-186, hervorgehoben. Zu den vier Winden als Himmelsträger in Ez 1 und in Ägypten vgl. O. Keel (A. Gutbub), Jahwevisionen 207-215, 230-243, 328-353.

27 Die Gestirne wurden im AO nicht selten in Bildwerken dargestellt. Proben für das Zweistromland bei E. Weidner, Gestirn-Darstellungen auf babylonischen Tontafeln (Österreich. Akademie der Wissenschaften. Phil. Hist. Kl. Sitzungsberichte, 254. Bd., 2. Abhandl.), Wien 1967; für Ägypten steht jetzt das monumentale Werk von O. Neugebauer/R. A. Parker zur Verfügung, von dem punkto Bilder bes. Bd. III interessant ist. Egyptian Astronomical Texts III. Decans, Planets, Constellations and Zodiacs, Providence, Rhodes Island/London 1969.

29 Zur Matte, resp. dem Teppich am Bug der Barke vgl. jetzt E. Dondelinger, Die Treibtafel des Herodot am Bug des ägyptischen Nilschiffes, Graz 1976, der den «Teppich» mit guten Gründen als Treibtafel erklärt, die bei widrigem (Nord) Wind die Strömung des Nils ausnützen und die Fahrt des Schiffes stromabwärts beschleunigen soll.

33 Kein Mensch weiß, wo die Säulen der Erde festen Grund finden sollen, vgl. Hiob 38,6, auch 11,8.

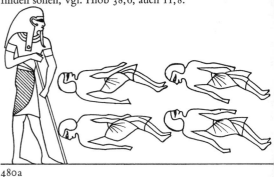

480a

34-36 Das «Urwasser» ist von den Ägyptern recht radikal als raum- und zeitloser Zustand konzipiert worden. Die Raumlosigkeit wird im Pfortenbuch aus dem Neuen Reich durch die vier müde dahintreibenden Himmelsrichtungen dargestellt (*480 a* = E. Hornung, Unterweltsbücher, 205 Abb. 17), über denen Atum, der Sonnengott, als Ur- und Schöpfergott wacht. Gelegentlich wird die Welt vor der Welt durch vier Paare von Urgöttern visualisiert: Nun und Naunet (Urwasser), Kek und Keket (Dunkelheit), Heh und Hehet (Unendlichkeit), Amun und Amaunet (Verborgenheit). Die weibliche Komponente trägt einen Schlangen-, die männliche einen Froschkopf. Als Füße haben sie Schakalsköpfe. Einmal mehr wird das Chaos gleichermaßen durch Elemente des Wassers und der Wüste charakterisiert. *481* zeigt auf einem Ausschnitt aus einem Relief Ptolemäus VII. Euergetes II. in Theben das Urgötterpaar «Unendlichkeit» (LD IX Taf. 29b)

481

5 Zu *37*: Der Ruf «Erhebe dich zum Himmel! Dein Glanz sei über der ganzen Erde!» deutet wie manche andere Verse in den Pss auf Anleihen aus Sonnenhymnen. Der Schemesch-Kult im vorisraelitischen Jerusalem und seine Folgen werden von Stolz (Strukturen, bes. S.218, Anm.209) nicht genügend ernst genommen. Zedek (vgl. Malkizedek, Adonizedek und vor allem Zadok) ist ein Gott aus der engsten Umgebung des Sonnengottes (A. Rosenberg, The God Sedeq: HUCA 36 [1965] 161–177). Der Jerusalemertempel (vgl. Nachträge zu Kap. III) war schon in vorisraelitischer Zeit im Gegensatz zu den meisten spätbronzezeitlichen Tempeln (vgl. *178, 208, 208a, 215*) nach Osten ausgerichtet. Nach dem Tempelweihspruch 1 Kön 8,12f. (LXX) scheint Jahwe in Jerusalem die Nachfolge des Schemesch angetreten zu haben. Endlich ist die Existenz von alten Sonnenheiligtümern im Osten und Westen von Jerusalem nicht zu übersehen (En Schemesch, Bet Schemesch).

6 Zu *39*: Die Stelle der «großen Flut» kann die Lotosblüte einnehmen (*482* = A. de Buck, La fleur au front du grand-prêtre: OTS 9 [1951] 28 Fig.5). Die gelben Blütenblätter der aus dem Wasser aufsteigenden Blume symbolisieren den Sonnengott, der dem Urwasser entsteigt. Das am Ende des Neuen Reiches auftauchende Motiv vom jugendlichen Sonnengott in der Blume hat sehr weite Verbreitung erfahren (S. Morenz/J. Schubert, Der Gott auf der Blume. Eine ägyptische Kosmologie und ihre weltweite Bildwirkung, Ascona 1954). Für Belege aus Israel vgl. Crowfoot, Ivories Pl. I, 1–3; R. Giveon, Two new Hebrew Seals and their iconographic Background: PEQ 93 (1961) 38–42.

482

38–39 Zu *41*: Zu zahmen Löwen an Königshöfen vgl. U. Schweitzer, Löwe und Sphinx 51f., B. Brentjes, Mensch und Katze im Alten Orient: WZ der Martin-Luther-Universität Halle-Wittenberg. Ges. Sprachw. XI, 6, Juni 1962, 595–634; R. D. Barnett, Lions and Bulls.

39 Zum Chaoskapf im AT vgl. M. K. Wakeman, Gods Battle with the Monster. A Study in Biblical Imagery, Leiden 1973.

40–42 Das Mischwesen aus Löwe und Adler von *43–45* repräsentiert in Dan 7,4 das neubabylonische Weltreich. Ohne das ao Vorbild zu kennen, hat z. B. Rembrandt das Monstrum aufgrund des Textes von Dan 7,4) gezeichnet. Seine Zeichnung kommt den ao Vorbildern erstaunlich nahe (vgl. H.-M. Rotermund, Rembrandts Handzeichnungen und Radierungen zur Bibel, Lahr/Stuttgart 1963, 169 Abb. 134).

41 Zum *galgal* in Ps 77,19 vgl. jetzt O. Keel, Jahwevisionen 158–161.

42–44 Zu *46–50*: Ein Chaosungetüm in Schlangengestalt zeigt ein Silberbecher, der in Ain Samija, 16 km südöstlich von Ramallah in einem Grab gefunden wurde (*483*; Z. Yeivin, A Silver Cup from Tomb 204 at 'Ain-Samiya: IEJ 21

483

[1971] 78–81). Yadin hat die einzelnen Szenen mit solchen aus dem Schöpfungsepos Enuma elisch in Beziehung gesetzt (Y. Yadin, A Note on the Scenes Depicted on the Ain-Samiya Cup: IEJ 21 [1971] 82–85; vgl. auch M. F. Kaplan, Another Slaying of Tiamat?: IEJ 26 [1976] 174–177).

43 Zu *47*: Ein Siegel mit diesem Motiv wurde in Geser gefunden. Siehe Macalister, Gezer III, Pl. CCXIV No. 19.

44–45 Zu *51*: Der Kampf scheint mit dem Wurfholz geführt zu werden. Jedenfalls hat ein solches den untersten Kopf des Monstrums getroffen (vgl. T. Solyman, Die Entstehung und Entwicklung der Götterwaffen im alten Mesopotamien und ihre Bedeutung, Bonn/Beirut 1968, 58, 110).
Zum Sieg als Voraussetzung für Herrschaft vgl. O. Keel, Vögel 34, bes. Anm. 2.

47 Zu weiteren Bildthemen, die im AT und im AO die Herrschaft der Ordnungsmacht über das Chaos darstellen, vgl. T. Säve-Söderbergh, On Egyptian Representations of Hippopotamus Hunting as a Religious Motive (Horae Soederblomianae III) Uppsala 1953; E. Ruprecht, Das Nilpferd im Hiobbuch: VT 21 (1971) 209 231 und O. Keel, Jahwe und die Tiere in Ijob 39 vor dem Hintergrund der zeitgenössischen Glyptik, ein Beitrag, der im Kongreßband des IX. Internationalen Alttestamentlerkongresses (Göttingen 1977) erscheinen wird (VTS).

47–48 Zum lebendigen Austausch zwischen den verschiedenen Teilen des Kosmos vgl. Hos 2,23f; G. Posener, De la divinité 56f; E. Hornung, Der Eine 65, aber auch 70ff.
Zu *56–57*: O. Keel, Biblische Schöpfungstheologie: Zeitschrift für Religionsunterricht und Lebenskunde 3,1 (März 1974) besonders S. 10 und das dazugehörige Arbeitsblatt.

48–52 Zur Stellung des Menschen in der Welt vgl. jetzt: H. W. Wolff, Anthropologie des AT, München 1973, 233 bis 330.

II. Mächte der Vernichtung

53 Zum Sterben und zum Tod im allgemeinen vgl. L. Wächter, Der Tod im AT (Arbeiten zur Theologie II, 8), Stuttgart 1967.
Zum Wohnraumcharakter des Grabes vgl. Ps 49,12; Koh 12,5 und A. Scharff, Das Grab als Wohnhaus in der ägyptischen Frühzeit, München 1947; für die Mittlere Bronzezeit in Palästina vgl. K. Kenyon, Archäologie im Heiligen Land, Neukirchen 1967, Taf. 38 und 40. Noch deutlicher ist der Hauscharakter bei dem für die Eisenzeit in Israel typischen Bank- oder Diwangrab. Eine schöne Gruppe solcher Gräber

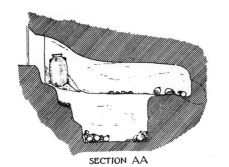

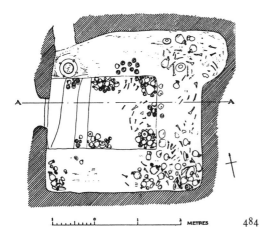

484

wurde in Bet Schemesch gefunden und von Quell, Auffassung des Todes 17ff anschaulich beschrieben. *484* zeigt Grab Nr. 8 von Bet Schemesch (vgl. O. Keel, Judäische Keramik aus der Zeit des Jesaja und Jeremia [Eisenzeit II]: Heiliges Land 4 [1976] 20 Abb. 3).

55 Zum Dunkel der Totenwelt und seiner Überwindung vgl. J. Herrmann, Ein Widerschein ägyptischen Totenglaubens in Jes 9,1: OLZ 19 (1916) 110–113; Barth, Die Errettung, bes. 80.

57 N. H. Ridderbos, ʿpr als Staub des Totenreiches: OTS 5 (1948) 174–178.

58 W. Spiegelberg, Das Schweigen im Grabe: ZÄS 65 (1930) 122–123; vgl. dazu E. Hornung, Der Eine 81.

60–62 T. J. Jones, Quelle, Brunnen und Zisterne im AT, Leipzig 1928.

62 Zum Herausgezogen-werden vgl. A. Schmitt, Entrükkung 96–111.

Zu *81*: Jer 51, 34.

Zum ägyptischen Totengericht vgl. jetzt die ausgezeichnete Studie von Ch. Seeber, Untersuchungen zur Darstellung des Totengerichts im Alten Ägypten (Münchner Ägyptologische Studien 35), Berlin 1976.

63 Zu *82* und *83* (Totenfresserin): Seeber, a.a.O. 163–167. Zu *83*: «Zweiter Tod», Apok 2,11; 20, 6.14; 21, 8.

Zu *83* (Hieroglyphe «Himmel» mit Frauenkopf mit Straußenfeder auf dem Kopf unter dem linken Waagebalken): Seeber a.a.O. 84–88. Es handelt sich wohl um die Geburtsgöttin Meschenet in Gestalt des Geburtsziegels. Sie stellt wahrscheinlich die festgesetzte Lebenszeit und die vorbestimmten Lebensumstände dar in ihrem Verhältnis zum persönlichen Lebensweg des Menschen. Evtl. deutet der Ziegel auch auf Wiedergeburt.

65 Zu *86*: O. Keel, Vögel als Boten 104–109.

67 In einer phönizisch-bildhethitischen Bilingue vom Karatepe (um 720 v. Chr.) rühmt sich der König: «Nie war es für die Danuna Nacht in meinen Tagen» (H. Donner/W. Röllig Kanaanäische und aramäische Inschriften II, Wiesbaden ²1968, 37).

67–68 Zum Tod als Bereich der Regeneration in Ägypten vgl. E. Hornung, Der Eine 72, 153–156; dazu aber auch J Zandee, Death as an Enemy according to Ancient Egyptian Conceptions (Supplementband 5 zu Numen), Leiden 1960.

68 Zum Kranksein im AT, besonders seine Darstellung in den Klageliedern des Einzelnen vgl. K. Seybold, Das Gebet des Kranken im AT. Untersuchungen zur Bestimmung und Zuordnung der Krankheits- und Heilungsps (BWANT 99) Stuttgart 1973.

71 Zu Taf. III: B. Buchanan (Catalogue of Ancient Near Eastern Seals in the Ashmolean Museum I. Cylinder Seals Oxford 1966, 111f) hält das Louvre-Stück von Taf. III für eine moderne Fälschung. Er selber veröffentlicht unter Nr. 612 ein ähnliches Stück aus dem Ashmolean Museum das er für echt hält. Eine Krankenbeschwörung bei B. Hrouda Tell Halaf IV. Die Kleinfunde aus historischer Zeit, Berlin 1962, Taf. 23, No. 9.

Zu *94*: J. Nougayrol, La Lamaštu à Byblos: RdA 45 (1971) 173 f.

73 Zu kanaanäischen Dämonen: Ein spätbronzezeitliches Rollsiegel vom Tell ʿAjjul bei Gaza zeigt einen geflügelten Dämon, der einen Mann angefallen hat (*485* = F. Petrie, Ancient Gaza [Tell ʿAjjul] IV, London 1934, 4f und Taf. XII). Der Gott, der den Löwen am Schwanz hält, dürfte ein Heilgott sein. Ischtar, die als Heilsgöttin berühmt ist (vgl. *270* und Ranke, Istar; R. Stadelmann, Syro-palästinensische Gottheiten in Ägypten, Leiden 1967, 106–108) erscheint häufig mit einem gebändigten Löwen (vgl. z. B. ANEP Abb. 522) Wir hätten hier also die Darstellung einer Befreiung aus schwerer Krankheit, wie auf *90a*, nur daß hier in *einer* Szene erzählt wird, was dort in zwei Szenen dargestellt wird.

485

74 Zu *97a und b*: Ein ähnliches Täfelchen bei A. Caquot/R du Mesnil du Buisson, La seconde tablette ou «petite Amulette» d'Arslan Tash: Syria 48 (1971) 391–406; vgl. Th. H Gaster, A Hang Up for Hang Ups: BASOR 209 (Febr. 1973 18–26.

Zum König, der als Löwe einen Feind niederwirft vgl. K. M. Kenyon, Excavations at Jericho II, London 1965, 653 Fig. 303, 16; Tufnell, Lachish IV, Pl. 36, 215. 219; F. Petrie, Ancient Gaza I, London 1931, Pl. 14, 164 und dazu E. Hornung/ E. Staehelin, Skarabäen, Basel 126.

75/76 Zum Löwen des Königs, der einen Feind frißt, vgl. Hamza, Excavations at Qantîr 46–51, Abb. 5–11, und Tufnell, Lachish III, Pl. 31, 19.
Zum assyrischen Löwen auf aramäischen, phönizischen und hebräischen Siegeln vgl. Galling, Bildsiegel Taf. 5. Nr. 17–24; N. Avigad, Seals and Sealings: IEJ 14 (1964) 190–191, Taf. 44 A.

76 Zum König als Stier vgl. O. Keel, Siegeszeichen 129 bis 131; zum König als Stier auf Skarabäen; E. Hornung/E. Staehelin, Skarabäen, Basel 251 Nr. 304; 262 Nr. 353; Rowe, Catalogue of Egyptian Scarabs Nr. 483 (Bet Schean), Nr. 527 (Tell el 'Ajjul).
Zum Uräus (Schildviper) als Schutzmacht vgl. O. Keel, Jahwevisionen 83–103.

77 Immerhin kann der König beim Niederschlagen (Ricke u. a., The Beit el Wali Temple Pl. 10 und 14) oder beim Kampf im Streitwagen (unsere Taf. XVII) auch von Hunden begleitet werden. Aber diese Hunde (auf Taf. XVII sind es mehrere) symbolisieren kaum den König, sondern spiegeln den Brauch wider, sich von Hunden in die Schlacht begleiten zu lassen. Evtl. sollten sie auch die Zusammengehörigkeit von Jagd und Krieg andeuten (vgl. O. Keel, Siegeszeichen 64f; W. Decker, Die physische Leistung 145 f).

78 Zu *109*: G. Posener, La mésaventure d'un Syrien et le nom égytien de l'ours: Or 13 (1944) 193–204.

486

78–79 Nicht nur in der Hand der großen Götter (vgl. Hiob 9,6; Hos 7,12), sondern auch in der von allerhand Schutzdämonen findet sich das Netz des Zaubers mit dem sie Götterfeinde unschädlich machen (vgl. *486* aus dem Pfortenbuch des ägyptischen Neuen Reiches = E. Hornung, Unterweltsbücher 277, Abb. 53).
Zu *111*: M. Alliot, Les rites de la chasse au filet aux temples de Karnak, d'Edfou et d'Esneh: RdE 5 (1946) 57–118.

80–81 Zu *115*: Eine solche Szene findet sich auch auf einem Elfenbein aus Palästina: F. Petrie, Beth Pelet I, London 1930, Pl. 55.

81 Zu *rešet*: J. D. Barthélemy (mündlich) meint, es könnte sich bei *rešet* evtl. gar nicht um ein Netz, sondern um eine Falle handeln. Man müsse beachten, wie eng die Verbindung zwischen *rešet* und Grube sei und daß sich das Opfer in diesen im Weg verborgenen Gegenstand fast stets mit den Füßen verfange. Es sei vielleicht an eine Falle zu denken, wie sie Xenophon in seinem Kynegetikos beschreibt. Sie besteht aus einer Grube von geringer Tiefe, die mit konzentrisch angeordneten, getarnten Stacheln überdeckt wird. Wenn ein Reh, ein Hirsch oder ein ähnliches Tier in diese Falle tritt, kann es sich nicht mehr selber daraus befreien (Xenophon, L'art de la chasse (Kynegetikos), Paris 1970, 122, Abb. 5; J. Lips, Fallensysteme der Naturvölker, Leipzig 1926, 47, Abb. 90). Auf manche Stellen würde ein solches Verständnis von *rešet* zweifellos gut zutreffen, aber bei andern Stellen, wie etwa bei Hos 7,12 macht es beträchtliche Schwierigkeiten.

85 Zu *123*: Zur Bedeutung des Handschlags vgl. Ez 17,18; Spr 6,1; 11,15; 17,18; 22,26; Hiob 17,3; Klgl 5,6; Esr 10,19.

85–86 Zu *124*: W. Guglielmi, Reden, Rufe und Lieder auf altägyptischen Darstellungen der Landwirtschaft, Viehzucht, des Fisch- und Vogelfangs vom Mittleren Reich bis zur Spätzeit, Bonn 1973, 29–31, weist nach, daß es sich beim Mann mit dem Uaszepter nicht um einen Beamten, sondern wahrscheinlich um einen sachkundigen Dorfältesten oder gar den Besitzer handelt, der die Beamten begleitet und schwört, daß die Grenzsteine richtig stehen. Zum Grenzverrücken vgl. Dtn 27,17; Hos 5,10; Hiob 24,2.

89 Zum technischen Aspekt der Kriegsführung, wie ihn besonders die assyrischen Palastreliefs darstellen, vgl. die reich bebilderten Bände von Yadin, Art of Warefare II.

90–91 Zu *132*: Der Bogenschütze rechts auf dem Bild ist nicht irgendeiner, sondern der König (S. Moscati, Historical Art in the Ancient Near East [Studi Semitici 8], Rom 1963, 58).

91 Zum Belagerungsmotiv in individuellen Klageliedern vgl. auch Hiob 16,14; 19,12; 30,13f.

91/93 Zu *132a*: Ansätze zu einer systematischen Untersuchung der ägyptischen Reliefs, die die Einnahme einer kanaanäischen Stadt darstellen, bei O. Keel, Kanaanaische Suhneriten.

93 Die Praxis der Deportation haben die Assyrer wahrscheinlich von den Hethitern übernommen, diese aber gigantisch ausgebaut (W. v. Soden, Die Assyrer und der Krieg: Iraq 25 [1963] 137f).

93–94 Die assyrischen Reliefs, die die Audienzsäle schmückten, hatten vor allem die Aufgabe, die fremdländischen Gesandten, die hier dem assyrischen König ihre Aufwartung machten, zu beeindrucken. Sie demonstrieren die Unwiderstehlichkeit der assyrischen Kriegsmaschinerie, indem sie mit zahlreichen, realistischen Details, den sich unzählige Male wiederholenden Prozeß der erbarmungslosen Unterwerfung rebellierender Städte und Völker zeigen (Frankfort, Art. 157). Die ägyptischen Reliefs zum gleichen Thema, die von den Außenwänden der Tempel stammen, stellen eher Theophanien dar. In dem mühelos errungenen Sieg des Königs über die Rebellen offenbart sich der im Pharao verkörperte Herrschaftsanspruch der ägyptischen Götter. Spott und Verachtung mögen bei den Darstellungen gelegentlich federführend gewesen sein. Der rote Faden jedoch, der sich durch alle Gestaltungen dieses Themas zieht, ist die symbolisch-magische Verwirklichung der Herrschaft über alle Feinde (vgl. M. Abdul-Kader, The Administration of Syro-Palestine during the New Kingdom: ASAE 56 (1959) 105–137; Schott, Ein ungewöhnliches Symbol; D. Wildung, Der König Ägyptens als Herr der Welt? Ein seltener ikonographischer Typus der Königsplastik des Neuen Reiches: AfO 24 (1973) 108–116;

Ders., Feindsymbolik, in: LdÄ II 146–148 und O. Keel, Der Bogen als Herrschaftssymbol). Nur so kann die Weltordnung erhalten bleiben.

95–96 Zu *140* und *141:* Zur Zerstörung der Baumgärten vgl. H. Grapow, Studien zu den Annalen Thutmosis III. und zu ihnen verwandten historischen Berichten des Neuen Reiches, Berlin 1949, 59f; ANEP Abb. 344; Ps 79,7; Dtn 20, 19f; Jer 10,25.

96–97 Zur Historisierung des Mythos vgl. u. a., auch Dan 7,4, wo der Löwendrache, der auf *43–45* eine kosmische Macht verkörpert, das neubabylonische Reich darstellt (vgl. Jer 51,34 und *81*). Beim Thema Historisierung sollte nie vergessen werden, daß diese gleichzeitig eine Mythisierung der Geschichte darstellt (vgl. Keel, Vögel als Boten 21–23, 30; A. Lelièvre, YHWH et la mer dans les Psaumes: RHPhR 56 (1976) 253–275.

Zu *144:* H. W. Fairman, The Triumph of Horus. An ancient Egyptian Sacred Drama, London 1974.

III. Der Tempel – Ort der Gegenwart Jahwes und Bereich des Lebens

99 Der hier durch ein langes Zitat belegten Sicht von K. M. Kenyon ist in letzter Zeit Y. Shilo entschieden entgegengetreten. Er vertritt die These, Israel habe am Ende des 2. und am Anfang des 1. Jt. v. Chr. ältere kanaanäische, nordsyrische und ägyptische Anregungen aufgreifend einen eigenen Baustil geschaffen. Vgl. zuletzt seine Arbeiten: New Proto-Aeolic Capitals found in Israel: BASOR 222 (1976) 67–77; The Proto-Aeolic Capital – The Israelite 'Timorah' Capital: PEQ 109 (1977) 39–52. In diesen beiden Arbeiten werden auch seine früheren Beiträge zu diesem Thema genannt.

K. Rupprecht hat hingegen in neuester Zeit mit Nachdruck die Frage gestellt, ob nicht David einen kanaanäischen Tempel übernommen und Salomo diesen nur renoviert und erweitert und gar keinen neuen Tempel gebaut habe. Vgl. seine Arbeiten: Nachrichten von der Erweiterung und Renovierung des Tempels in 1 Kön 6: ZDPV 88 (1972) 38–52; Der Tempel von Jerusalem Gründung Salomos oder jebusitisches Erbe? (BZAW 144) Berlin 1976. Die Frage ist für uns nicht vital. Die Idee des Tempels ist jedenfalls nichts spezifisch Israelitisches.

Zu *146:* S. Loffreda, The Late Chronology of some rock-cut Tombs of the Selwan Necropolis, Jerusalem: Studii Biblici Franciscani Liber Annuus 23 (1973) 7–36, möchte den Monolithen in die späte hellenistische oder frühe römische Zeit datieren, da Monolith-Gräber für die vorexilische Zeit für Israel nicht bezeugt seien. Dieses Datierungsproblem kann hier nicht gelöst werden. Zu einem starken ägyptischen Einfluß in Judäa bis zum Einbruch der Assyrer am Ende des 8. Jh.s a. vgl. O. Keel, Jahwevisionen 322f.

100 Zum mythischen Ursprung der ägyptischen Tempel vgl. E. A. E. Reymond, The Mythical Origin of the Egyptian Temple, Manchester/New York 1969.

Der Urhügelcharakter des Tempelbereichs erklärt auch die Wellenform der großen Umfassungsmauer des Karnaktempels (Barguet, Temple d'Amon-Rê 29–33).

100–101 Zu *149:* Vgl. jetzt das Werk eines Mannes, der einen guten Teil seines Lebens der Erforschung der Pyramiden gewidmet hat, J. Ph. Lauer, Le mystère des pyramides, Paris 1974.

100–102 Jeder Tempel liegt kultmythisch auf einem Berg. So kann Ramses III. von dem in einer Ebene gelegenen Tempel von Medinet Habu zu Ptah sagen: «Ich habe deinen Tempel auf dem Berge ‹Herr des Lebens› groß gemacht» (Edgerton/Wilson, Historical Records 128; vgl. zu Babylon Jer 21, 13). Jeder Tempel erhebt sich auf dem Weltberg. Zum Charakter desselben vgl. R. J. Clifford, The Cosmic Mountain in Canaan and the OT, Cambridge Mass. 1972.

104 Ohne die Ansichten Businks zu erwähnen, hat E. Vogt, Vom Tempel zum Felsendom: Bb 55 (1974) 23–64, wieder auf die These von Ch. Warren zurückgegriffen und den Tempel südlich vom hl. Felsen lokalisieren wollen. Einig sind sich die beiden Forscher darin, daß der hl. Fels weder den Brandopferaltar noch das Allerheiligste getragen haben kann.

105 Zur Überführung der Lade auf den Zion als nucleus der Zionstheologie siehe J. Jeremias, Lade und Zion. Zur Entstehung der Ziontradition, in: H. W. Wolff (Herausgeber), Probleme biblischer Theologie. Gerhard von Rad zum 70. Geburtstag, München 1971, 183–198.

108 Häufig bewachte der König den Tempeleingang auch als menschenköpfiger Löwe (vgl. A. Dessenne, Le Sphinx 176f). Amenemhet III. sandte zwei Sphinx-Skulpturen nach Ugarit, wo sie am Eingang zum Baaltempel aufgestellt wurden (C. F.-A. Schaeffer, Ugaritica I, Paris 1939, 21 und Taf. III.2). U. Schweizer hat in ihrer Monographie «Löwe und Sphinx im alten Ägypten» die Wächterfunktion dieser beiden Gestalten hartnäckig bestritten (S. 34, 36, 49f u. o.), aber sie hat mit ihren Behauptungen zu Recht keinen Anklang gefunden (A. Dessenne, Le Sphinx 176f; R. de Vaux, Cherubins 237).

Zu *164:* I. Fuhr-Jaeppelt, Materialien zur Ikonographie des Löwenadlers Anzu-Imdugud, München 1972.

109 Zu einer ähnlichen Szene des Blumenüberreichens wie auf *162a* siehe F. L. Griffith/P. E. Newberry, El Bersheh II, London 1895, Pl XVII und XXXV. Zu Blumen im ägyptischen Kult und im AT siehe: A. de Buck, La fleur au front du grand-prêtre: OTS 9 (1951) 18–29; Mowinckel, Psalmenstudien Bd. 2, Studie IV 29f.

110 Zu Türhüter-Löwen vgl. weiter Smith, Interconnections 109; R. D. Barnett, Lions and Bulls. In der südlichen Schefela wurde ein Grab aus dem 9./8. Jh. a. gefunden, das von zwei Löwen bewacht wird (D. Ussishkin, Tombs from the Israelite Period at Tell 'Eton: Tel Aviv 1 (1974) 109–114 Pl. 21.

Zu Waschungen vor dem Betreten des heiligen Bereichs: In dem von Thutmosis III. stammenden, zur Zeit Alexander restaurierten Komplex in Karnak zeigt ein Relief den König der sich vor einer Kulthandlung sitzend die Hände reinigt (*487* und Barguet, Temple d'Amon-Rê 195; Zeichnung nach Photo des Autors). Zu einem rituellen Bad vor einer Kulthandlung siehe J. Börker-Klähn, Schulgi badet: ZA 64 (1975) 235–240.

84 (1972) 141–156. Ein schöner Hymnus auf den Strom der Heiligtümer in: AOT 130.

124 Zu *189:* Siehe H. Schmökel, Ziegen am Lebensbaum: AfO 18 (1957–1958) 373–378; Danthine, Palmier-dattier. Texte 104–108; R. de Vaux, Chérubins 238–242; G. M. Crowfoot/N. de G. Davies, The Tunic of Tut ʿankhamun: JEA 27 (1941) 113–130, bes.. Pl. XX.

126 Zum Verzehren der Opfer durch die Götter vgl. K. H. Bernhardt, Gott und Bild 45 f (viele Beispiele für verschiedene Vorstellungen). Das Brandopfer schien besonders geeignet, das Dargebrachte wirklich in den Besitz der Götter übergehen zu lassen. Ramses II. und III. sprechen von den im Tempel geopferten Tieren: «Ihr Fett hat den Himmel erreicht; jene, die sich im Himmel befinden, haben es empfangen» (Edgerton/Wilson, Historical Records 128 f). Auch in Israel wurde hauptsächlich das Fett verbrannt, während ein großer Teil des Rests den Priestern zufiel (Lev 2, 3. 10; 5, 13; 6, 9ff; 7, 6f 9f 32f). Zum Verzehren der Opfer durch die Priester vgl. Dan 14.

127–128 Zum Altar: D. Conrad, Studien zum Altargesetz (Ex 20: 24–26), Diss. Marburg 1968; F. J. Stendebach, Altarformen im kanaanäisch-israelitischen Raum: BZ 20 (1976) 180–196.

128 Zur Deutung der vier Hörner als den vier «Ecken» der Erde siehe Barguet, Temple d'Amon-Rê 223 Anm. 2. Zu

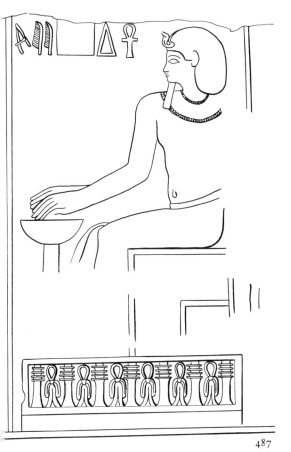

487

11 Zu *167a:* Rechts und links von den Türen ist in ägypt. Tempeln nicht selten der König dargestellt, der in der einen Hand einen Stab und eine Keule hält und mit der andern (die oft ein Zepter hält) auf den Eingang zeigt und spricht: «Jeder, der den Tempel betritt, muß sich viermal gereinigt haben!» 488 und Barguet, Temple d'Amon-Rê 231; Zeichnung nach Photo des Autors).

Ein gutes Beispiel dafür, was man in einem ägyptischen Tempel unter «rein» verstand bei H. Junker, Vorschriften für den Tempelkult in Philae; in: Studia Biblica et Orientalia III. Oriens antiquus (Analecta Biblica 12), Rom 1959, 151–160; Fairman, A Scene of the Offering; zu Ps 15 und 24 zuletzt J. T. Willis, Ethics in a Cultic Setting, in: J. L. Crenshaw/J. T. Willis (Herausgeber), Eassays in Old Testament Ethics. J. Philip Hyatt, In Memoriam, New York 1974, 145–169.

12 Zum neusumerisch-altbabylonischen Breitraumtempel siehe die reich dokumentierte, anschauliche Beschreibung von D. O. Edzard und B. Hrouda in: Le temple et le culte. Compte rendu de la XXe rencontre assyriologique internationale, Leiden 1975, 151–161.

17 Was die Bedeutung der gestaffelten Räume in Ägypten betrifft, insistiert J. Aßmann, Ägyptische Hymnen 11f, darauf, daß sie nicht den Weg des Menschen, sondern den des Gottes darstellen.

18 Zum mythischen Vorbild der Tempelgärten siehe F. Stolz, Die Bäume des Gottesgartens auf dem Libanon: ZAW

488

489

einem neuen, in Beer Scheba gefundenen Hörneraltar aus dem 8.Jh. a siehe *489* und Y. Aharoni, The Horned Altar of Beersheba: BA 37 (1974) 2-6.

130 Zu *197*: A. Lemaire, Un nouveau roi arabe de Qedar dans l'inscription de l'autel à encens de Lakish: RB 81 (1974) 63-72; zu *198*: L.F. De Vries, Incense Altars from the Period of the Judges and their Significance, Diss. Southern Baptist Seminary 1975; zu *199*: O. Keel, Kanaanäische Sühneriten.

131 Zu *200*: K. Galling, Ba'al Hammon in Kition und die Hammanîm, in: Wort und Geschichte. Festschrift K. Elliger (AOAT 18), Neukirchen 1973, 65-70. Galling möchte in den Hammanim, die vom 7.Jh. a. an auftauchenden transportablen Räucherkästchen sehen.

133 Zu *203*: Kritik an den Ableitungen dieser Abb. übt P. Matthiae, Unité et développement du temple dans la Syrie du Bronze Moyen, in: Le temple et le culte. Compte rendu de la XXe rencontre assyriologique internationale, Leiden 1975, 57 Anm. 35.

138 P. Matthiae, a.a.O. 55, findet für den syrischen Tempeltypus die strikte Axialität der schon in der Mittleren Bronzezeit gelegentlich drei hintereinander gestaffelten Räume viel entscheidender als den Lang- oder Breitraumcharakter der Zella. Vgl. dazu jetzt auch V. Fritz, Tempel und Zelt (WMANT 47), Neukirchen 1977. Das Problem der Axialität der einzelnen Teile des Tempelhauses muß von dem auf S. 114/117 besprochenen Problem der Axialität der ganzen Anlage (vor allem der vorgelagerten Höfe) unterschieden werden.

140f G. Taylor, The Roman Temples of Lebanon. Pictorial Guide, Beyrouth 1967.

144 K. Rupprecht (siehe oben zu S.99) hält das Ladezelt für eine Fiktion, die die Übernahme des jebusitischen Heiligtums durch David vertuschen und den Zeitraum von der Überführung der Lade bis zum Neubau Salomos überbrücken soll.

144-145 Zu *225*: Die wenn auch bescheidene, so anscheinend doch vorhandene architektonische Funktion der beiden Säulen, sollte einem Vergleich mit den beiden Säulen vor dem salomonischen Tempel nicht hinderlich sein. Bei andern Schreinen, die sich *225* vergleichen lassen, sind die beiden Säulen völlig freistehend gedacht (vgl. A. Kuschke/M. Metzger, Kumudi und die Ausgrabungen auf dem Tell Kamid el-Lōz: VTS 22 (1972) 143-173, bes. 173 und Taf. VI unten; S. Yeivin, Jachin and Boaz (hebr.): EI 5 (1958) 97-104; engl. in PEQ 91 (1959) 6-22). Bei allen in diesen Arbeiten genannten Schreinen spielen Vögel als Dekorationsmotiv eine Rolle. Auf *225* fehlen sie zwar. Aber hier weisen wenigstens Nistlöcher für Tauben auf diesen Bezug hin. Zu den Beziehungen zwischen Göttin und Taube vgl. den Beitrag von U. Winter in O. Keel, Vögel als Boten 37-78.

Die von W. Kornfeld, Der Symbolismus der Tempelsäulen: ZAW 74 (1962) 50-57, vorgeschlagene Deutung der Säulen als Stabilität symbolisierende Djedpfeiler läßt sich zwar schön mit dem Namen Jakin und Boaz verbinden. Zwei Djedpfeiler stehen auf Skarabäen häufig vor der Kapelle des Gottes Ptah (*490* = Tufnell, Lachish III Pl. 43 No. 28; F.W. James, The Iron Age at Beth Shan, Philadelphia 1966, 317 Fig. 100 No. 6; Rowe, Catalogue No. 718). Der Seelenvogel, der dabei auf jedem Pfeiler sitzt, hat bei Jakin und Boaz aber kein Gegenstück, und umgekehrt will die in 1 Kön 7 für die beiden Säulen geschilderte Dekoration nicht so recht zu den Djedpfeilern passen.

490

Eher noch werden die beiden Säulen dort, wo sie ihre Beziehungen zu Ischtar/Astarte und zur Vegetation verloren haben, zu Zeichen geworden sein, die allgemein den Raum anzeigen in dem die Gottheit gegenwärtig ist (vgl. dazu Yeivin a.a.O. 102-104).

146, 149-150 Zum Kerubenthron vgl. R. de Vaux, Chérubins, und O. Keel, Jahwevisionen 15-45. Die Kerubim in Ez 10 sind eine etwas gewaltsame, sekundäre Interpretation der vier menschengestaltigen, vierflügligen Wesen von Ez 1 mit dem Ziel, die Identität des Gottes von Ez 1 mit dem Gott von Jerusalem zu unterstreichen (dazu O. Keel, Jahwevisionen 145-151).

151-153 Vgl. zu diesen Vorstellungen W. Spiegelberg, Die Auffassung des Tempels als Himmel: ZÄS 53 (1917) 98-101. Gegen eine allzu platte Identifizierung von Tempel- und himmlischem Bereich vgl. jetzt O. Keel, Jahwevisionen 47-56. Zum Himmel als Wohnort Jahwes siehe C. Houtman, De Hemel 220-249. Zum gleichzeitigen Wohnen Gottes im Himmel und im Tempel vgl. G. v. Rad, ThWNT V 501-509.

154 Zur Darstellung des Tempelbaus auf Rollsiegeln vgl. P. Amiet, La représentation des temples sur les monuments de Mésopotamie, in: Le temple et le culte. Compte rendu de la XXe rencontre assyriologique internationale, Leiden 1975, 144–149, bes. 147.

IV. Gottesvorstellungen

157 Die etwas einfache Vorstellung, daß Israel zu Beginn seiner Geschichte aus der Wüste kam und von dort ganz spezifische Gotteserfahrungen mitbrachte, ist in letzter Zeit energisch in Frage gestellt worden (vgl. etwa B. Zuber, Vier Studien 99–138). Manche Exegeten reden heute einer Sicht der Religionsgeschichte Israels das Wort, die Israel erst spät besonders in der deuteronomischen Zeit) zu seiner spezifischen Eigenart finden läßt (vgl. z. B. H. H. Schmid, Der sogenannte Jahwist. Beobachtungen und Fragen zur Pentateuchforschung, Zürich 1976). Daß es sich bei diesen Arbeiten vorläufig erst um ein qualifiziertes Unbehagen und oft echt kühne Arbeitshypothesen handelt, ist klar.

Zum Bilderverbot vgl. jetzt O. Keel, Jahwevisionen 37–45.

158 Zur Identifikation von Gott und Tempel vgl. W. Zimmerli, Ezechiel I, Neukirchen 1969, 250: «So kann denn das Heiligkeitsgesetz geradezu fordern *mqdš tr'w* (Lev 19,30; 6,2) als ob sich im *mqdš* die Person Jahwes verkörperte.»

159 Zum Fliehfelsen vgl. Jer 16,16; 49,16.

161 Die neueren Arbeiten zum Thema «Fels» denken eher als an einen Fliehfelsen an den hl. Felsen (P. Hugger, Jahwe, mein Fels, in: Laeta Dies. 50 Jahre Studienkolleg St. Benedikt, Münsterschwarzach 1968, 143–160; D. Eichhorn, Gott als Fels, Burg und Zuflucht. Eine Untersuchung zum Gebet des Mittlers in den Psalmen, Bern (Frankfurt a. M. 1972). Eichhorn belastet sein Buch allerdings mit der im Untertitel angedeuteten gewagten Hypothese, es handle sich bei den Pss, in denen Jahwe als Fels etc. prädiziert wird, um Gebete jener Person, «die am Zionsheiligtum institutionell mit der Vermittlung der aktuellen Offenbarung Jahwes als Fels, Burg und Zuflucht für sein Volk betraut war».

Zu Jahwe als «Fels meines Herzens» in Ps 73,26 vgl. E. Drioton, Amon, réfuge du cœur: ZÄS 79 (1954) 3–11.

Zu *247*: R. du Mesnil du Buisson, Origine et évolution du panthéon de Tyr, in: Ders., Nouvelles études sur les dieux et les mythes de Canaan, Leiden 1973, 32–69; E. Stockton, Stones at Worship: The Australian Journal of Biblical Archaeology 1,3 (1970) 58–81.

164 Zur geringen Bedeutung der Leber im AT vgl. H. W. Wolff, Anthropologie des AT, München 1973, 103–105.

165–166 Im Hinblick auf die Faszination, die die Baumkulte auf das alte Israel ausübten, preist sich Jahwe in Hos 14,9 selber als immergrüner Baum an.

166 Zu Licht des Angesichts vgl. J. Reindl, Das Angesicht Gottes im Sprachgebrauch des AT, Leipzig 1970, bes. 137 bis 143.

166, 169 Zu *257*: Zu Jahwe als Lampe vgl. Sach 4 und dazu O. Keel, Jahwevisionen 306–320, wo auf Vorläufer von *257* aus neubabylonischer Zeit aufmerksam gemacht wird.

Der Paralleltext von 2 Sam 22,19, nämlich Ps 18,29 liest statt «Du, Jahwe, bist meine Lampe!» «Du, Jahwe, lässest meine Lampe leuchten!», was soviel bedeutet wie: Du gewährst mir ein glückliches Leben! (Spr 20,20; 24,20; Hiob 21,17; vgl. 29,3). Vor allem kann die Metapher auch das Leben, das man in der Nachkommenschaft über seinen eigenen Tod hinaus hat, bezeichnen (1 Kön 11,36; 15,4; 2 Sam 14,7). Die Identität von Lampe und Nachkomme scheint auch archäologisch nachweisbar zu sein. Die Kinder, die gelegentlich bei der Errichtung wichtiger Gebäude geopfert wurden (vgl. 1 Kön 16,34) hat man (in der Regel?) durch Lampen ersetzt, die in das Gebäude eingemauert wurden (K. Jaroš, Der Elohist 289f Anm. 7).

170–172 Zur Gottheit, die mit ihren Flügeln schützt, vgl. z. B. noch E. Chassinat, Le temple de Dendara II, Le Caire 1934, Pl. 136 (Isis und Nephtys schützen den tot auf der Bahre liegenden Osiris); H. Carter/P. E. Newberry, The Tomb of Thoutmosis IV, Westminster 1904, Pl. 12 (Month schützt den als Sphinx seine Feinde zertrampelnden König; H. Carter, Tut-ench-Amun II, Leipzig 1927, Taf. 72 (Isis und Nephtys schützen den toten König).

172/173 Zu *263–264*: In der Legende zu *264* würde besser als «sensibilisieren» stehen «vergegenwärtigen und zum Hören bewegen».

Zu den zahlreichen, von ägyptischen Hymnen evozierten Ohren der Gottheit vgl. J. Aßmann, Ägyptische Hymnen 299, 395.

172/174 Zu *264a*: E. Stern, Phoenician Masks and Pendants: PEQ 108 (1976) 109–118, Pl. 9–11, scheint mir aufgrund der weiteren Geschichte dieses Maskentyps bewiesen zu haben, daß er nicht zum Tragen bestimmt war (dazu sind die einzelnen Masken zu klein), sondern dazu, als Apotropaicon aufgehängt zu werden.

174 Nach Abschnitt IV, 1. e. fehlt ein ganz entscheidendes Element, nämlich jener Aspekt des Gottesbildes, der wie kaum ein zweiter mit dem Tempel verbunden (und mindestens ursprünglich an den Tempel gebunden) scheint: Gott als König, Gott als Herrscher. Der Verbindung von Herrschaft und Palast galten die Bemühungen des XIXe Rencontre assyriologique internationale (1971), erschienen unter dem Titel: Le palais et la royauté (ed. P. Garelli), Paris 1974. Der älteste Text im AT, in dem Jahwe mit Königsinsignien ausgestattet erscheint, ist die Vision, in der Jesaja Jahwe im Jerusalemer Tempelpalast *(hjkl)* thronen sieht (vgl. O. Keel, Jahwevisionen 46–124). Nirgends im AT wird Jahwe häufiger und qualifizierter als König prädiziert als in den Pss (vgl. dazu das monumentale Werk von E. Lipiński, La royauté de Yahwé dans la poésie et le culte de l'ancien Israel, Brüssel ²1968). Es wäre zu Jahwe als König ein reiches Bildmaterial zusammenzustellen, das Götter thronend mit Zeptern in den Händen und Kronen auf dem Kopf, evtl. inmitten ihres Thronrates zeigt (vgl. z. B. *287, 332*).

Mit dem König ist sein großer Name, seine Titulatur verbunden (vgl. 2 Sam 7,9 und oben *349–352*). Auf einen engen Zusammenhang zwischen dem Namen Jahwes und dem Tempel deuten nicht nur die Pss (vgl. oben S. 308), sondern auch die dtn Formel, nach der Jerusalem der Ort ist, wo Jahwe seinen Namen wohnen läßt (Dtn 11,12; 14,23 u. o. vgl. M.

Weinfeld, Deuteronomy and the Deuteronomic School, Oxford 1972, 193-195, 325). Es gehörten hieher ein paar Bilder zur Verehrung des Namens (des Königs), wie wir sie in Ägypten häufig finden (*491* = Hornung/Staehelin, Skarabäen, Basel 301 No. 554 B; Ebd. zahlreiche Parallelen; vgl. weiter G. A. Gaballa, Three Documents from the Reign of Ramesses III: JEA 59 (1973) 109 Fig. 1; Rowe, Catalogue Pl. 25 SO. 40; AOB Abb. 550. Zur Ersetzung der Gestalt (des Königs) durch seinen Namen vgl. A. Radwan, Der Königsname: Studien zur altägyptischen Kultur 2 (1975) 213-234.

491

174 In akkadischen Gebeten, die M.-J. Seux, Hymnes et prières aux dieux de Babylonie et d'Assyrie, Paris 1976, 137-168, unter dem Titel «Prières pénitentielles. Pour calmer le cœur d'une divinité» zusammenfaßt, findet sich am Schluß häufig die Formel: «Dein Herz möge sich mir wie das der leiblichen Mutter beruhigen, wie das der leiblichen Mutter, des leiblichen Vaters möge es sich mir beruhigen» (SAHG 228). Die Erfahrung der elterlichen Liebe der Gottheit steht hier ähnlich wie in Ps 103, 12-14 im Zusammenhang mit Sündenvergebung.

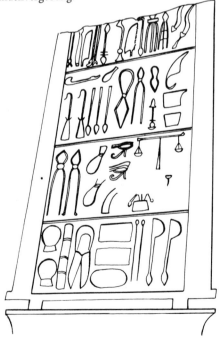

492

175 Die medizinische Bedeutung mancher Tempel in Ägypten, wenigstens in der Spätzeit, dokumentiert die einzigartige Darstellung einer Sammlung ärztlicher Instrumente, die Kaiser Trajan dem Tempel von Kom Ombo gestiftet hat (*492* = J. de Morgan, Kom Ombos III, Wien 1909, 30 Taf. 950; Zeichnung nach Photo des Autors).

178 A. Schmitt, Entrückung, Aufnahme, Himmelfahrt.

180 Zu *274:* A. Moret, Sur le rite de l'embrassement Sphinx 11 (1907/08) 26-30.

181 Zu *275:* W. Culican, Dea Tyria Gravida: Australian Journal of Biblical Archeology 1,2 (1969) 35-50.

Zu *276:* W. Spiegelberg, Weihestatuette einer Wöchnerin ASAE 29 (1929) 162-165, Pl. 1-2.

182/183 Die (Mutter) Erde, die Grünes hervorbringt, da seinen Samen in sich trägt, je nach seiner Art, stellt sehr schör ein Siegel dar aus Schadad bei Kerman (Iran), das in die Mitte des 3. Jt.s a. datiert wird (*493* = W. Orthmann, Der Alt Orient (Propyläen Kunstgeschichte 14), Berlin 1975, Taf 283 b).

Zu *277b:* Ob das Stab- und Ringsymbol wirklich die Götti darstellt, scheint fraglich.

493

183 Das Töpfern des Menschen und ein analoges Verfahren, bei dem Gott um ein Stück Holz oder ähnliches (nich um eine «Rippe») eine Figur aufbaut, wird in Gen 2 erzähl Siehe dazu O. Keel, Die Stellung der Frau in Genesis 2 und Orientierung 39 (1975) 74-76; R. Amiran, Myths of the Crea tion of Man and the Jericho Statues: BASOR 167 (1962 23-25.

184 Zum Weben und Gießen des Menschen vgl. O. Kee Weisheit 9-11.

186-187 Zu *283-284:* M. H. Pope, The Scene on the drink ing Mug from Ugarit, in: Near Eastern Studies in Honor o W. F. Albright (ed. H. Goedicke), Baltimore 1971, 393-40 J. J. Jackson/H. H. P. Dressler, El and the Cup of Blessing JAOS 95 (1975) 99-101.

189 Zu *287:* W. Spiegel, Der Sonnengott in der Barke a Richter: MDAIK 8 (1939) 201-206.

189-192 Zum Sonnengott als Lebensspender: W. S. Smit meint, die Dekoration der Sonnentempel der 5. Dynastie m zahlreichen Szenen vielfältigen pflanzlichen, tierischen un menschlichen Lebens (siehe jetzt: E. Edel/S. Wenig, Die Jal reszeitenreliefs aus dem Sonnenheiligtum des Königs N user-Re, Berlin 1974) lege nahe, daß die Ausschmückung d Gräber in der 5. und 6. Dynastie, ihren Ausgang vom Sonne heiligtum in Heliopolis genommen habe (Art and Architec ture 46, 68; Interconnections 147).

494

192 Zur Universalität der Herrschaft des Himmels- und Sonnengottes im Ägypten des Neuen Reiches, vgl. eine Szene aus dem Pfortenbuch (*494* = LD VI Bl. 136; E. Hornung, Unterweltsbücher 233f). Der Gott Horus, falkenköpfig und wie ein Hirte auf seinen Stab gelehnt, hütet Vertreter der vier Menschentypen: Ägypter, Asiaten, Nubier und Libyer. Die Beischrift beginnt: «Horus sagt zu diesem Vieh des Re' (= Sonnengott), zu denen, die in der Unterwelt sind, (in) Fruchtland und Wüste: Verklärung sei euch, Vieh des Re', das aus dem Großen entstanden ist, der dem Himmel vorsteht (= Re). Atem sei euren Nasen!» Zu diesem Bild vgl. auch K. Sethe, Kosmopolitische Gedanken der Ägypter des Neuen Reiches in bezug auf das Totenreich, in: Studies presented to F. Ll. Griffith, London 1932, 432–433.

192–194 Zu *290–292, 294*: Vom Verhältnis Gott-Stier dürfte ähnliches gelten, wie von dem zwischen Baum und Göttin (*253–255*). Bald wird die göttliche Macht neben, bald auf und bald im Stier (*318*) vorgestellt. Instruktiv in dieser Hinsicht ist ein Hymnus auf Ischkur (SAHG 81–83; AOT 248–250), in dem der Gott bald auf dem Stier, bald als Stier erscheint. Zum Problem vgl. auch Jaroš, Die Stellung 277, 351–388.

196 Zu *297*: H. Seyrig, Représentations de la main divine: Syria 20 (1939) 189–194.

197–198 Zu den vulkanischen Elementen vgl. jetzt die kritische Studie von B. Zuber, Vier Studien 15–59, der zum Schluß kommt, daß in historischer Zeit im Golan, im Hauran und im südlichen Transjordanien tätige Vulkane gegeben haben könne und es, um die vulkanischen Phänomene im AT zu erklären, keines Vulkans in Midian bedürfe.

198–201 P. D. Miller, The Divine Warrior, Cambridge Mass. 1973.

201 Zu Gott als Bogenschütze siehe auch die Klageliedmotive im Hiob 6,4; 16,13; Zur Identifizierung von Reschef und Apollo: M. K. Schretter, Alter Orient und Hellas. Fragen der Beeinflussung griechischen Gedankengutes aus altorientalischen Quellen, dargestellt an den Göttern Nergal, Reschph, Apollon, Innsbruck 1974.

Zum Pfeil, der am Mittag fliegt (Ps 91,5) vgl. E. Brunner-Traut, Atum als Bogenschütze: MDAIK 14 (1956) 20–28; P. Hugger, Jahwe meine Zuflucht, Münsterschwarzach 1971, 185–190.

201–203 P. Hugger, a. a. O. 99–101, hat mit guten Gründen *ᵃgīlāh* und *šeleṭ* als Bezeichnungen für den Rundschild (vgl. *139*; Hld 4, 4; Ez 27, 11), die in den Pss verwendeten Begriffe *māgēn* und *ṣinnāh* aber beide als solche für den großen Setzschild gedeutet.

204 Zu *307a*: E. Otto, Gott als Retter in Ägypten, in: Tradition und Glaube. Das frühe Christentum in seiner Umwelt. Festgabe für Karl Georg Kuhn, Göttingen 1971, 9–22 und dazu die Ergänzungen zu *329 478*. Für die Errettung von Krokodilen dankt wahrscheinlich auch der einzigartige Skarabäus bei E. Hornung/E. Staehelin, Skarabäen 404, Nr. Va 5.

204–208 Die Darstellung der Heiltaten Gottes in der Geschichte Israels ist schon mehrmals monographisch behandelt worden. Zu diesen Arbeiten und ihren eher bescheidenen Ergebnissen vgl. O. Keel, Vögel als Boten 21 f Anm. 2 und das zu S. 96–97 Nachgetragene.

208–209 Zu Gott als Hirte: V. Hamp, Das Hirtenmotiv im AT. Festschrift Faulhaber, München 1949, 7–20; D. Müller, Der gute Hirte: ZÄS 86 (1961) 126–144; und das zu S. 192 Nachgetragene.

208–209 Zu *314*: Es handelt sich bei diesem Bild wohl definitiv nicht um eine Hürde, sondern um eine Falle. Siehe die bei O. Keel, Vögel als Boten 29 Anm. 1 zusammengetragene, neueste Literatur.

210 Die Absage an Gold und Reichtum steht in Hiob 31, 24–29 neben der an Sonne und Mond.

210–211 Für eine differenzierte Darstellung des Verhältnisses zwischen Gottheit und Bild siehe das außerordentlich reich dokumentierte Buch von K. H. Bernhardt, Gott und Bild; weiter: G. Posener, De la divinité 16f; E. Hornung, Der Eine 104, 109, 127f, 145; Preuß, Die Verspottung 42–49. Der außenstehende Israelite hatte wohl allerdings wenig Gelegenheit mit diesen Gedankengängen, besonders soweit sie etwas differenzierter waren, in Berührung zu kommen. Er sah, wie diese Bilder aus Holz und Stein, aus Silber und Gold das Zentrum eines aufwendigen Kultes bildeten (z. B. *433a* und

dazu A. L. Oppenheim, Ancient Mesopotamia. Portrait of a Dead Civilisation, Chicago 1964, 183–198).
Zum engen Verhältnis zwischen Bildern und Göttern siehe W. Spiegelberg, nṯr.w «Götter» = «Bilder»: ZÄS 65 (1930) 119–121; zu Göttern, die ins Exil wandern Jer 48,7; 49,3. Auf eine enge Verbundenheit zwischen Gott und Bild weist auch der Brauch, lädierte Götterbilder wie Tote zu begraben (O. Keel, Das Vergraben der «fremden Götter» in Genesis XXXV 4b: VT 23 (1973) 305–336, bes. 322f und 333f.
211, 213 Zu *319:* Siehe: W. Fauth, Aphrodite Parakyptusa. Untersuchungen zum Erscheinungsbild der vorderasiatischen Dea Prospiciens, Wiesbaden 1967. Die «Frau am Fenster» der Elfenbeine von Arslan Tasch trägt häufig eine Plakette mit einem X auf der Stirne (F. Thureau-Dangin u. a., Arslan Tash, Paris 1931, Pl. XXXIV 46, 47; XXXV, 48, 49, 55). Goldene Anhänger aus Ugarit tragen bald das Bild der Göttin, bald einen achtstrahligen Stern und bald dieses X (C.-F. A. Schaeffer, Les fouilles de Minet el Beida et de Ras Shamra: Syria 13 [1932], Pl XI, 1; XVI, 2). Diese Anhänger mit dem X, dem phönizischen Tau, dürften ihre Trägerinnen als der Göttin zugehörig bezeichnen (vgl. Ez 9,4). Die Ehebruchszeichen auf Stirn und Brust bei Hos 2,4 könnten solche Markierungszeichen anvisieren.
213 Zu *320:* S. Moscati, Un iconografia del sacrificio dei fanciulli: Annali del Istituto orientale di Napoli 36 (1976) 419–422.
214–215 Zu *322–323:* P. Calmeyer, Zur Genese altiranischer Motive II. Der leere Wagen: Archäologische Mitteilungen aus Iran 7 (1974) 49–77, bes. 75–77. O. Keel, Jahwevisionen 180–188.
Zu Feldzeichen: V. Fritz, Israel in der Wüste (Marburger Theologische Studien 7), Marburg 1970, 57 Anm. 12.
218 Zur Absage an das Kriegspotential: R. Bach, «..., der Bogen zerbricht, Spieße zerschlägt und Waffen mit Feuer verbrennt, in: H. W. Wolff (Herausgeber), Probleme biblischer Theologie. Gerhard von Rad zum 70. Geburtstag, München 1971, 13–26.

V. Der König

221 Zum Königtum in Israel im allgemeinen siehe jetzt: T. N. D. Mettinger, King and Messiah. The civil and sacral Legitimation of the Israelite Kings, Lund 1976; zu den Königspsalmen im besonderen: J. H. Eaton, Kingship and the Psalms, London 1976. Eaton betrachtet im Anschluß an S. Mowinckel und besonders an H. Birkeland etwa 50 Pss als Königspsalmen.
Zum Beamtenapparat: T. N. D. Mettinger, Solomonic State Officials. A Study of the Civil Governement Officials of the Israelite Monarchy, Lund 1971, und die Besprechung von H. Cazelles in der ThR 69 (1973) 278–288.
Zu *329:* S. Schott, Thot als Verfasser heiliger Schriften: ZÄS 99 (1972) 20–25.
221/223 Von der Bedeutung der Beamten im alten Ägypten zeugt auch die Tatsache, daß in Ägypten nicht wie üblich Kriegshelden, sondern Kulturträger wie Imhotep oder Amenhotep, der Sohn des Hapu, vergöttlicht wurden (vgl. dazu Bonnet 856–860 und E. Otto, Gehalt und Bedeutung des ägyptischen Heroenglaubens: ZÄS 78 (1943) 28–40.
224 Über den genauen Sinn und den Grad der Göttlichkeit des Pharao vgl. G. Posener, De la divinité, der die Bedeutung der Aussage stark einschränkt, und die Kritik von H. Kees, OLZ 57 (1962) Sp. 476–478, der Posener einen zu erhabenen, europäischen Göttlichkeitsbegriff vorwirft.
Die Kindheitsgeschichte des Pharao hat in der Spätzeit als Geburtsgeschichte des göttlichen Kindes eine große Rolle gespielt (F. Daumas, Les mammisis des temples égyptiens, Paris 1958).
Eine direkte Beziehung zwischen diesen Kindheitsgeschichten und den Kindheitsgeschichten bei Mt und Lk scheint mir gegen E. Brunner-Traut, Pharao und Jesus als Söhne Gottes: Antaios 2 (1961) 266–284, nicht zu bestehen. H. Gese, Natus ex Virgine, in: H. W. Wolff (Herausgeber), Probleme biblischer Theologie, München 1971, 73–89, jetzt auch in: H. Gese, Vom Sinai zum Zion, München 1974, 130–146, stellt sehr schön die atl Genealogie der neutestamentlichen Kindheitsgeschichten dar und bekämpft dabei den Begriff der Adoptivsohnschaft, der zu wenig aussage (vgl. dazu auch M. Görg, Die «Wiedergeburt» des Königs: Theologie und Glaube 60 [1970] 413–426). Den indirekten Einfluß, den die pharaonische Kindheitsgeschichte über die Königspss auf die Kindheitsgeschichten Jesu ausgeübt hat, scheint mir Gese allerdings etwas herunterzuspielen.
226, 228 Zu *333* und *336:* Die wenig naturalistische Wiedergabe der Zeugung und der Geburt hängt vielleicht weniger mit dem delikaten Charakter des Geschehens als vielmehr damit zusammen, daß die Reliefs eine Art Mysterienspiel und nicht den wirklichen Vorgang abbilden wollen.
229 Zur Beschneidung: C. de Wit, La cirsoncision chez les anciens Egyptiens: ZÄS 99 (1972) 41–48. Das Säugen des Pharao durch Göttinnen zu Beginn aller wichtigen Lebensabschnitte wie bei der Geburt, der Thronbesteigung und dem Tod war ein rite de passage, der dem König die Kraft verleihen sollte, heil in die neue Lebensphase einzutreten. Vgl. dazu: H. Ranke, Ein ägyptisches Relief in Princeton: JNES 9 (1950) 228–236; J. Leclant, Le rôle du lait et de l'allaitement d'après les textes des pyramides: JNES 10 (1951) 123–127; W. Müller, Die stillende Gottesmutter in Ägypten (Materia Medica Nordmark 2, Sonderheft) 1963; W. Vycichl, L'allaitement divin du Pharao expliqué par une coutume africaine: Genève–Afrique 5 (1966) 261–265; Ward, La déesse nourricière; W. Orthmann, Die säugende Göttin. Zu einem Relief aus Karatepe: Istanbuler Mitteilungen 19/20 (1969/70) 137–143.
232–233 Zu *341* und *342:* Ein Skarabäus vom Tell 'Ajjul (Israel) zeigt den König als Kind, wie er auf einem Bogen sitzt, unter den 9 Strichlein sind, die andeuten, daß der eine Bogen die «9 Bogen» repräsentiert (*495* = Rowe, Catalogue No. 484).
Zum Symbol der Feinde unter den Füßen nicht des jugendlichen Königs, sondern im allgemeinen: G. Rühlmann, «Deine Feinde fallen unter deine Sohlen». Bemerkungen zu einem ao Machtsymbol: WZ der Univ. Halle 20 (1971) 61–84; D. Wildung, Der König Ägyptens als Herr der Welt. Ein selte-

495

ner ikonographischer Typus der Königsplastik des Neuen Reiches: AfO 24 (1973) 108-116.

Der Symbolcharakter der Feinde zeigt sich in der Möglichkeit, sie durch Bogen zu ersetzen. Der Bogen seinerseits ist wiederum ein so weites Symbol, daß selbst Götter durch ihn dargestellt werden können. Vgl. den thebanischen Götterkreis in Gestalt von 15 Bogen unter den Füßen Amon-Min's (LD IV Bl. 150c und dazu Barguet, Temple d'Amon-Rê 22).

234 Neulich hat J.B. Dumortier auch Ps 89 als Inthronisationstext verstehen wollen: VT 22 (1972) 176-186.

Summarische Übersichten über die ägyptischen Krönungsriten bei Moret, Royauté 75-113; Frankfort, Kingship 105 bis 109; H.W. Fairman, The Kingship Rituals of Egypt, in: S.H. Hooke (Herausgeber), Myth, Ritual and Kingship, Oxford 1958, 77-85 und in einem ägyptischen Text nämlich in der Krönungsinschrift Haremhabs = A.H. Gardiner, The Coronation of King Ḥaremḥab on his Statue at Turin: JEA 39 (1953) 13-31.

234, 236 Zu *344*: Ein Salbhorn aus Lachisch bei Tufnell, Lachish II 59f, Pl. 15 unten; zum Salben und seiner Bedeutung vgl. R. de Vaux, Le roi d'Israel vassal de Yahvé, in: Ders., Bible et Orient, Paris 1967, 287-301.

235-236, 238 Zu *345*: Teilweise kritisch gegenüber dem Aufsatz von Gardiner, Baptism, ist J. Leclant, Les rites de purification dans le cérémonial pharaonique du couronnement: Proceedings of the XIth Congress of the International Association for the History of Religions, II. Guilt or Pollution and Rites of Purification, Leiden 1968, 48-51.

Bruchstücke eines Reliefs mit einer Reinigungsszene ist nun auch in Serabit el-Chadem auf dem Sinai gefunden worden. Siehe dazu R. Giveon, The Impact of Egypt on Canaan. Iconographical and related Studies (Orbis Biblicus et Orientalis 20), Fribourg/Göttingen 1977, Abb. 29. In der den Krönungsriten analogen Priesterweihe (Lev 8,6) werden Aaron und seine Söhne zuerst gewaschen.

235-236, 238 Zu *346* und *347*: Der von zwei Göttern geführte Pharao ist nicht selten auf Skarabäen, die in Israel gefunden wurden, dargestellt (496 = J.L. Starkey/L. Harding, Beth Pelet II, London 1932, Pl. 49 unterste Reihe, 2. von links; Pl. 52 No. 137; Pl. 55 No. 284; Tufnell, Lachish IV. Pl. 39/40 No. 365; M. Kochavi, Tel Aphek: IEJ 22 [1972] 239). Zum Handergreifen: Z.W. Falk, Gestures expressing Affirmation: JSSt 4 (1959) 268-269.

237-238, 243 Zu *349-350*: W. Zimmerli, Vier oder fünf Thronnamen des messianischen Herrschers von Jes IX 5b. 6: VT 22 (1972) 249-252; K.D. Schunck, Der fünfte Thronname des Messias (Jes IX, 5-6): VT 23 (1973) 108-110. In diesen beiden Aufsätzen wird auch ältere und auch ägyptolog. Literatur zitiert.

239, 243-244 Zu *352*: W. Helck hat 18 Belege für diese Szene gesammelt (Die Szene des Aufschreibens des Namens auf dem išd-Baum: ZÄS 82 [1957] 117-140). Sie reichen von der Zeit Thutmosis III. (1490-1436 v. Chr.) bis in die 22. Dynastie (945-712 v. Chr.). Der älteste Beleg stammt aus dem kleinen Tempel in Medinet Habu (LD V Bl. 37; Helck, a.a.O. Abb. 1). Er zeigt rechts den thronenden Amon-Re, der die Namen des Königs auf die Blätter des Ischedbaumes (Persea, Mimusops schimperi) schreibt. Links tritt der König, von Atum und Hathor geleitet, herein. Die Beischrift lautet: «Hin- und Hergehen des Königs. Kommen zum Tempel». Wie Helck gezeigt hat, wird hier die älteste greifbare Auffassung noch verhältnismäßig rein wiedergegeben. Nach ihr hätte der König seine Thronnamen mehr oder weniger zufällig entdeckt, nachdem diese (ursprünglich wohl von Atum in Heliopolis) auf das Laub des heiligen Perseabaumes geschrieben worden waren. Helck äußert rein hypothetisch, man hätte die Thronnamen vielleicht dereinst aus der Äderung der Blätter dieses Baumes gelesen.

Auf *352* ist diese ursprüngliche Folge (Schreiben und Finden des Namens) mit zwei andern Vorstellungen kombiniert und gleichzeitig neu interpretiert, wie die Worte zeigen, die Thot spricht, der jetzt als Schreiber auftritt: «Ich schreibe für dich Jahre auf, die aus Millionen von Sedfesten bestehen; ich habe dir Ewigkeit verliehen ...»

240, 247 Zu *353*: K. Homburg, Ps 110,1 im Rahmen des judäischen Königszeremoniells: ZAW 84 (1972) 243-246; zum Thronen vgl. O. Keel, Jahwevisionen 33-35.

242, 247 Zu *356*: Die Schriftzeichen, die links unter den

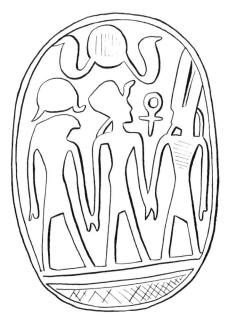

496

gekreuzten Pfeilen rechts stehen, sind wohl als Kurzform für *nḫb.t ḥḏ.t nḫn* «Nechbet, die Weiße von Nechen» zu lesen (vgl. H. Kees, Horus und Seth als Götterpaar [1. Teil]: MVÄG 28 [1923,1] 21f). Zum Ritus als Ganzem vgl. O. Keel, Siegeszeichen 113-121 und Ders., Der Bogen als Herrschaftssymbol.

247 Zu *358*: Die Szene dürfte in ihrer älteren Form ein heiteres Ballspiel zur Belustigung der Göttin Hathor dargestellt haben (C. E. de Vries, A ritual Ball Game?, in: Studies in Honor of John A. Wilson, Chicago 1969, 25-35; O. Keel, Weisheit 23-25). Wie anderen ist auch diesem Ritus in der Spätzeit ein apotropäischer Sinn unterlegt worden. Aus dem Lederball wurde eine Lehmkugel, die das Auge des Sonnenfeindes Apophis (vgl. *55*) darstellt und rituell zerschlagen wird (J. F. Borghouts, The evil Eye of Apopis: JEA 59 [1973] 114-150).
Spuren des Ritus von *357a* haben wir im AT, von Ps 2,9 abgesehen, wahrscheinlich auch in Jer 19,1-2a. 10-13. Vgl. G. Fohrer, Die symbolischen Handlungen der Propheten (AThANT 54), Zürich ²1968, 38-40, Ri 7,20 und Jes 30,14.
Die Botschaft von dem (symbolischen) Triumph des Königs und von seiner Krönung wurden durch Vögel als Boten in alle Welt hinausgetragen (O. Keel, Vögel als Boten 109-141).

249 P. Montet, Le rituel de fondation des temples égyptiens: Kêmi 17 (1964) 74-100 setzt das Formen des Ziegels *(369)* vor das Aufschütten des Sandes *(366)*, da er in *369* die Auskleidung des Fundamentgrabens angedeutet sieht, der den Sand aufnehmen soll. In Edfu sind beide Folgen belegt, die von Montet im 2. Säulensaal und die hier vorgelegte auf der Außenseite der Umfassungsmauer (vgl. *177*). Vgl. auch P. Barguet, Le rituel archaïque de fondation des temples de Medinet-Habou et de Louxor: RdE 9 (1952) 1-22; B. Letellier, Gründungszeremonien, in: LdÄ II, Sp. 912-914.

257 Wie bei einem hohen Herrn mußte bei der Gottheit nicht nur für den Unterhalt, sondern auch für die Unterhaltung gesorgt werden. Dem dienten, nebst Besuchen in andern Tempeln, Gesang, Musik und Tanz, auch Spiele aller Art (O. Keel, Weisheit 23-37). Diese Spiele hatten nicht selten eine erotische Note. Da Schöpfung in Ägypten weitgehend als Zeugung verstanden wurde, diente diese, wie alle Aspekte des Kults, der Erneuerung und Erhaltung der Schöpfung. Vgl. dazu Hathor, die durch eine Entblößung den müden und verärgerten Schöpfergott wieder zum Schaffen bringt (J. Spiegel, Die Erzählung vom Streite des Horus und des Seth, Glückstadt 1937, 129; Ph. Derchain, Hathor quadrifrons, Leiden 1972 und Spr 8,30f). Zur Kritik am Opfer vgl. unten den Nachtrag zu 303-308.

259 Wie standesgemäß Pferde und die Liebe zu Pferden für einen König waren, zeigt eine Plakette Amenhoteps II. (1436 bis 1413 v. Chr.), der diesen darstellt, wie er ein tänzelndes Pferd füttert (H. R. Hall, Catalogue of Egyptian Scarabs in the British Museum, London 1913, Nr. 1640). Ramses III. (1204 bis 1173 v. Chr.) hat sich neben dem Erscheinungsfenster in Medinet Habu bei der Inspektion seines Gestüts darstellen lassen (Nelson, Later Historical Records Taf. 109). Zum Reiten auf Eseln in Vorderasien vgl. Smith, Interconnections 24; W. Decker, Physische Leistung 136f.

259, 261 Zu *382-383*: Zu einer Löwenplage in Israel vgl. 2 Kön 17,25f. Zum Thema: Jagd und Krieg: O. Keel, Der Bogen als Herrschaftssymbol.

259, 263 Zu *385*: K. A. Kitchen/G. A. Gaballa, Ramesside Varia II. 1. The second Hittite Marriage of Ramesses II: ZÄS 96 (1969) 14-18.

265-266 Zur Darbringung der Garbe vgl. H. Gauthier, Les fêtes du dieu Min, Le Caire 1931, 225-250; Lev 23,9-14; zum König, der andere Ernteceremonien präsidiert: Vandier, Manuel IV, 1, 626-636 und Fig. 344-349; Posener, De la divinité 11f, 41f.
Zum König als Wahrer der Gerechtigkeit: Bei der Einsetzung des Wesirs steht die Maat (Göttin der Weltordnung und Gerechtigkeit) schützend hinter dem König (BHH II Sp. 887/888 = Vandier, Manuel IV, 1, 557 Fig. 300, vgl. S. 549 Fig. 297). Am Hals des Oberrichters hängt als Amtsabzeichen eine Figur der Maat: G. Möller, Das Amtsabzeichen des Oberrichters in der Spätzeit: ZÄS 56 (1920) 67-68; B. Grdseloff, L'insigne du grand juge égyptien: ASAE 40 (1940) 185-202.

265-266, 268 Zu *391*: Literatur zu den Belohnungsszenen bei D. B. Redford, A Study of the Biblical Story of Joseph (Genesis 37-50) (VTS 20), Leiden 1970, 208 Anm. 5.

270 Zum Niederschlagen vgl. O. Keel, Siegeszeichen 53f, 233; D. Wildung, Erschlagen der Feinde, in: LdÄ II, Sp. 14 bis 17; K. Seybold, Das Herrscherbild des Bileamorakels Num 24,15-19: TZ 29 (1973) 1-19.

271 Statt von Hinrichtungsszenen sollte man besser von Triumph- oder Dominationsszenen reden. Vgl. dazu O. Keel, Der Bogen als Herrschaftssymbol, und *399a*.
Zu Yadins Vermutung zu *397* vgl. jetzt die berechtigte Kritik von R. Amiran, Note on One Sign in the Narmer-Palette: Journal of the American Research Center in Egypt 8 (1968) 127.

273 Zum Gott, der den Sieg gibt, vgl. O. Keel, Siegeszeichen, bes. 51-88, 111-121, 147.

276 Zur Stele Naramsin's Taf. XIX vgl. R. D. Barnett, Lions and Bulls.

279 Zum Schrecken, den das Erscheinen des Königs auf dem Schlachtfeld verbreitet, vgl. S. Morenz, Der Schrecken Pharaohs, in: Ders., Religion und Geschichte des Alten Ägypten, Weismar 1975. O. Keel, Kanaanäische Sühneriten 456 Anm. 151. Zur Thematik dieses Abschnitts aus assyrischer Sicht: M. Weippert, «Heiliger Krieg» in Israel und in Assyrien: ZAW 84 (1972) 460-493.

VI. Der Mensch vor Gott

287 Zur biblischen Anthropologie: H. W. Wolff, Anthropologie des ATs, München 1973. Zum äußeren Verhalten des Beters: J. Döller, Das Gebet im AT in religionsgeschichtlicher Beleuchtung, Wien 1914, 53-81; A. Greiff, Das Gebet im AT, Münster i. W. 1915, 34-43.

290 G. Amad, Le baiser rituel. Un geste de culte méconnu, Beyrouth 1973, möchte auch die Gesten der Beter von *239, 272, 390, 418* als Darstellungen des kultischen Küssens verstehen, was mir wenig wahrscheinlich scheint.

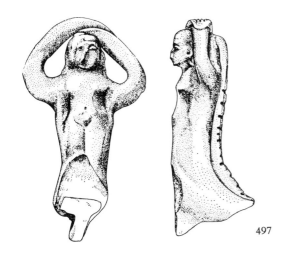

497

291 Zur Bedeutung der ägyptischen Gebetshaltung vgl. jetzt O. Keel, Siegeszeichen 95–103; zum ausgestreckten Finger in Assyrien ebd. 108f. Vgl. dazu Porada, Corpus No. 691–692, 694, 696–697, 699 u.o.

292f Zu *421*: Es ist hier wohl der schützende Aspekt des ägyptischen Gebetsgestus dargestellt, wie die Symmetrie mit dem Kerub (Greif?) anzeigt.

290, 293 Zu *420*: Ein kniender Beter schon aus akkadischer Zeit: B. Parker, Cylinder Seals from Tell al Rimah: Iraq 37 (1975) Pl. X No. 6.

297 Zu *428*: In Gräbern vom Tell Aitun bei Lachisch sind Figurinen von Klagefrauen gefunden worden, die dem 12./ 11. Jh. v. Chr. angehören (*497* = T. Dothan, Another Mourning-Woman Figurine from the Lachish Region: EI 11 (1973) 120 Fig. 1; vgl. Diess., A female mourner figurine from the Lachish Region: EI 9 (1969) 42–46, Pl. 8).

299, 300 Zu *431*: Es handelt sich vielleicht um das Emblem des Mondgottes Sin von Haran, vgl. A. Spycket, Le culte du dieu-lune à Tell Keisan: RB 80 (1973) 387 Abb. 11.

300–301 Zu *433*: Das Motiv des nach Wasser suchenden Hirschs findet sich auch auf den Samaria-Elfenbeinen (Crowfoot, Ivories Pl. X, 8).
Auf hebräischen Siegeln aus dem 8./7. Jh. a aber sind es, wie bei der wahrscheinlicheren Lesart in Ps 42,2 Hindinnen (*498* = N. Avigad, A Group of Hebrew Seals: EI 9 (1969) 6 No. 14, Pl. 2 No. 14; vgl. N. Avigad, Some unpublished Ancient Seals: Bulletin of the Israel Exploration Society 25 (1961) 242 No. 4, Pl 5 No. 4; D. Diringer, Le iscrizioni antico-ebraiche Palestinesi, Florenz 1934, 205f Pl. 20 No. 17). Das hier abgebildete Siegel gehörte einem Jeremia *(ljrmjhw)*.

498

301 Zu *433a*: H. Gauthier, Les fêtes du dieu Min, Le Caire 1931, 157–206.

302 Zu *434*: «Herr der Schetschjt-Lade» ist falsch. Es ist hier nicht von der Kiste die Rede, die die Priester tragen, sondern von einer Kultstätte (Bonnet 723; G. A. Gaballa/K. A. Kitchen, The Festival of Sokar: Or 38 [1969] 11,67). Was die Priester tragen, ist eine Kiste mit Leinen.

303 Zum Fehlen der offiziellen Opferterminologie in den Pss vgl. L. Rost, Ein Psalmenproblem: ThLZ 93 (1968) 241 bis 246. Zum offiziellen Opferkult vgl. R. de Vaux, Les sacrifices de l'Ancien Testament, Paris 1964; B. A. Levine, In the Presence of the Lord, Leiden 1974.

303–304 Zu *436*: Ein sehr schönes Rollsiegel vom Ende der Mittleren Bronzezeit mit einem Beter, der einem Gott ein Ziegenböcklein darbringt, wurde in Lachisch gefunden (*499* = Tufnell, Lachish II 74, Pl 33).

305 Zu *438*: Zum Schlachtungsvorgang als solchem vgl. A. Eggebrecht, Schlachtungsbräuche im alten Ägypten und ihre Wiedergabe im Flachbild bis zum Ende des Mittleren Reiches, München 1973.

303–308 Zur Kritik am Opfer in Ägypten vgl. G. Fecht, Ägyptische Zweifel am Sinn des Opfers: ZÄS 100 (1973) 6–16.

499

311 Zu der im Kult erfahrenen Gemeinschaft vgl. O. Keel, Kultische Brüderlichkeit – Ps 133; Freiburger Zeitschrift für Philosophie und Theologie 23 (1976) 68–80. Ich bin zur Überzeugung gekommen, daß es in diesem Ps nicht um ein Erlebnis des Alltags, sondern ein kultisches Erlebnis geht.

314 Zur Musik in Mesopotamien vgl. den reich illustrierten Aufsatz von A. Spycket, La musique instrumentale mésopotamienne: Journal des Savants, Juli–Sept. 1972, 153–209.
Zu den Ursprüngen der judäischen Musiktradition bei den Kenitern: R. North, The Cain Music: JBL 85 (1964) 373–389.

323, 325 Zu *470*: Es handelt sich sicher um Judäer, wie M. Wäfler, Nicht-Assyrer neuassyrischer Darstellungen (AOAT 26), Neukirchen/Kevelaer 1975, 42–67, inzwischen bewiesen hat.
Inzwischen haben sich die Belege für die Leier aus dem Boden Israels weiterhin vermehrt: Ein Siegel aus dem Asdod des 11. Jh. a und eine weitere Terrakotta (M. Avi-Yonah [Herausgeber], Encyclopedia of Archaeological Excavations in the Holy Land I, London 1975, 111 und Frontispiz); ein Ostrakon aus Kuntilat 'Ajrud aus der Eisenzeit (Z. Meshel, Qadmoniot 9 [1976] Taf. 4 unten). Weiterhin fehlt ein Beleg für die Harfe.

326 Zum Musizieren vor der Gottheit vgl. J. Aßmann, Ägyptische Hymnen 276, 300, 308, 400.
Zur Bedeutung der Kultmusik: P. Casetti, Funktion der Musik im AT: Freiburger Zeitschrift für Philosophie und Theologie 24 (1977).

327 Häufig ist auf phönizischen Denkmälern die Trias-Doppelflöte, Leier und Handtrommel im kultischen Kontext dargestellt (*500* = Moscati, Die Phöniker 142, Abb. XXII = Perrot/Chipiez, Art III 783, Abb. 550; vgl. Parrot, Assur Abb. 395 = ANEP Abb. 203; R.D. Barnett, The Nimrud Bowls in the BM: Rivista die Studi Fenici 2,1 (1974) Tav..18; AOB Abb. 456 = Perrot/Chipiez, Art III 673. Abb. 482; E. Brunner-Traut, Die Alten Ägypter. Verborgenes Leben unter den Pharaonen, Stuttgart 1974, 104 und 109). Vielleicht sind Doppelflöte und Handtrommel im Jerusalemerkult wegen ihrer Verbundenheit mit heidnischen Kulten nie recht heimisch geworden. Vgl. dagegen 1 Sam 10, 5.

329 *Zu Ps 91:* P. Hugger, Jahwe meine Zuflucht. Gestalt und Theologie des 91. Psalms, Münsterschwarzach 1971; zum Rettergott Sched und den Horusstelen vgl. G. Loukianoff, Le dieu Ched. L'évolution de son culte: Bulletin de l'Institut d'Egypte 13 (1930/31) 67–84; B. Bruyère, Sur le dieu Ched, in: Rapport sur les fouilles de Deir et Médineh (1935–1940), Le Caire 1952, 138–170; Bonnet 317–320, 676f.

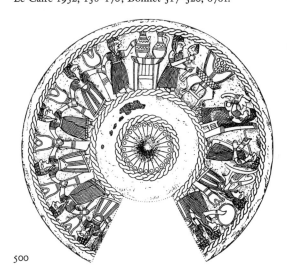

500

ERGÄNZUNGEN zum LITERATURVERZEICHNIS

Es sind hier nur Werke aufgeführt, die in den «Nachträgen, Ergänzungen und Berichtigungen zur 1. Auflage» öfter zitiert werden. Die andern Werke sind dort, wenn sie nicht schon im ursprünglichen Literaturverzeichnis stehen, mit den vollständigen Angaben aufgeführt.

LdÄ   W. Helck/E. Otto (Herausgeber), Lexikon der Ägyptologie I, Wiesbaden 1975; W. Helck/W. Westendorf (Herausgeber) Id. II, Wiesbaden 1975 ff.

Aßmann J., Ägyptische Hymnen und Gebete (Die Bibliothek der Alten Welt), Zürich/München 1975.

Barnett R. D., Lions and Bulls in Assyrian Palaces, in: P. Garelli (Herausgeber), Le palais et la royauté (XIXe Rencontre assyriologique internationale), Paris 1974, 441–446.

Bernhardt K.-H., Gott und Bild. Ein Beitrag zur Begründung und Deutung des Bilderverbotes im AT, Berlin 1956.

Decker W., Die physische Leistung Pharaos. Untersuchungen zu Heldentum, Jagd und Leibesübungen der ägyptischen Könige, Köln 1971.

Dessenne A., Le sphinx. Étude iconographique, Paris 1957.

Hornung E., Der Eine und die Vielen. Ägyptische Gottesvorstellungen, Darmstadt 1973.

– Ägyptische Unterweltsbücher (Die Bibliothek der Alten Welt), Zürich/München 1972.

– /Staehelin E., Skarabäen und andere Siegelamulette aus Basler Sammlungen, Mainz 1977.

Houtman C., De Hemel in het Oude Testament. Een Onderzoek naar de Voorstellingen van het oude Israel omtrent de Kosmos, Groningen 1974.

Jaroš K., Die Stellung des Elohisten zur kanaanäischen Religion (Orbis Biblicus et Orientalis 4), Fribourg/Göttingen 1974.

Keel O., Wirkmächtige Siegeszeichen im AT. Ikonographische Studien zu Jos 8, 18–26; Ex 17, 8–13; 2 Kön 13, 14–19 und 1 Kön 22, 11 (Orbis Biblicus et Orientalis 5), Fribourg/Göttingen 1974.

– Die Weisheit spielt vor Gott. Ein ikonographischer Beitrag zur Deutung des m.^{e}saḥāqät in Sprüche 8, 30f, Fribourg/Göttingen 1974.

– Kanaanäische Sühneriten auf ägyptischen Tempelreliefs: VT 25 (1975) 413–469.

– Vögel als Boten. Studien zu Ps 68, 12–14, Gen 8, 6–12, Koh 10, 20 und dem Aussenden von Botenvögeln in Ägypten. Mit einem Beitrag von Urs Winter zu Ps 56, 1 und zur Ikonographie der Göttin mit der Taube (Orbis Biblicus et Orientalis 14), Fribourg/Göttingen 1977.

– Jahwevisionen und Siegelkunst. Eine neue Deutung der Majestätsschilderungen in Jes 6, Ez 1 und 10 und Sach 4. Mit einem Beitrag von A. Gutbub über die vier Winde in Ägypten (SBS 84/85), Stuttgart 1977.

– Der Bogen als Herrschaftssymbol. Einige unveröffentlichte Skarabäen zum Thema «Jagd und Krieg»: ZDPV 93 (1977).

Orthmann W., Untersuchungen zur späthethitischen Kunst (Saarbrücker Beiträge zur Altertumskunde 8), Bonn 1971.

– (Herausgeber) Der Alte Orient (Propyläen Kunstgeschichte 14), Berlin 1975.

Posener G., De la divinité du Pharaon (Cahiers de la Société Asiatique 15), Paris 1960.

Schmitt A., Entrückung – Aufnahme – Himmelfahrt. Untersuchungen zu einem Vorstellungsbereich im AT (Forschung zur Bibel 10), Stuttgart 1973.

Schweitzer U., Löwe und Sphinx im alten Ägypten (Ägyptologische Forschungen 15), Glückstadt/Hamburg 1948.

de Vaux R., Les Chérubins et l'arche d'alliance, les sphinx gardiens et les trônes divins dans l'AT, in: Ders., Bible et Orient, Paris 1967, 231–259.

Wolff H.W., Anthropologie des AT, München 1973.

Zuber B., Vier Studien zu den Ursprüngen Israels. Die Sinaifrage und Probleme der Volks- und Traditionsbildung (Orbis Biblicus et Orientalis 9), Fribourg/Göttingen 1976.

ABKÜRZUNGEN

1. Allgemeine Abkürzungen und Zeichen

a	ante Christum natum
ao	altorientalisch
AO	Alter Orient
AT	Altes Testament
atl.	alttestamentlich
B	Breite
BM	British Museum, London
Dyn.	Dynastie
H	Höhe
Jh.	Jahrhundert
Jt.	Jahrtausend
Kp	Kapitel
KS	Kleine Schriften
L	Länge
Louvre	Musée du Louvre, Paris
p	post Christum natum
Taf.	Tafelbild, Tafel
v (vv)	Vers(e)
VA	Berlin, Staatliche Museen, Vorderasiatische Abteilung
ø	Durchmesser
*	Zeichnung von O. Keel
**	Zeichnung von H. Keel-Leu

2. Zeitschriften, Sammelwerke, Handbücher usw.

AASOR	The Annual of the American Schools of Oriental Research, (New Haven) Philadelphia 1919 ff.
AfO	Archiv für Orientforschung, Berlin 1926 ff.
AJA	American Journal of Archaeology, Baltimore 1885 ff.
Alt A. KS	A. Alt, Kleine Schriften zur Geschichte des Volkes Israel, 3 Bde, München 1959.
ANEP	The Ancient Near East in Pictures, relating to the Old Testament, hrsg. von J. Pritchard, Princeton 1954 (^{2}1969).
ANEPS	The Ancient Near East. Supplementary Texts and Pictures, hrsg. von J. Pritchard, Princeton 1969.
ANET	Ancient Near Eastern Texts relating to the Old Testament, hrsg. von J. Pritchard, Princeton ^{2}1955.
AOB	Altorientalische Bilder zum Alten Testament, hrsg. von H. Greßmann, Berlin-Leipzig ^{2}1927.
AOT	Altorientalische Texte zum Alten Testament, hrsg. von H. Greßmann, Berlin-Leipzig ^{2}1926.
ARW	Archiv für Religionswissenschaft (Freiburg i. Br., Tübingen), Leipzig 1898 ff.
ASAE	Annales du service des antiquités de l'Egypte, Le Caire 1900 ff.
ATD	Das Alte Testament Deutsch, hrsg. von A. Weiser, 25 Bde, Göttingen 1951 ff.
AuS	G. Dalman, Arbeit und Sitte in Palästina (6 Bde), Hildesheim ^{2}1964.
BHH	Biblisch-historisches Handwörterbuch, hrsg. von B. Reicke und L. Rost, 3 Bde, Göttingen 1962–1966.
BIFAO	Bulletin de l'Institut Français d'Archéologie Orientale, Le Caire 1901 ff.
BK AT	Biblischer Kommentar Altes Testament, hrsg. von M. Noth und W. Wolff, Neukirchen-Vluyn 1956 ff.
BL	Bibel-Lexikon, hrsg. von H. Haag, Einsiedeln-Zürich-Köln ^{2}1968.
Bonnet	H. Bonnet, Reallexikon der ägyptischen Religionsgeschichte, Berlin 1952.
BWANT	Beiträge zur Wissenschaft vom Alten und Neuen Testament, (Stuttgart) Leipzig 1908 ff.
BZAW	Beihefte zur Zeitschrift für die Alttestamentliche Wissenschaft, (Gießen) Berlin 1896 ff.
BZNW	Beihefte zur Zeitschrift für die Neutestamentliche Wissenschaft und die Kunde der älteren Kirche, (Gießen) Berlin 1900 ff.
CBQ	The Catholic Biblical Quarterly, Washington 1939 ff.
Eißfeldt O. KS	O. Eißfeldt, Kleine Schriften, 3 Bde, Tübingen 1962 bis 1966.
Ev Theol	Evangelische Theologie, München 1934 ff.
FRLANT	Forschungen zur Religion und Literatur des Alten und Neuen Testaments, Göttingen 1903 ff.
Galling BRL	K. Galling, Biblisches Reallexikon (HAT I), Tübingen 1937.
HAT	Handbuch zum Alten Testament, hrsg. von O. Eißfeldt, Tübingen 1934 ff.
HUCA	Hebrew Union College Annual, Cincinnati 1914 ff.
IEJ	Israel Exploration Journal, Jerusalem 1950 ff.
IWB	Illustrated World of the Bible Library, hrsg. von B. Mazar, 5 Bde, New York-Toronto-London 1958 bis 1961 (= Views of the Biblical World, Jerusalem-Ramat Gan 1958–1961).
JAOS	The Journal of the American Oriental Society, New Haven 1843 ff.
JBL	Journal of Biblical Literature, published by the Society of Biblish Literature and Exegesis, (Philadelphia) Boston 1881 ff.
JEA	The Journal of Egyptian Archaeology, London 1914 ff.
JNES	Journal of Near Eastern Studies, Chicago 1942 ff.
KAI	H. Donner/W. Röllig, Kanaanäische und aramäische Inschriften, 3 Bde, Wiesbaden 1962–1964, Bd. 1: ^{2}1966, Bd 2: ^{2}1968.
LD	R. Lepsius, Denkmäler aus Ägypten und Äthiopien (12 Bde), Berlin 1849–1858. Nachdruck Osnabrück 1969.
LdA	Lexikon der Alten Welt, Zürich-Stuttgart 1965.
MAOG	Mitteilungen der Altorientalischen Gesellschaft, Leipzig 1925 ff.
MDAIK	Mitteilungen des Deutschen Archäologischen Instituts. Abt. Kairo, Wiesbaden.
MIFAO	Mémoires de l'Institut Français d'Archéologie Orientale, Le Caire 1907 ff.
MIOF	Mitteilungen des Instituts für Orientforschung, Berlin 1953 ff.
OIP	Oriental Institute Publication, Chicago.
OLZ	Orientalistische Literaturzeitung, Leipzig 1898 ff.
Or Ant	Oriens Antiquus. Rivista del Centro per le Antichità e la Storia dell'Arte del Vicino Oriente, Roma 1962 ff.
OTS	Oudtestamentische Studien, Leiden 1942 ff.
PEQ	Palestine Exploration Quarterly, London 1869 ff.
PSBA	Proceedings of the Society of Biblical Archaeology, London 1878 ff.
RB	Revue Biblique, Paris 1892 ff., 1904 ff.

RdE	Revue d'Egyptologie, Paris 1933 ff.	UT	C.H.Gordon, Ugaritic Textbook (Analecta Orientalia 38), Roma 1965.
RLA	Reallexikon der Assyriologie, hrsg. von E.Ebeling und B.Meißner, Berlin 1928 ff.	VT	Vetus Testamentum, Leiden 1951 ff.
SAHG	A.Falkenstein/W.von Soden, Sumerische und akkadische Hymnen und Gebete, Zürich-Stuttgart 1953.	VTS	Supplements to Vetus Testamentum, Leiden 1953 ff.
		ZA	Zeitschrift für Assyriologie und vorderasiatische Archäologie, (Leipzig) Berlin 1886 ff.
SBM	Stuttgarter Biblische Monographien, hrsg. von J. Haspecker und W.Pesch, Stuttgart 1967 ff.	ZÄS	Zeitschrift für Ägyptische Sprache und Altertumskunde, Leipzig 1863 ff.
SBS	Stuttgarter Bibelstudien, hrsg. von H.Haag, N.Lohfink und W.Pesch, Stuttgart 1965 ff.	ZAW	Zeitschrift für die alttestamentliche Wissenschaft, (Gießen) Berlin 1881 ff.
TGI	K.Galling, Textbuch zur Geschichte Israels, Tübingen ²1968.	ZDPV	Zeitschrift des Deutschen Palästina-Vereins (Leipzig), Wiesbaden 1878 ff.
ThB	Theologische Bücherei. Neudrucke und Berichte aus dem 20.Jahrhundert, München.	ZThK	Zeitschrift für Theologie und Kirche, Tübingen 1891 ff.
ThWNT	Theologisches Wörterbuch zum Neuen Testament, hrsg. von G.Kittel, fortges. von G.Friedrich, Stuttgart 1933 ff.		

LITERATURVERZEICHNIS

Abdul Hak, S., Die Schätze des National-Museums von Damaskus (Veröffentlichungen der Generaldirektion der Antiken und Museen) Damaskus o.J.
Aharoni Y., Trial Excavation in the ‹Solar Shrine› at Lachish. Preliminary Report: IEJ 18 (1968) 157-169.
Aimé-Giron M. Noël, Un naos phénicien de Sidon: BIFAO 34 (1934) 31-42.
Aistleitner J., Die mythologischen und kultischen Texte aus Ras Schamra, Budapest ²1964.
Akurgal E./Hirmer M., Die Kunst der Hethiter, München 1961.
– Orient und Okzident. Die Geburt der griechischen Kunst, Baden-Baden 1966.
Albenda P., An Assyrian Relief Depicting a Nude Captive in Wellesley College: JNES 29 (1970) 145-150.
Albright W.F., The Excavations of Tell Beit Mirsim I (AASOR 12) New Haven 1932.
– Archäologie in Palästina, Einsiedeln-Zürich-Köln 1962.
Aldred C., The 'New Year' Gifts to the Pharaoh: JEA 55 (1969) 73-81.
Alt A., Die Weisheit Salomos, in: ders., KS II 90-99.
– Verbreitung und Herkunft des syrischen Tempeltypus, in: ders., KS II 100-115.
– Jesaja 8,23-9,6. Befreiungsnacht und Krönungstag, in: ders., KS II 206-225.
Amarnatafeln Die El, hrsg. von J.A.Knudtzon (2 Bde), Aalen ²1964.
Amiet P., Notes sur le répertoire iconographique de Mari à l'époque du palais: Syria 37 (1960) 215-232.
– La glyptique mesopotamienne archaïque, Paris 1961.
– Un vase rituel: Syria 42 (1965) 235-251.
Amiran R./Aharoni Y., Ancient Arad. Introductory Guide, Tel Aviv 1967.
Anati E., Les gravures rupestres dans la région du Néguev: Bible et Terre Sainte 22 (1959) 6-14.
– Palestine before the Hebrews, New York 1963.
– Rock-Art in Central Arabia (2 Bde; Bibliothèque du Muséon 50) Louvain-Leuven 1968.

Andrae W., Haus-Grab-Tempel in Alt-Mesopotamien: OLZ 30 (1927) 1033-1042.
– Das Gotteshaus und die Urformen des Bauens im Alten Orient, Berlin 1930.
– Kultrelief aus dem Brunnen des Assurtempels zu Assur (53. wissenschaftliche Veröffentlichung der Deutschen Orientgesellschaft), Leipzig 1931.
– Das wiedererstandene Assur, Leipzig 1938.
– Alte Feststraßen im Nahen Osten, Leipzig 1941.
– Der kultische Garten: Die Welt des Orients 1 (1947/52) 485-494.
Anthes R., Das Bild einer Gerichtsverhandlung und das Grab des Mes aus Sakkara: MDAIK 9 (1940) 93-119.
– Mythologie und der gesunde Menschenverstand in Ägypten: Mitteilungen der Deutschen Orientgesellschaft zu Berlin 96 (1965) 5-40.
Ap-Thomas D.R., Notes on Some Terms Relating to Prayer: VT 6 (1956) 225-241.
Arias P.E./Hirmer M., Tausend Jahre Griechische Vasenkunst, München 1960.
Baltzer K., Das Bundesformular (Wissenschaftliche Monographien zum Alten und Neuen Testament), Neukirchen ²1964.
Barguet P., La structure du temple Ipet-Sout d'Amon à Karnak du Moyen Empire à Amenophis II: BIFAO 52 (1953) 145-155.
– Le Temple d'Amon-Rê à Karnak; Essai d'exégèse, Le Caire 1962.
Barnett R.D., The Nimrud Ivories and the Art of the Phoenicians: Iraq 2 (1935) 179-210.
– A Catalogue of the Nimrud Ivories with other Examples of Ancient Near Eastern Ivories in the British Museum, London 1957.
– /Forman W., Assyrische Palastreliefs, Prag 1959.
– /Falkner M., The Sculptures of Assur-Nasir-Apli II. (883-859 B. C.), Tiglath-Pileser III. (745-727 B.C.), Esarhaddon (681-669 B. C.) from the Central and South-West Palaces at Nimrud, London 1962.
– New Facts about Musical Instruments from Ur: Iraq 31 (1969) 96-103.
Barrelet M.Th., Une peinture de la cour 106 du palais de Mari:

Studia Mariana 1950 9–35.
- Etudes de glyptique akkadienne; l'imagination figurative et le cycle d'Ea: Orientalia 39 (1970) 213–251.
- Peut-on remettre en question la ‹restitution materiélle de la Stèle des Vautours›?: JNES 29 (1970) 233–258.

Barrois A.G., Manuel d'archéologie biblique (2 Bde), Paris 1939 und 1953.

Barta W., Das Götterkultbild als Mittelpunkt bei Prozessionsfesten: MDAIK 23 (1968) 75–78.
- Der Königsring als Symbol zyklischer Wiederkehr: ZÄS 98 (1970) 5–16.

Barth Ch., Die Errettung vom Tode in den individuellen Klage- und Dankliedern des Alten Testamentes, Zollikon 1947.

Barucq A., L'Expression de la louange divine et de la prière dans la Bible et en Egypte (Institut Français d'Archéologie Orientale. Bibliothèque d'Étude 33), Le Caire 1962.

Beek M.A., Atlas of Mesopotamia, London-Edinburgh 1962.

Begrich J., Sōfēr und Mazkīr, in: ders., Gesammelte Studien zum Alten Testament (ThB 21), München 1964 67–98.
- Die Vertrauensäußerungen im israelitischen Klagelied des Einzelnen und in seinem babylonischen Gegenstück, in: ders., Gesammelte Studien zum Alten Testament (ThB 21), München 1964 168–216.

Bénédite G., Scribe et babouin: Monuments et mémoires publiés par l'Académie des Inscriptions et Belles-Lettres 19 (1911) 5–42.

Bentzen A., The Ritual Background of Amos 1,2–2,16: OTS 7 (1950) 85–99.

Benzinger I., Bilderatlas zur Bibelkunde, Stuttgart ²1913.

Berger S., A Note on some Scenes of Land Measurement: JEA 20 (1934) 54–56.

Berlinger M. (Hrsg.), Plants of the Bible, Haifa 1969.

Bernhardt K.H., Das Problem der altorientalischen Königsideologie im Alten Testament (VTS 8), Leiden 1961.

Beyerlin W., Herkunft und Geschichte der ältesten Sinaitraditionen, Tübingen 1961.

von Bissing W., Das Re-Heiligtum des Königs Ne-woser-re (Rathures) (3 Bde), Berlin 1905–1928.

Bittel K./Naumann R./Otto H., Yazilikaia. Architektur, Felsbilder, Inschriften und Kleinfunde (61. wissenschaftliche Veröffentlichung der Deutschen Orientgesellschaft), Leipzig 1941; Neudruck Osnabrück 1967.

Blackman A.M./Apted M.R., The Rock Tombs of Meir (6 Bde), London 1914–1953.
- /Fairman H.W., The Significance of the Ceremony ḥwt bḥsw in the Temple of Horus at Edfu: JEA 35 (1949) 98–112 und 36 (1950) 63–81.

Blok M.H.P., Remarques sur quelques stèles dites «à oreille»: Kemi 1 (1928) 123–135.

Boehmer J., Tabor, Hermon und andere Hauptberge: ARW 12 (1909) 313–321.

Boehmer R.M., Die Entwicklung der Glyptik während der Akkad-Zeit, Berlin 1965.

Boese J., Altmesopotamische Weihplatten. Eine sumerische Denkmalsgattung des 3.Jt.s v.Chr., Berlin 1971.

Bonnet H., Bilderatlas zur Religionsgeschichte. Ägyptische Religion, Leipzig 1924.
- Die Bedeutung der Räucherungen im ägyptischen Kult: ZÄS 67 (1931).
- Reallexikon der ägyptischen Religionsgeschichte, Berlin 1952.

Bonomi J./Sharpe S., Alabaster Sarcophagus of Oimeneptah I, London 1864.

Borchardt L., Das Grabdenkmal des Königs Sahure (2 Bde), Leipzig 1913.
- Jubiläumsbilder: ZÄS 61 (1926) 30–51.
- Bilder des «Zerbrechens der Krüge»: ZÄS 64 (1929) 12–16.

Bornkamm G., Lobpreis, Bekenntnis und Opfer, in: Apophoreta. Festschrift für Ernst Haenchen (BZNW 30) 1964 46–63.

Bossert H.Th., Altanatolien, Berlin 1942.
- Altsyrien, Tübingen 1951.

Botta P.E., Monuments de Ninive (5 Bde), Paris 1849–1850.

Bouriant U. u. a., Monuments pour servir à l'étude du culte d'Atonou en Egypte I (MIFAO 8), Le Caire 1903.

Breasted J.H., A History of Egypt, London 1905.
- Second preliminary Report of the Egyptian Expedition: The American Journal of Semitic Languages 25 (1908) 1–110.
- Geschichte Ägyptens, Zürich 1936.

Brongers H.A., Merismus, Synekdoche und Hendiadys in der Bibel-Hebräischen Sprache: OTS 14 (1965) 100–114.

Brunner H., Die Strafgrube: ZÄS 80 (1955) 73f.
- Gerechtigkeit als Fundament des Thrones: VT 8 (1958) 426ff.
- Eine Dankstele an Upuaut: MDAIK 16 (1958) 5–17.
- Die Geburt des Gottkönigs (Ägyptologische Abhandlungen 10), Wiesbaden 1964.

Brunner-Traut E., Ägypten, Stuttgart ²1966.

de Buck A., De egyptische Voorstellingen betreffende den Oerheuvel, Leiden 1922.

Budge E.A.W., Assyrian Sculptures in the British Museum. Reign of Ashur-Nasir-Pal, 885–860 B.C., London 1914.

Buhl M.L., The Goddesses of the Egyptian Tree Cult: JNES 6 (1947) 80–97.

van Buren, E.D., A Clay Relief in the Iraq Museum: AfO 9 (1933 und 1934) 165–171.
- The Flowing Vase and the God with Streams, Berlin 1933.
- Mountain-Gods: Orientalia 12 (1943) 78–84.
- Concerning the Horned Cap of the Mesopotamian Gods: Orientalia 12 (1943) 318–327.
- The Dragon in Ancient Mesopotamia: Orientalia 15 (1946) 1–45.
- An Enlargement on a given Theme: Orientalia 20 (1951) 15–69.
- Foundation Rites for a new Temple: Orientalia 21 (1952) 293–306.
- How Representations of Battles of the Gods developed: Orientalia 24 (1955) 24–01.

Busink Th.A., Der Tempel von Jerusalem I: Der Tempel Salomos, Leiden 1970.

Calverley A.M./Broome M.F./Gardiner A.H., The Temple of King Sethos I at Abydos (4 Bde), London-Chicago 1933–1958.

Castellino D.G., Le lamentazioni individuali e gli inni in Babilonia e in Israele, Torino 1939.

Cazelles H., La titulature du roi David, in: Mélanges Bibliques rédigés en l'Honneur d'André Robert (Travaux de l'Institut Catholique 4), Paris o.J. (1955?) 131–136.

Chabas F.J., Horus sur les crocodiles: ZÄS 6 (1868) 99–106.

Champdor A., Les ruines de Palmyre, Paris 1953.
- Thèbes aux cent Portes, Paris ²1955.
- Le Livre des Morts. Papyrus d'Ani, de Hunefer, d'Anhai du British Museum, Paris 1963.

Champollion J.F., Monuments de l'Egypte et de la Nubie (4 Bde), Paris 1835–1845.

Chassinat E., Le temple d'Edfou (14 Bde), Le Caire 1928–1934.
- Le temple de Dendara (6 Bde), Le Caire 1934–1952.

Clère J.J., Fragments d'une nouvelle représentation egyptienne du monde: MDAIK 16 (1958) 30–46.

Collart P./Coupel P., L'autel monumental de Baalbek, Paris 1951.

Conrad D., Der Gott Reschef: ZAW 83 (1971) 157–183.

Contenau G., Mission archéologique à Sidon (1914): Syria 1 (1920) 16–55.
- Manuel d'archéologie orientale depuis les origines jusqu'à l'époque

d'Alexandre (4 Bde), Paris 1927–1947.
Cook S.A., The Religion of Ancient Palestine in the Light of Archaeology, London 1930.
Cornfeld G., Von Adam bis Daniel. Das Alte Testament und sein historisch-archäologischer Hintergrund, Würzburg 1962.
– /Botterweck G.J., Die Bibel und ihre Welt, Bergisch-Gladbach 1969.
Crowfoot J.W./Crowfoot G.M., Ivories from Samaria, London 1938.
Crüsemann F., Studien zur Formgeschichte von Hymnus und Danklied in Israel (Wissenschaftliche Monographien zum Alten und Neuen Testament 32), Neukirchen-Vluyn 1969.
Cumming Ch.G., The Assyrian and Hebrew Hymns of Praise, New York 1934.
Cumont F., Invocation au soleil accompagnée des «mains supines»: Syria 13 (1932) 385–395.
Dahood M., Psalms (3 Bde; The Anchor Bible), New York 1966 bis 1970.
Dalman G., Arbeit und Sitte in Palästina (6 Bde), Hildesheim ²1964.
Danthine H., Le palmier-dattier et les arbres sacrés dans l'iconographie de l'Asie occidentale ancienne (2 Bde), Paris 1937.
Daressy G., Une flottille phénicienne d'après une peinture égyptienne: Revue archéologique 27 (1895) 286–291.
– Ostraca (Catalogue général du musée de Caire, Bd.1), Le Caire 1901.
Daumas F., Sur trois représentations de Nout à Dendera: ASAE 51 (1951) 373–400.
Davies Nina M./Gardiner A.H., Ancient Egyptian Paintings (2 Bde), Chicago 1936.
– Some Representations of Tombs from the Theban Necropolis: JEA 24 (1938) 25–40.
– Two Pictures oft Temples: JEA 41 (1955) 80–82.
– /Gardiner A.H., Tutankhamuns painted Box, Oxford 1962.
Davies Norman de Garis, The Rock Tombs of El Amarna (6 Bde; Archaeological Survey of Egypt, Memoirs 13–18), London 1903 bis 1908.
– /Gardiner A.H., The Tomb of Huy (No.40), London 1926.
– Two Ramesside Tombs at Thebes, New York 1927.
– The Tomb of Kenamūn (2 Bde), New York 1930.
–/Davies Nina, The Tombs of Menkheperrasonb, Amenmose, and Another (The Theban Tombs Series 5), London 1933.
– The Tomb of Nefer-Hotep at Thebes (2 Bde), New York 1933.
– The Tomb of Rekh-mi-rēʿ (2 Bde), New York 1943.
– /Faulkner R.O., A Syrian Trading Venture to Egypt: JEA 33 (1947) 40–46.
– The Temple of Hibis in el Khārge Oasis. Part III. The Decoration, New York 1953.
Davis Th.M., The Tomb of Siptah, the Monkey Tomb and the Gold Tomb, London 1908.
Decamps de Mertzenfeld Ch., Inventaire commenté des ivoires phéniciens et apparentés decouverts dans le Proche Orient, Paris 1954.
Deißler A., Die Psalmen (3 Bde; Kleinkommentare zur Heiligen Schrift), Düsseldorf 1963–1965.
Delcor M., Les attaches littéraires, l'origine et la signification de l'expression biblique «prendre à témoin le ciel et la terre»: VT 16 (1966) 8–25.
Delekat L., Asylie und Schutzorakel am Zionheiligtum, Leiden 1967.
Delitzsch F., Biblischer Kommentar über die Psalmen, Leipzig ²1894.
Delougaz P./Lloyd S., Presargonid Temples in the Diyala-Region (OIP 58), Chicago 1942.
– Pottery from the Diyala Region (OIP 63), Chicago 1952.
– Animals emerging from a hut: JNES 27 (1968) 184–197.

Derchain Ph., Les plus anciens témoignages de sacrifices d'enfants chez les sémites occidentaux: VT 20 (1970) 331–355.
Dhorme E., Les Religions de Babylonie et d'Assyrie, Paris 1949.
Dikaios P., A Guide to the Cyprus Museum, Nicosia 1961.
Dothan M., Ashdod. Preliminary Report on the Excavations in Seasons 1962/1963: IEJ 14 (1964) 79–95.
Doughty Ch.M., Die Offenbarung Arabiens, Leipzig 1937.
Driver G.R., Hebr. môqeš, «striker»: JBL 73 (1954) 131–136.
– Mythical Monsters in the Old Testament, in: Studi orientalistici in Onore di Giorgio Levi della Vida I, Roma 1956 234–249.
Duchesne-Guillemin M., L'Oliphant dans l'Antiquité: Berytus 18 (1969) 113–118.
Dürr L., Ursprung und Ausbau der israelitisch-jüdischen Heilandserwartung, Berlin 1925.
Dussaud R., Note additionnelle aux rapports de MM.Dunand et Pillet: Syria 8 (1927) 113–125.
– Temple et cultes de la triade héliopolitaine à Baʿalbeck: Syria 23 (1942/43) 33–77.
– Les religions des Hittites et des Hourrites, des Phéniciens et des Syriens, Paris 1949.
Edel E., Zu den Inschriften auf den Jahreszeitenreliefs der Weltkammer aus dem Sonnenheiligtum des Niuserre, in: Nachrichten der Akademie der Wissenschaften in Göttingen aus dem Jahre 1961 und 1964, 209–255, resp. 87–217.
Edgerton W.F./Wilson J.A., Historical Records of Ramses III. The Texts in Medinet Habu Volumes I and II, Chicago 1936.
Edwards I.E.S., The Pyramids of Egypt (Pelican Book A 168), Harmondsworth, Middlesex ²1961.
Ehrlich E.L., Die Kultsymbolik im Alten Testament und im nachbiblischen Judentum (Symbolik der Religionen III), Stuttgart 1959.
Eißfeldt O., Die Flügelsonne als künstlerisches Motiv und als religiöses Symbol, in: ders., KS II 416–419.
– Gabelhürden im Ostjordanland, in: ders., KS III 61–66.
– Noch einmal: Gabelhürden im Ostjordanland, in: ders., KS III 67–70.
– Zur Deutung von Motiven auf den 1937 gefundenen phönizischen Elfenbeinarbeiten von Megiddo, in: ders., KS III 85–93.
– El und Jahwe, in: ders., KS III 386–397.
Elisofon E./van der Post L., The Nile, New York 1964.
Elliger K., Das Buch der zwölf Kleinen Propheten II (ATD 25), Göttingen 1950.
Ellis R.S., Foundation Deposits in Ancient Mesopotamia (Yale Near Eastern Researches 2), New Haven-London 1968.
Emery W.B., Archaic Egypt (Pelican Book A 462) Harmondsworth, Middlesex ²1963.
L'Encyclopédie de tous les pays du monde. Le Million (Bd 6). Asie du Sud-Ouest, Paris-Genève-Bruxelles 1971.
Engelbach R., An Alleged Winged Sun-disk of the first Dynasty: ZÄS 65 (1930) 115f.
– A Foundation Scene of the Second Dynasty: JEA 20 (1934) 183f.
Erman A., Gebete eines ungerecht Verfolgten und andere Ostraka in den Königsgräbern: ZÄS 38 (1900) 19–41.
– Denksteine aus der thebanischen Gräberstadt: Sitzungsberichte der kgl.preuß.Akademie der Wissenschaften 49 (1911) 1086–1110.
– Die Literatur der Ägypter, Leipzig 1923.
– /Ranke H., Ägypten und ägyptisches Leben im Altertum, Tübingen 1923.
– Die Religion der Ägypter. Ihr Werden und Vergehen in vier Jahrtausenden, Berlin-Leipzig 1934.
Fairman H.W., A Scene of the Offering of Truth in the Temple o Edfu: MDAIK 16 (1958) 86–92.
Falkenstein A., Archaische Texte aus Uruk, Leipzig 1936.
Faniel S./Levallois P./Gilou A., Les merveilles du Louvre I (Collec-

tion Réalités II), Paris 1960.
Faulkner R.O., The Ancient Egyptian Pyramid Texts (2 Bde), Oxford 1969.
Fechheimer H., Die Plastik der Ägypter (Die Kunst des Ostens 1), Berlin 1922.
Fish T., The Zu-Bird: Bulletin of the John Rylands Library 31 (1948) 162–171.
Foucart G./Baud M./Drioton E., Tombes Thebaines. Necropole de Dirâ' abû'n nága. Le tombeau de Panehsy (MIFAO 57,2), Le Caire 1932.
Frank K., Babylonische Beschwörungsreliefs (Leipziger semitistische Studien III. 3), Leipzig 1908.
Frankfort H. u. a., The Cenotaph of Seti I at Abydos (2 Bde), London 1933.
– Sculpture of the Third Millennium B.C. from Tell Asmar and Khafājah (OIP 44), Chicago 1939.
– u.a., The Gimilsin Temple and the Palace of the Rulers at Tel Asmar (OIP 43), Chicago 1940.
– More Sculpture from the Diyala Region (OIP 60), Chicago 1943.
– A Note on the Lady of Birth: JNES 3 (1944) 198–200.
– Stratified Cylinder Seals from the Diyala Region (OIP 72), Chicago ²1964.
– Cylinder Seals, Farnborough ²1965; abgekürzt: Frankfort CS.
– u.a., Before Philosophy. The Intellectual Adventure of Ancient Man. An essay on speculative thought in the Ancient Near East (Pelican Book A 198) Harmondsworth, Middlesex ⁷1969.
– Kingship and the Gods, Chicago-London ⁶1969.
– The Art and Architecture of the Ancient Orient (The Pelican History of Art), Harmondsworth ⁴1970 (Paperback).
Furtwängler A., Über ein auf Cypern gefundenes Bronzegerät. Ein Beitrag zur Erklärung der Kultgeräte des salomonischen Tempels: Sitzungsberichte der philos.-philol. und der hist. Classe der königlich bayerischen Akademie der Wissenschaften zu München 1899 II (1900) 411–433.

Gaballa G.A., New Evidence on the Birth of Pharaoh: Orientalia 36 (1967) 299–304 und Taf. 63–65.
Galling K., Der Altar in den Kulturen des Alten Orients, Berlin 1925.
– Der Beichtspiegel. Eine gattungsgeschichtliche Studie: ZAW 47 (1929) 125–130.
– Biblisches Reallexikon (HAT I), Tübingen 1937.
– Beschriftete Bildsiegel des ersten Jahrtausends v. Chr. vornehmlich aus Syrien und Palästina. Ein Beitrag zur Geschichte der phönikischen Kunst: ZDPV 64 (1941) 121–202.
Gamper A., Gott als Richter in Mesopotamien und im Alten Testament, Innsbruck 1966.
Gardiner A.H., An Unusual Sketch of a Theban Funeral: PSBA 35 (1913) 229 und Taf. 46.
– The Baptism of Pharaoh: JEA 36 (1950/51) 3–12 und 37 (1952) 111.
– /Peet T.E./Černy J., Inscriptions of Sinai (2 Bde), London 1952 bis 1955.
– Egyptian Grammar, London ³1957 (1969).
– Egypt of the Pharaohs, Oxford ⁴1964.
Garelli P./Leibovici M., Schöpfungsmythen: siehe Sauneron.
Gaster Th.H., A Canaanite Magical Text: Orientalia 11 (1942) 41–79.
de Genouillac H., Fouilles françaises d'El-'Akhymer II, Paris 1925.
Gerster G., Nubien – Goldland am Nil, Zürich-Stuttgart 1964.
– Sinai. Land der Offenbarung, Zürich ²1970.
– Ein sumerisches Tempelmodell: Neue Zürcher Zeitung 190 (26. April 1970) 57.
Gese H./Höfner M./Rudolph K., Die Religionen Altsyriens, Altarabiens und der Mandäer, Stuttgart 1970.
Gierlich A.M., Der Lichtgedanke in den Psalmen (Freiburger Theologische Studien 56), Freiburg 1940.

Giveon R., Les Béduins Shosou des documents égyptiens, Leiden 1971.
Gjerstad E., The Swedish Cyprus Expedition 1927–31 (4 Bde), Stockholm 1934–1962.
Goedicke H., Die Stellung des Königs im Alten Reich (Ägyptologische Abhandlungen 2), Wiesbaden 1960.
Goodenough E.R., Jewish Symbols in the Greco-Roman Period (12 Bde), New-York 1953–1965.
Gottlieb H., Die Tradition von David als Hirten: VT 17 (1967) 190–200.
Goyon G., Le Papyrus de Turin dit «des mines d'or» et le Wadi Hammamat: ASAE 49 (1949) 337–392.
Granqvist H., Child Problems among the Arabs, Helsingfors-Copenhagen 1950.
Grapow H., Vergleiche und andere bildliche Ausdrücke im Ägyptischen, Leipzig 1920.
Grdseloff B., Zum Vogelfang: ZÄS 74 (1938) 52–55, 136–139.
Greiff A., Das Gebet im Alten Testament, Münster 1915.
Grelot P., La géographie mythique d'Hénoch et ses sources orientales: RB 65 (1958) 64–68.
Grollenberg L.H., Bildatlas zur Bibel, Gütersloh 1957.
de Groot J., Die Altäre des salomonischen Tempels, Stuttgart 1924.
Groß H., Die Idee des ewigen und allgemeinen Weltfriedens im Alten Orient und im Alten Testament (Trierer Theologische Studien 7), Trier ²1967.
Gunkel H., Ägyptische Parallelen zum AT, in: ders., Reden und Aufsätze, Göttingen 1913 136f.
– Ägyptische Danklieder, in: ders., Reden und Aufsätze, Göttingen 1913 141–149.
– /Begrich J., Einleitung in die Psalmen (HAT Erg.), Göttingen 1933.
– Die Psalmen, Göttingen ⁵1968.
Gunn B., An inscribed Statue of King Zoser: ASAE 26 (1926) 177 bis 196.
Güterbock H.G., A Note on the Stela of Tukulti-Ninurta II found near Tell Ashara: JNES 16 (1957) 123.
– Narration in Anatolian, Syrian, and Assyrian Art: AJA 61 (1957) 62–71.
– A Votive Sword with Old Assyrian Inscription: Assyriological Studies 16 (Festschrift für B. Landsberger), Chicago 1965, 197–198.
Haase R., Die keilschriftlichen Rechtssammlungen in deutscher Übersetzung, Wiesbaden 1963.
Habachi L., King Nebhetepre Menthuhotep: His monuments, Place in History, Deification and unusual Representations in the Form of Gods: MDAIK 19 (1963) 16–52.
Hamilton R.W., Excavations at Tell Abu Hawām: The Quarterly of the Departement of Antiquities in Palestine 4 (1935) 1–69.
Hamza M., Excavations of the Departement of Antiquities at Qantîr: ASAE 30 (1930) 45–51.
Heiler F., Die Körperhaltung beim Gebet. Eine religionsgeschichtliche Skizze: Mitteilungen der Vorderasiatischen Gesellschaft 22 (1917) 168–177.
Heinrich E., Kleinfunde aus den archaischen Tempelschichten in Uruk, Berlin 1936.
– Bauwerke in der altsumerischen Bildkunst, Wiesbaden 1967.
– /Seidl U., Grundrißzeichnungen aus dem Alten Orient: Mitteilungen der Deutschen Orient-Gesellschaft 98 (1967) 24–45.
Heintz J.G., Le filet divin (Mémoire de l'Ecole Biblique), Jerusalem 1965.
Helck W., Zu den ägyptischen Sinai-Inschriften: OLZ 53 (1958) 421–426.
Henninger J., Geisterglaube bei den vorislamischen Arabern, in: Festschrift Paul J. Schebesta, Wien-Mödling 1963, 279–316.

Hermisson H.J., Sprache und Ritus im altisraelitischen Kult (Wissenschaftliche Monographien zum Alten und Neuen Testament 19), Neukirchen-Vluyn 1965.
Heß J.J., Von den Beduinen des Innern Arabiens, Zürich-Leipzig 1938.
Hickmann H., 45 siècles de musique dans l'Egypte ancienne, Paris 1956.
- Ägypten (Musikgeschichte in Bildern II.1), Leipzig 1961.
Hill G.F., A Catalogue of the Greek Coins of Phoenicia, Bologna 1965.
Hofer J., Zur Phänomenologie des Sakralraumes und sein Symbolismus im Alten Orient mit Berücksichtigung der Bauformen (Diss. Wien) 1969.
Hornung E., Chaotische Bereiche in der geordneten Welt: ZÄS 81 (1956) 28-32.
- Zur geschichtlichen Rolle des Königs in der 18.Dynastie: MDAIK 15 (1957) 120-133.
Horst F., Habakkuk, in: Th.H.Robinson/F.Horst, Die Zwölf Kleinen Propheten (HAT 14), Tübingen ³1964.
Hrouda B., Zur Herkunft des assyrischen Lebensbaumes: Baghdader Mitteilungen 3 (1964) 41-51.
- Die Kulturgeschichte des assyrischen Flachbildes, Bonn 1965.
Ingholt H., Les sens du mot hammān, in: Mélanges syriens offerts à R.Dussaud II, Paris 1939, 795-802.
Ions V., Egyptian Mythology, Feltham, Middlesex ²1968.
Isserlin B.S.J., Psalm 68, Verse 14: An Archaeological Gloss: PEQ 103 (1971) 5-8.
Jacobsen Th./Lloyd S., Sennacherib's Aqueduct at Jerwan (OIP 24), Chicago 1935.
Jacobsthal P., Der Blitz in der orientalischen und griechischen Kunst, Berlin 1906.
Jaritz K., Schriftarchäologie der altmesopotamischen Kultur, Graz 1967.
Jasper F.N., Early Israelite Traditions and the Psalter: VT 17 (1967) 50-60.
Jastrow M., Bildermappe zur Religion Babyloniens und Assyriens, Gießen 1912.
Jaussen A., Coutumes des Arabes du pays de Moab, Paris 1908.
Jequier G., Les frises d'objets des sarcophages du Moyen Empire (MIFAO 47), Le Caire 1921.
Jeremias A., Handbuch der altorientalischen Geisteskultur, Leipzig 1913.
- Das Alte Testament im Lichte des Alten Orients, Leipzig ³1916.
Jeremias J., Theophanie (Wissenschaftliche Monographien zum Alten und Neuen Testament 10), Neukirchen-Vluyn 1965.
- Kultprophetie und Gerichtsverkündigung in der späteren Königszeit Israels (Wissenschaftliche Monographien zum Alten und Neuen Testament 35), Neukirchen-Vluyn 1970.
Jesi F., Rapport sur les recherches relatives à quelques figurations du sacrifice humain dans l'Egypte pharaonique: JNES 17 (1958) 194-203.
Jirku A., Altorientalischer Kommentar zum AT, Leipzig 1923.
Jochims U., Thirza und die Ausgrabungen auf dem tell el-fār'a: ZDPV 76 (1960) 73-96.
Johl C.H., Altägyptische Webestühle und Brettchenweberei in Altägypten (Untersuchungen zur Geschichte und Altertumskunde Ägyptens 8), Leipzig 1924.
Johns C.N., Discoveries in Palestine since 1939: PEQ 80 (1948) 81-101.
Jüngling H.W., Der Tod der Götter. Eine Untersuchung zu Psalm 82 (SBS 38), Stuttgart 1969.
Junker H., Der Strom, dessen Arme die Stadt Gottes erfreuen: Biblica 43 (1962) 197ff.

Kantor H.J., Syro-Palestinian Ivories: JNES 15 (1956) 153-174.
- Narration in Egyptian Art: AJA 61 (1957) 44-54.
- A Bronze Plaque with Relief Decoration from Tell Tainat: JNES 21 (1962) 93-117.
- Landscape in Akkadian Art: JNES 25 (1966) 145-152.
Kapelrud A.S., Temple Building, a Task for Gods and Kings: Orientalia 32 (1963) 56-62.
Kaplony P., Eine Vogeljagdszene aus dem Grab des Mṯṯj: Orientalia 39 (1970) 264-268.
Keel O., Feinde und Gottesleugner. Studien zum Image der Widersacher in den Individualpsalmen (SBM 7), Stuttgart 1969.
- Nochmals Ps 22,28-32: Biblica 51 (1970) 405-413.
Kees H., Der Götterglaube im Alten Ägypten (Mitteilungen der Vorderasiatisch-Ägyptischen Gesellschaft 45), Leipzig 1941.
Keimer L., Histoires de serpents dans l'Egypte ancienne et moderne, Le Caire 1947.
Kenyon K.M., Digging up Jericho, London 1957.
- Jerusalem, Bergisch-Gladbach 1968.
King L.W., Babylonian Boundary Stones and Memorial Tablets in the British Museum, London 1912.
- Bronze Reliefs from the Gates of Shalmaneser King of Assyria B.C. 860-825, London 1915.
Kleber A., Ps 2,9 in the Light of an Ancient Oriental Ceremony: CBQ 5 (1943) 63-67.
Klebs L., Die Reliefs des Alten Reiches (2980-2475 v.Chr.), Material zur ägyptischen Kulturgeschichte, Heidelberg 1915.
- Die Reliefs und Malereien des Mittleren Reiches (7.-17.Dynastie, ca. 2475-1580 v.Chr.), Heidelberg 1922.
- Die Reliefs und Malereien des Neuen Reiches (18.-20.Dynastie, ca. 1580-1100 v.Chr.), Heidelberg 1934.
Klengel-Brandt E., Ein Pazuzu-Kopf mit Inschrift: Orientalia 37 (1968) 81-84.
Klengel H., Neue Lamaštu-Amulette aus dem Vorderasiatischen Museum zu Berlin und dem British Museum: MIOF 7 (1959/60) 334-355.
- Weitere Amulette gegen Lamaštu: MIOF 8 (1963) 24-29.
Koch K., Gibt es ein Vergeltungsdogma im Alten Testament?: ZThK 32 (1955) 1-42.
- Tempeleinlaßliturgien und Dekaloge. Studien zur Theologie der alttestamentlichen Überlieferungen, in: Festschrift G. von Rad, Neukirchen 1961 46-60.
Koenig J., Aux origines des théophanies jahwistes: Revue de l'Histoire des Religions 169 (1966) 1-36.
Kolpaktchy G., Ägyptisches Totenbuch, München-Planegg 1955.
Kon M., The Menorah of the Arch of Titus: PEQ 82 (1950) 25-30.
Kramer S.N., History begins at Sumer, New York ²1959.
- The Sacred Marriage. Aspects of Faith, Myth, and Ritual in Ancient Sumer, Bloomington/London 1969.
Kraus H.J., Archäologische und topographische Probleme Jerusalems im Lichte der Psalmenexegese: ZDPV 75 (1959) 125-140.
- Psalmen (BK AT XV/1 und 2), Neukirchen ²1961.
- Gottesdienst in Israel, München ²1962.
Krencker D./Zschietzschmann W., Römische Tempel in Syrien (Archäologisches Institut des Deutschen Reiches. Denkmäler antiker Architektur V), Berlin-Leipzig 1938.
Kuschke A., Der Tempel Salomos und der «syrische Tempeltypus»: BZAW 105 (1967) 124-132.
Labuschagne C.J., The Incomparability of Yahweh in the Old Testament (Pretoria Oriental Series 5), Leiden 1966.
Lambert W.G., A Phoenician Statuette: AfO 23 (1970) 51.
Lampl P., Cities and Planning in the Ancient Near East, New York 1968.
Landsberger B./Tadmor H., Fragments of Clay Liver Models from

Hazor: IEJ 14 (1964) 201-218.
Lange K./Hirmer M., Ägypten: Architektur, Plastik, Malerei in drei Jahrtausenden, München ⁴1967.
Lanzone R.V., Dizionario di Mitologia egiziana, Torino 1883.
Latte K., Römische Religionsgeschichte, München 1960.
Layard A.H., The Monuments of Niniveh from Drawings made on the Spot (2 Bde), London 1849/1853.
Leclant J., La «Mascarade» de bœufs gras et le triomphe de l'Egypte: MDAIK 14 (1956) 128-145.
– Astarté à cheval d'après les représentations égyptiennes: Syria 37 (1960) 1-67.
van der Leeuw G., Phänomenologie der Religion (Neue Theologische Grundrisse), Tübingen ²1956.
Legrain L., Seal Cylinders (Ur Excavations Vol.X), London 1951.
Legrain M.G., Statues et statuettes de rois et de particuliers (3 Bde, Catalogue général du musée de Caire Bd. 30, 49, 71), Le Caire 1906-1914.
Leibovitch J., Une scène de sacrifice rituel chez les Anciens Egyptiens: JNES 12 (1953) 59f.
Lenzen H.J., Mesopotamische Tempelanlagen von der Frühzeit bis zum zweiten Jahrtausend: ZA 51 (1955) 1-36.
Lepsius R., Denkmäler aus Ägypten und Äthiopien (12 Bde), Berlin 1849-1858. Neudruck Osnabrück 1969.
Lessing E., Die Bibel. Die Geschichte Israels und seines Glaubens, Freiburg 1969.
Lewy H./Lewy J., The Week and the Oldest West Asiatic Calendar: HUCA 17 (1942) 10-25.
Lhote A., Les chefs-d'œuvre de la peinture égyptienne, Paris 1954.
de Liagre-Böhl F.M.Th., Hymnisches und Rhythmisches in den Amarnabriefen aus Kanaan, in: ders., Opera Minora, Groningen-Djakarta 1953 375-379.
Liebowitz H.L., Horses in New Kingdom Art and the Date of an Ivory from Megiddo: Journal of the American Research Center in Egypt 6 (1967) 129-134.
Lipinski E., Le Poème royal du Psaume LXXXIX 1-5.20-38 (Cahiers de la Revue Biblique 6), Paris 1967.
Loud G., The Megiddo Ivories (OIP 52), Chicago 1939.
– Megiddo II (OIP 62), Chicago 1948.
Lüddeckens E., Untersuchungen über religiösen Gehalt, Sprache und Form der ägyptischen Totenklagen (MDAIK 11), Berlin 1943.
Luschan F.v., Ausgrabungen in Sendschirli (5 Bde), Berlin 1893 bis 1943.
Macadam M.F.L., The Temples of Kawa (2 Bde), London-Oxford 1949-1955.
Macalister R.A.S., The Excavation of Gezer (3 Bde), London 1912.
Maier J., Vom Kultus zur Gnosis (Kairos. Religionswissenschaftliche Studien 1), Salzburg 1964.
Maisler B., The Excavations at Tell Qasîle. Preliminary Report, Jerusalem 1951.
Mallowan M.E.L., Nimrud and its Remains, London 1966.
Mariette A., Dendérah. Description générale du grand Temple de cette ville (6 Bde), Paris 1870-1875.
– Abydos (2 Bde), Paris 1869 und 1880.
Martiny G., Die Gegensätze im babylonischen und assyrischen Tempelbau (Abhandlungen für die Kunde des Morgenlandes 21.3), Leipzig 1936.
Matthiae P., Ars Syra. Contributi alla storia dell'Arte figurativa, siriana nell'età del Medio e Tardo Bronzo, Roma 1962.
– Empreintes d'un cylindre paléosyrien de Tell Mardikh: Syria 46 (1969) 1-43.
May H.G./Engberg R.M., Material Remains of the Megiddo Cult (OIP 26), Chicago 1935.
– The Sacred Tree on Palestine painted Pottery: JAOS 59 (1939) 251-259.
Mazar B., Views of the Biblical World (5 Bde), Jerusalem-Ramat Gan 1958-1961 (= IWB).
McCown Ch.Ch., Tell en-naṣbeh excavated under the Direction of the late William Frederic Badè I. Archaeological and Historical Results, Berkeley-New Haven 1947.
Meier G., Die assyrische Beschwörungssammlung Maqlû (AfO 2), Berlin 1937.
Meißner B., Assyrische Jagden. Auf Grund alter Berichte und Darstellungen geschildert (Der Alte Orient 3.2), Leipzig 1911.
– Palästinensische Städtebilder aus der Zeit Tiglatpilesers III: ZDPV 39 (1916) 261-263.
– Babylonien und Assyrien (2 Bde), Heidelberg 1920-1925; abgekürzt: Meißner, BuA.
– Siegelzylinder mit Krankheitsbeschwörungen: MAOG 8 (1934) 14-26.
– Neue Siegelzylinder mit Krankheitsbeschwörungen: AfO 10 (1935/36) 160-162.
Mekhitarian A., Ägyptische Malerei (Die großen Jahrhunderte der Malerei), Genève 1954.
Meshorer Y., Jewish Coins of the second Temple Period, Chicago 1967.
Mesnil du Buisson R., Les peintures de la synagogue de Doura Europos, Rom 1939.
– Une tablette magique de la région du Moyen Euphrat, in: Mélanges syriens offerts à M.René Dussaud I, Paris 1939, 421-434.
Metzger M., Himmlische und irdische Wohnstatt Jahwes, in: Ugarit-Forschungen 2, Neukirchen 1970, 139-158.
Moftah R., Die uralte Sykomore und andere Erscheinungen der Hathor: ZÄS 92 (1966) 40-47.
Moorey P.R.S., A Bronze ‹Pazuzu› Statuette from Egypt: Iraq 27 (1965) 33-41.
Moortgat A., Vorderasiatische Rollsiegel, Berlin ²1966.
– Die Kunst des Alten Mesopotamien, Darmstadt 1967.
Morenz S., Eine «Naturlehre» in den Sargtexten: Wiener Zeitschrift für die Kunde des Morgenlandes 54 (1957) 119-129.
– Ägyptische Religion, Stuttgart 1960.
– Altägyptischer Jenseitsführer. Papyrus Berlin 3127, Frankfurt/Main 1966.
Moret A., Le rituel du culte divin journalier en Egypte d'après les papyrus de Berlin et les textes du temple de Sethi I à Abydos (Annales du Musée Guimet 14), Paris 1902.
– Du caractère religieux de la royauté pharaonique (Annales du Musée Guimet 15), Paris 1902.
– Le rite de briser les vases rouges au temple de Louxor: RdE 3 (1946) 167.
de Morgan J., La préhistoire orientale II. L'égypte et l'afrique du nord, Paris 1926.
Moscati S., Geschichte und Kultur der semitischen Völker, Einsiedeln-Zürich-Köln 1961.
– Un avorio di Ugarit e l'iconografia del nemico vinto: Or Ant 1 (1962) 3-7.
– Die Phöniker von 1200 vor Christus bis zum Untergang Karthagos, Zürich 1966.
Mowan O., Quatuor Montes Sacri in Ps 89,13?: VD 41 (1963) 11-20.
Mowinckel S., Psalmenstudien (2 Bde), Amsterdam ²1961.
– The Psalms in Israel's Worship (2 Bde), Oxford 1962.
Müller V., Types of Mesopotamian Houses. Studies in Oriental Archaeology III: JAOS 60 (1940) 151-180.
Mueller W.M., Egyptological Researches (3 Bde), Washington 1906 bis 1920.
Murray M.A., Ritual Masking, in: Mélanges Maspero I Orient Ancien (MIFAO 66.1), Le Caire 1934, 251-255.

Nagel G., A propos des rapports du Psaume 104 avec les textes égyptiens, in: Festschrift für A. Bertholet, Tübingen 1950 395 bis 403.

Naville E., Das ägyptische Todtenbuch der XVIII. bis XX. Dynastie aus verschiedenen Urkunden zusammengestellt und herausgegeben (3 Bde), Berlin 1886.

- The Temple of Deir el Bahari (6 Bde, Memoirs of the Egypt Exploration Society Nr. 13, 14, 16, 19, 27, 29), London 1895-1908.

Nelson H. H. u. a., Earlier Historical Records of Ramses III. Medinet Habu I (OIP 8), Chicago 1930.

- Later Historical Records of Ramses III. Medinet Habu II (OIP 9), Chicago 1932.
- The Calendar, the "Slaughterhouse" and minor Records of Ramses III. Medinet Habu III (OIP 23), Chicago 1934.
- Ramses III's Temple within the great Inclosure of Amon I. Reliefs and Inscriptions at Karnak I (OIP 25), Chicago 1936.
- Ramses III's Temple within the great Inclosure of Amon II. Ramses III's Temple in the precinct of Mut. Reliefs and Inscriptions at Karnak II (OIP 35), Chicago 1936.
- Festival Scenes of Ramses III. Medinet Habu IV (OIP 51), Chicago 1940.

Neugebauer O./Parker R. A., Egyptian Astronomical Texts I. The Early Decans, London 1960.

Nims Ch. F., Thebes of the Pharaohs, New York 1964.

- u. a., The Eastern High Gate. Medinet Habu VIII (OIP 94), Chicago 1970.

Nöldecke Th., Halleluja: BZAW (1918) 375-380.

Noth M., Die israelitischen Personennamen im Rahmen der gemeinsemitischen Namengebung (BWANT III. 10), Stuttgart 1928.

- Gott, König, Volk im Alten Testament, in: ders., Gesammelte Studien zum Alten Testament (ThB 6), München 1960 188-229.
- Die Welt des Alten Testamentes, Berlin 1962.
- Das zweite Buch Mose. Exodus (ATD 5), Göttingen ³1965.
- Könige (BK AT IX), Neukirchen-Vluyn 1965-1968.

Nötscher F., «Das Angesicht Gottes schauen» nach biblischer und babylonischer Auffassung, Darmstadt ²1969.

Nougayrol J., Cylindres-Sceaux et empreintes de cylindres trouvés en Palestine au cours de fouilles regulières (Bibliothèque Archéologique et Historique 33), Paris 1939.

Opitz D., Studien zur altorientalischen Kunst: AfO 6 (1930/31) 59-65.

- Ein Altar des Königs Tukulti-Ninurta I von Assyrien: AfO 7 (1931) 83-90.
- /Wolff M., Jagd zu Pferde in der altorientalischen und klassischen Kunst: AfO 10 (1935/36) 317-359.

Oppenheim M. von, Tell Halaf, Paris 1939.

- und andere, Tell Halaf (4 Bde), Berlin 1943-1962.

von der Osten H. N., Ancient Oriental Seals in the Collection of Mr. Edward T. Newell (OIP 22), Chicago 1934.

Otten H., Zur Datierung und Bedeutung des Felsheiligtums von Yazilikaya: ZA 58 (1967) 222-240.

Otto E., Ägypten. Der Weg des Pharaonenreiches, Stuttgart ³1958.

- Das ägyptische Mundöffnungsritual (2 Bde; Ägyptologische Abhandlungen 3), Wiesbaden 1960.
- /Hirmer M., Osiris und Amun, München 1966.

Paget R. F. E./Pirie A. A., The Tomb of Ptah-Hetep, London 1898.

Paret R., Symbolik des Islam (Symbolik der Religionen II), Stuttgart 1958.

Parrot A., Acquisitions et inédits du Musée du Louvre. 5. Antiquités «mésopotamiennes»: Syria 31 (1954) 1-13.

- Les fouilles de Mari. 9ème campagne (Automne 1953): Syria 31 (1954) 151-171.
- Sintflut und Arche Noahs. Der Turm von Babel. Ninive und das Alte Testament (Bibel und Archäologie 1), Zollikon-Zürich 1955.
- Gestes de la prière dans le monde mesopotamien, in: Maqqēl shâqédh. La Branche d'Amandier. Hommage à Wilhelm Vischer, Montpellier 1960 177-180.
- Assur. Die mesopotamische Kunst vom XIII. vorchristlichen Jahrhundert bis zum Tode Alexanders des Großen, München 1961.
- Le temple de Jérusalem (Cahiers d'archéologie biblique 5), Neuchâtel ²1962.
- Sumer. Die mesopotamische Kunst von den Anfängen bis zum XII. vorchristlichen Jahrhundert, München ²1962.
- Sumer/Assur. Ergänzung 1969, München 1970.

Paterson A., Assyrian Sculptures. Palace of Sinacherib, The Hague 1915.

- Assyrian Sculptures, Haarlem/London o. J.

Pax E., Studien zum Vergeltungsproblem der Psalmen: Studii Biblici Franciscani Liber Annuus 2 (1960/61) 56-112.

Pedersen J., Israel. Its Life and Culture I-IV (2 Bde), London-Copenhagen ⁴1959.

Pering B., Die geflügelte Scheibe in Assyrien. Eine religionsgeschichtliche Untersuchung: AfO 8 (1932/33) 281-296.

Perrot G./Chipiez Ch., Histoire de l'art dans l'antiquité III, Paris 1885.

Perrot N., La représentation de l'arbre sacré sur les monuments de Mesopotamie et d'Elam, Paris 1937.

Petrie F., Ancient Gaza III (Tell el Ajjul), London 1933.

- Ceremonial Slate Palettes, London 1953.

Piankoff A., Une statuette du dieu Ḥeka, in: Mélanges Maspero I Orient Ancien (MIFAO 66.1), Le Caire 1934, 349-352.

- Une représentation rare sur l'une des chapelles de Toutânkhamon JEA 35 (1949) 113-116.
- Les chapelles de Tout-Ankh-Amon (2 Bde; MIFAO 72), Le Caire 1951/52.
- /Rambova N., The Shrines of Tut-Ankh-Amon (Egyptian Religious Texts and Representations II), New York 1955.
- / - Mythological Papyri (2 Bde; Egyptian Religious Texts and Representations III), New York 1957.

Poinssot L./Lantier R., Un sanctuaire de Tanit à Carthago: Revue de l'Histoire des Religions 87 (1923) 32-68.

Porada E., Corpus of Ancient Near Eastern Seals in North American Collections I The Collection of the Pierpont Morgan Library, New York 1948.

Posener G., Princes et pays d'Asie et de Nubie. Textes hiératiques sur des figurines d'envoûtement du moyen empire, Bruxelles 1940.

- Les empreintes magiques de Gizeh et les morts dangereux MDAIK 16 (1958) 252-270.
- /Sauneron S./Yoyotte J., Knaurs Lexikon der ägyptischen Kultur, München-Zürich 1960.

Pottier E., L'art Hittite (2 Bde), Paris 1926-1931.

Poulssen N., König und Tempel im Glaubenszeugnis des Alten Testamentes (SBM 3), Stuttgart 1967.

Preuß H. D., Verspottung fremder Religionen im Alten Testament, Stuttgart 1971.

Pritchard J. B., The Bronze Age Cemetery at Gibeon, Philadelphia 1963.

Quell G., Die Auffassung des Todes in Israel, Darmstadt ²1967.

Quibell J. E., Slate Palette from Hieraconpolis: ZÄS 36 (1898) 81-84.

von Rad G., Der Heilige Krieg im alten Israel (Abhandlungen zur Theologie des Alten und Neuen Testamentes), Zürich 1951.

- Das judäische Königsritual, in: ders., Gesammelte Studien zum Alten Testament (ThB 8), München 1961 205-213.
- «Gerechtigkeit» und «Leben» in der Kultsprache der Psalmen, in ders., Gesammelte Studien zum Alten Testament (ThB 8), München 1961 225-247.

- Hiob 38 und die altägyptische Weisheit, in: ders., Gesammelte Studien zum Alten Testament (ThB 8), München 1961 262-271.
- Aspekte alttestamentlichen Weltverständnisses: EvTheol 24 (1964) 57-73.

Radwan A., Die Darstellungen des regierenden Königs und seiner Familienangehörigen in den Privatgräbern der 18.Dyn. (Münchner Ägyptologische Studien 21), Berlin 1969.

Rambova N., Symbolism, in: A.Piankoff/N.Rambova, Mythological Papyri I, New York 1957.

Ranke H., Istar als Heilgöttin, in: Studies presented to F.Ll.Griffith, London 1932, 412-418.

Ransom C.L., A Late Egyptian Sarcophagus: The Metropolitan Museum of Art Bulletin 9 (1914) 112-120.

Reifenberg A., Ancient Hebrew Seals, London 1950.
- Ancient Jewish Coins, Jerusalem ⁵1969.

Ricke H./Hughes G.R./Wente E.F., The Beit el Wali Temple of Ramesses II, Chicago 1967.

Riemschneider M., Die Welt der Hethiter, Stuttgart ⁵1961.
- Urartäische Bauten in den Königsinschriften: Orientalia 34 (1965) 312-335.

Rimmer J., Ancient Musical Instruments of Western Asia, London 1969.

Roeder G., Urkunden zur Religion des alten Ägypten, Jena 1915.
- Die ägyptische Götterwelt, Zürich-Stuttgart 1959.
- Mythen und Legenden um ägyptische Gottheiten und Pharaonen, Zürich-Stuttgart 1960.
- Kulte, Orakel und Naturverehrung im alten Ägypten, Zürich-Stuttgart 1960.

Ronzevalle S., Tablettes égyptiennes: Mélanges de l'Université St.Joseph 3 (1909) 791 f.

Rowe A., A Catalogue of Egyptian Scarabs, Scaraboids, Seals and Amulets in the Palestine Archaeological Museum, Le Caire 1936.
- The Four Canaanite Temples of Beth-Shan I, Philadelphia 1940.

Rudolph W., Jeremia (HAT 12), Tübingen ²1958.

Sabourin L., Un classement littéraire des Psaumes: Sciences ecclésiastiques 16 (1964) 23-58.

Saleh A., The So-called ‹Primeval Hill› and other related Elevations in Ancient Egyptian Mythology: MDAIK 25 (1969) 110-120.

Sameh W., Der Alltag im alten Ägypten: DU 240 (21.Jahrg.Februar 1961) 1-40.

Saggs H.W. F., Pazuzu: AfO 19 (1959/60) 123-127.

Sauneron S./Yoyotte J./Garelli P./Leibovici M. u.a., Schöpfungsmythen (Quellen des Alten Orients), Einsiedeln-Zürich-Köln 1964.

Säve-Söderbergh T., Four Eighteenth Dynasty Tombs (Private Tombs at Thebes I), Oxford 1957.

de Savignac J., Théologie pharaonique et messianisme d'Israel: VT 7 (1957) 82-90.

Schäfer H./Andrae W., Die Kunst des Alten Orients, Berlin 1925.
- Weltgebäude der alten Ägypter, in: ders., Ägyptische und heutige Kunst, Berlin 1928 83-122.
- Eine nordsyrische Kultstätte?: ZÄS 73 (1937) 54ff.
- Abwehren und Hinzeigen: MDAIK 9 (1940) 151-154.
- Das Niederschlagen der Feinde. Zur Geschichte eines ägyptischen Sinnbildes: Wiener Zeitschrift für die Kunde des Morgenlandes 54 (1957) 168-176.
- Von ägyptischer Kunst (hrsg. von E.Brunner-Traut), Wiesbaden ⁴1963.

Schaeffer C.F.A., Les fouilles de Ras Shamra-Ugarit. Huitième campagne (Printemps 1936). Rapport sommaire: Syria 18 (1937) 125-154.
- La coupe en argent encrustée d'or d'Enkomi-Alasia: Syria 30 (1953) 51-64.
- Les fouilles de Ras Shamra-Ugarit. Quinzième, seizième et dix-septième campagnes (1951, 1952 et 1953): Syria 31 (1954) 14-67.
- Le vase de mariage du roi Niqmad d'Ugarit avec une princesse égyptienne: Ugaritica III, Paris 1956, 164-168.
- Götter der Nord- und Inselvölker in Zypern: AfO 21 (1966) 59-69.
- Nouveaux Témoignages du culte de El et de Baal à Ras Shamra-Ugarit et ailleurs en Syrie-Palestine: Syria 43 (1966) 1-19.

Schapiro M./Avi Yonah M., Israel. Frühe Mosaiken, Paris 1960.

Scharff A., Ägyptische Sonnenlieder, Berlin 1921.
- /Moortgat A., Ägypten und Vorderasien im Altertum, München 1950.

Schmid H.H., Gerechtigkeit als Weltordnung, Tübingen 1968.

Schmidt H., Der heilige Fels in Jerusalem, Tübingen 1933.

Schmidt V., Levende og Døde i det gamle Aegypten. Album til ordning Sarkofager, Mumiekister, Mumiehylstre o.lign., København 1919.

Schmidt W., Anthropologische Begriffe im Alten Testament: Ev Theol 24 (1964) 374-388.

Schmökel H., Kulturgeschichte des Alten Orients, Stuttgart 1961.
- Ur, Assur und Babylon, Zürich ⁶1962.

Schollmeyer P.A., Sumerisch-babylonische Hymnen und Gebete an Šamaš, Paderborn 1912.

Schott S., Altägyptische Liebeslieder, Zürich ²1950.
- Voraussetzung und Gegenstand altägyptischer Wissenschaft, in: Jahrbuch der Akademie der Wissenschaft und der Literatur, Mainz 1950, herausgekommen 1951 277-295.
- Ein ungewöhnliches Symbol des Triumphes über die Feinde Ägyptens: JNES 14 (1955) 97-99.
- Zum Weltbild der Jenseitsführer des neuen Reiches (Nachrichten der Akademie der Wissenschaften in Göttingen. I.Philologisch-historische Klasse), Göttingen 1965 185-197.
- Aufnahmen vom Hungersnotrelief aus dem Aufweg der Unaspyramide: RdE 17 (1965) 7-13 und Taf. 1-4.

Schreiner J., Sion-Jerusalem. Jahwes Königssitz (Studien zum Alten und Neuen Testament VII), München 1963.

Schult H., Der Debir im salomonischen Tempel: ZDPV 80 (1964) 46-54.

Schumacher G., Tell el-Mutesellim (2 Bde), Leipzig 1908.

Schwegler T., Die biblische Urgeschichte, München 1960.

Seibert I., Hirt-Herde-König (Deutsche Akademie der Wissenschaften zu Berlin. Schriften der Sektion für Altertumswissenschaft 53), Berlin 1969.

Seele K.C., Horus on the Crocodiles: JNES 6 (1947) 43-52.

Seidl H., Horn und Trompete im alten Israel unter Berücksichtigung der «Kriegsrolle» von Qumran, in: Wissenschaftliche Zeitschrift der Karl-Marx-Universität, Leipzig 1956/57 589-599.

Seidl U., Die babylonischen Kudurru Reliefs: Bagdader Mitteilungen 4 (1968), Berlin 1969 7-220.

Sellin E., Die Ausgrabung von Sichem. Kurze vorläufige Mitteilung über die Arbeit im Frühjahr 1926: ZDPV 49 (1926) 229-236 304 bis 320.

Sethe K., Die Ächtung feindlicher Fürsten, Völker und Dinge auf altägyptischen Tongefäßscherben des Mittleren Reiches (Abhandlungen der Preußischen Akademie der Wissenschaften, Jahrgang 1926. Phil.-hist.Klasse Nr.5), Berlin 1926.

Seyrig H., La triade héliopolitaine et les temples de Baalbek: Syria 10 (1929) 314-356.
- Antiquités syriennes 17. Bas reliefs monumentaux du temple de Bêl à Palmyre: Syria 15 (1934) 155-186.
- Trônes phéniciens flanqués de sphinx: Syria 36 (1959) 51f.
- Antiquités syriennes 86. Quelques cylindres syriens: Syria 40 (1963) 253-260.

Shorter A.W., Reliefs showing the Coronation of Ramesses II: JEA 20 (1934) 18f und Taf.III.
Siegler K.G., Die Tore von Kalabsha: MDAIK 25 (1969) 139-153.
Simpson W.K., Papyrus Reisner I. The Records of a Building Project in the Reign of Sesostris I, Boston 1963.
Smend R., Jahwekrieg und Stämmebund (FRLANT 84), Göttingen 1963.
Smith W.S., Interconnections in the Ancient Near East, New Haven & London 1965.
- The Art and Architecture of Ancient Egypt (Pelican History of Art) Harmondsworth 1965.
von Soden W., Leistung und Grenze sumerischer und babylonischer Wissenschaft (Libelli 142), Darmstadt 1965.
Sollberger E., Old Babylonian Worshipper Figurines: Iraq 31 (1969) 90-93.
Spiegel J., Die Idee vom Totengericht in der ägyptischen Religion, Glückstadt 1930.
Stadelmann L.I.J., The Hebrew Conception of the World (Analecta biblica 39), Rome 1970.
Steinmetzer F., Babylonische Parallelen zu den Fluchpsalmen: Biblische Zeitschrift 10 (1912) 133-142 363-369.
Stolz F., Strukturen und Figuren im Kult von Jerusalem (BZAW 118), Berlin 1970.
Stricker B.H., De groote Zeeslang (Mededelingen en Verhandelingen No 10 van het vooraziatisch-egyptisch Genootschap «Ex oriente lux»), Leiden 1953.
- The Origin of the Greek Theatre: JEA 41 (1955) 34-47.
Strommenger E./Hirmer M., Fünf Jahrtausende Mesopotamien. Die Kunst von den Anfängen um 5000 v.Chr. bis zu Alexander, München 1962.
Stummer F., Sumerisch-akkadische Parallelen zum Aufbau alttestamentlicher Psalmen, Paderborn 1922.
Tallqvist K., Sumerisch-akkadische Namen der Totenwelt (Studia Orientalia V. 4), Helsingfors 1934.
Thomas E., Terrestrial Marsh and Solar Mat: JEA 45 (1959) 38-51.
Thomas W.D. (Hrsg.), Archaeology and Old Testament Study, Oxford 1967.
Thureau-Dangin F., Rituel et amulettes contre Labartu: Revue d'Assyriologie et d'Archéologie Orientale 18 (1921) 161-168.
- /Barrois A./Dossin G./Dunand M., Arslan Tash (2 Bde; Bibliothèque archéologique et historique 16), Paris 1931.
- /Dunand M., Til Barsib, Paris 1936.
Torczyner H., A Hebrew Incantation against Night Demons from Biblical Time: JNES 6 (1947) 18-29.
Tournay R.J./Saouaf S., Stèle de Tukulti-Ninurta II: Annales archéologiques de Syrie 2 (1952) 169-190.
Tournay R., Les Psaumes, Paris 1964.
Tromp N.J., Primitive Conceptions of Death and the Nether World in the Old Testament (Biblica et Orientalia 21), Rome 1969.
Tufnell O. u.a., Lachish II. The Fosse Temple, London 1940.
Lachish III. The Iron Age, London 1953.
Lachish IV. The Bronze Age, London 1958.
Unger E., Babylon, die heilige Stadt nach der Beschreibung der Babylonier, Berlin-Leipzig 1931.
Vandier J., Manuel d'archéologie égyptienne (5 Bde), Paris 1952 bis 1969.
- Le Dieu Shou dans le papyrus Jumilhac: MDAIK 15 (1957) 268-273.
Vanel A., L'iconographie du dieu de l'orage dans le proche-orient ancien jusqu'au VIIème siècle avant J.-C. (Cahiers de la Revue Biblique 3), Paris 1965.
de Vaux R., Titres et fonctionnaires égyptiens à la cour de David et Salomon: RB 48 (1939) 394-405.

- Das Alte Testament und seine Lebensordnungen (2 Bde), Freiburg-Basel-Wien 1960/62.
Vercoutter J., Les Haou-Nebout: BIFAO 46 (1947) 125-158 und 48 (1949) 107-209.
Vigneau A./Ozenfant A., Encyclopédie photographique de l'art (2 Bde), Paris 1935-1937.
Vila A., Un dépot de textes d'envoûtement du moyen empire: Journal des Savants 1963 135-160.
Vincent L.H., Jerusalem de l'Ancien Testament. Recherches d'archéologie et d'histoire (3 Bde), Paris 1954-1956.
Vogt E., «Ihr Tisch werde zur Falle (Ps 69,23)»: Biblica 43 (1962) 78-82.
Wächter L., Der Tod im Alten Testament (Arbeiten zur Theologie. II.Reihe 8), Stuttgart 1967.
Walser G., Die Völkerschaften auf den Reliefs von Persepolis. Historische Studien über den sogenannten Tributzug an der Apadanatreppe, Berlin 1966.
Wanke G., Die Zionstheologie der Korachiten (BZAW 97), Berlin 1966.
Ward W.A., La déesse nourricière d'Ugarit: Syria 46 (1969) 225 bis 239.
Ward W.H., Cylinders and other Oriental Seals in the Library of J.Pierpont Morgan, New York 1909.
Warmington B.H., Carthage (Pelican Book A 598) Harmondsworth, Middlesex 1964.
Watzinger C., Denkmäler Palästinas. Eine Einführung in die Archäologie des Heiligen Landes (2 Bde), Leipzig 1933/35.
Weber O., Die Dämonenbeschwörung bei den Babyloniern und Assyrern (Der Alte Orient VII.4), Leipzig 1906.
- Altorientalische Siegelbilder, Leipzig 1920.
Weiser A., Die Psalmen (ATD 14/15), Göttingen [5]1959.
Wellhausen J., Reste arabischen Heidentums, Berlin [3]1961.
Welten P., Die Königs-Stempel. Ein Beitrag zur Militärpolitik Juda unter Hiskia und Josia, Wiesbaden 1969.
Werbrouck M., Les pleureuses dans l'Egypte ancienne, Brüssel 1938
Westendorf W., Bemerkungen zu den Namen der Könige Djer-Athotis und Neferka: OLZ 61 (1966) 533-541.
- Altägyptische Darstellungen des Sonnenlaufes auf der abschüssiger Himmelsbahn (Münchner Ägyptologische Studien 10), Berlin 1966.
- Bemerkungen zur «Kammer der Wiedergeburt» im Tutanchamungrab: ZÄS 94 (1967) 139-150.
- Das Alte Ägypten (Kunst im Bild), Baden-Baden 1968.
Westermann C., Das Loben in den Psalmen, Göttingen [3]1963.
- Genesis (BK AT I), Neukirchen-Vluyn 1966ff.
Widengren G., The Accadian and Hebrew Psalms of Lamentation as Religious Documents (Diss. Uppsala 1936), Stockholm 1937.
Wiegand A., Der Gottesname ṣûr und seine Deutung in dem Sinn Bildner oder Schöpfer in der alten jüdischen Literatur: ZAW 1 (1890) 85-97.
Wiegand Th./Schulz B./Winnefeld H., Baalbek. Ergebnisse der Ausgrabungen und Untersuchungen in den Jahren 1898-190 (2 Bde), Berlin-Leipzig 1921.
Wildberger H., Jesaja (BK AT X), Neukirchen-Vluyn 1965-1970
- /Wolgensinger M. und L., Biblische Welt, Zürich o.J.
Wilkinson Ch.K., Art of the Marlik Culture: The Metropolitan Museum of Art Bulletin 24 (1965/66) 101-109.
Wirgin W., The Menorah as Symbol of After-Life: IEJ 14 (1964) 102ff.
Wiseman D.J., Chronicles of Chaldaean Kings (626-556 B.C.) in the British Museum, London 1961.
- /Forman W. und B., Götter und Menschen im Rollsiegel Westasiens, Prag 1958.

de Wit C., Le rôle et le sens du lion dans l'Egypte Ancienne, Leiden 1951.
Wolf W., Der Berliner Ptah-Hymnus: ZÄS 64 (1929) 17-44.
- Das Schöne Fest von Opet. Die Festzugsdarstellungen im großen Säulengang des Tempels von Luksor, Leipzig 1931.
- Die Kunst Ägyptens, Stuttgart 1957.
- Kulturgeschichte des Alten Ägypten, Stuttgart 1962.
Woolley C.L./Lawrence T.E., Carchemish. Report on the Excavations at Djerablus on behalf of the British Museum (3 Bde), London 1914-1952.
- Ur (Les haut lieux de l'histoire 9), Paris 1957.
Wreszinski W., Atlas zur altägyptischen Kulturgeschichte (3 Bde), Leipzig 1923-38.
Wright G.R.H., Pre-Israelite Temples in the Land of Canaan: PEQ 103 (1971) 17-32.

Yadin Y., The earliest Record of Egypts military Penetration into Asia?: IEJ 5 (1955) 1-16.
- Salomon's City Wall and Gate at Gezer: IEJ 8 (1958) 80-86.
- The Art of Warfare in Biblical Lands in the Light of archaeological Study (2 Bde), New York 1963.
- Masada, Hamburg ²1967.
- u.a. Hazor I-IV, Jerusalem-Oxford 1958-1961.
Yeivin S., Jachin and Boaz: PEQ 91 (1959) 6-22.
The Date of the Seal ‹Belonging to Shema' (the) Servant (of) Jerobeam›: JNES 19 (1960) 205-212.
Ziegler J., Die Hilfe Gottes «am Morgen»: Bonner Biblische Beiträge 1 (1950) 281-288.
Zimmerli W., Ezechieltempel und Salomostadt: VTS 16 (1967) 398-414.

Werke, die in der 1. Auflage zitiert, aber im Literaturverzeichnis nicht aufgeführt wurden:

Lamon S.R./Shipton G.M., Megiddo I (OIP 42), Chicago 1939.
Newberry P.E., Beni Hasan I-IV, London 1893-1900.
Prinz H., Altorientalische Symbolik, Berlin 1915.

Seyrig H., Cylindre représentant une tauromachie: Syria 33 (1956) 169-174.

TECHNISCHE ANGABEN UND QUELLENNACHWEIS ZU DEN ABBILDUNGEN

Der Text, der ägyptischen Bildern meistens beigegeben ist und in Mesopotamien bei Stelen und dergleichen oft sogar über das Bild hinwegläuft, ist häufig ganz oder wenigstens teilweise weggelassen, ohne daß das eigens vermerkt ist. Wenn nichts anderes vermerkt ist (siehe * und ** im Abkürzungsverzeichnis), wurde die Zeichnung aus dem als erstem angeführten Quellenwerk übernommen.
Die Zeitangaben basieren auf der von A. Scharff und A. Moortgat in «Ägypten und Vorderasien im Altertum» (München 1950) verwendeten Chronologie. Sie dürfte die Jahreszahlen für das 3. und die 1. Hälfte des 2. Jahrtausends eher zu tief als zu hoch ansetzen.
Die technischen Angaben zu den einzelnen Bildern sind nicht stets so vollständig, wie sie der Verfasser gerne gesehen hätte. Es wäre aber der Stoßrichtung des Buches unangemessen viel Zeit nötig gewesen, um sie weiter zu vervollständigen. Die beigebrachten Angaben sind aber so, daß es dem Interessenten stets möglich sein sollte, mit ihrer Hilfe und mehr oder weniger Zeitaufwand das Fehlende zu ergänzen.

1 Bruchstück einer Tontafel, 9,1×6,2 cm, Nippur, Ur-III-Zeit, (2050-1950a), Bagdad; Heinrich/Seidl, Grundrißzeichnungen 33 f; reiche Literatur zu ägyptischen Bauplänen bei Simpson, Papyrus Reisner I 63 Anm. 10.*
2 Nachzeichnung von 1; Heinrich/Seidl, ebd.
3 Dioritstatue, H 93 cm, Lagasch (Tello), Ur-III-Zeit (2050 bis 1950a), Louvre (Gudea-Statue B); Kramer, History Taf. 7; vgl. ANEP Nr. 749; Parrot, Sumer Abb. 253; Beek, Atlas of Mesopotamia Abb. 135.*
4 Tontafel, 18×21 cm, Nippur, 1500a, Sammlung Hilprecht, Jena; BHH III Sp. 1849 f; ANEP Nr. 260; weitere Fragmente von Stadtplänen siehe Unger, Babylon 252-254.
5 Plan der Ausgrabung von Nippur; BHH III ebd.; zu ao Stadtplänen vgl. Lampl, Cities and Planning.
6 Papyrus, ägyptisch, 19.Dyn. (1345-1200a), Turin, Ägyptisches Museum; Goyon, Le Papyrus de Turin, Taf. 1; Poser, Lexikon 87; IWB IV 119.
7 Nachzeichnung von 6; Goyon, ebd. 378.
8 Tontafel, 8×8 cm große Darstellung auf einer Tafel von 8×12 cm, Sippar, 6./5.Jh. (geht wohl zurück auf eine Vorlage aus der 1.Dyn. von Babylon, 1830-1530a), BM 92687; Unger, Babylon 20-24 254-258; Grelot, La Géographie 64-68; IWB IV 118.*
9 Rollsiegel, mesopotamisch, Akkadzeit (2350-2150a), BM 89110; AOB 319; Frankfort CS Taf. 18a.*
10 Totenbuchpapyrus, Neues Reich (1570-1085a), Kgl. Museum, Leiden; Naville, Todtenbuch I Taf. 28; Schaefer, Weltgebäude 101.
11 Papyrus der Nefer-Renpet, Neues Reich (1570-1085a), Bruxelles; Piankoff/Rambova, Mythological Papyri 33.
12 Totenbuchpapyrus, Neues Reich (1570-1085a), Trinity College, Dublin; Naville, Todtenbuch I Taf. 28; Schäfer, Weltgebäude 101.
13 Totenbuchpapyrus, Neues Reich (1570-1085a), BM 9901; Naville, Todtenbuch I Taf. 28; Schäfer, Weltgebäude 101.
14 (links) Grabmalerei, ⌀ der Tenne ca. 80 cm, Theben West, Der el Medineh, Grab des Amennacht (Nr. 266), 19.Dyn. (1345-1200a); Davies, Two Ramesside Tombs 56, Taf. 40; Stricker, The Origin 42, Abb. 5.
(rechts) Relief, El-Kâb, Grab des Paḥeri, 18.Dyn. (1570-1345a); Stricker, The Origin 43, Abb. 6c.
15 Grabmalerei, Tal der Könige, Ramses X. (um 1085a); Piankoff/Rambova, Mythological Papyri 31; Schäfer, Weltgebäude 89 (vereinfacht).
16 Papyrus der Konshu-mes, H ca. 12 cm, Paris, Bibliothèque nationale EG Nr. 153; Piankoff/Rambova, Mythological Papyri Nr. 30, Text 214.**
17 Papyrus des Ani, 18.Dyn. (1570-1345a), BM; Schott, Weltbild 185; Westendorf, Sonne Taf. 6.
18 Totenbuchpapyrus, Neues Reich (1570-1085a), Dublin, Trinity College; Naville, Todtenbuch I Taf. 27.

19 Elfenbeinkamm, Abydos, 1.Dyn. Wadji (2850a), Kairo; Westendorf, Sonne Taf.8; Engelbach, An alleged winged Sundisk Taf.8; Bonnet 88; Frankfort, Kingship Abb.17; vgl. Jéquier, Frises 176-180 zum Uasszepter.

20 Grabdenkmal des Königs Sahure, Südseite, 5.Dyn. (2480 bis 2350a); Borchardt, Grabdenkmal I 45; Stricker, Zeeslang 14 Abb.2a.

21 Sandsteinrelief, Edfu, Außenseite des Westteils der Umfassungsmauer, 2.Reg. 38.Bild, 237-57a; Chassinat, Edfou Taf. 626.**

22 Felsrelief, H 75 cm, Yazilikaya bei Boghazköi, Tudchalija IV. (1250-1220a); Bittel, Yazilikaya 92f Taf.24,2; Riemschneider, Welt der Hethiter Taf.37 oben; Frankfort, CS 275.**

23 Rollsiegel, Kalkstein, 6,8×1,8 cm, assyrisch, ca.10.Jh. a; von der Osten, Collection of Mr.E.T.Newell Nr.416; Frankfort, CS 213.*

24 Rollsiegel, assyrisch, 9.Jh.a; Frankfort, CS Taf.33e; Cook, Religion of Ancient Palestine 48 Taf.13,4; Galling, Beschriftete Bildsiegel Nr.154; Eißfeldt, Kleine Schriften II 418f Taf.4,5.**

25 Papyrus Barker 210 III, 21.Dyn. (1085-950a), BM 10008,3; Ions, Egyptian Mythology 46.**

26 Relief, gelblicher Sandstein, B 10,25 m, Kenotaph Sethos I (Osireion) in Abydos, westliche Hälfte der Decke der Sarkophagkammer, Sethos I (1317-1301a) Frankfort, The Cenotaph Taf.81, Text I 27 und 72-75; Neugebauer/Parker, Astronomical Texts Taf.30-32, Text 36-94, Zeichnung: W.B.Emery.

27 Papyrus Greenfield, H ca.0,4 m, L der ganzen Rolle 37,5 m, Der-el-Bahri, 21.Dyn. (1085-950a), BM 10554,87; ANEP Nr.542; Posener, Lexikon 93.**

27a Hieroglyphe; Gardiner, Grammar 449 Nr.C 11.**

28 Malerei auf Mumienkiste, Neues Reich (1570-1085a), Louvre; Lanzone, Dizionario 407 und Taf.158,1; Breasted, Geschichte Ägyptens 60; Erman, Ägypten 295; das Bild ist hier seitenverkehrt reproduziert, um den Vergleich mit den Darstellungen des gleichen Motivs zu erleichtern.

29 Totenbuchpapyrus der Nisti-ta-Nebet Taui, 21.Dyn. (1085 bis 950a), Kairo; Piankoff/Rambova, Mythological Papyri Nr.8.**

30 Relief, Philae, Ptolemäus IX (107-88a); LD IX Taf.35b; Schäfer, Weltgebäude 106.

31 Ostrakon, ägyptisch, Neues Reich (1570-1085a), Kairo; Bonnet, Bilderatlas Abb.7; Schäfer, Kunst 130.

32 Papyrus, Neues Reich (1570-1085a), Louvre; Piankoff, Une statuette Taf.IC; Lanzone, Dizionario III 155 Abb.1; Schäfer, Weltgebäude 105.**

33 Relief auf Sarkophagdeckel, Durchmesser der Scheibe 43,5 cm, Gesamthöhe 88 cm, Nekropole von Saqqara, 30.Dyn. (378 bis 341a) oder ptolemäisch (nach 300a), Metropolitan Museum, New York; Ransom, A Late Egyptian Sarcophagus 117; Westendorf, Sonne Taf.27; Schäfer, Weltbild 86; Posener, Lexikon 187.

34 Kalksteinblock, 3 Fragmente, H 57 cm, B 43 cm, urspr.Durchmesser der Scheibe ca.75 cm, Antiquitätenhändler in Kairo 1947/48, Ende des Neuen Reiches oder etwas später (um 700a), Kairo (?), Clère, Fragments 32; zu den kühlen Wassern des Horus vgl. Edel, Zu den Inschriften 111-115.

35 Barta, Der Königsring 6 (freie Zeichnung).

36 Bemaltes Relief, Dendera, Neujahrstempel, röm.Kaiserzeit (1./2.Jh.p); Chassinat, Temple de Dendara IV Taf.315; Stricker, Zeeslang Abb.2c; Westendorf, Sonne Taf.26.**

37 Sarkophagrelief, Abydos, Sethos I (1307-1301a); Bonomi-Sharpe, Alabaster Sarcophagus of Oimeneptah I Taf.15; Champdor, Livre des morts 89; Schäfer, Weltgebäude 108.

38 Malerei auf einem ägyptischen Sarg, Vatikan.Museen Schmidt, Levende og Dode 154; Stricker, Zeeslang 12f Abb.4b

39 Papyrus der Heruben, H 18 cm, 21.Dyn. (1085-950a), Kairo 133; Stricker, Zeeslang 11 Abb.3a; Piankoff/Rambova, Mythological Papyri Nr.1; Posener, Lexikon 150.

40 Holz mit ziseliertem Gold überzogen, Tal der Könige, Tutanchamon (1358-1349a), Kairo; Piankoff, Une representation Ders., Les Chapelles Taf.4; Ders., The Shrines 120f, Abb.4 und Taf.48; Stricker, Zeeslang 7 und 10 Abb.2d.

41 Kudurru, Kalkstein, H 54 cm, Susa, spätkassitisch (12.Jh.a) Louvre; Moortgat, Kunst 106 Taf.231f; Seidl, Kudurru-Reliefs Nr.40; Vigneau/Ozenfant, Encyclpédie photographique Abb.266f.**

42 Rollsiegel, weißer Stein, H 6,5 cm, Mari, akkadisch (2350 bis 2150a), Damaskus M 2734; Kantor, Landscape Taf.14 Abb.1 Parrot, Sumer Abb.228; ders., Les fouilles de Mari 153 Taf.15.1 Vanel, Iconographie 73f Abb.30; Zeichnung: H.J.Kantor.

43 Rollsiegel, Stein, H 3,6 cm, ⌀ 2,4 cm, Ur, akkadisch (2350 bis 2150a), Bagdad; Frankfort CS 102f Taf.18k; ders., Kingship Abb.52; ANEP Nr.684; Parrot, Sumer Abb.240; Barrelet Etudes de glyptique 233 Anm.3.**

44 Rollsiegel, Muschel, H 3,35 cm, ⌀ 2 cm, akkadisch (2350 bis 2150a), Sammlung Pierpont Morgan, New York; Frankfort CS 18f Taf.22a; Boehmer, Entwicklung der Glyptik Taf.3 Abb.373; Vanel, Iconographie 175 Abb.5; ANEP Nr.689 Parrot, Sumer Abb.227.*

45 Rollsiegel, Steatit, H 3,7 cm, assyrisch, 1.Hälfte 1.Jt., Sammlung Pierpont Morgan, New York; Porada, Corpus Nr.689 Parrot, Assur Abb.195; vgl. Weber, Siegelbilder Nr.311.*

46 Rollsiegel, syrisch, 18./17.Jh.a, Sammlung W.H.Moore Amiet, Un vase rituel 245 Abb.6; Vanel, Iconographie 78f 177 Abb.35.*

47 Rollsiegel, gelbe Fritte, glasiert, H 2,5 cm, ⌀ 1 cm, assyrisch 9./8.Jh.a, Berlin, VA 7951; Moortgat, Vorderasiatische Rollsiegel Nr.691; vgl.689f 692-695; Frankfort, CS Taf.34g; Weber, Siegelbilder Nr.349.*

48 Rollsiegel, Serpentin, H 1,7 cm, assyrisch (Ninive) 8./7.Jh.a Pierpont Morgan Library, New York; Porada, Corpus Nr 688; Weber, Siegelbilder Nr.347; Jeremias, Handbuch Abb 127; IWB IV 41.

49 Rollsiegel, assyrisch, 8./7.Jh.a, BM; AOB Nr.374a; Weber Siegelbilder Nr.348; Jeremias, Handbuch Abb.174.*

50 Kalksteinrelief, H 43 cm, B 158 cm, Malatya, Relief H, 8.Jh. oder früher, Ankara, Hethiter-Museum; ANEP Nr.670; Vanel Iconographie 123 183 Abb.64; Amiet, Notes sur le répertoire 217f; IWB III 53.*

51 Muscheltäfelchen, H 4 cm, Herkunft unbekannt, evtl. akkadisch (2350-2150a), Sammlung E.Borowski, Basel; ANEP Nr.671.*

52 Rollsiegel, grauer Stein, H 3,2 cm, ⌀ 2,2 cm, Tell Asmar, akkadisch (2350-2150a), Bagdad; Frankfort, CS 122 Taf.23j ANEP Nr.691; IWB IV 41.*

53 Rollsiegel, akkadisch (2350-2150a), Paris, Bibliothèque nationale; Weber, Siegelbilder Nr.364; Frankfort, CS Taf.18h.*

54 Malerei, Tal der Könige, Grab Siptahs (1214-1208a); Davis Tomb of Siptah Taf.3; Bonnet, Bilderatlas Abb.18; vgl. LD VI Taf.134a.*

55 Papyrus der Heruben, H ca.18 cm, 21.Dyn. (1085-950a) Kairo; Piankoff/Rambova, Mythological Papyri Nr.2.**

56 Babylonisches Weltbild, nach einer Skizze von W.Schwenzner, in: Meißner, B u. A II 109.

57 Altorientalische Vorstellung vom Weltall, nach einer Zeichnung von Alexandra Schober, in: Schwegler, Probleme Taf.

gegenüber 64.
58 Kalksteinrelief, Karnak, Festtempel Thutmosis III, kleiner Säulensaal, N des Allerheiligsten, Südwand, 1502–1448 a; Wreszinski, Atlas II Taf. 31.**
59 Rollsiegel, akkadisch (2350–2150a), Boston, Museum of Fine Arts 34.199; Boehmer, Entwicklung der Glyptik Abb. 721; Frankfort, CS 140 Abb. 36; vgl. Kantor, Landscape.**
60 Rollsiegel, Chalzedon, neuassyrisch (9.–7. Jh. a), BM 89023; Wiseman/Forman, Götter und Menschen Nr. 63; Seibert, Hirt, Herde, König 63–65 Abb. 56.*
61 Rollsiegel, assyrisch, 9./8. Jh. a, Berlin VA 693; Moortgat, Vorderasiatische Rollsiegel Nr. 612; Seibert, Hirt, Herde, König Abb. 53.*
62 Alabastervase, H 1,1 m, Uruk, Dschemdet-Nasr-Periode (2800/2700a), Bagdad 19606; Heinrich, Kleinfunde 15f Taf. 2 3 38; ANEP Nr. 502; Schmökel, Ur, Assur Taf. 10; Parrot, Sumer Abb. 87–90.**
63 Papyrus der Anhai, 20. Dyn. (1200–1085a), BM 10472; Frankfort, Kingship Abb. 36, vgl. Taf. 18; Champdor, Livre des morts 124.*
64 Längsschnitt durch ein Grab der frühen Bronzezeit, Tell en Naṣbe, 3. Jt. a; Watzinger, Denkmäler Palästinas I Taf. 12 Abb. 27.
65 Grundriß und Längsschnitt eines Grabes der mittleren Bronzezeit, 1. Hälfte 2. Jt. a; Tufnell, Lachish III 241 Abb. 29.
66 Längsschnitt eines Grabes der späten Bronzezeit, 2. Hälfte 2. Jt. a (evtl. auch schon in der mittleren Bronzezeit im Gebrauch); Pritchard, The Bronze Age II Grab 10 A.
67 Schnitt durch 2 Gräber der späten Bronzezeit, 2. Hälfte 2. Jt. a (evtl. auch schon in der mittleren Bronzezeit im Gebrauch); Pritchard, The Bronze Age 64 Grab 59 (links) 60 (rechts).
68 Längsschnitt durch ein phönizisches Schachtgrab, Sidon; Moscati, Phöniker 474 Abb. 5.
68a Kalksteinrelief, H ca. 80 cm, B 2,50 m, Amarna, Grab Echnatons, Grabkammer der Meketaten, Amenophis IV. (1377 bis 1358a); Bouriant, Monuments 19f und Taf. 6.
69 Kalksteinostrakon, Schech abd el Qurna, 18. Dyn. (1570 bis 1345a), Ashmolean Museum Oxford; Gardiner, An unusual Sketch; Schäfer, Kunst 133 Abb. 99.
70 Totenpapyrus des Neb-ked, 18. Dyn. (1570–1345a), Louvre; Posener, Lexikon 95; Schäfer, Kunst 133; Frankfort, Kingship Abb. 22.**
71 Totenbuchpapyrus, Neues Reich (1570–1085a), BM; Naville, Todtenbuch I Taf. 104.
72 Papyrus des Amenemsaf, Louvre; Champdor, Livre des morts 118; Naville, Todtenbuch I Taf. 104.
73 Hebräische Grabinschrift, L 1,32 m, Silwan bei Jerusalem, ca. 700 a, BM 125205; ANEP Nr. 811; KAI Nr. 191.*
74 Malerei auf dem Sarg des Djebastitefonch, Spätzeit (715–332a), Hildesheim, Pelizaeus-Museum; Posener, Lexikon 55; vgl. ANEP Nr. 642; IWB I 122f.**
75 Grabmalerei, Der el Medineh, Grab Nr. 2, Khabekhet, 20. Dyn. (1200–1085a); Lhote, Peinture égyptienne Taf. 10.**
76 Totenbuchpapyrus des Hunefer, H 23 cm, Sethos I (1317 bis 1301a), BM 9901; ANEP Nr. 640; Naville, Todtenbuch I Taf. 2; Champdor, Livre des morts 148f.**
76a Kalksteinrelief, B 2,25 m, Saqqara, Nekropole der Tetipyramide, Mitte der Regierungszeit Ramses II. (ca. 1270a), Kairo; Anthes, Bild einer Gerichtsverhandlung Taf. 17.*
77 Relief, Chorsabad, Saal VIII, 18, Sargon II (721–705a), verloren; Botta, Monuments II Taf. 119 bis.**
78 Querschnitt durch typische Zisternen; McCown, Tell en-naṣbeh 129 (Zisterne 304, 370) Mann ergänzt.*
79 Querschnitt durch Zisternen; McCown, Tell en-naṣbeh 216 (Zisternen 156, 160).
80 Ledernes Schöpfgefäß; Dalman AuS VI Abb. 45.
81 Rollsiegel, H ca. 1,8 cm, Anfang 1. Dyn. von Babylon (ca. 1800a), BM, Ward, Cylinders Abb. 453; vgl. Frankfort, CS Taf. 27g; Parrot, Sumer Abb. 386. Nach Photo aus dem BM.*
82 Totenbuchpapyrus des Hunefer, Sethos I (1317–1301 a), BM 9901, Naville, Todtenbuch I Taf. 136; Champdor, Livre des morts 164f; ANEP Nr. 639.**
83 Papyrus des Chonsu-mes, H 15,3 cm, 21. Dyn. (1085–950a), Kunsthistorisches Museum, Wien, Piankoff/Rambova, Mythological Papyri Nr. 17.**
84 Relief, gipsartiger Alabaster, L des Ausschnittes ca. 2,4 m, Chorsabad, Sargon II (721–705a), Louvre, Botta, Monuments de Ninive I Taf. 34; Ausschnitte: ANEP Nr. 107; Parrot, Assur Abb. 48, 267.**
85 Orthostat, rosa Kalkstein, H 60–80 cm, B 45–55 cm, Tell Halaf, Außenmauer des Tempelpalastes, Anfang 1. Jt. a, BM; Oppenheim, Tell Halaf III Taf. 43 a; Ders., Tell Halaf 163 Taf. 22 b; vgl. Parrot, Assur 83–97.*
86 Grabmalerei, Theben-West, Dra Abu'l Naga, Grab des Kenamon (Nr. 162), wahrscheinlich Zeit Amenophis III. (1413 bis 1377a), zerstört; Davies, A Syrian Trading Venture Taf. 8; Daressy, Une flottille; Klebs, Die Reliefs und Malereien des Neuen Reiches 231–233, ANEP Nr. 111. Zeichnung: N. de G. Davies.
87 Malerei auf Stuck, 11.–9. Jh. a, Kairo; Wreszinski, Atlas I Taf. 417; Posener, Lexikon 77; Erman, Religion 272.**
88 Kalksteinrelief, Saqqara, Aufgang zur Pyramide des Unas, 5. Dyn. (2480–2350a); Schott, Aufnahmen vom Hungersnotrelief; ANEP Nr. 102; IWB I 108; Wolf, Kunst 186; Otto, Weg des Pharaonenreiches Taf. 8.**
89 Malerei, Beni Hasan, Grab Nr. 15, 11. Dyn. (2052–1991 a), Newberry, Beni Hasan II Taf. 4; vgl. Taf. 13; Champollion, Monuments IV Taf. 382.**
90 Papyrus der Chenut-ta-wi, H ca. 14 cm, BM 10018; Schott, Weltbild Taf. 4; vgl. 187 Anm. 37; Lanzone, Dizionario Taf. 159.**
90a Rollsiegel, Marmor, H 3,2 cm, Ur, späte Akkadzeit (um 2200a); Frankfort CS 175f und Taf. 18d; Boehmer, Glyptik Taf. 29 Nr. 340.*
91 und 92 Assyrische Bronzetafel, Vorder- und Rückseite, H mit Kopf 13,5 cm, in Palmyra gekauft, Anfang 1. Jt., Sammlung Clercq, Paris; Frank, Babylonische Beschwörungsreliefs Taf. 1 und 2 Relief A; AOB Nr. 387; ANEP Nr. 658; Jeremias, Handbuch 68 Abb. 45; Parrot, Assur Abb. 130; vgl. Klengel, Neue Lamaštuamulette; Ders., Weitere Amulette; Thureau-Dangin, Rituel et Amulettes. 91* 92**
93 Bronzestatuette, H 14,5 cm, 7. Jh. a, Louvre; Schmökel, Ur, Assur Taf. 81; AOB Nr. 383; ANEP Nr. 659; Parrot, Assur Abb. 131; vgl. Klengel/Brandt, Ein Pazuzukopf; Moorey, A Bronze ‹Pazuzu›; Saggs, Pazuzu.**
94 Gelbe Alabasterplakette, B ca. 4,5 cm, Nebukadnezar II (604 bis 562a), Metropolitan Museum, New York 86.11.2; ANEP Nr. 657.*
95 Papyrus des Hunefer, Sethos I (1317–1301a), BM 9901; Champdor, Livre des morts 166.**
96 Totenbuchpapyrus, H ca. 8,5 cm, 21. Dyn. (1165–1085a), Berlin 3127, Morenz, Altägyptischer Jenseitsführer; vgl. Piankoff/Rambova, Mythological Papyri Nr. 3.**
97 Elfenbeinblatt, H 13 cm, B 5–6 cm, Megiddo, 13./12. Jh. a, Oriental-Institute Chicago; Loud, Megiddo Ivories Taf. 5 Nr. 4; Eißfeldt, Zur Deutung von Motiven 91 f.

97a und b Vorder- und Rückseite eines Gipssteintäfelchens, H 8,2 cm, B 6,7 cm, Arslan Tasch, 8.–6. Jh. a., Aleppo Nr. 1329; Mesnil du Buisson, Une Tablette magique Taf. vis à vis von S. 422; Gaster, A Canaanite Magical Text 77; ANEP Nr. 662 (nur Vorderseite); vgl. Torczyner, A Hebrew Incantation; zur Darstellung eines ähnlichen Dämons vgl. Rowe, Four Canaanite Temples Taf. 38 Nr. 14.**

98 Figur aus kristallinem Kalkstein, H 9 cm, Susa, Anfang 3. Jt. a, Guennol Collection, Brooklyn Museum, New York; Parrot, Sumer Abb. 97; Beek, Atlas of Mesopotamia Abb. 121.**

99 Terrakottafigur, H 13 cm, Tello, Ur-III-Zeit (2050–1950a), Louvre; Parrot, Sumer Abb. 298; ders. Assur Abb. 312; Moscati, Semitische Völker, Taf. 16; Vigneau/Ozenfant, Encyclopédie photographique I 251 A.**

100 Relief, Gipsstein, Ninive, wahrscheinlich aus dem Nordpalast Assurbanipals (668–626a), BM; nach Photo des BM.**

101 Sandsteinrelief auf Säule, Muṣawarât eṣ-Ṣofra (auf der Höhe des 6. Katarakts), südöstlicher Tempel (Löwentempel), meroitisch, frühptolemäische Zeit (3. Jh. a); LD X Taf. 74b.

102 Basaltplastik, unvollendet, Babylon, Königspalast Nebukadnezars II (604–562a); Schmökel, Ur, Assur Taf. 117.*

103 Sandsteinrelief, B ca. 3 m, Theben-West, Medinet Habu, östliches Hochtor, Durchgang durch den mittleren Turm, Nordwand, Ramses III. (1197–1165a); Nims, The Eastern High Gate Taf. 622, Text 12; zum Thema vgl. Hamza, Excavations; Zeichnung A. Floroff.

104 Rollsiegel (Ausschnitt), H 2 cm, Ø 0,9 m, Beirut, 14. Jh. a; Seyrig, Cylindre 170 Abb. 2.*

105 Schminkpalette, H des Fragments 26 cm; Ägypten, archaische Zeit (vor 2850a), Louvre; Vandier, Manuel I. 1 592–594; ANEP Nr. 291 f; Wolf, Ägypten 81, 84; Emery, Archaic Egypt 166 Taf. 3 b.**

106 Keramik, H 23,5 cm, Tell Asmar, kleines Heiligtum, Isin-Larsa-Zeit (ca. 1960–ca. 1860a), Bagdad(?); Delougaz, Pottery 121 f, Frontispiz Taf. 128, 129; IWB III 238 f.*

107 Relief, L ca. 90 cm, H ca. 23,5 cm (höchste Stelle), Ninive, Palast Assurbanipals (668–626a), BM 124880; Photo BM.**

108 Relief, H 14,4 cm, Meir (ca. 35 km südl. von Melawi), Grab des Ukh-ho-tep, Mittleres Reich (2052–1778a); Blackman, The Rock Tombs of Meir II Taf. 8; Vandier, Manuel IV. 1 811 Abb. 455.*

109 Sandsteinrelief, Theben, Luxortempel, 2. Pylon, westlicher Turm, Außenwand, Süd (Hinter)-Seite, Ramses II. (1301 bis 1254a); Wreszinski, Atlas II Taf. 66f, IWB II 255; vgl. M. Burchardt, Die Einnahme von Satuna, in: ZÄS 51, 1913, 106–109.

110 Kalksteinstele, H der beiden Fragmente 75 cm, Tello, Eannatum (ca. 2500a), Louvre; ANEP Nr. 298 (vgl. Nr. 307); Parrot, Sumer Abb. 163, 165f; Barrelet, Peut-on remettre en Question.**

111 Sandsteinrelief, Edfu, Tempel, östliche Umfassungsmauer, Innenseite, 1. Register, 1. Bild, ptolemäisch (237–57a), Chassinat, Temple d'Edfou XIV 585f.**

112 Wandmalerei, Beni Hasan, Mittleres Reich (2052–1778a); Grdseloff, Zum Vogelfang 52–55; Newberry, Beni Hasan II Taf. 6, 14.

113 Steinfalle aus Nordgaliläa; Dalman, AuS VI Abb. 62.

114 Hölzerne Vogelfalle; Dalman AuS VI Abb. 60.

115 Malerei, Schech abd el Qurna, Grab des Nacht, Thutmosis IV (1422–1413a); Lhote, Peinture égyptienne Abb. XV, Abb. 85; Schäfer, Kunst Abb. 267.**

116 Modernes Klappnetz aus Nordgaliläa; Dalman AuS VI Abb. 63.

117 Rekonstruktion eines ägyptischen Zugnetzes nach P. Montet; in: Vandier, Manuel V. 2 323.

118 Malerei, Theben, Grab C 7, 18. Dyn. (1570–1345a), Berlin 18540; Wreszinski, Atlas I Taf. 33; AOB Nr. 181; Vandier, Manuel V. 2 318–320 Abb. 144, 3.**

119 Relief, B 168 cm, H 62–74,5 cm, Ninive, Palast Assurbanipals (668–626a), BM 124871; Meißner, Assyrische Jagden 15 Abb. 3; Barnett/Forman, Assyrische Palastreliefs Abb. 101; vgl. Vandier, Manuel IV. 1 803 Abb. 452, 2. Nach Photo des BM.**

119a Felsritzung, B ca. 60 cm, Oberägypten, ca. 3000a, Anati, Rock-Art I 107 Abb. 70; vgl. Anati, Les gravures rupestres.

120 Grabmalerei, Schech abd el Qurna, Grab des Menena (Nr. 69), Thutmosis IV (1422–1413a); Davies/Gardiner, Paintings II Taf. 54; vgl. Kaplony, Eine Vogeljagdszene.*

121 Basaltrelief, H 1,62 m, Chorsabad, Sargon II (721–705a), Louvre; Parrot, Assur Abb. 66f; Moortgat, Kunst Abb. 274; vgl. ANEP Nr. 185; Beek, Atlas of Mesopotamia Abb. 197.*

122 Kalksteinstele, Ras Schamra, 14. Jh. a, Aleppo, Nationalmuseum; Schaeffer, Les fouilles de Ras Shamra Taf. 14; ANEP Nr. 608.*

123 Relief auf gelblichem Kalkstein, H ca. 20 cm, Nimrud, Thronraum des Salmanassar III (858–824a), Bagdad 65574; Mallowan, Nimrud Abb. 371 d; ANEP Nr. 821. Zeichnung A. Aebischer.

124 Malerei, Theben West, unbekanntes Grab, 18. Dyn. (1570 bis 1345a), BM 37982; Lhote, Peinture égyptienne Abb. 80; Posener, Lexikon 253; IWB III 210f; Berger, A Note on some Scenes 54–56.**

125 Kudurrurelief, schwarzer Kalkstein, H 56,5 cm, B 20 cm, 10. Jahr des Königs Marduk-nadin-ahhe (1116–1101a), BM 90840; Seidl, Kudurru-Reliefs Nr. 80; King, Babylonian Boundary Stones 42–45 Taf. 43; vgl. Taf. 44 46 48 50. Zeichnung nach Photo des BM.**

126 Kudurrurelief, H 61 cm, B 26,7–27,9 cm, Meli-shipak (1191 bis 1177a), BM 90827 Face A; King, Babylonian Boundary Stones Taf. 18; Seidl, Kudurrureliefs Nr. 25.*

127 Grabmalerei, Der el Medine, Grab des Sennudjem (Nr. 1), Ostwand, 19. Dyn. (1345–1200a); Mekhitarian, Ägyptische Malerei 149; Otto/Hirmer, Osiris und Amun 115.**

128 Grabmalerei, Deir el Medine, Grab des Sennudjem (Nr. 1), Ostwand, 19. Dyn. (1345–1200a); Otto/Hirmer, Osiris und Amun 115; Sameh, Alltag 16.**

129 Grabmalerei, Schech abd el Qurna, Grab des Nacht, 18. Dyn. (1570–1345a); Lhote, Peinture égyptienne Abb. 78; AOB Nr. 167; Erman, Ägypten 532 Abb. 220.**

130 Kalksteinrelief, Luxor, 1. Säulenhof, erste Jahre Ramses II (1301–1234a), Wreszinski, Atlas II Taf. 71 f.

131 Bronzerelief, H ca. 28 cm, Balawat, Salmanassar III (858–824a); King, Bronze Reliefs Taf. 21; ANEP Nr. 362; Parrot, Assur Abb. 127; Barnett/Forman, Assyrische Palastreliefs Abb. 159.**

132 Relief, Nimrud, Zentralpalast Tiglatpileser III (745–727a), BM 118903 und 115634; Barnett/Forman, Assyrische Palastreliefs Abb. 40f; Barnett/Falkner, Sculptures 14ff Taf. 37–40.**

132a Relief, B ca. 1,70 m, Beit el-Wali (ca. 50 km südlich von Assuan), Eingangshalle des Tempels, Nordmauer, 2. Szene von Osten, Ramses II. (1301–1234a); Ricke, Beit el Wali Temple Taf. 12, vgl. Taf. 10, Text 13; Schäfer, Von ägyptischer Kunst 238f und Taf. 36; Wreszinski, Atlas II Taf. 163; Zeichnung J. F. Foster.

133 Wandmalerei (Ausschnitt), Tell Achmar, 8. Jh. a, zerstört, Kopie L. Cavro, Paris; Parrot, Assur Abb. 116 (Ausschnitt) 117.**

134 Relief, Ninive, Palast Sanheribs, Raum 33 (704–681a), BM 124801; Barnett/Forman, Assyrische Palastreliefs Abb. 130.**

135 Schminkpalette, Schiefer, ca. 25 × 20 cm, spätvorgeschichtlich

136 (vor 2850a), BM 20791; Petrie, Ceremonial Slate Palettes 14 Taf. E; Wolf, Kunst Abb. 46; IWB III 110.**
136 Bronzetor, H 28 cm, Tell Balawat, Salmanassar III (858–824a), BM; King, Bronze Reliefs Taf. 50; IWB III 232 f.**
137 Relief, Ninive, Sanherib (704–681a), BM 124822; Photographie des Verfassers; vgl. Layard, Monuments Taf. 15. Zeichnung A. Aebischer.
138 Stele, B des Ausschnittes ca. 65 cm, Totentempel des Merneptah, Amenophis III (1413–1377a), Kairo; Westendorf, Ägypten 107; vgl. Leclant, La ‹Mascarade›; Schott, Ein ungewöhnliches Symbol.**
139 Relief, Chorsabad, Sargon II (721–705a), verloren; Botta, Monuments de Ninive II Taf. 141; AOB Nr. 136; ANEP Nr. 370; IWB III 66; vgl. Riemschneider, Urartäische Bauten 325–328.**
140 Bronzerelief, H ca. 28 cm, Tell Balawat, Salmanassar III (858 bis 824a), BM; King, Bronze Reliefs Taf. 8.*
141 Kalksteinrelief, Luxor, 1. Säulenhof, Außenseite der Westwand, Ramses II (1301–1234a); Wreszinski, Atlas II Taf. 65; Wolf, Kunst Abb. 574.
142 Basaltstele, H 90 cm, bei Tell Aschara (Terqa), Tukulti-Ninurta II (888–884a), Aleppo; Schmökel, Ur, Assur Taf. 83; vgl. Tournay/Saouaf, Stèle de Tukulti-Ninurta II 169–190; Güterbock, A Note on the Stela 123.*
143 Orthostatenrelief, H des Ausschnitts ca. 65 cm, Aladscha Hüyük, 15. Jh. a, Ankara, Hethitermuseum; Akurgal, Die Kunst Taf. 94; Riemschneider, Hethiter Taf. 54 unten; IWB III 31.**
144 Sandsteinrelief, Edfu, Tempel, westliche Umfassungsmauer, Innenseite, 1. Register, 12. Bild, Ptolemäus IX/Alexander I (107–88 a); Chassinat, Temple d'Edfou XIII Taf. 513; Roeder, Mythen Abb. 28.**
145 Protoionisches Kapitell, Jerusalem, evtl. Zeit Salomos (970 bis 932a); Kenyon, Jerusalem Taf. 20.**
146 Monolith von Silwan, Jerusalem, 8. Jh. a; Vincent, Jerusalem I 328–330 Taf. 71.
147 Verschiedene Formen des Urhügels, freie Zeichnung; vgl. Frankfort, Kingship 152–154.**
148 Skulptur, H 35 cm, 19. Dyn. (1345–1200a), Florenz; Frankfort, Kingship 33.**
149 Djoserpyramide, 109 × 124 m, H 62 m, Saqqara, 3. Dyn. (2650 bis 2600a); ANEP Nr. 764; Westendorf, Ägypten 29.*
150 Businks Rekonstruktion des «Turmes zu Babel», in: Parrot, Sintflut 92 Abb. 15.
151 Plan Jerusalems zur Zeit Salomos (970–932a); Kenyon, Jerusalem 81.
152 Diagramm der N–S Linie des Ophel nach 151. Zeichnung U. Winter.
153 Relief, Gipsstein, H 1,36 m, Assur, Brunnen des Assurtempels, 2. Hälfte 2. Jt. a, Berlin VA 1358; Andrae, Kultrelief Taf. 1; Moortgat, Kunst 115 f Taf. 236; ANEP Nr. 528; Parrot, Assur Abb. 9.**
153a Elfenbeineinlage, Figur des Berggottes ca. 14 cm hoch, Assur, Neuer Palast, um 1500a, Berlin, Staatliche Museen; Andrae, Kultrelief 5 f und Taf. 6a; Moortgat, Kunst Abb. 243.**
154 Heiliger Fels von Jerusalem, Zeichnung von H. Schmidt, Der Hl. Fels 102 f Abb. 1; vgl. Abb. 2; Busink, Tempel 11 Abb. 5.
155 Fels in Gezer; Macalister, The Excavation of Gezer II 401 Abb. 490.
156 Fels in Megiddo; Schumacher, Tell el Mutesellim I Abb. 226 Taf. 49; AOB Nr. 409; Galling, BRL Sp. 17 f Abb. 1 und 2.
157 Kalksteinrelief, Karnak, Tempel, Außenseite der Südmauer der großen Halle, Ramses II (1301–1234a); LD VI Taf. 145 c; Wreszinski, Atlas II Taf. 58; AOB Nr. 102; ANEP Nr. 334 (stark vereinfacht); vgl. 199.**
158 Gipsrelief, H 1,06 m, Nimrud, Tiglatpileser III (745–727a), BM 118908; Barnett/Falkner, Sculptures Taf. 70; AOB Nr. 133; ANEP Nr. 366; Beek, Atlas of Mesopotamia Abb. 190; Meißner, Palästinensische Städtebilder 261–263.**
158a Relief, Sandstein, Soleb (ca. 600 km südlich von Assuan), Tempel, Westseite des nördlichen Turms des 2. Pylons, Amenophis III. (1413–1377a); Breasted, Second Preliminary Report 89–92, Abb. 51, vgl. Abb. 50 (die Zeichnung vereinfacht sehr stark, so ist der König z. B. bei jedem Tor und nicht nur vor zweien zu sehen); Ausschnitt bei LD V Taf. 83 c; Moret, Royauté Abb. 32.
159–161 Zangentore aus Chazor, Megiddo und Gezer; Yadin, Solomon's City Wall 84 f.
162 Wandmalerei, Theben-West, Dra Abu'l Naga, Grab des Panehsi (Nr. 16), Ramses II. (1301–1234a); Foucart, Tombeau de Panehsy 31 und Abb. 16; Ausschnitt bei Wreszinski, Atlas I Taf. 114; Zeichnung: M. Baud.
162a Wandmalerei, B ca. 1,70 m, Theben-West, Choche, Grab des Neferhotep (Nr. 49), rechte Seite der Nordwand des inneren Raumes, Zeit des Eje (1349–1345a); Davies, Nefer-Hotep I 28–32 und Taf. 41, II Taf. 3 und 6; Zeichnung: N. de G. Davies.
163 Granitplastik, L der Basisplatte 2,11 m, Soleb (Sudan), von dort nach Gebel Barkal verschleppt, Amenophis III (1413–1377a), BM; Westendorf, Ägypten 108.**
164 Bronzerelief, L 2,37 m, H 1,07 m, Tell Obeid, 1. Hälfte 3. Jt. a, BM; Parrot, Sumer Abb. 187; Schmökel, Ur, Assur Taf. 40; Beek, Atlas of Mesopotamia Abb. 93; vgl. ANEP Nr. 599.**
165 Plastik, gebrannter Ton, Tell Harmal bei Bagdad, Anfang 2. Jt. a, Bagdad; Parrot, Acquisitions 10 Abb. 6.
166 Löwen-Orthostat, Basalt, Chazor, Tempel H, Stratum III, Spätbronzezeit (15.–13. Jh. a), Jerusalem, Israel Museum; Yadin, Hazor III–IV Taf. 120, 2 und 328.**
167 Fragment eines Keramikschreins, Geser; Macalister, The Excavation of Gezer II 437 Abb. 517, vgl. 518–519.
167a Relief, Luxor, Tempel, Vorhof Ramses II (1304–1238a); Otto/Hirmer, Osiris Abb. 33.**
168 Bronzefiguren, Ausschnitt aus einer Tafel von 60×40 cm, Susa, Schischak-Inschuschinak (12. Jh. a), Louvre; Parrot, Sumer Abb. 408 f; AOB Nr. 468; ANEP Nr. 619.**
169 Grundrisse von Häusern aus Tell el Fara, Eisenzeit (10. Jh. a); Jochims, Thirza und die Ausgrabungen 87 Abb. 4.
170 Tempel von Arad, Amiran/Aharoni, Ancient Arad Abb. 19; Aharoni, Trial Excavations 158; Busink, Tempel 593 Abb. 169.
171 Tempel von Lakisch, Aharoni, Trial Excavations 158; Tufnell, Lachish III Taf. 121.
172 Plan des Enki-Tempels des Amarsin, Ur, ca. 2000a; Moortgat, Kunst 64 Abb. 44.
173 Plan des Ninmachtempels, Babylon, 8./7. Jh. a, Moortgat, Kunst 161 Abb. 114.
174 Rekonstruktion des Tempelentwurfs Ezechiels; Benzinger Bilderatlas 293; BHH III Sp. 1943 f.
175 Rekonstruierter Grundriß des herodianischen Tempels; Schmidt, Der Hl. Fels Abb. 11 und 11 a.
176 Chonstempel, Karnak, 20. Dyn. (1200–1085a); Vandier, Manuel II. 2 941 Abb. 440.
177 Horustempel, L 137 m, Edfu, 237–57a; Wolf, Kunst 606 Abb. 609.
178 Baaltempel, Ugarit um 2000a; Schaeffer, Les fouilles de Ras Shamra-Ugarit, Syria 15 (1934) 122 Abb. 14; vgl. Busink, Tempel 478–480.
179 Plan des Tempels von Baalbek, 1./2. Jh. p; Collart/Coupel,

L'autel monumental de Baalbek Taf. 3.

180 Teil einer Kalksteinstele, H des Bandes 32 cm, Ur, Urnammu (ca. 2050a), Philadelphia, University Museum; ANEP Nr. 306; Parrot, Sumer Abb. 279-282; Schmökel, Ur, Assur Taf. 54.**

181 Keramikscherbe, H 15 cm, Tell Fara (Negev, ca. 30 km WNW von Beerseba), 19. Dyn. (1345–1200a); May, Material Remains Taf. 40b; Seibert, Hirt, Herde, König 38 Abb. 17; vgl. May, The sacred Tree.

182 Kultständer, bemalter Ton, 106 cm hoch, Megiddo 1350–1150a; Loud, Megiddo II Pl. 251.**

183 Kalksteinbecken, H 1,85 m, ⌀ 2,2 m, Amathont (Zypern), wohl 6. Jh. a, Louvre; Perrot/Chipiez, Histoire de l'art III 280 Abb. 211; Bossert, Altsyrien Nr. 281 f; vgl. Parrot, Le temple de Jérusalem 99 f.**

183a Skulptur aus Basalt, L 2,40 m, H 1,10 m, Karkemisch, Tempelhof, 9. Jh. a, Ankara: Woolley, Carchemish III Taf. B 47 und S. 168 f.**

184 Relief, Baalbek, großer Hof des Jupitertempels, Ostseite des nördl. Wasserbeckens, röm. Zeit (2. Jh. p); Wiegand, Baalbek Taf. 111.*

185 Doleritrelief, H 1,17 m, Assur, Brunnen des Assurtempels, 8./7. Jh. a, Berlin VA; Andrae, Das wiedererstandene Assur 155 und Taf. 2 b; Parrot, Assur 74 Abb. 82.**

186 Rollsiegel, Karnelian, H 3,7 cm, 9./8. Jh. a, Pierpont Morgan Library, New York; ANEP Nr. 706; Beek, Atlas of Mesopotamia Abb. 252; vgl. Frankfort, CS Taf. 34 b.**

187 Kalksteinrelief, Abydos, Tempel Sethos I (1317–1301 a); Calverly/Broome, Abydos I Taf. 3.**

188 Fahrbarer Kessel, Bronze, Larnaka (Zypern), spätmykenisch (1400–1200a), Berlin; Furtwängler, Über ein auf Cypern gefundenes Bronzegerät 411; AOB Nr. 505; IWB II 217; vgl. AOB Nr. 506; ANEP Nr. 587.**

189 Elfenbein, Nimrud, 9./8. Jh. a; Barnett, A Catalogue Taf. 33 f; BL Sp. 1031 Abb. 67 Fig. 2.**

190 Goldlamelle, L 20 cm, Enkomi-Alasia, Grab Nr. 2, neuzyprisch (1450–1350a); Schaeffer, La coupe en argent 57 f.*

191 Wandmalerei, L 2,5 m, H 1,75 m, Mari, Zeit Hammurabis (1728–1686a), Kopie (nach dem Original) im Louvre; Parrot, Sumer 279 f Abb. 346; Barrelet, Une Peinture de la cour 106 Taf. 1; vgl. Moortgat, Kunst 74.**

192 Rollsiegel, Eisenstein, H 2,1 cm, ⌀ 0,9 cm, 2. Jt. a, Berlin VA 522; Moortgat, Vorderasiatische Rollsiegel Nr. 526; ANEP Nr. 158.*

193 Stufenaltar, aus Sandstein gehauen, mit Massebe, Petra, el Meesara; Galling, BRL Sp. 17 f Abb. 4; AOB Nr. 449.*

194 Rekonstruktionsversuch des Ezechielaltars von E. Avi-Yonah, IWB III 201; vgl. BHH I Sp. 64.

195 Kalksteinaltar, H 54,5 cm, Megiddo, in der Nähe des hl. Bezirks, 10./9. Jh. a, Jerusalem, Palästina Museum; May, Material Remains 12 f Taf. 12; ANEP Nr. 575. Nach Photo des Verfassers.**

196 Relief, Amarna, Grab des Panchesi, Amenophis IV (1377 bis 1358 a); Davies, Amarna II Taf. 18; Vandier, Manuel IV. 1 683 Abb. 379.

197 Räucheraltar mit aramäischer Inschrift, Lakisch, 5./4. Jh. a, Jerusalem, Palästina Museum; Tufnell, Lachish III 286, 358 f Taf. 49.3; Aharoni, Trial Excavation 163 f Taf. 10 a.*

198 Räucherständer, Keramik, H 67 cm, Megiddo, 1150–1100 a, Chicago, Oriental Institute A 20830; May, Material Remains 20–23 Taf. 20; ANEP Nr. 583.**

199 Ausschnitt aus dem Relief 157.

200 Relief auf Räucheraltar, Palmyra, 85a, Oxford, Ashmolean Museum; IWB IV 164; Ingholt, Le sens Abb. 1 und 2.**

201 Relief, Ninive, Palast Assurbanipals, Raum S (668–626a), BM 124886 f; Barnett/Forman, Assyrische Palastreliefs Abb. 98.**

202 Relief, B 1,32 m, H 0,93 m, Ninive, Palast Assurbanipals (668 bis 626a) BM 124939 A; Barnett/Forman, Assyrische Palastreliefs Abb. 134; Jeremias, Das AT im Lichte des AO Abb. 18; BHH III Sp. 1385 f; Zeichnung nach Photo des BM.**

203 Langhaustypen; Müller, Types 179 Taf. 1; ANEP Nr. 752.

204 Knickachshaustypen; Müller, Types 180 Taf. 2; ANEP Nr. 753.

205 Knickachshaus; Andrae, Haus-Grab-Tempel Sp. 1037.

206 Hürdenhaus; Andrae, Haus-Grab-Tempel Sp. 1037.

207 Tonmodell, L ca. 60 cm, ca. 15 km NE von Uruk; Gerster, Ein sumerisches Tempelmodell.**

208 Tempelgrundrisse von Chazor, Spätbronzezeit (1550–1200a); Busink, Tempel 398 Abb. 100.

208a Grundriß des Grabentempels I und III von Lakisch, I: ca. 1480a, III: ca. 1325–1230a; Tufnell, Lachish II Taf. 66 und 68; Busink, Tempel 405–411.

209–213 Rekonstruktionsversuche des Tempels von Jerusalem, Salomo (970–932a).

209–210 Längsschnitt und Grundriß; Watzinger, Denkmäler Palästinas I Taf. 16.

211–212 Längsschnitt und Grundriß; Busink, Tempel 167, 165 Abb. 49, 48.

213 Rekonstruktionsversuch nach Wright/Albright/Stevens, in: Busink, Tempel Abb. 15 gegenüber 56.

214 Grundriß des Tempels von Sichem, Mittlere Bronzezeit (ca. 1650a); Sellin, Ausgrabung von Sichem Taf. 33; ANEP Nr. 868; Busink, Tempel 389 Abb. 96 A.

215 Grundriß eines Tempels von Megiddo, Späte Bronzezeit (ca. 1400–1150a); Busink, Tempel 396 Abb. 99; ANEP Nr. 735.

216 Grundriß eines Tempels von Beth Schan, Eisenzeit I (ca. 1200 bis 930a); Busink, Tempel 425 Abb. 114.

216a Grundriß eines Tempels von Beth Schan, Spätbronzezeit (ca. 1400–1300a); Busink, Tempel 413 Abb. 108; ANEP Nr. 737.

217 Plan des Sin-Schamasch Tempels, Assur, Sanherib (704–681 a); Andrae, Das wiedererstandene Assur 156 Abb. 67.

218 Grundriß des Palastes und des Tempels von Tell Tainat; nach McEwan, in: Busink, Tempel 559 Abb. 166; ANEP Nr. 739.

219 und 220 Grundrisse röm. Tempel in Syrien; Krencker/Zschietzmann, Römische Tempel Taf. 117 f.

220a Elfenbeintäfelchen, B des Ausschnitts 4 cm, Abydos, frühdynastische Königsgräber B 18 und 19, König Aha (um 2850a); Vandier, Manuel I/2 836 f und Abb. 560.

221 Weißer Kalksteinnaos, H 60 cm, B 32 cm, Sidon (?), Anfang 5. Jh. a, Louvre AO 2060; Aimé-Giron, Un naos phénicien Taf. 1 f; Moscati, Phöniker gegenüber 139.*

222 Kalksteinnaos, H 65 cm, B 36 cm, Sidon, 1. Hälfte 5. Jh. a, Istanbul; Aimé-Giron, Un naos phénicien Taf. 4; AOB Nr. 519 f.*

223 Fragment einer Dekorationssäule eines Möbelstückes, Elfenbein, H 13,8 cm, Arslan-Tasch, 8. Jh. a; Thureau-Dangin, Arslan Tash I 129 f II Taf. 44 Abb. 93.**

224 Bronzedreifuß, H 12,1 cm, Ras Schamra, 14./13. Jh. a; Bossert, Altsyrien Nr. 786; ANEP Nr. 588; Cornfeld, Von Adam 304.**

225 Tonmodell, H 21 cm, Idalion (Zypern), Eisenzeit (8./7. Jh. a), Louvre; AOB Nr. 523; Bossert, Altsyrien Nr. 16; Vigneau/Ozenfant, Encyclopédie photographique II 152 A.**

226 Kandelaber, grauer Kalkstein bemalt, H ca. 23 cm, Megiddo, 5. Jh. a (?); Schumacher, Tell el Mutesellim Frontispiz Abb. 190; AOB Nr. 467; Busink, Tempel Taf. 10 Abb. 72.**

227 Wandmalerei, Dura Europos Synagoge, 244 p; Mesnil du Buisson, Les peintures de la Synagoge de Doura Europos 21 Abb. 15; Busink, Tempel 295 Abb. 71.

228 Relief, Rom, Titusbogen, 70 p; AOB Nr. 509; Cornfeld, Von Adam 315; Grollenberg, Bildatlas Abb. 207f; vgl. Kon, The Menorah.**
229 Kalksteinrelief, Abydos, Tempel Sethos I (1317-1301a); Calverley/Broome, Abydos II Taf. 14.**
230 Kalksteinrelief, Abydos, Tempel Sethos I (1317-1301a); Calverley/Broome, Abydos II Taf. 4.**
231 und 232 Rotbraune Tonfigur mit hellbraunem Überzug und schwarzer Bemalung, H der Sitzfigur 28,6 cm, L des Cherubs 20 cm, Ajia Irini, zyprisch-archaisch I (700-600a); Gjerstad, The Swedish Cyprus Expedition II 731 und Taf. 233 Abb. 10f; Bossert, Altsyrien Nr. 130f.**
233 Elfenbeinritzung, L ca. 13 cm, Megiddo, 1350-1150a, Jerusalem, Palästina Museum 38780; Loud, Megiddo Ivories Taf. 4 Nr. 2; ANEP Nr. 332; zur andern Hälfte vgl. *321*; vgl. Isserlin, Psalm 68, Verse 14.*
234 Elfenbeinernes Thronmodell, H 2,6 cm, B 1,7 cm, Megiddo, 1350-1150a, Chicago, Oriental Institute; Loud, Megiddo Ivories Taf. 4 Nr. 3; Eissfeldt, Zur Deutung von Motiven Taf. 5 Abb. 3.**
235 Steinsarkophag, B des Ausschnittes 33 cm, Byblos, 5. Grab, Ende 2. Jt. a, Inschrift um 1000a, Beirut; ANEP Nr. 458; vgl. Nr. 456f 459; KAI Nr. 1.*
236 Reliefstele, Hadrummetum (Sousse); Moscati, Phöniker Abb. 35, vgl. Abb. 9; Warmington, Carthage Abb. 8a.**
237 Bleifigürchen, Baalbek, römische Kaiserzeit; Seyrig, La triade Taf. 84 Abb. 1; vgl. Dussaud, Temple et cultes 47 Abb. 7.*
238 Relief, Meroë, Begrawija, Lepsius' Pyramidengruppe C, Pyramide 15, Westwand der Kapelle des Prinzen Taktidamani, ca. 15a-15p; LD X Taf. 54e; zu einer ähnlichen Darstellung in der Osiriskapelle an der Innenseite des östlichen Temenoswalls von Karnak aus der Zeit der 23. Dynastie (Mitte des 8. Jh. a), vgl. Nims, Thebes 107.
238a Isometrische Darstellung der Portalfolge des Sandsteintempels von Kalabscha, L 72 m, B 35,5 m, früher ca. 56 km südlich von Assuan, seit der 1962/63 durchgeführten Verlegung 18 km südlich von Assuan, spätptolemäisch-augustäisch; Siegler, Die Tore von Kalabscha Abb. 7; Zeichnung: U. Rombock.
239 Steintafel mit Bauinschrift, 18 × 30 cm (Szene 18 × 10 cm), Sippar (40 km SW Bagdad), Nabuapaliddin (885-850a), BM 91000; AOB Nr. 322; ANEP Nr. 529; Parrot, Assur Abb. 215; Beek, Atlas of Mesopotamia Abb. 37, vgl. Metzger, Himmlische und irdische Wohnstatt 141-144.**
240 Rollsiegel, H 4 cm, Kunsthandel, Akkad-Zeit (2350-2150a), Privatsammlung; Boehmer, Entwicklung der Glyptik Nr. 915 Abb. 353; Frankfort, CS 131f Taf. 22k; Opitz, Studien zur altorientalischen Kunst Taf. 3,2; ANEP Nr. 690; vgl. van Buren, Representations of Battles.*
241 Relieffragment, Kalkstein, H 57 cm (Figur ca. 38 cm), Susa, Pazur-Šušinak (2. Hälfte 3. Jt. a); Louvre, Parrot, Sumer Abb. 293; Moortgat, Kunst Taf. 158; Ellis, Foundation Deposits Abb. 16.**
242 Votivtafel aus Kalkstein, H ca. 20 cm, Ur, um 2500a, BM 118561; Woolley, Ur 115; ANEP Nr. 603; Heinrich, Bauwerke 83 Abb. 101.**
243 Rekonstruktion des Festungstempels von Sichem, 21,3 × 23,6 m, Ecktürme 7 × 5 m, Mauern 5,2 m dick, der Tempel steht auf einer Plattform, 1650a; Busink, Tempel 388-394 Abb. 96-98; vgl. *214*.
244 Fliehturm, Jericho, H 12 m, ⌀ 9 m, vorkeramisches Neolithikum (7. Jt. a); Kenyon, Digging up Jericho Taf. 25; ANEP Nr. 863; Wildberger/Wolgensinger, Biblische Welt Abb. 40.*
245 Kalksteinrelief, Karnak, Außenseite der Nordmauer der großen Halle, Ostvorsprung, Sethos I (1317-1301a); Wreszinski, Atlas II Taf. 34, 35a, 39f, 42; AOB Nr. 95; ANEP Nr. 327, 329; Giveon, Les Bedouins Shosou 39-60.**
245a Relief, B ca. 2 m, Karnak, Tempel Ramses III. im Vorhof des Amontempels, Außenseite der Westmauer, nördliches Ende, Ramses III. (1197-1165a); Nelson, Ramses III. Temple II Taf. 81 und 82. Zeichnung: D. N. Wilber.
246 Bronzemünze, Byblos, Kaiser Macrinus (217-218p), BM, Inschrift: «(Münze) des heiligen Byblos» *(hieras bybloy)*; Cook, The Religion of Ancient Palestine 160f Taf. 33 Nr. 5; AOB Nr. 521; Dussaud, Note additionnelle 113ff.**
247 Münze, Bronze, ⌀ ca. 3 cm, ca. 23 g, Tyros, 3./4. Jh. p; Hill, Catalogue Taf. 33. 14.**
248 Allerheiligstes, Blick gegen Nordwesten, mit Stufen, 2 Altärchen am Eingang und bemalter, aber bildloser Stele, H des höhern Räucheraltars 51 cm, Arad, 10.-Ende 8. Jh. a, Jerusalem, Israel Museum; BL Taf. 21; ANEP Nr. 872.*
249 Kalksteinrelief, H ca. 25 cm, Saqqara, Grab des Mereruka, Teti (6. Dyn. 2350-2200a); ANEP Nr. 133; Schäfer, Kunst Abb. 183a.**
250 Grabmalerei, H ca. 60 cm, Abd el Qurna, Grab des Rechmire (Nr. 100), Thutmosis III (1502-1448a); Davies, The Tomb of Rekh-mi-rē' II Taf. 52; Wreszinski, Atlas I Taf. 316; Posener, Lexikon 166f; IWB III 101.
251 Terra sigillata, römisch, Archäologisches Institut der Universität Tübingen; Latte, Römische Religionsgeschichte XVI Abb. 25.**
252 Lebermodell, Ton, L ca. 7,7 cm, Chazor, Grabungsareal H, 15. Jh. a, Jerusalem, Israel Museum; Landsberger/Tadmor, Fragments of Clay Liver Models 206f; Yadin, Hazor III-IV Taf. 315; ANEP Nr. 844.
253 Grabmalerei, Tal der Könige, Grab Thutmosis III (1502-1448a); Mekhitarian, Ägyptische Malerei, 38; Posener, Lexikon 167; vgl. Buhl, The Goddesses of the Egyptian Tree Cult, und Moftah, Die uralte Sykomore.**
254 Grabmalerei, Deir el Medine, Grab des Sennudjem (Nr. 1), 19. Dyn. (1345-1200a); Westendorf, Ägypten 191; Otto/Hirmer, Osiris und Amun 115.**
255 Papyrus des Nesi-pa-ka-shuty, H 19 cm, Louvre E 17401; Piankoff/Rambova, Mythological Papyri Nr. 9.**
256 Kalksteinstatue, H ca. 1,5 m, Mari, Palast, 18. Jh. a, Aleppo 1659; Parrot, Sumer Abb. 339f; ANEP Nr. 516; Schmökel, Ur, Assur Taf. 63.**
256a Relief, Karnak, Tempel des Amon, großer Säulensaal, Innenseite der Westmauer, Ramses II. (1301-1234a); Nelson, Ramses III Temple I S. IX und II Taf. 80 C.**
257 Grabmalerei, Marissa, Grab Nr. 2, innere Kammer, hellenistische Zeit (3. Jh. a); Vincent, Jérusalem II 412 Abb. 127.**
258 Mosaikfußboden, Beth Alpha (Hefzibah), Synagoge, Anfang 6. Jh. p; Schapiro/Avi Yonah, Frühe Mosaiken Taf. 6.**
259 Detail aus *258*.**
260 Statue, dunkelgrauer Diorit, H des Ausschnittes ca. 42 cm, Gize, Chefren (4. Dyn. 2600-2480a), Kairo; Breasted, Geschichte Ägyptens Taf. 53; Wolf, Kunst 143f; ANEP Nr. 377; Posener, Lexikon 45.*
261 Elfenbeinschnitzerei, H 8,4 cm, B 9,8 cm, Arslan Tasch (ca. 40 km E von Karkemisch), wohin es von Damaskus als Beute verschleppt wurde, 8. Jh. a, Louvre; Thureau-Dangin, Arslan Tash I 93 II Taf. 19 Abb. 1; vgl. Frankfort, The Art 318f.**
262 Papyrus des Konshu-Renep, H ca. 15 cm, 21. Dyn. (1165 bis 1085a), Kairo; Piankoff/Rambova, Mythological Papyri Nr. 11; vgl. Schmidt, Levende og Dode 154.**
263 Denkstein, Berlin 7354; Erman, Religion 145 Abb. 53.**

264 Stele, Kalkstein, H 58 cm, B 40 cm, Tell Defenneh (SW von Pelusium), persische Zeit (525–332a), Kairo; Müller, Egyptological Researches I 30 Taf. 40; AOB Nr. 354; IWB III 143.**

264a (von links nach rechts) Keramikmaske, H 16,3 cm, Chazor, Area D, Späte Bronze-Zeit II (1450–1200a), Israel-Museum, Jerusalem; Yadin, Hazor I 138 und Taf. 163.*
Keramikmaske, H 14,7 cm, Chazor, Area C, Späte Bronze-Zeit II (1450–1200a), Israel-Museum, Jerusalem; Yadin, Hazor II Taf. 183; ANEP Nr. 843.*
Kalksteinmaske, Umgebung von Hebron, Privatbesitz; L'Encyclopédie de tous les pays VI 275.*
Zu einer weiteren Kultmaske aus dem palästinensischen Raum vgl. Macalister, Gezer II 233 Abb. 383.

264b Relief, Denderah, Hathortempel, Kammern auf dem Dach, Südseite, erste Kammer, Nordwand, 1. Jh. p; Mariette, Denderah IV Taf. 31; vgl. Murray, Ritual Masking 255.

265 Kalksteinrelief, H 32 cm, Amarna, Amenophis IV (1377 bis 1358a), Berlin-West, Inv.nr. 14145; Erman, Religion 120; ANEP Nr. 411; Lange/Hirmer, Ägypten Abb. 184.

266 Gravierung auf hellblauem Chalzedon, 4 × 3 × 1,8 cm, elamisch, 12. Jh. a, London BM, Inv.nr. 113 886; I. Seibert, Die Frau im alten Orient, Leipzig 1973, Taf. 42.**

267 Elfenbeinschnitzerei, H 5,6 cm, Megiddo, 1350–1150a, Oriental Institute, Chicago; Loud, Megiddo Ivories Taf. 32 Nr. 160.**

268 Grabmalerei, Abd el Qurna, Grab des Thot-nofer (Nr. 80), Querraum rechts, Amenophis II (1448–1422a); Wreszinski, Atlas I Taf. 258.**

269 Grabmalerei, Gise, Grab Nr. 24, 4. Dyn. (2600–2480a), Berlin; LD Bd. III Taf. 21.*

270 Grabmalerei, B ca. 2,20 m, Theben-West, Dra'abu'l naga, Grab des Nebamon (Nr. 17), Amenophis II (1448–1422a); Säve-Söderbergh, Four Tombs 25–27, Taf. 23; Wreszinski, Atlas I Taf. 115; IWB IV 275; Vandier, Manuel IV 588; Smith, Interconnections Abb. 41; Zeichnung: N. de G. Davies.

270a Stele, Kalkstein, H 26,5 cm, 18./19. Dyn. (ca. 1570–1200a), Glyptothek Ny Carlsberg, Kopenhagen; Ranke, Istar als Heilgöttin Taf. 66.**

271 Rollsiegel, Serpentin, H 4,05 cm, Akkad-Zeit (2350–2150a), Berlin VA 3456; Moortgat, Vorderasiatische Rollsiegel Nr. 234; Parrot, Assur Abb. 359; Schmökel, Ur, Assur Taf. 48 unten; ANEP Nr. 695.**

272 Rollsiegel, grüner Schiefer, H 5,4 cm, ⌀ 3,2 cm, Urnammu (ca. 2050a), BM 89126; Wiseman/Forman, Götter und Menschen Abb. 40.**

273 Papyrus der Dirpu, H 23,5 cm, Deir al Bahari, 21. Dyn. (1165 bis 1085a), Kairo; Piankoff/Rambova, Mythological Papyri Nr. 6.**

274 Kalksteinrelief, H ca. 65 cm, Karnak, Sesostris I (1971–1930a), Kairo; Fechheimer, Plastik Nr. 146; Wolf, Kunst 363 Abb. 308 f.**

275 Tonstatuette, Achsiv, 6./5. Jh. a, Jerusalem, Palästina Museum; Photo des Verfassers; vgl. Lambert, A Phoenician Statuette; von dieser Statuette sind mindestens drei Exemplare bekannt.**

276 Terrakottagruppe, aus dem Heiligtum einer Geburtsgöttin bei Lapithos, Cypern, 6., frühes 5. Jh. a, Cypern Museum, Nikosia; Dikaios, A Guide to the Cyprus Museum 204 f und Taf. 31 Nr. 2; Cornfeld/Botterweck, Bibel und ihre Welt Abb. 230; vgl. Bossert, Altsyrien Nr. 156.*

277 Gußfigur, Bronze, H 13 cm, 12. Dyn. (1991–1778a), Berlin, Staatliche Museen; Roeder, Mythen Taf. 13; Westendorf, Ägypten 78.*

277a Tonrelief, H 11 cm, Larsa-Zeit (ca. 1960–1860a), Bagdad, eine Dublette im Louvre; van Buren, A Clay Relief 166 Abb. 1; Frankfort, The Art 112.**

277b Bandabrollung von Relief auf Steingefäß, H ca. 11 cm, kleiner Tempel IX., Khafajeh, um 3000a, Bagdad; Delougaz, Animals emerging from a Hut 87 Abb. 6; Ders., Presargonid Temples 104 Abb. 98, Zeichnung: H. J. Kantor.

278 Kalksteinstatue, H 13,3 cm, Anfang 5. Dyn. (2480–2350a), Chicago, Oriental Institute; IWB III 114; Wolf, Kunst 167 Abb. 133.*

278a Statue, Basalt, H der Göttin 2,73 m; H der Löwin 1,92 m, Tell Halaf, 9. Jh. a, Aleppo; Oppenheim, Tell Halaf II 55, 68 und Taf. 11; Ders., Tell Halaf III Taf. 123 b, 127–129 und 133–135; Ders., Tell Halaf Taf. 1.**

279 Malerei, H der Figur 24 cm, Beni Hasan, Grab Nr. 3, Hauptraum, Westwand, Mittleres Reich (2052–1778a); Johl, Webestühle Abb. 21; ANEP Nr. 143, Zeichnung: N. de G. Davies.

280 Malerei, H ca. 30 cm, Theben, Grab des Ipui (Nr. 217), Ramses II (1301–1234a); Posener, Lexikon 38; ANEP Nr. 95; vgl. AOB Nr. 175; vgl. Champollion, Monuments II Taf. 185.3; IWB I 266.**

281 Rollsiegel, Karneol, H 2,5 cm(?), persische Zeit (5. Jh. a), Sammlung Draper, USA; Galling, Beschriftete Bildsiegel Nr. 171; Weber, Siegelbilder Nr. 532.*

282 Relief, H ca. 1,5 m, Amarna, Amenophis IV (1377–1358a); Davies, Amarna III Taf. 30.

283 Stele, Serpentin, H 47 cm, Ugarit, 14. Jh. a, Aleppo; Schaeffer, Les fouilles de Ras Shamra Taf. 17; vgl. 129 Abb. 1; ANEP Nr. 493; BHH I Sp. 387 f; vgl. Schaeffer, Götter.*

284 Goldbelegte Bronzefigur, H 13,8 cm, Ugarit, Südstadt, 2. Hälfte 2. Jt. a, Damaskus 23 394; Schaeffer, Nouveaux Témoignages 7 Abb. 3 Taf. 2; ANEP Nr. 826. Zeichnung: M. Kuss.

285 Rollsiegel, grün und schwarz gefleckter Serpentin, akkadisch (2350–2150a), BM 103 317; Wiseman/Forman, Götter und Menschen Abb. 36; vgl. Frankfort, CS Taf. 23 d f; Moortgat, Vorderasiatische Rollsiegel Nr. 223–226, vgl. Barrelet, Etude de glyptique akkadienne: Ea.*

286 Rollsiegel, akkadisch (2350–2150a), Leningrad, Eremitage 6587; Boehmer, Entwicklung der Glyptik Nr. 461.**

287 Relief, Wadi Sebua, Allerheiligstes im Tempel Ramses II. (1301–1234a); LD VII Taf. 181; Erman, Religion 18 Abb. 6; Bonnet 738 Abb. 176.

288 Kalksteinrelief, H 1,05 m, Amarna, Teil einer Balustrade einer Tempelrampe, Amenophis IV (1377–1358a), Kairo; Elisofon/van der Post, The Nile 218; ANEP Nr. 408; BHH I Sp. 44 Abb. 4.**

289 Kalksteinrelief, Amarna, Amenophis IV (1377–1358a); Bouriant, Monuments I Taf. 1; Erman/Ranke, Ägypten 462 Abb. 184; AOB Nr. 546; IWB IV 47.

290 Siegelabdruck, Keramik, H der Bildkomposition 7,3 cm, Tell Mardikh, ca. 1725 a, Damaskus/Aleppo; Matthiae, Empreintes d'un cylindre 5 Abb. 1 und Taf 1 und 2; vgl. Moortgat, Vorderasiatische Rollsiegel Nr. 523.

291 Kalksteinstele, H 1,42 m, B 0,47–0,5 m, Ugarit, westl. des großen Tempels (vgl. 178), 1. Hälfte 2. Jt. a, Louvre AO 15775; Schaeffer, Les fouilles de Ras Shamra-Ugarit, Syria 15, 1934, Taf. 16; Schäfer, Nordsyrische Kultsitte Taf. 7a; ANEP Nr. 490.*

292 Stele, grauer, vulkanischer Basalt, H 1,62 m, Djekke (ca. 30 km NE von Aleppo), 8./7. Jh. a, Aleppo 2459; ANEP Nr. 500; Vanel, Iconographie Abb. 70.**

293 Felsrelief, H des Gottes ca. 4,2 m, Ivriz (SE Anatolien), 2. Hälfte 8. Jh. a; Bossert, Altanatolien Nr. 796; AOB Nr. 343; ANEP

Nr. 527; Riemschneider, Hethiter Taf. 45; Akurgal, Kunst der Hethiter Taf. 24; Vanel, Iconographie 146f Abb. 69.**

294 Basaltstele, H 1,35 m, Arslan Tasch, Tiglatpileser III (745–727a), Louvre; ANEP Nr. 501; Grollenberg, Bildatlas Abb. 219; Vanel, Iconographie 149f Abb. 21.**

295 Emaillierter Ziegel, H 28 cm, Assur, Tukulti-Ninurta II (888 bis 884a), BM 115706; AOB Nr. 333; ANEP Nr. 536; Parrot, Assur Abb. 282.*

296 Relief, Nimrud, Assurbanipal II (883–859a), BM; Meißner, BuA II 40 Abb. 10; Budge, Assyrian Sculptures Taf. 18.1; Perig, Geflügelte Scheibe Taf. 4.2.

297 Obeliskrelief, H ca. 30 cm, Ninive, 11./10. Jh. a, BM 118898; AOB Nr. 332; ANEP Nr. 440; Moortgat, Kunst Abb. 252; Parrot, Assur Abb. 40c.*

298 Rekonstruktion eines Kupferschmelzofens, Tell Qasile (N von Tel Aviv), 11. Jh. a; Maisler, The Excavations at Tell Qasîle Abb. 3; ANEP Nr. 134; IWB III 178.

299 Zeichnung eines Backofens, eš-šobak (N von Petra); Dalman, AuS IV Abb. 17.3.

300 Bronzestatue, H 13 cm, Megiddo, Grab Nr. 4, Spätbronzezeit (1350–1200a), Jerusalem, Palästina Museum; May, Material Remains 33 ff und Taf. 34 Abb. 357; ANEP Nr. 496.**

301 Kalksteinstele, Horbet (Nildelta), 19. Dyn. (1345–1200a), Hildesheim, Pelizäus Museum 1100; AOB Nr. 348.**

302 Kalksteinstele, Neues Reich (1570–1085a), Chicago, Oriental Institute 10569; ANEP Nr. 476; IWB III 274.*

303 Vasenmalerei auf Kelch-Krater, Orvieto, ca. 460a, Louvre G 341; Arias/Hirmer, Tausend Jahre Taf. 175.**

304 Relief, H 91 cm, Nimrud, Zentralpalast, Tiglatpileser III (745 bis 727a), Bombay; Barnett/Falkner, Sculptures 14 und Taf. 32.**

305 Kalksteinrelief, Luxor, 1. Säulenhof, Außenseite der Westwand, S des Seiteneinganges, erste Jahre Ramses II (1301 bis 1234a); Wreszinski, Atlas II Taf. 71.**

306 Relief, Ninive, Assurbanipal (668–626a); Beek, Atlas of Mesopotamia Abb. 230.**

307 Relief, Ninive, Palast Assurbanipals, Raum C, 668–626a, BM 124860; Barnett/Forman, Assyrische Palastreliefs Abb. 76.**

307a Stele, Kalkstein, H 49 cm, wahrscheinlich von Assiut, Schalkana-Grab, 19./20. Dyn. (1345–1085a), BM 1632; Brunner, Dankstele Taf. 3.*

308 Wandmalerei, H der Figuren ca. 50 cm, Beni Hasan, Grab des Chnum-Hotep III (Nr. 3), Sesostris II (1897–1879a); Newberry, Beni Hasan I Taf. 31; LD Bd. IV Taf. 131; vgl. Taf. 132; AOB Nr. 51; ANEP Nr. 3; IWB I 26.

309 Grabmalerei, H ca. 48 cm, Abd el Qurna, Grab des Rechmire (Nr. 100), Thutmosis III (1502–1448a); ANEP Nr. 115; Lhote, Peinture égyptienne Taf. 99; Mekhitarian, Ägyptische Malerei 48.**

310 Relief, Ninive, Südwestpalast, Assurbanipal (668–626a), BM; ANEP Nr. 204; Beek, Atlas of Mesopotamia Abb. 226.**

311 Grabmalerei, Abd el Qurna, Grab des Menena (Nr. 69), Querraum, linke Eingangswand, spätere 18. Dyn. (1570–1345a); Wreszinski, Atlas I Taf. 231f; Lhote, Peinture égyptienne Taf. 77; vgl. Berger, A Note on some Scenes.**

312 Kalksteinrelief, H 38 cm, Saqqara, Grab des Tji, 5. Dyn. (2480 bis 2350a); Wolf, Kunst 228 Abb. 195; Mekhitarian, Ägyptische Malerei 11; Westendorf, Ägypten 55.**

313 Rollsiegel, gelber Kalkstein, H 5,7 cm, ⌀ 5 cm, Anfang 3. Jt., Berlin VA 7234; Frankfort, CS Taf. 5e; Moortgat, Vorderasiatische Rollsiegel Nr. 4; Schmökel, Ur, Assur, Taf. 4 unten.*

314 Inschriftstein, L 40 cm, H 20 cm, Grabmal des Hani (15 km E der Pumpstation H 5, an der Straße El Mefraq-Bagdad),

1. Jh. a; Eißfeldt, Kleine Schriften III Taf. I Abb. 2.**

315 Grabmalerei, Abd el Qurna, Grab des Rechmire (Nr. 100), Thutmosis III (1502–1448a); Davies, The Tomb of Rekh-mi-rēʿ Taf. 60; Vandier, Manuel III 7 Abb. 3.

316 Relief, Ninive, Südwestpalast, Sanherib (704–681a), verloren; Barnett/Falkner, Sculptures 17 und Taf. 7; Layard, Monuments I Taf. 67 A.**

317 Relief, Chorsabad, Sargon II (721–705a); Botta, Monuments de Niniveh II Taf. 114; IWB III 215; Meißner, BuA II 129.**

318 Orthostatenrelief, Granit, H 1,26 m, Aladscha Hüyük, 15. Jh. a, Ankara, Hethitermuseum Akurgal, Die Kunst Taf. 92; Bossert, Altanatolien Nr. 510; ANEP Nr. 616.**

319 Elfenbeinschnitzerei, Nimrud, 9./8. Jh. a, Bagdad; IWB II 172; vgl. ANEP Nr. 131; Thureau-Dangin, Arslan Tash Taf. 45 bis 59.**

320 Stele, Karthago, 4. Jh. a, Tunis, Bardo Museum; Poinssot/Lantier Un sanctuaire Taf. 4, 2 und S. 47. Moscati, Phöniker Abb. 40 gegenüber 200; Cornfeld/Botterweck, Bibel und ihre Welt Abb. 650; Warmington, Carthage Abb. 8b.**

321 Elfenbeinritzung, L ca. 13 cm, Megiddo, 1350–1150a, Jerusalem, Palästina Museum 38780; Loud, Megiddo Ivories Taf. 4 Abb. 2; ANEP Nr. 332; zur Datierung vgl. Liebowitz, Horses; zur andern Hälfte vgl. 233.*

322 Relief, Ninive, Sanherib (701–681a); Layard, Monuments II Taf. 24; AOB Nr. 538.**

323 Relief, Ninive, Sanherib (704–681a); Layard, Monuments II 469; Paterson, Assyrian Sculptures Taf. 94; Meißner, BuA II 89.**

323a Relief, H 3,39 m, Yazilikaya, Ostwand der kleineren Kammer, 2. Hälfte des 13. Jh. a; Bittel, Yazilikaya 101–104 und Taf. 29–31; Akurgal, Die Kunst Taf. 81–83; Frankfort, The Art 228f; vgl. Güterbock, A Votive Sword.**

324 Tonscherbe, H 9,5 cm, Theben, 19. Dyn. (1345–1200a), Berlin Ä 21826, ANEP Nr. 479; AOB Nr. 274; vgl. Leclant, Astarté à cheval 1–67.**

324a Steinskulptur, lebensgroß, Sendschirli, 9./8. Jh. a, Berlin; v. Luschan, Ausgrabungen in Sendschirli IV 337 Abb. 249; Kantor, A Bronze Plaque 94 Abb. 2.**

325 Relief, gipsartiger Alabaster, H (total) 1,29 m, Ninive, Assurbanipal (668–626a); Louvre, Parrot, Assur Abb. 57; vgl. Beek, Atlas of Mesopotamia Abb. 221.**

326 Wandmalerei, H 35 cm, Tell Achmar, 7. Jh. a, Original zerstört, nach dem Original gefertigte Kopie von L. Cavro im Louvre; Parrot, Assur Abb. 340; Moortgat, Kunst 158 Abb. 111.**

327 Wandmalerei, Tell Achmar, 8. Jh. a, zerstört, Kopie von L. Cavro im Louvre; Parrot, Assur Abb. IV.**

328 Relief, Ninive, Assurbanipal (668–626a), BM 128941; Barnett/Forman, Assyrische Palastreliefs Abb. 128; IWB III 150.**

328a Sandsteinrelief, Medinet Habu, erster Vorhof, Innenseite der Südmauer, Ramses III. (1197–1165a.); Nelson, Later Historical Records Taf. 62.

329 Skulptur aus grauem Granit, H 80 cm, Karnak, Tempel des Amon, 20. Dyn. (1200–1085a), Kairo Museum 42162; Legrain, Statues II 29 und Taf. 26.**

330 Wandmalerei, H 1,4 m, Tell Achmar, Palast, Saal 24, 8. Jh. a, zerstört, Kopie von L. Cavro im Louvre; Parrot, Assur Abb. 348; ANEP Nr. 235.**

331 Dolerit, H 1,12 m, Senjirli, 2. Hälfte 8. Jh. a, Berlin VA 2817; BHH III Sp. 1719f; v. Luschan, Sendschirli IV Taf. 60; Akurgal, Hethiter Taf. 131; ANEP Nr. 460.

332 Relief, B ca. 3 m, Deir el Bahri, Tempel der Hatschepsut, mittlere Säulenhalle, Nordmauer, 1501–1480a; Naville, Deir el Ba-

367

hari II Taf. 46. Der Abstand zwischen Amon und den 12 versammelten Göttern ist auf dem Original erheblich größer, da zwischen beiden der Text einer langen Rede Amons angebracht ist. Eine babylonische Götterversammlung zeigt Jastrow, Bildermappe Abb. 173; zur hethitischen Götterversammlung siehe Bittel, Yazilikaya.**

333 Relief, Luxor, Tempel Amenophis III (1417–1377a); Brunner, Geburt Taf. 4; Hirmer/Otto, Osiris und Amun Taf. 30.

334 Relief, Luxor, Tempel Amenophis III (1417–1377a); Brunner, Geburt 90–106 Taf. 6,20; Hirmer/Otto, Osiris und Amun Taf. 32; ANEP Nr. 569, Zeichnung: J. Dittmar.

335 Relief, Luxor, Tempel Amenophis III (1417–1377a); Brunner, Geburt Taf. 7, Zeichnung: J. Dittmar.

336 Kalksteinrelief, B ca. 3 m, Deir el Bahri, Tempel der Hatschepsut, mittlere Säulenhalle, Nordmauer, unteres Register, 1501 bis 1480a; Naville, Deir el Bahari II Taf. 51.**

337 Relief, Erment (20 km S von Luxor, Westufer), Ptolemäus XV (Kaisar) (47–30a); LD Bd. IX Taf. 60a Champollion, Monuments II Taf. 145.7 Abb. 2; Moret, Royauté 68 Abb. 11.**

338 Relief, Luxor, Tempel Amenophis III (1413–1377a); Brunner, Geburt Taf. 10, Zeichnung: J. Dittmar.

339 Relief, Luxor, Tempel Amenophis III (1413–1377a); Brunner, Geburt Taf. 11, Zeichnung: J. Dittmar.

340 Relief, Luxor, Tempel Amenophis III (1413–1377a); Brunner, Geburt Taf. 14, Zeichnung: J. Dittmar.

341 Malerei, Abd el Qurna, Grab des Kenamon (Nr. 93), Amenophis II (1448–1422a); Davies, Tomb of Kenamūn I 19–21 Taf. 9; Davies, Egyptian Paintings I Taf. 29; LD Bd. V Taf. 62c; Wreszinski, Atlas I Taf. 298; AOB Nr. 59.**

342 Malerei, Abd el Qurna, Grab des Hekaerneheh, Thutmosis IV (1422–1413a); LD Bd. V Taf. 69a; Vandier, Manuel IV Abb. 293.

342a Statuenbasis, Kalkstein, L 66,3 cm, B 48,7 cm, von der Außenseite des südlichen Temenoswalls der Djoserpyramide in Saqqara, 3. Dynastie (2650–2600a), Kairo; Gunn, An inscribed Statue Taf. 1 A.*

343 Steintäfelchen, Kisch, Djemdet-Nasr-Zeit (2800–2700a), Bruxelles 0711; de Genouillac, Fouilles françaises Tell Akhymer Taf. 1.1; Seibert, Hirt, Herde, König Abb. 10; Heinrich, Bauwerke 43 Abb. 39.*

344 Malerei, H des ganzen Fragmentes 1,32 m, B 1,12 m, Theben, Grab Nr. 63, Thutmosis IV (1422–1413a); BM 37991; ANEP Nr. 47; IWB II 135; vgl. Duchesne-Guillemin, L'Oliphant.**

345–346 und 349 Relief, Karnak, großer Tempel, Hypostyl, Westseite, Sethos I (1317–1301a); LD Bd. VI Taf. 124d; Moret, Royauté Taf. 2; Bonnet 397; zu 345 vgl. Gardiner, The Baptism.

347 Relief, H des Gottes 1,64 m, Yazilikaja (ca. 3 km E von Boghazköi), Mitte 13. Jh. a, Abguß in Berlin, Staatl. Museen; Bittel/Naumann/Otto, Yazilikaya I 98–101 Frontispiz und Taf. 28; Akurgal, Die Kunst Taf. 84–85; AOB Nr. 342; ANEP Nr. 541; Riemschneider, Hethiter Taf. 36; vgl. Otten, Zur Datierung 239.*

348 Relief (Spitze des Obelisken der Königin Hatschepsut), Rosengranit, Karnak, Hatschepsut (1501–1480a); Westendorf, Kunst 100; Champdor, Thèbes 26.**

349 siehe 345.

350 Relief, Semneh, Tempel, äußere Ostwand, 18. Dyn. (1570 bis 1345a); LD Bd. V Taf. 55b.

351 Kalksteinrelief, H ca. 95 cm, Karnak, kleiner Tempel, Sesostris I (1971–1930a), 1937/39 rekonstruiert; Grollenberg, Bildatlas 39; vgl. Wolf, Kunst 306 Abb. 241.*

352 Sandsteinrelief, Anlage Ramses III. in Medinet Habu, Außenseite des 1. Pylons, nördlich vom Eingang; Zeit Ramses IV. (um 1165a); Nelson, Later Historical Records Taf. 119B und 84; vgl. die bekannte Darstellung des gleichen Themas in LD V Taf. 169 AOB Nr. 101.

353 Statue, Haremhab (1345–1318a), Wien, Kunsthistorisches Museum; Vandier, Manuel III 369f Taf. 120.5; Zeichnung nach Photo des Wiener Kunsthistorischen Museums.**

354 Rekonstruktion der Akropolis von Jerusalem nach Galling; BHH III Sp. 1363f.

355 Situationsplan der Burg Salomos nach Busink, Tempel 160 Abb. 47.

356 Relief, Karnak (C 7), Thutmosis III (1502–1448a); LD Bd. V Taf. 36b; Moret, Royauté 105 Abb. 21; AOB Nr. 53; IWB I 274; Roeder, Götterwelt 253.

357 Holz mit Leinen und Stuck überzogen, H 86 cm, Theben, Grab Thutmosis IV (1422–1413a), Kairo; Wreszinski, Atlas II Taf. 1; AOB Nr. 62; ANEP Nr. 314–316 (stark vereinfacht).**

357a Relief, Luxor, Tempel, Raum XVII, Innenwand der Ostmauer 2. Register, Amenophis III (1413–1377a); nach einem Photo des Oriental Institute, Chicago, das der Direktor des Instituts Dr. G. R. Hughes, dem Verfasser mit der Erlaubnis zur Veröffentlichung freundlicherweise zur Verfügung gestellt hat vgl. Moret, Le Rite de briser les Vases.**

358 Relief, Edfu, Tempel, östl. Außenwand des Naos, 237–57a; Chassinat, Temple d'Edfou IV Taf. 93.**

359 Topfscherben, Theben, 11.–13. Dyn. (2052–1770a); Sethe, Di Ächtung feindlicher Fürsten Taf. 33.*

360 Tonstatuette, H 33 cm, Saqqara, 12.–13. Dyn. (1991–1770a) Bruxelles, Musées Royaux; BHH I Taf. 2a; ANEP Nr. 593.

360a Relief, Gipsstein, Ninive, Assurbanipal (668–626a), BM Paterson, Assyrian Sculptures Taf. 76/77.**

361 Kalksteinrelief, H des Ausschnittes ca. 25 cm, Tello, Ur-Nansch (um 2500a), Louvre AO 2344; Parrot, Sumer Abb. 159; ANEP Nr. 427; Schmökel, Ur, Assur Taf. 29.*

362 Steinstele, H 38,6 cm, Babylon, Assurbanipal (668–626a), BM 90864; ANEP Nr. 450; Schmökel, Ur, Assur Taf. 105.*

363 Kalksteinstele, H des Ausschnittes ca. 20 cm, Ur, Urnamm (ca. 2050a), Philadelphia, University Museum; Parrot, Sume Abb. 282; Woolley, Ur 63, 65.**

364 Sandsteinrelief, Edfu, Tempel, 2. Hypostylsaal, Südwand rechte Seite, 3. Bild, 237–57a; Chassinat, Edfou XII Taf. 369 vgl. LD Bd. VI Taf. 148a; vgl. Moret, Royauté Abb. 25; vgl Engelbach, A Foundation Scene; Borchardt, Jubiläumsbil der.**

365 Relief, Dendera, großer Tempel, römische Zeit (1. Jh. p); Mariette, Dendérah I Taf. 20; Moret, Royauté Abb. 26; vgl. Champollion, Monuments I Taf. 48; vgl. Borchardt, Jubiläumsbilder

366 Relief, Edfu, Tempel, 2. Hypostylsaal, Westwand, 1. Register 1. Bild, 237–57a; Chassinat, Edfou XII Taf. 374; vgl. Borchardt Jubiläumsbilder.**

367 Relief, Dendera, großer Tempel, Saal B, römische Zei (1. Jh. p); Mariette, Dendérah I Taf. 22; Moret, Royauté Abb 28.

368 Relief, Abusir, Re-Tempel, Ne-user-re (5. Dyn. 2480–2350a Berlin; Bonnet, Bilderatlas Abb. 75; Schäfer, Kunst Abb. 97a vgl. Borchardt, Jubiläumsbilder.

369 Relief, Dendera, großer Tempel, Saal B, römische Zei (1. Jh. p); Mariette, Dendérah I Taf. 21a; Moret, Royaut Abb. 27.

370 Relief, Dendera, großer Tempel, Saal B, römische Zei (1. Jh. p); Mariette, Dendérah I Taf. 21b; Moret, Royaut Abb. 29.

371 Relief, Edfu, Tempel, 2. Hypostylsaal, Ostwand, 1. Registe

3. Bild, 237–57a; Chassinat, Edfou XII Taf. 378; vgl. Moret, Royauté Abb. 31.**

372 Oberer Teil einer Kalksteinstele, B 22,5 cm, Buto (?), Schabaka (um 715–698a), New York, Metropolitan Museum 55.144.6; nach einer Photographie des Metropolitan Museums.**

373 Obelisk, Kalkstein, H total 3,5 m, Ninive, Assurnasirpal I (?) (1047–1029a); AOB Nr. 533; ANEP Nr. 624; Beek, Atlas of Mesopotamia 139; vgl. Hrouda, Die Kulturgeschichte 60.

374 Relief, Abydos, Tempel Sethos I (1317–1301a); Calverley/Broome, Abydos I Taf. 6; vgl. Roeder, Kulte 109.**

375 Wandmalerei, Deir el Bahari, Hatschepsuttempel, Rückwand der Hathorkapelle, Hatschepsut/Thutmosis III (1501–1448a), Kairo; Otto/Hirmer, Osiris und Amun 113.**

376 Tempelrelief, Oase el Charge, Hibis, Amontempel, Darius I (521–486a); Davies, The Temple of Hibis 24f., Taf. 31, einige Textkolonnen zwischen dem Pharao und den geopferten Rindern sind weggelassen.

377 Relief, Abydos, Tempel Sethos I (1317–1301a); Calverley/Broome, Abydos II Taf. 5.**

378 Relief, Abydos, Tempel Sethos I, Horuskapelle, Südmauer, Sethos I (1317–1301a); Calverly/Broome, Abydos I Taf. 33.**

378a Sandsteinrelief, B ca. 2,20 m, Theben-West, Medinet Habu, Außenseite der Südmauer, westlich vom Eingang, unterste Reihe, Ramses III. (1197–1165a); Nelson, The Calendar Taf. 168.

379 Relief, Abydos, Tempel Sethos I (1317–1301a); Calverley/Broome, Abydos IV Taf. 10: vgl. AOB Nr. 103f; ANEP Nr. 572 und Fairman, A Scene of Offering.**

380 Bemaltes Relief, Serabit el Khadem (Sinai), Amenemhet III (1840–1792a); Smith, Interconnections Fig. 12; Gerster, Sinai 49; IWB I 66; vgl. Gardiner, The Inscriptions of Sinai I Taf. 37, 39 und 44.

381 Sandsteinrelief, Medinet Habu, Nordende der Westmauer, Außenseite, Ramses III. (1197–1165a); Nelson, Earlier Historical Records Taf. 16.

382 Wandmalerei, L des Ausschnittes 2,1 m, Tell Achmar, 7. Jh. a, Kopie von L. Cavro im Louvre; Parrot, Assur Abb. 345; Thureau-Dangin/Dunand, Til Barsib Taf. 53, 27e.*

383 Elfenbeinpaneel, H ca. 24 cm, Ugarit, 1400–1350a, Damaskus; Ward, La déesse nourricière 237 Abb. 4.*

384 Relief, Amarna (C 6), Amenophis IV (1377–1358a), Davies, Amarna I Taf. 10; AOB Nr. 72.

385 Relief auf Stele, Abu Simbel, Ramses II (1301–1234a); LD Bd. VII Taf. 196; Smith, Interconnections Abb. 46; ANEP Nr. 339; Text: ANET 257f; eine Kopie der Szene aus altägyptischer Zeit findet sich im Museum des Oriental Institute, Chicago mit der Museumsnr. 13 545; zu ähnlichen Szenen aus Mesopotamien vgl. King, Bronze Gates Taf. 27–29, 34.**

386 Hölzerner Schrein mit ziseliertem Gold überzogen, H des Ausschnittes 15 cm, Tal der Könige, Grab Nr. 62, Tutanchamun (1358–1349a), Kairo; Westendorf, Ägypten 155.**

387 Elfenbeintafel, H ca. 24 cm, Ugarit, 1400–1350a, Damaskus; Schaeffer, Les fouilles de Ras Shamra 57 Taf. 9; ANEP Nr. 818; Abdul Hak, Die Schätze des National-Museums Taf. 10.**

388 Rollsiegel, Kalkstein, H 2 cm, ⌀ 1,2 cm, Tell Asmar, Mitte 3. Jt. a, Bagdad; ANEP Nr. 680; Frankfort, CS Taf. 15 l.*

389 Relief, Edfu, Tempel, Raum des Chnin, Südwand, 1. Register, 2. Bild, 237–57a; Chassinat, Edfou XII Taf. 332.**

389a Relief, Karnak, Chonstempel, Propylon, Ptolemäus II (Euergetes I) (246–221a); LD Bd. IX Taf. 12a; Moret, Royauté 157.**

390 Relief, Dioritstele, H ca. 65 cm, Susa, Hammurabi (1728 bis 1686a); Louvre, AOB Nr. 318; ANEP Nr. 515, 246; Schmökel, Ur, Assur Taf. 64.**

391 Grabmalerei, Abd el Qurna, Grab des Neferhotep (Nr. 50), Quersaal, linke Schmalwand, Horemhab (1345–1318a); Radwan, Die Darstellung des regierenden Königs Taf. 24; Vandier, Manuel IV Abb. 369.**

392 Relief, Amarna, Grab des Mahu, Amenophis IV (1377–1358a); Davies, Amarna IV Taf. 25f; Vandier, Manuel IV 708 Abb. 394.

393 Malerei, Abd el Qurna, Grab des Rechmire (Nr. 100), Längsraum, linke Seitenwand, Thutmosis III (1502–1448a); Davies, The Tomb of Rekh-mi-rēʿ I 31f, II Taf. 25; Wreszinski, Atlas I Taf. 331; Erman, Ägypten 158.

394 Elfenbeingriff eines Feuersteinmessers, H des Griffes 9,5 cm, Djebel el-Arak, Reichseinigungszeit (ca. 3000a), Louvre E 11 517; Westendorf, Ägypten 21; ANEP Nr. 290.*

395 und 396 Grabmalerei, H ca. 15 cm, Hierakonpolis (Nechen), kurz vor Reichseinigungszeit (ca. 3000a); Schäfer/Andrae, Kunst des Alten Orients 178; Wolf, Kunst Abb. 39a, d; Vandier, Manuel I. 1 563 Abb. 375. Zeichnung: O. Camponovo.

397 Schieferpalette, H 64 cm, Hierakonpolis (Kom el-Achmar), Narmer (Reichseinigungszeit, ca. 2850a), Kairo; Quibell, Slate Palette Taf. 13; AOB Nr. 27; ANEP Nr. 296; Vandier, Manuel I. 1 595–599; Gardiner, Grammar 7.

398 Relief, H 62 cm, Maghara (Sinai), Sechemchet (3. König der 3. Dyn. (ca. 2650–2600a); Gardiner, The Inscriptions of Sinai I Taf. I Nr. 1a; Gerster, Sinai 40, 44f.*

399 Ostrakon, Ramses III (1197–1165a), Bruxelles, Musées Royaux; IWB IV 28.*

399a Relief, Kalkstein, H 2,11 m, Denderah, Kapelle Mentuhoteps, Nordwand, Mentuhotep Nebhetepre (2052–1991a), Kairo Museum 46068; Habachi, King Nebhetepre 22 Abb. 6.

400 a) Skarabäus, Steatit, weißlich-gelblich, H 1,4 cm, Beth Schan, 19. Dyn. (1345–1200a), Jerusalem, Palästina Museum I 3801; Rowe, A Catalogue of Egyptian Scarabs Nr. 671.*
b) Skarabäus, Tell bet Mirsim, gegen Ende der Zeit Ramses II (1301–1234a); Albright, Tell beit mirsim 51 Abb. 9; Watzinger, Denkmäler I 40 Abb. 3f.*
c) Skarabäus, Steatit, leicht braun, H 1,8 cm, Tell el Fara, 19. Dyn. (1345–1200a), Jerusalem, Palästina Museum I 9771; Rowe, A Catalogue of Egyptian Scarabs Nr. 670.*

401 Elfenbein mit Einlage (herausgefallen), Samaria, 1. Hälfte 9. Jh. a; Crowfoot, Early Ivories from Samaria Taf. 14.1.

402 Axt aus Holz, Bronze, Gold usw., L des Blattes 13,5 cm, Theben, Amosis (1570–1545a), New York, Metropolitan Museum; Schäfer/Andrae, Kunst des Alten Orient Taf. 402. 5; ANEP Nr. 310; IWB II 133.**

403 Elfenbein, H ca. 24 cm, B ca. 12,5 cm, Ugarit, 1400–1350a, Damaskus; Schaeffer, Les fouilles de Ras Shamra 57 Taf. 10; Abdul Hak, Die Schätze des National-Museums Taf. 9; ANEP Nr. 817. Vgl. 383.**

404 Relief, Abu Simbel, Pfeilerhalle des großen Felsentempels, Ramses II (1301–1234a); Wreszinski, Atlas II Taf. 182; Wolf, Kunst Abb. 575; Champdor, Thèbes 146; Posener, Lexikon 136.**

405 Relief, Theben West, Ramesseum, 2. Pylon, Westseite, untere Darstellung, Ramses II (1301–1234a); LD Bd. VI Taf. 165.

405a Stark vereinfachende Nachzeichnung der Reliefs von der westlichen (a, b, c) und nördlichen Außenseite (d, e, f) und von der östlichen Innenseite des zweiten Vorhofes (g, h) des Tempels von Medinet Habu, Ramses III. (1197–1165a); Nelson, Earlier Historical Records I, Taf. 13, 14, 16, 17, 18, 22, 24, 26.**

406 Kalksteinrelief, H des Gefangenen ca. 35 cm, Abusir, Pyramidenanlage des Sahure, ca. 2500a, Berlin 21782; Borchardt, Grabdenkmal II Taf. 5–7 Text 18–21; vgl. ANEP Nr. 1; vgl. Fechheimer, Plastik 122f.**

407 Stele, H 3,46 m, Senjirli, Asarhaddon (680–669a), Berlin VA; BHH I Sp.135; AOB Nr.144; ANEP Nr.437; Schmökel, Ur, Assur Taf.98.

408 Wandmalerei, H 1,32 m, Abd el Qurna, Grab Nr.63, Thutmosis IV. (1422–1413a), BM 37991; Davies/Gardiner, Paintings I Taf. 42; Champdor, Thèbes 133; ANEP Nr.47.*

409 Grabmalerei, Abd el Qurna, Grab des Huj (Nr.40), Tutanchamun (1358–1349a); Davies, The Tomb of Ḥuy Taf.27; Gerster, Nubien 53; Vandier, Manuel IV 606.**

410 Relief, Amarna, Grab des Meryra II, Ostwand, Amenophis IV (1377–1358a); Davies, Amarna II Taf.37; vgl.38–40, 98.
Zur Darstellung von Tributzügen im mesopotamischen Raum vgl. Walser, Die Völkerschaften 11–19.

411 Statuette, Gipsstein, Pupillen aus schwarzem Kalkstein, Augen Muschel in Asphalt eingelegt, H 40 cm, Abu Tempel, Tell Asmar, 1.Hälfte des 3.Jt.a (Frühdynastisch II), Oriental Institute, Chicago; Frankfort, Sculpture of the Third Millenium Taf.21–23, 25; Ders., More Sculpture Taf.89–90; Ders., The Art 46–48.**

412 Skizze auf Kalkstein, Neues Reich (1570–1085a); Erman, Ägypten 477 Abb.188.

413 Totenbuchpapyrus der Heruben, H ca.5 cm, 21.Dyn. (1085 bis 950a), Kairo Nr.133; Piankoff/Rambova, Mythological Papyri Nr.1; Posener, Lexikon 137.**

414 Rollsiegel, Jaspis, H 3,2 cm, ⌀ 2 cm, Ur-III-Zeit (2050–1950a), New York, Pierpont Morgan Library; Beek, Atlas of Mesopotamia Abb.133; ANEP Nr.700.**

415 Bronzeplakette, H 9,4 cm, Chazor, Spätbronzezeit (1500 bis 1200a), Chazor; Yadin, Hazor III–IV Taf.339.1; ANEP Nr.772.**

416 Stele, schwarzer Basalt, H 1,83 m, Balua (zwischen Arnon und Kerak), Inschrift Ende 3.Jt.a, Relief 11./12.Jh.a, Amman; ANEP Nr.488; Albright, Archäologie Taf.14; BHH II Sp.1230.*

417 Felsritzung, Gegend von Assuan, prähistorisch (vor 3000a) Keimer, Histoires de serpents 2 Abb.1.

417a Relief, Sandstein, B ca.4,40 m, Theben-West, Medinet Habu, Säule auf der Südseite des ersten Vorhofs, Ramses III. (1197 bis 1165a); Nelson, Later Historical Records Taf.121 C.

418 Altarrelief, Gipsstein, H ca.57,5 cm, Assur, Ischtartempel, Tukulti-Ninurta I (1243–1207a), Berlin VA 8146; Parrot, Assur Abb.8; ANEP Nr.576.**

419 Rollsiegel, Jaspis, assyrisch; Jeremias, Handbuch 27 Abb.17; vgl.273 Abb.173.

420 Bronzestatue, Hände und Gesicht vergoldet, H 19,6 cm, wohl von Larsa, Hammurabi (1728–1686a), Louvre AO 15704; ANEP Nr.622; Schmökel, Ur, Assur Taf.66; vgl. Sollberger, Worshipper Figurines.**

421 Elfenbeinkästchen, Chazor, israelitische Königszeit (nach 1000a); Yadin, Hazor I Taf.155; IWB IV 113.**

422 Relief, Abydos, Totentempel Sethos I (1317–1301a); Calverley/Broome, Abydos II Taf.14.

423 Granitplastik, H 39 cm, Memphis, 2.Dyn. (2850–2650a; evtl. später), Kairo; Westendorf, Ägypten 26; vgl. Parrot, Sumer Abb.104.**

424 Skulptur, schwarzer, vulkanischer Stein, H ca.39 cm, wohl Lagasch, frühdynastische Periode, evtl. Ur-Nansche (ca.2500a), Bagdad; ANEP Nr.229; Beek, Atlas of Mesopotamia Abb.110.**

425 Relief, Abydos, Totentempel Sethos I, Nische zwischen den Kapellen des Re-Harachti und des Ptah, Sethos I (1317–1301a); Calverley/Broome, Abydos IV Taf.33.**

426 Rollsiegel, Eisenstein, H 2,9 cm, Ur-III-Zeit (2050–1950a), früher Berlin VA 538; Moortgat, Vorderasiatische Rollsiegel Nr.256; Schmökel, Ur, Assur, Taf.55b; Beek, Atlas of Mesopotamia Abb.228.*

427 Ausschnitt einer Dioritstatue des Gudea, H der Hände ca.5 cm, Lagasch, neusumerisch, 22.Jh.a; Louvre; Parrot, Sumer Abb. XXXII A.**

428 Grabmalerei, Abd el Qurna, Grab des Userhet (Nr.51), 19.Dyn. (1345–1200a); Mekhitarian, Ägyptische Malerei 135.**

429 Kalksteinrelief, H ca.53 cm, Saqqara, Grab des Haremheb (1345–1318a), Leiden, Rijksmuseum; AOB Nr.87; ANEP Nr.5; Wolf, Kunst Abb.499; Text: ANET 250f.**

430 Relief, gipsartiger Alabaster, H des Registers 20 cm, Ninive, Nordpalast, Raum T, Assurbanipal (668–626a), Louvre; ANEP Nr.168.**

431 Steinstele, H 46 cm, Chazor, Stelenheiligtum, Spätbronzezeit (1500–1200a); Albright, Archäologie Taf.23; Yadin, Hazor I Taf.29.1.2; Cornfeld, von Adam 83; ANEP Nr.871.*

432 Relief, Marmor, Enkomi (Zypern); Cumont, Invocation au soleil 388 Abb.1.*

433 Elfenbeinschnitzerei, Arslan Tasch, 1.Hälfte 1.Jt.a, Louvre; Thureau-Dangin, Arslan Tash Taf.36 Abb.62; vgl. Abb.61; Moscati, Phöniker Abb.21; Cornfeld, Von Adam 373.*

433a Sandsteinrelief, Medinet Habu, Innenseite der Nordmauer des 2.Vorhofes, Ramses III (1197–1165a); Nelson, Festival Scenes Taf.196D und 226.

434 Relief, Sandstein, B ca.3 m, Theben-West, Medinet Habu, Innenseite der Ostmauer des 2.Vorhofs, Ramses III. (1197 bis 1165a); Nelson, Festival Scenes Taf.226.

434a Kalksteinrelief, Palmyra, Mitte 1.Jh.a; Seyrig, Antiquités syriennes Taf.19; Champdor, Palmyre 65 und 86f.

435 Perlmutter, H ca.8 cm, Mari, Tempel der Ninchursag, 3.Jt.a, Aleppo; Moscati, Geschichte und Kultur Taf.15; Beek, Atlas of Mesopotamia Abb.147; ANEP Nr.850.*

436 Statue aus Elektron, H 6,3 cm, Susa, elamisch, Mitte 2.Jt.a, Louvre; Parrot, Sumer Abb.404a; IWB III 68; van Buren, An Enlargement on a given Theme.**

437 Relief, Kawa (Sudan), Tutanchamun (1358–1349a); Macadam, The Temples of Kawa II Taf.1 und 40c; Leclant, La mascarade 131 Abb.8.

438 Grabmalerei, Abd el Qurna, Grab des Menna (Nr.69), Thutmosis IV (1422–1413a); Lhote, Peinture égyptienne Taf.15.**

438a Relief, Kalkstein, Saqqara, Mastaba des Pthahotep, 5.Dyn. (2480–2350a); Paget/Pirie, Tomb of Ptah-Hetep 31 und Taf. 36; Leibovitch, Une scène de sacrifice 59 Abb.1.

439 Elfenbeinschnitzerei, H 3,3 cm, B 7 cm, Mari, Schamaschtempel, Mitte 3.Jt.a, Damaskus; Parrot, Les fouilles de Mari, 9ème campagne Taf.18.1; ders., Sumer Abb.171 B; ANEP Nr. 845.**

439a Relief, Ninive, Palast Sanheribs (704–681a); BHH III Sp.1698; Paterson, Assyrian Sculptures Taf.85.

440 Bronzerelief, H ca.8 cm, Tell Balawat, Salmanassar III (858 bis 824a), BM; Barnett/Forman, Assyrische Palastreliefs Taf.170; AOB Nr.534; ANEP Nr.625; Parrot, Assur Abb.138.**

441 Wandmalerei, Mari, Saal 132, Feld 4, ca.2000a; Moortgat, Kunst 77–79; Parrot, Sumer Abb.348b.**

442 Relief, Abydos, Totentempel Sethos I (1317–1301a); Calverly/Broome, Abydos IV Taf.6; vgl. Bonnet, Die Bedeutung der Räucherungen.**

443 Wandmalerei, Theben, Tal der Könige, Sethos I (1371–1301a); Elisofon/van der Post, The Nile 191.**

444 Silbermünze, ⌀ 2,2 cm, 67p (2.Jahr der Revolte); Grollenberg, Bildatlas Abb.305; Meshorer, Jewish Coins Nr.151; Reifenberg, Ancient Jewish Coins Nr.139.*

445 Malerei, Abd el Qurna, Grab des Rechmire (Nr. 100), Längsraum, rechte Seitenwand, Thutmosis III (1502–1448a); Davies, The Tomb of Rekh-mi-rēʿ II Taf. 66; Wreszinski, Atlas I Taf. 333.

446 Kalksteinrelief, Abydos, Tempel Sethos I (1317–1301a); Calverley/Broome, Abydos IV Taf. 28.**

447 Detail aus Taf. XXIII. Kalkstein, Ninive, Südwestpalast, Assurbanipal (668–626a), BM 124802; Rimmer, Musical Instruments Taf. 14b; ANEP Nr. 204; Beek, Atlas of Mesopotamia Abb. 226; Parrot, Assur Abb. 392.**

448 Freie Zeichnung; vgl. Gardiner, Grammar 445 A 32 und Davies, The Tomb of Rekh-mi-rēʿ II Taf. 92.*

449 Relief, Amarna, südliche Gräbergruppe, Grab Nr. 1, Türwand rechts, (B), Amenophis IV (1377–1358a); LD Bd. VI Taf. 104; Davies, Amarna VI Taf. 29; AOB Nr. 80.

450 Stele, H 46 cm, B 37 cm, Abydos (kom es-sultân), Ramses II (1301–1234a); Mariette, Abydos II Taf. 52b; zur Darstellung der Barke vgl. LD V Taf. 14; AOB Nr. 497; zu den Mädchen mit den Handtrommeln ANEP Nr. 211.**

451 Sandsteinrelief, Edfu, Tempel, westlicher Teil der Umfassungsmauer, Innenseite, 1. Register, 10. Szene, Ptolemäus IX/Alexander I (107–88a) (evtl. etwas später); Chassinat, Temple d'Edfou XIII Taf. 509f; vgl. Roeder, Mythen 135 Abb. 26.**

452 Relief, gipsartiger Alabaster, H ca. 38 cm, Ninive, Assurbanipal (668–626a), Louvre; Parrot, Assur Abb. 391; vgl. Abb. 61; ANEP Nr. 502.**

453 Terrakottafigur, H 21 cm, Achsiv, ca. 450a, Jerusalem, Palästina Museum; Photo des Verfassers; Johns, Discoveries 88f; Lessing, Die Bibel Taf. 56.*

454 Terrakottafigur, H 12 cm, Megiddo, Stratum V, Schumacher, Tell el Mutesellim I 102 Abb. 156.*

455 Zimbeln, tell abu ḥawwām, Spätbronzezeit (zwischen 1500 und 1200a); Hamilton, Excavations at Tell Abu Hawām 60, Nr. 369; zu ähnlichen Zimbeln aus der Spätbronze- und Frühen Eisenzeit aus Megiddo vgl. Loud, Megiddo II Taf. 185.

456 Basaltrelief, H 90 cm, B 130 cm, Karkemisch, 9./8. Jh. a, BM 117810, Ankara 141; Woolley, Carcemish II Taf. B 18b; ANEP Nr. 201; Galling, BRL Sp. 390.**

457 Malerei auf Gipsstuck, H 40 cm, Mari, 18. Jh. a; Parrot, Assur Abb. 389.**

458 Mosaik, Huldah, Synagoge, Ende 6. Jh. p; Schapiro/Avi-Yonah, Israel. Frühe Mosaiken Taf. 28.*

459 Reliefstele, Tell Horbet, Ramses II (1301–1234a), Hildesheim, Pelizäus Museum Stele 397; Hickmann, Musikgeschichte 123 Abb. 89; zu einem Trompetenfund in Beth-Schan vgl. Rowe, Four Canaanite Temples Taf. 69 A 6.**

460 Relief, Rom, Titusbogen, 70p; AOB Nr. 509; Grollenberg, Bildatlas Abb. 407f; Lessing, Die Bibel Taf. 113.*

461 Silbermünze, ⌀ 1,9 cm, Bar-Kochba-Revolte (132–135p); Reifenberg, Ancient Jewish Coins Nr. 186; Meshorer, Jewish Coins Nr. 208.*

462 Bemaltes Relief, Saqqara, Grab des Nencheftka, 5. Dyn. (2480 bis 2350a), Kairo, Hickmann, Musikgeschichte 26f; Sameh, Alltag 38.**

463 Bronzedreifuß, H 36 cm, Megiddo, Eisenzeit I (ca. 1200–900a); Schumacher, Tell el Mutesellim I 85f und Taf. 50; AOB Nr. 654.**

464 Terrakottafigur, H 18 cm, Achsiv, 5. Jh. a, Jerusalem, Palästina Museum; Lessing, Die Bibel Taf. 56.*

465 Mosaik, Muschel, Lapislazuli, roter Kalkstein, B 47 cm, H 20 cm (ganze Standarte), Ur, ca. 2500a, BM 121201; Parrot, Assur Abb. 366; Schmökel, Ur, Assur Taf. 39; vgl. Barnett, New Facts about Musical Instruments.**

466 Felsritzung, Zentralnegev, 2. Jt. a; Anati, Palestine before the Hebrews 210; Ders., Rock Art I 106 Abb. 68.

467 Ausschnitt aus 308.

468 Vasenmalerei, Megiddo, 12. Jh. a; Loud, Megiddo II Taf. 76, 1. Cornfeld/Botterweck, Bibel und ihre Welt Abb. 547.**

469 Terrakottafigur, Asdod, 8./7. Jh. a; Dothan, Ashdod. Preliminary Report Taf. 22f; M. Dothan, kan hnngnjm m'šdwd, in: Qadmoniot 3, 1970, 94f, Taf. III.*

470 Relief, gipsartiger Alabaster, B 101 cm, H 98,5 cm, Ninive, Palast Sanheribs (704–681a) BM 124947; AOB Nr. 151; ANEP Nr. 205; Schmökel, Ur, Assur Taf. 101; Parrot, Assur Abb. 393; Beek, Atlas of Mesopotamia Abb. 219.*

471 Steinfigur, H ca. 7,7 cm, tell ʿaddschul, Hyksos (17./16. Jh. a); Petrie, Ancient Gaza III Taf. 16 Nr. 39.

472 Bronzemünze, ⌀ 2,3 cm, Bar-Kochba-Revolte (132–135p); Reifenberg, Ancient Jewish Coins Nr. 205; Meshorer, Jewish Coins Nr. 212.*

473 Bronzemünze, ⌀ 2,5 cm, Bar-Kochba-Revolte (132–135p); Reifenberg, Ancient Jewish Coins Nr. 192; Meshorer, Jewish Coins Nr. 172.*

474 Relief, Amarna, Amenophis IV (1377–1358a); Davies, Amarna III Taf. 5.

475 Bemalte Holzstele des Zedhonsuantanch, 19./20. Dyn. (1345 bis 1085a), Louvre; Champdor, Thèbes 33.**

475a Rollsiegel, Hämatit, H 1,4 cm, ⌀ 0,77 cm, anatolisch-syrisch, um 1900a, Baltimore, Walters Art Gallery; nach einem Photo der Walters Art Gallery, das die Kuratorin der ao und ägyptischen Abteilung, Dr. J. V. Canby, dem Verfasser mit der Erlaubnis zur Veröffentlichung freundlicherweise zur Verfügung gestellt hat; zum Thema vgl. Frankfort CS Taf. 45c.**

476 Relief, Amarna, Amenophis IV (1377–1358a); Davies, Amarna I Taf. 8.

476a Relief, H ca. 3,60 m, Persepolis, Hundert-Säulen-Saal, westliches Tor in der Südmauer, östliche Türwange, Xerxes I. (486–465a) und Artaxerxes I. (464–424a); Walser, Die Völkerschaften 63–67 Abb. 6; Zeichnung: E. Herzfeld.

477 Relief, Nimrud, Tiglatpileser III (745–727a); Layard, Monuments Taf. 62. 2; AOB Nr. 134; ANEP Nr. 369; Barnett/Falkner, Sculptures Taf. 62.

478 Kalksteinstele, H 30 cm, Deir el Medine, 19. Dyn. (1345–1200a); B. Bruyère, Sur le dieu Ched (siehe Nachträge zu S. 329) 141 f. und fasc. II pl. XXXIX.

478a Statuengruppe aus dunkelgrauem Schist, H 19,4 cm, von Hermopolis(?), Amenophis III. (1413–1377a) Louvre 11154; Bénédite, Scribe et babouin Taf. I; Posener, Lexikon 262.**

479 Malerei auf Stuck, Deir el Medine, Grab des Amen-Nacht (Nr. 218), 19./20. Dyn. (1345–1085a); Lhote, Peinture égyptienne 138.**

480 Malerei, Deir el Medine, Grab des Sennudjem (Nr. 1), 19. Dyn. (1345–1200a); Wolf, Kunst 590; Sameh, Alltag 5.**

Schlußvignette: Grabmalerei, Höhe der Figur ca. 1,05 m, Theben West, Schech abd el Qurna, Grab Nr. 226, Amenophis III (1413–1377a); Davies, The Tombs of Menkheperrasonb 39f, Taf. 30 Fragment E.

I Arnonschlucht, kurz vor der Mündung ins Tote Meer; Photo nach Farbdia des Verfassers (1965).

I A Rollsiegel, Muschel, H 3,6 cm, ⌀ 2,1 cm, Tell Asmar, späte Akkadzeit (um 2200a), Chicago, Oriental Institute A 11396; Frankfort CS 108–110, Taf. 19e; Boehmer, Glyptik Taf. 40 Abb. 477; Photo: Oriental Institute, Chicago.

I B   Helm aus Bronze mit Gold- und Silberschmuck über Asphaltkern, H 16,5 cm, B 22,1 cm, nord-westliches Persien, aus der Gegend des Safid-Flusses, um 1000a, New York, Metropolitan Museum of Art 63.74, Fletcher Fund 1963; Photo Metropolitan Museum, New York; Wilkinson, Art of the Marlik Culture 107, Abb.9.

II   Teil der Schlucht, die in den Felsenkessel von Petra mündet; Photo nach Farbdia des Verfassers (1965).

III   Rollsiegel, H 7,2 cm, assyrisch, 1.Hälfte 1.Jt., Louvre; Photo M.Chuzeville; Vigneau/Ozenfant, Encyclopédie photographique II 96 Abb. 142; Meißner, BuA II Abb. 39. Vgl. Meißner, Siegelzylinder; Ders., Neue Siegelzylinder.

IV   Relief, Ninive, Assurbanipal (668–626a); Photo BM; AOB Nr. 384.

V   Relief, L 94 cm, B 63 cm, Ninive, Palast Assurbanipals, Raum oberhalb des Raumes S, Assurbanipal (668–626a), BM 124919; Photo BM; Barnett/Forman, Assyrische Palastreliefs Taf. 132; Grollenberg, Bildatlas 83.

VI   Oberer Teil des Ophel und Tempelplatz, Luftaufnahme von WSW; Photo: W. Braun, Jerusalem.

VII   Jerusalem, Bild vom Wadi *en-nār* nach Norden zum Ophel und zur Südmauer des Tempelareals; Photo des Verfassers (1969).

VII A   Hermon (djebel esch-schêch), 2814 m über Meer, von SE her; Photo: Ph. Giegel, Zürich.

VII B   Zaphon (antiker Name: mons Casius; arabisch: djebel el ʿaqra), 1729 m über Meer, von S her; Photo: G. Eichholz, Landschaften der Bibel, Neukirchen, 3. Auflage 1972, S. 27 (dort farbig).

VIII   Relief, ca. 4,5 × 4,5 m, Chorsabad, Sargon II (721–705a); Photo BM; Schmökel, Ur, Assur Taf. 96; vgl. Frankfort, Art 146–149.

IX   Jerusalem, Tempelplatz von Ölberg her; Teleobjektivaufnahme des Verfassers (1969).

X   Podest, aus unbehauenen Steinen aufgerichtet, H ca. 1,25 m, ⌀ ca. 7 m, rechts davon Tempel vom Anfang des 2.Jt.a mit Podest, Megiddo, Stratum 16 (3.Jt.a); Photo nach Farbdia des Verfassers (1969).

XI   Arad, Hof des Tempels mit Brandopferaltar, Blick nach Westen (vgl. *170*), im Hintergrund die Stufen zum Allerheiligsten (vgl. *248*); Photo nach Farbdia des Verfassers (1969).

XII   Umm el bijāra (1060 m) über dem Talkessel von Petra, Photo W. Baier, Aarau; BL Taf. XVI b.

XIII   Bergspitze des Westens, westlich vom Tal der Könige, Theben-West; nach Farbdia von Prof. Ch. F. Nims, Oriental Institute, Chicago (1972).

XIV   Öllampe, 12,8 × 12,2 cm, Spätbronzezeit, Eigentum des Verfassers; Photo nach Farbdia des Verfassers.

XV   Trockener Wasserlauf nordwestlich von Beerscheba; Photo nach Farbdia des Verfassers (1961).

XVI   Bemaltes Holzkästchen (mit Gesso überzogen), H der Bilder 26,5 cm, B 61 cm, Grab des Tutanchamun (1358 bis 1349a), Kairo Museum Nr. 324; Davies, Tutanchamuns Painted Box Taf. IV, Photo Oriental Institute, Chicago.

XVII   Ebd. Taf. II, Photo Oriental Institute, Chicago.

XVIII   Kalksteinstele, Fragment, H 75 cm, Lagasch, Eannatum (ca. 2400a), Louvre; Photo M. Chuzeville; AOB Nr. 32; ANEP Nr. 300; Parrot, Sumer Abb. 164.

XIX   Sandsteinstele, H ca. 2 m, Susa, Naramsin (ca. 2250a), Louvre; Photo M. Chuzeville; AOB Nr. 41, 43; ANEP Nr. 309; Parrot, Sumer Abb. 213; Schmökel, Ur, Assur Taf. 46; Moortgat, Kunst Taf. 155.

XX   Relief, Nimrud, Assurnasirpal II (883–859a), BM 124540; Photo BM; Frankfort, Kingship Abb. 8.

XXI   Relief, Medinet Habu, 1. Pylon, Ramses III (1197–1165a); Photo A. Gaddies, Luxor; Champdor, Thèbes 156f.

XXII   Relief, Karnak, Amontempel, Außenseite der Südmauer, Scheschonk I (ca. 930a); Photo A. Gaddis, Luxor; AOB Nr. 114; ANEP Nr. 349.

XXIII   Schwarzer Obelisk, H (total) 2,02 m, Nimrud, Salmanassar III (858–824a), BM 118885; Photo BM; AOB Nr. 123; ANEP Nr. 351–355, Schmökel, Ur, Assur Taf. 90.

XXIV   Relief, gipsartiger Alabaster, H 1,37 m, B 1,75 m, Ninive, Palast Sanheribs (704–681a), BM 124911; Photo BM; AOB Nr. 138; ANEP Nr. 371; Parrot, Assur Nr. 49.

XXV   Stele des Neb-re, H 67 cm, B 39 cm, Theben-West, Amontempel, 19. Dyn. (1345–1200a), Berlin Stele 23077; Photo Staatliche Museen, Berlin; Erman, Denksteine 1087–1097 Taf. 16.

XXVI   Kalksteinstele, H 1,13 m, Byblos, 5. oder frühes 4. Jh. a, Louvre; Photo M. Chuzeville; AOB Nr. 516; ANEP Nr. 477; KAI Nr. 10.

XXVII   Relief, gipsartiger Alabaster, H 0,39 m, L 1,45 m, Ninive, Assurbanipal (668–626a), BM 124802; Photo BM; AOB Nr. 152; ANEP Nr. 204; Parrot, Assur Abb. 392; Beek, Atlas of Mesopotamia Abb. 226.

XXVIII   Steatitstele, H ca. 20 cm, ca. 400a, BM 36250; Photo BM; vgl. Chabas, Horus sur les Crocodiles; Seele, Horus on the Crocodiles.

BIBELSTELLEN-REGISTER

(Die kursiven Zahlen bezeichnen im Bibelstellen-Register nicht die Abbildungen, sondern die Seiten.)

Altes Testament

Genesis
1 *107*
1,7 *25*
1,11f *31*
2 *105*
2,7 *189*
2,8f *104*
2,10–14 *104 122*
2,10 *104 122 126*
3,24 *110*
4,20f *323*
4,21 *321*
5,24 *178*
9,14 *41*
11,4 *100*
12,5 *313*
12,9–20 *206*
14,18 *252*
15,17 *197*
18 *181*
18,27 *289*
19 *175*
20,1–18 *206*
20,7 *206*
25,21 *181*
26,1–13 *206*
28,18 *161*
29,31 *181*
30,1f *181*
31,46 *127*
34 *206*
37 *193*
37,20–29 *60*
39,20 *207*
40,15 *60*
41,14 *60*
49,11–13.25f *264*

Exodus
3,14 *157*
12,23 *199*
12,29 *60*
13,13 *199*
14,20ff *197*
14,25 *207*
15 *154*
15,1 *206 218*
15,3 *199*
15,17 *154*
15,20 *314*
15,20f *316*
15,21 *207 314 317*
16,4 *207*
16,14 *207*
17,8–13 *291*
19,12 *105*
19,13 *318 319*
19,16 *198 319*
19,18 *197*
19,19 *319*
20,4 *24*
20,18 *319*
20,25f *127 128*
20,26 *128*
21,29 *77*
21,32 *215*
23,12 *217*
23,15 *303*
24,11 *289*
24,20 *303*
24,23 *303*
25,9 *13 154*
25,22–30 *131*
25,31–40 *145*
25,40 *13 154*
27,1f *128*
29,28–42 *308*
30,1–10 *128 131*
33,19 *157*
33,22 *289*
37,1 *146*
37,17–24 *145*

Leviticus
8,15 *128*
13,13.17.37 *306*
16,8–10 *73*
16,18 *128*

Numeri
10,1–10 *318 320 321*
10,8 *321*
10,9 *321 326*
10,10 *319*
11,7 *207*
11,16–17.24–30 *174*
15,5 *308*
17,11f *130*
18,20 *208*
24,7 *61*
26,6 *164*
28,7f *308*
31,23 *164*

Deuteronomium
4,33 *289*
8,15 *73*
10,9 *208*
17,14 *221*
26,13f *111*
32,39 *198*
33,13–16 *264*
33,15 *103*

Josua
2,15 *208*
5,13–15 *278*
6,4.6.8.13 *318*
6,5.20 *314*
6,17f *273*
8,31 *127*
10,14.42 *215*
11,6.9 *215*
17,16–18 *215*
24 *210*

Richter
1,19 *215*
4,14 *215*
5,6f *89*
5,10 *259*
5,23 *215*
6,2 *161*
6,20 *127*
7,15 *215*
7,16 *319*
8,27f *221*
9,7 15 *221*
9,46–49 *158*
9,51 *159*
10,4 *259*
11,8 *224*
11,34 *314 317*
13,19 *127*
13,22 *289*
17,5 *174*
17,6 *221*
18,1 *221*
18,17ff *174*
19,1 *221*
20,47 *159*
21,25 *221*

1. Samuel
1,9 *111*
1,21 *303*
2,6 *198*
2,8 *33 Taf. I*
3,3 *145*
4–6 *105*
4,4 *149*
5 *303*
5,1f *211*
6,14 *127*
8,5 *221*
10,5 *317 322*
10,23f *259*
11 *224*
11,15 *223*
13,6 *159 161*
13,9 *252*
14,33 *127*
15 *273*
16,12.18 *259*
16,13 *236*
16,18 *209*
17,34–36 *78 208*
18,6 *324*
18,6f *314 317*
19,13.16 *174*
21,1–7 *131*
22,4 *159*
24,3 *159*
24,23 *159*

2. Samuel
1,14 *206*
1,17–27 *298*
2,4a *223*
3,33 *298*
5,2 *224*
5,3 *223*
5,14 *159*
6 *105 252 301*
6,2 *149*
6,5 *317 318 320*
6,13 *252 257*
6,14 *252*
6,17 *144 252 257*
6,20ff *314*
7,1–7 *144*
7,2f *249*
7,4–7 *99*
7,9 *238 243*
7,13 *249*
7,14 *224 230*
7,18–21 *293*
7,18–20.25–29 *292*
8,4 *215*
8,7 *95*
11,1 *202*
14 *252*
14,25 *259*
15,1 *259*
15,2ff *270*
15,10 *319*
18 *252*
22,8 *18 20*
22,29 *166 Taf. XIV*
23,1 *243*
23,14 *159*
24,17 *252*

1. Könige
1,2   293
1,5   259
1,33   259
1,34   319 320
1,38   235 236 238 259
1,38f 133
1,39   236 319f
1,40   314 322
1,41f 319 320
1,46   247
1,47   243
1,50   128
2,28   128
3-9   249
3,2-15 249
3,16-28 270
5,1   17
5,13   48
5,15-32 99
5,17   232
5,17ff 252
6   149
6,19   142
6,20   131
6,23   149
6,27   144 150
6,31f 146
7,12   114
7,13-51 144
7,13ff 99
7,15-22 144
7,23-26.44 120
7,25   120 126
7,27-29 124
7,29.35 124
7,40   146
7,48   128 131
7,49   145
7,50   130 146
8,5.14.62ff 257
8,8   146
8,12   144
8,12f 146
8,14.56 252
8,22   295
8,26-43 154
8,27   151 152
8,38.48 300
8,54   295 300
8,64   128
8,65   128
9,15   106
9,19   215
10,8   224 293
10,16ff 95
10,29 215
12,1.20 223
12,33 257
14,25f 201 281
14,26ff 95
17,1   295
18,4.13 161

18,28 213
19,18 290

2. Könige
2,3   178
2,24   78
3,15   326
3,27   159
5   177
9,13   319
10,25 122
11,3f 113
11,10 95
11,12 243
12,14 320
13,14ff 247
14,7   159
16,10-16 128
16,12-15 257
16,14 128
16,17 120
17,19 159
18,18 159
19   218
19,9   281
19,14 146
21,5   114
23,5   24
23,12 144

1. Chronik
8,20   297
13,8   317
15,28 320
17,16 292
26,3   297
28,2   146
28,19 13

2. Chronik
4,1   128
4,2-10 120
4,10   121
6,13   128
12,2-4 281
14,6   159
15,14 320
16,13 18
20,15 114

Esra
3,3   128
8,4   297

Nehemia 295
9,2f   295

Hiob
1,21   182 183
3,12   182
3,20f.17f 93
6,15-17 63
7,9b   54

7,9f   54
7,12   40 41
10,21 54
11,7-9 19
12,24f 66
26,7   46
26,7f 17
26,8   196
26,10 18
28,25-27 184
31   111
31,27 290
33,6b 183
33,24 62
38,6   161
38,12f 46 270
38,13 45
39,28 159
40,25 41
41,11 42

Psalmen
1,2   329 330
1,3   24
1,3a   331
1,3b   330
1,4   87 88

2   10 21 234 249 279
2,2-4 280
2,2   235
2,2f   282
2,3   230
2,4   34
2,6   23 101 238 252
2,7-11 247
2,7   224 226 227 229 243
2,7a   237
2,7ff 229
2,8-11 224
2,8   17 34 273 Taf. XXII
2,8f   282
2,9   208 243 247
2,9a   245
2,9b   245
2,10f 246
2,11   289 292 Taf. XXIII
2,11f 223 282

3,4   201 292
3,5   101
3,7   84 91 329
4,7   166
4,8   329

5,2   172
5,7   85
5,8   113 133 289
5,9   175
5,10   62 85
5,10f 87
5,12f 203
5,13   201 203 243

6   53
6,2   72
6,3   71 72 177
6,6   24 53 59
6,7   53 67 69

7   33
7,2f   75
7,3   75
7,6   28 298
7,10   233
7,10b 164
7,11   201
7,12   189
7,16   62
7,17   87

8   46
8,2-4 27
8,2   22 25 28
8,2ff 184
8,4   27 184 287
8,6   243
8,7ab 50
8,8f   29 49 50
8,9   64
8,10   22

9,4   87
9,5   149 189
9,5   247
9,7   96
9,8   247
9,14   33 39 106 329
9,14f 38 99
9,15   308
9,16   62 78
9,16f 78 87

10,7   85
10,8   78
10,9   80
10,9a 75
10,9b 81
10,9f 75
10,10 74 75
10,21 54

11,1   82
11,1f 84
11,2   67 82
11,3   22 23 46
11,4   21 153 189 247
11,4f.7b 162
11,5f 87
11,6   71

12,3   85
12,4   85
12,7   164
12,13 79

13,2   60
13,4   57

14,2 36 189	18,38f 279	24 111 199	30,4 55 60 61 62 Taf. XXV
14,4 78	18,41–43 277	24,1 36 46	30,4.10 55
14,5 87	18,44b.45a 284	24,1f 30 33	30,6 67 73 166 Taf. XXV
	18,45f 282	24,2 9 17 184	30,10 24 55 57 58 62
15 74 111 154	18,49 329	24,3–6 154	30,12 314
15,1 101 111 144	18,51 235	24,3–5 301	30,13 58
15,4f 85 85		24,3 101 111	
15,5 111	19 18	24,4 85 110	31,2 172
15,5c 111	19,2–5 184	24,4f 86	31,3 158
	19,2 25 184	24,5 108 109 111 172	31,4 160 175
16 208 306	19,2a 28	24,7–10 301	31,5 78 81
16,3 213	19,5c–7 19	24,7.9 151	31,6 299 Taf. XXIV
16,3f 211	19,5c–7b 18	24,8 199	31,7 211
16,4 307 308	19,5c–7.8–11 31		31,11 57
16,6 207 208	19,7c 20 22	25,1 299	31,13 59
16,10 57 178	19,8 79	25,1.2a 293	31,21 144
16,10b 58	19,15 160	25,1f 290	
16,10f 178		25,6 174	32,2 79 324
16,11 166	20,4 257	25,14 225	32,3b.4a 68
16,11b 178	20,7 235	25,15 81 297	
16,15 155	20,8 214 217		33,4 184
	20,9 302	26,2 162 163	33,5b 37
17,1 85 172		26,2ab 164	33,6–8 29
17,3 162 164	21,4 236 238	26,6 110	33,6 184
17,3ab 164	21,4a 256	26,6b 110	33,6a 27
17,6 172	21,4b 243	26,6b.7 129	33,6.8f 184
17,8 170	21,7 238	26,6f 127	33,7 31 32 34 34 36 184
17,12 75	21,9 273	26,8 133	196
17,12b 75	21,10 243	26,9 87 164	33,9 184
17,14 87			33,13 36
17,15 148 178 297	22 57 77	27,1 72 166	33,14ff 15
	22,2 60	27,3 84 89 91 329	33,15 181
18 196	22,3b 328	27,4 133 141 157 158 293	33,16–18 214 217
18,3–6 104	22,4.7 300	297 Taf. XXV	33,16f 218
18,3 62 128 160 201	22,10 227 229	27,5 99 143 144	33,19 67
18,3b 161	22,10f 182	27,5d 159	33,20 201
18,3.5 161	22,10ab 181	27,6 308	
18,3.47 160	22,10b 182	27,10 174 224	34,3 308
18,5–16 192	22,13.22 76	27,11 175 179	34,9 157
18,5 63	22,14–22 75	27,13 166 287 297	34,11 220
18,5f 9 62 82	22,15f 57		34,14 73
18,5f.17 33	22,16c 57	28,1 54 55 61 62 114 160	34,21 73 74
18,6 33	22,17 77	162	34,22 87
18,8–16 196	22,19 93	28,1f 144 160 299	
18,8 18 39	22,21 77	28,2 300	35 199
18,8f 197 198	22,23.26 308	28,3f 87	35,1–3 84 199
18,10–15 195	22,26 303 313 326	28,7 201 202	35,1–3.23f 188
18,10 19	22,26a 312		35,2 201
18,10f 146 196	22,26b.27 307	29 198	35,3 172
18,11 71 144 170	22,27 307 308	29,1 189	35,3a 201
18,12 144	22,28 32 34 283	29,1f 50	35,5 87 88
18,13–15 196	22,28.30 289	29,2 153 287 289	35,7 62 81
18,16 18 130	22,30 28 50 55 57	29,2b 288	35,7f 78
18,28 198	22,31f Taf. XXV	29,3b 192	35,9f 57
18,29 72 166 Taf. XIV		29,5 192	35,13f 298
18,30 329	23 208	29,6 192	35,14 297
18,33 247	23,1 208	29,7 194	35,17 75
18,35 247	23,3 175	29,10 31 151 186	35,26 87
18,35a 242	23,3f 209	29,16 62	
18,35b 196 197	23,5 175 255 257 311		36,6 25
18,36 247	23,5bα 176	30 61	36,6f 29 34
18,37–40 276	23,5bβ 176	30,2 62 155 329	36,7.11 257
	23,6 133	30,3 177	36,8 22 170

36,8f 166	44,11ab 89	49,2ab 56	57,2b 171
36,9 175	44,12 89	49,10 57	57,7 78
36,9f 120	44,12a 93	49,16 178	57,9 324
36,10 168 172	44,12b.13 93	49,20 55 57 166	57,9f 326
36,10a 166 167 169	44,12f.23 89		57,10f 25
36,10b 166	44,13 93 209	50 50 174 204 304 305	57,11 27
	44,14–17 89 93	50,1 172	57,12 22 24 35
37,13.17.20f.28.34ff 87	44,14–16 94	50,3 194	
37,14 78 84	44,18–23 89	50,4 24 28	58 174
37,15 87 218	44,18 85	50,6 28	58,3–10 87
37,22 87	44,20 66	50,12 36 131	58,5 42 76
	44,24 89	50,13.16b.17a.23 258	58,7 75
38 60	44,26 28 57 298	50,13b 307	58,8 77
38,2ff 72		50,14ff 304	58,9 55 56 57
38,3 74	45 224 259 261 264	50,14f 257	
38,3f 201	45,2 223	50,14.23 303	59,7 74
38,4.6 72	45,2ac 222	50,14.25 308	59,7.15 76 77
38,8 72	45,3–6 247	50,15 308	59,10.17f 160
38,11 57	45,3 238 259 262	50,16–21 111	59,12 201
	45,4–8 264	50,23 307	59,14 33 34
39,13 291 299	45,5 259 260	50,31b 126	
39,14 54	45,6 259 278 Taf. XX		60 89
	45,7 208 243 247 264	51,3f 174	60,3–5 89
40 89	45,8 235 255 259	51,9 72 Taf. VIII	60,3 89
40,1 308	45,11–13 264	51,10 57	60,4 96
40,3 61 62 161	45,11 263	51,12f 285	60,8–10 89 209
40,7–11 50 257 303 306	45,13 282	51,15 Taf. XIII	60,8 153 172
40,7 304	45,15 264	51,16–18 50	60,12 89
40,10f 308	45,17 229 263 264	51,17 312	60,13 89
40,12ff 174		51,18 308	
40,15 60	46 122 154	51,18f 257	61 (62), 2.6f 155
40,18–20 24	46,2 101	51,20 14 105	61,3–5 161
	46,3f 40	51,20f 305	61,3 19 20 21 33 67 99
41,5 53 72 177	46,4 40 46		104 144 175
41,9 53 Taf. III	46,4.5 120	52,7 166	61,3c 159 161
41,10 85 175	46,5 113 122 124 128 133	52,9 218 220	61,3ff 22 Taf. I B
41,11 41	329	52,10 118 120 329	61,4 159
41,14 60	46,6 46		61,4b 159
	46,6f 211	53,6 57	61,5 22 143 144 170
42 157 301	46,7b 196		61,6 303
42,2.3a 300	46,8 159	54,3 188	61,7f 302
42,2f 172 301	46,10 91 218 220	54,4 172	61,8 247
42,3 165 178		54,7 188	61,9 257 303
42,5 154 301	47,2 313 Taf. XXVII	54,8f 306	
42,7f 33 62 Taf. VII A	47,6 301 319 326		62,3 155
42,8 44	47,9 149	55,2 172	62,3.7 160
42,10 60 160	47,10 151 283	55,5f 85	62,4 90 91
	47,14 151	55,7ff 85	62,10 63 218f
43 207		55,9 71	62,11 220
43,3 33 72 101 113 128 133	48,2 308	55,9f 187	62,12 172
166 179	48,2f 17	55,10 85	
43,4 127 324 326	48,3 102 Taf. VII B	55,15 154 308	63,2 66 67 166 172
	48,3f 159	55,21 85	63,3 178 287 297
44,2–4 89	48,3.12 101	55,24 57 58 62 85	63,3.7 160
44,2 206	48,8 64		63,4 166
44,3 215	48,9 287	56–60 306	63,6 175 176 313
44,4 166 214f	48,10 133	56,5.12 218	63,8 170
44,4a 216	48,11 22	56,6–8 87	63,9 238
44,5–9 89	48,11f 257	56,13 303	63,10 28 55 66
44,7f 214 217	48,12 159	56,14 45 55 57 166	63,11 57 93
44,9–20 211	48,13–15 107		
44,10–17 89	48,13 159	57–59 307	64,4f 82 84
44,11 89	48,13f 14 15 105	57,2 22 170	64,6 78
			64,8 197 201

65 154 198	71,3 160	74,21 93	79,11 92
65,2 303	71,5f 182	74,23 96	79,13 208
65,2f 303	71,6 181 227 229		
65,3 172	71,16 220	75,3f.8 188	80 89
65,5 113 114 118 133 165	71,20 28	75,4 33 39 46 155	80,2 149 170 208
175	71,22 324 326	75,5f 43	80,2c.3a 150
65,7f 40		75,5.6.11 76 Taf. XIX	80,7 93
65,8–10 40	72 21 234 265 285		80,9–14 89
65,8 45 62 96	72,1 302	76 154	80,9 89
65,8f 194	72,1f 257 267	76,3 142 144	80,11 118
65,9 18 19 33 313	72,2.4.12ff 264	76,4–6 218	80,12 17
65,10–14 24 194 195	72,4 268	76,4 74 199 201	80,13 95
65,10 122	72,5 246	76,4a 218	80,14 96
	72,8 17 34 247 Taf. XXII	76,7 215 218	80,14a 97
66,4 289	72,9.10a 282	76,12 303 304	80,15 36
66,6 17 207	72,9.11 282		80,19 89
66,10 162	72,10 18 19 282	77 89	80,19b.20 190
66,10ff 164	72,10b–15 283	77,6 67	
66,13–15 257	72,14f 264	77,8–11 89	81 174
66,13 254 303	72,16 264 265	77,12–21 89	81,3 314 324
66,15 128 254	72,17 239 243 246	77,16–21 207	81,3ff 326
66,19 303	72,19 20 22	77,17–20 40 196	81,4 319 320 326
		77,18 196	81,5 318
67,6–8 33	73 111 164	77,19 41	81,7 206 207 248
67,7 109 193	73,1 111	77,20 66	81,10 289
67,8 34	73,3–12 76 78	77,21 208	81,10f 210
	73,9 63	77,22b.23a 326	81,11.17 194
68,7c 66	73,13 110 111		81,17a 196
68,9 34	73,15 111	78 154 157 206	
68,10 195	73,17–20 111	78,5 208	82 174 188 189 213
68,16f 102	73,17 85	78,12 207	82,5 33 39 46
68,17 105	73,23–28 166	78,13 207	82,8 188
68,19 301	73,23 178 238	78,24f 207	82,12 46
68,22 271 273	73,23b.24a 236	78,45f 89	
68,23 19	73,24 178 180	78,48 199	83 89
68,23b 64	73,25 24	78,49c 73	83,1–9 89
68,24 93	73,26 161	78,52 208	83,5 89 93
68,25 178 287 301	73,27 211 213	78,52f 208	83,7–9 231 233
68,26 314 317	73,28 165	78,54 105	83,10–13 89
68,26f 314 315		78,60 144	83,11 93
68,28 326	74 45 89 96	78,63 313	83,16 71
68,30 282 303	74,1 89 208	78,65 196	83,19 89 220
	74,2 101	78,65f 200	
69,2f 61	74,3–8 89	78,68–71 252	84 157
69,3.16 33 62	74,3–7 95	78,68 101 105	84,2–3.5–6.11a 132
69,11f 298	74,3b.4–6 94	78,68b.69 154	84,2 113 128 133
69,13 107	74,7 133 Taf. V	78,69 24 46 100 101 154	84,3 106 113 118 166
69,15f 62	74,9–11 89	161	84,4 118 128
69,22 72	74,10–12.14a.18 96	78,70–72 208	84,5 295
69,23 80	74,12–18 182	78,70ff 209	84,6 133
69,24 87	74,12–17 41 89		84,8 106 178 301
69,26 87	74,12 44 45	79 89	84,9 302
69,28f 87	74,12f 44	79,1–4 89	84,11 113f 118
69,30 60	74,13–17 190	79,1 89 94 95	84,12 188
69,31 308	74,13 41	79,1c 95 96	
69,31f 50 257 303 304 305	74,13f 41 45 196	79,2 24 57 92	85,2–4 89
69,32 308	74,13f.15 120	79,2f 89 93	85,9 172
69,33 287	74,13f.22 188	79,3 92	85,11.14 257
69,35 29 48	74,15 40	79,3f 93	85,14 31
	74,16 47 184	79,4 89 93	
70,3 155	74,17 183	79,7 95 96	86,1 172
	74,18 89	79,8f 89	86,4 69 299 Taf. XXIV
71,2 172	74,19 74	79,10 89 93	86,9 283

86,10 151 220	89,37b 247	96,6 289	103,11 25 27
86,13 56	89,39–46 298	96,7–10 283	103,12ff 174
	89,39 89	96,7–9 303	103,13 175
87 105	89,40 237 243	96,9 153 287	103,14 289
87,1 101 113 128 154 161	89,41 95	96,9a 288	103,15ff 218
87,1.5b 14	89,42 89 93	96,10 33 46	103,16 70 71
87,2 105 113	89,47 72	96,11 29 47 48	103,19 247
87,4 42	89,49 Taf. XXV	96,13 188	
87,7 314			104 49
	90 162	97,1 18	104,1b–26 29
88 60 68	90,2 16 17 182 186	97,2 146 149 150	104,1b.2a 186
88,2.4f 69	90,3 57	97,2a.3.4a 194	104,2 25 184
88,4 53 60	90,5f 71 218	97,2b 150	104,2b.5a.25a 30
88,5 54 55 57 61	90,14 165 270	97,4f 17 34	104,3 34 71
88,5.7.12 33		97,4ff 24 28	104,3.14 34
88,6 53 59	91 329	97,5 16 198	104,4 194
88,6b 59	91,1 120	97,6 25 27	104,5–9 40
88,7 55	91,2 160	97,7 289	104,5 33 46 184
88,7f 62	91,4 22 170 171 201	97,9 151 189	104,6–12 40
88,8 44	91,5 74	97,11 166	104,6–9.10 120
88,9c 54 55	91,5f 71 73 74		104,6–8 41
88,10 299 300	91,13 43 76 87 Taf. XXVIII	98,3 33 34	104,6 34 35
88,11 54		98,3f 320	104,7 42
88,11f 24	92,2f 308	98,5f 326	104,8 43
88,12 53 54 55	92,3 46	98,6 319 320	104,9 40 41 43 46
88,13 45 59	92,4 324	98,7f 34 Taf. XXVII	104,10–12 24
88,13f 46	92,11 76 311	98,9 188	104,13 23 31
88,16 59	92,13–16 329		104,13a.16 184
	92,13–16a 125	99,1 149 170	104,14 31
89 10 45 96 201 206 298	92,13 118 124	99,5 146	104,14.17f 49
89,3 22 25	92,13f 120	99,9 101	104,14c.15a 194 196
89,3.30 21	92,14 118		104,15 257 307 309
89,5a.30a.37a 247		100,1 303	104,16 154 184
89,5b 247	93 44 46	100,3 184	104,16a 118
89,6–15 41	93,1 33	100,4 113 114	104,16b 118
89,6–9 189	93,2 149 247	100,4a 107	104,18a 49
89,6–8 189	93,3 17	100,4b 119	104,20 67
89,6 25	93,3f 41 44		104,22 46 270
89,6a 27	93,4 44	101 21 234 257 264 265	104,22f.14a.16a.17.27 191
89,9–13 89	93,8f 14	101,6 268	104,24 184
89,9 284		101,8 259 266 269	104,24.31 184
89,10–14 190	94,1 155		104,25 64
89,10 41 44 96	94,2 188	102,1 172	104,25f 64
89,10f 196	94,2f 188	102,4f.12 71 72	104,26 39 41 183
89,10ff 182	94,6 78	102,7 67	104,27–30 192
89,11a 42	94,9 181 184	102,8 82	104,27f 300
89,12 24 36 184	94,9ff 15	102,11 72	104,28 24
89,13 17 102 Taf. VII AB	94,13 62	102,12f 151 218	104,29 57
89,15 150	94,17 58 59	102,13 186	104,29f 50
89,16 166	94,22 160	102,14f 95	104,30 31
89,17 104 257		102,15 96	104,31 184
89,20–38 89 298	95 174	102,19 Taf. XXV	104,32 17
89,20 172	95,1 19	102,20 36 189	104,32b 151 198
89,21 234 235	95,3 151 189	102,22 105	104,33 326
89,22 243	95,4 28	102,26–29 332	104,33f 327
89,26 17 Taf. XXII	95,4f 17 39 184	102,26–28 186f	104,34ab 326
89,26ff 229	95,5 183 287	102,26 24 27 184	104,35 233
89,27 224	95,6 288 289		
89,27a.28 231	95,7–11 204	103,1 293	105 206
89,30 25	95,7 208	103,3b 177	105,11 207
89,30b 247		103,4 243	105,12–15 205 207
89,36 153	96,4f 189 211	103,5 175 178	105,16 67
89,37 246 247	96,5 27	103,5b 100	105,18 60 61 207

105,30f.34f 89	114,3 vgl. 207	121 165 188	132,15 175
105,39 197		121,1 297	132,18 243
105,40 207	115,2 91	121,1f 17 102	
	115,3 24	121,2 24 184	133 311
106 206	115,4–7 210	121,4–6 120	133,1 308
106,11 206 207	115,4 210	121,5 120	133,1f 311
106,17 28	115,7 211	121,6 22 87 197	133,2 257 308
106,19 289	115,8 212	121,6f 86	133,3 101 102 103 108 109
106,19f 212	115,9 202		113 122 128 165
106,35ff 213	115,9ff 201	122 301	Taf. VII A
106,36 211	115,15–17 29	122,1–5 252	
106,37 73 110	115,15 24 184	122,1–3 106	134,1 296 296
106,37ff 213	115,16–18 29	122,1 301	134,2 294
106,39 211	115,16 34 46	122,2 107	134,3 24
106,47 209	115,16f 24	122,3.7 106	
	115,17 50 55 58 59	122,4 101 301 303	135 206
107 53 172 204 300 303 311	115,17a.18a 58	122,5 247 265	135,2 113 114 295
107,3 19			135,6 24 29
107,4–7 33	116,1b.2 172	123,1 34 297 300	135,7 193
107,4f 66	116,2 172	123,1f 300	135,14 210
107,4.7 66	116,3 82	123,2f 299	135,15–18 210
107,5 67	116,9 24 43 166		135,15 210
107,5.12.18.26.27 53	116,10 218	124,2.4 Taf. II	
107,10–16 60	116,12f Taf. XXVI	124,4f 63	136 157 206
107,10 55 60 61	116,13 281 307 308	124,7 80 82	136,5 186
107,10.16 60	116,14.18f 308	124,8 24	136,6 33 184
107,17–20 53	116,14.18 303		136,16 207
107,18 33 39 53 106	116,17f 307	125,1 101 151	
107,18a 53	116,19 105 114	125,1f 102 Taf. VI	137 89 93 209
107,21 19		125,3 84	137,2–4 325
107,23–39 64	117,2 vgl. 27		137,2 326
107,23f 64		126 209	137,3 323
107,24 287	118 301	126,2 313	
107,29f 65	118,6 329	126,4 63 209	138,1 326
	118,7 329		138,2 114 288
108,3 324	118,9 218	127,1 14	
108,8–10 209	118,15c.16a 327	127,1f 218	139 164
108,8 153 172	118,16 329	127,5 107	139,8 46
108,11 27	118,19 106 108 118		139,8f 40
108,12 35	118,19f 111f	128,3 vgl. 330f	139,8ff 19
	118,20 118		139,13.16 181 227
109,7a 87	118,22f 198	129,3f 87	139,13a.15 181
109,12f 87	118,26a 289	129,6 87 218	139,14.18 184
109,30 308	118,27 127 128	129,7 88	139,15 15 182 183 184
	118,27bc 127		139,15c 184
110 10 229 231 234	118,28 329	130,1 21 55 300	
110,1 230 233 240 241 273	118,28b 327	130,1f 173	140,4 76
110,1b 247		130,3 164	140,6 78 82
110,1f 247	119 168		
110,2 243 252	119,19 299		141,2 310
110,3 LXX 224	119,25 298		141,5 311
110,4 252 253	119,37 184	132 105 206 209 301 302	141,7 28
110,5f 279	119,61 82	132,1–5 13 249	141,8 297
110,5.6a 272	119,73a 227	132,2–5 10	141,9 80 82
110,7 238	119,89 21 22	132,3 144	141,10 81 83
	119,90 184	132,5 113	
111,1 308	119,91 48	132,5.7 128 133	142,4 67 78
	119,105 168 169	132,7 146 289	142,6 24 43 166
112,4 166	119,114a 202	132,8 146 252	142,7 66
	119,140 164	132,9 257	
113,6 24		132,11 264	143,2 104
113,7 292		132,11f 247	143,3 28 46 55
113,7f 198	120,4 vgl. 195f	132,13ab 105	143,6 172 299 300
113,9 182			

143,7   54 55
143,8   270 299

144,1   247
144,2   160
144,5b 198
144,6   196
144,8.11 85
144,9   324 325 326
144,12–14 265
144,12b 183 184
144,13f 183
144,13b–15 182

145,1   329
145,9   186
145,9.17 184
145,15f 300
145,16 23 24

146,3f 218
146,6   29 36 48

147   107
147,2   14 154
147,3   177 213
147,4   184
147,4f 186
147,5   186
147,6   28
147,8   24
147,8c–10a 217
147,10 214 217
147,10b 219
147,12 105
147,12f 107
147,13 14

148   48 49 184
148,1   24 33
148,1f 34
148,4   27 31 34
148,4f 185
148,5   184
148,7   24 28
148,7a 51
148,8   194
148,9b.10.11a.12b   51
148,9–13 39
148,9–12 50
148,10 50
148,13 24

149,3   314 316
149,8   282
149,8f 281

150   318
150,1   153
150,3–5 326
150,3   319 324
150,4   314 321
150,5   318

150,5f 317
150,6   52

Sprüche
3,19   27
11,16 220
11,26 85
17,12 78
22,4   220
28,15 78
29,24 85
30,10 85

Kohelet
1,5   26
3,2   202

Hohelied
3,6–8 259
4,3.13 144
6,7.11 144
6,9   313
7,3   144
8,2   144

Jesus Sirach
24   330
40,13f 63
43   49
43,24f 64

Weisheit
18,4   168

Jesaia
1,10–17 111
1,10ff   304
2,2–4 105
2,2   102 144
5,12   322
5,14   63
6   153 162 172
6,1   149 151
6,6   164
7,9   215
8,6f 122
9,5   243
11,7 78
13,21 73
13,22 66
14,12ff 213
14,13 39
14,19 60
17,8   131
22,6   218
26,2   118
27,1   41 42
27,9   131
28,6   215
28,14 104
28,16 161
30,14 324
30,15 215

30,16 215
30,29 322
31,1–3 215
34,13 66
34,14 73
36f   218
37,9   281
37,14 146
37,16–20 89
38,18 53 54 60
38,11 178
40,15 61
41,5   18
43,2   164
44,16 178
44,22 60
45,1   238
46,1f 211
51,20 81 83
65,8   109

Jeremia
2,6.31 66
3,16   211
4,29   159
5,22   41 43
7,10   295
7,21ff 304
9,10   66
10,13 193
10,25 96
17,7f 329
18,1–10 183
19,13 159
19,14 113 114
23,18 225
26,2   113 114
30,21 252
36,10 113
37,16 60
49,35 218
51,16 193
52,19 145
52,21–23 144

Klagelieder
3,6   55
3,10 78
3,53 60
4,2   324
4,20 22

Ezechiel
4,1   14
6,4.6 131
8,7   113 114
8,16 113
12,25 157
13,17–21 78
15,17 105
17,20 79
19,4.8 62
21,26 164 174

24,14 217
27,4   161
28,13–16 104 126
28,16 110
29,3   224
40–42 114 115
40   108
40,5   113
40,22.34.49 151
41,3   142
41,18 124
41,21–22 131
42,20 114
43,1–12 151
43,8   247
43,13–17 115 128
44,3   252
45,16.22ff 252
46,2ff 252
46,19–24 115
47,1   122

Daniel
3,51–90 49
6,10   300
6,11   154
8,17f 289

Hosea
3,4   174
5,8   320
6,6   304
13,8 78

Joel
4,18 122

Amos
1,5   80
2,1   57
3,5a 80 82 84
3,5b 80
3,6   74
3,14 128
4,2   153
4,13 42 151
5,19 78
5,21–24 111
5,21 304
9,2f 19

Jona
1,3–16 64
1,16   65
2,7   39 40

Micha
4,1–3 105
4,1   102 144

Habakuk
1,14f 79
1,16   214
3   199
3,8   39 40

Zephania
1,5 *159*

Haggai
1,6.10f *118*

Sacharja
4,2 *145*
9,9 *259*
9,11 *60*
10,2 *174*
11,12 *215*

13,6 *213*
14,8 *122*

Maleachi
3,20 *22*

1. Makkabäer
4,57 *95*
9,39 *259*

Neues Testament

Markus
5,1–5 parr *53*

Matthäus
8,28 parr *53*
16,18 *104 106 161*
23,37 *170*

Lukas
1,52f *198*
21,25 *47*

Johannes
7,49 *330*

Apostelgeschichte
27 *64*

Römer
13,1–7 *332*

1. Korinther
10,20ff *175*

Apokalypse
21,1 *47*
22,1f *122*

SACHREGISTER

s. = siehe (auch)

Aberglaube 213
Abgrund 53 s. Chaos
Abrenuntiation 210f
abstrakt – konkret 8f 172
Ächtung der Feinde 247
Ackerbau 88
Adad s. Hadad
Adler 108, 110
Adyton 139, 143f
Ährensammler 88
Aktualisierung 204
Allerheiligstes 99 104f 109 112 114–118 128 138f 142–144 146f 149–153 160–162 253 300f
Allgegenwart Gottes 19 s. Jahwe
Altar 110 126f 129 131 305 s. Massebenaltar, s. Räucheraltar
Altarsteine 105
altorientalisch – modern 15
Amarnabriefe 299
Ambivalenz 76 78
Amon 224 229 246 257 281
Amulett 62 68 71
Amun s. Amon
An s. Anu
Anbetung 306
Angesicht Gottes 148 178
ANEP 10
Angst 64 72 78 85 91 300
Anhöhe 159
anthropomorph 131 306
Anu 25 29 39 72
Anubis 33 54 58f 62
AOB 10
Apophis 34
apotropäisch 71 73 110 291
Aquädukt 122 131

arabisch 303
Arad, Tempel von 112 114 127f 130f 161f
Archäologie, allgem. 8 53
Architekt 13f
Arme und Schwache 285 307
Arme der Falle 80
Arme, erhoben 290 299
Arzt 175, 177 306
Asael 73
Aschera 142 145
Aspekt 9
assoziatives Denken 275
Astarte 144 215 216
Astralgötter 87
Astralsymbol(e) 87
Asylsuchende 128
Augen 297 300
Aufgang 19
Aufriß 14 18
axial 109 114 118f

Ba s. Seelenvogel
Baal 39–41 43 73 100 118 192 196 199
Backofen 112
bāmāh 127 und Taf. X
Bär 78
Barke 189 302 s. Sonnenschiff
Basis des Weltgebäudes 34
bauen 14
Baum 23 43 66 78 88 102 104 118 120f 124 126 131 154f 161 165 193 273 329
Baum – Götter 165f
Baum, am Wasser gepflanzt 329 331
Beamtenstand 221 223 266 299
Becher 176 281 307f 320 Taf. XXVI
Bedränger 93
Bedürfnisse des Beschwörers 9
Beerdigungsriten 54f
Begriffspaar s. Merismus

Begriffsuntersuchung 36
Beherrschung 14
Bekenntnis 304
Belagerung 89 91 161
Belebung der Mumie 58
Bereich Jahwes 46 s. Leben, s. Segen
Belohnung 265
Berg(e) 13 15 17–20 23f 34 39f 49 100–104 113 124 126 131 161 252 301
Burg im Zentrum der Erde 20 23 34
Berg Jahwes 101 111
Berg – Tempel 20 151
Berg Zion s. Zion
Bergfeste 159 161
Berggipfel 19 100
Berggott 23f 39 102 104
Bergspitze des Westens 17 Taf. XIII 161
Beharrungsvermögen 114
Bereich des Lebens 102 104 108 s. Leben
Beschützer 19 50 110
Beschwörung 24 210 290f
Besprengung mit geweihtem Wasser 72 110
Bestrafung 265
Besuche 303
Bild(er) 7 53 259 274
Bild – Gott 211
Bilderverbot 157
Bilderwelt 7 211
Bildzauber 38 247
Bitte 290f 298f 300
Bitterstrom 17f
Blitz 41 194–196
Blumen(strauß) 109
Blut 93 306 307
Blut vergießen 93
Blutgier 73
Blutsprengung 128
Bogen 82 84 91 233
bös – gut 68 74

381

böse 40 62 68 110 265
Brandopferaltar 109 112 127f Taf. IX und XI
Brausen des Meeres 47
Breitraum 112f 117 135 138
Bündnis 85
Bundeslade s. Lade

Chamman 130
Chaos 33 39–41 46 62f 66f 89 96 99f 105 120 154 161 192 194 195 207 265 289 s. Abgrund
Chaos-Kosmos-Vorstellung 105 265 279
Chaos und Meer 40f
Chaosdrache 38 40–43 45 62
Chaoskampf 39–45 96f 194 303
Chaos im Gewitter 41
Cherub 73 110 124 126 143f 146 149f 165 170 176
Cherubenthron 149f
Cherubenthroner 146f 149
Chnum 224 227 230
christliche Interpretation 332
chtonische Gottheit 153

Dämon(en) 45 62 67f 71–78 84 96 110 168 188 213
Dämonen, ägyptische 72
Dämonen, kanaanäische 73
Dämonen, mesopotamische 68, 71–74
Dank 160 172 292 303 306
Danklied 305–308 311
Dankopfer 304 314 323
Darstellung Jahwes 157
Dattelpalme s. Baum s. Lebensbaum
Dauer s. unendlich
Debir s. Allerheiligstes
Denkbild – Sehbild 7 9 15 31 274
Denken ao 8f
Deportation 93
Deus faber 183
deuteronomistisches Geschichtswerk 154 204 252
Deutung, intuitiv-spekulative 18
Diesseits – Jenseits 72 88
Disproportion 91
Distanzüberwindung 300
Divination 164
Donnerkeule 192
Doppelflöte 322
Doppelnatur des Wassers 40
Drache s. Chaosdrache
Drache in Schlangengestalt 38 42–46 96
Dualismus 39–41 49 60 72 287
Duat s. Totenwelt
Dunkel(heit) 45–47 53 55 58 60 66–68 72 96 146 168 188 195
Dunkel als Bereich der Dämonen 45
Dürre 172
Durst 45 53 67 71

Ea 25 29 39–41 72 187 248 259 265
Eapriester 24 72 121
Ehernes Meer 120f 126 165

Eigenmächtigkeit 17
Eigennamen 181
Einführungsszenen 178 179 289f 295
Eingang ins Totenreich 38 55 60
ekstatisch 322
El 39f 185 187
empfangen 291 300
empirisch – technisch 18 42 47 54 64
Enden der Erde 18–20 22 32f 41 43 46 72
Enden des Himmels 19
Engel 50
Enki s. Ea
Enlil 25 29 78
Entdinglichung 304
Entmythisierung 40 45 47
entrücken 178
Erbarmen 174
Erd- und Tempelberg 22 40
Erdbeben 198
Erde 24f 27 29 34 182
Erde – Berg 19 24 40
Erde – Himmel 8 24f 28f 36 49 184
Erde – Mulde 20 34 36
Erde – Mutter 25 182f
Erde und Totenwelt 28 31 33f
Erde, Zentrum der 23 34
Erdgott 8 25 27 29–31 38
Erdkarte 17–19
Erdscheibe, kreisrunde 20 31 33f 38 46
Erfahrung des Alltags 311 s. empirisch
Erfahrung d. Heiligen 287 289
erhöhen 327 329
Erhörer des Gebetes 172
Erscheinen Gottes 287 301 s. Theophanie
Erstlingsgaben 303
Erwählung 105
Esagila 100
eschatologische Heilszeit 282
Essen und Trinken 175–177 257 307f
Ethos 68 111 154 285
ewig – unvergänglich 198 218 247
Ewiges Licht 168
Exil 93 209 211
Existenz 93 172 287
Exodus 89 105 202 206 287

Fabelwesen 64 67
Fackel 319
Fahnen 109 142
Falke 22 50 72 170 s. Horus
Falle(n) 78 80 82
Fallgrube 62f
Fangnetz 62
Feind(e) 9 45 67 74 77 85 87 89 96 224 230 233 259 266 270f 277f 304
Feind – Chaosmacht 95–97 275
Feind(e) des Einzelnen 68 74 77 82
Feinde des Volkes 84 89 95f
Feindbild einer Kultur 68
Feindschaft aus Rivalität 68
Fels 99 104f 127 144 155 158 160f
Fesseln (eiserne) 60
Festigkeit des Himmels 25 27 46

Festland 65
Festmachen der Erde 46
Festmähler 322
Festprozession s. Prozession
Festung 158f
Festungstempel 158
Fetischismus 292
Feuer und Wasser 164
Feuergott 72
Feuersäule 197
Fieber (dämon) 71f 96
Finsternis 45f 67 s. Dunkel
Finsternis – Licht 18 45 166
Firmament 32 s. Himmel s. Festigkeit des Himmels
Fischkostüm 24 72 121f. s. Ea
Flaggen 109 142
Flehen 93 297 300
Fliehfels 159 161
Flöte 318 326 s. Doppelflöte, s. Langflöte
Fluch (Flüche) 85–87 95 162
Flügel 22 24 71 166 170 172 196 208
Flügel (schützend) 24
Flügel des Windes 71
Flügel Gottes 22 144 170 171
Flügelpaar 21
Flügelsonne s. Sonnenscheibe, geflügelte
Flut, große 36 s. Urozean
Fortleben 178
Frau 206 303 314
Fremder (Fremde) 33 201 299
Fremdländer 33 93 209 281
Frevler 45 71 77 87f
Frömmigkeit 160 330
Fruchtbarkeit 27 102 120 126 144 193 195 211
Fruchtbarkeitsgottheit 44 192 211 215 264
Fruchtbarkeitssymbolik 145
Führen 179 238
Fundament(e) der Berge, der Erde, des Himmels 18 33 36 47

Gastgeber 175
Geb. s. Erdgott
Gebeine 57
Gebet(e) 58 85
Gebet für den König 302
Gebetshaltungen 287 290–292 297
Gebetshaltung, ägyptische 290
Gebetshaltung, assyrische 291 306
Gebetsrichtung 154 300
Geburt 173 181 183 198 227–229
Geburtsgöttin 182 227
Gefängnis 53 55 60 63 67 207
Gefangene 60 279–281 299
Gefangennahme von Feinden 78
Gefühle des Beters 298 301
Geier 93
Geiseln 130
Geister s. Dämonen
Gelübde 172 303
Gemeinschaft(sverhältnis) 154 157 166 178 308

Geordnete Welt s. Kosmos
Gerechtigkeit 31 150 189 257 264 270
Gericht 71 87 187f
Gesamtschau, perspektivische 9
Geschenk(tes Dasein) 172 181f 303
Geschichte 157 132 196 198 204 206 301
Geschichte – Theologie 279
Gesetzgebung 265
Gesichtspunkt 15
Gestirn(e) s. Astralgötter s. Sterne
Gestus 93 290 297f 301 s. Gebetshaltung
Gewitter (Gott) 40–42 44 96 146 192 196f
Gilgamesch 19
Glaube 87 126 201
Gnade Gottes 289 298
Gott s. Jahwe
Gott – Bild 211
Gott als Handwerker 183
Gott – Heiligtum 157
Gott – König 282 und Taf. XXII
Gott – Mensch 13 60 68 89 157 218 289 293 300 303
Gott als Töpfer 183 227
Götter 50 102
Götterberg im Norden s. Zaphon
Götterkönig 39
Götterstatuen 95 117 176 211 257 259 281
Götterwaffe 78
Götterversammlung 224f s. Hofstaat
«Gottesangesicht» 148 178
Gottesbild 178
Gottesdienst 295
Gotteserfahrungen 157 332
Gottesstadt 122
Gottesvorstellungen 157
Gotteswerk 183
Göttin als Mutter 181
Göttinnen der Vegetation 39f
Gottloser (Gottlose) 77 85 87
Götzen 210
Grab 33 53–55 60f 67 72 96 99
Grab – Totenwelt 53
Granatäpfel 144
Grausamkeit 91
Greif 43
Grenzen der Erde s. Enden der Erde
Grenzstein 86f s. Kudurru
Grube 60 62f 67 72 78
Gründung der Erde 154
Gründung des Tempels 105 154f 248–251
Gründungsfiguren 154
Gründungsgaben 154 249
Grundriß(zeichnung) 13 14 18
Gruß 291
gut – bös 68 74

Hadad 41 43 72 192 259
Hafen 64
Halleluja 313
Haltosigkeit der Gottlosen 85
ḥammān s. Chamman
Hand Gottes 196 297
Hände, ausgestreckte 300

Hände, erhobene 290f 300
Hände, verschränkte 295 297
Handflächen, nach vorn gekehrte 290
Handtrommeln 43 314f 317 326
Harfe 323
Hathor 34 96 189 224 227 229 246
Haß 74
Haus 14f 112 133f
Haus Jahwes 133 158
Hausgrundriß 14
Hebamme 181
heilig – profan 108 117 153 287 292
Heilige Hochzeit 224 246 264
heilige Orte 100 105 110 117 142 162
Heiliger Baum s. Baum
Heiliger Berg s. Berg
Heiliger Bezirk 105 114 118
Heiliger Boden 271
Heiliger Fels. s. Fels
Heiliger Krieg 84 278
heiliger See 120f
Heiden 33
Heil, gemeinschaftsgemäßes Verhalten 111 162 174 265 285 290
Heilgöttin 177
Heilserwartung in Israel 285
Heiligkeit 153
Heiligkeit Jahwes s. Jahwe
Heiligkeitsgrade 114
Heiligtum 153f 164 301 s. Tempel
Heiligtum – Gott 157 164
Heilsgeschichte 196 208 s. Geschichte
heil – krank 177
Heilung 68 177 Taf. XXV
Hch s. Unendlichkeit
Hekal 133 139 146 s. Tempel
Hendiadys 201 324
herausziehen 62
Hermon 102
herodianischer Tempel 116
Herrlichkeit des göttlichen Namens 22 s. Jahwe
Herrschaft 41 49f 79 84
Herrschaft des Chaos 41
Herrschaft Gottes 84 s. Jahwe
Herrschaft über die Tiere 49
Herz 63 111 307 309

Himmel 19–22 24f 29 31 34 40 46 53 114 151 153 172 290
Himmel als feste Decke 22 46
Himmel als Flügelpaar 20–22 24 33 s. Sonnenscheibe geflügelte
Himmel als Frau 20f 27 31 33 s. Nut
Himmel als Gewölbe 18 20 31 38
Himmel als Meer 31 120 153 189
Himmel – Erde 8 24f 28f 33 49 184
Himmel, Erde und Meer 29 36
Himmelfahrt 178
Himmelsbarke 25 34 s. Barke, s. Sonnenschiff
Himmelsfalke 50 s. Falke s. Horus
Himmelsgott 24 42 302
Himmelsgöttin s. Himmel als Frau s. Nut

Himmelsherr 24
Himmelstor 18f 41 151 s. Tor
Himmelsträger 21 23 25
Himmelsstützen 21f
Himmelstreppe 101
Himmlischer Ozean s. Himmel als Meer
hinaufziehen, wallfahren 101 301
Hindin s. Hirsch
Hinrichtung 93 271
Hirt 89 208 209
Hirsch 300f
Historisierung 40 42 154 s. Mythisierung
Hitze 45
Hof 112f 119f 124 165 223
Hofhaustypus 112f 134
Hofstaat 34 189 s. Götterversammlung
Höhe 100 102 151 153 s. Anhöhe s. erhöhen
Höhle 153 161
Hohn 93
Horizont 18 20 27 34 229
Horizontgebirge 27
Horizontlöwen 21
Horn (Musikinstrument) 318 320f 326
Hörner 76 87 128 154 192 305
Hörneraltar 128 161
Hörnerkrone 154
Horus 25 96f 170 189 247 252 271 329
Humanisierung 154
Hund 71f 74 77f 87
Hürde 208f
Hunger und Durst 53 66f 71
Hütte 144

Ideogramm 8 87
Ikonographie, allgemein 7–9 38 209
Imdugud 108 110 196
Innenhof s. Hof
Insel 18f 24
Intensivplural s. Plural
Inthronisation 234–236 238 247 252 313
intuitiv 18
inventarisieren 48f
Ischtar 43 72 126 144 177 193 201
Isis 25 27 34 50 59 96 172 229 247
Israel – ao Umwelt 10f 38 50 54 99 223 235 270

Jachin und Boas 144f
Jagd 77f 82 96 259
Jagd – Krieg 82 96 259 261 277
Jagdhund s. Hund
Jahwe, allgemein 38–40 46 50 53 57 59 62 66 68 71 74 85 87f 111 120 127 144 146 153 189 289
Jahwe als Fels 105
Jahwe als Fruchtbarkeitsgott 195
Jahwe als Gründer 14 154
Jahwe als König 282
Jahwe als Krieger 209 215 218 247 273 279
Jahwe als Schild 201–203
Jahwe als Thronender 150
Jahwe als Träger verschiedener Rollen 40 68 168 227

Jahwe erfreuen 326
Jahwe – Totenwelt 46 63 67
Jahwes Allkausalität 89
Jahwes Berg 101 111
Jahwes Bote 74
Jahwes Exklusivität 17 157 210f
Jahwes Ferne 59
Jahwes Gegenwart 114 153 155 164 301
Jahwes Haus 133 151 153f s. Tempel
Jahwes Heilstaten 89
Jahwes Herrlichkeit 20 292 301
Jahwes Hofstaat 189 s. Götterversammlung s. Hofstaat
Jahwes Lieblichkeit 158
Jahwes Macht 17 27 40 88 118
Jahwes Name 154 174
Jahwes Ordnung 24 74 87f 96
Jahwes Ruhm 14
Jahwes Souveränität 184 273
Jahwes Tempel 112 127f 161f Taf. XI
Jahwes Träger 170
Jahwes Wohnen 105 118 151
Jahwes Wort 40 164 168 184
Jahwes Weisheit 27 47 186
Jahwes Zorn 71 89 130
Jahwes Zuverlässigkeit 161 164 174 184
Jam 19 29 39 41 100
Jenseits – Diesseits 72 88
Jenseitsdämonen Ägyptens 73
Jerusalem 14 33 99 101 105 118 122 127 146 240
Jubel 312f
Jupiter Heliopolitanus 151

Ka 33 224 243
Kampf 45 188 194 199 270 278 s. Chaoskampf
Karmelgipfel 19
kanaanäisch 89 105 117 161 211 214
Kasematten-Mauern 139
Kerub s. Cherub
Kerker s. Gefängnis
Kesselpauke 318
Kesselwagen 124 165
Kind – Vater 174
Kinderopfer 65 73 130 213
Kindheitsgeschichte (des Pharao) 224
Klage 66 91 288 297 298 300
Klagefrauen 297f
Klagelieder 67 89 91
Klappnetz 80
Klatschen 108 313 Taf. XXVII
Kleider 93
Knickachstyp 117 134 138
Knien 290 292 294
Knochen s. Gebeine
Kobra s. Uräus 22
König, allgemein 10 21–24 76 78 91 93 105 126 151 178 181 197 215 223 233 236 246 249 259 270 292 300 332 s. Pharao
König als Diener des Gottes 248 252 264 276 279
König als Krieger 270 279

König als Löwe 76 93 108 281
König als Priester 126 252f 305
König als Tempelerbauer 248 252
König als Wächter 108
König an Stelle Gottes 21 117 181 223 243 247 265 279 285
König der Götter 168f
Königskult 178
Königin 224 227 230
Königsbraut 264
Königstitulatur 243
Königtum 93 157 221 223 235 247 249 332
konkret – abstrakt 8f 18 53 168 172
Kontakt mit Gott 300
Körperteile 287
kosmisch 96 100 161 199
Kosmos – Chaos 265 279 s. Chaos
Kranker 69 72
Krankheit 53 63 67f 71–74 168 175 177
Krankheit – Sünde 53 72
Krankheitsdämonen 73
Kreaturgefühl 289
Kreisgestalt 31
Krieg 77f 82 84 96 198 202 214 218 270 281
Krieg – Jagd 82 96 259 261 277
Kriegsführung 278f
Kriegsgott 197 199
Kriegswagen s. Streitwagen
Kritik am modernen ao Weltbild 31 33
Krokodil 62 329
Krönung 238 243 247 319 s. Inthronisation
Kudurru 38 86f 89 s. Grenzstein
Kult, kultisch 10 24 85 105 111 114 120 133 157 174 211 252 257 287 301 311 322 324
Kultbecken 121 124 165
Kultbild s. Götterstatuen
Kultmasken 58f 174
Kultsymbole 301
Kultpropheten 172
Kulttradition 122
Küssen der Füße 246 Tafl. XXIII
Kußhand 290

Lachisch, Tempel von 112, 114 131
Lade 105 144 146 157 211 301 303
Lamaschtu 71
Lamassu 110
Lampe 72 166 169
Landnahme 89 105 206 208
Langflöte 321
Langhaus 133–135 138f 292
Langraum 117f 131 134 138f 292
Lanze 199 201
Lasso 82
Läuterung 162 164
Laute 324
Leben 23f 68 78 88 126 165 259 307
Leben des Beters 78
Leben – Licht 166
Leben – Tempel 108f 120 131 145
Leben – Wasser 24 88 102 120 126 131
Lebensbaum 23f 42f 121f 124 165
Lebenskraft 57 192f 243 305

Lebenszeichen, ägyptisches 59 192f 229 247 307
Lebewesen 50
Leberschau 164
Leichnam, Sorge um den 72
Leier 315 321 323 325
Leuchter 145f 166
Leuchter als Symbol Gottes 145
Leviathan 41f
Levit 295 321
Libation 41 44 118 157 306f 309 Taf. XXIII
Licht 45f 55 72 166 169
Licht – Finsternis 18 45f 166 188
Licht – Leben 55 166 169 188
Licht – Ordnung 41 72
Lichtgott 45
Liebesgöttin s. Fruchtbarkeitsgottheit
Lied 304
Lied – Opfer 304f
Lilit 73
Liste 48f
Liturgie 291
Lob 50
Lobpreis 50–53 290–292 313f 328
Lotus 144 172
Löwe 17–20 39 41 50 71f 75–78 93 110 124 126 259 281
Löwe, geflügelter 40 76
Löwendrache 40
Löwengestalt 75 108
Luftgott 22 25 31

Maat 29 31 62 150 189 218 233 257f 265 s. Ordnungen s. Weltordnung
Macht 40 46 68 74f 96 224 252 285
Macht des Siegers 75 218 259 274 278 Taf. XXII
Macht, numinose 17 72 210
Mächte der Dunkelheit 96 s. Dunkelheit
Magie 74 78
magisch – beschwörend 9 38 44 62 72 105 126 182 243 247 274 290 297
Majestät Gottes 289
Manipulation(en) 62
Marduk 33 41 72 100 154
Maske 58f 174
Massebe, Massebenaltar 118 128 161
Meer 17–19 24 29 31 33 36f 39 41 46f 53 63 66f 120 124 153 207 s. Chaos
Meer – Strom 17
Meer – Totenwelt 24 46 67
Meermotive 121
Meertier(e) 64
Meineid 85
Melchisedek 252
Mensch als Beschützer 50
Mensch als Herrscher 49
Mensch – Gott 60 68 89 157 218 289 293 300 303
Mensch – Tier 78
Merikare, Lehre für 154
Merismus 8 19 24f 33 164 184
Metallbearbeitung 162

Mischwesen 41 64 67f 110
Monarchie in Israel 270
Mond 27 67 87
Mondgott 72 118 153
Morgenrot 19
Mot 39
multiplicity of approaches 9
Mumie 54f 57–59
Mumifizierung 57
Mund 172
Mundöffnungsritual 58
Musik 306
Mutter 71 174 182 227 247
Mutter Erde 182f
Muttersymbol 174
Mythisierung 207
Mythos, mythisch 13 18 20 25f 42 44 47 50 64 126 182 224 264
mythisch-technisch 13 47

Nacht 45 67 73 270
Nachtdämonen 73
nackte Göttin 216 261
Nähe Gottes 165 278
Name 22 238 308 329 s. Eigenname
Naramsinstele 276
Narmerpalette 271f 281 305
naturwissenschaftlich 26 s. empirisch – technisch
nehmen 178 s. Himmelfahrt
Netz 78–81
Netz des Gottes 78
Neugeborene(s) 73 172
Nichtisraeliten 50
niederfallen 288
Niederschlagen der Feinde 9 270f 273–276 278 Taf. XXI
niederwerfen, sich 287
Nisaba, Göttin des Getreides 14
Nomade 67 96 206 299
Norden, Berg im 17 19 100 s. Zaphon
Not 74 89 93 158 210 298 303
Numinosität 152
Nun s. Urozean
Nut 25 29 34 36 38 s. Himmel als Frau

Obelisk 109
oben – unten 19 55 188
Ochse s. Stier
Ohr 172f
Ölhorn 236
Öllampe 72 Taf. XIV s. Lampe
Opfer 50 53 65 108 126f 131 159 248 253 257 273 301 304–308 s. Kinderopfer s. Libation s. Räucheropfer s. Trankopfer
Opferlied 304f
Opferersatz 305
Opferkult 303
Opfermahl 306 311
Opfertier 305
Ophel 102
Ordnungen, grundlegende 10 22 24 31 40 50 150 184 187 259 265 300

Ordnung – Licht 41 72
Orientierung nach Osten 143
Osiris 25 27 29 34 58 60 62
Osmose 47
Ozean s. Meer
Ozean, oberer 36 39 s. Himmel als Meer
Ozean, unterer 36f 39 s. Meer

Palast 21f 64 151 153
Palast – Tempel 114 133 247 252
Palastfassade, ägyptische 22
Palme 124 126 144 s. Baum
Paradies 104f 122 126
Paradies – Tempel 105 122 151 153
Paradiesesströme 102 104
Parallelismus 17 36 324
Pavian 25 34 221 330
Pazuzu 70f
perspektivisch 9
Pfeil 74 82 84 91 196 201 233 247
Pferd 214–217 259
Pflanze(n) 40 88 126 s. Baum
Pflanzen ohne Wasser 88
Pflanzungen vernichten 96
Pforten der Unterwelt 53 s. Tore der Unterwelt s. Tore der Totenwelt
Pharao 9 74 130 170 201 243 246f 252 257 s. König
Philister 224 270
Phöniker 99 143 172 275
Plan 13
Plünderung des Tempels 95
Plural 101 113 128 133
Polarisierung der Welt 72 s. Merismus
Polytheismus 68 72 210
Posaune 318
Priester 59 72 108–111 114 121 172 257 292 295 303 305 321 s. Eapriester
privat 265
profan – heilig 108
Projektion 68
Prophet 172 225 285 322
Proskynese 287–290 292
Prozession 39 108 128 301–303 314
Prozessionsstraße 133
prüfen 162 164
Psalmen – ao Gebete 160
Ptah 38 154 254
Pylon 109
Pyramide 100

Quell des Lebens 166f
Quelle 161 236
Quellgefäß 24 167
Quellgottheit 24 102 126

Rabe 93
Rache 85
Rahmentrommel s. Handtrommel
Randberge 21 31 s. Horizontgebirge s. Horizontlöwen
Ränder der Erde 19 33f s. Enden der Erde

Rassel 315
Raubtiere 66f 73 87 259
Räucheraltar 128 130f 145 162
Räucherarm 108
Räuchern 65
Räucheropfer 306f 310
Räucherständer 108 130f 161
Rauchsäule 197
Raum, unendlicher 25
räumlich – zeitlich 25 67
Recht 60 85 264f 270
Rechtsprechung 60 270
Regen 63 194 196
Regengöttin 41
Reichtum 74 220
rein – unrein 111 154 162 306
Reinheitsvorschriften 100 306
Reinigung(sriten) 121 236 238 305
Reinigungswasser 72 121
Religion 287
religiös 68 287
Rescha'im s. Gottlose
Repräsentation 126
Reinigung 236 238 305
Reschef 74 199–201
retten 265
Richter 87 187f 265 268f 300
Ring und Stab 126
Rite de passage 289
Ritus 96 121 151 247
Rivalität 68
Rollsiegel 18

Sakraler Plural 128 s. Plural
sakramental 99 124 162 238
salben 176
Salbung 235f 257
Sänger 321
ṣāpōn s. Zaphon
Sarkophagdeckel 38
sättigen, sich 165 176
säugen 181 s. stillen
Säulen 33 39 144 153
Säulen der Erde 33 39
Säulen des Himmels 34
Schakal s. Raubtiere
Schamasch s. Sonnengott
Schatten deiner Flügel 171
Schaubrottisch 128 131 145 320
Schauen der Sonne 55
Schauen Gottes 178 287 289
Schedu 110
Schemel 146 230
Scheol s. Totenwelt
Schiff 31 64f s. Barke s. Himmelsbarke s. Sonnenschiff
Schiffsverkehr 31
Schild 92 201–203
Schilderung der Not 89
Schildviperband 143 s. Kobra s. Uräus
Schlachtopfer 303f
Schlamm 61

385

Schlange 34 38f 42 67f 71f 76f 87 153 243 329 s. Drache in Schlangengestalt s. Uroboros
Schlange, siebenköpfig 42 44
Schlangendrache 38 43–45 s. Drache in Schlagengestalt
Schlinge 78 82
Schlußstein 161
Schmelzofen 162 164
Schönheit – Segen 166 168 178 259 262 301
Schöpfergott 100 189–191 248
Schöpfung 41 45 49f 87 157 181 184 189 198
Schöpfungserzählung 105
Schreiber s. Beamtenstand
Schriftfrömmigkeit 330
Schriftsysteme 7
Schu s. Luftgott
Schutz, schützen 107 170 172
Schutzbürger 299
Schutzdämonen 110
Schutzfunktion 22 144 165 170 172 207 211 229 243
Schutzgöttin 179
Schutzlosigkeit 57 299
Schwangerschaft 181 264
Schweigen 24 53 59f
Schwein 71 96
Schwert 215
Schwur 85f

Sedfest 107 278
Seelenvögel 20 50 55
Segen 86 109 111 120 122 162 172 211 243 259 264 290f
Segen – Schönheit 259
Segen des Tempels 108
Segensmacht 118 s. Macht Segenssphäre 106
Segnen 290
Sehbild – Denkbild 7 9 31 274
Sehnsucht 301
Selbstfesselung 295 297
Seth 96f 247
Seuche 71
Sexualität 211
Sichelschwert 275 278 281 Taf. XXIf
Siebenarmiger Leuchter 145
siebenköpfig 44
Siebengestirn 72
Siebenzahl 151
Sieg 43f 75
Sieg über den Drachen 44
Sieger 60
Siegermacht 75
Siegesfest 301 314
Siegeslied 326
Signalinstrument 319f 326
Sin s. Mondgott
Sinai 102 105 198 206
Sinaitheophanie 197f 319
Sinuhegeschichte 287
sitzen 292 295
sitzen – wohnen 293
Skarabäus, als werdende Sonne 20 27 34 45 229

Skarabäus, als Siegel 274f
Sklave 93 279
Skorpion 87 224
Skorpionenmenschen 24
Sohnesannahme 224 229 279
Sonne 18 20 22 27 31 34 36 45 55 67 87 146 192
Sonne, als jugendlicher Held 18
Sonnenauge 36
Sonnenbarke s. Sonnenschiff
Sonnengott 13 18 20f 31 36 40f 45f 50 72 146 153f 172 188f 192 246 264 270 300
Sonnenscheibe, geflügelte 22 27 36 151 193 196 s. Himmel als Flügelpaar
Sonnenschiff 20 22 27 29 31 33f 38 46 189 s. Himmelsbarke
Sonnentor 18f
Spielen vor Gott 327
Spott 89 93
Spreu 87f
Speisung, Speise 126f
spekulativ 18 47 54
spekulativ – mythisch 47
Spiellust 41
Spiritualisierung s. Entdinglichung
Sorge 9 72
Stadt 14 89 91 93 95 105
Stadtplan 14f
Staffelung der Räume 114 117 135 152
Standarte 215 278 306
Standpunkt 14
Ständer zum Abbrennen des Räucherwerks 130
Statue(n) 55 58 95 301 s. Götterstatuen
Staub 53 57f 96 289 292 298f
stehen 292f 295–297
Steinpfeiler s. Masseben
Stele 60 85 162 306f 320 329 Taf. XXVf
Steleninschrift 307
Stellnetz 81f
Sterbende 60
Stern(e) 26f 39–41 67 s. Astralgötter
Stern, achtstrahliger 193
Sternbild(er) 26 39
Stier 64 76f 110 120f 124 126 192 195 211 304f
stillen 181 229 s. säugen
Streitwagen 215f 259 278
Strichzeichnung 11
Strom 17 126 s. Bitterstrom
Strom, vom Tempel ausgehend 122
Stufenaltar 128
Stufentempel 100
Stützen des Himmels 21f s. Himmelsstützen
Sturzflut 63
Süden 19 71 89
Sühnopfer 130
Sünde 53 162 165
Sünde – Krankheit 53 72
Sündenbekenntnis 62
Sündenbock 73
Sündenvergebung 174
Sünder 164

Superlativ 41 118 259
Sykomore s. Baum
Symbole 8 39 47 62f 86f 99f 124 145 172 197 209 229 291f 301
Synagogen 320

Tabor 102
Tanz 314
Taube 74 124 126 144
technisch 13f 18 20f 26 42 47 s. empirisch
Tehom s. Chaos s. Meer s. Urozean
Teilhabe an Gottes Herrlichkeit 293
Tempel 10 13 20 34 53 64 85 89 95 100 102 104 108 110 112 122 126 131 140f 143 155 157 159 162 172 178 211 215 236 249 287 292f 300 306 311 321 324
Tempel, ägyptischer Einfluß 99
Tempel, assyrischer 138
Tempel – Berg 20 151
Tempel, herodianischer 116
Tempel, kanaanäisch-phönizischer Herkunft 99
Tempel – Leben 108 109 120 131 145
Tempel – Paradies 105 151 153
Tempel – Palast 114 247 252
Tempel, salomonischer 99 102 104f 107 111 113f 128 131 135 138f 142 144 149 154 158 252
Tempel vom Tell Tainat 139 142
Tempel von Arad s. Arad
Tempel von Lachisch s. Lachisch
Tempelbesuche 111 303 308
Tempeleinlaßliturgie 111
Tempelentwurf Ezechiels 115 151
Tempelgarten 109 112 118
Tempelmusik 313 324
Tempelplatz Jerusalem 104
Tempelsänger 303
Tempelteich 122f
Tempeltor 106 108 110f 151
Tempeltürme s. Stufentempel
Teschub 192 s. Baal s. Hadad
Theologie – Geschichte 279
Theophanie 197f 206 287 s. Erscheinen Gottes
Thot 25 189 237 243 330 s. Pavian
Thron 146 149f 215 229 247 252 257
Thron Jahwes 149 153
Thronbesteigungsfest 301
Thronen, zur Rechten Gottes 231 240 246f
Thora 295 330
Thoraschrein 168
Tiamat 40 s. Chaosdrache
Tiefe 53 55 58 60 100 300
Tiere, Herrschaft über 49
Tier – Mensch 50 78
Tiermaske(n) 72
Tod(es), Bereich des 22 53 58 60 62f 67f 93 199 289
töpfern 183
Tor 13 18f 33 38–41 53 55 64 95 99 105–107 109–111 151f
Tore der Gerechtigkeit 111

«Tore des Heilsbereiches» 106 111
Tore der Tochter Zion 38 99
Tor(e) der Unterwelt 39 55 60
Tore des Todes, der Totenwelt 33 38 53 99 106
Torbau 112
Torliturgie 118 162 164
Torwächter 110
Tote 29 50 53 58 60 72 88 91 93 166 172 178 218
Totenbuch, ägyptisches 8 19 50 55 58 60 62 68 178 218
Totenfresser(in) 63 179
Totengericht 62 f 218
Totenreich 29 33 53–55 60 s. Totenwelt
Totenrichter 62 s. Osiris
Totenstadt 39 54
Totenwelt 9 19 24–31 33 f 53 57 59–63 67 161 178
Totenwelt – Erde 28 31 33
Totenwelt – Jahwe 46 63 67
Totenwelt – Urozean 33 61 f 67 f
Trankopfer 118 123 306 s. Libation
Transzendenz 38 197 292
Trauergestus 93
Trennung von Himmel und Erde 25
Tribut leisten 282–285 303 323
Trompete 318 320 f 326
Turm 106 159
tyrische Münze 161

Uaszepter 21 85 247
Überheblichkeit des Meeres 44
unendlich 25 27 131 184
Unerschütterlichkeit des Himmels 151
Unglück s. Not
Universalität 192
unrein – rein 53 111 154 162
unten – oben 19 55 188
unterirdischer Ozean 120
Unterwelt s. Totenwelt
Unterwerfung 298
Unterwürfigkeit 299
Unvergänglichkeit Gottes 161
Uräus 22 243
Urflut 24 29 35 40 121 s. Meer s. Urozean
Urhügel 100 161
Uroboros 34 36
Urozean 24 29 33 f 40 61 f 68 120 132
Urozean – Totenreich 33
Urwasser 40 120 f
Urzeit 89
Ušumgal 40 s. Löwendrache
Uterus 182 228

Vasenaltar 118 157
Vater (Väter) 57 174
Vaterliebe 174
Vegetation 187 184 f
Vegetationsgott s. Fruchtbarkeitsgott
Verbrecher s. Gottloser
Verfügbarkeit 157
vergänglich – ewig 198 218
Vergänglichkeit 85 218
Vergebung 174
Vergegenwärtigung 9 89 187 274
Vergessenheit (der Toten) 53 59 f
Verheißung 89 111 206 298
Verlassenheit 67 f
Vermessen des Landes 13 85 207 f
Vernichtung der Feinde 247 282
Vernichtungswünsche 85 87
Versinken 61
Vertrag 85 f
Vertrauen 84 87 91 160 218 298 329
Verwesung 53 57 f 60
Vezier 221 270
Via sacra 133
Vieldeutigkeit 304 s. Ambivalenz
Vielzahl der Aspekte 9
vierarmiger Strom 126
Visualisierung 91
Vogel 21 24 65 67 78 82 170 s. Taube
Vogelfang 78
Vogelschau 14
Volksklagelieder 89
Vorhalle 117
Vorhof 109 113 f 117 f 126 f 132 144 165 s. Hof
Vorlegebrote 131 s. Schaubrottisch
Vorverständnis 8
Votivgaben 181

Wachtelfang 81
Wächter 108 s. Schutzdämon
Wächterdämon Taf. VIII
Wallfahrt 301 303
Waschbecken 120
Wasser 24 33 40 63 88 102 120 155 164 168
Wasser – Chaos 62 f 66–68 96 207 289
Wasser – Leben 24 40 68 88 102 120 131
Wassermassen, zerstörerische 45
wasserspendende Bäume 120
Weglosigkeit 66
Wehrlosigkeit s. Schutzlosigkeit
Weihrauch 130
Weihwasser 72 110 238
Weihwasserbecken 72
Weisheit 47 87 184 f 187 265 s. Jahwes Weisheit
Welt als Komposition aus zwei Größen 14 24 29 34 36 39
Weltbild 9 24 306
Weltberg 23 f 161
Weltgebäude 10 f 13 17 34 38 47 157
Weltherrschaft 17 79 247 285
Weltkarte 17
Weltordnung 29 31 100 154 189 218 257 265 s. Maat
Westen als Totenreich 33 55
Wettergott s. Gewittergott
Wiedergeburt 38
Widder 108 319
Widersacher s. Feind
Wildbach 63 Taf. II
Wildschwein s. Schwein
Wildstier 77 s. Stier
Wind 70 f 194 196
Windgott 178
Wohnen Gottes 114
wohnen – sitzen 292
Worfeln 87
Wunder des Himmels 25
Wurfholz 80 82 84
Wüste 33 53 66 f 71–73 96 157 207 209
Wüstenwind 70 f

Zangentore 106
Zaphon 19 100 102 Taf. VII B
Zauber 25 38 47 274 s. Magie
Zauberer 74
Zaubermacht 25 47
Zauberschriften Thots 27 330
Zauberspruch (-sprüche) 58
Zeigefinger 291
Zella 135 143
Zelt 144 153 170
Zentrum der Erde 19 34
Zepter 44 243 252
Zerstörung 95 f
Zeuge 85 f 301
Zeugung 181 f 224 247
Ziegen am Lebensbaum 124
Zikkurat 100 114
Zimbel 317–319 326
Zion 20 99 101 f 104 f 144 151 154 159 161 164 f 252 282 f 301 Taf. VII s. Berg
Zisterne 60–63 67 72 78 112
Zither 324
zoologisch 42 64
Zorn 72 89 130 s. Jahwes Zorn
Zufluchtsort 158–161
Zugang zu den himmlischen Bereichen 151
Zugang zur Totenwelt 53
Zugnetz 80
Zwangsarbeit 93
zweckbestimmt 9
Zweiteilung in himmlische und irdische Phänomene 49

FARBBILDER AUF DEM UMSCHLAG

Vorderseite

Obere Reihe links: Siehe Angaben zu Abb. *124*; Farbbild: Detail aus Davies/Gardiner, Egyptian Paintings II (The University of Chicago Press) Taf. 68.

Obere Reihe Mitte: Kopf des Gottes Chnum (vgl. *334*), Tempelrelief im südlichen Teil der Insel Elephantine beim 1. Katarakt; Farbdia des Verfassers.

Obere Reihe rechts: Der hethitische König unter der Flügelsonne (vgl. *22*), Detail von einer Elfenbeinschnitzerei, ziemlich stark restauriert, H der ganzen Plakette 10,3 cm, H des Ausschnitts ca. 3,4 cm, Megiddo, aufgrund des hethitischen Stils zwischen 1350 und 1300a datiert, Chicago, Oriental Institute A 22292; Photo Oriental Institute; vgl. Loud, Megiddo Ivories S. 10 und Taf. 11.

Mittlere Reihe links: Mann kämpft mit einem Löwen, der ein Rind angegriffen hat (zum Thema vgl. *60* und *61* und Boehmer, Glyptik Abb. 259a-260), Detail von einem Rollsiegelabdruck, Das Rollsiegel ist aus dunkelgrauem Stein gearbeitet, H 2,8 cm, Ø 1,3 cm, akkadisch (2350-2150a), Chicago, Oriental Institute A 26312; Photo Oriental Institute.

Mittlere Reihe Mitte: Siehe Angaben zu Abb. *327*; Farbbild aus Parrot, Assur (C. H. Beck'sche Verlagsbuchhandlung) Abb. IV.

Mittlere Reihe rechts: Kopf des Gottes Amun (vgl. *332*, *348*, *352* u. o.), bemaltes Kalksteinrelief, Abydos, Tempel Sethos' I. (1317 bis 1301a); Farbbild: Detail aus Calverley/Broome, Abydos IV (The Egypt Exploration Society, London und The University of Chicago Press) Taf. 22.

Untere Reihe links: Prozessionsbarke des Gottes Chonsu mit der geflügelten Sonnenscheibe darüber (zur Barke vgl. Legende zu *434* und *32*, *287*, *450*; zur Sonne vgl. S. 22f), bemaltes Relief, Medinet Habu, Ramses III. (1197-1165a); Farbbild: Detail aus Nelson u. a., Festival Scenes (The University of Chicago Press) Taf. 193, vgl. *229*).

Untere Reihe Mitte: Assyrische Kriegsgefangene bei der Fronarbeit (vgl. *137*), Relief, Ninive, Sanherib (704-681a), BM 124821; Farbdia des Verfassers.

Untere Reihe rechts: Siehe Angaben zu Abb. *54*; Farbbild: Davis, Tomb of Siptah Taf. 3.

Rückseite

Obere Reihe links: Zur Thematik vgl. *319*, Elfenbeinschnitzerei phönizischer Herkunft, gefunden im Nordwestpalast in Nimrud, 8. Jh. a, Bagdad, Iraq Museum; Farbbild: S. Moscati, Die Phöniker von 1200 vor Christus bis zum Untergang Karthagos (Kindlers Kulturgeschichte, Kindler Verlag Zürich) 1966, Farbtafel vis-à-vis von S. 254.

Obere Reihe Mitte: Assyrische Bogenschützen vor einer belagerten Stadt, über den Bogenschützen der ebenfalls kämpfende Gott Assur (zur Belagerung vgl. *131-132*, zum mitkämpfenden Gott *295* und Taf. XX), Relief, Nimrud, Assurnasirpal II (883-859a), BM; Farbdia des Verfassers.

Obere Reihe rechts: Siehe Angaben zu Abb. *63*; Farbbild: E. A. W. Budge, Facsimiles of the Papyri of Hunefer, Anhai, Keräsher and Netchemet, London 1899, Taf. 1 (siehe auch JEA 51 (1965) Frontispiz).

Mittlere Reihe links: Zur Thematik siehe Abb. *63*, Grabmalerei, H 64 cm, Theben West, Schech abd el Qurna, Grab des Userhet (Nr. 51), Ramses I. und Sethos I. (1318-1301a); Farbbild: Davies, Two Ramesside Tombs (Metropolitan Museum, New York) Taf. 14 (vgl. Taf. 6 B und 13 und Text S. 28).

Mittlere Reihe rechts: Ausschnitt aus dem Relief von Taf. XXII; Farbdia des Verfassers.

Untere Reihe links: Persische Würdenträger (zum Thema vgl. *328a* bis *332*), Relief, Persepolis, 5. Jh. a; Farbdia des Verfassers.

Untere Reihe rechts: Gabenträger (zur Thematik vgl. S. 282-285), Relief, Persepolis, 5. Jh. a; Farbdia des Verfassers.

Elemente altorientalischer Chronologie*

Archäologische Perioden	Ägypten	Vorderasien	
7000–4000 Jungsteinzeit	Delta-Kultur, Badâri, Nakâda I	Eridu-Stufe	
4000–3150 Chalkolithikum	Nakâda II und III	Obed-Stufe, Uruk-Stufe	Ghassul, Beerscheba
3150–2850 Frühe Bronze I	3200–2950 Zeit der Reichs-	3000–2750 Frühsumerische Hoch-	
2850–2650 Frühe Bronze II	einigung	kultur (Uruk)	
2650–2350 Frühe Bronze III	2950–2635 I. und II. Thinitische	2750–2600 Dschemdet Nasr-Zeit	
2350–2200 Frühe Bronze IV	Dynastie	2600–2360 Frühdynastische Zeit	
	2635–2135 *Altes Reich*	(Uruk, Ur, Lagasch)	
		2340–2159 *Akkad, Erstes semitisches Großreich*	
2200–2000 Mittlere Bronze I		ca. 2150–2070 Einfall des Bergvolks der Guti	
2000–1750 Mittlere Bronze II	2134–1990 *Erste Zwischenzeit*	2111–2003 *Ur III (neusumerisch)*	
1750–1550 Mittlere Bronze III	1990–1650 *Mittleres Reich*	2017–1817 Isin	
	1650–1550 *Zweite Zwischenzeit*	2025–1765 Larsa	
	(Hyksos)	1994–1594 *Babylon*	
		1792–1750 Hammurabi	
		1960–1742 *Altassyrisches Reich*	
1550–1400 Späte Bronze I			
1400–1300 Späte Bronze II A	1550–1080 *Neues Reich*	1742–1048 *Mittelassyrisches Reich*	1500–1160 *Babylon unter den*
1300–1200 Späte Bronze II B	1490–1439 Thutmosis III.	1243–1207 Tukulti-Ninurta I.	*Kassiten*
	(XVIII. Dyn.)	1112–1074 Tiglat-Pileser I.	1520–1360 *Mitanni*
	1403–1365 Amenhotep III.		1460–1200 *Neuhethitisches Reich*
	(XVIII. Dyn.)	Um 1200 Einbruch der Seevölker (u. a. der Philister) von Westen her	
	1365–1349 Amenhotep IV. (XVIII. Dyn.)	Um 1200 Landnahme der Israeliten	
	1290–1224 Ramses II. (XIX. Dyn.)	Um 1000 Entstehen der sog. späthethitischen Fürstentümer (Sendschirli, Karkemisch, Tell Halaf) in Nordsyrien;	
	1193–1162 Ramses III. (XX. Dyn.)	der Aramäerstaaten in Mittelsyrien; Aufstreben der phönizischen Küstenstädte	
1200–1150 Eisen I A			
1150–1000 Eisen I B	1080–712 *Dritte Zwischenzeit*	1048–912 *Assyrische Zwischenzeit*	1004–587/86 *Israel bzw. Juda*
1000–900 Eisen II A			1004–965 David
900–800 Eisen II B			965–926 Salomo
800–586 Eisen II C			926 Reichsteilung
	946–921 Schoschenq I. (XXII. Dyn.)		
		912–606 *Neuassyrisches Reich*	930–740 Aramäer
		883–859 Assur-nasir-pal II.	
		858–824 Salmanassar III.	
	712–332 *Spätzeit*	745–727 Tiglat-Pileser III.	
	712–656 XXV. Dyn.: Kuschiten	721–705 Sargon II.	722 Ende des Reiches Israel
		704–681 Sanherib	
		680–669 Esarhaddon	
	664–525 XXVI. Dyn.: Saiten	668–626 Assurbanipal	587/86 Ende des Reiches Juda
		625–538 *Neubabylonisches Reich*	586–538 Babylonisches Exil
		604–562 Nebukadnezzar	
		555–538 Nabonid	559–330 *Persisches Reich*
	525–404 XXVII. Dyn.: Perser I	539 Kyros erobert Babylon	559–529 Kyros II.
			521–486 Dareios I.
			486–465 Xerxes
			464–424 Artaxerxes I.
			424–404 Dareios II.
			404–359 Artaxerxes II.
	342–323 XXXI. Dyn.: Perser II		359–337 Artaxerxes III. Ochos
			337–336 Arses
			335–330 Dareios III. Kodomanus
	332–323 Alexander der Große		

* Siehe ausführliche Zeittafeln in: K. Jaroš, Ägypten und Vorderasien. Eine kleine Chronographie bis zum Auftreten Alexanders des Grossen, Linz/Stuttgart 1976.

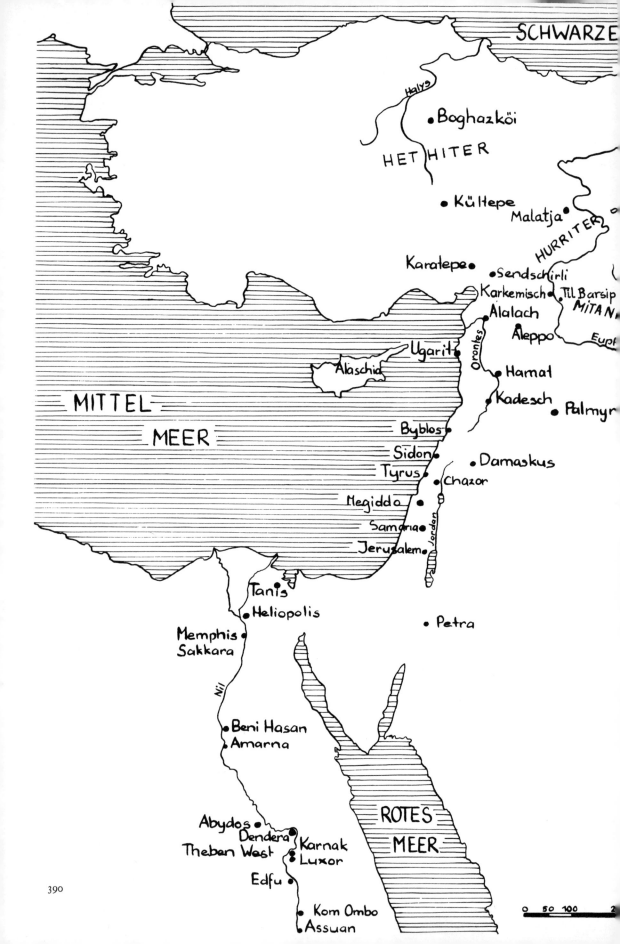

Othmar Keel

Jahwe-Visionen und Siegelkunst

Eine neue Deutung der Majestätsschilderungen in Jes 6, Ez 1 und 10 und Sach 4

Stuttgarter Bibelstudien 84/85, 1977

410 Seiten, 263 Abbildungen, kart. 34.– DM
ISBN 3-460-03841-1

Der Verfasser, der im Sommer 1975 Gelegenheit hatte, in Israel Tausende von Werken der Steinschneidekunst (darunter viel unveröffentlichtes Material) aus biblischer Zeit zu studieren, zeigt, wie in den Visionen der Majestät Jahwes Bildmaterial verarbeitet ist, das die Zeitgenossen des Visionärs faszinierte und das sie auf Siegeln mit sich trugen...
Als der Verfasser auf dem Alttestamentlerkongreß im August 1977 (Göttingen) einen entsprechenden abendlichen Lichtbildervortrag hielt, erhielt er trotz der Länge seines Vortrages stürmischen Beifall, so interessant und neuartig waren und sind die Ergebnisse seiner Forschungen.

G.K., Erbe und Auftrag. Benediktinische Monatsschrift

O. Keels neuestes Buch ist in der Folge seiner Interpretationen alttestamentlicher Texte auf dem Hintergrund altorientalischen Bildmaterials die bislang reifste Leistung. Nie zuvor ist eine vergleichbare Dimensionierung und kritische Auswertung einschlägiger Illustrationen erzielt worden.

M. Görg, Biblische Notizen

Keel hat insbesondere das umfangreiche Siegel-Material ausgewertet. Mit Hilfe dieser Ergebnisse ist es ihm gelungen, den Forschungsstand bezüglich der Jahwe-Visionen entscheidend weiterzubringen und die exegetischen Erkenntnisse zu bereichern.

M. Mügge, Bibel und Kirche

Othmar Keel ne cesse de mettre en garde ses lecteurs contre tout «envol» théologique facile. Sa brève conclusion (pp. 321–327) est cependant d'une densité théologique inattendue.

A. de Pury, Revue de Théologie et de Philosophie

Verlag Katholisches Bibelwerk, Stuttgart

Othmar Keel

Jahwes Entgegnung an Ijob

Eine Deutung von Ijob 38–41 vor dem Hintergrund der zeitgenössischen Bildkunst

Forschungen zur Religion und Literatur des Alten und Neuen Testaments 121, 1978

192 Seiten, 109 Abbildungen, geb. 48.– DM
ISBN 3-525-53282-2

Wer Gelegenheit hatte, beim IX. Internationalen Alttestamentler-Kongreß in Göttingen den Verfasser zum gleichen Thema zu hören, erinnert sich gern an dessen interessante Ausführungen und findet hier den Wunsch verwirklicht, das Thema umfassender dargestellt und begründet zu sehen. An guter Darstellungsweise entspricht das Buch dem damaligen Vortrag.
Ein wesentliches Mehr gegenüber dem Vortrag liegt darin, daß hier die Gottesreden über ihre Erklärung durch die Ikonographie hinaus umfassender in Zusammenhang mit dem Thema des ganzen Ijob-Buches gesehen und grundsätzliche Probleme desselben erörtert werden.

H. Eising, Theologische Revue

Bei der Entwicklung seines eigenen Verständnisses geht Keel davon aus, daß das, «was in den Gottesreden als Antwort geboten wird, ... ein Bild oder genauer eine Reihe von Bildern» ist. Bildern gegenüber ist nicht einfach «jede beliebige Deutung ebenso richtig wie falsch». Es gilt, das Einzelbild genau zu erfassen und es einer bestimmten Bildfamilie zuzuordnen, d. h. methodisches Ziel ist «eine motivgeschichtliche Einordnung des Materials» (52).
Keel hat diese «ikonographische» Methode in mehreren Veröffentlichungen vorgestellt und erprobt. In seinem erfolgreichen Buch «Die Welt der altorientalischen Bildsymbolik und das Alte Testament» hatte er vor allem auf Bildmaterial aus Israels Umwelt zurückgegriffen. Inzwischen hat er seine Methode dadurch vervollkommnet, daß er sich nun auch eine reiche ikonographische Ausbeute von Funden auf dem Boden Palästinas zunutze macht. Insbesondere die zahlreich entdeckten Siegel fügen sich zu wahren Bilderbüchern zusammen, von denen der vom alttestamentlichen Bilderverbot her vorgewarnte Interpret nicht zu träumen wagte. Keel ist mittlerweile eine «ikonographische Autorität» unter den Alttestamentlern: Sein auf vielen Reisen zusammengetragenes «Bildarchiv» dürfte einzigartig sein, und einzigartig ist auch die fachkundige Mitarbeit seiner Frau, *Hildi Keel-Leu*, die seine Bände mit unzähligen Strichzeichnungen illustriert hat.

C. Locher, Orientierung

Verlag Vandenhoeck & Ruprecht, Göttingen